D1726511

Karl Kraus

Briefe an Sidonie Nádherný
von Borutin

Bibliothek Janowitz
Herausgegeben von Friedrich Pfäfflin

Karl Kraus

Briefe an Sidonie Nádherný von Borutin

1913–1936

Band 1

Auf der Grundlage der Ausgabe
von Heinrich Fischer und Michael Lazarus
neu herausgegeben und ergänzt
von Friedrich Pfäfflin

WALLSTEIN VERLAG

Den Druck dieser Edition förderte im Rahmen
der deutsch-tschechischen Vereinbarungen
für die ›Bibliothek Janowitz‹ durch den
Adalbert Stifter Verein in München
die Beauftragte der Bundesregierung für Kultur und Medien
sowie die Deutsche Schillergesellschaft Marbach
aus den Mitteln einer Stiftung, die ausdrücklich
für die Neuausgabe bestimmt waren.

Bibliografische Information Der Deutschen Bibliothek

Die Deutsche Bibliothek verzeichnet diese Publikation in der
Deutschen Nationalbibliografie; detaillierte bibliografische Daten
sind im Internet über http://dnb.ddb.de abrufbar.

Erste Auflage 2005
© Wallstein Verlag, Göttingen 2005
www.wallstein-verlag.de
Vom Verlag gesetzt aus der Stempel Garamond
Umschlaggestaltung: BASTA-Werbeagentur, Steffi Riemann
Druck: Hubert & Co, Göttingen

ISBN 3-89244-934-1

Inhalt

☙ 10.2.21. Sehen mit meiner
grossen Arbeit fertig. Numerisch ergibt sich Folgendes:
1913:	Briefe	Telegr.	Karten
1913:	8	4	1
1914:	108	81	9
1915:	85	50	12
1916:	65	61	41
1917:	21	66	5
1918:	12	38	5
1919:	4	13	3
1920:	3	3	2
	326	319	78

(das sind 723 Lebenszeichen).
Inhaltlich : ein Meer von Liebe!
Antwort ? Ein heilig- u. selig-
gesprochenes Leben!

B. B.
-V

10. 2. 21,

H. Herrn
Karl Kraus

Wien IV.
Lothringerstrasse 6
Austria

1913

[1] T [Wien, 15.9.1913]   [Janowitz]

Tiefen Dank.

[2]   B [Wien, September 1913]   [Janowitz]

Aber das Glas der Teetasse war *blau* –

[3]   T [Wien, 20.10.1913]   [Janowitz]

Lothringer 6 ++ Mittwoch Leseabend Musikvereinssaal ++ soll
ich Platz aufheben? ++ Nachts Heiligen Kreutzerhof ++ Morgen
Dienstag Abends bin ich in Brünn

[4]   B [Wien,] 22./23.[10.1913]   [Janowitz]

Duft und Dolch – beides zusammen gibt Ihre Erscheinung – haben Wunder gewirkt. Oder waren es Ihre Wünsche? Wie soll ich
danken? Nur so, indem ich bitte: *Lassen Sie sich nicht ganz mitnehmen!* In dem entsetzlichen Lokal war ich seit damals nicht.
Wohl aber an jenem Sonntag im schwarz verhängten Zimmer,
und dachte darüber nach, wie man Ihnen folgen könnte, wenn
Sie entschweben wollen.

   Ich habe kein Briefpapier, weil ich nie Briefe schreibe. Dieses
hier hat der Dolch zurechtgeschnitten. Es ist auch kein Brief,
sondern nur etwas, was ich lieber nachts im Prater in ein Ohr
gesagt hätte, wenn ein Auge ganz wo anders wäre.

[5]   T [Bodenbach, 26.11.1913]   [Janowitz]

Komme nachts ++ bin bis abends Palace ++ Ergebenst

[6]   B [Wien, 2.12.1913]   [Janowitz]

Mehr wünsche ich nicht. –

   (B. vom 6. auf den 10. verschoben. Hier etwas in Ihrer Sprache.)

[7]   B [Wien, 5.12.1913]   [Janowitz]

Vielen Dank. Herzlich erfreut.

Natürlich wird es so gemacht werden, und gern!

(Es ist ja überhaupt sündhaft, gerade »solche Abende Andern zu widmen«.)

Von M.Th. heute auch ein Brief, der wirklich sympathisch ist. Er schreibt übrigens, daß er möglicher Weise zum 16. (mit seinem Bruder) in Wien sein wird. Soll da separiert oder vereinigt werden? Das erfahre ich wohl nach Besprechung mit Bar. Niny M.? Also ob L. und die Brüder Th. dabei sind. Wenn niemand, so treffen wir uns im Lesezimmer Krantz oder gleich bei Sacher oder in dem näheren Hotel Imperial. Oder mein Publikum von Janowitz wartet irgendwo, vor einem dieser Restaurants, im Auto.

Sonst gehen wir gemeinsam.

Sollte Abmachung erst am Tag selbst getroffen werden können, so erbitte Anruf 3 Uhr. (Ich habe im – – nachgesehen!)

Innigsten Gruß an
Sie und was mit Ihnen zusammenhängt.

[8]   T [Wien, 8.12.1913]   [Janowitz]

Allerergebensten Dank und Gruß an Janowitz

[9]   K [Budapest,] 11.12.[19]13.   [Janowitz]

Ergebenen Gruß an Janowitz!

[10]   B [Wien, 12.12.1913]   [Janowitz]

Wie bin ich Ihnen dankbar für meine Wirkung! Gruß an Janowitz, in herzlicher Erinnerung und Erwartung!

11. Dez. abends nach der Rückkehr aus B.

Nachschrift,

12. Dez. Natürlich sehen wir uns am 15. Ich werde auf den Anruf warten. Oder erhalte ich früher Nachricht?

[11]   T [Wien, 14.12.1913]   [Janowitz]

Allerbesten Dank für Übermittlung der Freundlichkeit und ergebensten Gruß

[12]   B [Wien, 18.12.1913]   [Janowitz]

Dank für Tabor!
   Man *wird* helfen!
   (L. *nicht*)

[13]   B [Wien,] 21.[12.1913] Nachts   [Janowitz]

»… das Aller-Allerschönste aber weiß nur ich.«
   Dies begrüßt mich nach einem Traum, in dem ich geheult
habe – über etwas, was noch auf meinen Weltuntergang folgt.
   Ich werde heulen, bis ich diese Stimme gehört habe, die den
Sturm überflüstert und von dem Furchtbarsten sagt: »Das war
schön – – – «
   Und wenn ich mich zum Opfer bringen müßte, ich will sie
hören!
   Ich weiß nicht, was ich bis dahin thue und was dann – ich bin
von Deinem Fieber geschüttelt.
   Liebste!

[14]   T [Wien, 22.12.1913]   [Janowitz]

Wir kommen Morgen Dienstag halbzehn Beneschau ++ tiefst-
ergebenen Gruß

[15]   T [Wien, 23.12.1913]   [Janowitz]

Ich heute Beneschau ++ Loos erst Morgen früh ++ bittet keinen
Wagen zu senden ++ benützt Bahn ++ ergebenste Grüße

[16]   B [Janowitz, 30.12.1913]   [Janowitz]

Kann nicht entscheiden. Vielleicht besser heute als später.
   (*Nicht* im neuen Jahr!)
   Hoffentlich aber nicht vor 5, damit wir noch Zeit haben!

1914

[17] B [Wien, 11.1.1914]   [Wien, Hotel Krantz]

Nach dem schönsten Tag.

    Gedanke an Entfernung 13.-16. nur erträglich, wenn die Entfernte in Janowitz weiß.

[18] T [Innsbruck, 14.1.1914]   [Janowitz]

Salzburg – schön ++ Wien bis Linz schöner

[19] K [Innsbruck,] 15.1.[19]14   [Janowitz]

Die schönsten Grüße an das liebe Janowitz sendet in herzlichster Ergebenheit

                                         Karl Kraus

[20] T [Wien, 16.1.1914]   [Janowitz]

Allerschönsten Dank für die lieben Nachrichten und noch schöneren Gruß an Janowitz

[21] T [Wien, 17.1.1914]   [Janowitz]

Einer in Wien und Bobby in Janowitz fühlen sich verlassen und springen spät abends an heimgekehrter Herrin jubelnd empor

[22] B [Wien, 18.1.1914]   [Janowitz]

In größter Hast:

    Brief K. bitte zurück oder zerreißen.

    Allerinnigst

                              Semper idem

                       (in der *guten* Bedeutung)

[23] T [Wien, 19.1.1914]   [Janowitz]

Hier ist es viel einsamer ++ 48 Stunden ohne Nachricht ++ war man heute im Park? ++ Wann Ankunft?

[24]   B [Wien,] Montag [19.1.1914] ½ 5 nachm.   [Janowitz]

Samstag/Sonntag war ich schon ganz verlassen und schickte den Gruß vom Schreibtisch.

Könnte ich doch bald erzählen, was sich Sonntag/Montag in mir, nein, im Zimmer, zugetragen hat! Ich wartete bis zum Brief, dessen Anfang mich erschreckte. Dank für den Schluß und das Telegramm über Bobby.

Ich kann nicht still und ruhig sein.

Dies hier sende ich nur, weil es auf der Strecke Linz liegt, mit dem unvergeßlichen Abschied für mich zusammenhängt. Alles was in Salzburg und Innsbruck geschehen ist, bezieht sich auf Janowitz.

Und überhaupt alles was von nun an und wo immer geschieht!

Nachrichten aus Salzburg und Umgebung.

Nach dem Karl Kraus-Abend.

(Betrachtungen eines Schmock.)

Was ist dies für eine Finesse?
Der Kerl schimpft auf die „gute" Presse,
Ist ganz antiautoritär;
Wo nimmt er nur die Kourage her?

Zwar, unter uns müssen wir eingestehen,
Er scheint unser Handwerk zu verstehen,
Spürt jeden Dreck in unser'm Metier
Und tut uns mit seinen Hieben weh.

Zieh'n wir gegen den Hund vom Leder
Taucht er noch mehr in Galle die Feder,
Ueberschwemmt uns mit seinem Hohn;
Leidtragend ist die Korruption.

Deshalb scheint uns die stolze Geste
Immer noch das Klügste und Beste,
Die einzige Hilfe in unf'rer Not.
Ist, wir schweigen den Nörgler tot.

Beilage zu Nr. 24: Zeitungsausschnitt aus der
›Salzburger Chronik‹ vom 15.1.1914

Karl Kraus las am 13. Jänner im Saale des „Österreichischen Hofes" vor; zum erstenmale in Salzburg. Das mag der Grund sein, warum der Besuch verhältnismäßig schwach war. Kraus ist in Salzburg — Gott sei Dank! — noch keine Sensation, er wirkte wie ein ernster Kulturfaktor und versammelte wenige um sich; allerdings wenige, denen er sichtlich seit Jahren ein geistiges Erlebnis war. Daß immerhin auch Kaffeehauskulturmenschen sich dazwischen setzten, denen es einerlei ist, ob M. Salzer oder K. Kraus liest, — man konnte es nicht hindern, — am liebsten hätte man es getan, um dem ernsten Abend so ganz den stilvollen Charakter zu geben. Denn ich fürchte, wenn K. Kraus wiederkommt, füllen sich die Säle; denn die, denen er nicht mehr als ein abendliches Ereignis war, die nicht stumm von ihm gingen, sondern seelenvergnügt mit einem „Do schau, 's Theater is a scho aus" in die Kälte rannten, die werden dafür sorgen, daß „man" von der „ausgezeichneten" Vorlesekunst Kraus' Kenntnis nimmt. — Schrecklich, daran zu denken! Diese Leute, die meinen, wenn einer die Stimme modulieren, ohne Steckenbleiben einen Satz lesen, den Vortrag nuancieren kann, sei er ein „ausgezeichneter Vorleser." Es schmerzt, wenn man fürchten muß, daß der innerlich so charaktervolle Rhythmus der Vortragskunst von Karl Kraus diesen „Verständigen" ein Abendvergnügen werden könnte. Karl Kraus trägt und schwingt das Wort in einer Tonfülle und in einem notwendigen Rhythmus, daß sein Vortrag für das feinste Ohr wie Musik erklingt; er hat in sich die Musik, sowie Nietzsches Prosa sie in sich hat. Dieser Rythmus gewinnt Charakter und stählt so die Schönheit seiner bloßen Erscheinung, weil er gebändigt ist von der Kraft der Überzeugung, vom Ethos seines Schöpfers. Er wird umso größer, je klarer er den Menschen erkennen läßt, der ihm den Odem und die feste Form gab.

Beilage zu Nr. 24: Zeitungsausschnitt aus der
›Salzburger Wacht‹ vom 14.1.1914

Vorlesung Karl Kraus.

Gestern abends fand sich im Saale des Hotels „Oesterreichischer Hof" eine zahlreiche Zuhörerschaft ein, um Karl Kraus, den bedeutendsten Kulturkritiker der Gegenwart, zu sehen und zu hören. Eine solche Kraus-Vorlesung — das ist schon oft genug betont worden — ist ein Erlebnis ganz eigner und grandioser Art. In Salzburg war er gestern zum ersten Male, und auch hier — so scheint es wenigstens — ist die Zahl seiner Freunde und Anhänger keine geringe. Ihre Zahl wird größer werden, je öfter er kommen wird.

Kraus gehört zu jenen Schriftstellern, die ihr Geschriebenes selbst vorlesen können. Und wie er vorliest! Ein Meister der Feder, ein Meister der Rede, des Vortrags! Zuerst las er „Der Traum ein Wiener Leben", eine launische Kritik der Wiener Verkehrsverhältnisse. Dann kamen eine Reihe satyrischer Glossen, auch über jenes Blatt, von dem Robert Scheu sagt, Karl Kraus habe es erst entdeckt, „dieses energischeste und gefährlichste Regierungsblatt", wie Viktor Adler es bezeichnete. Etwas zu kurz kam Maximilian Harden, die Verdeutschung seines Desperanto wäre ein königliches Vergnügen gewesen. Kraus gab uns nur „Die Sprache der Konzertagentur" und die Glosse „Wenn Herr Harden glaubt".

Womit aber Kraus die Zuhörer zu wahren Beifallsstürmen hinriß, das waren die tiefernsten, von Hohn auf „Intelligenz", Gerechtigkeit und Mitgefühl strotzenden Schilderungen. Was er über die Pflege des Fremdenverkehrs las, mag auch bei uns zu geeigneter Zeit seine Beherzigung finden. Vom tiefsten sozialen Mitgefühl getragen — das darf besonders vermerkt werden — ist „Die Schuldigkeit". Hier sprüht sein Haß gegen eine gesellschaftliche Ordnung, in der es vorkommen kann und darf, daß Lehrerwitwen bei 700 Kronen jährlicher Pension langsam zu Tode hungern . . . . .

Und dann das andere . . . . „Der Neger"! Hier wird Kraus zum Ankläger, zum wuchtigsten, den man sich denken kann, gegen die schamlosen „Be-

Beilage zu Nr. 24: Zeitungsausschnitt aus der ›Salzburger Wacht‹ vom 14.1.1914

herrscher" der sogenannten europäischen Zivilisa-
tion, der die Neger auf Gnade und Ungnade aus-
geliefert sein sollen. In diesen zwei Sachen gab
Kraus in seiner gestrigen Vorlesung sein Bestes.
Seine Leidenschaft und Wut übertrug sich auf die
Zuhörer.

Wir dürfen ihm dankbar sein für das Gebotene.
Aber es wäre arge Selbsttäuschung und ein Irrtum
— bei aller Kunst seines gesprochenen Wortes —
zu glauben, Kraus nur durch seine Vorlesungen
kennen zu lernen. Seit 15 Jahren kämpft er, ganz
allein stehend, einen Kampf gegen eine Welt der
Falschheit, der Lüge, des erborgten Glanzes. Er ist
kein Sozialist. Und es mag dies, wie mir einmal
ein hervorragender Parteigenosse schrieb, für die
Beurteilung der T i e f e seines Wirkens nicht ohne
empfindliche Wirkungen bleiben. Aber die Zeit, in
der Kraus nur das Bestreben hatte, „sein ungezügel-
tes Temperament ohne Hemmungen auszutoben",
ist längst vorüber für ihn, und deshalb auch die Gefahr „in einer geistreichen Manier unterzugehen".
Wer n u r geistreichelt, den darf man vielleicht totschweigen; wer aber, wie Kraus, gerade durch seine
Kritik auf allen Gebieten positiv wirkt, muß seine
Anerkennung finden, ohne daß er sie sucht. · W. R.

*Beilage zu Nr. 24: Zeitungsausschnitt aus der
›Salzburger Wacht‹ vom 14.1.1914*

[25] T [Wien, 20.1.1914]   [Janowitz]

Tiefsten Dank und allerschönsten Morgengruß

[26] T [Wien, 29.1.1914]   [Janowitz]

Auf der Fahrt vom Bahnhofe sende diesen besten Morgengruß
in Erwartung der Nachricht daß gut

[27] T [Wien, 31.1.1914]   [Janowitz]

Jetzt im Park?

[28]   T [Wien, 31.1.1914]   [Janowitz]

Höchsten Dank für Schluß nicht für Anfang des Briefes ++ Montag früh Nachricht wann eintreffe ++ vielleicht nachts wenn vier abreisen kann ++ Beneschau Abendessen ++ Prager Zug mit dem das erste Mal kam ++ erwartend was überhaupt die bequemste Verbindung ++ wenn heute Brief bitte express wegen Sonntag

[29]   T [Wien, 1.2.1914]   [Janowitz]

Vielen Dank ++ Freitag furchtbare Arbeit ++ gestern Samstag 2 Depeschen ++ hoffentlich nicht mehr besorgt ++ allerschönsten Gruß an Janowitz

[30]   T [Wien, 2.2.1914]   [Janowitz]

Im Sinne Samstägiger zweiter Depesche würde wenn Antwort bis drei kommt heute abends nach elf Uhr Beneschau wo Abendesse eintreffen ++ Allerergebensten Gruß

[31]   B [München, Februar 1914]   [Janowitz]

Um 2 – ganz müde, aber auch fertig – schlafen gegangen.
    Allerherzlichste Grüße für die Fahrt!

[32]   T [München, 15.2.1914]   [Janowitz]

Allerbesten Morgen.

[33]   K [München, 15.2.1914]   [Janowitz]

[Gisela Hess-Diller:] Ich habe Sie lange lange nicht gesehen aber ich habe Sie nicht vergessen. Nun höre ich dass Sie hier sind u. ich würde Sie so gerne wiedersehen. Es war in Meran.
    Gisela HessDiller
[Friedrich Heß-Diller:] Friedrich Hess-Diller als Gatte
[KK:] Ergebenste Grüße an Janowitz von Karl Kraus

[33]* K [Heidelberg, 15.2.1914]   [Janowitz]
KK an Karl Nádherný

Sonntagsausflug
Herzliche Grüße an Janowitz sendet, leider todmüde
                                          Ihr Karl Kraus

[34] T [Freiburg/Breisgau, 16.2.1914]   [Janowitz]
Guten morgen und guten Wein ++ Depeschiere nachts aus Freiburg wo übernachte ++ München noch interessanter Abschluß ++
nach vollkommener Schlaflosigkeit auch bewirkt durch verlorenen und mühselig erlangten kleinen Koffer mit Texten brachte
nach zehn eintreffendes Telegramm glücklichstes Gelingen ++
Mannheim nachmittag ++ besuchte Heidelberg Charleys Schloßaussicht ++ heute Zürich Bauer au Lac ++ morgen Heidelberg
Hotel Viktoria

[35] T [Zürich, 17.2.1914]   [Janowitz]
Guten Morgen ++ es war schön

[36] T [Heidelberg, 18.2.1914]   [Janowitz]
Guten Morgen ++ übernachte wahrscheinlich Dresden Weber ++
bin Morgen halb vier Prag ++ herzlichst

[37] B [6.3.1914]
Allerherzlichst!

[38] T [Wien, 6.3.1914]   [Janowitz]
Dem lieben Janowitz den schönsten Morgengruß

[39] B [Wien, 6.3.1914] 7 Uhr   [Janowitz]
Die Erwartung der Nachricht, daß *alle lieben Passagiere* gut angelangt sind, ließ mich vormittags nicht schlafen.
    Vielen und herzlichen Dank!
    Die Arbeit war erst um vier Uhr nachm. ganz fertig.
    Sollten es nicht zwei *schwarze* Schwäne sein?

Dieses Papier wolle man entschuldigen: ich habe kein anderes. Überhaupt gehts mir nicht so gut wie in Janowitz.

[40] B [Wien,] Freitag [6.3.1914] ¾ 8 Uhr abends   [Janowitz]

Ich komme soeben von der Druckerei.

Das erste Exemplar (noch nicht erschienen)* – mit dem Dolch aufgeschnitten.

Allerinnigst!

* In *Wien* erst morgen nachmittag.

[41] K [Wien,] 6./7.[3.1914] 6 Uhr früh   [Janowitz]

Die schönsten Grüße den beiden Nachtigallen im M.!

[42] B [Wien, 7.3.1914]   [Janowitz]

Den allerschönsten Gruß.

Das muß jetzt eine liebe Musik im Zimmer sein. Mir singt nur ein Gasofen.

Brief soeben, 4 Uhr, erhalten. Werde die Beilage direkt zurückschicken. Aus mir wird ja doch kein Gutsherr. Wann kommt Ch.?

Heute endlich kopfschmerzfrei. Trotzdem nicht glücklich – weil für diesen *Ausnahmsfall* die Vorstellung nicht genügt und Bilder nur traurig machen.

Aber es wird erträglicher sein, wenn man mir *eine* Bitte erfüllt:

Viel Schlaf!

[43] B [Wien,] Montag [9.3.1914]   [Janowitz]

Innigst danke ich für *zwei* Briefe, die heute gleichzeitig erhalten habe. Der eine, der gestern, Sonntag, kommen sollte, ist nicht zugestellt worden. (Samstag abgesandte besser express.) Hat man *meinen* zweiten, der auch am Sonntag eintreffen mußte und in dem auch eine *Bitte um Schlaf* enthalten war, überhaupt bekommen? (Es wäre gut, Empfang der Briefe immer zu bestätigen.) Programm wird diesmal nicht gedruckt. Ich habe Samstag ein

Exemplar der Wiener Auflage eigens schicken lassen, weil Provinz-Auflage erst heute versandt wird.

Heute ist es gewiß wieder schön und hell in Janowitz. Aber mein allertiefstes Beileid zum Tod des armen Stieglitz! Er hatte ein kurzes Glück. Die andern, die im Zimmer sein dürfen, bleiben hoffentlich gesund. – Auch was Bobby und Tangy machen, interessiert mich mehr als alles was in Wien vorgeht. So sehr steht jeder, der in Janowitz zu athmen die Ehre hat, bei mir in Gunst.

Montag

Zugleich mit dem Brief nach Janowitz dieser Gruß nach Prag von einem, der

> Kopfschmerz und Liebe
> nicht los wird.

[44] T [Wien, 9.3.1914]   [Janowitz]

Vorläufig diesen Dank für zwei gleichzeitig heute empfangene Briefe ++ ergebensten Gruß.

[45] B [Wien,] Dienstag [10.3.1914] 9 Uhr   [Janowitz]

Nur in aller Hast

Heißen Dank für all das Gute, das mir Brief und Prager Telegramm heute gebracht haben. Aus jenem ersehe ich, daß auch mein am Samstag abgeschicktes erst Montag angelangt ist.

Wenn der Frühling vor mir nach Janowitz zu kommen wagte, würde ich sehr traurig sein. Ich bin es schon so.

[46] T [Wien, 11.3.1914]   [Prag, Smetanagasse 18]

Innigsten Dank für Reisebrief und die lieben telegrafischen Wünsche ++ nehme heute Kinderbild mit

[47] T [Wien, 12.3.1914]   [Janowitz]

Noch schöner als letztesmal wiewohl nur Kinderbild anstatt Originals ++ Dank für alles

[48]   B [Wien,] Donnerstag [12.3.1914]   [Janowitz]

Soeben, 4 Uhr Depesche abgeschickt. Heute Brief (Stempel Wottitz) und Depesche aus Prag erhalten. Für alles Herzensdank!

Ich hatte also gestern Lampenfieber für jemand, der in Prag
einer Vorstellung zusah.

Schade, daß es vorüber ist! (*Nicht* das Lampenfieber – !)

Dem Zug-Brief – warum quält man die lieben Augen und
plagt sich um ein Kuvert? – lag ein Ausschnitt bei. Ich bin in
solchen Fällen *für* Verbot, aus allen möglichen Gründen. Es hat
überhaupt nicht *r*eproduziert zu werden! Die Angabe des rüh-
rigen Buchhändlers in dem heute beigelegten ist natürlich
Schwindel.

———

Solches sage ich Dir, weil ich Wichtigeres, das Wichtigste nicht
sagen kann.

Das ist ein arger Zustand. Um so Wichtiges *nicht* auszusprechen, dazu muß man einander *sehen*, einander ansehen!

[49]   B [Wien,] Freitag [13.3.1914] ½ 4   [Janowitz]

Über d. Abend gestern (Donnerstag) um 3 Uhr depeschiert.
Hoffentlich noch Donnerstag zugestellt worden.

Es war ganz finster und nach vieler Leute Ansicht noch schöner als das letzte Mal. (Ich selbst habe mit wenigen gesprochen.)

In der Beilage: »Durch *der* Zeitung« kein Druckfehler. (Und
das ist nicht so wie bei »wegen« und »ohne«.)

Nachträglich fällt mir erst die reizende Beziehung der Stelle:
»Geistesgegenwart in Beneschau« auf. Wie man sich an alles erinnert!

4. April *Prag* (1. April Berlin)

7. Wien (noch nicht ganz sicher, ev. auch erst Ende April)
(21. Bielitz, 22. Ostrau Mittag – nachm. zurück nach Wien –
23. Brünn)

Hoffentlich kommt Ch. vor meiner Abreise.

Tausendfachen Dank für den lieben Brief, dessen Duft mir
eine Anwandlung von Kopfschmerz vertrieben hat.

Es wird hier immer unerträglicher. Eine Trennung erträgt
sich in Janowitz, aber nicht in der Wiener Einsamkeit.

Allerallerherzlichst!

Bitte, wenn man will, daß mich Sonntag (morgen) eine Nachricht erreicht, *express.*

[50]   B [Wien, 14.3.1914]   [Janowitz]

[Enthält nur ein Lorbeerblatt].

[51]   B [Wien,] Samstag abend [14./15.3.1914]   [Janowitz]

Geliebte!

Ich deute das Fallen eines Lorbeerblattes, starre die blaue Tasse an und erwarte von überall ein Zeichen. Denn der Postbote hat heute keines gebracht. Willst Du von mir ausruhen?

Wenn nicht, dann habe den Wunsch, mich in der Smetanagasse 18 zu sehen.

Telegraphiere, *sooft Du willst,* die Worte: »Abreise morgen früh ½ 9 bis Nachmittag ….«

(Nichts von Prag! damit nicht Verabredung merkbar.) Ich wäre dann nach 11 Uhr in der Wohnung und wir würden nachmittags zusammen nach der Wiener Richtung zurückfahren.

(Ich wäre in solchem Fall von 10 Uhr abend bis zum andern Tag 10 Uhr abend, also nur 24 Stunden von Wien abwesend, viel zu wenig!)

Diese Erwartung wäre mir lieber als alles und solches Immer-Wiedersehen besser als Korrespondieren. Sooft Du willst, soll es geschehen!

Wenn aber nicht – so kann ich es in der Wiener Wohnung nicht mehr aushalten. Ich bin zu nah von Dir! Ich würde nur noch auf Reisen arbeiten.

Warum haben wir jenes eigentlich nicht verabredet? Wirst Du zu müde von mir? Dann will ich keinen Schlaf mehr finden.

Mir ist es noch nie so gegangen wie in diesen Tagen und gar heute! Warum duldest Du das?

Sonntag 7 Uhr früh

Kein Schlaf und keine Arbeit. Keine Stiege führt von meinem Zimmer zu Dir!

¼ 11

Ich habe mich nach zweistündigem Schlaf wecken lassen.

Nun kann ich weiter schlafen. Tausend Dank. Ich hätte nicht geglaubt, daß es *so* gut ausgehen werde.

Wohl *nach Prag*: Janowitz und wahrscheinlich nur auf ein paar Stunden, da am 6. in Wien sein müßte. Aber bis dahin *sehen* wir uns doch, nicht wahr?

[52]   B [Wien,] Dienstag [17.3.1914] 5 Uhr   [Janowitz]

Oh Sidi! Ich weiß jetzt, wie einem zum Tod Verurtheilten ist. In meinem Zimmer waren gestern hundert Galgen und heute, nach Deinem Briefe, noch immer etliche.

Ich habe den gestrigen Tag mit Warten verbracht. Lauern, ob in den Kasten ein Telegramm fällt. Da kam ich nicht dazu, Dir zu schreiben. (Warum schicktest Du nicht wenigstens eines, worin stand, daß Ch. nach Prag geht?!)

Dann saß ich die ganze Nacht, las *alle* Deine Briefe und holte mir aus jedem die Antwort. Dann lag ich von 7 bis 11 mit offenen Augen. Über zwanzig Mal lief ich ins Vorzimmer, wenn ich die Klappe fallen zu hören glaubte.

Immer war es nur das Geräusch des Elektrizitätsmessers. Um 11 hatte ich recht gehört. Der Kartenbrief: Rilke – aber das paßt nicht in diese Wildnis! (Ich habe Dich nicht strafen wollen – Samstag schickte ich das gefallene Blatt, aber am Sonntag wird eben auch in Janowitz nicht immer zugestellt). Der Brief: ich danke Dir von ganzem Herzen. Aber ich verstehe das alles nicht. Was sind Wohnungen! Es gibt Wüsten! Warum lassen wir *dieses* Fest vorübergehen? So muß ich es allein feiern. – –

»Wollen wir uns in der Wiener Wohnung sehen?« Solche Frage möchte ich Dir am liebsten in dieser Wohnung beantworten, die mir sonst zur Hölle wird. Ändere es!

Ich war so aufgelöst, daß ich dann schlief: von 12 bis 2 Uhr. Nun sitze ich wieder da und warte und weiß nicht auf was. Um elf Uhr, eine Minute, ehe die Briefe kamen, hatte ich Dich bei mir, so schön, wie nicht einmal Du bist. *Warum versäumst Du das?*

Werde ich heute, morgen Reiseauftrag bekommen? Sag Ch: ich hätte Dir geschrieben, daß ich in Prag wegen kommender

Vorlesung zu thun habe und Du wolltest das mit Kommissionen verbinden. (Auch schrieb ich Dir, daß ich über Schwäne etwas gehört habe). Oder sage gar nichts. Oder sage *alles*: Daß Du mich sehen *willst*.

Aber selbst wenn Du es nicht *wolltest*, müßte ich Dir jetzt, eben jetzt das Äußerste sagen.

Soll ich nach Tabor kommen? Oder in das kleine Bahnhofrestaurant in Beneschau?

Ich soll Samstag abend, Sonntag Mittag und Montag abend vor Menschen stehen. Es ist natürlich ganz ausgeschlossen, wenn ich Dich nicht vorher gesehen habe.

Man kann auch von Prag über Prerau dorthin kommen; da müßte ich Donnerstag abend nach Prag fahren.

Dulde nicht, was jetzt mit mir geschieht! Alles im Zimmer, das Dich kennt, hat Mitleid.

[53]   B [Poststempel: Wien-Eger] Dienstag [17.3.1914] 9 ½ Uhr [Janowitz]

(mit diesem Brief fahre ich zur
Franzjosefsbahn, also fast nach Janowitz)
Nach Absendung habe ich telephoniert. Warum nicht die Stimme hören? Auch das ist mißlungen. Ich möchte es so oft thun, traue mich aber nicht. Wäre es nicht besser als schreiben (Um wie viel Uhr am besten?) Natürlich war zum Angerufenwerden zu spät.

Ludwig ist noch nicht nach Prag geschickt worden. Werde ich morgen, Donnerstag um 11 Uhr Vorm. dort sein? (Wozu bin ich auch nur bis zum Abend in Wien – wir sollten schon heute, Mittwoch, nachts uns irgendwo treffen, im Prager goldenen Brünnlein oder auf dem Windberg!) Oder tritt man heute um 8 Uhr bei mir ein?

Ich verbrenne. Fern Deiner Glut, Du Herrliche! Und es ist hier – auch *um* mich – so viel geschehen, daß Wiedersehen mit Bestimmung neuer Lebensstatuten unvermeidlich.

Ich hätte nie geglaubt, daß es so über mich noch hereinbrechen kann. Es ist Anfang oder Ende.

Was ich Dir je gesagt habe, ist ein Spiel neben der Katastrophe dieser Entfernung.

Dann soll geschehen was will – aber jetzt muß ich Dich *sehen.*
Weißt Du noch, wie ich sehe?

Du Ewige – hilf mir!

[54] B [Wottitz?, 19.3.1914] [Janowitz]

Das hatte ich in Janowitz im letzten Moment gefunden.* und
die Übergabe im Wagen vergessen. Ich schicke einen Boten.

Herzliche Empfehlung an Baron Charley und
nochmals tausendfachen Dank

von

K. K.

* auf dem Fenster neben der Stiege.

[55] T [Sedlec, 19.3.1914] [Janowitz]

Bitte ist durch Bahnbotin gesandte Uhr eingetroffen ++ Allerer-
gebenst

[56] B Tabor Wartezimmer [19.3.1914] ¾ 6 [Janowitz]

Sandte Uhr und Depesche (von der Fahrt).

Das hier wollte ich zeigen.

Aber im Traum von Janowitz vergißt sich dergleichen.

Immer wieder Dank und innige Segenswünsche für Janowitz!

[57] B [Wien,] Freitag 20.III.[1914] [Janowitz]

Zum ersten Mal glaube ich an ein »Wunder der Technik«: ich
kann in Wien diese Stimme hören!

Aber die Erfindung ist unvollkommen; denn von 5 bis ¾ 6 ist
es schlimmer als ohne Telefon (ich habe dreimal reklamieren
müssen.)

Aus Tabor, Warteraum ¾ 6 Uhr sandte ich einen Brief mit einem Ausschnitt, den ich zu zeigen vergessen hatte (Gräfin D.
betreffend), und mit dem heißesten Dank für einen Traum, in
dem sich so etwas leicht vergißt.

Das l. Telegramm, das ich um 10 Uhr bei der Heimkehr vorfand, war doch die Antwort auf meines? Oder vorher abgeschickt?

Es war schwierig, die Depesche auf der Fahrt zu besorgen. Ein Stationsbeamter übernahm sie, hatte aber *zu wenig* dem Kondukteur berechnet und ich ließ von einem Wartehäuschen telephonieren. Es gibt also auch zwischen Wottic-Weselka und Chotovin Abenteuer buntester Art. Die Veilchen sind noch immer schön. Ich sage *doch* niemand, daß ich in Janowitz war. Es kann sich ja gar kein Widerspruch ergeben und es ist viel schöner so. Das Wort Janowitz in Wien auszusprechen, empfinde ich fast schon als Undank und Verrath. Bitte, herzlichen Gruß an Charley zu bestellen, der so sehr lieb war und mich wieder eingeladen hat.

Also morgen, d.h. jetzt, nachdem dieser Brief angelangt ist, reise ich um 12 Uhr 35 mit der Nordbahn in wilde Gegenden. Ich bin um 7 Uhr in Bielitz Hotel Kaiserhof (von Djieditz per Auto): dort ein Telegramm vorzufinden wäre sehr, sehr schön. Nachts, nach 1, treffe ich in Mährisch-Ostrau ein – ich weiß den Namen des Hotels nicht, aber im *Stadttheater* lese ich von ½ 11 bis 1 (Mittag) Dorthin könnte also auch – wenn es dem Sender erwünscht ist – eine Depesche oder (da Sonntag) ein Expressbrief gelangen. Von Ostrau reise ich gegen 5 Uhr zurück nach Wien, wo ich gegen 10 Uhr abends eintreffe. Am Montag bin ich in Wien bis ½ 2 Uhr; nach 2 reise ich zur Vorlesung in Brünn, wo ich gegen 5 Uhr eintreffe. Dort wohne ich *Grand Hotel* (die Vorlesung findet im »Deutschen Haus« statt) und ich reise ——— entweder gegen 11 Uhr mit dem Personenzug nach Wien (Ankunft 5 Uhr früh) *oder* 1 Uhr nachts nach Prag (wo im »Weißen Roß« 6 Uhr früh ankommen würde. Von dort 1 Uhr 35 Franzjosefsbahn nach Wien zurück). Dies, wenn die Hindernisse schon beseitigt sind. Im andern Fall bin ich, wie verabredet, am 30. oder 31. Prag oder Janowitz oder wo man will.

Die Wiener Vorlesung ist also am 7.? (Ich frage, als zufälliger Besucher des Abends die Hauptperson). Sonst ginge es erst ab 25. April.

Somit wäre alles Technische klargestellt.

Von Baron W. in Leipzig einen langen Brief, natürlich ohne Resultat, aber auch sonst nicht sehr angenehm. Werde ihn mitbringen.

Der Zug, den ich gestern benutzt habe, ist sehr praktisch.

Daß der Brief aus Tabor nicht eintraf, umso ärgerlicher als ich doch gerade einen Morgengruß beabsichtigt hatte.

Und nun Dank für alles und für jeden einzelnen all der Sterne, die nur über Janowitz sind. Und wenn dieser Brief noch rechtzeitig eintrifft, bitte auch einen Gruß für *Tabor* zu übernehmen –

In unendlicher Liebe

Dein!

[58]   B [Wien,] Freitag [20./21.3.1914] 7 Uhr   [Janowitz]

Jetzt habe ich den rekomm. Brief aufgegeben und an dem schönen Abend in Wien erst gemerkt, wie schön heut der Tag in Janowitz gewesen sein muß. Aber gestern war es noch schöner.

Den Gruß in Tabor (Chotowin) hat man bestellt? Ich durfte darum bitten, im Sinne der lieben Grillparzer-Zeilen, die ich geschenkt bekommen habe, nicht wahr?

Hier sende ich ein Veilchen von Janowitz.

Samstag

12 Uhr vor der Abreise

Bis jetzt nichts gekommen. ———

Kutschiert man morgen? Wie beneide ich Eros!

[59]   T [Wien, 23.3.1914]   [Janowitz]

Nachts nach Ankunft Wien sende allerschönsten Morgengruß und Dank für Depesche Bielitz und vorgefundenen lieben Freitag Brief ++ etwa nach Ostrau Gerichtetes wird nachgesandt ++ alles in schlafloser Hetzjagd gut verlaufen ++ Wien verschoben bis nach Aprilmitte ++ hoffentlich mit Charley anwesend ++ 31 – nach Berlin drei oder halbelf wie Morgen früh wieder Wien ++ wie geht es Bobby

[60]   B [Wien, 24.3.1914]   [Janowitz]

[Karte:]

½ 6 Uhr früh nach Rückkehr von Brünn finde den lieben Eilbrief vor, der mir aus Ostrau nachgesandt wurde (ich hatte leider nicht bedacht, daß er von Janowitz nach Ostrau nicht in einem Tag gelangen kann). Vor der Abreise *bekam ich* den lieben *Prager* Brief. Für alles innigsten Dank! Nur in Brünn selbst hatte ich kein Zeichen. Ein solches zu bekommen, ist schön. Es zu erwarten, spannend. Es nicht zu bekommen, —— pfuja! Zumal in diesen Tagen, wo mich die Situation mit Förster- und Hegerbestien unaufhörlich beschäftigt. Die Hanako habe ich schon vor zwölf Jahren gesehen. (Soll nicht zu den bedeutendern jap. Schauspielern gehören.) Hier habe ich etwas radiert, das man doch besser *mündl.* sagt.

Edler Liebling – !

Dienstag 4 Uhr nachm.

Brief mit l. Mittheilungen über Hunde, Pferde, Schwäne, Bisamratten und Vorleser erhalten.

Am 31. fahre ich also nachm. oder spät abend nach Berlin – wie man will.

Und wieder:

Was suche ich denn in Brünn, wenn ich dort keine Nachricht aus Janowitz finde?

Meine Reisen haben doch nur diesen Sinn!

[Brief:]

Dienstag

Nach dem Telephongespräch 7 Uhr:

Das nicht verstandene Wort war *Thee.*

Ich fragte, ob man jetzt im Thee-Trinken gestört wurde.

Sonntag Janowitz: das wäre ja einzig.

Wenn ich nur mit der Riesenarbeit bis dahin fertig bin! Ich hoffe sehr, daß es möglichsein wird – wenigstens so, daß ich Sonntag nachm. abreisen kann.

Zwischen »niemals« und »immer« geht es mir gut!

[61]   T [Wien, 25.3.1914]   [Janowitz]

Morgengruß und innigsten Dank ++ bin schon in Erwartung der Parkeinfahrt da bis Samstag Arbeit fertig ++ über Wunsch Loos soll mitteilen daß Morgen Freitag Gurrelieder ++ werde Abends nach Japanischen Nachtigallen fragen und fünf Uhr anrufen.

[62]   B [Wien,] Donnerstag [26.3.1914] ¾ 5 Uhr   [Janowitz]

22. April, im großen Beethovensaal (viel schöner!)

Wohin fährt Charley?

Natürlich hatte ich an *Depesche* nach Brünn gedacht und im mitgetheilten Hotel oft und oft gefragt.

Hier ein armes Veilchen von Janowitz –

Ich bin schon wieder so weit, daß ich die Sekunden bis Janowitz zählen möchte.

Zwischen »Niemals« und »Immer« dennoch manchmal sehr traurig.

Es muß anders werden, Du Liebstes! —— Jetzt wird bald eine Stimme hörbar sein ——

Wie schön war das! ½ 6 Uhr

Also wieder »Dolch«-Papier! Morgen (Freitag) dürfte Anruf wegen Druckerei unmöglich sein.

[63]   T [Wien, 26.3.1914]   [Janowitz]

Drei Japanische Nachtigallen schlagen hocherfreut Janowitz entgegen ++ können es gar nicht erwarten und grüßen herzlichst

[64]   B [Wien,] Freitag, nach dem Anruf [27.3.1914]   [Janowitz]

Bis 5 Uhr hatten wir also *beide* unsern Brief nicht. Sogar darin ist Einverständnis. Ich hätte wirklich heute nicht telephonieren können und muß darum jetzt gleich wieder in die Druckerei. Morgen (Samstag) wird es wohl deshalb nicht möglich sein, weil ich zwischen 4 und 6 noch einmal hinunter muß und auch für die Reise etliche Besorgungen habe. Wenn ich mir's also versagen muß, vor Sonntag nachts die unentbehrliche Stimme zu hören, so liegen dumme technische Hindernisse vor.

Fünf Minuten vor dem heutigen Anruf fiel der erlösende Brief in den Kasten; ich war um ½ 5 nachhause gekommen, um auf die Stimme zu warten, ihr zu sagen, daß auch ich nichts bekommen und gestern vor 6 meinen Brief aufgegeben habe. Hoffentlich ist er – nach Wunsch wieder auf »Dolch«-Papier geschrieben – nun doch angelangt. (Die Briefe gehen also manchmal 24 Stunden!)

Er enthielt nichts als eine der vielen Variationen über das ewige Thema: Sehnsucht nach Janowitz. Die Zeit von ½ 10 bis 12 in der Sonntag-Nacht werden 2 ½ Jahre sein.

Dann aber werde ich Dich diesen Trennungsschmerz büßen lassen – *bitte* nicht bei der Park-Einfahrt zu sein, sondern im dunkeln Schreibzimmer neben dem blauen! Es wäre am besten, wenn der Diener mich gar nicht hinaufgeleitete. Und noch schöner, wenn er sagte, man sei schon schlafen gegangen, und dann käme man zu mir oder ich über die kleine Treppe hinauf.

Nur wäre dann Auftrag wegen meiner drei Reisebegleiter nothwendig.

(Sonntag muß von mir entweder Brief (früh oder abend) *oder* Depesche kommen.)

Liebste, Deine Erfüllung ist so herrlich groß, daß sie an die *Erwartung nicht* hinanreichen kann. Wie schön ist das!

[65] B [28.3.1914]

Heute also dringt kein Ton aus Janowitz.

Wie besprochen.

Aber wenn Janowitz zugleich in Wien sein könnte und wissen, wie das aussieht – ! Da bleibt nichts übrig – wenngleich Du es nicht magst –, als *alte* Briefe zu lesen. Und ich finde einen: Wien, Hotel Krantz, »Donnerstag 22.1. um 10.55«

Nie seit damals, *nie wieder* hat meiner Leidenschaft ein solcher Ton geantwortet!

»Du, beinahe ein Schaudern überzieht mein Herz ….«

Ist denn das noch wahr? Gilt jener Vertrag?

Ich gehe am Nein und am Ja zugrunde. Ich weiß es.

Ein solcher Einbruch in den Himmel wie heute Nacht muß einen Höllensturz zur Folge haben!

[66] T [Berlin, 1.4.1914]   [Janowitz]

Rückfahrt unter Sternen ++ Zug war bereits da ++ Charley war Prager Bahnhof ++ bleiben zusammen bis Abfahrt ++ schilderte ihm den herrlichen Triumph des Frühlings über Janowitz ++ hoffentlich heute noch schöner ++ ergebensten Gruß an den Citronenfalter

[67] T [Berlin, 2.4.1914]   [Janowitz]

Gestern gut verlaufen ++ große Freude heute mit Brief und Depesche ++ Dank auch für gestrige ++ also wirklich Trauermantel ++ schönste Grüße auch an Charley der wohl schon zurück ++ fahre jetzt zum Thierhändler

[68] T [Berlin, 3.4.1914]   [Janowitz]

Zwergpapageien leider noch nicht zu haben ++ innigsten Dank für Mondbrief ++ hat Bobby wieder einmal ein Blatt mißverstanden?

[69] B Montag Tabor, Warteraum [6.4.1914] ¾ 6   [Janowitz]

Vielleicht kommt das doch rechtzeitig und an einem schönen Morgen an, um das eine und einzige Janowitz zu grüßen!

[70] B [Wien,] Dienstag [7.4.1914]   [Janowitz]

Wie geht es heute? Denkt man noch an meine Bitte um Ruhe?

In Wien nur Ärgerliches vorgefunden. Heute dieser Brief des Herrn W. Ich habe unserer Verabredung gemäß den Herrn in Prag laufen lassen, glaube aber doch, daß ich ihm eine Antwort geben muß.

Etwa die:

»Sie sind im Irrthum sowohl über die Gründe meiner Haltung wie darüber daß ich sie Ihnen vorenthalten wolle. In Prag, vor meinem Abend, hat sich keine der von Ihnen gebotenen Gelegenheiten zu einem Gespräch geeignet noch war es mir selbst möglich, eine solche herbeizuführen. Auch konnte ich nicht ahnen, daß Sie nach einer derartigen Unterredung Verlangen haben. Da es der Fall ist, so bin ich selbstverständlich jederzeit in Wien bereit, sie zu führen.«

Ich möchte noch *von Wien* aus telegraphisch diese Antwort geben. Vielleicht hat man – als die Hauptperson jeder und vor allem dieser Aktion – die Güte mir telegraphisch mitzutheilen, ob man mit dieser Art einer vorläufigen Erledigung einverstanden ist. Ich könnte noch hinzufügen: »Bis dahin die Versicherung, daß natürlich auch ich nicht meine, daß Niedrigkeit und Hoheit in einem Herzen abwechseln können.«

Oder laufen lassen —— ? Ich bin mehr für die Antwort. Freue mich doch auf die Gelegenheit, »aus den niedrigen Thaten die logische Kette zu machen.«

Der Brief ist die Empörung eines Schwammes, dem man zugemuthet hat, daß er Wasser durchlasse.

Zu widerlich!

Warum muß solche Nachricht nach Janowitz dringen?!

Jetzt gehe ich in die Anstalt für Löschapparate.

Prag 4.-5. April!!

Allerinnigst immer Dein ——!

[71]   B [Wien,] Mittwoch [8.4.1914] 5 Uhr   [Janowitz]

Gestern Dienstag hatte ich gar keine Nachricht von Dir. Denn Dein um 5 Uhr 35 nachm. datiertes liebes leider nicht *ganz* verständliches Telegramm ist erst *heute* zugestellt worden.

Etwas später kam die Depesche in der W.-Sache und jetzt um ½ 5 *Uhr nachm.* Dein gütiger Brief.

Die erste Depesche lautet: »Innigen Dank Taborgruß heute vor einem Jahr *wünsche* beste Grüße.« Doch das wirst Du mir mündlich erklären. Nur —— wann?? Ich bin ziemlich rathlos. »Warte nicht auf Prag, sonst wird mein Warten so lang ….«

Das heißt: ich soll morgen *(Donnerstag)* nachts eintreffen? Und Du willst nach zwei bis drei Stunden Schlaf frühmorgens nach Prag reisen? Das ertragen *meine* Nerven nicht. Ja, wenn Du *nachmittag* nach Prag reistest! (Und bis dahin Schlaf hättest – *ich* würde Dich in anderen Tagen nicht *so* darum bitten wie *jetzt* …)

Ist es da nicht besser, ich reise statt um 4 Uhr nach Janowitz am Abend nach Prag, treffe Dich um ½ 1 (wie immer!) in der Wohnung und wir fahren nachm. oder wenn dies nicht möglich, später zusammen nach J.? Ich habe also die Wahl, Donnerstag (d.i. heute) 4 oder 10 Uhr abzureisen. Entscheide, bitte! *Wenn Du Prag bis nach Ostern aufschieben könntest*, würde ich leichten Herzens schon um 4 Uhr reisen!

Wie schade, daß Prag dazwischenkommt! Es gäbe noch etwas: ich fahre Freitag 8 Uhr 25 früh bis Beneschau 1 Uhr 46, wo Du, von Prag kommend, 2 Uhr 30 eintriffst, d.h. ich steige in Deinen Zug und wir sind, wie Palmsonntag, 2 Uhr 50 in Wotic-Weselka.

Wenn mich Deine Entscheidung bis *3* Uhr (heute) erreicht, so ist es gut. Ich weiß dann, ob ich um 4 Uhr nach Janowitz, um 10 Uhr nach Prag oder am Freitag, früh, nach Beneschau fahren soll. Von *Prag* besser nichts in der Depesche zu erwähnen. Vielleicht am besten so: »v i e r Uhr abzureisen« (beziehungsweise: »10 Uhr …« oder »Freitag früh …«)

In dem Fall: *10 Uhr* »abzureisen« weiß ich, daß ich Freitag um ½ 1 Uhr in der Smetanagasse aufzuwarten habe. (Wer ist Dienerin und wer Diener?)

In dem Fall: »Freitag früh …« hoffe ich in Beneschau keine Enttäuschung zu erleben, sondern in unserem Halb-Coupé I. Klasse jemand vorzufinden.

Armer Bobby! Auf ihn war mehr Verlaß als auf einen Lyriker! Das Blümchen rutscht fortwährend aus Deinem Brief. Und ich habe auch sonst so viel Ärgernisse in dieser Höllenstadt. Es ist wirklich so, daß meine Anwesenheit hier mir die Unruhe und den Unfrieden zuzieht.

Charley sende ich mit der gleichen Post Prospekte über ein Feuermittel, welches das beste zu sein scheint. Der Mann hat es mir gestern lang und breit erklärt. Werde mich natürlich noch weiter erkundigen. Wasserapparate scheinen nicht so vortheilhaft zu sein.

Ich war auch bei Günther. Er oder sie verstand, ich wolle Bisamratten kaufen. Ein Gegenthier kennen sie nicht.

Im Lexikon steht, daß die Bisamratte in Europa *höchst selten* ist!

Ich bin auf Janowitz gespannt, als ob ich noch nie dort gewesen wäre. Ein Wiener Tag entfernt auf ein Jahr!

Als ich ankam, trat ich in den Teich vor meinem Hause. Aber ich erinnere mich dunkel, daß der in Janowitz viel schöner ist.

Es grüßt innigst
              seiner Dienerin Diener.

[72]   B (Dienstag) Wieder einmal Čekárna, Tabor [14.4.1914] ¾ 6 Uhr
                                              [Janowitz]

Allerinnigsten Dank für die herrliche Abschiedsfahrt und viele Grüße, auch an Gräfin, Baron und japanische Nachtigallen!

Kann ich den schrecklichen Orion-Prospekt nachgeschickt bekommen?

Ich korrigiere jetzt »Sprüche und Widersprüche«.

[73]   B [Wien,] Mittwoch [15.4.1914] ¼ 5 Uhr nachm.   [Janowitz]

Die ganze Nacht gearbeitet.

Trotzdem *bereue* ich die Abreise von Janowitz. Schon mit dem Entschluß kam die Reue. Sie wuchs, als sie das römische Kostüm sah, und im Waggon wollte sie gleich wieder zurück. Nun hockt sie mir im Zimmer und sieht schon wie die Erwartung aus.

½ 6

Jetzt kommt das liebe Telegramm. Und ich habe wieder einmal keines geschickt. Um 3 Uhr stand ich auf – da wäre es nicht bis 6 in Janowitz angelangt (das dringende gestern gieng doch 2 Stunden!)

M.Th. im Hotel K. nicht abgestiegen.

Hier gleichfalls kalt und trüb.

Die schönsten Grüße an Alle und Alles!

(Bitte den Schwänen nicht zu nah zu kommen!) Der Lippe geht es hoffentlich schon gut.

[74]   B [Wien,] Donnerstag [16.4.1914] ½ 5 Uhr   [Janowitz]

Innigsten Dank, leider in größter Arbeitshast.

Die Films werden jetzt abgeholt. Sie sind bei der Firma »Aar« I. Wallfischgasse 11 (wo man einmal gewohnt hat, wenn ich nicht irre). (Telephon 7004).

M.Th. wurde in Wien nicht gesehen. War vermuthlich nur auf der Durchreise.

Heute kommt wohl Charley?

Was macht die l. Lippe?

Immer allerschönste und herzlichste Grüße!

[75]   B [Wien,] Freitag [17.4.1914] vor 4 Uhr   [Janowitz]

Gestern nach Absendung des Briefes l. Telegramm erhalten, heute die rek. Sendung. Die Sache quält mich sehr, wird aber hoffentlich so geordnet werden, daß man nichts mehr zu befürchten hat.

Wenn am 21. nicht schön genug für Hainbach, müssen wir es bis nach Rückkunft aus Ungarn verschieben.

Um 3 Uhr hat Charley telephoniert. Jetzt wird er gleich zu mir kommen und hoffentlich Thee in blauer Tasse nehmen.

Habe leider arge Kopfschmerzen von der letzten Nachtarbeit. Ich werde jetzt zwei Stunden nur an Janowitz denken und da wird es sicher wieder gut sein.

Allertiefsten Dank dafür und für das liebe Schreiben und für Alles! Heute ist gewiß wieder Sonne in Janowitz.

[76] B [Wien,] Samstag [18.4.1914] ½ 5 Uhr nachm.   [Janowitz]

Nichts weiter?

»Heute schöne Sonne, kalter Wind« ——

Schöne Sonne! Sag, warum so kalter Wind?

Sonntag früh ½ 7 nach der Arbeit

Charley 4 Uhr gekommen. ½ 6 zu Dr.K. später ihn nach Margarethen begleitet. Um 9 wieder bei mir und dann zusammen im »Matschakerhof« beim Abendessen.

Dr.K. hat vorgeschlagen, nächsten Brief *uneröffnet ihm* zu schicken. Er wird ihn im Auftrag der Baronin S.N., ohne weitere Bemerkung, zurückschicken. Wenn jetzt schon Drohung, würde der im Wahn der Beachtung lebende Mensch sich zu interessant vorkommen. Das scheint mir richtig.

Briefnachricht vorläufig noch nicht übergeben.

Wenn nicht durchaus Phantasien, muß ihm (außer aus Neapel, wo er Adresse kennt) *einige* Mal geschrieben worden sein. Ich meine z.B. die Sache: »Grabschrift im Biedermeierstil«. Noch zu Weihnachten!

Dr.K. wird Erkundigungen über den Menschen einzuziehen suchen. Meint auch, man hätte nicht schreiben, aber Briefe zurückschicken sollen, weil das Bewußtsein, daß seine Briefe doch immer wieder angenommen und also gelesen worden seien, seinen Wahn genährt hat.

Dr.K. glaubt aber nicht, daß die Sache gefährlich sei.

Vielleicht ist *der Postmeister gefährlicher* als der Briefschreiber. Charley sprach mit mir über diesen Punkt. Er behauptet, daß der Inhalt von Depeschen manchmal früher im Ort bekannt ist als im Schloß.

Unter solchen Umständen glaube ich, daß man immer *rekomm.* schreiben müßte (außer ganz harmlosen Briefen natürlich).

—.— —.— —.— — — — — — — — — —

Das sind heute leider sehr trockene Mittheilungen. Aber noch nie war mehr Liebe zwischen Zeilen! Das spürt man doch?

Ich war nah dran, Ch. eine Liebeserklärung für Dich zu machen. Auch wollte ich ihm die W.-Sache erzählen. Soll ich? Oder ist es besser, wenn Du es selbst thust und irgendwie erklärst, warum wir beide es bisher verschwiegen haben.

(Neue Peinlichkeiten über den Herrn erfahren.) Ch. hat eine Abneigung gegen ihn, als ob er alles wüßte.

Jedenfalls ehe *Du* etwas sagst – müssen wir noch darüber sprechen.

_____

Wäre Hainbach nicht schöner *ohne*?

[77]   T [Wien, 20.4.1914]   [Janowitz]

Sonne aber noch immer ein wenig kalter Wind ++ sitze erster oder zweiter Reihe ++ gestern mit Charley Praterfahrt.

[78]   Briefkarte [Wien,] Dienstag nachts [21./22.4.1914]   [Wien, Hotel Krantz]

Da mich der Finger schmerzt – bitte kein Mitleid! ——, werde ich gegen ½ 1 telephonisch im Hôtel Krantz anfragen, wo zu Mittag gegessen wird. Bitte das beim Portier zu hinterlassen und wenn möglich auch einen Bescheid darüber, daß die Nacht *gut verlaufen* ist.

Es macht mir gar keine Mühe und ich werde eben zeitlicher den Versuch machen, einzuschlafen.

Allerergebenste Grüße und Wünsche!

Ich möchte auch Ch. noch sehr gern sehen. Das Telephon stelle ich *nicht* ab!

[79]   B [Wien,] 28.IV.[19]14   [Wien, Hotel Krantz]

Allerherzlichsten Glückwunsch zu meinem Geburtstage!

[80]   T [Wien, 28.4.1914]   [Janowitz]

Nach dem Wiedergeburtstag wünsche guten Morgen ++ Janowitz ist gewiß noch schöner als Hainbach und Heiligenkreuz.

[81]   B [Wien,] 29. April [1914] ½ 5   [Janowitz]

Ein leerer Tag, zu dem Kopfschmerzen ganz gut passen.

   Was soll man nach 10 Uhr 15 des vierzigsten Geburtstags auf
der Welt?!

   Das liebe Telegramm, das ich um ½ 12 Uhr aus dem Kasten
holte – ich schlief dann weiter – lautet:

   Bestens angekommen wunderschöner Morgen *Du* Dorf Feuer *noch* Tausend innigen Dank und Grüße

   »Du« steht wohl für »im«? Und das »noch« gehört zu tausend und nicht zu dem Feuer, das *damals* brannte und bei dem
ich mir den wehen Finger zuzog?

   Es ist lieb, daß man im Telegramm irrthümlich »Du« sagt, und
das Feuer war sicher ein Freudenfeuer zur Rückkehr der Herrin.

[82]   B [Wien,] 30.IV.[1914]   [Janowitz]

                                              bei Blitz und Hagel

Hochverehrte Baronin,

   für Ihren besonders freundlichen Brief bitte ich Sie auch meinen ganz *besondern* Dank annehmen zu wollen. Es freut mich
so sehr, nach all den literarischen Dingen, die so oft den Inhalt
unseres Briefwechsels bilden und die uns – seien wir ehrlich –
beiden nicht recht von Herzen kommen, endlich wieder einmal
etwas Persönlicheres von Janowitz und seiner verehrten Herrin
zu empfangen. Was Ihre Telegramme, vielleicht unwillkürlich,
zu einer so lieben Botschaft macht, spüre ich auch in diesem
letzten freundlichen Brief. Haben Sie Dank hiefür! (Sonst
schreibt man immer wie hinter einem Paravent.)

   Es würde mir herzlich leid thun, wenn die schönen Tage nun
zu Ende wären und Sie, verehrte Baronin, schlechtes Wetter

nach Riva mitnähmen oder dort vorfänden. Für den gütigen Ruf nach Janowitz kann ich nicht oft genug danken. Aber da ich, wie Sie inzwischen erfahren haben, in München dieser Tage eintreffen muß, so wäre es sehr schön, wenn wir uns darüber verständigen könnten, ob es nicht möglich wäre, sich auf der Rückfahrt zu treffen und gemeinsam – wie es schon einmal der Fall war – in Janowitz einzutreffen.

Aus Ihrem vorletzten Brief ersehe ich ja, daß Sie etwa am 6. zurückkehren wollen, und auch ich möchte etwa am 5. München wieder verlassen.

Für Ihre Frage nach meinem Befinden danke ich gleichfalls herzlich. Wie soll es denn einem gehen, der von dem viel besprochenen »Wendepunkt« seines Lebens – erinnern Sie sich? – nicht losrücken will und kann? Ich möchte nur, alles in allem, sagen, daß es mir, seitdem ich Janowitz kenne, in einem tieferen Sinne besser geht, was freilich mit dem Nervenleben des Tages nicht das Geringste zu schaffen hat.

Aber wenn der Flieder in Janowitz noch wartet, so kann ich Ihnen – es soll keine Unhöflichkeit sein – verrathen, daß er hier schon voll erblüht ist. Und sogar in meinem Zimmer! Denn, denken Sie nur, rechts von meinem Schreibtisch, dort, wo er die beste Sonne hat, steht ein herrlicher Fliederstock, der mir, ich weiß nicht wie, kürzlich ins Haus kam. Auch an einem »Wendepunkt«. Das wollte ich Ihnen schon als wir uns das letzte Mal in Wien sahen, erzählen.

Daß Charley, den ich schönstens zu grüßen bitte, gewonnen hat, ist sehr erfreulich. Und nun will ich mit der Versicherung schließen, daß ich mich auf Janowitz wie vielleicht noch nie zuvor freue. Ich schließe, aber leider ohne Siegellack; denn der ist mir ausgegangen. Vermuthlich auch Ihnen, wie das Kuvert Ihres lieben Briefes verräth. (Es sieht fast wie eine Verabredung aus.)

Leider kann ich diesmal keines der Manuscripte mitsenden und darum schicke ich den Brief auch nicht rekommandiert. Ich habe oft daran gedacht, daß ein Schreiben nach oder von Janowitz – bei der etwas komplizierten Expedition – verloren gehen könnte. Ein Lebenszeichen aus Janowitz – und wenn es künftig auch wieder nichts enthalten sollte als die leidige Literatur – will ich auch nicht einen Tag entbehren. Ich bitte Sie, verehrteste Baronin, an die Ehrlichkeit dieser Versicherung wie jedes Wortes, das in diesem Briefe steht, zu glauben

und bin mit ehrerbietigem Gruß

Ihr Ihnen und Janowitz in Freundschaft ergebener

Karl Kraus

N.B. Das Leben ist schwer. Umso herzlicheren Dank für die Gelegenheit, sich einmal in einem richtigen Briefe Luft zu machen!

Nicht wahr, Sie treffen doch auf der Reise in *Linz* mit Gräfin Dora P. zusammen? Ich würde am besten von der Thatsache der erfolgten Abreise erfahren, wenn Sie – falls es Ihnen möglich, d. h. Zeit genug ist – mir abends aus *Linz* eine Depesche ins Café Pucher, Kohlmarkt senden wollten. Vielleicht haben Sie die Güte, den Beamten darauf aufmerksam zu machen, daß die Depesche noch *in derselben* Nacht zuzustellen ist und nicht erst am andern Tage. Das wäre eine *gern erwartete Botschaft* und ich wüßte, daß Sie auf der Reise sind.

[83]   B [Wien,] 30.4.[1914] ½ 5   [Janowitz]

Auch der Wiedergeburtstag ist nur ein Tag und muß immer wieder gefeiert werden. Er wird es durch einen Brief wie den heutigen.

In Janowitz blüht der Flieder noch nicht? Da halten wir weiter. In meinem Zimmer blüht er.

Ich werde am 3. oder 4. nach Innsbruck reisen. Eventuell depeschiere ich nach Riva: »Eintrifft …..« das bedeutet, daß ich in Innsbruck Hotel Europa von soundsoviel Uhr an bin.

Aber das Hotel in Riva muß ich erfahren, nicht wahr?

Vielleicht wäre es gut, den Beamten wegen Verstümmelung der Depesche zu fragen, falls man glaubt, daß das »Du« unangenehm ist. (Oder erst, wenn ich komme. Jedenfalls bitte das liebe Telegramm mir aufzuheben.)

Immer wieder lese ich den Brief; schaue jedem Wort in die Augen. Wie kann ich für all den süßen Dank danken!

Ich begleite jede Minute bis Innsbruck, und glaube, daß ich das darf.

[84]   B Tabor 11.V.[1914] ½ 6   [Janowitz]

Bitte an Janowitz:

sich dieses Blatt voll beschrieben zu denken mit den tiefsten und
wahrsten Wünschen, daß seinem Adel und seiner Heiligkeit
wieder die Sonne scheine.

[85]   B [Wien,] 12.V.[1914]   [Janowitz]

Wie soll ich Dir für dieses Vertrauen danken! Ich bin von jetzt
an auch Deiner schwesterlichen Sehnsucht Unterthan.

   Dieses letzte Blatt von einem verblichenen Flieder, der hin-
ausgetragen wurde, lag für Dich auf dem Boden.

   Aber jener Wiedergeburtstag muß es auch für Dich sein;
sonst ist er keiner! Er bedingt die Ruhetage, um die ich Dich bat
und immer wieder bitten werde.

   Laß die Ruhe, mit der Du dulden kannst, endlich und nur
noch *Dir selbst* zugutekommen!

   Ich werde sie bewachen!

[86]   B [Wien,] 13. Mai [1914] 5 Uhr   [Janowitz]

Unendlichen Dank! —— —— —— —— ——

   Kein Telegramm konnte nach meiner Abreise erwartet werden
(nur nach *Deiner* von Wien), wohl aber ein Brief aus Tabor. Der
wurde natürlich geschrieben, scheint aber wieder erst nach zwei
Tagen oder überhaupt nicht eingetroffen zu sein. Das ist infam.
Und der Gruß aus Tabor war so wichtig für die Situation, die ich
hinter mir gelassen hatte! (Hoffentlich enthält der heute aus Janowitz abgesandte Brief die Mittheilung, daß er mit Verspätung
eingetroffen ist) Wie furchtbar ist mir das, Dich mir just am Tag
nach meiner Abreise ohne ein Zeichen von mir vorzustellen!
Aber in solchem Fall *mußt* Du glauben, daß ein Brief in Tabor
aufgegeben wurde. Natürlich werde ich das nächste Mal auch
eine Depesche aufgeben; die »ohne Aufsehen« abzufassen wäre
diesmal nach allem was vorhergegangen und auszudrücken war,
fast unmöglich gewesen. Aber im Taborer Brief stand in zwei
Zeilen Alles.

   Bitte wenn G. noch nicht wegen Venedig geschrieben, mit der

Benachrichtigung bis zum Eintreffen *in Wien* jedenfalls zu warten. Muß Dir da noch einen *Rath* geben.

Bei meiner Ankunft fand ich diesen Brief von M.Th. vor – mit der sonderbaren Anrede –; habe telegraphisch mitgetheilt, daß Ende des Monats vielleicht nur einen Tag in Wien.

Sonst nur Unangenehmes. Und immer nur Trost vor Deinem Bilde!

Heute fehlt mir das schlechte Briefpapier. Ich muß darum leider ein besseres nehmen – Verzeihung!

[87]   B [Wien,] 14.5.[1914] 5 Uhr   [Janowitz]

Dein heutiger Brief läßt mich ermessen, was Du gestern (am 13.), vielleicht wieder bis zum Abend, durchlitten hast. Natürlich hatte ich wie immer am 12. u. zwar um 5 Uhr einen rekomm. Brief abgesandt. Dein morgiger Brief wird hoffentlich die Nachricht bringen, daß er *überhaupt angekommen* ist, wie Dein heutiger die Mittheilung über den Taborer Brief gebracht hat. Aber man ist doch wirklich nicht auf der Welt, um der österreichischen Post nachzukeuchen und sich seine Aufregungen noch durch dieses unfähige Pack kompliziren zu lassen. Wir müssen das künftig anders einrichten. Jedenfalls werde ich diesmal eine Beschwerde machen. Der Brief aus Tabor gieng also immerhin 26 Stunden nach Janowitz, der rekomm. Brief vom 12. scheint auch so lang, wenn nicht länger gebraucht zu haben. Bitte um genaue Mittheilung, *wann* er gekommen ist, damit ich Beschwerde machen kann. Ich fürchte, daß am Ende der gestrige (13.) dieselbe Verzögerung hat, und der heutige auch, oder aber alle drei *zugleich* ankommen.

(Für das seinerzeit überhaupt nicht zugestellte Telegramm wurde das Geld zurückgegeben.) Man kann wirklich in diesem Staat nicht länger leben.

Bitte glaube, daß am Nichteintreffen eines Briefes – solange die Verabredung des täglichen Schreibens besteht – *nichts anderes* als die elende Post die Schuld trägt und stelle Dir bis zum Eintreffen die besten, wahrsten und liebendsten Worte vor, die drin stehen. Ich bin von der Arbeit zumal heute furchtbar gehetzt. Sonst würde ich Dir *Beispiele* für solche Worte geben! Darum nur das nächstliegende: »Ich liebe Dich.«

[88] B [Wien,] 15.V.[1914]   [Janowitz]

Janowitz und die Arbeit kämpfen um meine Seele, und schon morgen wird Janowitz gesiegt haben. Man weiß, was ich vor allem unter Janowitz verstehe.

(Dieser Brief geht nur express, nicht rekommandiert – ich komme zu keinem Postamt.)

Mitten in der Arbeit habe ich die Beschwerde an die Postdirektion geschrieben (auch über die Taborer Fälle). Es ist mir eine Qual, in der Dein Warten vom 13. inbegriffen ist, und ich möchte in solchen Fällen nicht nur Amtsehrenbeleidigung begehen, sondern Brachialgewalt gegen alles, was eine Staatsbeamtenuniform trägt.

Ich freue mich so sehr – in all dem Ärger –, daß um Dich herum jetzt Ruhe und Freundlichkeit herrscht. Aber Du darfst darum nicht vergessen, was wir gesprochen haben!

Baronin H. ladet mich nach Baden. Ich werde absagen.

Zum *heutigen* Tage verhundertfache ich meinen Gruß und meinen Segenswunsch.

(Ich werde doch auch rekommandiert den Brief aufgeben, denn ich sehe, daß ich Dich *Du* genannt habe, daß ich *Dich* liebe, und das schickt sich nicht vor Postbeamten, die Briefe erbrechen.).

Nachschrift

Hat sich die Situation in J. jetzt nicht so geändert, daß man überhaupt nicht weg muß? Und nur um meinetwillen reise? Wenn die Reinigung keinen Aufregungszustand mehr bedeutet, könnte ich ja dort bzw. in Prag sein?

In Wien – so glücklich diese Stunden sein werden – spüre ich jetzt schon nicht mehr die *Ankunft*, sondern die *Abreise* nach Venedig, und mir ist bange.

Oder könnte ich – bis zum 24. – in Venedig sein und dann wieder nach dem 29.?

Unter all den Korrekturen wäre mir jetzt am liebsten eine, die ich mir an Janowitz vornehmen muß – an jenem, das nicht *Du* heißt.

[89]   B 16.V.[1914]   [Janowitz]

Bis ½ 8 Uhr ist keine Depesche gekommen. Ich schicke also noch
diesen Eilbrief nach Janowitz.

Post-Ärger kommt ja nur von S. = L. – ist also dasselbe. Bitte
ihn also hinzunehmen wie *sie*!

Hier etwas für die Fahrt. Natürlich das allererste Exemplar
(erscheint erst Montag).

Gestern stand – über den Prozeß der Gfn. Esterhazy – das
Empörendste im Prager Tagblatt. (Überdies ganz den Thatsa-
chen zuwider.) Es ist mir eine peinliche Vorstellung, daß so et-
was über die Brücke von Schloß Janowitz getragen wird. Man
(Ch.) sollte das Schandblatt abbestellen und wenn schon ein
Prager Blatt gelesen werden muß, das andere halten. Selbst in
Wien habe ich noch nicht so eine Gemeinheit gelesen wie dieses
Prager Feuilleton.

———

Was immer ich in Briefen schreibe und melde, ist S. = L.

———

Dieser Brief geht nicht rekommandiert.

[90]   T [Wien, 17.5.1914]   [Janowitz]

Feststimmung in Hainbach

[91]   T [Wien, 18.5.1914]   [Janowitz]

Hainbach andauernd beflaggt und ohne Wetterfahne.

[92]   B [Wien,] 19.V.[1914]   [Janowitz]

Ich kann nicht weiter. Ich lebe von dem, was morgen sein wird,
und immer ist es ein übermorgen und auch das nicht. Warum
thust Du das ?

Du bliebst, wiewohl Du längst hättest kommen sollen. Dann
bliebst Du Montag, um ein Lied zu hören. Aber Du sagst, daß
ich »tausendmal mehr« bin als »alle Schönheit, alle Stimmungen,
alle Erinnerungen«. Warum also bliebst Du Montag ? Du
schreibst von Sehnsucht und Ungeduld. Jetzt kommt Deine Depesche und also Du erst Donnerstag. Ich kam soeben, 3 Uhr,

Beilage zu Nr. 89

nachhause; ich hatte gewußt, daß eine Depesche im Kasten sein
werde.

Aber dann kann ich nicht mehr nach Venedig, weil ich am 25.
(spätestens) zurück sein müßte. Alles ist umgestürzt, äußeres und
innen. Ich kann nicht mit Dir fahren und kann nicht hier bleiben.
Man vergißt, welche Hindernisse auch sonst mein Leben hat.

Vielleicht bin *ich* einmal der, der unbekannt wohin verreist;
und den »kein Ruf hält«.

Man weiß ohnehin nicht mehr, wo ich wohne, und depeschiert
Lothringerstraße 7.

Es wäre viel, viel schöner und das wahrhafte Wiedersehen,
wenn ich jetzt nachts ins dunkle Schreibzimmer von Janowitz
kommen, *eindringen* könnte — bis zum 24. bliebe und am 28. wir
zusammen nach Venedig.

Man hat längst das Telephonbuch und hat mich doch nie gerufen. Darum thue *ich's* jetzt. Um »niemals« zu hören – wenn ich
schon niemals sehen kann.

½ 6 Uhr

Voranmeldung und Gespräch, sagt das interurbane Amt, müssen
gestrichen werden. *Prag* melde: daß *die Verbindung mit Wottitz
15 gestört* sei!

Ich hatte es in meinen Nerven. Niemals – !

[93]   T [Wien, 20.5.1914]   [Janowitz]

Rathe wenn nicht heute andere Stimmung dem Bleibedrang
nachzugeben und jedenfalls noch 29 in Janowitz zu verbringen
++ äußere Dinge dürften dies nicht verhindern ++ habe Berlin
Konferenz mit Verleger ++ könnte durchreisend mich von Park-
herrlichkeit überzeugen ++ entweder Morgen Nachmittag oder
zehn bis zwölf ++ dann weiter nach Prag ++ keinesfalls Bedienung nur Park

[94]   B [Wien,] 20.V.[1914] 5 Uhr   [Janowitz]

Kein Anruf — —

»Jetzt muß ich Dir einen Putzer geben: Die Telegramme sind ja
sehr lieb, aber warum *schreibst* Du mir eigentlich nicht, besonders

jetzt, wo Du nichts zu thun hast? Daß Du mich täglich erwarte-
test, ist keine Ausrede. *Ich* schrieb immer. – *Wie wirst Du das
gutmachen?*«

Ich hatte sehr viel zu thun. Aber das wäre noch immer kein
Grund zum Nichtschreiben. Mitten in der rasendsten Arbeit
habe ich immer geschrieben. Die tägliche Erwartung ist der
Grund und keine Ausrede. Ein Brief nach J. kann *nach* Deiner
Abreise eintreffen (wenn wieder eine der Verzögerungen wie
neulich eintritt), und dann hättest Du *keine* Nachricht. So hast Du
wenigstens eine Depesche, abgeschickt in der sicheren Erwartung, daß Du um 2 Uhr abreisest und wir uns um 8 Uhr sehen.
Daß *Du* schreibst, auch wenn Du mich am andern Tag siehst, ist
etwas anderes: Dein Brief geht ja nach Wien, wo er mich trifft,
auch wenn er sich verspätet, da ich ja nicht abreise. Doch das ist
nebensächlich. Wichtig ist nur die Frage: »Wie wirst Du das gutmachen?« Mein Liebstes: wie wirst *Du das* gutmachen: Du
schreibst Briefe und sie enthalten die entzückendste Schilderung
alles dessen, was Du allein in Janowitz erlebst und was für uns
beide bestimmt sein sollte. »Wie schön wäre es gewesen, mit Dir,
die Nacht zu unserer Dienerin zu machen, das Gras zu unserm
Bett, und alle Düfte uns dienstbar.« Statt dessen darf ich nicht
kommen, weil anderes *nicht* dienstbar ist: die Diener, die ich
nicht brauche. Immer möchte man mich rufen, wenn es nicht
mehr geht. Aber es war so leicht zu ändern. Eigentlich müßte ich
fort: weil ein Sessel schief stand oder weil ein Bild staubig war.
Nun scheint die Möglichkeit, daß das Glück von solchen Ein-
flüssen abhängt, beseitigt: Du kannst mit Ch. machen, was Du
willst. Hättest Du ihm nicht sagen können: K. schreibt, daß er
nach Berlin, Leipzig oder wohin Du willst, muß; er will hier
durchreisen. Trotz Unordnung ist eine Nacht ganz gut möglich.
Du hättest in diesem Punkt einfach über mich verfügen können.
Jetzt, wo »ich nichts zu thun habe«, weißt Du ganz gut, daß ich
komme, wenn *Du Dich Mittag entschließen willst*, mich um
10 Uhr bei Dir zu haben. Und ohne Übernachten, wenns nicht
anders geht. (Ich fahre um 12 nach Prag.) Von 10 bis 12 mit Dir
im Park – im Gras! Und Ch. war zwei Tage fort!!! Du schilderst
mir eben jene Herrlichkeit, die *uns* bestimmt war.

Der ganze Juni: werden da nicht wieder jene Launen plötzlich über uns regieren? Ich bereite mich auf den Juni in Janowitz
vor, und nach ein paar Tagen könnte etwas von dem, worunter
Du Ärmste mehr leidest als ich, dazwischenkommen. Plötzlich
wird eine Winzigkeit, die irgendwie mit meinem Aufenthalt zusammenhängt, zum großen Hindernis.

Vielleicht ist eine Stunde in Janowitz mehr als ein Monat.

Und jetzt, wo Ch. selbst offenbar das Gefühl hat, daß der
Abschied von damals repariert werden müßte, daß es nicht das
Richtige war – gegen mich nicht wie besonders gegen Dich –,
wo er selbst meinte, ich sollte am Joh.-Tag da sein — !!

Natürlich wußtest Du von einem Tag auf den andern nicht,
ob Du nicht nach Wien kommst. Aber Dein heutiger Brief zeigt,
wie schwer Dir das wird. Die vier Gründe sind gar keine – wiegen nichts gegen Deinen Wunsch, mit mir zu sein. Anderes, das
ich achte, hält Dich. So müßtest Du, wenn Dein Wunsch, mit
mir zu sein, auch stark genug ist, mich *zu Dir* rufen. Was Du mir
heute schreibst, hat mich tiefst ergriffen. Vielleicht hast Du Dich –
nach Empfang meiner Depesche – inzwischen entschlossen, zu
bleiben. Der Entschluß »Venedig« hieng mit der längst erledigten
Gefahr zusammen und mit der Kränkung in Janowitz. Das äußere
Hindernis »Reinigungsarbeiten« wird nicht unüberwindlich sein.
Ich könnte morgen (d.h. heute, am Freitag) um 10 Uhr abends bei
Dir sein – im Park.

Dort wo Du allein unter blühendem Flieder zu soupieren gewagt hast!

Um 12 würde ich Dich wieder verlassen.

Ich müßte natürlich nicht nach Berlin, depeschierte nur so,
damit Du das Telegramm Ch. zeigen kannst. Ich gienge nach
Prag, dort angeblich eine Nachricht, daß ich nicht nach Berlin
muß. Telephongespräch mit Dir, Rückfahrt über Janowitz nach
Wien.

Und Ch. verließ doch Janowitz?

Wenn Du doch auf längere Zeit weg mußt – auch wegen Dora –,
warum nicht ab 30.? Du warst zwei Tage allein, der Park war
schön wie noch nie, Du auch, und ich traurig wie noch nie. Warum
wurde ich in der Zeit nicht einmal angerufen.

Wenn die Kammerjungfer nicht schon weg muß und der unerbittliche Ofensetzer Dich nicht Deines Landes verweist, so bleibe!

Wie kannst Du glauben, daß ich Dir eine Thräne um J. nicht gönne? Deine Bangigkeit, jetzt, vor dem 29. weg zu sollen, fühle ich mit Dir – so sehr, daß ich ohne zu fragen heute um 4 reisen und Dir einfach depeschieren wollte: ich komme *durch* Janowitz 10-12.

Ich habe »nichts zu thun« und schreibe nicht einmal einen Brief! Aber ich bin bereit überall zu sein, wo Du es willst!! Wenn Du morgen kommst, ist es herrlich, aber dann wird es so traurig – gerade in den Tagen vor der Vorlesung.

Wie schön wäre eine Stunde in J. gewesen! Ich will Dich nicht aus Entschlüssen reißen. Ich bin ja überselig, wenn Du heute kommst.

Kommt keine Nachricht, so erwarte ich Dich. Eventuell aber kommt eine, die mich in den Park ruft. Oder es steht schon im Brief (freilich zu bedenken, daß der Brief am Feiertag eintrifft und vielleicht nicht zugestellt wird – wenn er nicht express geschickt wurde.)

Wir könnten viel ruhiger leben, brauchten uns nicht einmal wegen der Post so viel zu ärgern, wenn wir sicher wären, daß wir, *wenn wir wollen, uns mündlich* irgendwo im Park etwas sagen könnten. —— —— —— ——

Oder können wir uns – wenn Du Depesche nicht gezeigt hast – morgen abends in Prag treffen? Und gemeinsam, während in J. gereinigt wird, in Berlin sein? Ich kann bis zum 25. abend von Wien weg bleiben.

Und daß Du von morgen bis zum 30. in Wien bist, daran ist wohl nicht zu denken?

Was ist Dir lieber: mit mir morgen (heute) nachts im Park oder im Prater?

[95]   T [Wien, 27./28.5.1914]   [Venedig, Hotel Danieli]

nachts sende innigsten Gruß der Theilnahme zum heutigen Tage ++ Erfolg war ungeheuer dank liebem Talisman ++ gestern außer hoffentlich erhaltenem Morgengruß keine freie Sekunde für weiteres Telegramm ++ beste Wünsche für Gesundheit.

[96]   B [Wien,] 27./28.[5.1914] 3-4 Uhr früh.   [Venedig, Hotel Danieli]

Überstanden. Komme vom Telegraphenamt. Heute (gestern)
wartete ich zitternd auf erste Nachricht, die endlich um ¾ 6 Uhr
kam. Erst um 15.30 aufgegeben, das ist noch später als 3.30. (Ein
kleiner Vorwurf.)

Nun fand ich das entzückende zweite Telegramm im Kasten
und ersehe daraus, daß mein Morgengruß angekommen ist.

Heute war nicht eine Sekunde, buchstäblich, für einen zweiten
Gruß zu retten. Ich war um ¼ acht Uhr mit der Gruppierung
der Lichtbilder etc. noch nicht fertig, raste zum Saal, unterwegs
Maximilianstraße, war ich im Amt, aber es standen zehn Leute
vor dem Schalter und ich wäre zu meiner eigenen Vorlesung zu
spät gekommen – (vielleicht nicht mehr hineingelassen worden).

Gestern, nachdem ich von der Südbahn zurückgekehrt war –
aus dem Waggon hatten zwei Thiere gegrinst; ich war noch lange
davor gestanden – kam um ¼ 9 M.Th., mit dem ich dann in das
Volksgartenrestaurant gieng. Es war unbeschreiblich öde und
resultatlos. Familienkonflikt, Pläne, Österreich und die Welt im
Allgemeinen zu reformieren, Verfassungsänderung auf biologischer Grundlage, Arzt-Priesterthum, mehrere Eisen im Feuer,
Freiluft, Turnvereine, Opels »Puppchen«, alles mögliche, aber
das Wichtigste war nicht zu erledigen, so daß hier wirklich Entfernung der einzige Abschluß ist. Geht von seiner »Diagnose«
nicht ab, die allerdings ganz harmlos gewesen sei, alles sei harmlos, z.B. die Stiegen-Szene, von irgendwelchen Unzukömmlich-
keiten in Janowitz weiß er gar nichts (so daß ich in diesem Punkt
mich nicht weiter informiert zeigen *konnte*). Charleys Verhalten
ist ihm räthselhaft u.dgl. – das Gespräch mußte im Sande verlaufen; denn hier ist nur Sand.

Dann gieng er nachhause und ich ins Café P. Der heutige
Abend noch viel stürmischer als sonst einer. Große Aufregung,
als ich ins Künstlerzimmer kam. Ein Polizeibeamter und ein Ad-
vokat warteten, brachten ein Dekret des Gerichts: der Verleger
Staackmann hat Beleidigungsprozeß angestrengt (Geschworenen-
gericht!) und gegen Erlag einer Kaution von 2000 Kronen ein
Verbot jenes Heftes und der Vorführung des Lichtbilds (»der
Strandläufer«) erwirkt!! Eine Minute vor Beginn! Ich las – in der

dritten Abtheilung waren die Bilder – dem Auditorium das *Dekret* vor. Zehn Bilder wurden vorgeführt.

Hier etwas Jasmin (von der Gallerie zugeworfen.) Nachher im Volksgarten mit einigen Leuten, Loos, M.Th. etc.

Ich möchte abreisen: »Kein Ruf hält mich«, aber hoffentlich ruft mich einer bald! Den ganzen Abend quälte mich das Bewußtsein, daß man keinen Gruß von mir hatte.

Heute den ganzen Tag werde ich mit tiefster Theilnahme einer Gondel folgen; und dieser Brief kommt leider erst morgen an.

Und man wird nicht böse sein, weil ich heute und morgen so genau unterscheide. Wenn man schreiben wird, daß man morgen kommt, so werde ich glücklich sein zu wissen, daß es heute bedeutet. Oft genug war ja morgen übermorgen. (Ein kleiner Vorwurf.)

[97]   T [Wien, 28.5.1914]   [Venedig, Hotel Danieli]

Allerbesten Dank ++ Brief unterwegs

[98]   T [Wien, 29.5.1914]   [Venedig, Hotel Danieli]

Tiefsten Dank Karte Depesche Brief ++ meinen hoffentlich erhalten ++ heutiger kommt morgen erst Nachmittag ++ Wünsche schönste Stunden ungetrübt durch Stimmung die Karte enthält

[99]   T [Wien, 29.5.1914]   [Venedig, Hotel Danieli]

Glückliches Venedig

[100]   B [Wien,] 29.V.[1914] 5 Uhr   [Venedig, Hotel Royal Danieli]

Depesche und Brief brachten mir beim Erwachen – 2 Uhr – größte Freude, – gedämpft durch den Inhalt der lieben Karte. Über solche Stimmungen müssen wir bald hinauskommen. Das Thermometer ist in Wien gekauft, rührt sich infolgedessen nicht und ist also das wahre, zuverlässige Thermometer für diesen ganzen Zustand.

Meiner Gesundheit muß es *andauernd* gut gehen. Nehme ich Arsen? Wann werde ich die Salbe auflegen? Man hat soeben dem Professor P. telephoniert. Wenn vier Wochen, meinte er: Kastelruth (circa 1200) die Frage, ob dann nicht höher: *besser, bejahte* er und empfahl das Engadin mit St. Moritz, Sils-Maria etc. Es scheint aber 1200 zu genügen, und ich wäre dafür, daß wir die vier Wochen abwechselnd in Waldhaus Flims, Bergün (1400) oder St. Moritz resp. Pontresina oder Bernina verbringen. Alles ansehen und dort bleiben, wo es am schönsten ist.

Sonst habe ich leider nicht viel mitzuteilen, außer: daß ich das Kursbuch Juni bekommen und in punkto Toblach etc. studiert habe. Das Post-Auto über die Dolomiten verkehrt also noch *nicht* – erst ab Mitte Juni. Leider verkehrt aber auch das Post-Auto Toblach – Schluderbach – Misurina noch nicht. Ob man sonst eines bekäme, weiß ich nicht. (Man müßte es riskieren.) Bleibt uns die freilich einzig schöne Fahrt von *Niederdorf* (nicht Toblach, sondern auf der Reise von Venedig *vor* Toblach) nach dem Pragser Wildsee.

Es ist zu überlegen, ob man das will. In Venedig fährt man 9.28 Vorm. ab und fährt – *nicht* durch Valsugana – über Franzensfeste nach *Niederdorf*, wo man um 8.34 abends eintrifft. (In Niederdorf ist ein vorzüglicher Gasthof »Emma«). Am nächsten Tag würden wir die schöne Partie machen und am Abend nach Wien (12 Stunden Bahnfahrt, so daß die Fahrt Venedig – Wien im Ganzen 23 Stunden dauert, abgesehen von dem Tag der Unterbrechung).

Wenn man Zeit hätte, könnte ich auch nach Venedig kommen, um dort zwei Tage zu bleiben. Oder man fährt direkt nach Wien zurück. Geschieht dies bei Tag, könnte ich entgegenfahren. Bei Nacht würde ich nur stören, und thue auch dies von Herzen, wenn man es will.

Oder bitte irgend etwas ausfindig zu machen: ob und wie wir uns in Venedig, Valsugana, Bozen, Innsbruck, Toblach, Villach, Wien treffen können.

Die Entfernungen sind alle zu keck.

Ich habe alles Äußere gesagt. Das Innere ist dazu zu denken, und hier ist der Phantasie der größte, unendlichste Spielraum gelassen.

[101]   T [Wien, 30.5.1914]   [Venedig, Danieli]

Dank Depesche ++ Kein Brief ++ Th. Mittwoch verabschiedet ++
gestern aufgetaucht ++ Will heute Venedig ++ Weiß nicht Anwesenheit ++ Brief folgt ++ Allerbesten Gruß

[102]   B [Wien,] Freitag/Samstag [29./30.5.1914] [Venedig, Hôtel Danieli]

Im Café P. saß der Biolog, der sich Mittwoch nachts verabschiedet
hatte, um nach Prag zurückzukehren. Er hat alle Züge versäumt
und will heute, Samstag, abend nach — Venedig reisen, um dort bis
etwa 2. Juni zu bleiben. Ich suchte ihm diesen teuflischen Plan aus-
zureden – Überfüllung zu Pfingsten etc. –, aber es gelang mir nicht.
Von Janowitz in Venedig sagte ich natürlich nichts und er weiß
auch nichts davon. Sollte Begegnung erfolgen, so habe ich mich
durch mein Abrathen *nicht* verdächtig gemacht. Allerdings müßte
man die Bemerkung fallen lassen, daß man über Salzburg gereist
sei, mich eben erst durch Ansichtskarte verständigt habe od. dgl.
(im Einverständnis mit Ch., auf den er »*nicht* böse« ist.) Ich habe
abgerathen, um Ruhe für Venedig zu schaffen und mir selbst Unruhe zu ersparen. Ich werde hoffentlich bald mündlich sagen können, warum mir jetzt der Eindruck arger Unzuverlässigkeit *befestigt* wurde und wie sich mir wieder ein Hemmungsmangel gezeigt
hat, der einen Verkehr thatsächlich zur Gefahr macht. Eine merk-
liche Boshaftigkeit weckte mir das Gefühl, daß wir ein Gespräch
hinter dem Gespräch führten. Es war ziemlich unangenehm.
    Wie schön wäre es dagegen, wenn man, da nun Venedig un-
wirthlich und Wien ruhig ist, schon jetzt käme oder mich nach
Florenz etwa oder nach Südtirol (Christoforo am Caldonazzo-
See, Valsugana, oder Toblach) beriefe, damit auch ich glückliche
Pfingsten hätte.
    Vielleicht wäre auch Ch. dazu entschlossen? Sehr sympathisch
dürfte ihm ja die Aussicht nicht sein, auf dem Marcus-Platz den
Krebs-Erreger zu treffen.
    Wenn man schon jetzt der Eindrücke theilhaft werden könnte,
die ich gestern empfangen habe, würde man mein Unbehagen,
das nun zum schmerzlichen Entferntsein noch dazukommt, begreifen können. Es ist einfach ein ästhetisches Unbehagen, frei
von allen tieferen Zweifeln. Und ich weiß ja, wie schwer es sein

muß, *jetzt* und *dort* das Richtige im Ton zu treffen. Schroffe Ablehnung ist ohne Aufklärung unmöglich, diese noch unmöglicher. Ausweichen in einer Gasse von Venedig ist —— unthunlich. So gibt es nur ein Ausweichen durch Höflichkeit, das wie Rücksicht auf Charleys Haltung, wie Zustimmung zu dessen Aversion wirken soll.

Man fühlt doch, wie traurig das für mich sein muß, daß in eben die Zurückgezogenheit, von der selbst ich ausgesperrt bin und die ich doch aus der Ferne hüte, etwas einbricht, das schon in Prag schwierige Abwehr erfordert. Ich werde trachten, die kommenden Tage mit Schlaf und Arbeit hinzubringen, glaube aber nicht, daß es gelingen wird. Zur großen Sorge um eine teure Gesundheit ist gerade jetzt so viel hinzugekommen, was Verdruß und Nervosität schafft.

Samstag ½ 5 Uhr

Innigsten Dank für die liebe Depesche. Aber einen Brief habe ich heute leider nicht erhalten. Hoffentlich wird morgen, Sonntag, einer express zugestellt.

Ich weiß nicht, was man seit Donnerstag früh gemacht hat. Hainbach, in einer der Pfingstnächte, wird enttäuscht sein, wenn wir nicht kommen.

[103] T [31.5.1914] [Venedig, Danieli]

Dank Brief ++ Wie schade daß lieber Zwillingsruf nicht tagsvorher so erst Dienstag reisefähig ++ Dann wohl Venedig zu spät ++ Vielleicht bekomme Dolomitenauto ++ Erbitte Nachricht ob Duino ++ Allerschönste Grüße

[104] B [Wien,] Pfingstmontag [1.6.1914] 5 Uhr
[Venedig, Hotel Royal Danieli]

Gestern ½ Stunde nach Absendung der meinen eine sehr liebe Depesche erhalten und nachts wieder eine (Duino) vorgefunden. Heute Brief. (Ich war gestern so traurig, daß ich keinen schreiben wollte.)

Venedig noch die ganze Woche, dann Grado und Duino – was bleibt für Wien?

Nun bin ich ja freilich nach Venedig gerufen.

Und zwar so: »Nur müßtest Du nicht böse sein, wenn Du uns event. *am Tag wenig sehen* würdest, auch essen wir gewöhnlich draußen, und *am Abend* gehe ich wegen gr. Müdigkeit schon zwischen 9-10 *schlafen* …… Nur mußt Du uns *allein* in unsere Kirchen gehen lassen, *ja?*«

Liebste, ich bin gar nicht gekränkt, ich weiß, wie Du es meinst, aber daß ich diesem Ruf Folge leiste, kannst Du selbst nicht wollen. *Ich* will es nicht, weil ich Deine Hetzjagd nach Schönheiten, die unter Dir sind, nicht aus der Nähe machtlos ansehen möchte und weil ich von Venedig zwar nichts nachhause tragen will, aber von Dir doch mehr als den Anblick Deiner Müdigkeit.

Indem Du so wenig von mir verlangst, verlangst Du doch zu viel. Zu Schmerzliches.

Soll ich bei Tag unangenehme Leute treffen und am Abend Deine müde Schönheit beklagen?

Wenn ich Dich nicht im Wald sehen oder mit Dir über die Berge fahren kann, will ich lieber in meinem Zimmer an Dich denken und über Dich nachdenken.

Ich bin heute ja nicht weniger traurig als gestern, aber ich habe so viel heute nachts mit Dir erlebt und ich muß Dir doch einen Entschluß mittheilen. Darum schreibe ich. Bitte aber, bis wir uns wiedersehen, bedenke eines:

Das von mir täglich zweimal beneidete Thermometer will nicht und ist meiner Ansicht.

Du sollst Deine eigene Sehenswürdigkeit über alle anderen stellen!

[105]   T [Wien, 1.6.1914]   [Venedig, Danieli]

Bitte Schonung ++ Gute Nacht

[106]   B [Wien,] Dienstag [2.6.1914] ½ 5 Uhr
                              [Venedig, Hôtel Royal Danieli]

Jeder Buchstabe des Sonntag-Briefes ist ein Labsal. Und Dank auch für das liebe Telegramm mit der Frage, ob ich komme. (Meines von gestern Abend mit der Bitte, sich zu schonen, ist hoffentlich eingetroffen.)

Ich denke, es ist besser, daß ich *nicht* komme. Sondern warte. Ich leide ja so sehr unter Deiner Müdigkeit, viel viel mehr als Du, und ich würde sie nur vermehren helfen.

Ich wollte Dir vorschlagen, daß wir uns (morgen Mittwoch) in Padua (10 oder 2 Uhr ab Mestre) treffen und daß *wir* dort Kirchen und Gallerien zusammen besuchen.*

Solche Überfälle sind schön, aber es zieht Dich doch einen Tag lang von Deiner Liebe Venedig ab und zerstört Deinen Plan. Und ich müßte dann in Venedig oder Triest auf den eigentlichen Anschluß an Dich warten.

Da Du schon Freitag nach Grado gehst, habe ich einen andern Vorschlag. Vielleicht könnte ich Dich in Graz 1.35 nachts oder Mürzzuschlag 3.46 erwarten —— mit einem Auto. Du würdest Dir einen guten Theil der Nachtfahrt ersparen und im Hotel übernachten. Am nächsten Tag eine wunderschöne Autofahrt durch das Mürzthal nach Mariazell. Wenn Du nicht nach Wien *mußt* – in diesem Fall wäre das große Gepäck nach Wien aufzugeben –, wäre es schön, zwei Tage spazieren zu fahren, und ich brächte Dich dann bis Linz.

Wo trennst Du Dich von Ch. (der wohl über Salzburg zurückfährt)?

Es wäre unbeschreiblich schön und mir eine große Freude.

Sollte ich kein Auto haben, möchte ich doch – wenn Du allein bist – mit Dir in Graz etc. bleiben.

Alle innigsten Wünsche für die letzten Tage Venedig und für alles weitere Leben!

Wenn Du von Nabresina nicht schon um 7.10 (was besser wäre), sondern erst um 9.15 abfährst, so bist Du 4.24 früh in Graz; dort würden wir uns treffen.

* Wenn Du das willst oder einen Ort vorschlägst, den Du kennen lernen möchtest und wo wir *allein* sind, geht's immer noch.

[107]   T [2.6.1914]   [Venedig, Danieli]

Herzensdank Brief Depesche ++ Innigste Wünsche ++ Brief unterwegs

[108]   T [Wien, 3.6.1914]   [Venedig, Danieli]

Soeben gekauftes liebes Auto grüßt

[109]   B [Wien,] 3. Juni [1914] 6 Uhr   [Venedig, Hôtel Royal Danieli]

Soeben liebes Telegramm vorgefunden:

erwidere Herzensdank – eine Keckheit des Telegraphisten.

Heute trauriger Tag, weil kein Brief eingelangt. Hoffentlich kommt morgen Donnerstag einer (wenn man ihn Dienstag abend geschrieben hat).

Nur noch – zu allem, was an Herzlichkeit zu denken und zu wünschen ist –

eine kleine Nachricht:

ich komme soeben von einer Probefahrt auf dem Kahlenberg und habe um ¾ 6 Uhr einen sehr schönen Opel (natürlich kein biologisches Puppchen, sondern 25 HP) gekauft. Freitag Mittag wird er geliefert und Samstag Mittag fahre ich —— Dir entgegen. Daß Du das willst, weiß ich hoffentlich bis Freitag, da Chauffeur (vor dem ständigen) für 2-3 Tage aufgenommen werden muß.

Der Wagen ist fachmännisch geprüft worden. Er kann es nicht erwarten, Dich zu sehen.

Wäre es nicht gut, sich in Venedig einen Schleier und was sonst nothwendig ist, zu kaufen? Oder kann ich das thun? Mäntel nehme ich mit.

[110]   T [Wien, 4.6.1914]   [Venedig, Danieli]

Überglücklich durch telegrafische Zustimmung

[111]   T [Wien, 4.6.1914]   [Venedig, Danieli]

Graz halbzwei ++ Nabresina Abfahrt sieben ++ Brief unterwegs ++ eventuell Duino nachzusenden ++ Heißen Dank. Gute Nacht

[112]   B [Wien,] Donnerstag [4.6.1914] 6 Uhr   [Venedig, Hotel Royal Danieli]

Allerschönsten Dank für heute Empfangenes:

Brief (von Dienstag), Karte, Depesche.

Hoffentlich erreicht Dich dieser Brief noch in Venedig.

Die Angaben: ab Nabresina 9 (Wien 9 Uhr früh) hast Du ja inzwischen schon umgestoßen.

Du müßtest um 7.10 von Nabresina wegfahren, nicht erst um 9.15.

Von Duino bringt Dich wohl ein Auto nach Nabresina (die Angaben Duino 6, Nabresina 9 waren wohl ein Irrthum; von Duino geht doch nur Post.)

Bitte laß Dich in Duino nicht bis zum 9 Uhr-Zug zurückhalten! Sonst triffst Du in Graz nicht um ½ 2, sondern erst nach 4 ein, und die Nacht und somit der nächste Tag wären verloren.

Wir müssen Sonntag und Montag ganz für uns haben (Sonntag: Graz – Mariazell. Montag: Mariazell – Hainbach) Montag nachts *muß* ich leider in Wien sein (Dienstag ist Vortrag). Wir bleiben also bei *Graz* (nicht Mürzzuschlag), da ist doch die Nacht gerettet und wir haben mehr Auswahl für Auto.

Morgen, Freitag, habe ich sehr viel für den Wagen und um den Wagen zu besorgen.

Ich kaufe auch *Schutzbrillen*, *Schleier*, *Decke* etc. Für alle Fälle theile ich Dir die Grazer Adresse: *»Hotel Erzherzog Johann«* mit.

Samstag fahre ich gegen *12* über den Semmering, wo ich vielleicht ein paar Stunden bleibe.

Verzeih die Eile – ich muß mit dem Brief zur Südbahn.

Und vor allem bitte ich Dich, die Sachlichkeit zu verzeihen.

Alles wirklich Wichtige steht zwischen den Zeilen – mehr, als man zum Glück braucht!

Graz: Hotel Erzherzog Johann. Semmering werde ich bei Panhans nachfragen. Nur wenn etwas dazwischen kommt, erwarte ich dort Nachricht. (Aber dann wäre die ganze schöne Sache dahin.)

[113]   T [Wien, 5.6.1914]   [Venedig, Danieli]

Vielleicht alle weder Wien noch Tour gebrauchte Wottitz aufzugeben oder Graz wo entscheidbar ob Eilgut Wien oder Wottitz ++ dortselbst auch halbe Stunde Zeit weiter zu schicken ++ jedenfalls so daß Route nicht vom Gepäck abhängt ++ Krantz und Kahn durchführbar ++ Innigste Wünsche

[114]   T [Wien, 5.6.1914]   [Grado, Hotel Esplanade]

Dank Eilkarte Depesche ++ hoffentlich Brief erhalten ++ Semmering Nachmittag Panhans ++ Graz Abend Erzherzog Johann ++ Gute Nacht

[115]   Briefkarte [Wien,] 8./9.VI.[1914]   [Wien, Hotel Krantz]

Ein Schatten auf all der Herrlichkeit: man hat gestern Abend kein Arsen genommen.

[116]   B [Wien,] Donnerstag 9. Juni [1914] 6 ½   [Wien, Hôtel Krantz]

Wie schön ist es, eine große Sache fertig zu haben und den größeren Lohn zu erwarten. Dein herrliches Vorwort zu diesem Lohn! Den Dank dafür sollen die Sterne über unserer Wiese bestellen! (Wenn es die jetzt gibt.)

N. und P.: *Allerbestes*   (O. heute telegraphisch,
N.:   *ganz unbedenklich*   N. gestern persönlich)
P.:   Ergebnis der Messungen, die *nicht* fortgesetzt werden müssen, *vortrefflich*.

Arm genügt.

Räth, nicht gleich 1800 m, sondern vorher 24 Stunden circa 1100 m.

Hoffentlich Yér schon gesund und Eros eingetroffen.

Toblach wohl besser als Bozen? Bin nicht ganz sicher. Ich könnte mich erkundigen und depeschieren. (Nämlich, wenn Dolomiten doch nicht ruhig genug, wäre es vielleicht besser, ins Engadin. Aber schließlich könnte man auch dann noch das Gepäck von Toblach wegbestellen. Nur sollte man jedenfalls für 6 – 8 Tage ohne großes Gepäck auszukommen suchen.)

Verzeihung für das Papier. Finde kein anderes, und es ist ½ 7. Hoffentlich bessert sich das Wetter.

Die unendlichsten Grüße und Wünsche!

[117]   T [Wien, 10.6.1914]   [Janowitz]

Dem Park von Janowitz herzlichste Gratulation

[118]   B [Wien,] Mittwoch/Donnerstag [10./11.6.1914]   [Janowitz]

Nichts Neues. Großer öffentlicher Ausbruch des P.A. gegen Loos und mich. Also nichts Neues.

Bei G. und in Spezialitätentrafik wurde die Nadel *nicht* gefunden. Ich war gleich um ½ 5 Uhr dort.

Demnächst sehe ich im Fundbureau nach.

Ich sitze vor einer venezianischen Glasschüssel.

Donnerstag 2 Uhr

Aufrichtigsten Dank für die liebe Depesche.

Hoffentlich ist auch die meinige angekommen. Opel grüßt und wartet auf mich, um mich in den Wiener Wald zu bringen. Nur darum in Eile.

[119]   B [Wien, 12.6.1914]   [Janowitz]

[Faksimile S. 60]

[120]   T [Wien, 12.6.1914]   [Janowitz]

Mittwoch Königswiese ++ Donnerstag Mauerbach und Kaltenleutgeben ++ gestern Kobenzl ++ vorläufig nicht gefangen ++ Ingenieur kommt ++ möchte mit Auto ++ Chauffeur gleich Bahn zurück ++ müßte nur einen Tag Wagen herrichten und waschen lassen ++ erbitte Rath express ++ innigsten Dank Ihnen und Charlie für Einladung ++ allerergebensten Gruß an Janowitz

[121]   B [Wien,] Samstag [13.6.1914]   [Janowitz]

Einzige!

Tausend Dank, leider in Eile.

Ich weiß nicht, wann. Bin ganz zerrissen. Das Automobil ist ein Hindernis zwischen Wien und Janowitz. Es ist übel, wenn es in Wien bleibt und nach Janowitz es zu nehmen, auch nicht rathsam. (Keinesfalls möchte ich den Chauffeur längere Zeit im Verkehr mit den Dienern u. d. Kutscher sehen.)

Wenn er nur 1 Tag bleibt und dann mit Bahn zurück (um mich wieder abzuholen), brauchte die gefürchtete Identifizierung ja nicht zu geschehen; man wäre unsichtbar. Vielleicht aber

Zu Nr. 119

am besten: er fährt mit dem Auto *sofort* nach Wottic, Amschelberg, Selcan oder Beneschau. Kann ich ein Telegramm haben, ob
und wo dort eine *Garage* ist (wo er auf teleph. Verständigung
warten könnte).

Bei Polizei (Fund-Amt) vorläufig nichts.

Ist es egal, ob die Diener *wissen*, daß wir in Mariazell waren?
Jedenfalls ist das müßige Zusammenhocken mit der Dienerschaft nicht wünschenswert.)

Bitte, *liegen*!

Allertiefsten Dank für die Blume!

Hainbach ist eine fast unheimliche Erinnerung.

[122]   T [Wien, 14.6.1914]   [Janowitz]

Wenn nichts heute zwischenkommt abfahre gegen eins ⧾ Opel umkehrt bei Thor Beneschau ⧾ hoffe Charley noch in Janowitz anzutreffen ⧾ Dank ⧾ schönste Grüße

[123]   T [Wien, 29.6.1914]   [Janowitz]

Gut angelangt ⧾ die schönsten Grüße und herzlichste Wünsche für Janowitz

[124]   T [Wien, 30.6. 1914]   [Janowitz]

Dank ⧾ Staubmantel Reithosen erledigt ⧾ Maßlose Arbeit gestattet heute nur diesen herzlichsten Gruß an Janowitz

[125]   B [Wien,] Mittwoch [1.7.1914] 5 ½ Uhr   [Janowitz]

Die liebe Karte aus Chotovin heute erhalten.

Sonntag: erst nachts ½ 12 nach Wien gekommen, die Nachricht erst durch eine Extraausgabe in der Nußdorferstraße empfangen. Die Fahrt zog sich so hinaus, weil in Tabor und Horn lange Aufenthalte, ferner: hinter Horn eine Rettungsaktion durchgeführt. Ein Junge, der von einem Kirschbaum gefallen war, lag blutend auf der Erde, von heulenden Leuten umgeben. Wir brachten ihn nachhause, fuhren dann nach Gars (Kampthal), holten einen Arzt, der ihn mit uns ins Spital brachte (Armbruch). Wir fuhren dann durch das schöne Kampthal – ein großer Umweg. Letzter Aufenthalt: 10 Uhr vor Tulln in der großen Ebene ein Pneumatikdefekt (Beschädigung durch einen Nagel). Der Chauffeur rühmte dabei seine Verdienste. Gestern mit ihm »gesprochen«. Ausgang noch ungewiß. Bei R. nur geringe Auswahl an fertigen Reithosen.

Arbeit entsetzlich. Natürlich gesteigert durch das Ereignis, das Änderungen etc. nöthig macht. Trotzdem hoffe ich bestimmt, am 10. reisen zu können.

Bitte die Hast und Trockenheit dieser Mittheilungen zu verzeihen. Die Rosen von K. sind nun wirklich verwelkt. Aber J. ist ewig.

In diesem Sinne die schönsten Grüße an Sie, hochverehrte Baronin, und an Charley.

[126]   B [Wien,] Donnerstag [2.7.1914] 5 Uhr   [Janowitz]

So kreuzen sich doch die Briefe. Das Kuvert sah so aus.

Innigsten Dank für die liebe Erinnerung an die schönste und unvergeßlichste aller Wiesen!

Und viele Grüße an Yér, der nur ja seiner Verantwortlichkeit bewußt sein soll!

Die R.v.K. können wahrscheinlich doch erscheinen, und natürlich unter anderem Titel und mit einem Nachsatz. Aber sonst vielfache Umwälzung. Verspätung wohl nicht zu fürchten, da nach Begräbnis Erscheinen nicht mehr auffallend. Bitte mir nur die Möglichkeit zu gönnen, *eventuell* erst am 11. oder 12. zu reisen, von der ich aber hoffentlich *nicht* Gebrauch machen werde. Wissen würde ich's natürlich schon früher, rechtzeitig.

Das Kuvert erbitte gelegentlich zurück.

Wie geht es der unkontrollierten Gesundheit? In der Seilergasse war ich gestern, habe aber niemand mehr angetroffen. Morgen gehe ich wieder hin oder übermorgen.

Ist der Kahn – nach Goethe – endlich im Begriffe, auf dem Kanale hier »zu sein«?

Die allerherzlichsten Grüße!

[127]   B [Wien,] Freitag [3.7.1914]   [Janowitz]

Hier der traurige Brief Kings [?].

Dank in Eile, besonders für die Erleichterung des Termins. Die F. würde ja fertig. Aber es stellt sich heraus, daß *gewisse* Eventualitäten meine Anwesenheit noch 1-3 Tage nothwendig machen könnten, dazu Vorbereitungen wegen der Bücher etc. Ich wäre also sehr, sehr froh, wenn man mir da wirklich etwas Spielraum gönnte und mittheilte, um wieviel Tage *vor* der Abreise ich den endgiltigen Tag bekannt geben muß. Umso freier werde ich die herrliche Fahrt antreten. Ich muß aber wirklich

überzeugt sein, daß es nicht unangenehm ist. Gestern kam Depesche von M.Th., daß er heute früh eintreffe. Bestellte ihn
nachmittag ins Café Imperial. Er kam mit sechs dreißig Seiten
langen Familienbriefen. Ist wegen der alten Sache wieder in
Wien und reist »morgen« ab. Fand ihn nicht anders als sonst.
Ich grüße Janowitz, Yer und alle Wiesen von ganzem Herzen.

[128] T [Wien, 4.7.1914]   [Janowitz]

Bitte Vorsicht und Schonung

[129] K [Wien, 4.7.1914]   [Janowitz]

Vielen Dank und die aufrichtigsten Grüße Ihnen, hochverehrte
Baronin, Charley und allem in Janowitz!

[130] B [Wien,] Sonntag [5.7.1914] ½ 7 Uhr   [Janowitz]

Karte u. Brief mit dankbarer Freude empfangen. Wie schön ist
das Erlebnis vom Balkon, ich verstehe es im liebsten Sinne.

Die Wellensittiche sind doch bessere Menschen! Wir hatten
schon geglaubt, daß sie gegen Janowitz sind.

Wollen Sie denn auch nach Naschice, wenn so viele Leute schon
dort sind? Oder kommen die Anfang September noch nicht?
Gestern sah ich M.Th. als Leutnant verkleidet.

Chauffeur noch nicht gefunden, d.h. keinen, dem ich uns für
die Dolomitenfahrt anvertrauen möchte. Ich werde also den alten vorläufig behalten.

Vielleicht von Toblach per Bahn zurückschicken (resp. von
dort, wo wir bleiben).

Was ist's denn eigentlich mit der *Müdigkeit*? Hoffentlich besser, seitdem *ich* nicht mehr da bin!

Mittheilung über 2 ½stündigen Ritt ist wenig geeignet, mich
aus meiner durch Arbeit und Schlafmangel gestörten Verfassung
aufzurichten, und gewiß nicht, einer fortwirkenden Sorge entgegenzuwirken.

Ein Trost dabei ist nur, zu wissen daß man eine große Freude
gehabt hat. Ich stelle es mir ja auch – nachträglich – wunderschön
vor, aber ich möchte nicht im Schloßhof die 2 ½ Stunden gewartet haben –!

[131]   B [Wien,] Montag [6.7.1914]   [Janowitz]

Allerschönsten Dank für die so freundliche und ausführliche
Bemühung um diese so öde Angelegenheit. Aber leider kann ich
jetzt wirklich keine Entscheidung treffen, nicht einmal Bedingungen für später stellen. Eher nach unserer Fahrt resp. nach
mündlicher Besprechung. Für die Dolomiten – darin sind wir ja
einig – behalte ich den Ch. Vielleicht geht es auch länger: es ist
versuchsweise eine neue Abmachung in puncto Diäten getroffen
worden. – Heute und morgen ist der Wagen beim Charossier: es
wird eine Innenbeleuchtung angebracht und sonst noch etliches:
Sitze etc. verbessert.

Gestern war ich beim Herrn Bootbauer. Ich habe es gesehen,
es gefällt mir, es stand da, wie ein Gruß vom Teich in Janowitz
und ich sah mich nach den Schwänen um.

Morgen, Dienstag früh, wird es abgeschickt. Bis dahin erst
ganz trocken etc. Ich habe dem Manne die heftigsten Vorwürfe
nicht erspart (»2-3 Wochen«) und die Sendung als *Eilgut* ange-
ordnet – nicht erheblich teurer, aber Ankunft doch höchstwahrscheinlich vor der Abreise; *sonst* sicher so spät, daß man es erst
nach der Heimkunft sieht. Und das wäre doch zu ärgerlich.

Das Allerschönste für Janowitz!

Noch eines:

ich danke natürlich auch O.M. für seine Freundlichkeit. Und
das Wichtigste: was sagt das Thermometer?

[132]   B [Wien,] Dienstag [7.7.1914] 4 Uhr   [Janowitz]

Wie soll ich denn für so viel Güte danken? Vor einer Stunde
habe ich die Erdbeeren erhalten – sie waren Vormittag beim
Portier abgegeben worden. Noch nicht geöffnet. Aber tausendfachen Dank in Eile! Wie sehr würde mich Anruf freuen. Nur
habe ich in diesen letzten Tagen nachm. – außer Druckerei – viele
Kommissionen. (Wenn sie nur nicht die *Bedienerin* merkt!)

Dagegen hoffe ich zuversichtlich, daß das spanische Ceremo-
niell (das ohnehin und mit so viel Recht in den letzten Tagen
Empörung hervorgerufen hat) am *letzten* Tag wenigstens durch
einen rekomm. Brief durchbrochen werden wird.

Ich schlage *Montag* vor (oder Dienstag?): Linz ½ 1 Uhr Mittag.

Biolog hatte Bart trotz Uniform.

Von Dolomiten ihm meines Erinnerns *nichts* gesagt.

Polierung: der Ch. sagt, daß hier ein trügerischer Glanz wie so oft im Leben durch inneres Verderben erkauft wird. Der Lack springe viel früher, werde ganz rissig. Ich werde mich natürlich noch erkundigen.

Erdbeeren soeben geöffnet: herrlich!

Nochmals allerbesten Dank und die schönsten Grüße für Sie und Charley!

[133]   B [Wien,] Dienstag/Mittwoch [7./8.7.1914]   [Janowitz]

Nach grenzenloser Mühsal bin ich fast fertig.

Nun muß ich doch die ganze Nacht dasitzen und – auf den Rauchfangkehrer warten, den der Portier für 6, ½ 7 früh bestellt hat. (für das ganze Haus). Ofengeschichten – das kann einem in Janowitz nicht passieren!

Dagegen gibt es hier, dicht neben mir, die herrlichsten Erdbeeren, wie in Janowitz. Ich werde gar nicht fertig damit.

Also das Pflücken hat mir gegolten! Anstatt zu liegen, bückt man sich! —— —— ——

Das Beiliegende ist wirklich sehr anständig; ich denke, es wird in Janowitz interessieren. F.F.: Trotz allem und allem – was nachher geschah und *was da ist*, zeigt erst, wie berechtigt die *günstige* Auffassung war. Trotz vielem, was in äußeren Lebensdingen, Geschmack etc. unbegreiflich schien. (Irgendwo sind *Briefe* erschienen, die *geistigen* Ursprungs sind.) *Semmering*-Erinnerungen werden genügen, um an einen großen *Unterschied* glauben zu machen. Seien wir gerecht!

Aus der Kultur, die ein Park von Janowitz bezeugt, geht freilich kein *Staat* hervor, sondern nur ein Himmelreich.

Und Yer, Bobby und Tangy sind gewiß die besseren Würdenträger.

Freitag 4 – 5 Uhr erscheint, wenn nichts dazwischenkommt, die F. Samstag muß ich noch abwarten und habe hundert Dinge zu thun.

Sollen wir uns (Sonntag,) Montag oder
Dienstag in Linz treffen?
Und man ist wohl einverstanden, daß es   telephonisch
Mittag geschieht? Damit wir die schöne   beantwortet
Fahrt über Wels, Gmunden, Wolfgangsee
bis Salzburg haben können?

Wenn wir uns erst *abends* in Linz treffen, müßten wir entweder in Linz übernachten oder die öde direkte Strecke nach Salzburg nehmen.

Ich möchte eventuell den kleinen Umweg über die Wachau
nach Linz machen, u. zwar so, daß ich – falls wir uns *Mittag* treffen
sollen – in Dürnstein oder Linz übernachte, damit ich sicher zum
Eintreffen des Taborer Mittags-Zuges in Linz bin. Ich müßte sonst
um 7, ½ 8 von Wien weg, und das Frühaufstehen bin ich jetzt, wo
ich früh noch nicht einmal schlafen gehe, nicht gewohnt.

Sonntag werden es *14* Tage, daß ich in Chotovin umkehrte.

——

Ich ließ kürzlich das Kursbuch Juli schicken. Hat man es erhalten? Hoffentlich ist es nicht verloren gegangen? Wie steht die
Post-Affaire? Den Opel sehe ich – nach zweitägiger Pause – erst
morgen wieder.

Besteht man auf einem Brief, der für den Chauffeur Franz
bestimmt ist, so werde ich ihn natürlich schicken. Der Biolog
entschuldigte sich heute in einem wie üblich unterzeichneten
Brief für sein zerfahrenes Benehmen – es war wirklich zu arg –
und dankt mir für die ihm bewiesene Geduld. Aber ich bin fest
entschlossen, die nächste Wendung in seiner Affaire nicht mehr
anzuhören. —— ——

Nun ist es erst ½ 4. Ich werde noch ein wenig Erdbeeren
pflücken, dann an eine Buch-Korrektur gehen. Draußen ist ein
Sturmgeheul, daß man sein eigenes Wort nicht lesen kann.

——

Ich war dreimal vergebens, d.h. zu spät, in der Seilergasse.

Morgen oder übermorgen; und damit auch telephonisch P.,
den ich gleichfalls bisher nicht erreicht habe.

Ich habe auch noch unter vielem anderem bei Gericht (wegen
des Bildes) und bei der Polizei zu thun: ein Wachmann hat das

Auto am 12. Juni wegen »Rauch« aufgeschrieben. Ich wußte weder von Rauch (der bei einem neuen Wagen unvermeidlich sein soll) etwas, noch vom Aufgeschriebenwerden.

Großes Gepäck wird also nach Toblach geschickt?

Es ist 7, und der Rauchfangkehrer ist nicht gekommen. Der Portier wird jetzt statt seiner die Öfen verdecken, damit ich schlafen gehen kann. Guten Morgen!

Mittwoch ½ 4 Uhr

Ich lag wirklich mit dem Brief im Arm, als ich angerufen wurde. Aber der Brief war schon die halbe Stimme.

Der arme Jér! Hoffentlich gehts ihm bald besser als dem Postmeister.

Wegen Messung werde ich noch einmal P. fragen. —— ——

Ich muß Ihnen diesmal rekommandiert schreiben.

Denn ich liebe Dich!

[134]   B [Wien,] 10.7.[1914] 6 Uhr   [Janowitz]

Vergaß gestern, es auszusprechen, wie wunderbar diese Gleichzeitigkeit ist: von Wunsch und Erfüllung. Zum Beispiel »Rekomm. Brief« und etliche kleinere Dinge. Hätte ich es ausgesprochen, so wäre auch das gleichzeitig gewesen, denn es steht in dem lieben Brief, den ich heute bekommen habe.

Innigst erfreut, daß das Boot angelangt ist und sich bewährt. Freut es die Enten auch?

Ich weiß, wir sind in der Angelegenheit, die so viel Empörung hervorruft, ganz einig. Aber ich weiß auch, daß man mich, immer, noch tiefer versteht.

Ich spreche nicht von beiden, nicht von der mißhandelten Frau, von einem Unrecht, das jedem Gefühl eingeht. Sondern vom Mißverständnis der Persönlichkeit, also von ihm.

Er war sicher eine ungewöhnlichere Natur, die sich in der schlechtesten Zeit und im verlorensten Lande hinter Unbegreiflichem und Ärgerlichem aufhielt. Anders wäre die Reaktion der Gewöhnlicheren gar nicht zu erklären. Ich weiß am besten, wie winzig der, der es nicht ist, dem Winzigen erscheint, wie das Gerede schließlich und auch wirklich verzerrt sein muß.

Und doch *spürt* man da etwas, das sich gegen den allgemeinen und chronischen Charakterverlust einer Zeit *wehrt*. Dafür sprechen auch Bilder von früher, die ich jetzt gesehen habe. Mitleid spricht dabei natürlich nicht mit, gewiß auch nicht bei den vielen Menschen, die jetzt empört sind, wiewohl sie sicher nicht immer mit dem Lebenden sympathisiert haben. Sie handeln und reden aber nicht aus Mitleid, sondern aus dem Gefühl, daß sich Kleines an – trotz allem – Größerem gerächt hat. Aber was ist freilich das Größere vor dem Größten?

Das ist jemand, der eine Stunde von Konopischt wohnt und für den ich noch viel mehr Segenswünsche habe als er für mich.

Wird das elende Wetter sich vor das Wiedersehen stellen? Ich hoffe, wir werden uns durch nichts abhalten lassen, Dienstag ½ 1 in Linz zu sein, und schlimmstenfalls in Salzburg eine günstige Änderung abwarten.

Ich würde Montag gegen 4 Uhr Wien verlassen und in Spitz, Dürnstein oder schon in Linz selbst übernachten.

Nicht wahr, Sonntag erhalte ich einen Express-Brief?

Was macht Yér?

N. hat das Röntgen-Ergebnis gar nicht aufregend gefunden. Ich erzählte ihm davon, ohne zu sagen, daß es in Wien durchgeführt wurde.

Wenn nur Sonne wäre! Nicht nur für die Fahrt, sondern noch für das Boot!

Die allerinnigsten Wünsche für alle Arten von Sonne, jetzt und immer!

[135] B [Wien,] 11. Juli [1914] 5 Uhr   [Janowitz]

Wie traurig war das heute! Ich mußte Verlust befürchten. Dank für das liebe Telegramm, das mich beruhigt hat.

Den Wunsch des l. Kartenbriefes habe ich sogleich erfüllt. War also bei Braumüller. Hat die Mittheilung aus Darmstadt, daß die im Mai bestellte Sache von dort nach Janowitz geschickt wurde. Versprach, darüber nach Janowitz und auch nach Darmstadt zu berichten. Müsse auf der Post verloren gegangen sein. Eine Garantie werde im Buchhandel nicht gegeben (wenn nicht rekomm. Zusendung bestellt wird). Ich hielt aber schriftliche Mittheilung über die erfolgte Absendung zum Zwecke eventueller Beschwerden (Prag – Janowitz) für wichtig und er versprach, wenn auch widerwillig – da er fortwährend auf den Vermerk in seinem Buch verwies (Bestätigung aus Darmstadt) –, meinen Wunsch zu erfüllen.

Heute N. auf der Straße getroffen, neuerdings mich beruhigen lassen. Wie gern höre ich solches!

Polizei (Rauchentwicklung) entließ mich heute straflos.

Ich habe soeben Auslandsfahrschein und Berechtigung für Italien – nach Deponierung von 420 Kr. im Automobilklub – erhalten.

Für Schweiz an Ort und Stelle nicht so schwierig (wie nach Italien.) Ich wäre sehr dafür, daß wir – falls der Aufenthalt in den Dolomiten-Hotels sich zu österreichisch anlassen sollte – durch Oberitalien über den Simplon in die Schweiz zu fahren. Natürlich jedenfalls die Dolomiten zuerst und Schweiz vielleicht erst in der vorletzten Woche, und ganz wie man will.

Alles Liebe für Yer, Bobby, Tangy, die Schwäne, Enten, das Boot und ihrer aller Herrin!

[136]   T [Wien, 13.7.1914]   [Janowitz]

Tiefsten Dank ++ erbitte möglichst feste Nachricht bis halbvier wenn sicher Morgen Linz ++ abreise heute halbvier sonst wäre Linzer Tag trostlos ++ jedenfalls werde Melker Hof und Linz Erzherzog Karl nachfragen ++ hoffe aber herzlichst daß keine Absage

[136]*   K [Schluderbach, 20.7.1914]   [Našice]
SN, KK und Karl Nádherný an Dora Pejacsevich

[SN:] Denke hier innigst Dein u. unserer lieben, schönen Meraner Kindertage. Dank ich doch *Dich* d. l. Meran! Herzlichst

Sidi

Heute Fortsetzung in die Dolomiten.

[KK:] Ohne Berechtigung, sich *hier* an Sie, verehrte Gräfin, zu erinnern, sendet Ihnen doch die ergebensten Grüße

Karl Kraus

[Karl Nádherný:] Herzlichste Grüße Charlie Nadherny

[136]** K [Schluderbach, 28.7.1914] [Prag, Smetanova 18;
nachgesandt: Janowitz]

SN und KK an Karl Náderný

[SN:] Woke to a beautiful morn., lay in lovely sunshine on a
meadow on the Dürrensee, now 4 ocl. icy & cold & rain!
   Otherwise very content here, shall stay yet a while. Love S.
   gr. telegr. fr. Salzbug came [?] Tuesday 10 already
[KK:] Misurina sendet Wolken, keine Wäsche. K.

[136]*** K [Schluderbach, 3.8.1914] [Našice]

SN, KK und Mary Cooney an Dora Pejacsevich

[SN:] Just received dear letter, am leaving tomorrow for Janowitz, as I dont like in all this war to be as far from the beloved
spot. – I do hope & trust, come what may, to be able to visit you
in Našice in Sept. Wishing so much to see you soon & to hear ys
dear violin. – Love & kisses   S.
[Mary Cooney:] Mary Cooney.
[KK:] Ergebenste Grüße von Karl Kraus

[137] T [Wien, 9.8.1914] [Janowitz]

Schönes Fahrtwetter ++ infolge 40 Kilometer Irrfahrt bei Wittingau erst ein ½ 11 angelangt ++ Charley bis hinter Tabor begleitet ++ Carletto sitzt Pucher ++ Beste Wünsche für Janowitz
                                                        Kraus

[138] B [Wien, 12.8.1914] [Janowitz]

Lieben Kartenbrief heute, Dienstag erhalten. Meine Depesche
(Samstag nachts abgeschickt) ist hoffentlich angekommen. Briefe
gehen jetzt wohl drei Tage. Eine gräßliche Zeit.
   Gestern einen halben Tag auf dem Franzjosefsbahnhof verbracht, wohin ich das Gepäck mit dem Auto genommen hatte
(Hempel, den für 48 stündige Fahrt hätte verpflegen müssen, vorläufig für Wien behalten: 8 Kr. per Tag, hauptsächlich deshalb,
weil es schwer ist, Taxameter zu bekommen). Nichts ausgerichtet,
wiewohl ich bei zehn Instanzen war. Es ist natürlich unmöglich,
Gepäck express zu schicken (wie von Toblach). Nur als Reise-

gepäck. Mit Fahrkarte, für die man aber polizeiliche Erlaubnis braucht. Sechshundert Menschen stehen dort vor dem Bahnhofspolizeiamt. Ich ließ Hempel heute vormittag sich dort anstellen. Er kam nicht vor. Ich hatte den Plan, ihn ein Billet nach W.-W. nehmen und das Gepäck aufgeben zu lassen. Es ist wohl besser zu warten bis normaler Bahnverkehr eintritt. Oder ich bringe per Auto das Gepäck nach J., wenn ich einmal *gerufen* werde.

Hat man gelesen, daß in Steiermark eine Gräfin von einem Wachtposten erschossen wurde? In einem Hempel-Auto vermuthlich.

Hier ist es trostlos.

Für die 300 Fr., die ich einlösen sollte, wurde 3 mal 89 geboten; ich verzichtete. Heute aber in der Wechselstube der Unionbank 3 mal 95. Ich ließ den Betrag in *Geldbrief* absenden.

Die Post-Erledigung bitte aufzuheben.

Die Uhren etc. sind abgegeben. Wird 10-14 Tage dauern.

Ich bleibe sachlich. Wie mir zu Herzen ist, denke man sich.

(Man muß *dringenden* Zweck der Reise nachweisen; vielleicht wäre das nicht einmal gelungen.) Das Gepäck liegt jetzt in der Garderobe des Franzjosefsbahnhofs; den Schein habe ich.

[139]   T [Wien, 14.8.1914]   [Janowitz]

Dank zwei Briefe ++ ohne Schlüssel Koffer überhaupt unmöglich ++ bitte senden ++ viele Grüsse

[140]   T [Wien, 14.8.1914]   [Janowitz]

Vielen Dank ++ so schnell leider wegen Benzin unmöglich ++ jetzt noch hindernisvoller ++ Innigste Grüße an Janowitz ++ Brief folgt.

[141]   B [Wien,] Samstag/Sonntag [15./16.8.1914]   [Janowitz]

Heute sehr, sehr lieber Expressbrief vom Donnerstag erhalten, der das Thema meines gestrigen rek. Briefes – Besuch, Benzin etc. – so rührend ergänzt.

Wie gern käme ich! Trotz der Unerschwinglichkeit des Benzins, trotz der Gefahren, von denen die beiliegenden Ausschnitte

Eine Szene am Nordwest-bahnhof.

Die gestörte französische Konversation.

(Originalbericht des „Neuen Wiener Journals".)

Gestern abend spielte sich am Nordwestbahnhof eine Szene ab, die unter den zahlreichen Passagieren und ihren Begleitpersonen lebhaftes Aufsehen erregte. Es war vor Abgang des um 8 Uhr 25 Minuten fälligen Zuges. Auf dem Perron ging es, wie immer in solchen Fällen, sehr geschäftig zu. Plötzlich wurde die Aufmerksamkeit auf eine Gruppe gelenkt, aus der man laute Rufe und beleidigende Bemerkungen hörte. Dort hat sich folgendes zugetragen.

Ein Herr, etwa dreißig Jahre alt, ziemlich beleibt, stand mit einem zweiten, schmächtigen jungen Herrn, einer Dame und Kindern beisammen. Den Vorbeigehenden fiel es auf, daß der ältere der Herren d e m o n s t r a t i v   f r a n z ö s i s c h sprach. Offenbar durch die provokante Art bestimmt, trat einer der auf dem Perron anwesenden Passagiere auf den f r a n z ö s i s c h sprechenden Herrn zu und bemerkte in höflichem Tone: „E s   i s t   j e t z t   w i r k l i c h   n i c h t   d i e   Z e i t , d e m o n-s t r a t i v   f r a n z ö s i s c h   z u   s p r e c h e n ." Statt die Stichhältigkeit dieses Vorwurfes einzusehen und das Gespräch mit seiner Begleitung in der ihm — wie es sich nachher herausstellte — gleichfalls sehr geläufigen deutschen Sprache fortzusetzen, fiel der Zurechtgewiesene über den Herrn mit einer Flut von Beschimpfungen her. Das Publikum, besonders ein österreichischer Offizier, nahm gegen die französisch sprechenden Herren energisch Stellung. Diese wehrten ab und riefen ununterbrochen: „Ich bin ein deutscher Offizier!" Man kann sich denken, daß das Publikum nicht verlegen war, darauf zu antworten.

Inzwischen wurden mehrere, in dienstlichen Stellungen auf dem Perron anwesende Personen aufgefordert, die Legitimierung der Herren, die sich so bemerkbar zu machen wußten, zu verlangen. Es ist seltsam, daß jeder der angesprochenen Funktionäre, einen Vorwand zu finden wußte, eine Intervention abzulehnen. Als man sich schließlich an den Stationsvorstand D i e t s wandte, folgte er zwar auf den Perron, stand aber sofort von einer Intervention ab, als er sah; gegen wen sich die Erregung das Publikums richtete. Ja, noch mehr! Der Offizier, der sich an der Spitze der Demonstranten befand, erhielt vom Herrn Stationsvorstand etwas in das Ohr geraunt, worauf dieser sofort von seiner drohenden Gebärde ließ.

Für das Publikum galten selbstverständlich diese Rücksichten nicht. Als der Herr, der sich so auffällig benommen hatte, in das Coupé stieg, drängte das Publikum an den Bahndamm und rief ihm eine Flut von Schimpfworten nach. Wie verlautet, soll es sich um einen international bekannten Aristokraten gehandelt haben.

einen Beweis geben. Und sogar trotz der Möglichkeit (vor der ich gewarnt wurde): daß einem jetzt das Auto auf der Landstraße weggenommen wird und man einfach, fern von einer Bahnstation, mit dem Gepäck irgendwo sitzen bleibt, bis ein Leiterwagen sich erbarmt. Das alles würde ich riskieren.

...jemandvijchen Ne eder verürchtete.

* Eine Bitte. In Linzer Blättern finden wir folgendes Eingesendet:

Als Kind deutscher Eltern und als deutsch fühlendes Mädchen wende ich mich an die vernünftig denkende Bevölkerung meiner Heimatstadt Linz mit der Bitte, den Haß gegen alles Fremdländische doch nicht mich fühlen zu lassen. Um den eigenen und den Gefühlen meiner deutschen Landsleute Rechnung zu tragen, habe ich sofort nach Beginn der kriegerischen Verwicklungen die französischen Lehrkräfte meiner Schule in ihre Heimat zurückgeschickt. Dermalen weilen noch in meiner Schule eine Angehörige des verbündeten Italien sowie eine elternlose Engländerin, die ihre Heimat nicht mehr erreichen konnte.

Wir Deutschen sind zu stolz und zu zivilisiert, daß wir ein schutzloses Mädchen, mag es auch dem hinterhaltigen Albion angehören, herzlos auf die Straße setzen. Es tut mir leid, daß meine eigenen Landsleute mich mißverstehen und durch Boykottierung meiner Schule mich wirtschaftlich schädigen. Und ganz besonders schmerzt es mich, wenn junge Studenten, während ihre älteren Brüder auf den Schlachtfeldern für die deutsche Heimat bluten, einer deutschen Schwester mit der Vernichtung von Aushängeschildern ꝛc. drohen.

Hedwig Wagner,
Inhaberin der Berlitz-Schule.
Sprachenschule und Uebersetzungs-unternehmen.

Die ernst-schlichte Mahnung dieses Mädchens ist für die Radaubrüder wahrhaft beschämend und die „jungen Studenten", die ihr Deutschtum in so merkwürdiger Weise betätigen, mögen sich sie hinter die Ohren schreiben. Die Kindsköpfe, die dagegen wettern, daß in Linz die französische Sprache gelehrt wird, scheinen der Meinung zu sein, nach dem Kriege werde um die deutsche Nation eine chinesische Mauer gebaut werden. Nächstens wird es noch als die schönste Bekräftigung des Deutschtums hingestellt werden, wenn man von der Welt außerhalb Deutschlands nichts weiß. Aber das Deutsche Reich wäre nie zu seiner Weltmacht gekommen, wenn die Leute im Reiche nicht klüger wären als die in Linz.

Beilagen zu Nr. 141

[Deplacierter Patriotismus.] Wir erhalten folgende Zuschrift: Sehr geehrte Redaktion! Sie würden sich ein großes Verdienst erwerben, wenn Sie in energischer und belehrender Form gegen die merkwürdige Art auftreten würden, in der sich in diesen Tagen in vereinzelten Fällen der gewiß ehrliche Patriotismus unserer Bevölkerung Luft macht. Es hat sich nämlich zu wiederholtenmalen ereignet, daß Fremde in den Wiener Straßen attackiert und beschimpft, ja sogar geschlagen wurden. Selbst wenn es sich um Angehörige der mit uns im Krieg befindlichen Staaten handeln würde, wäre ein derartiges Vorgehen sicherlich als einer Kulturnation unwürdig zu verurteilen. Wien braucht keinen Ehrgeiz darein zu setzen, das Brüsseler oder Pariser Beispiel nachzuahmen. Noch bedenklicher aber ist der Umstand, daß Angehörige gänzlich unbeteiligter Nationen auf Grund sprachlicher oder physiognomischer Aehnlichkeiten vom Straßenpublikum angerempelt wurden. Bekanntlich mußte die chinesische Botschaft an die in Wien weilenden Chinesen Abzeichen verteilen, um sie vor der Verwechslung mit Japanern zu schützen. Der unerhörteste Fall aber hat sich heute ereignet, als zwei in Wien lebende Polinnen, die sich in einem Straßenbahnwagen in polnischer Sprache unterhielten, von den anderen Passagieren bedroht und beschimpft wurden. Bekanntlich gibt es eine Unmenge slawischer Sprachen, die alle mehr minder eine gewisse Aehnlichkeit mit der russischen Sprache aufweisen. Und gerade ein Mißgriff polnischen Mitbürgern gegenüber ist ein Fehler, voll der törichsten Taktlosigkeit. Denn wie kein Volk, mit Ausnahme des großen deutschen Brudervolkes, ist heute das polnische mit Herz und Sinn auf Oesterreichs Seite und die Wiener haben nicht den geringsten Grund, sich gegen eine Sprache zu wehren, in der die Proklamationen des österreichischen Oberkommandos an das der Befreiung entgegenharrende Russisch-Polen gerichtet werden. Was würden etwa, um noch ein Beispiel heranzuholen, unsere guten Freunde, die Amerikaner, dazu sagen, wollte man in Wien den Gebrauch der englischen Sprache untersagen? Also: Ein bißchen mehr Takt und Vernunft! Und ein bißchen Geschmack und Vorsicht dazu! Deplacierter Patriotismus ist unheilvoller denn Hochverrat. Hochachtungsvoll ein Abonnent.

Aber heute, da mir der liebe H. (an und für sich eine arge Zumuthung für meine Nerven) die Linzer und Janowitzer Benzin-Prozedur *wiederholte* und sich nachher die unglaublichsten Frechheiten herausnahm, habe ich mich endlich mit einem Ruck von dieser Tortur befreit und das Auto eingestellt.

Nun verlangt der Hund für *fünf* Reisetage Verpflegung, wiewohl er nach Toblach nur (nur) 48 Stunden fährt. Ich habe mich bei der Südbahn erkundigt und morgen wird die Abfertigung – es muß noch Benzin ausgeschöpft und gemessen werden – nicht ohne weiteren Krach erfolgen. Es war ein letzter Versuch, aber es geht wirklich nicht mehr. (In der Garage wird gar kein Hehl daraus gemacht, daß die ganze Erfindung ein Gaunerbetrieb sei.) Mit der Bahn gehts leider noch immer nicht: »Bewilligung« und etwa 20 Stunden nach Janowitz. Ich will noch den allerletzten Versuch machen: einen Chauffeur nur für eine Fahrt nach Janowitz aufzutreiben. Da weiß man, daß es teuer ist, aber es gibt weiter keine Überraschungen. Den Ausruf »hab' scho' eing'füllt!« habe ich heute zum allerletzten Male gehört. Diebsschlösser zum Schutz des Benzinvorrathes – die jetzt vorliegende Berechnung ergibt einen Verlust von 200-300 Liter durch Diebstahl oder Betrug – habe ich kürzlich anbringen lassen. Aber wahrscheinlich ist jetzt kein Dieb zu haben, da alle eingerückt sind.

Auf der Speisekarte der Wiener Restaurants sind seit gestern alle französischen und englischen Bezeichnungen gestrichen. Der Zustand wird immer idiotischer. Und man kann nicht zu den paar Wesen flüchten, die die Weltlage unberührt läßt: zwei Schwäne und etwas anderes, das weiß und schlank ist.

Ob das Gepäck dem Auto schaden würde, ist mir ganz egal. Ich bin kein Freund dieses Autos. Den Sporn hatte ich schon abgeschickt, ehe die Mittheilung kam, daß man einen gefunden hat. Hoffentlich gehts der May-May schon wieder besser. Meine Erkältung hält jetzt beim Husten, dürfte aber damit ablaufen.

Zum zweiten Aufgebot, das jetzt drankommt, gehöre ich noch immer nicht.

Ich könnte also in Janowitz sein —— und kann nicht!

[142]   T [Wien, 17.8.1914]   [Janowitz]

Sind Schlüssel abgesandt? ++ Hatte Samstag letzte Nachricht ++
wie gehts Janowitz? ++ Allerbeste Grüße

[143]   T [Wien, 18.8.1914]   [Janowitz]

Bitte bleiben ++ heute morgen letzte Möglichkeit autofahren ++
dann Prag ++ depeschiret Tabor Novay

[144]   T [Wien, 23.8.1914]   [Janowitz]

Wittingau übernachtet ++ halbfünf abgefahren ++ warum nicht
Montag depeschieren können ++ schöne Morgenfahrt ++ Dank
und Gruß

[145]   T [Wien, 23.8.1914]   [Janowitz]

Erbitte Nachricht wie es Janowitz geht und ob verspätete Depesche über Ankunft eingetroffen ++ Vorladung Auto kam gleich
nach Abreise für nächsten Tag ++ schönste Grüße immer derselbe

[146]   B [Wien,] Montag/Dienstag [24./25.8.1914]   [Janowitz]

Zwei liebe Briefe vorgefunden. Heute ebensolches Telegramm
erhalten.

   Die Fahrt: ¾ 5 ab Janowitz, in Tabor langwierige Beschaffung
von wenig Benzin, kurz vor Tabor Pneu-Defekt, so daß Reserverad gebraucht werden mußte. Darum in Wittingau (Ankunft
8 Uhr) übernachtet: wiewohl schon an der Grenze, alles lieb und
freundlich wie überall in Böhmen. Sonntag 4 Uhr aufgewacht,
¾ 5 abgereist und in herrlicher Fahrt schon um 8 Uhr vor Wien
angelangt. Zwischen Korneuburg und Floridsdorf reißt ein Pneu-
matik. Ausbesserung 1 Stunde (mit Riemen). In Floridsdorf,
nach drei Kilometern, reißt es noch einmal. Ich telephoniere von
einer Polizeiwachstube sechs Firmen an, zwei melden sich und
dürfen nichts verkaufen: es sei in ganz Österreich verboten.

   Ein Taxameterchauffeur kennt einen kleinen Händler in der
Donaustraße (2. Bezirk), ich fahre dorthin, muß in die Wohnung
des Mannes, der muß seinen Sohn holen, der in der Nähe in einem
Militärmagazin arbeitet. Endlich wird der Schlüssel gebracht, ein
alter Mantel und ein alter Schlauch werden gekauft und von mir

nach Floridsdorf gebracht. Montierung – wegen ruinierter Luft-
pumpe – 1 Stunde. Es ist 11 Uhr geworden. Wir fahren zwei Kilometer. Vor der Donaubrücke geht das Benzin aus. Ich fahre mit
Taxameter in Benzinstation. Nichts zu haben: verboten. In die
Stadt (Olympia-Garage). Mit 10 Liter komme ich in Floridsdorf
an, wo inzwischen der Chauffeur durch zwei Leute ein Quantum
beschafft hatte. Wir fahren in die Olympia-Garage, um den Be-
hälter zurückzubringen, und kommen um ½ 2 zuhause an.

Von Wittingau bis Floridsdorf 3 ¼ Stunden, von Floridsdorf
bis zur Lothringerstraße 5 ½ Stunden.

Trotzdem würde es mich sehr verdrießen, wenn das Auto weg-
genommen würde. Die Möglichkeit in 6 ½ Stunden Fahrzeit nach
Janowitz zu kommen, ist unbezahlbar. Was zwischen Wien und
Floridsdorf geschieht, ist gleichgiltig und *immer* unangenehm.

Heute war ich bei etlichen Behörden, um die Versäumnis
festzustellen. Ich muß jetzt auf eine neue Vorladung warten, die
aber schon morgen eintreffen soll.

Wenn ich mir nur bald wieder Stachelbeeren holen könnte!

Der Sporn kann umgetauscht werden. Wofür? Will man einen
mit Rad? Oder irgendeinen andern Reitgegenstand, Peitsche o.
dgl.? Katalog gibt es nicht. Revolver sind ausverkauft. Hier die
Bestätigung, falls man selbst einmal in Wien etwas aussuchen will.

In der Zeit meiner Abwesenheit wurde das Geschäft im Nach-
barhaus, das Pneumatiks aus *Brüssel* hat, bombardiert. Das Leben
wird jetzt immer sympathischer werden. Es war ja immer schön,
aber jetzt wirds schöner.

Von der Gemeinheit, die hier durch Begeisterung sichtbar
wird, kann man sich in Janowitz keine Vorstellung machen. Einen
Gruß an die neutralen Schwäne!

Dienstag 5 Uhr

Dank, innigst, für guten Brief von Sonntag. Vielleicht möglich,
daß Wagen vom Sanitätsdepartement des Kriegsministeriums
genommen wird (*nicht* für Infektionskranke: halbe Tage, nach
einer größeren Tour entsprechende Anzahl ganzer Tage). Ich
habe soeben darüber verhandelt. Bei Assentierung soll der Wagen
verloren sein, die Entschädigung zweifelhaft.

[147]   B Freitag [28.8.1914]   [Janowitz]

Dank für alles. Aber im Sinn der Depesche: es geht leider nicht
so schnell. Auf der Polizei widerrieth man mir gestern, überhaupt Automobilfahrten jetzt zu unternehmen. Gepäck werde
jetzt unaufhörlich untersucht und es dauere sehr lang, sei überdies gefährlich. Nun würde ich ja trotz alledem fahren – ich warte
zunächst auf die Schlüssel, deren Beschaffung unerläßlich ist –,
aber es sind auch Benzinschwierigkeiten.

(Ich habe gestern zwei Stunden im Polizei-Präsidium mit
Warten etc. zugebracht. Beförderung des Gepäcks im Militärzug
nur unter Personenbegleitung möglich, in welchem Falle aber der
besonders dringliche Zweck nachgewiesen werden muß. Die
Staatsämter sind jetzt machtlos gegen die Militäraufsicht. Selbst
wenn Bahnbeförderung erreichbar, müßte Visitation des Gepäcks erfolgen.)

Wenn ich nur nach J. bald könnte! In dieser elenden Zeit gibt
es für mich nur einen Erdenfleck, der *immer* Sicherheit bietet.
Es würde sich von selbst verstehen und wird mir (uns) nicht nur
von staatswegen schwer gemacht.

Wäre ich damals, als wir von Schluderbach wegfuhren, bereit
gewesen, in J. zu *bleiben*, bis ich gerufen werde (so darf es, wie
ich jetzt weiß, unternommen werden) — in *welche Verlegenheit* wäre man, wären wir beide gekommen! Wie kann ich denn
mit freien Nerven eine bemessene Frist annehmen. Wir haben
keinen Einfluß, durchzusetzen, was wir *beide brauchen*.

Wüßte ich, daß ich einen Monat bleiben könnte, ich käme mit
leichtestem Herzen *auf eine Stunde!*

Ich grüße Dich in alter Liebe, aber es wäre schöner, Dir's *zu
sagen*.

NB. Seit dem *Expreßbrief* habe ich nicht geschrieben, weil ich
die Antwort auf diesen abwarten wollte. Hoffentlich ist er angelangt.

An die Pflästerchen habe ich mich eben erst erinnert. Ich
schicke sie mit dem Sporn und den Reißnägeln. Der Wertbrief
ist wohl schon eingetroffen.

Soeben, fünf Uhr, fällt ein Kartenbrief in den Kasten (datiert
Mittwoch 5 Uhr). Dieser besagt, daß Express-Brief noch nicht

eingetroffen ist. Erstaunlicher Weise auch nicht der in der Nacht von Samstag auf Sonntag abgeschickte Brief mit Zeitungsausschnitten. Der Expreßbrief muß wohl Donnerstag gekommen sein, der erste, der sonst nur einen Gruß enthielt, ist sicher in Verlust gerathen.

[148]   B [Wien,] 28./29. August [1914]   [Janowitz]

Es gibt eine Insel!

[149]   T [Wien, 29.8.1914]   [Janowitz]

Dank für alles ++ hier trübselig ++ Gruß der Insel Janowitz.

[150]   T [Wien, 31.8.1914]   [Janowitz]

Vielen Dank daß es solche Freuden noch gibt

[151]   B [Wien,] 31. August [1914]   [Janowitz]

Für alle lieben Botschaften und jetzt die aus dem Obstgarten meinen innigsten Dank!

Der Postweg hat in der letzten Woche gar 3 – 4 Tage gebraucht.

Dazu das Gefühl, daß Erinnerungen jetzt eine bessere Verbindung mit der seligen Insel herstellen als Worte. Hier, in der Verbannung, halten mich noch äußere Umstände fest, gräßlich wie alles.

Wenn man dieses Jahr nur verschlafen könnte!

Oder des lieben Friedens von Janowitz *würdig* wäre!

[152]   T [Wien, 2.9.1914]   [Janowitz]

Rüge unverdient da gleichen Gefühls ++ Insel gegen Welt schütze ++ nur leider diese so nah und jene so wie

[153]   B [Wien,] 28. Sept.[1914]   [Schloß Našice]

Dank für so lieben Brief. Und für die Depesche III. Ich schrieb nicht und schreibe nicht gern, um nicht an eine Thätigkeit erinnert zu werden, von der mich das Gefühl der Lähmung vorläufig noch fernhält. Vorläufig; denn schon spüre ich, daß es besser wird und wie die Ketten dieser furchtbaren Thatsächlichkeit sich lösen.

die Wohnung an Zahlungsfähige nicht vermieten.

* Gegen die überflüssigen Demonstrationen in Prag.
Der Statthalter Fürst T h u n hat einen Appell an die Prager
Bevölkerung herausgegeben, den man nur durchaus billigen kann.
In dem Aufruf wird darauf verwiesen, daß zwar noch kein
Verwundetentransport in Prag angesagt ist, daß aber in ab-
sehbarer Zeit Verwundete in Prag eintreffen werden und vom
Bahnhof in die einzelnen Spitäler werden überführt werden. Der
Statthalter verweist nun darauf, daß es im Interesse der Ver-
wundeten unumgänglich notwendig ist, den Bahnhof sowie auch
den Raum vor dem Bahnhof abzusperren. Es ist auch not-
wendig, heißt es dann weiter, die Verwundeten nach der langen
Fahrt vor jeder Aufregung zu bewahren. Es können daher in
den Bahnhof und in dessen Vorraum

nur Personen zugelassen werden, die den Transport
der Verwundeten zu besorgen haben, für deren Labung oder
zur ärztlichen Obsorge herangezogen werden müssen. So begreiflich der Wunsch der Angehörigen auch ist, dem Verwundeten entgegenzueilen und sich von dessen Zustand zu
überzeugen, so appelliere ich doch an alle Angehörigen, und
zwar im Interesse der Verwundeten selbst, den Versuch nicht
zu unternehmen, sich beim Bahnhof oder bei den Spitälern
anzusammeln; der Zutritt müßte ihnen unter allen Umständen
verwehrt werden. Der Besuch der Verwundeten in den
Spitälern kann erst dann zugelassen werden, wenn der Verwundete im Spital untergebracht ist, dort Labung genommen
hat und der nötigen ärztlichen Behandlung teilhaftig geworden ist. So schwer das Opfer auch ist, daß ich von den
Angehörigen in Anspruch nehme, es leitet mich bei den Ver-
fügungen, die getroffen sind, einzig und allein die Rücksicht
auf die Verwundeten selbst — eine Rücksicht, die wohl gerade
bei den Nächstbeteiligten auf Verständnis und volle
Würdigung zählen darf.

Das „Pravo Lidu" verweist bei dieser Gelegenheit darauf,
daß der Statthalter Graf Thun sich vor kurzem auch gegen
einen anderen Unfug gewendet hat, der ebenfalls im Interesse
der Verwundeten beseitigt werden muß, da er ihre Ruhe stört.
Das ist die fast tägliche Wiederholung der Demonstrationen in
den Straßen Prags, die ganz besonders in der Herrengasse
ausgeartet sind, wo das „Prager Tagblatt" herausgegeben
wird. Dieses Sensationsblatt gibt immer neue Sensations-
nachrichten heraus, die mit den größten Lettern gedruckt werden,
ohne Rücksicht darauf, ob sie nicht am nächsten Tage widerlegt
werden. Diese Nachrichten werden in den Verkaufsläden des
Blattes ausgehängt und dort sammeln sich immer zahlreiche
junge Leute aus den benachbarten Geschäften, singen die „Wacht
am Rhein", „Deutschland über alles", dann die tschechische
Hymne und die Volkshymne und ziehen hierauf durch die
Straßen unter den Rufen „Hoch!" und „Slava!" Im Anfang,
als sich die Kundgebungen nicht jeden Tag wiederholten und
nur an wirkliche Begebenheiten anknüpften, dankten auch der
Statthalter und der Bürgermeister von den Fenstern ihrer
Ämter. Aber bald mußte der Statthalter eine Erklärung abgeben, daß er die tägliche Wiederholung solcher Demonstrationen
nicht empfehle.

* Ein Arbeiterbrief. Die „Chemnitzer Volksstimme", organ...

Man muß Geduld haben.

Auch ist es leichter, nach Janowitz zu schreiben.

Herzlich erfreut, daß es gut geht. Fürchte oder hoffe, daß aus Italien nichts wird. Oder hat man ermunternde Nachrichten?

Die beiliegende Meinung – nur weil wir so oft über dergleichen gesprochen haben – ist gewiß nicht unrichtig und noch zu schwach gesagt, wenn es wirklich wahr ist, daß die alte Kultur ein *Versteck* für Schießende ist. Es ist eben alles auf diesem Gebiet gräßlich, aber man weiß, wie ich über »Sehenswürdigkeiten« denke, die ich zwar für aufhebenswerter halte als die Leute, die sie anschauen, deren Wert ich aber tief unter den einer gewissen Betrachterin stelle. *Deren* Sehenswürdigkeit bedarf jener Schonung, von der sie leider so wenig wissen will. Aber ich hoffe, daß sie in Našice besser aufgehoben ist als eine Kathedrale, um die die Dummheit eine Festung gebaut hat.

Von May C. habe ich einen lieben komischen Brief.

Max Th. soll gesund in Wien gewesen sein, natürlich im Hause Sch. und viel gegessen haben.

Keine Hoffnung, daß das Auto requiriert wird. Benzin fast verbraucht; ich rieth dem Chauffeur, sich um einen Posten umzusehen. Hat man Nachrichten aus Janowitz?

————

So —— ich streiche auch manchmal etwas durch und mache den andern neugierig. Mündlich werde ich es wiederherstellen.

Einen schönen Gruß an die Gräfin D. Es ist erfreulich, daß sie jetzt auch jemand andern als Soldaten so lieb pflegt. Ich bin ihr *von Herzen* dankbar.

————

Lieben Brief erhalten. Vorläufig noch nicht nach Berlin. Vielleicht, wenn man in Rom ist.

Gräfin D. sollte mitgehen. Allerherzlichsten Dank für die gute Nachricht.

[154]   T [Wien, 19.9.1914]   [Schloß Našice?]

Schönsten Dank ++ Brief unterwegs ++ allerbesten Gruß

[155]   B [Wien,] 1./2.Okt.[1914]   [Schloß Našice]

Lieber Brief mit kl. Vorwurf heute erhalten. Meiner inzwischen
wohl angelangt.

Von der Sache Chl. wußte ich schon. Denn gestern abends
fuhr ich durch die Alserstraße und da gieng ich hinein, um mich
zu erkundigen, resp. etwas mitzutheilen, was mir für die Sache
hoffnungsvoll schien. So erfuhr ich von Sibirien (Tomsk, nicht
Tonisk). Ich soll es noch einmal mittheilen, da sie Briefverlust
befürchtet, und herzlich grüßen.

Außer M.Th., der seinerzeit durch Wien kam, ist jetzt noch
ein zweiter Sieger hier festgestellt: Gestern war ich bei Demel
und sah dort *J.R.*, der auch mich sah, aber nicht grüßte. Als ob
ich das gethan hätte, dessentwegen man ihm schreiben wollte.
Man kann es jetzt wohl thun? Er trägt Uniform und zieht *kaum
merklich* den einen Fuß nach (und doch zu merklich). Ich wickle
mich allmählich zu Entschlüssen heraus, sehe aber in der loka-
len Sonnenfinsternis zunächst nur den einen Lichtpunkt für
mein ferneres Leben: ein paar Monate jährlich Florenz. Wie
denkt man jetzt darüber? Anders ist mir, uns kaum zu helfen.
Soll ich beginnen, italienisch zu lernen?

Man verzeihe das anfängliche Nichtschreiben – die Sternpost
habe ich oft benützt und zweifle nicht, daß sie's ausgerichtet haben.

[156]   T [Wien, 2.10.1914]   [Schloß Našice]

Allerschönsten Dank für Depeschen und Brief ++ alles unverändert im Schlimmen und im Guten

[157]   B [Wien, Hotel Imperial] 3./4.Okt.[1914]   [Schloß Našice]

Den schönsten Dank! Und besonders dafür, daß man nach J.
geschrieben hat. *Nicht* meinetwegen. *Aber der Gedanke, daß
sich das unvergeßliche Weihnachtsbild nicht wiederholen soll, ist
niederwerfend.*

Hier etwas Heiteres, das den Zeitjammer von der Seite des
Wiener Idiotismus zeigt.

Und das andere: dieser Romain R. ist doch ein Schwachkopf
(der sich darüber beklagt, daß er sich »mitreißen läßt«.) Ich denke,

die Geister aller Nationen stehen geistig noch tief unter dem Feldwebel. Sie haben nicht die Kraft, den Mund zu halten.

Wo werde ich an den Büchern arbeiten? Hier gehts nicht. Und ich fühle, daß es so gut gienge.

Der bekannte Dichter W. soll das Bajonett wieder abgeschnallt haben und in Prag sitzen.

Ich habe die tief herzlichsten Wünsche für die italienische Reise und die beklemmendste Sorge dazu.

Warum fährt D. nicht mit! Das hätte mir Ruhe gebracht.

Warum sagt man immer: »unverändert«? Könnte sich denn etwas verändert haben?

Es ist hier in *allen* Kreisen unabänderlich, daß ich verheiratet bin. Neuestens mit einer russischen Baronin. Auch mit einer Gräfin Desfours. Nach einer anderen Version mit »Baronin Borutin«.

[158]   B [Wien,] 3./4.Okt.[1914] nachts, zuhause   [Schloß Našice]

Im lieben Brief fällt mir die Zeile auf:

»In Italien werde ich sehnsüchtig erwartet.«

Warum hat man Rom durchgestrichen? Oder war es Florenz? Oder doch Rom und man wollte zugeben, daß man nicht nur *von* Rom in Rom sehnsüchtig erwartet wird? (Man geht doch direkt dahin?)

Der Strich beweist die rührendste Aufrichtigkeit. Und dennoch bin ich ein armer Teufel, der mit einer blauen Tasse disputiert.

[159]   B [Wien,] Montag abends [5./6.10.1914]   [Schloß Našice]

Brief von Sonntag vorm. schon erhalten.

Unzähligen Dank!

Eine Prophezeihung sagt, daß am 18.10. Friede sein wird. Sie erfüllt sich: man kommt nach Wien.

Heute sprach mich J.R. auf der Straße an, behauptete, er hätte mich im Café J. »gesucht«. Sprach viel von seiner Tüchtigkeit im Kriege, von wichtigerem nichts. Schien aber fragen zu wollen – und wollte wissen, ob er mich im Café aufsuchen könne. Sein Bart bedeckt das ganze Gesicht und in ein paar Tagen geht er wieder ins Feld.

Die allerbesten Wünsche für die Fahrt. Wenn man nur leicht zurückkann!

Auch ich sage: alles unverändert.

Montag/Dienstag

Ich glaube, mit diesem Herrn haben wir einmal zu Abend gespeist.

Friedrich Stieve, Rega Ullmann 387

Rega Ullmann

Man muß sich heutzutage mit dem Anpreisen von Dichtern in Acht nehmen Nicht weil man selbst dabei ein der Zeit Enttäuschungen erleben könnte — die Folgen eines wahrhaftigen Eindruckes vermag man immer zu tragen, ob sie nun glückliche oder trübe sind — sondern weil das Entdecken nunmehr so an der Mode ist, weil es so hastig und marktschreierisch betrieben wird, daß man Gefahr läuft jeden, den man auch in die Schar der Beachtenswerten versetzen möchte, in sehr zweifelhafte Gesellschaft mit all den anderen irgendwie aus Freundschaft oder Irrtum überschwenglich Gelobten zu bringen. Es gibt gegenwärtig so viele der künstlich Auserwählten und falschen Propheten, es sind zu ihren Gunsten die guten Worte so eifrig mißbraucht worden, daß man in der Tat verlegen ist, will man der sogenannten Oeffentlichkeit etwas anzeigen, was einem richtig am Herzen liegt. — Und doch, man kann es nicht lassen — man wird ja in gewisser Hinsicht, Gott sei Dank! niemals durch Erfahrungen klug.

Vor mir liegen zwei dünne Bändchen. Das eine heißt "Feldpredigt" (Dichtung in einem Akt; Verlag von Heinrich Demuth, Frankfurt a. M.); das andere trägt den Titel: "Von der Erde des Lebens" (Frauenverlag München; Leipzig). Die in München lebende Verfasserin der beiden ist Rega Ullmann. Das erste der zwei Bücher ist in dramatischer Dialogform geschrieben, es ist eine dramatisierte Legende. Ein Bauer hat einen verkrüppelten Sohn, der durch sein Leiden dazu verurteilt ist, untätig umherzusitzen. Der Vater ist ungehalten über das unbrauchbare Kind und will die Mutter nicht hören, die ihm sagt,

er habe an dessen versonnenem, reinen Wesen, die "Bibel in seinem Hause". Der Knabe aber fühlt die Unzufriedenheit des Vaters und leidet daran. Er sehnt sich nach Kraft, um auch nützlich und tüchtig zu sein. In einer kalten Nacht schleicht er hinaus und bestellt das Feld. Ueber der Arbeit findet sein schwacher Körper den Tod und nun begreift der Vater, als er am Morgen seine Leiche sieht, daß er an dem still duldenden Kinde Christus, seinen Christus, bei sich gehabt und nicht erkannt habe.

Das zweite Buch, zu dem Rainer Maria Rilke ein Vorwort geschrieben hat, besteht aus lauter kleinen Stücken, für die man keinen Namen weiß: aus kurzen Erlebnissen und Geschichten, aus Märchen und Wundern, aus seltsam hingesonnenen Betrachtungen, aus geschauten Erkenntnissen, in denen Traum und Ereignis, Wunsch und Wahrheit noch eines sind, sich gegenseitig bestimmend, schaffend und lösend. Eine geheimnisvolle Dämmerung breitet sich aus, eine Dämmerung, reich an ganz nach innen gewandtem Schauen, an helldunklen Ahnungen, an plötzlichem, unerwartet tiefem Versehen. Wir trugen sie alle einmal in uns, diese Dämmerung, in jener Zeit vor Sonnenaufgang, da das grelle Tageslicht der Wirklichkeiten uns noch nicht geblendet, da die junge Sehnsucht sich die Welt zu Wundern schuf und noch unbeirrt vom Gegensatz des Ich zur Umwelt Harmonien ewiger Weisheit ersann. Was wir verloren haben, — Gold vertauscht in Silber der "Erfahrungen" — hat Rega Ullmann sich bewahrt. Kluge Kritiker geben ihr wohl — ich kann es mir gut denken — den Rat, sie solle sich mehr im Leben umschauen, solle die Dinge erfassen, wie sie sind; dann werde sie äußeren Tatsachen gegenüber nicht oft so rühtend unbeholfen sein. Doch hierin liegt natürlich volles Mißverständnis ihres Wesens. Sie muß so scheinbar weltfremd bleiben, weil ihre Augen einwärts schauen, weil Sachen und Geschehnisse für sie nur Gleichnisse der eigenen inneren Bilder sind. Ihre Schwäche ist ihre unerschöpfliche Kraft und der Born des Glückes, das sie uns bereitet, daß wir oft beim Lesen ihrer eigenen Worte uns erinnern:

„Und das Zauberbuch war reich an Blättern und wandte langsam um und um vor der Seele des träumenden Kindes."

Friedrich Stieve

Zeichnungen von Orlik

Bei der Baumgärtner'schen Buchhandlung in Leipzig ist ein sehr schöner Band „Zeichnungen von Emil Orlik" mit einem kurzen Vorwort von Professor H. W. Singer erschienen. In einem anständigen und ausreichenden Quartformat sind 52 Tafeln mit vorzüglichen Lichtdruckwiedergaben Orlik'scher Zeichnungen vereinigt, und mir scheint, sie sind gut ausgewählt, wenigstens geben sie so-

wohl das für Orlik zunächst Charakteristische, als auch seine große Vielseitigkeit wieder. Technisch und redaktionell ist der Band musterhaft ausgeführt. Orlik ist kein Meister von überragend mächtigem Charakter, er ist ein zarter, beweglicher, suchender, moderner Mensch von großer Selbsterziehung und sensiblem Geschmack, und es ist mir ein merkwürdiges Erlebnis gewesen zu sehen, wie auch dieser vielseitige, ganz modern europäische Geist von Ostasien angezogen und lange Zeit fast bis zum Verlieren seiner selbst gebannt wurde. Was Orlik in Japan alles gelernt hat, an Technik und Auffassung, zeigen hunderte seiner Blätter; was er an Tiefes rem von dort mitgebracht hat, kommt namentlich in den Chinesenzeichnungen von 1912 schön und reif zum Ausdruck. Von den Bildnissen sind vor allem die zwei Hodler-Zeichnungen zu nennen, obenan die fabelhaft lebendig und richtig erfaßte zeichnende Hodler, vielleicht Orliks genialstes Blatt. Ich zähle das Buch zu den besten Kunstpublikationen der letzten Zeit.

Hermann Hesse

Verantwortlich für die Leitung: Dr. Theodor Heuß in Heilbronn. — Alle redaktionellen Zusendungen sind zu richten nach Heilbronn a. N., Lerchenstraße 31; unverlangten Manuskripten ist Rückporto beizufügen. März-Verlag: München, Hubertusstraße 27

Copyright 1914 by März-Verlag G. m. b. H., München.

Druck der Schell'schen Buchdruckerei, Viktor Kraemer, Heilbronn

Alleinige Inseratenannahme: Fritz Rauth, Berlin-Friedenau, Ringstraße 41.

Der Sinn

Nicht dies: daß wir die Schwerter schwangen,
hat uns beglückt. —
Daß tausende wie eines klangen,
zum Kampf gezückt,
und uns von einem Volke sangen,
das aller Schranken träger Friedenszeit
sich Mann für Mann zu gleicher Tat befreit:
das ist es, was das heißbedachte,
blutschwere Werk so freudig machte.

Nun steht vom Alpenrand bis zum Belt
ein einzig eisernes Handeln
und e i n Gebet: wir müssen die Welt
mit unsrem Blute verwandeln.

Friedrich Stieve.

Beilage zu Nr. 159

Samstag war der letzte Tag des Auto. Der Chauffeur hat einen festen Posten bekommen, das Auto bleibt eingestellt und wird nur für große Touren hervorgeholt werden. Sonstiges aus meinem Haushalt:

Sonntag ist die liebe venetianische Obsttasse meiner Bedienerin zum Opfer gefallen (und eine zweite schöne Tasse dazu). Das blaue Glas ist heil. In einander kreuzenden Briefen haben wir beide davon gesprochen, ebenso auch das Wort »Florenz« geschrieben.

Kommt also Florenz nach Rom?

Davon hängt Wien ab.

[160]   T [Wien, 7.10.1914]   [Našice]

Banksache längst eingetroffen ++ schönste Grüße ++ Glückliche
Reise

[161]   T [Wien, 9.10.1914]   [Našice]

Dank Brief ++ Depesche nachts vorgefunden ++ ging noch aufs
Hauptamt um diesen besten Reisegruß zu senden ++ hoffentlich
zurückkommt

[162]   B [Wien,] 9 / 10 Okt [1914]   [Rom, Via Pɑɑɑ Clotilde 7]

Jetzt also ist man auf der Fahrt von Agram nach Venedig.

   Könnte ich doch mit meinem elektrischen Ofen das Coupé
erwärmen!

                                                    10.Okt.

Brief vom 8. erhalten. Beneidenswerte Strecke nach Rom!

   J.R. kam natürlich nicht. Das macht aber nichts.

   Briefe nach und wohl auch von Italien müssen offen sein.

Beilage zu Nr. 162

[Großindustrieller und Großgrund-
besitzer Dr. Ritter v. Bauer-Chlumecky in
Rußland gefangen.] Nach einer an die Familie
Ritter v. Bauer gelangten Mitteilung ist der Leutnant im
Landwehrulanenregiment Dr. Moritz Ritter v. Bauer-
Chlumecky nach einem weit ausholenden Rekognoszierungs-
ritt nicht mehr zu seiner Abteilung zurückgekehrt und dürfte
in russische Gefangenschaft geraten sein. Seine Gattin hat den
Cousin ihres Mannes, Leopold Freiherrn v. Chlumecky, hie-
von mit dem Ersuchen verständigt. Authentisches über diese
Mitteilung, die aus den Kameradenkreisen des Vermißten
stammt, in Erfahrung zu bringen. Die Familie hat bereits
alles aufgewendet, um durch Vermittlung des Roten Kreuzes
näheres über den Verbleib Ritter v. Bauer-Chlumeckys zu
erfahren, ist aber bisher noch nicht über das Schicksal desselben unterrichtet worden. Der Vermißte, Herr Dr. Ritter
v. Bauer-Chlumecky, ist ein Neffe des Geheimen Rates
und Herrenhausmitgliedes Johann Freiherr v. Chlumecky

und der Adoptivsohn des Großgrundbesitzers Dr. Viktor
Ritter v. Bauer in Mähren. Er ist als Reserveleutnant bei
dem erwähnten Landwehrulanenregiment zum Kriegsdienste
eingerückt und ist Besitzer der Herrschaft Zauchtl in Mähren
und Verwaltungsrat der Rohrbacher Zuckerraffinerie-Aktien-
gesellschaft, deren Vizepräsident sein Adoptivvater ist.

Dr. Moritz Ritter v. Chlumecky-Bauer, von dem wir
berichtet haben, daß er in russische Ge.angenschaft geraten ist,
befindet sich nach den durch Vermittlung des Roten Kreuzes
von ihm hieher gelangten Nachrichten auf dem Wege nach Omsk
in Sibirien, wohin er nun ... gebracht wurde. — Unter

Beilage zu Nr. 162

[163]   B [Wien,] 10./11.Okt.[1914]   [Rom, Via Pssa Clotilde 7]

Heute eine peinliche Stunde erlebt. Der Biolog taucht auf, erzählt,
daß er nunmehr einen Tiefblick in das Weltgefüge gewonnen habe,
vor unerhörten Entscheidungen stehe, die furchtbarste Krise
durchmache – nicht Eltern, die habe er »besiegt«, »beherrsche«
sie –, an der Wiedergeburt der Welt arbeite, den Kurzschluß von
Macht und Geist herbeiführen wolle; erklärte mir die Entwicklung alles Seienden, von der Amöbe aufwärts, sprach von der
Mechanik des Lebens und wollte mir einen »Vorschlag« machen,

da *Theorie* nicht mehr seine Sache sei, *nur noch* die *Praxis*! Ich
solle ihn ja nicht zur Theorie zurückführen! Ich verstand kein
Wort, hielt mich an die Denkpausen, die er, nach Worten suchend,
machte, und versuchte mich nach seiner Situation etc. ganz irdischen Dingen zu erkundigen. Ich solle ihm nicht entgleiten, er
sei jetzt in der höchsten Spannung noch nicht dagewesener Entscheidungen, religiöser Umwälzungen, die er herbeizuführen im
Begriffe sei, morgen werde sich etwas entscheiden, er gehe einem
tragischen Konflikt entgegen, sei aber über diesen längst hinaus.
Der »Vorschlag«, soweit ich etwas davon verstehen konnte: er
und ich sollten sich »zu einem Verhältnis Faust – Mephisto verbinden«, er mehr Mephisto, aber hauptsächlich *alternierend*.
Zwischendurch warf er ein, er habe wieder gehört, ich sei verheiratet, wenn nicht, solle ich es ganz bestimmt demnächst thun, er
habe viel über das Problem der Ehe nachgedacht, jetzt sei er über
alles hinaus und sei auf biologischer Basis zur Lösung des Pro-
blems der Macht gelangt. »Was verstehen Sie unter Macht?« fragte er mich und dachte lange darüber nach. Ich dachte an andere
Dinge und er begann wieder von der Amöbe zu sprechen.

Es war peinlich, aber eigentlich traurig. Ich hatte mehr als je
den Eindruck eines wehrlos jedem Bildungsdruck preisgegebe-
nen Hirns. Nie war es so beängstigend wie diesmal, so daß ich
mich fast gewaltsam losriß und unter einem Vorwand die Flucht
ergriff. Jede Frage, die ich zur Ablenkung stellte – nach etwas
früher Gemeinsamem, Eltern-Sache, Prag etc. –, beantwortete
er mit: das ist jetzt unwichtig; und verdächtigte mich, daß ich
ihn —— »in Theoretisches verwickeln wolle«. Es war wirklich grotesk und traurig zugleich. Ich weiß nicht, wie ich mich
an den folgenden Abenden retten werde.

Es ist vier Uhr nachts, ich habe keine Depesche aus Venedig
bekommen, hoffentlich trifft sie morgen Sonntag Vormittag ein.
Ich beneide das Forum Romanum.

11.

Keine Depesche, aber die liebe Karte aus Steinbrück.
Warum muß man das durchmachen!

[164]   T [Wien, 11.10.1914]   [Rom, Via Pssa Clotilde 7]

Hoffentlich bestens angelangt ++ Kraus

[165]   K [Wien,] Dienstag [13.10.1914] 7 Uhr   [Rom, Via Pssa Clotilde 7]

Allerherzlichsten Dank für liebe Karte aus Cremona (gestern),
Venedig (heute).
    Depesche aus Rom (gestern).
    Die innigsten Wünsche und Grüße!

[166]   B [Wien, 16.10.1914]   [Rom, Via Pssa Clotilde 7]

Heute, Freitag, zuerst Karte, dann Brief. Hatte so lange kein
schriftliches Zeichen, wartete immer noch auf eines aus Bologna. Da die »von überall« versprochenen Depeschen nicht kamen (erst die aus Rom), war die Reise wohl für mich eine weit
größere Unbehaglichkeit als für den lieben Passagier. Aber nun
ist er ja glücklich angelangt und glücklich, dort angelangt zu
sein, und will gar nicht mehr fort. Höchstens, um noch einen
Besuch in Österreich zu machen. Diese Ankündigung macht
mich ganz traurig, wiewohl sie doch auch mir einen Ausweg
zeigt. Ich will »darüber nachdenken«; aber auch über manches
andere, was in dem Briefe steht.
    Ch. antwortet *ablehnend. Und:* »Zum 4., Ch.'s Namenstag,
möchte ich in J. sein.« Was wird aus mir? Und ich bin doch auch
einer — der am 4. Namenstag hat.
    Ich könnte nicht ständig in Rom sein, aber ich würde dort Be-
suche machen. Will man es so? Denke man aber selbst nach: was es
bedeuten kann, wenn einer es »während des Krieges für gewissen-
los hält etc.« Ich verstehe das nicht. Wäre es nicht besser, den
Winteraufenthalt in Italien, diesen ganzen Umsturz von lieben
Gewohnheiten – ich meine: für die Außenwelt das Leben in J. –
von einer *schnellen Entscheidung* abhängig zu machen? Auch gegen Ch. wäre es vielleicht besser, aus *wichtigen* Gründen, von
jetzt an ständig oder auf so lange Zeit in Italien zu sein.* Ich würde

* Dies hinfällig, wenn man Italien mit *seiner ablehnenden Haltung motiviert*. Dann sehe ich auch ein, daß nichts übrig bleibt
als Italien, und ich wäre rehabilitiert.

glauben, man solle die Entscheidung nicht von nur äußeren Ereignissen abhängig machen lassen. Vielleicht aber denke ich darüber anders, wenn wir uns mündlich ausgesprochen haben. Ich weiß ja nicht, was gesprochen wurde, habe aber den Eindruck, daß es anders besser wäre und daß das Glück solcher Nähe – Besuch in F. – erst nach einer Entscheidung erlangbar sein sollte. Und wie erst die Rückkehr nach Italien zu so langem Aufenthalt. Die äußere (Welt-)Situation kann wie sie ist noch ein Jahr lang anhalten. Anderseits freilich fühle ich, daß es unrecht ist, von diesem Plan abzurathen, und daß es nichts wichtigeres gibt als alles zu fördern, was *diesem* Glücksbedürfnis, *diesem* Wohlbefinden und *dieser* Gesundheit dient. Bang wird mir nur um mich und das ist Nebensache. Aber wird sich das Leben in Rom nicht sehr komplizieren, wenn meine dortige Anwesenheit inoffiziell bleibt und es doch nicht sein wird? Sollte man mich nicht lieber ein Jahr lang vergessen wollen wie den Krieg? Ich würde mich ja für beide Theile erinnern, und da ich einer schlimmen Zeit entgegengehe, würde mir das Vergangene helfen.

All das schreibe ich nur, weil ich traurig bin wegen Jan.

Nun aber eins: vielleicht ändert sich dort etwas und damit der Entschluß für Italien. *Heute* wird nämlich bekanntgemacht, daß alle zwischen 24 und 36 demnächst zur *Wieder*-Assentierung vorgerufen werden. Das könnte thatsächlich, wenn auch nicht den eigentlichen Dienst, doch andere Verpflichtungen zur Folge haben. Was dann?

Will man dann I. oder J.? Ich werde nie anderes wünschen als was man selbst wünscht. Man hat die Depesche, die am Morgen der Abreise aus Našice eintraf, nicht mehr erhalten und auch nicht nachgeschickt bekommen? Ich hatte nachts die aus N. vorgefunden und gieng noch aufs Amt, um für die Reise etwas mitzugeben.

Ich habe jetzt die Empfindung so vieler, die zuhause geblieben sind: an großen Entscheidungen nicht theilnehmen zu können, nicht dabeisein zu dürfen. (Alle, die dieses Bekenntnis lesen, würden es loben und eine versteht es.)

[167] B [Wien,] Montag [19.10.1914]   [Florenz, Via Montebello 36]

Hochverehrte Baronin!

Ihr letzter freundlicher Brief war vom Mittwoch datiert, ich erhielt ihn Freitag. Seither habe ich nichts von Ihnen gehört, hoffe aber sehr, daß Sie sich wohlbefinden. Auch hier ist jetzt endlich italienisches Wetter. Sonst wüßte ich Ihnen für den Augenblick nichts mitzutheilen. Höchstens, daß ich heute mit Frau v. Ch. telephonisch gesprochen habe. Ich sollte mich wegen der Postwege, die zu ihrem Gatten führen, erkundigen. Nun erzählt sie mir heute, daß sie seit vierzehn Tagen eine neue Beschäftigung hat, die ihr jene Erkundigung leichter selbst ermöglicht. Sie arbeitet in einem Amt, wo die aus dem Ausland kommenden und ins Ausland gehenden Briefe zensuriert werden. So sitzt sie an der Quelle.* Frau v. Ch. fragte, ob Sie noch in Rom seien, und läßt herzlich grüßen. Hoffentlich kommen Sie recht, recht bald durch Wien.

Mit den ergebensten Wünschen

immer Ihr
K.

* Hat aber von ihrem Gatten leider seit einem Monat keine Nachricht bekommen. – Ich vergaß, ihr mitzutheilen, daß Sie nun vermuthlich schon in Florenz seien.

[168] K [Wien, 20.10.1914]   [Florenz, Via Montebello 36]

Hochverehrte Frau Baronin! Ich danke Ihnen recht herzlich für Ihre frdl. Karte vom 17., die ich heute, am 20. erhalten habe. Die letzte Nachricht (Brief) war, wie ich Ihnen gestern nach Florenz schrieb, vom Mittwoch, und ich hatte also von Freitag bis heute, Dienstag, kein Lebenszeichen. Ich will nur hoffen, daß Sie in der Zwischenzeit *nicht* geschrieben haben, sonst wäre ein Brief verloren gegangen, und das würde ich sehr, sehr bedauern. Ich war schon recht besorgt, weil ich so gar nichts hörte — aber Wien versinkt wohl vor Rom und Florenz. Ich weiß darum auch nicht, ob es gut daran thäte, *dort* aufleben zu wollen. (Sein Wunsch wäre es ja.) Ich beantworte Ihre Karte mit einer Karte. Ich glaube, daß Briefe, die ohnedies offen sein müssen, länger gehen. Wie ich Ihnen nach Florenz schrieb, ist Frau v. Ch., die Sie herzlich grüßen ließ, jetzt im Brief-Zensuramt beschäftigt. Eine gute Art, die Zeit zu verbringen, bis ein Brief aus Tomsk eintrifft, den sie so lange schon ersehnt. Bitte *telegraphieren* Sie, ob ich die Briefe aus dem Hotel auch dann schicken soll, wenn Sie erfahren, daß sie offen geschickt werden müssen* – geschlossene werden nicht geöffnet, sondern *vernichtet*. Ihre Frage wegen der Krankheit ist schwer zu beantworten. Hier ist offiziell nichts bekannt, jedenfalls nur etliche militärische Fälle da und dort. Ob Sie auf Grund der in Italien verbreiteten Zeitungsnachrichten späterhin, bei der Ruckkehr, einen *Aufenthalt* an der Grenze zu gewärtigen haben (keinesfalls wohl eine Sperre), müßten Sie an Ort und Stelle, in Florenz, zu erfahren suchen. Heute ist sicher noch kein Aufenthalt vorgeschrieben (mit Untersuchung), aber in 3 Wochen kann sich ja manches ändern. Jedenfalls sind hier solche *Nachrichten* nicht *verbreitet*. – Der Biolog soll mich noch zweimal gesucht haben. Ich habe den Eindruck, daß er nicht wegen der R., sondern wegen der anderen Störung nachhause geschickt wurde. Es ist sehr traurig; wahrscheinlich hat es sich im Dienst auffallend fühlbar gemacht.

Meinen Brief nach Rom, in dem ich über die Alternative I. und J. – die Wahl I. finde ich ganz, ganz begreiflich – einiges schrieb und auch von der Einberufung der Untauglichen aus zwölf Jahrgängen Mittheilung machte, haben Sie wohl inzwischen erhalten. Und nun die allerherzlichsten Wünsche Ihres immer ergebenen   K.

* Telegramm nur, wenn ich schicken soll d.h. öffnen darf. Einfach das Wort: »schicken«. Ich würde es rekomm. thun.

[169]   K [Wien, 20.10.1914]   [Florenz, Via Montebello 36]

Nachtrag: Offiziell bekanntgegeben, daß 1 Fall in Schlesien, 14 in Krems, 25 in Galizien.

Die »Nichtgedienten« 78-90 werden zwischen *16. Nov.* und *31. Dez.* gemustert. Da fällt mir ein, daß man dabei auch an die Leute: Schneig und Ludw. wird denken müssen. Trotz alledem hoffe ich, daß die Sehnsucht nach Italien erfüllt werden wird.

Zwischen 7. und 16. Nov. (genauer Termin noch unbestimmt) Vorlesung (nicht aus eigenen Schriften, sondern Bibel, Gedichte, Nestroy) zu einem wohlthätigen Zweck, der auf einzelne, nothwendigste Unterstützungen abzielt, ohne offizielle Etikette.

Die aufrichtigsten Wünsche für die letzten Tage von Florenz und die ergebensten Grüße!

21.

Innigen Dank für l. Ansichtskarte vom Sonntag

[170]   K [Wien,] 22.[10.1914]   [Florenz, Via Montebello]

Hochverehrte Frau Baronin! Ihr liebenswürdiges Telegramm aus Florenz habe ich soeben um 5 Uhr vorgefunden. Ich hatte Ihnen heute nachts eine Karte aus J. nachgesandt. Gerade als ich gestern aus dem Hotel K. trat, begegnete ich dem Biologen, der zu seinen Eltern in das Hotel M. & Sch. wollte. Er ist also noch immer in Wien, und wir verbrachten ein paar bittere Stunden – ich benützte seine Ausdruckspausen oder Denkpausen, um ihm dringend vom Philosophieren abzurathen, mit dem er sich überall so sehr schade. Er hat nämlich von V. den Laufpaß bekommen, und dies wird nun ein »Fall«, der ebenso getragen und herumgetragen werden dürfte wie die Familiensache (die auch noch nicht fertig ist). Heute ist Herr v. F. aus Innsbruck eingetroffen. Er begibt sich nach Krakau zu Tr., der dort auf seinen Geisteszustand untersucht werden soll. Sicher ein wertvollerer Fall als jener andere, der freilich traurig genug ist.

Wenn Sie diese Karte erreicht, nehmen Sie wohl schon Abschied von Florenz. Ich werde Ihnen viel zu erzählen und zu sagen haben. Und immer nur das eine, daß ein bestimmtes Eigenleben sich immer imposanter von dem kleinen großen Hintergrund abhebt. In Erwartung zunächst der bezüglichen Nachricht über die Ankunft, grüßt Sie herzlichst und ergebenst   Kr.

[171]   K [Wien, 22.10.1914]   [Wien, Hôtel Krantz;
                              nachgesandt: Florenz, Via Montebello 36]

Karl Nádherný und KK an SN

[Karl Nádherný:] The *unexpected* arrival of your maid made me many disagreableness, especially as Mathilde was still here.

I would like very much a cig. case, for 4 – 6 cigarettes only one side for cigarettes & possible matching for Princeses.
Best love. Charlie

[KK:] Hochverehrte Frau Baronin!

Nur diese Karte und ein Rezepisse für rek. Brief aus Nasice – beides *heute*, 21. – angekommen.

Wenn ich Depesche erhalte, daß rek. Brief nachschicken soll, so werde ich dem Portier die Adresse angeben (in diesem Fall würde der Brief wahrscheinlich amtlich geöffnet werden).

Es lohnt sich aber wohl nicht mehr, nachzusenden. Die schonsten Wünsche und die herzlichsten Grüße!

Von dieser Karte mache ich für alle Fälle Abschrift.

[172]   B Wien, 2. November 1914 ¾ 10 Uhr   [Janowitz]

Detlev v. Liliencron

Abschied.

Ein Birkchen stand am Weizenfeld,
Gab Schatten kaum erst sechzehn Jahr'.
Das hat den Bauer sehr erbost,
Daß die paar Fuß der Sonne bar.

Ich ging vorbei, der Bauer schlug,
Dem Stämmchen ward so wund und weh.
Es quält die Axt, das Bäumchen ächzt
Und ruft mir zu ade, ade.

Die Krone schwankt, ein Vöglein kam,
Das seinen Frieden hatte dort,
Noch einmal sucht im Hin und Her
Das Krallchen Halt im grünen Port.

Das Bäumchen sinkt, der Vogel fliegt
Mit wirrem Zwitscherlaut ins Land,
Ich schämte mich vor Baum und Tier
Und schloß die Augen mit der Hand.

[173]   B [Wien,] 5.11.[1914]   [Janowitz]

Depesche gestern und Brief heute mit Herzensdank empfangen.
Kam meine Abschrift des wundervollen Gedichts? Sie traf also
in »heitere, angenehme Stimmung«? Das freut mich tief und
macht mich dennoch ein wenig besorgt. Wenn man über solcher
Überraschung nur nicht das Wichtigste aus dem Auge verliert,
sich selbst! Ich weiß, wie Güte preisgibt. Jeder Umschwung
trifft umso schmerzlicher. Man ist (wir beide) so leicht geneigt,
sich ganz zu opfern, um einen lichten Augenblick zurückzukau-
fen. Nicht an mich denke man – *nur*, um an sich zu denken!
Dies für alle Zukunft – die Gegenwart ist ja gerettet und das
freut mich von ganzer Seele. Bitte, bitte diese Gegenwart nicht
später als Anfang Dezember beginnen zu lassen. Ich werde für
den 19. zwei Plätze kaufen – wenn man nicht kann, werden sie
zurückgegeben.

Jetzt, bis 6 Uhr ist mein Kopf frei, dann aber kommt der Biologe, der mich schon lange gesucht hat.

Heute träumte ich von der Reihe einziger Landschaften,
durch die wir am letzten Tag der Autofahrt gekommen sind.

Das muß wiedergesehen werden!

[174]   B [Wien,] 6.11.[1914]   [Janowitz]

Schönen Dank für den lieben Prager Brief. Wie schade, daß der
Wert des 19. vermindert wird! Vielleicht hört man vor der Abreise in *Prag* die Vorlesung, die eine (jetzt entstehende) längere
Arbeit bringt. Oder schafft dies Unbequemlichkeit? Ich möchte
neu gewonnenes Ruhegefühl nicht beeinträchtigen. Aus dem
selben Grunde bin ich nicht für *mein* Weihnachten in N., so
dankbar ich für den Vorschlag bin und so schön es sein *könnte*.

»Ihr kämet nach«: ich verstand es doch richtig? Wenn auch
kein Wort gegen den Besitzer des blauen Glases gesprochen
wird: dieser wird sich immer an einem Unbehagen die Schuld
geben, an dem er doch so unschuldig ist. Und dieses Unbehagen
wäre stärker, weil sein Inhaber sich sagte: Also nicht nur in J.,
sondern auch in N.! Da wäre fast schon I. für ihn erträglicher.

Natürlich komme ich überall hin, wohin man mich ruft. Aber
ich denke, daß man meine Anwesenheit in N. noch weniger recht-

* Sie möchten die Galerien plündern. Nach dem
Genfer „Nouvelliste" vom 14. Oftober schreibt der Kunstkritiker
des „Journal des Débats" Clément Janin: „Löwen hat seine
Bibliothek verloren? Gut, man wird einen entsprechenden Ersatz
in Halle, Göttingen, Heidelberg und in anderen Universitäts=
städten zu finden wissen, sobald der Tag der großen Abrechnung
gekommen ist. Mecheln hat den „Wunderbaren Fischzug" von
Rubens verloren? Gut, es gibt sehr schöne Gemälde des Ant=
werpener Meisters in Berlin, Köln und München. Die Kathedrale
von Reims ist zerstört? Sie wird nicht zu teuer bezahlt und
gesühnt sein durch Raffaels „Sixtinische Madonna", diese Perle
des Dresdener Museums, wenn man ihr noch einige Rembrandts
in Kassel und den Watteau des deutschen Kaisers hinzufügt,
dem man ja den silbernen Rahmen als Andenken wird lassen
können . . ."

Beilage zu Nr. 174

fertigen könnte, selbst wenn die Initiative der Freundin D. klar
ersichtlich wäre. Sonst – mit Wonne. Es gäbe noch eins: daß man
wiewohl kein Wort gegen mich fällt, den Fall so bereinigt, daß die
krankhafte Aversion schwindet. Das Nichtaussprechen allein –
neben meinem Wissen – macht die besondere Situation noch
nicht erträglich. Ich nehme an, daß man auf nichts zurückgekommen ist (Gerüchte »Intimitäten« etc.). Das ist gut so, die äußere
Ruhe in J. ist das Wichtigste und ich brauche keinen Schutz,
wenn ich für J. nicht in Frage komme. Für jenen Theil von J., den
mir auch die Entfernung nicht versperrt, bedarfs ja keiner »Rehabilitierung«. Aber eine Gemeinsamkeit in N. ist doch wohl ohne
Klärung nicht denkbar. (Vorausgesetzt, daß ich recht verstanden
habe, es handle sich um eine Gemeinsamkeit zu *viert*.)

Aber woran scheitert Rom? Doch nicht daran, daß ich kommen könnte? Wenn Rom erwünschter ist als N. und Verpflichtungen – in diesem besondern Jahr – über Innerstes gehen, was
ich durchaus einsehe, so soll man Rom ohne mich wählen. Ich
vermuthe aber, daß Rom für Ch. unerreichbar ist – dann sollte
N. ohne mich gewählt werden. Ich werde ganz genau wissen,
wie alles gemeint ist, und liebender als je den einen Abend in

Wien verbringen. Die Vertheilung Rom und Chotovin scheint man aufgegeben zu haben. Es ist gut, daß man bis zur Selbstbewahrung das Äußerste thut. Nie darf ich dabei ein Hindernis sein und ich muß außerhalb aller Berechnung in diesen Dingen bleiben. Ich trete erst ein, wenn die Hauptsache, die jetzt nicht alteriert ist, von der Gefahr der Einschränkung bedroht wird.

Bis dahin soll man auf mich nicht Rücksicht nehmen, sondern nur – Glückes genug – an mich *denken!*

[175]   B [Wien,] Samstag/Sonntag [8./9./10.11.1914]   [Janowitz]

Ist das hier nicht wie Gruß und Zustimmung zum italienischen Entschluß? Ein Zufall ist es gewiß nicht.

Ich habe die Bewilligung ertheilt. (Erbitte den Brief gelegentlich zurück.)

Was macht jetzt Tangy, – die ich doch noch einmal im Leben zu sehen hoffe!

Sonntag

Kein Brief gekommen, und ich habe diesen nicht mehr aufgeben können

Montag

Dank für zwei Briefe.

Mit dem Biologen nichts Neues.

Vor Nasice fürchte ich mich. – Zwei Briefe:
»Werde diesen Monat sehr beschäftigt sein.« »Schreibe heute den ganzen Tag ödes Zeug, *daher* Eile«. Wie gehts dem Schnupfen und der Müdigkeit?

Gruß an alle Heiligthümer!

[176]   B [Wien,] 12. Nov.[1914] ¼ 9 Uhr früh   [Janowitz]

Meine Sidi, ich sitze jetzt immer die ganze Nacht am Schreibtisch – ich arbeite so lange, bis ich, um ½ 9, einen Brief von Dir oder keinen in den Kasten fallen höre.

Ich bin wieder so weit – so weit und nah von Dir –, diese süße Spannung auszukosten.

Dein letzter Brief schien mich fern zu halten, das heißt: er wirkte so auf mich. Nicht Wien und nicht *Prag*? (Vielleicht läßt sich doch jemand zum Essen auftreiben. Wiewohl ja dieses Essen

Harden-Deutsch.

Der Berliner „Vorwärts" macht sich den Spaß, aus den Kriegsnummern der „Zukunft" des Herrn Maximilian Harden einige Stilblüten herauszugreifen. Da jetzt Karl Kraus schweigt, kann nämlich Herr Harden die Vergewaltigung der deutschen Sprache nach Herzenslust betreiben. Hören wir, wie er es treibt:

„Auf Umwegen über Bergwälle und Weltmeere kriecht, auf Spinnenbeinen, in der Schleimhaube, qualliges Gerede in die Heimat zurück, aus dem Klostertümpeln es einst in den Glaubensschlick krabbelte." Auf deutsch: ein Gerede geht um.

Jemand schreibt etwas nieder? Gott behüte! Er „bringt es aus dem Hirn aufs Pergament". Niemand wird in den Kirchenbann getan, er wird hinein „gegittert". Die Zeitung bringt Blödsinn? Nein, „solcher Legendenkehricht ist an der Pforte der Zeitung zu finden". Harden bedauert das Erlöschen des französischen Witzes? Wie könnte er — seine „Lust ist durch die Furcht getrübt, den Gallierwitz am Greisenkrückstock zu erblicken".

Sagt ein anderer etwa: „Niemand fällt mehr darauf herein," so drückt Herr Harden denselben Gedanken sehr schön aus: „Kein Kater beleckt noch den Teller, in dem die Milch frommer Denkart sauer geworden ist."

Mitleid erregen? Nein! „Sich warm ins Mitleid betten." Sieben Staaten besiegen? Nein: „zerscherben" müssen wir sie. In Paris hofft man wieder? „Zwischen den Herbstblumen der Pariser Gärten keimt lenzliche Hoffnung."

Das sind ein paar beliebige Beispiele aus dem einen Artikel „Dumdum" in Nr. 52 der „Zukunft" vom 26. September d. J. In den anderen Nummern ist es nicht besser. Ich greife aus Nr. 51 (vom 19. September) aus dem Artikel „Werdet nicht müde!" folgendes heraus:

Harden will sagen: selbst der Feind gesteht. Er sagt aber: „Dem spröden Willen des Feindes selbst entbindet aus Wutwehen sich das Bekenntnis." Zwölf Wörter statt vier! Harden will sagen: für das Vaterland sterben. Er sagt aber: „Fürs Vaterland in Todesgewißheit schreiten." Zwei Zeilen weiter läßt er jeden „die Stunde herbeisehen, die auch sein Blut für die zum Reichsneubau nötige Mörtelmischung heischt", und kurz darauf wird derselbe Gedanke zum drittenmal als der Wunsch gekennzeichnet, „zu bluten und im Saft ihres Lebens einen Teil des Feindesschwarms hinwegzuschwemmen". Statt des einfachen Bekenntnisses: „Wir wollen siegen" stöhnt Harden: „Jeden Lufthauch, der aus dem Brustschacht klimmt, rüttelt der männische Wunsch, den Erzrumpf des Feindes zu zerstücken, seines Hauptes Dach mit Flammenbiß aufzureißen, seine Polypenarme als ein Bündel blutiger Fetzen ins Meer zu streuen."

Beilage zu Nr. 175

Daß der Oktober bei Harden nur „Weinmonat" heißt, daß er statt die Feinde gern „die Feindschaft" setzt, daß er statt Pflicht von „Pflichtgehäuß" redet, daß er nicht emporsteigt, sondern „des Geistes Fuß auf Gipfel hebt", daß aus der Gewißheit bei ihm ein „Wall der Gewißheit" wird, weiß man schon lange. Der Gegner ist nicht unverwundbar, „auf seiner Haut ist eine ungehürnte Stelle". Kriegsschiffe werden nicht vernichtet, sondern „vereinsamte Kreuzer werden aus dem Gischt gepflückt". England wird nicht einfach besiegt, es gilt vielmehr, „den Hals des Kaltblüters zu erdrosseln". Soldaten werden nicht verstümmelt, es wird ihnen „das Mannheitszeichen aus dem Leib gesetzt". Die Erkenntnis wird „in parfümierten Dunst gehüllt", und Herr Harden freut sich „der männlichen Willenskraft, von deren Widerhall die Frage doch so keusch bebt wie von Mutterglücksahnung der Schoß des bräutlich bangenden Mädchens".

In Nr. 50 der „Zukunft" (12. September) „verklettert" Herr Harden „in Dünkel", will „seine Ehrenleiter in den Sonnenbrand haken" und gibt die sehr beherzigenswerte Losung aus: „Meidet eitle Rede wie höllischen Schwefelstank." (Artikel „Krieg und Friede".)

In Nr. 48 vom 29. August ist in dem Artikel „Wir sind Barbaren" von einem „wandelnden Stahlschild" die Rede, der „morgen zur Klammer wird, die den Atem abschnürt, in der Hirnzelle den Willen erdrosselt". Die Japaner werden höchst geschmackvoll „gelbe Stinkaffen" genannt, eine Vorstellung „kriecht auf Spinnenbeinen übers Gemüt" und „der Plan schürzt den Wunsch".

In dem Artikel „Wir müssen siegen" (Nr. 45 vom 8. August) ist von einem Tag die Rede: „Er wird. Aus Scharlachdunst steigt er, endlich; des erhärteten Mittag wird gelb fengende Glut sein und purpurn der Abend." Und dann folgt wieder die Mahnung, die leider niemand sich weniger zu Herzen nimmt als Herr Harden selbst: „Entweiht den Tag nicht durch fruchtlosen Schwatz!" Von Enten wird in diesem „Schwatz" geredet, die „nicht in der dünnen Gletscherluft des weisen Greises Goethe horsten", von Geschichtsführern, die „aufs Kindernachttöpfchen" gehören, von Cecil Rhodes, der „ein Gigant in Lackschuhen und mit Tuberkeln" war und „einem Splitterrichter in die Käsfratze brüllte", während „ein Bastardgebild sich in dem Wahn brüstet" . . .

Wir geben diese Probe aus dem grauslichen Quatsch des Herrn Harden deshalb wieder, weil sich in Wien von Zeit zu Zeit immer noch Frechlinge finden, die das Irrenhausgerede dieses Harden als die feinste Blüte deutschen Schreibens ausgeben. Im Grunde genommen würde sich der meschuggene Schmock auch besser in Wien ausnehmen als in dem sachlichnüchternen Berlin.

noch nie so Nebensache war. Gräfin W.?) Wovon eine Vorlesung abhängt! Und wovon *wir* abhängen!

Wohl, die Wiener Tage! Es war ein Einverständnis. Aber dann fehlte mir lange etwas. Ich wußte nicht, was. Jetzt erst: zum Abschied, am Morgen, hatten wir nur Worte und keinen Mund. Wie war das möglich? Du warst damals schon in Janowitz. Könnte ich Dich doch immer so sehen und erhalten, wie Du beim letzten Wien warst!

Es ist schwerer für uns geworden. Soll ich in – Brünn für Dich lesen?

½ 9 —— keiner!   Gute Nacht!

12. Nov. nachm.

Was treibst Du? – Deine Frage nach dem Biologen habe ich noch nicht beantwortet. Er war damals bei mir und ist seither verschwunden. Vielleicht hat er in meiner Abwesenheit von der Wohnung telephoniert. In seiner Sache war nichts verändert, außer daß der Plan bestand, – Mutter und Arzt intervenieren zu lassen!!

Um ½ 5 ist eine Möglichkeit, einen Brief aus Janowitz zu bekommen. (Das war auch am 10. der Fall.)

Fortsetzung 6 Uhr

Um ½ 5 hat es geklingelt, aber es war der —— Biologe, nicht der Briefträger. Eine arge Enttäuschung —— aber schon zehn Minuten später ist es wirklich der Briefträger mit Deiner so lieben Nachricht. Ich lese sie im Vorzimmer. Als ich wieder hineinkomme, fest entschlossen, bald allein zu sein, um Dir schreiben zu können, bittet mich der Biologe, mit ihm über die Liebe, Welt, Gott, Berufswahl, Militär, Medizin etc. nachzudenken.

Jetzt ist er weggegangen – morgen soll sich wieder etwas entscheiden.

Der italienische Essay wird sich wohl nicht mehr auftreiben lassen; ich werde nachsehen ob er damals in der Fackel citiert war. (Ich glaube, man hat einen andern gelesen).

Hat man schon über »Intim.« mit Ch. gesprochen?

Wo wird gejagt?

Warum nach Prag? Und warum wußte ich's nicht vorher? Man hätte mich bestellen können. Und wenn's auch nur für zehn Minuten gewesen wäre. Dazu die gemeinsame Fahrt!

Dem Mann in Florenz wurde alles gesandt.

Der Vortrag wird ein Wagnis sein. Ich meine nicht der »in Florenz oder Rom«, den man abwarten will, sondern der in Wien. Ich werde ihn, wenn möglich, in einem Abdruck *schicken.*

Von Deiner Unentbehrlichkeit durchdrungen, schließe ich mit dem, was wir am Morgen der Abreise versäumt haben. Zwar nicht der »geliebteste, verehrteste, größte Schöpfer« – aber dem geliebtesten, verehrtesten, größten Geschöpf!

[177]   B 13./14. Nov.[1914] 6 Uhr

Mit der Arbeit im *Manuscript* fertig. 15 dicht beschriebene Seiten wie diese hier.

Sehnsuchtswelle diesmal stärker als je vorher. Zweifle nicht, daß man mich zwischen 20. und 1. Dez. irgendwohin bestellen wird. (Dann bringe ich einen Abzug oder das Manuskript mit.) Habe so sehr das Gefühl, daß mir etwas entrinnt. Heute eine Musik gehört, in die ich ganz Dein Bild einstellen konnte. Aber wahrscheinlich geht's bei jeder Musik, denn es ist ja Musik, was hier eingestellt wird. – – – –

Noch nicht mitgetheilt, daß der arme Trakl in Krakau gestorben ist. Ich bekam aus Innsbruck ein Telegramm. Nähere Nachrichten fehlen. Er ist wohl kein Opfer des Krieges. Es war mir immer unbegreiflich, daß er leben konnte. Sein Irrsinn rang mit göttlichen Dingen und war bedeutender als der traurige Fall, den ich heute wieder mitgemacht habe und der sich mit intellektuellen Problemen herumschlägt. Der Militärdiener des Biologen rief mich an: er liege zu Bett, sei ganz rathlos (gestern mit einem endgiltigen Entschluß weggegangen), wisse nicht, ob er aufstehen solle oder nicht. »Er weiß überhaupt nicht, was er machen soll« – sagte der Diener. Ich möge aber ja ihm das »nicht wiedersagen«.

Ob zu mir kommen soll oder ich zu ihm, was ihm lieber wäre. Ich bat, aufzustehen und zu mir zu kommen. Im Lauf des Nachmittags hat der Diener viermal angerufen (zuerst, daß er zu mir kommen und mit mir essen wolle), immer mit anderer Nachricht. Schließlich: ich solle doch zu ihm kommen, da er nicht aufstehen wolle. Ich kam also und er verlangte von mir einen Rath: was er sprechen soll, wenn er mit ihr zusammenträfe (wofür noch keine Aussicht). Ich rieth, möglichst wenig zu sprechen, nicht über die Liebe, und die Berufswahl früher zu entscheiden. Nun kam er auf alles wieder zurück und betheuerte, er *müsse* über alles mit ihr sprechen. Ich sagte: Sie wollen einen begangenen Fehler vergrößern. Er: Jajajaja – – Es war nur eine halbe Stunde, aber die trostlos. Zwischen Thür und Angel sollte ich Entscheidungen treffen zwischen mir unbekannten Möglichkeiten, zum Schluß: ob er etwas wollen solle oder nichts wollen solle. Ich hätte ihm rathen müssen, welchen Rath er von mir erbitten soll, und ihm dann *den* geben. Ich rieth ihm nun wirklich, blind irgendetwas in der Berufssache zu thun, das Weitere werde sich finden, und mich erst zu verständigen, wenn er mir irgendeinen Entschluß mittheilen könne. Er wird am 19. anwesend sein (wenn er nicht in einen falschen Saal geht oder nach Schluß kommt). Da fiel mir ein: so beseeligend das Gefühl wäre, *einen* Menschen dabei zu wissen, so gräßlich wäre es und so unverantwortlich, diesen unschuldigen Menschen der rathlosen Problemsucht preisgegeben zu sehen, die sich unfehlbar auf das arme Opfer stürzen würde, da sie *jedes* Bekannten oder eben erst Gefundenen, ja scheinbar selbst eines *Dieners* sich bemächtigt. Die Unsicherheit dieses Falles wird bald ein Stadtgespräch sein. (Will mit dem Kommandanten, dem er sich zu melden hat, »menschlich« über Berufswahl etc. sprechen. Vielleicht auch über etc.!) Ich spreche das peinliche Gefühl aus, wiewohl man nicht kommen kann, denn ich habe es *doch*: ich werde mir in den dunkeln Raum unter allen Umständen ein Gesicht hineindenken und im wiedererhellten einen gesenkten Kopf vermissen. Wie sehne ich mich nach solcher Begegnung! Wenns nur ohne Schwierigkeit in Prag gienge! – – –

Vor meinen Fenstern wird jetzt gehämmert: Trottoirausbesserung, die nie vorgenommen würde, wenn der wertvollste Fuß sich nicht beklagt hätte.

Als ich heute nachts nachhause kam, fiel mir ein: »Bog sie die feine Hakennase kraus.« Ich sah die Verbindung der Nase und des Namens, wie damals. Aber wie heißt die Gräfin? Die Zeile ist nicht vollkommen. Plötzlich sehe ich: bog *sie die* …. die Zeile ist ein Meisterstück, ich habe ihr Unrecht gethan. Aber warum hörten wir's nicht damals schon? Nun, ich weiß, daß ich durch die liebe feine Hakennase närrisch geworden bin, und ich habe unerhörte Träume von ihr. Wie geht's ihr – abgesehen vom Schnupfen, der ihr nichts anhaben konnte.

Es muß doch mehr sein als Liebe – die würde ich nicht so eingestehen.

14. Nov.

Keine Nachricht aus Janowitz und morgen, Sonntag, wird wohl auch keine zugestellt werden. Trotzdem schicke ich diesen Brief ab.

D. hat, wie aus der Bemerkung über das Rothe Kreuz hervorzugehen scheint, schon geantwortet? Gewiß geht es nicht mit N. Ich bin sicher ein Hindernis für alles. So wähle man zwischen allem und dem Hindernis!

[178]   B Montag [Wien, 16.11.1914] 5 Uhr   [Janowitz]

Der liebe lange Brief vom 13. kam leider nicht am Sonntag, sondern erst heute früh. Ich habe ihn natürlich herangewacht, rang dann mit jedem Wort, bis —— Immer wenn ich um Dich in Angst bin. Ich bin dann erst, nach 11 Vormittag, eingeschlafen. Jetzt, nachmittag, ist Dein Brief vom Sonntag da!! Der gieng viel schneller u. für beide innigen Dank; für die Mühe, die *Du mit mir hast*. Und wie Du mir es ersparst, zu hören, daß ich ein Hindernis bin. Aber ich beantworte mir meine Fragen.

Deine Mittheilung über den Biologen fällt in eine Stimmung, in der ich *sehr* hilfsbereit bin. Ist das erhört? Kann ich, darüber schweigend, mit solchen Halbmenschen verkehren? Daß er seinerzeit *mir* gegenüber, (vor mir, meine ich,) den Verrath schimpflichster Art begangen hat, müßte ausgelöscht sein, um sich seiner zu versichern. Aber das jetzt —— ? Ich habe es befürchtet und ich denke, es muß sich eben um den L. handeln. Man sollte aus Oli herausbekommen, zu wem (*nicht* was; das wäre irgendwie bedenklich). Es bleibt nichts übrig als daß ich *ohne* etwas erfahren zu haben, ihm für die *Möglichkeit*, die ich bei seiner Art wittern kann, den Verkehrsabbruch ankündige. Das schafft doch eine Hemmung. *Ich* bin überzeugt, daß dieser Weltbeglückungsschwätzer auf *diesem* Wege, gerade auf diesem Wege fortfährt, wenn ich ihn nicht gründlich darüber belehre, daß es sich bei *meinen* Erkenntnissen, die er haben möchte, nicht um Libertinage handelt und um Preisgabe von Frauen an die nun einmal vorhandene Welt.

In Wien wird der Saal voll sein; vielleicht auch in Prag? Ich würde es ja *nur* thun, um die Rede *einen* Menschen *hören* zu lassen. Es ist doch anders als lesen. Aber wenn man mir wenigstens sonst Gelegenheit gibt! Nichts schreibt man, ob zwischen 21. und 1. Wir träfen uns im Nachmittagszug. Das mit der Wohnung des Ch. wäre ja ein Ausweg. Warum sollte ich aber nach einer Vorlesung mit V.C. beisammensein müssen? Ich kenne sie doch gar nicht.

Wenn dies durch die Art der Veranstaltung der Fall werden sollte, so wäre ja *sie* die Begleitung für uns. Ich werde Dich nicht um 9.25 abreisen lassen und mit andern Menschen zurückbleiben? Lieber gar nichts! Das Glück Prag – Beneschau zu opfern! Aber man könnte doch auch übernachten? Und gibt es kein goldenes Brünnlein mehr, das nachts zu besuchen ist, keinen Hradschin etc.?

Weihnachten: man hatte mir gesagt, daß wir *unser* (zweites) Weihnachten in Rom haben könnten, auch wenn Ch. da wäre. Warum es übrigens in N. gegangen wäre und in Rom nicht? Ist man dort nicht selbst Hausherr – sondern wäre man mit Nolis? Dann freilich unmöglich.

C.G.: —— – ».erwartet sich schöne Stunden.« Ich erwarte mir nichts mehr. Ich habe das Gefühl, daß dieser Krieg *gegen uns* wüthen wird. Dir selbst wird bange vor der Möglichkeit, daß ich nach Rom komme. Dora, May-May, halte ich für Erschwerung. Für ein paar Tage nach Neapel, Sorrent fahren ist dann unmöglich (das hatte ich mir als letzten Höhepunkt gesetzt.)

»Die Pläne sind wunderschön – wenn nur der Feind nicht den Weg versperrt!« Bitte antworten: meint man den Reichsfeind oder mich? Oder die Hindernisse gegen *uns*?

Nicht böse sein für den Desinfizierungsgeruch. Soll ich weniger schreiben? Wenn man den Reichsfeind meint, so fürchte ich, daß man recht behalten könnte. Momentan nicht; aber Mitte Dezember? Es soll in diesem Punkt *sehr* düster geworden sein, und ich glaube, daß es mindestens männlicher Begleitung nicht möglich sein wird, nicht mir und nicht Ch. Das wäre ganz entsetzlich. *Jedenfalls* rathe ich, erst im letzten Augenblick die Brücke für Haushalt Janowitz abzubrechen. Wenn sich Unmöglichkeit ergibt, daß *ich* nach Rom komme, so wird auch Korrespondenz fast unmöglich sein.

Wie ist es möglich, daß man in Prag alles von »einem Italiäner« weiß?

Roth werden des Ch.: ich weiß von nichts, vielleicht Bemerkung über Fahrplankenntnis des K. Aber das dürfte wohl den Weltruhm dieses Herrn ausmachen und kein Geheimnis sein, jedenfalls keines delikater Natur. Es ist traurig, daß so etwas eine Animosität gegen mich schaffen kann. Und mir so lange die Möglichkeit raubt, das Schönste im Schönsten zu sehen.

Was soll also werden?!

Du wirst es mir zwischen Beneschau und Prag sagen! Oder in Wien, wo Du eine Wohnung hast. Oder wo Du willst. Überall werde ich sein, wo Du willst. Vielleicht finden wir gemeinsam den Muth zu Entscheidungen, die uns der äußeren Folter dieser Zeit und dieser Umgebung entziehen.

Ich brauche Dich. Aber wenn Du mich nicht mehr brauchst, so will ich darüber nachdenken, ob ich mich noch brauchen kann.

Jetzt küsse ich Dich wie zum nächsten Abschied und —— — es ist zum Auflösen!

Ich will eine Stunde im dunkeln Schreibzimmer neben dem blauen sein, wenn Ch. nach Prag fährt. Gienge das nicht, daß Du dort liegst? Ich will einbrechen — —
[Zu einem Fleck auf dem Briefpapier die Bemerkung:] (Verzeih den Fleck – in der Eile beim Schließen des Briefs!)

[179]   B [Wien,] 16./17. Nov.[1914]   [Janowitz]

Mein Blick fällt auf die Stelle des langen Briefes:

»– – Rom – – wird man sich nicht verlassen fühlen, werden *wir uns sehr, sehr viel sehen*? Die verschiedenerlei Bekannten ist gut, das gibt mehr Bewegung und Möglichkeit. Nur wird man, für den Anfang wenigstens, im selben Hotel wie Dora wohnen. Ist das gut? schlecht?«

Je öfter ich die Stelle lese, desto unklarer wird sie mir. Heißt es:

Du *fürchtest*, daß wir uns *nicht* sehr viel sehen werden? Oder: Du *hoffst* es, *daß* wir. Oder beides?

Liebste, Einzige, sag mir ganz offen, daß es Dir ein wenig unbehaglich ist.

Und wenn es überhaupt möglich sein wird, zu fahren, so ist es wohl am besten, ich besuch' Dich nur dort. Aber war's nicht tausendmal schöner, sich dann irgendwo zu treffen, wo D. u. M. *nicht* sind?

Dem ständigen Aufenthalt in Rom, den ich ja ersehnen würde, steht eines entgegen. Ist es selbst möglich zu reisen, so könnte es unmöglich werden zurückzukehren, und es könnte der Fall eintreten, daß man Peinlichkeiten ausgesetzt ist, gegen die kaum ein Schutz möglich ist, da in solchen Fällen die nationalistische Presse die Regierung zwingt und das Volk aufhetzt. Ich fürchte, daß *sogar Dir* Unbequemlichkeiten erwachsen könnten, die man *ja zu allen andern Zeiten für absurd* gehalten hätte. (Lord Beresfords Rede) Wie immer dem aber wäre, mich bewegt vor allem die Frage: wie *Du* zu meinem Aufenthalt in Rom stehst und ob *Du* mich nicht als lästigen Ausländer empfinden wirst. Die diesmalige Entfernung lastet so entnervend auf mir, daß ich solchen Wahnvorstellungen zugänglich bin. Jetzt bin ich mir dessen bewußt, aber manchmal befällt's mich doch. Es gibt nur ein Land übrigens, in das man ohne Schwierigkeiten gelangen könnte: die Schweiz. Welche Seligkeit, dort mit Dir allein, ohne Wächter, zu sein, auf Kriegsdauer oder eine Woche oder eine Stunde. Und *Meran!* Unsere Lage ist ja zu dumm. Es muß einem ja nur einmal einfallen, welch uneinbringlicher Verlust eine zu lange Entfernung von Dir ist. So schwer wie diesmal habe ich's überhaupt noch nicht getragen. Als Du in Italien warst, gieng's eher, wiewohl es länger dauerte: ich unterwarf mich einer Prüfung auf Deine Unentbehrlichkeit und da hielt mich eine Absicht. Aber jetzt ist es, als ob ich Dich überhaupt noch nie gesehen, nur geahnt hätte.

Wir dürfen nicht so viel Zeit verlieren. Jede verlorene Stunde drückt einmal wie ein versäumtes Jahr. In die Zeit September – November 1913 suche ich immer wieder zurückzutauchen und halte alles, wie ich damals gethan habe, für sträflich, weil ich Schöneres unterlassen habe.

Bei der Prüfung mit Deiner Abwesenheit in Nasice und Italien bin ich natürlich durchgefallen. Ehe Du kamst, hatte ich Herzklopfen wie noch nie, die letzte Woche war Erwartung.

Aber diesmal hat die Sehnsucht begonnen, als ich vom Franzjosefsbahnhof nachhause kam und Dir das Gedicht aufschrieb.

Vielleicht trägt auch die Mauer von Janowitz dazu bei und daß es jetzt weder ein Überraschen noch ein Erwartetwerden gibt. Und daß man immer erfährt, wer jetzt das Glück hat, den Park entlang zu gehen (man will es auch weiter erfahren).

Ich sollte jetzt an einer Korrektur arbeiten, kann es aber nicht, weil ich beim Umblicken bemerke, daß Du nicht auf dem Divan liegst. Bitte, thu es!

Sonst vergeude ich mich für Dich —— wie eben jetzt.

Es ist dumm, daß man zu Wortumarmungen gezwungen ist. Und ich will Dir in keinem Augenblick verschweigen, wie sehr Du mich hast. Kriegslist kann es zwischen uns nicht geben. Wenn ich Dich nicht ebenso habe, sind wir beide verloren.

Bitte gib mir am 19. ein Zeichen, rechtzeitig, daß wir vorläufig noch nicht und überhaupt nie daran denken, uns verloren zu geben!

Und verzeih dem Verlassensten, daß er immer wieder den letzten Lebensanhalt – nicht bezweifelt, nur prüft, bestaunt und fragt, wie denn das möglich sei.

7 Uhr. Soeben habe ich »Abschied« von Liliencron laut gelesen und dabei an Deine Thränen gedacht. Das war ein Höhepunkt von uns wie Hainbach oder die Insel.

[180]   B [Wien,] 18.11.[1914]   [Janowitz]

Jedes Wort verdiente – was damals, am Morgen, versäumt wurde.

Und doch ein tief gefühlter Mangel: Nichts über Wiedersehen, wenn in Prag *nicht* lese. Weihnachten in Rom: für mich doch unmöglich, wenn nicht gemeinsam.

Mein Aufenthalt bliebe für Ch. nicht verborgen, auch nicht für D. und M. In dieser Separierung – nach so vieler *offiziell* nicht verleugneter Gastfreundschaft – würde erst recht allerlei vermuthet werden. Wenn nicht bei *N.*, besteht ja auch wirklich kein Grund.

Sonst wäre es doch besser für mich in Wien zu bleiben und die Zeit zu verschlafen.

An Paßmöglichkeit für Ch. glaube ich übrigens *nicht*.

».. selbst nicht wenn ich verheiratet wäre«. Mit wem?

Und dann wäre der Mann doch *dabei*, wenn Weihnachten gefeiert wird.

Warum nicht in Prag übernachten? Natürlich: *ich nicht* im Saxe, sondern anderswo.

Wie sollte denn Sorrent möglich sein, wenn in Rom so viel Bewegungserleichterungen sind? Einsam würde ich mich in Rom nicht fühlen, wenn ich dort – nicht einsam bleibe.

Den Biologen werde ich hart anpacken. Gestern war er plötzlich da, ich konnte ihn aber nicht hineinlassen, weil ich jemand bei mir hatte, mit dem wegen Arrangement dringend zu sprechen hatte. Er wollte Karten, die ich ihm natürlich nicht geben konnte. Er war nur eine Minute im Vorzimmer.

Loos verräth in Gesprächen einen furor teutonicus. Da ist dann eine Verständigung noch schwieriger als sonst. Es gibt Dinge, über die man nicht laut reden kann. – Und solche, über die man überhaupt nicht reden kann, sage ich nur Dir, und *am schönsten*, wenn Du's *nicht mehr hörst*. Im Schreibzimmer oder bei Dir oben. 27.-29.? Ich könnte doch Reise nach Prag wegen Vorlesungsplans haben.

Nimm das Versäumte und immer wieder das viel zu oft Versäumte!

[181]   B [Wien,] 19./20.[11.1914]   [Janowitz]

Telegramm links, Zündschachterl rechts in der Tasche – so alles zu gutem Ende geführt. Saal voll. Eigenes (¾ Stunden) größte Gefahr und größter Eindruck. Bibel von unerträglicher Wucht, dann Erlösung: Liliencron.

Gedichte: »Der Tod« und »Ich liebe Dich« nicht gelesen – wegen Nichtanwesenheit einer feinen Hakennase und weil »wir« *nicht mehr* »im Schlosse mit stolzem Behagen wohnen«. Sonst Programm eingehalten. Nachher nur mit uninteressanten Veranstaltern im Imperial.

Trotz Spitalszweck, aber wegen »Hofnormatag« nicht allzuviel Leute aus »Gesellschaft«. Und da die einzige Aristokratin aus mir unbegreiflicher Entfernung zwar zugehört, aber nicht dem Abend beigewohnt hat, so war keine anwesend.

Ich fürchte, die Lektüre der Anrede wird nur einem Leser gegönnt sein, freilich dem liebsten. (Er soll mir den Abzug gleich zurückschicken.)

20. 6 Uhr

Entzückend lieben Brief erhalten. So beruhigt man ein schreiendes Kind, das nicht einsehen will, wie schwer es die Mutter hat und daß es Pflichten gibt. Und seine Frage? Und gar jetzt: »Ch. fährt schon am ….«

Ab 25. — — — — — — — — — — ?

Wo, in welchem Dunkel oder Dickicht wartest Du?

Es müßte immer wieder dornröschenhaft zugehen, Du Wachzuküssende!

Ins »Künstlerzimmer« kamen Wurmbrandt und Haugwitz.

[182] T [Wien, 21.11.1914] [Janowitz]

Seite sechs unten sieben oben Häufung der Wörter mit ei natürlich Absicht ++ Dank dem treuen Kamin für mitleidige Erinnerung ++ Gruß ihm und Janowitz

[183] B [Wien,] 21.11.[1914] ½ 6 Uhr nachm. [Janowitz]

Brief, den Du während der Vorlesung geschrieben hast, erhalten. Er stürzt mich in einen Wirbel.

Ich weiß nicht, wie ich zu Dir sprechen soll. Wohl aber weiß ich jetzt: ich bin *nicht* das Hindernis, wirklich nicht. Ich *sollte* es sein; ich bin *nicht einmal das*. Es nimmt alles seinen Lauf, wiewohl ich auf der Welt bin. In Rom, zu Weihnachten, »müßte einer vom andern wissen«. Du gibst es zu. Den Schluß: also müßten sie sich vereinigen – ziehst Du nicht. Ich ziehe den Schluß: also werde ich nicht dort sein können. Natürlich weiß ich, daß man so handeln *muß*, gerade in diesem Jahr. Aber warum nicht *zusammen*, wie's für N. geplant war? Wenn dies nicht geht, ist es doch selbstverständlich, daß ich nicht zu Weihnachten dort sein kann.

Anf. Dez. wird die Vorlesung nicht zustandekommen können. 25 – 28. Wo? Ja, schön wär's nicht, sich in Brünn oder Bud-
weis zu treffen. Schöner in Wien. Am schönsten —— —— Nein,
wir werden uns nicht sehen.

»Hier unmöglich, der Diener wegen, daß man nach so langer
Zeit gerade in Ch.'s. Abwesenheit kommt.« Weißt Du, wie viel
der Satz sagt? Nichts geringeres als daß ich *nie mehr* nach Janowitz kommen werde. Denn es geht ja nur in Ch's Abwesenheit
und in Ch's Abwesenheit geht's der Diener wegen nicht. Ich
verstehe: der Sommer bringt nach außen eine Begründung mit
sich. Aber hattest Du nicht gesagt: wenn Ch. verreise, werde es
auch vorher möglich sein – ?

Ich bin sehr zudringlich. Ich will meine Welt retten.

Gienge es nicht, *ihm* zu sagen: »K. fährt am 26. oder 27. nach
Berlin, ich lade ihn ein, hier *durch*zukommen. Da es aber *vor*
der Dienerschaft schlecht aussehen würde, wenn er nach Deiner
Abreise käme, möchte ich ihn ersuchen zu kommen, wenn Du
noch da bist, ein paar Stunden vorher ….«*??

Ganz wie Du willst und kannst. Aber Du gibst doch zu, daß
es sehr traurig ist.

Du bist mir nicht erreichbar, wenn ich Dich brauche. Das sagt
alles. Und schlimmer: *Du brauchst mich nicht*, wiewohl ich Dir
erreichbar bin.

Zu äußern Dingen:

Biolog, der nicht bei Vorlesung war, noch nicht gesehen. Ich
werde ihn bestellen, um ihm wegen Verkehrsabbruchs etc. und
Briefes Mittheilung zu machen.

War die Marke auf dem Brief zerrissen? Das wäre furchtbar,
wenn gelesen worden wäre!

Gestern sandte auch ohne Siegel? Ich erinnere mich nicht mehr.

———————

Ich weiß, daß ich zu viel von Dir verlange. Aber ich kann nicht
anders. Du weißt, es muß so sein. Aber Du glaubst es immer
erst, wenn ich Dich in meinen Armen halte – !

* Das würde ja sogar wegen besonderer Vorsichtigkeit imponieren!

Wünsch mir nicht mehr »Gute Nacht«. Seit Du weg bist, hatte ich keine Nacht mehr. Und sprechen wir nicht mehr schriftlich von Weihnachten und Schwierigkeiten. Warten wir auf ein Wiedersehen und wenn wir vergebens warten, so gibt es eben Dinge, die noch stärker sind als Liebe.

Schließlich sollte man glauben, daß es in allem kein besseres Argument geben könne, keine bessere Hilfe für alles als Liebe. Wenn wir sie haben, was bedarf es da noch einer Auseinandersetzung? Und woran kann es fehlen?

Wäre es nicht möglich, trotz Winters nur auf dem Windberg zusammenzutreffen? Oder —— —— fahren wir auf 4 Tage nach Berlin und ich hole ab oder wir treffen uns im Zug?

Liebste —— ——

Annonce: »Zweite Reihe« –

Bist Du das? Willst *Du* mir's sagen?

————————————

[184]   B [Wien,] 21./22.[11.1914]   [Janowitz]

Sidi, die Spannung der nächsten Tage kann ich nicht mehr durchhalten. Und liest Du *das* hier: »Kriegskinder«, so wirst Du die Unentbehrlichkeit einer Insel im Ozean des Wahnsinns mir nachfühlen.

Aber es steht mit uns so: wir hatten *Augenblicke*, zu sehen, daß wir Adam und Eva sind. Da schließt sich hinter Adam, nur hinter ihm, die Pforte und Eva *bleibt*. Hier ist ein Riß; es stimmt nicht.

Man müßte jetzt darüber einig werden: *einig*.

Unsere Flamme ist heiß genug, einen Entschluß zu härten. Ich hab Dich jetzt jahrelang nicht gesehen.

Sprich nicht mehr von Arbeit. Ich bin durch die paar Seiten hinlänglich befreit. Auf lange Zeit hinaus ist weiter nichts zu thun, nichts der blutigen Dummheit zu sagen.

Alles, was ich bin, gehört Dir. Willst Du's nicht? Du bist nicht die, damit Mißbrauch zu treiben oder zu verzichten, *weil* es so sicher ist. Dir kann alles gegeben und das auch noch zugegeben werden. Sogar: daß mich so viele Stimmen umdrängen

* Vorlesung Karl Kraus. Ein Komitee, das sich zur Aufgabe machte, für den Bestand von Rekonvaleszentenhäusern zu sorgen und Invalide und wieder einrückende Soldaten zu unterstützen, hatte einen glücklichen Gedanken, indem es sich an Karl Kraus mit der Bitte um Förderung wendete. Dieser liebeglühendste Menschenfreund, an dem viele nur seinen Haß gegen alle Feinde der Menschenwürde gewahr werden, hielt gestern für den großen Zweck im Konzerthaus eine Vorlesung vor einer Zuhörerschaft, deren begeisterter Beifall deshalb ins Gewicht fällt, weil er offenkundig nicht von den ständigen Besuchern der Kraus-Vorlesungen kam, sondern sich hier bisher fremde Kreise zu Kraus bekannten. In einer „Anrede" nahm Kraus Bezug auf den Weltkrieg, dessen Ursachen, Begleiterscheinungen und möglichen Folgen er abhängig macht von dem Walten der Kräfte hinter der Front. Die Würdelosigkeiten einer gewissen Presse, die von ihr betriebene schamlose Ausbeutung der Kriegslage als geschäftlicher Konjunktur, all die niedrige Schmierigkeit dieser großen Zeit kommt hier endlich zur herbeigesehnten Aussprache. — Gewaltige Wirkung erzeugten Bibelstellen (aus Jesaia, Jeremia, Offenbarung Johannis), die Kraus hierauf, in Wort und Geste prophetisch erhöht, las. Dann kamen Gedichte von Liliencron, wunderbar beschwingte Reime von den schrecklichsten und lieblichsten Dingen der Welt. Diese viel zu wenig gekannten Gedichte gewannen durch den Vorleser warmes, quellendes Leben. Manche von ihnen, wie „Abschied", das den Inbegriff deutscher Wehmut und Liebseligkeit ausschöpft, oder „Die betrunkenen Bauern", dessen harte Wucht eindringlich niederfällt, werden allen Zuhörern noch lange im Ohre klingen und vielleicht doch einen oder den anderen von ihnen vermögen, in einen Buchhandlungsladen zu treten und Liliencrons Gedichte zu erstehen. Schließlich las Kraus seinen „Sterbenden Menschen", dessen gedankliche Fülle der Zuhörer im raschen Verfliegen des Wortes nicht zu erfassen vermag. Der große Gewinn des Abends scheint uns anderswo zu liegen als in dem gewiß erfreulichen, zahlenmäßig ausgedrückten Reinertrag. Er scheint uns darin zu liegen,

Beilage zu Nr. 183. Text bricht ab

und ich nur *eine* höre. Schütze mich vor Brutalität gegen Nicht-Geliebte, unter der man selbst leidet. Du müßtest meine Unnahbarkeit ständig umgeben.

Du sagst, was jetzt um uns vorgeht, wüthe *nicht* gegen uns, weil wir einander brauchen? So müßte es uns doch zusammenführen. Glaub mir, es wird noch häßlicher werden. Überall. Wo wird es zwei geben, deren Blick so durch alle zeitliche Trübung aufeinander gerichtet bleibt? Jede Ablenkung ist eine Tragödie. Wir sind schutzlos, wenn wir nicht *immer* in unser Geheimnis fliehen können. So ist ewiges Zittern, daß es sich mir verschließt.

Ich bin unerhört neugierig auf Dich.

22./23.

Den Sonntag verschlafen. Heute hatte man wohl meinen Brief und seufzte unter meinem Anstürmen. Ich habe mich heute davon überzeugt, daß der Zustand der Menschheit unheilbar ist. Daß wir zwei noch nicht gesteinigt sind, ist das einzige *Wunder*, das jetzt geschieht.

23. nachm.

Morgens vor dem Einschlafen sehr schöne Sätze in Schopenhauer gefunden über die Minderwertigkeit des Kriegs. Dann Briefe von Dir gelesen. Von Einschlafen war keine Rede. Du kannst es nicht hindern: das Denken an und über Dich entzündet zu einer Orgie. Dann fiel, um ½ 9, Dein Brief in den Kasten. Wie schön! Ich schlief erst um ½ 11! Ich bitte Dich für mein Bedrängen um Verzeihung. Wie versöhnend und beglückend die Aussicht, ein paar Stunden in Janowitz zu sein! Ich käme auch für eine Minute. Vielleicht hast Du aber inzwischen etwas, das zwei Tage möglich macht, vorgekehrt (im Sinne meines letzten Schreibens).

Leider aber, leider der Schluß Deines Briefes: »Ich gehe ja nie mehr aus. Die alte Müdigkeit schleicht sich heran.« Das heißt: die alte Sorge fährt mir an die Gurgel.

Du sagst: »… und brauche *Dich*, um *zum Leben* gebracht zu werden.« Ist das nicht wichtig genug, um vor Ch. die Notwendigkeit meines Besuchs in seiner *Abwesenheit* (Deckung nach außen durch Eintreffen *vor* seiner Abreise) zu vertreten?

Ich lasse die Müdigkeit nicht an Dich heran, ich will es nicht mehr dulden! Das Größte und Beste steht auf dem Spiel! Jetzt bestürme ich Dich erst recht — wenn's noch mehr um Dich als um uns ist!

Zunächst: Geh ohne Rücksicht auf Dinge, die doch weit weniger wichtig sind, schon jetzt nach dem Süden, wo Du gesünder und noch schöner würdest. Ich hab so furchtbare Angst – die noch zu aller andern.

Ich weiß, was Dich müde macht. Soll ich die allerschwerste Schuld auf mich laden, dies zu wissen, fortwährend zu fühlen und es nicht zu verhindern?

Bring Dir doch ständig alles in Erinnerung, was ich je darüber *gesagt* habe, wenn Liebe, das Unaussprechliche, nicht genügt.

Nichts sollte Dich abhalten können, für Dich zu leben. Und kein äußeres, allerbanalstes Hindernis – so schnell als möglich wenigstens auf den Semmering zu gehen, wo Du bald frei von Müdigkeit wärst (wenn ich Dich dort nicht müde machte). – Du fehlst mir und ich Dir. Also — —?

Bitte, bitte befreie mich von der Marter dieser Wehrlosigkeit gegen Mächte, die es auf Deine Schönheit abgesehen haben! Wenn wir schon *die* Welt nicht ändern oder ganz fernhalten können, gegen *die* Welt könnten wir aufkommen, die den schmerzenden Druck über den schönsten Augen verursacht.

Meine Anrede über die Enzyklika des Papstes: »Eigentlich sagt das der Pfarrer auch, nur mit ein wenig anderen Worten.«

Sieht das hier nicht geschickt *über*siegelt aus? Es wäre das äußerste Gaunerstück dieses Postmeisters. Vielleicht *auch noch* Marken *hinten* und den nächsten Siegel deutlich, damit Kontrolle möglich.

* **Ein Artikel Mathilde Serao.** Die italienische
Romanschriftstellerin Mathilde S e r a o wendet sich mit einem
Mahnwort an die Leser ihrer Zeitung „Il Giorno" von Neapel.
„Es (gemeint ist Italien) wird kein Blut vergießen," heißt die
Ueberschrift. Im Eingang schildert die Dichterin die Schrecknisse
des Krieges und preist ihr Land glücklich, das davon verschont
blieb. Den Italienern fehle es selbstredend nicht an Mut und wenn
die Notwendigkeit an sie heranträte, so würden sie die alten
lateinischen Tugenden zur Geltung bringen. Aber zu einem
Kriege sei keine Veranlassung gegeben und nur Dummköpfe
und dunkle, selbstsüchtige Elemente versuchten das Land zu
den Waffen zu drängen. „Ungerecht, gemein und grausam
wäre es, gegen Frankreich, dessen Volk uns in mancher Weise
nahe steht, und gegen England zu ziehen, mit dem wir eine
traditionelle Freundschaft pflegen; aber noch viel ungerechter,
infamer und grausamer würde es sein, wenn unsere Nation,
nach dreißig Bündnisjahren, die Ungeheuerlichkeit beginge, sich
gegen die Bundesbrüder zu kehren, gegen Deutschland, von dem
wir nichts als unaufhörliche Beweise einer treuen Freundschaft
genossen, oder Oesterreich-Ungarn in den Rücken zu fallen,
während es schwere Zeiten durchzumachen hat. Wir würden
dadurch auf immer den blanken Schild der italienischen Ehre
beflecken."

der älteste Bukowinaer Mittelschullehrer.

[Kriegskinder.] Eine Dame schreibt uns: „Der
neunjährige Freddy am Rhein richtet an die Großmutter in
Wien folgende Zuschrift: Köln, 13. November 1914. Liebe
Großmama! Du mußt nicht böse sein, daß ich so häßlich
schreibe, aber ich bin krank und da kannst Du nicht mehr verlangen. Wir Jungens sammeln nicht Briefmarken, Steine,
Schmetterlinge und solches Zeugs, sondern nur Sachen, die mit
dem Krieg zusammenhängen, das heißt Patronen, Läppi, Ge-
wehre. Darum möchte ich Dich bitten, ein russisches und ein
serbisches Geschoß mir zu schicken. Vielleicht kannst Du auch ein
österreichisches beilegen. Ein französisches, belgisches und eng-
lisches Dumdum habe ich schon. Von deutschen habe ich ein
ganzes Magazin. In den Patronen darfst Du kein Pulver
lassen, darum mußt Du (hier ist im Text die Zeichnung einer
Patrone eingefügt) a herausschütteln. Dann drückst Du a wieder
in b, und so machst Du's weiter. Ich habe ein Buch, da
sammle ich Ansichtskarten, die zeigen, wie die 42-Zentimeter-
Mörser wirken. Hier sende ich Dir eine. Die österreichischen
Motorbatterien haben sich großartig ausgezeichnet und fast
jeder Oesterreicher hat das eiserne Kreuz. Mama freut sich immer
über kleine Kinder sehr, darum schreibe ich oft vom Vetter
Hans Georg. Viele Küsse, Dein Freddy."

Beilage zu Nr. 184

Nein, keine Wahnvorstellungen —— nüchterne, ganz nüchterne Thatsachen.

Gestern erhaltener kalter Brief machte mich weniger erstarren als der liebe warme von heute, der keine Ahnung von seiner Schonungslosigkeit hat.

Du lebst also still in Janowitz und siehst alles schön, ich weil ich in Wien bin, alles häßlich. Und dem so Erkannten, so grausam Erkannten und Ausgesprochenen läßt sich nicht abhelfen. Man wartet auf 1915, das für uns sein wird, »zwischen Rom und Janowitz«.

Aber wie denn? Rom wird *nicht* sein. Es ist *unmöglich*, wenn nicht ein Wunder der Protektion mir für drei Wochen eines verschafft, Paß zu erlangen. Es soll hoffnungslos sein. Und Janowitz!!!! Liebste, verzeih, das wußte ich nicht, daß Du so ein Versprechen gegeben hast. Ich dachte immer: bis zum Sommer sei es unmöglich, nach J. zu kommen, wenn *Ch. anwesend*. Du sprachst oft davon; wenn er auf Reisen, dann *natürlich!* Ebenso wie ja die zwei Monate offiziell nicht für mich allein reserviert waren. Ich verstand leider den Satz nicht: wegen der Diener, da so lange nicht in J. etc. An und für sich unverständlich, da ja neue Diener. Also konnte nur Ch. der Grund sein, und wieder sagst Du ja auch, daß es so ist. Nein, wortbrüchig darfst Du nicht werden. Darum aber darf ich hinter dem Rücken des Ch. auch nicht für eine Stunde nach J.

Ich werde also auf den Ruf, »Bobby etc.« nach Tabor kommen, ich werde Dich auf dem Windberg sehen, aber wir werden uns beide beiden das Gefühl ersparen, etwas Unerlaubtes zu thun, wenn wir zusammen durch den Schloßpark gehen. Dann brauchen wir nicht auf den Gärtner zu achten, der doch sicher vor Ch. etwas erwähnen würde oder könnte.

Wer weiß, wie das mit 1915 sein wird.

Du schreibst: Ch. werde sich jedenfalls auf Kriegsdauer beschäftigen lassen: »Wer zweifelt also auf 1915«!?

Aber, aber – sagt diese Frage Dir nicht selbst, wie gering die Aussicht ist? Ch.'s Beschäftigung würde uns doch nur zustatten kommen, wenn uns dadurch Janowitz erschlossen wäre! Das ist doch mit und ohne Krieg nicht der Fall; im Sommer aber sicher, auch wenn kein Krieg ist. Rom ist doch davon nicht abhängig. Wir beide, wenn wir uns nicht in Janowitz sehen wollen, sind doch völlig unabhängig von Ch.'s Beschäftigung.

Und dieser verheißene Sommer! Bitte geh mit Dir zu Rathe und entscheide, ob ich, wissend um Dein Versprechen an Ch., diesen Sommer annehmen kann.

Sidi, Sidi —

Meine Liebe ist so stark und verträgt jede Probe. Die Deine? Ich kann nicht zu Dir nach Rom!

Es gibt Grenzen.

[186]   T [Wien, 27.11.1914]   [Janowitz]

Alles ausgerichtet ++ freut sich sehr

[187]   T [Wien, 30.11.1914]   [Janowitz]

Angelegenheit in denkbar bester Ordnung

[188]   B [Wien,] Am Tag vor dem 1. Dezember [30.11.1914] ½ 6Uhr
                                                        [Janowitz]

Schlafwagen allein. Fast leer. Vormittag depeschiert, Optiker und Militärenthebungsschein besorgt. Reisebewilligung und Paß demnächst.

Nun ist nur noch zu sagen, wie schwer es ist, aus einem Zauberland zurückgekehrt zu sein und daß J. – immer wieder und diesmal noch mehr – alles hatte, was es an vorstellbarer, *dichtbarer*, nie geglaubter Schönheit gibt. Das Bild der Eisläuferin bei der Einfahrt am Sonntag, die Seligkeit des dunklen Zimmers, alles, alles bis zum Gesicht des Dworschak (nein, ř), das, auch wenn die Hand einmal etwas nähme, ehrlicher und besser ist als alles was die Kultur des »besten Freundes« enthält.

Unendlichen Dank und tiefste Wünsche!

[189]   B [Wien,] Geburtstag. [1.12.1914]   [Janowitz]

5 Uhr – und es hat noch immer nicht geläutet.

Da – wirklich.

Enttäuschung und Trost. Sylvester ist eine herrliche Idee. »Gott, nur Geld!«: mir unverständlich.

Vorlesung am 16., kl. Musikvereinssaal. Habe aber eher Lust, abzusagen, da ich mich über vieles, was damit zusammenhängt, ärgere.

Nicht nur Prag, sondern auch Tabor im Frühjahr, da man ja Spazierfahrten (Auto) und Spaziergänge machen kann. Gestern geschriebenen Brief (rek.) wohl erst nach Rückkehr aus Prag vorgefunden. War hoffentlich nicht unvorsichtig von mir.

Heute in der Statthalterei: Erlaubnisgrund wäre z.b. Abholung eines Kranken. Dies sei auch der Fall, sagte ich. Dann aber brauche man irgendeinen dokumentarischen Nachweis: Brief oder Telegramm aus Rom, das mich dringend beruft. Ich werde mir hoffentlich so etwas verschaffen können (durch den Mann in Florenz, dem ich aber aus Wien nicht in offenem Brief schreiben kann, vielleicht durch jemand, der nächstens in die Schweiz fährt). Auch diese Schwierigkeit behoben, wenn, wie es heißt, noch in der 2. Dezemberhälfte Verlautbarung des nächsten Aufgebotes: dann kann ich mich vorher stellen und brauche auch keine Grenzerlaubnis mehr. Jedenfalls wirds gehen.

Sylvester mit Dir in Venedig ist ja viel wichtiger als der Weltkrieg. Das müssen die Behörden doch einsehen!

Ch. wird man übrigens immer noch zu Kanzlei zureden können, mit dem Hinweis darauf, daß *alle* »sich bethätigen« und daß man in dieser Form am besten dem Herrn »Arthur« antwortet. Aber schließlich ist selbst das unwichtig vor der Aussicht, mit Dir Sylvester in Venedig zu sein. Es ist eigentlich komisch, daß ich dieses Datum, welches doch ein besonderer Erinnerungs Tag für mich und wie ich hoffe, für uns ist, bisher ganz vergessen habe und daß sich alles immer nur um Weihnachten drehte. Aber die Bescherung im Thoreingang, dieses Bild ist ja heuer ohnedies nicht wiederholbar und Sylvester ist das Ereignis unseres Alleinseins, dazu brauchen wir nur uns und nicht Janowitz. Es ist also alles daran zu setzen, daß es wieder geschieht und immer wieder.

Möchtest Du die Musik, die ich Dir sandte, mitnehmen? Vielleicht ergibt sich einmal in Rom die Möglichkeit, sie von Dir zu hören.

Das Bild der lieben Eistänzerin, zu der ich alle Musik that, werde ich nicht mehr los.

Es war ein erhabener Empfang. Schade, daß Du es nicht gesehen hast! (Und ich habe es sogar gehört.)

[190]   B [Wien,] 1./2. Dez.[1914]   [Janowitz]

Hat man eigentlich einmal die Schrift von Karl Borrom. Heinrich über mich ganz gelesen? Ich eigentlich jetzt zum erstenmal, d.h. mit Aufmerksamkeit. Ich spreche davon, weil eine Stelle auf S.70 jetzt prophetisch berührt. Nur, daß der Autor heute zugeben müßte, der »Weltkrieg« sei nicht eine Fortsetzung von mir, sondern eine Fortsetzung des Übels, und die von ihm (S.61) gerühmten Soldaten* seien bestenfalls die Opfer der Intellektuellen und diese selbst, als Soldaten verkleidet, (endgiltig) die Sieger. Im Ganzen finde ich, daß die Schrift von Heinrich das Gefühlteste ist, was je über mich zu lesen war. Ich spreche nur davon, weil zufällig soeben gelesen und von S.70 mich so berührt gefühlt habe.

Wichtiger als dieses ist die Frage nach einem ganz besonderen Befinden und ob man von der Sorge inzwischen befreit wurde.

Heute hat man nach langer Zeit Musik gehört. War es schön? Wie schade, daß sich nicht ein Ausweg schaffen ließ, für Weihnachten gemeinsam zu entfliehen. Aber ich leide nur noch ganz wenig an dem alten Wunsch und lebe schon ganz in der neuen Erfüllung (Sylvester).

Heute, am Geburtstag, dachte ich oft, durch wie viele Höllen ich gehen mußte, um in diesen Himmel zu finden. Wenn noch hin und wieder Höllisches aufsteigt, möge es der Himmel verstehen und nicht ungehalten sein.

Sollte man noch einmal vor Wien in Prag zu thun haben, so hoffe ich, daß man mich bestellt und zwar durch Depesche, die bis Mittag abgesandt werden möge, so: »Morgen werde Gedichte lesen« od. dgl. Entweder bin ich dann in Beneschau sichtbar oder ich bin schon morgens in Prag eingetroffen und warte bei der Bahn.

* Es ist immer die alte Vorstellung vom Soldatenthum.

Wenn 16. Vorlesung, würde ich natürlich nachher mit Dir und Dora sein.

Hoffentlich hatte man meinetwegen mit Ch. auch nicht eine unangenehme Sekunde?

2.12.

Heute früh schon gestrigen Brief erhalten, als Antwort auf meinen vorgestrigen. Es geht also wieder schneller, und es ist gut, daß mein Brief und die Sachen nicht in Abwesenheit eingetroffen sind.

Nicht gut aber ist, daß aus dem 10. wieder der 12. geworden ist. Wenn's nur dabei bleibt!

Ich wünsche mir etwas sehr: daß man, ehe man in Wien eintrifft, bei mir eintrifft (wie damals bei der Abreise). Es würde *alles* vorbereitet sein. Vor allem ich!

―――――――

[191]   B [Wien,] 2./3. Dez.[1914]   [Janowitz]

Bitte, das lesen und zurückgeben. Der Trottel muß aufgehoben werden. Er hat ja »recht«, nur ahnt er zum Glück nicht, wie glücklich die Unglücklichen sind, wie positiv der negative Mensch.

Und wie gut es ist, daß endlich einmal (wenn's nur wahr ist) die *Denker, Träumer* und *Verliebten* von der »Masse« getrennt bleiben!

Endlich einmal ein Angriff gegen *uns beide!* Rodins Äußerung sehr erfreulich. Er sagt etwa: Geschosse gegen eine Kathedrale seien nicht ärger als der barbarische, kleinbürgerliche, triviale Geist des untergehenden Jahrhunderts, der die Kunst zu Tode getroffen hat. In Brüssel habe der König »um sich als modernen Menschen und als Gegner jeder Liebe für das Alte zu zeigen«, die Quartiere aus dem 17. Jahrhundert niederreißen lassen. Ähnlich Abscheuliches sei »in Paris, aber auch in Venedig, Florenz, Genua« geschehen. Man hat das wohl im Prager Tagblatt – eines der allerinfamsten – gelesen. *Unterschlagen* war dort der Schlußsatz: er »*hoffe* auf Russen, Indier, Kanadier und Australier. Nachher werden die Deutschen sich wohl oder übel in ihre Festungen einschließen müssen.« Was Rodin über Bauten sagt, ist natürlich nicht zur Vertheidigung der Deutschen gesagt, sondern eine zutreffende Feststellung allgemeiner Barbarei im Frieden; wird aber natürlich, mit Weglassung des Schlußsatzes, zu einer politischen Äußerung umgefälscht. Ich theile dies besonders mit, weil man ja Rodin auch persönlich kennt. ——

Wie freue ich mich auf ein Venedig, dessen bauliche Verwüstungen reichlich durch die Anwesenheit eines Wesens wettgemacht sein werden!

Man verzeihe den Abschnitt! Ein furchtbarer Patzer. Ich wollte sagen: Am 4. habe ich Prozeß vor dem Landesgericht (Verleger Staackmann in Leipzig wegen Veröffentlichung der Photographie aus seinem dummen Almanach.)

Gestern ist man wohl nicht nach Janowitz zurückgekehrt, erst heute am 2.?

Gute Nacht!

3. Dez. abends.

Man ist schuld an einem bösen Tag und ich fürchte, auch an einer bösen Nacht. Keine Nachricht. Ich hatte aus Prag ein Wort erwartet. Weiß man denn nicht, daß ein Wahnsinniger in Wien lebt, doppelt elend, weil er sich seines Zustandes immer auch bewußt ist? Er verlangt Unmögliches – so stoße man ihn weg. Aber an einem Tag, wo hier die Hölle auf der Straße losgelassen ist, sieht er auch in Prag Gespenster. Es wäre so schön gewesen, gerade heute ein Wort zu haben.

4. nachm.

Es ist zu dumm. Habe ich aus Janowitz einmal keinen Brief, so bin ich unruhig genug. Aber weil Du in Prag warst, habe ich mir eingebildet, Du seist schwer erkrankt – irgendwie sei die Verbindung unterbrochen.

Ich gieng um ½ 4 Uhr nachts zu Bett und schlief nicht, hatte arges Herzklopfen und litt Todesangst um Dich. Versuchte zu lesen, und konnte auch das nicht. ½ 9-½ 10 vormittag sprang ich zwanzigmal auf. Um 11 kam Dein Brief, er brachte genug Grund, mich unglücklich zu fühlen. Ich mußte zur Verhandlung

und hatte so wenig geschlafen wie damals bis Tabor, also überhaupt nicht. (Die Verhandlung verlief gut: ich wurde freigespro-
chen und der Gegner muß Ersatz für das konfiszierte Heft leisten
und die Kosten tragen.)

Ich kam nachm. nachhause und las wieder und wieder Deinen
Brief, aber nun fallen mir schon die Augen zu. Wie schön warst
Du heute nacht — in fortwährender Umarmung. — —

Ich gebe Dir hier den Brief der lieben D. zurück. Aber er ist
nicht sehr erfreulich. Ich sehe nun klar ihre Beziehung zu Dir,
aber die von Dir übernommenen Ansichten kleiden sie nicht,
sitzen ihr wie ein fertiges Kleid und decken kaum eine gewisse
Banalität. Das mit Nietzsche ist natürlich ein lieber Unsinn.
Nietzsche hätte gerade in dem heute triumphierenden Typus
Ansätze zu seinem »Übermenschen« gefunden und er hat ja
auch für den Krieg 1870/71, der um weniges besser war als der
jetzige, geschwärmt. Ebenso falsch ist – bitte mache sie auf *beide*
Irrthümer aufmerksam – die Bemerkung, es habe keiner den
Muth oder die Kraft, der Welt – »und koste es sein *Leben*« –
seine Verachtung hinzuschleudern. Die Gute weiß davon nichts.
Ich denke nicht an mich. Aber das Leben opfern, wäre ja dabei
nicht das Äußerste, was man riskiert, sondern die Wahrheit, für
die man es opfert, würde selbst geopfert: sie dürfte nicht *erscheinen*, die Censur würde das, was D. auszusprechen wünscht, nicht
aussprechen lassen, es würden anstatt bedruckter weiße Blätter
sein. Vielleicht genügt Deiner Freundin mein Ausdruck jener
Wahrheit —— wie durch ein Wunder ist es ermöglicht worden,
ihn morgen erscheinen zu lassen. (Strichlos erlaubt, was sicher
jedem andern jetzt verboten worden wäre). Bitte sage ihr das.
Ich lasse Dir drei Exemplare zugehen und auch der Grf. D. eines
schicken.

Welchen Herrn Gouthrey (?) empfiehlt sie da? Und wer ist der
»kl. Mensch«, der ihr zwar nur einen »kl. Eindruck« gemacht
hat, aber doch einen hinreichend großen, um sie vielleicht in ihren
Ansichten über den Krieg wankend zu machen. Diese Ansichten sitzen nicht fest, sie sind von Deiner Festigkeit abgenommen
und es ist eine merkwürdige Sache, daß sie Dich »ihre liebste
Kleine« nennt. Sie ist sicher ein guter Mensch, aber was sind

gute Menschen neben Dir, die mehr als gut und leider nicht immer gut ist. Sonst hättest Du aus Prag mir etwas geschickt. Sonst wärst Du nicht »froh über etwas, worüber sonst traurig«. Sonst würde Dir unter allen Umständen Dein Leben über Deine Kinderstube gehen, Deine eigene. Dieser Egoismus wäre erst die wahre Güte! Sonst fändest Du schon Lösungen!! Ich finde sie nicht. Ich *muß*, wenn Du mich fragst, nur verzichten, »auf Venedig verzichten«: alles oder nichts …. May-May: wenn man's richtig hört, *italienisch* gesprochen heißt es doch: Niemals – Niemals! Sie und Dora müßten also *nach* Sylvester in Venedig eintreffen und *ich* offiziell nur knapp vorher*? Als Engländerin ist sie in Wien nicht gefährdet, nur möglicherweise: Ausgehverbot ab 8 Uhr, das ist nicht schmerzlich, wird aber auch nicht ernst durchgeführt (ins Restaurant darf sie). Um Pension oder Hotel (wenn in der Nähe sein soll, so Klomser) werde ich fragen.

Du kannst »schwer diese *3* Damen auf der Fahrt durch Italien verlassen«? Wer ist die dritte? Ch.? Nein, der kommt ja nur nach Wien. Und geht dann wieder nach J. zurück? Oder werde ich Dich die ganze Wiener Zeit nur zwischen Thür und Angel sehen können? Dann wollte ich lieber verschwinden, Vorlesung absagen und mich überhaupt auslöschen.

Muß man gemeinsam kommen?

Neulich gemachter Vorschlag natürlich durch May-May erledigt.

Sidi, Sidi, ich weiß, daß ich zu viel verlange; bin ich kein Hindernis, so bin ich's doch für mich selbst. Bitte, beruhige mich nicht. Meiner Maßlosigkeit kann das Leben nicht genügen, und darum auch die Liebe nicht, wenn sie sich mit dem Leben abfinden muß.

Was soll man thun. Wir wären jenseits *aller* Grenzen, nicht nur der des Landes, glücklicher gewesen. So müssen wir mit dem Glück durchzurutschen suchen und froh sein, wenn wir nicht erwischt werden. Du aber bist erst großartig jenseits aller Heimlichkeit und Vorsicht und wir müssen mit unserem Schutz

---

* Schon dort sein und sagen, ich sei gleichzeitig, eben erst, angekommen.

mehr als das halbe Leben verbringen. Ich weiß keinen Rath. Ich
weiß zur Noth, wie man vorsichtig ist, aber ich weiß nicht, wie
es anstellen, um endlich einmal unvorsichtig zu sein! Freundschaft zwingt mich, auf Venedig zu verzichten, auf Wien wie auf
Janowitz und am Ende auch auf Rom. Freundschaft oder Takt,
wenn man's so nennen will. Ich kann im Bereich der nun einmal
vorhandenen Möglichkeiten, wenn man sie *anerkennt*, nicht anders rathen.

Ich denke darum nicht um ein Haar Deines göttlichen Kopfes
geringer von Dir. Aber ich denke über mich nach und weiß, daß
es irgendwie *meine* Schuld sein muß. *Das* bleibt hinter all Deinen müden, lieben, von mir und meinem Fieber erpreßten Ver-
sicherungen *Gewißheit*. Daß sie mich gerade in dieser Zeit äußerer Verlassenheit befallen muß, ist im Stil meines Lebens.

Es wäre ja überirdisch gewesen. Einmal konnte ich der »Positive«, Positivste sein, liebendst bejahen vor einem Geschöpf, das
dem Schöpfer Ehre macht – da ruft etwas: Zu spät! – – Du
glaubst es nicht oder willst nicht, daß ich es glaube. Denke nicht
zu viel nach, mich schriftlich zu beruhigen. Ich werde Dir, wenn
Du kommst, etwas ganz ins Ohr sagen – das glaubst Du wenigstens, während ich es sage.

[192] B [Wien,] 3. Dez.[1914]   [Janowitz]

?

[193] B [Wien,] 7. Dez.[1914]   [Janowitz]

Samstag – – – Sonntag – – – Montag

Dank für l. Telegramm. War mein Brief nicht Samstag da?

Wohnungsauftrag unverständlich. Soll ich etwas *miethen*?
Für einen Monat?

Das ist wohl, ohne daß es M.-M. gesehen hat, unmöglich.

Mit Pension ließe sich eher etwas abmachen. Oder will sie für
einen Tag im Hotel Klomser absteigen und sich dann umsehen?

Wegen Grenze nur erfahren, daß von ital. Konsulat revidier-
ten Paß haben muß. Ob der ihre noch giltig ist? Wenn sie sonstige Papiere hat, bekäme sie ja einen neuen.

Die schönsten Grüße an Janowitz!

Pension Italia, schön möbliertte große Zimmer samt erst-klassiger Verpflegung, 6 K. täglich, Monatspreise bedeutend reduziert. 3. Bez., Löwengasse 8, Mezzanin, Tür 9. Tel. 918·7—4

Pension Savoy, I. B., Kärntnerstraße 8, Eingang Kärntner-durchgang. Zivile Preise. Telephon Nr. 978/11. 91427—4

Pension Wiener, nächst Graben, I. Bez., Seiler-gasse Nr. 16, schönste zentralste Lage, hübsche moderne Zimmer mit oder ohne Pension. Mäßige Preise. Tele-phon 1579/II. 91490—4

Pension Zipser für Damen und junge Mädchen, Garten-zimmer mit Veranda. 8. Bezirt, Langegasse Nr. 49. Mezzanin. Tele-phon VI/3772. 91547—4

Sehr freundl., eleg. sep. Gassenzimmer od. Kabinett mit jedem Komfort und Pension in feinem Privathause abzugeben. 4. Bez., Favoritenstraße 6, Tür 7. Lifttschlüssel. Tel. 2673/VIII. 91806—4

Gassenzimmer, Opern-nähe, an distinguierten Herrn oder Dame zu vermieten, auch auf kurze Zeit. 4. Bez., Rechte Wienzeile 21, 1. Stock, Tür 18. 70943—4

Beilage zu Nr. 193

[194]   B 7./8. Dez.[1914]

Eine Nacht wie die andere: semper eadem [!]. Das Telegramm mit
der Hoffnung auf die Lagunen ist sehr lieb. Aber morgen, Feiertag, würde der Brief wieder nicht kommen, wenn ich heute nicht
dem Amt geschrieben hätte, man möge ihn mit Nachnahme *express* zustellen. Wie wird das in Wien sein? Diese Liebe ist so gar
nicht danach angethan, ihren Reiz aus dem Versteck zu beziehen.
Man soll das Wahrste vor der Welt verstecken – aber es *müssen*?

Das Beiliegende habe ich aus »Troilus und Cressida« herausgeschrieben. Ich nannte es mein Todesurtheil, wiewohl ich
weiß, daß Du anders bist. Nur die Möglichkeit, daß ich, manches
weckend, manches verschlossen haben könnte, versetzt mich
manchmal in Schüttelfrost und in solchen Augenblicken denke
ich, es wäre besser, Dir nicht nach Rom zu folgen. Vielleicht
müßte *bewiesen* werden, daß es ohne mich nicht geht.

8. Dez. abends

Ich habe Deinen Brief erhalten und werde mit diesem hier zum
Bahnhof fahren, damit ich ihn – es ist Feiertag – rekommandiert
aufgeben kann.

Ich danke Dir innigst und ich sehe nun, wie Du Dich bemühst,
mir und meinen Zweifeln gerecht zu werden. Es kann gar nicht
anders in mir sein als wie es ist. Daß Du mich willst, glaube ich fast
immer. Aber ich will, daß Du mich noch anders willst, nämlich
wählst. Ich verlange nicht Verzicht um der Bestätigung willen,
um ein Opfer zu sehen. Sondern ich weiß, daß ich so viel verliere,
wenn Du *nicht* anderes aufgibst. Für Dich sind es »Kompromisse«
– für mich ist es ein ganzes Opfer. Zehn vollkommen glückliche
Stunden im Jahr sind viel, für mich ein übergroßer Lohn, für
Dich zu wenig. Ich kann es nicht mehr ertragen, daß bis dahin
und hinterdrein Mächte am Werk sind, Dich zu verkümmern.
Das Glück leuchtet nur, wie Du sagst, »dazwischen« auf. Das ist
zu wenig, gerechter Weise müßte es umgekehrt sein, das wäre
genug Kontribution an jene Welt, die Du selbst »niederträchtig«
nennst, weil sie »uns alles rauben möchte«. Es ist mir unfaßlich,
wie Du es niederschreiben konntest: »Vielleicht, wenn ich älter
bin, vielleicht könnte ich dann fort mit Dir.« Umgekehrt solltest

Du fühlen. Für alles andere außer mir und uns ist Raum, wenn Du älter bist – ohne daß Gefahr besteht, daß wir uns dann nichts mehr wären. Denn *ich* werde Dich nach zwanzig Jahren so sehen wie heute. Aber *Du* bist heute ganz anders glücklich als Du es später sein wirst. »Janowitz, Charlie, Bobby, Tangy, die Schwäne – – – – verlassen«: ich sehe nur Sidi. In unserer Beziehung ist nichts, was Dich um Janowitz bringt und nichts was der Befassung mit Bobby, Tangy und den Schwänen widerstrebt … Das übrige? Es gehört, wenn ich Dir das sagen darf, was Du im Tiefsten empfindest und selbst oft genug gesagt und geklagt hast, *nicht* in jene Reihe. Hier brauchts nur Muth und Selbstbewahrung! Auch ich weiß einer Kinderstube Dank – mir würde sie nur im Weg stehen, um zu Deinem Bett zu gelangen! Sidi, Du opferst mehr, als Du durch Kompromisse gewinnst. Es ließe sich ein anderer Ausweg finden – *außer* der Heirath. (Du würdest aber G. heiraten, *um* eben jenen Fesseln zu entgehen. Das wolltest Du ja. Und ein *Umweg* zu mir – warum nicht der direkte? Verlierst Du dann *nicht* Janowitz, Ch. B., T., die Schwäne?) Ein Ausweg: die schroffere Betonung Deiner Willensfreiheit in Bezug auf Deinen Umgang und die Dir unentbehrliche, Deinem Nervenwohl untrennbar verbundene *Freundschaft* mit mir. Die es selbstverständlich ermöglicht, daß ich, wenn ich *Dich* in Janowitz besuche, zumal wenn Du dort momentan die alleinige Verfügung hast, dort auch übernachte. Du mußt verstehen und Du bist gerecht und fühlend genug, zu spüren, daß die Plastik eines solchen abendlichen Abschieds wie neulich mich beschäftigen muß: irgendwo fehlt etwas, – irgendwie bin ich schutzlos. Ich weiß ganz genau, daß Du in der *gegebenen* Situation Dein Äußerstes thust, aber es fehlt etwas, das die Situation wendet. Als ich Dir den Fall Th. vorstellte, sagtest Du richtig: »Ja, war denn damals nicht Ch. anwesend?« Zum Unglück fiel mir heute Nacht der Fall R. ein. Vielleicht auf den Tag ein Jahr, ehe ich nach Tabor fuhr. Es sind Äußerlichkeiten, die an Deinen Gefühlen nichts ändern können. Aber wir wollen Liebe verbergen, weil sie zu schön ist, nicht weil sie verboten ist. Wenn wir sie Freundschaft nennen, muß sie sogar erlaubt sein. Hier fehlt es mir an einem Bekenntnis, vor dessen Unumgänglichkeit die Konvention parieren müßte. Jede Situation,

die wir künftig – seit der Wendung der Dinge in Janowitz – eingehen, macht es so furchtbar anschaulich, daß irgendetwas fehlt.
Wie sollen diese zwei Tage in Wien werden? Ist das möglich, daß
Du Sonntag abend kommst und ich Dich erst Montag nachmittag
sehe? Wenn Du Dich bemühst – was mir leid thäte – fändest Du
ja Ausreden: Gretl, May-May in ihrer Wohnung besuchen – aber
wäre es nicht schöner, sagen zu können: »Ich habe hier meinen
besten Freund, den Du nicht magst oder nicht verstehst, dessen
Gesellschaft ich Dir deshalb erspare, aber ich muß ihn noch heute
sprechen, wir gehen spazieren od. dgl.« Ich weiß, daß es sehr, sehr
schwer ist, so wie die Dinge heute liegen – aber ich weiß auch, daß
ich nicht in Wien sein werde, wenn Du zehn Minuten von mir
bist und ich Dich nicht sehen *darf*. (Und konntest Du nicht allein
mit M. kommen, früher, oder mit dem Nachtzug erst am Morgen,
so daß keine Nacht in derselben Stadt dazwischen ist?) Es ist verrückt, aber ich kann nicht anders. Du hast mein Gedicht »Alles
oder nichts« verstanden, Du weißt, daß ich nicht Kompromisse
schließen *kann. Nie* solche zu Gunsten von Mächten, die Dir *weniger* geben als ich, da es sich mir nie um mich und immer um
Dich handelt. Wäre ich ein Ehebrecher, so würde ich so bescheiden
sein können, wie es die Umstände verlangen, Geduld haben und
aus unserem Geheimnis mehr Genuß ziehen als aus unserer Liebe.
So dürften wir nie zu einander stehen, weil wir doch anders geartet
sind. Mir graut vor der Verstellung, zu der meine *Freundschaft*
gezwungen wird und ein Leben lang gezwungen sein soll. Du
kannst nicht ermessen, *welche* Demüthigung es ist! Wir haben es
selbst falsch angelegt und uns durch den allerkonventionellsten
Ton bei fortwährendem Beisammensein in Janowitz nur verdächtig gemacht, anstatt nach außen mindestens so freundschaftlich
zu sein wie Du eben mit Rilke bist. Dabei ist das Ganze so widerspruchsvoll in sich selbst: ich dürfte Dein ärztlicher Assistent
sein und wir sprechen nicht anders als Leute, die sich vor fünf
Stunden kennen gelernt haben. Es wird in Zukunft, zumal in
Rom, zu den allerunwahrscheinlichsten Situationen führen, die
den Leuten viel mehr zu kombinieren geben als offene Freundschaft. Bitte denke darüber nach – rein in *dieser* Richtung. Bemühe
Dich nicht mit lieben Worten, die ich ja doch als eine Umarmung

und nicht als eine Überredung hinnehme. Du wirst dazu kommen, den Zustand als unhaltbar zu empfinden, als Verlust von Zeit und Kraft, und plötzlich muthiger geworden sein. Denn in einer einmal gegebenen, augenblicklich als unabwendbar erkannten Lage benehme ich selbst mich für Dich vorsichtiger als eine Gouvernante, aber darum ist noch lange nicht gesagt, daß ich diesen Zustand für erträglich halte. Vergiß nie, daß mein Außerhalb-Sein im Leben, meine besonderste Stellung, es uns ja *erleichtert*, und daß wir, was wir verstecken wollen, nicht außerdem auch noch verstecken *müssen* wie zwei beliebige andere. Die Aussichten sind sonst gar zu elend: Wien zwei – drei Tage verloren, dann nervöse Hast vor der Vorlesung, dann – ja wer weiß wann!

Nach dem Ineinandersein dieses Jahres hätte ich mir ein anderes Weihnachten vorgestellt, nicht wegen des Festes, aber wegen der Gelegenheit.

Du bist so oft erfroren und ermüdet und hast gefunden, daß Du es bei mir wärmer und lebendiger hast. Mit welchem Recht soll ich Dich zurückgehen lassen? Ich kann für mich Kompromisse eingehen, aber nie mehr auf das, was *Du* brauchst, verzichten.

Das mit dem »Todesurtheil« entsprang nur einer manchmal wiederkehrenden Stimmung: dem Zweifel an der eigenen Stärke vor der Deinen. Ich fürchte, wenn ich *bei Sinnen* bin, nicht den äußeren Feind, nur den »innern«: der Dich verhindert, mit mir »Landes- und Gesellschaftsgrenzen zu überschreiten« und Dich durch *nichts* entschädigt, aber statt Leben Langeweile gibt. Ich soll zusehen, wehrlos, machtlos, wie sich eine Falte bildet! Sie dann wegzuküssen, ist ja ein Glück, aber besser wäre es, die Schönste noch schöner zu machen. So habe ich Dich schon gesehen und ich kann es nicht ertragen, daß irgendetwas diese Fähigkeit, sich zu steigern, aufhalten soll.

Es ist ein Versäumnis: ich hätte Dich damals beim Ausgang aus der Wüste erwarten und übernehmen sollen!

Für Prag dachte ich natürlich keinen Augenblick an einen Gang zum Telegraphenamt, sondern an ein Wort auf Briefpapier Hotel de Saxe, wie früher.

Mein Todesurtheil bei Shakespeare:
(Cressida Diomedes nachrufend:)

Gut' Nacht; – ich bitt' dich, komm! – Ach, Troilus,
Noch blickt mein Eines Auge nach dir hin,
Das andre wandte sich, so wie mein Sinn.
Wir armen Fraun, wir dürfens nicht verhehlen,
Des Aug's Verirrung lenkt zugleich die Seelen:
Was Irrthum führt, muß irr'n: so folgt denn, ach! –
Vom Blick bethört, verfällt die Seel' in Schmach.

[195]   T [Wien, 9.12.1914]   [Janowitz]

Danke herzl. ++ werde Pension erkundigen ++ Brief unterwegs

[196]   B [Wien,] 10. Dez.[1914]   [Janowitz]

Ich wollte Dir eben die schönen Worte des Troilus schreiben:

Mir schwindelt; rings im Kreis dreht mich Erwartung;
Die Wonn' in meiner Ahnung ist so süß,
Daß sie den Sinn verzückt. Wie wird mir sein,
Wenn nun der durstge Gaumen wirklich schmeckt
Der Liebe lautern Nectar?

Immer ist dies meine Verfassung in Tagen vor einem Wiedersehen. Da lese ich Deine Zeile:

Ch. weiß nur von einem Nachm. hier (dies im Falle *Du ihn
früher siehst wie mich*)

Nicht daß *Du's* schreibst, denkst, fürchtest, für möglich hältst
– nein, daß es in dem Halbleben, welches wir führen müssen,
möglich *ist*, – das vernichtet mich. Was bleibt mir übrig, als die
weitere Anstrengung, es so einzurichten, daß ich ihn überhaupt
nicht sehe. Nie im Leben wieder sehen werde. Aus *nichts*, was
Du thust, darf ich, kann ich und will ich Dir einen »Vorwurf«
machen – es ist die selbstverständliche Konsequenz von etwas
Unmöglichem. Dieses wird an ganz höllisch zugespitzten Situationen offenbar, z.B.: wenn ich Ch. in Wien *vor Dir* sehe. Ja nur:
mit Dir. Und *Dich* weniger, ängstlicher durch ihn, durch diese
Gleichzeitigkeit. Meine Berechnung im letzten Brief war noch

zu günstig. Ich nahm fälschlich an, daß Du am 10. kommst. Die
Tage mit Ch. reichen bis zur Vorlesung. Gerade die zwei Tage
vor dieser werde ich unruhig, aufgewühlt sein durch alles was
mir mein unhaltbares Leben so klar macht. War die Gleichzeitigkeit, gerade jetzt, nicht zu vermeiden? Oder das Zusammen-
leben in dem gleichen Hotel? Vom heutigen Zustand nicht, von
Grund aus *ja*. Wenn Du Dich vor den Worten: ..... fürchtest,
warum räumen wir nicht mit der »Genügsamkeit« auf, wählen
wir nicht das Höhere? *Nicht* daß jemand *gegen mich* ist, läßt
mich so fühlen. Und wenn er mich schwer beleidigt und geschädigt hätte – das hat gar nichts zu sagen. Ich spüre nur, was *Dir*
geschieht. Ich sehe nur ein *Gesicht*, das man *Dir* zeigt. Und ich
frage mich, ob hier nicht der höchste Wert dem kleinsten sich
gefangen gibt, *opfert*. Einer *Schwäche* sich opfert, die am Ende
die Kraft lähmt. Und *meine* dazu! Wir beide wehrlos – vor
nichts. Du kannst mir deinerseits auch Worte des Troilus empfehlen:

> »Das ist das Ungeheure in der Liebe, meine
> Theure, – daß der Wille unendlich ist und die
> Ausführung beschränkt; daß das Verlangen grenzenlos
> ist, und die That ein Sclav der Beschränkung.«

Aber er meint es ganz anders. Er meint jene tragische Beschrän-
kung, die ein gewisser süßer Klagelaut bestätigt. Nicht *die* Be-
schränkung!

Nein, ich werde Dir nichts vorwerfen. Was ich Dir vorzu-
werfen habe, ist ja nur: *daß Du nichts dafür kannst*. Ich kann
das so in einem Kuß ausdrücken, daß Du darüber nachdenken
wirst!

Mein Brief kam Mittwoch abends, statt morgens. Ich hatte
ihn zur Bahn gebracht, aber *den Zug versäumt*, und gab dann
nachts auf der Hauptpost express auf.

[197]   B [Wien,] 11. Dez.[1914]   [Janowitz]

Nein, ich verstehe wirklich nicht. Ich spüre immer wieder den
gütigsten Willen (wie ich ihn selbst habe) und jede Aufklärung
macht mich erst wieder irre. Zusammen essen? Für Jan. hat man

– natürlich mit Recht – die bloße Vorstellung davon horribel gefunden. In Wien wär's nicht schöner. Thun wir's nicht!

Rom: »Du wirst da sein oder nicht da sein, genau wie es uns freut.« Mir unklar. Ich weiß nur, daß ich all dem Kommenden nicht gewachsen bin. Möchte am liebsten allein mit Dir in V. bis 5. sein – M. sollte nicht früher als D. kommen –, und dann Abschied nehmen.

Bei G. heißt es heirathen – bei mir »durchgehen«! Warum das? Ich erwarte Dich 10 ½. Nicht telephonieren bitte, bitte! Du dürftest wegen nichts böse sein, weil Du spüren müßtest, wie naturnothwendig das alles ist und wie leer wir wären, wenn's anders wäre. Vorlesung dürfte abgesagt werden. Mir ist zu elend. Gretl Chlum.? Wenn sie nicht einen Wert hat, uns zu decken, solltest Du mit ihr überhaupt nicht verkehren. Sie nimmt uns nur Zeit weg. Und ich habe das Gefühl, daß ich jetzt mit jeder Minute von Dir geizen muß.

Central, Wiener, Savoy, Erika (Favoritenstr.), Old England (Nibelungengasse) nichts ohne Pension; in letzterer überhaupt nichts. Alles ab 7 oder 8 Kr.

Hôtels: *Ungar. Krone* I. Sailerstätte 18

beheiztes Zimmer *4 Kr.* wenn 14 Tage, ab 10 %

König v. Ungarn Schülerstraße: ab 5 Kr 50

Dungl: ab 5, komplett

Klomser: komplett, sonst ab 4 Kr

Elisabeth: nicht erreichbar, gewiß theuer

Tegetthoff (Johannesgasse): ab 4 ½, wenn länger, billiger; am ehesten zu haben

Viktoria (IV Favoritenstr. 11, in meiner Nähe): ab 4, Kabinett ab 3, 3 ½

Royal (Singerstraße): ab 3.80

Erzherzog Rainer (Wiedner Hauptstr.): ab 5

Erbitte *Depesche**, ob und wo. Wenn keine Nachricht von mir im Krantz liegt, dann ist das Zimmer bestellt, das man telegraphisch gewünscht hat. (Eventuell aber erliegt Nachricht, *wo* ich genommen, wenn dort gerade nicht zu haben.)

Am rathsamsten wegen Sonntag abend wäre wohl Viktoria.

* oder *express*-Brief (Sonntag!)

[198]   B [Wien,] 15./16.[12.1914]   [Wien, Hôtel Krantz]

Werde Karte nebenan nicht zurückgeben, damit man sich freier
bewegen kann — wenn man es nicht etwa vorzieht, selbst die
Karte z.b. an Gfn. Wratislaw zu vergeben (was auch Ausweichen
wegen Nachher erleichtern würde).

Wenn man zu W. schickt und sie zusagt, könnte Karte von mir
an der Abendkasse deponiert werden, nur müßte sie rechtzeitig
vor ½ 8 dort sein, kl. Musikvereinssaal oder wie man es sonst
arrangieren will.

Zurückgeben auch schwer, weil nicht in die Stadt komme und
Rechnungskomplikationen entstehen.

Tausend beste Grüße und Wünsche für ein freundliches Gesicht zum Photographieren.

[199]   B [Wien,] Am Tag nach der Abreise [21.12.1914] 6 Uhr

[Schloß Našice]

Depesche mit Ach und Krach auf dem Bahnhof angebracht.
Vielleicht nicht angekommen, da mir M.-M. vor einer Stunde
telephonierte: Wieder ein Telegramm von Ch. mit der Anfrage,
wann S. abreise. Ich rieth zu antworten, daß abgereist, und
gleichzeitig schriftlich express Sachverhalt mitzutheilen.

Bei Hieß gewesen. Drei Bücher für M.-M. gekauft.

Zum Gespräch über »Amtsehrenbeleidigung«: »das ist nicht
wahr ….«: heute eine Verhandlung mit Verurtheilung trotz Beweis, daß die betr. Behauptung richtig war, weil nicht der einzelne Beamte, sondern *das Amt*, die »Autorität« beleidigt werde. Man richte sich also danach ein – (abgesehen von dem statu-

tarischen Verbot für Ehrenstiftsdamen, Beleidigungen zu begehen.) – Konnte man schlafen? Das Leben ist nicht schön – –

Wildbaden knapp vor Weihnachten.

[Todesfälle.] Am 17. d. ist in ihrer Wohnung, 4. Bezirk, Wohllebengasse 5, Fräulein Konstanze v. Breuning nach kurzer Krankheit verschieden. Sie stammt in direkter Linie von der Familie v. Breuning, deren innige Beziehungen zu Beethoven bekannt sind. Die Verstorbene, eine namentlich in Deutschland durch ihre Werke geachtete Malerin, zählte als solche zu den wenigen außerordentlichen weiblichen Mitgliedern der Münchener Künstlergenossenschaft. Durch ihr liebenswürdiges Wesen und ihre unendliche Herzensgüte genoß sie allgemeine Sympathie und Verehrung. — Hier ist der Major d. R. Artur Ritt... Therer...

Beilagen zu Nr. 199

[200]   B [Wien,] 24. Dez.[1914] 5 Uhr   [Schloß Našice]

Soeben ist der Brief gekommen. Fundbureau des Ostbahnhofs telephoniert: nichts gefunden – werde auch wohl nicht mehr abgegeben werden. (Theilte für alle Fälle meine Adresse mit.) Schade!

Heute mit M.-M. auf dem Kommissariat gewesen. Sie hatte Vorladung und wurde heute verständigt, daß sie reisen darf und sich nicht mehr melden muß, nur am Tag vor Abreise mittheilen soll, daß sie Wien verläßt. Dagegen könne Rückkehr nach Österreich während des Kriegs nicht bewilligt werden. Ich erwähnte das Gesuch, worauf der Mann meinte, dann werde es wohl bewilligt werden, nur wisse die Polizei vorläufig nichts davon.

Den schönsten Dank – in gleichem Sinne – für den Brief. Mit der gleichen Post kam die Karte eines Kriegsgefangenen aus Nisch (vom 3. XII.), der mir zu meiner Heirat gratuliert. So ist das Leben.

Genau so wie dieses Weihnachten.

— — — —

Vorgestern, 22., war ich sehr, sehr in Sorge, 21. abends war keine Depesche gekommen, erst am andern Tag um ½ 6 (9 Uhr früh aufgegeben.) Kurz vorher hatte ich gehört, daß die Armee in

Slavonien sei und alle Züge hinunter Militärtransporte haben. So glaubte ich, daß man doppelt so lang fahren müsse. Man scheint aber kaum eine Verspätung gehabt zu haben.

Italien will mich nicht einlassen. Heute auf dem Konsulat große Schwierigkeiten. Ich mußte literar. Grund: Florenz angeben und werde Montag als Bestätigung Adresse des Übersetzers, ev. seinen Aufsatz über mich bringen müssen. Von Venedig sagte ich, daß auf der Fahrt besichtigen will. Hoffentlich glückt es. Wenn nicht, müßten wir etwas anderes ab Steinbrück als Grenzpunkt bestimmen. Man denke jedenfalls darüber nach (Im Nothfall Triest? Görz?)

Trotz allem werde ich Sylvester bei Dir sein.

Hoffentlich so sehr wie heute.

Ch. fragte, ob ich »gesungen« habe. Ich sagte – verwischend – *einiges*, nicht alles, was ich gewollt, sprach von einem Clavierhindernis, das im letzten Moment zur Noth beseitigt etc.

[201]   T [Wien, 24.12.1914]   [Schloß Našice]

Brief unterwegs ++ lieblichste Erinnerung an Janowitz empfangen ++ Dank in Ergebenheit

[202]   B [Wien,] 24./25. Dez.[1914]   [Schloß Našice]

Der Esel in der Portierloge rief mir, als ich ½ 8 Uhr zu M.-M. mit den drei Rom-Bänden gieng, nach, daß vor fünf Stunden etwas abgegeben worden sei. Ich hatte die ganze Zeit hindurch am Schreibtisch die parallelen Stunden des Vorjahres durchgelebt. Nun hat die allerlieblichste Erinnerung den Sommer wie das vorjährige Weihnachten vollends vergegenwärtigt, so daß ich also in Wahrheit gemäß meinem prophetischen Wort auf der Karte – heuer Weihnachten in Janowitz gefeiert habe. Und vielleicht erst heuer!

Um acht Uhr war ich bei der Kinderbescherung (May-May), dann hörte ich das Gramophon [!] in der Küche – ganz, ganz deutlich.

Um 12 war ich in der Messe (Franziskaner Kirche) – weil's in der That so war, fehlte mir Bobby's Begleitung und manche Nachbarschaft.

Aber dann, als alles schlafen gegangen war, —— dann war alles wieder da.

Man wird morgen müde sein und ich bin schuld.

»Niemaals ——!«

[203]   B [Wien,] Sonntag, 27.12.[1914]   [Schloß Našice]

Seit dem Weihnachtsabend keine Nachricht – außer dem l. Telegramm, das am Freitag bekommen habe. Wahrscheinlich ist die Nichtzustellung der Feiertage schuld, und morgen dürfte ich wissen, wie man sich in diesen befunden hat.

Die Leere der Zeit wächst mit ihrer Größe.

Meine drei Briefe (zwei davon rekom.) wird man wohl erhalten haben. Damit fühle ich meinen irdischen Zweck vorläufig erfüllt. Höchstens, daß ich noch M.-M. morgen italien. Geld zu besorgen habe.

Aeußerungen des Botschafters Jules Cambon über den Krieg.

[Telegramm der „Neuen Freien Presse".]

Berlin, 23. Dezember.

Ein Mitarbeiter des „Lokalanzeiger", der den französischen Botschafter Jules Cambon noch kurz vor dessen Abreise am 1. August gesprochen hat, teilt über diese Unterredung folgendes mit:

Wir standen am Fenster seines Arbeitszimmers. Im Vorzimmer drängten sich bleiche Gestalten, die auf Ausfertigung ihrer Pässe drangen, und unter den Linden bewegten sich unabsehbare Scharen begeisterter Männer und Frauen, die die „Wacht am Rhein" sangen und immer wieder stürmische Hochrufe auf Kaiser und Vaterland ausbrachten. Herr Cambon war sichtlich elegisch gestimmt und sah angegriffen aus.

„Das also ist das Ergebnis unserer langen Friedensbemühungen," sagte er gedrückt. „Blicken Sie auf diese jungen Leute," fuhr er, auf die Menge unter den Linden deutend, fort, „es sind dieselben jungen Leute, die am heutigen Tage den Krieg unabwendbar machen werden — hier, in Paris und in Petersburg! Keine Regierung der Welt könnte sich solcher Volksbewegung widersetzen, und alle unsere Mühe ist vergebens gewesen, dank der verderblichen Arbeit einer gewissenlosen Presse in allen Ländern der Welt. Mindestens eine halbe Million Menschen wird dieser Krieg morden, und zu wessen Gunsten? In letzter Linie werden nur die Vereinigten Staaten davon Nutzen ziehen, die sich des Welthandels und der gesamten Schiffahrt bemächtigen werden."

Beilage zu Nr. 203

nimmt.

Der Papst für den Frieden.

Rom, 24. Dezember. Der Papst empfing heute vormittag im Thronsaal die Kardinäle, um ihre Wünsche zum Weihnachtsfest entgegenzunehmen. Dreiundzwanzig Kardinäle und Bischöfe sowie eine Anzahl von Prälaten und Würdenträgern des päpstlichen Hofes waren erschienen. Der Papst beantwortete die Adresse der Kardinäle mit einer längeren Ansprache, worin er sagte:

Unter den Wünschen des Heiligen Kollegiums scheine dem Papste keiner mit dem Weihnachtsfest mehr im Einklang zu stehen und dem Bedürfnis, das jedes Herz bewegt, mehr zu entsprechen als der nach Frieden. Diesem Wunsche widme der Papst seine b e s o n d e r e S o r g e, bewegt durch die düsteren Ereignisse, die seit fünf Monaten Trauer auf dem ganzen Erdball verursachen. Unglücklicherweise habe es die Vorsehung gewollt, daß sein Pontifikat nicht unter dem Zeichen der Freude stehe. Während man in der Tat den neuen Papst in vielen Gegenden mit freudigen Stimmen habe begrüßen wollen, sei er im Gegenteil mit Waffen und Schlachtenlärm empfangen werden. Seit dem Antritt seines Pontifikats habe der Papst seine hohe Friedensmission erkannt und sowohl in seinem öffentlichen Wirken als auch in privaten Kreisen keinen Weg unversucht gelassen, auf daß seine Ratschläge und Bemühungen um den Frieden einer guten Aufnahme begegnen. Zu diesem Zwecke habe er sich mit dem Gedanken getragen, eine W a f f e n r u h e f ü r d i e W e i h n a c h t s t a g e in Vorschlag zu bringen, indem er sich der Erwartung hingab, daß, wenn man auch nicht das schwarze Schreckbild des Krieges habe verscheuchen können, man mindestens Balsam auf die vom Kriege verursachten Wunden träufeln könne. Leider sei die christliche Anregung des Papstes nicht von glücklichem Erfolg gekrönt gewesen. Der Papst wolle aber mit seiner ganzen Kraft seine Bemühungen fortsetzen, das Ende des Krieges zu beschleunigen und dessen traurige Folgen zu mildern. Der Papst sei, nicht ohne Hoffnung auf eine gute Aufnahme, für den Austausch der für den weiteren Kriegsdienst untauglich gewordenen Kriegsgefangenen eingetreten. Er habe ferner den Wunsch ausgesprochen, daß Priester, die der Sprache der Kriegsgefangenen mächtig seien, ihnen Trost bringen und sich als wohlwollende Vermittler zwischen ihnen und ihren Familien anbieten, die vielleicht in Angst und Sorge wegen des Ausbleibens von Nachrichten seien. Der Papst habe den Priestern und Laien empfohlen, in öffentlichen und privaten Gebeten Gott um die Befreiung der Welt von der furchtbaren Geißel des Krieges zu bitten. Der Papst gab sodann seinem innigen Wunsche nach Beendigung des Krieges Ausdruck sowie dem Wunsche, daß die Regierenden und die Völker heute die himmlische Stimme vernehmen mögen, die die überirdischen Geschenke des Friedens verkünde. Der Papst gebe sich der festen Hoffnung hin, daß Gott diesen seinen Wunsch erhören werde, und er fordere seine Umgebung auf, sich seinen Gebeten anzuschließen, auf daß dieser Wunsch in Erfüllung gehe.

Das gelobte Land des Menschengeschlechts.

Von Jean Paul.

Es kommt einmal ein goldenes Zeitalter, das jeder Weise und Tugendhafte schon jetzo genießet und wo die Menschen es leichter haben, gut zu leben, weil sie es leichter haben, überhaupt zu leben — wo einzelne, aber nicht Völker sündigen — wo die Menschen nicht mehr Freude (denn diesen Honig ziehen sie aus jeder Blume und Blattlaus), sondern mehr Tugend haben — wo das Volk am Denken und der Denker am Arbeiten*) Anteil nimmt, damit er sich die Heloten erspare — wo man den kriegerischen und juristischen Mord verdammt und nur zuweilen mit dem Pfluge Kanonenkugeln aufackert . . . Wenn diese Zeit da ist: so stockt beim Uebergewicht des Guten die Maschine nicht mehr durch Reibungen. — Wenn sie da ist: so liegt nicht notwendig in der menschlichen Natur, daß sie wieder ausarte und wieder Gewitter aufziehe (denn bisher lag das Edle bloß im fliehenden Kampfe mit dem übermächtigen Schlimmen), so wie es, nach Forster, auch auf der heißen St. Helenen-Insel**) kein Gewitter gibt.

Wenn diese Festzeit kömmt, dann sind unsere Kindeskinder nicht mehr. Wir stehen jetzo am Abend und sehen nach unserem dunklen Tag die Sonne durchglühend untergehen und uns den heitern, stillen Sabbathtag der Menschheit hinter den letzten Wolke versprechen; aber unsere Nachkommenschaft geht noch durch eine Nacht voll Wind und durch einen Nebel voll Gift, bis endlich über eine glücklichere Erde ein ewiger Morgenwind voll Blütengeister, vor der Sonne ziehend, alle Wolken verdrängend, an Menschen ohne Seufzer weht. Die Astronomie verspricht der Erde eine ewige Frühling-Tag- und Nachtgleiche,***) und die Geschichte verspricht ihr eine höhere; vielleicht fallen beide ewige Frühlinge ineinander.

Wir Niedergesenkten, da der Mensch unter den Menschen verschwindet, müssen uns vor der Menschheit erheben. Wenn ich an die Griechen denke, so seh ich, daß unsere Hoffnungen schneller gehen als das Schicksal. Wie man mit Lichtern nachts über die Alpen von Eis reiset, um nicht vor den Abgründen und vor dem langen Wege zu erschrecken, so legt das Schicksal Nacht um uns und reicht uns nur Fackeln für den n ä ch st e n Weg, damit wir uns nicht betrüben über die Müste der Zukunft und über die Entfernung des Ziels. Es gab Jahrhunderte, wo die Menschheit mit verbundenen Augen geführt wurde von einem Gefängnis ins andere; es gab andere Jahrhunderte, wo Gespenster die ganze Nacht polterten und umstürzten und am Morgen war nichts verrückt; es kann keine anderen Jahrhunderte geben als solche, wo Einzelwesen sterben, wenn Völker steigen, wo Völker zerfallen, wenn das Menschengeschlecht steigt.

(Geschrieben im Jahre 1792.)

---

*) Der Millionär setzt Bettler, der Gelehrte Heloten voraus, die höhere Bildung der Einzelnen wird mit der Verwilderung der Menge erkauft.

**) Jetzo liegt sogar das Gewitter, das sonst am Himmel über ganz Europa stand, dort auf platter Erde.

***) Denn nach vierhunderttausend Jahren steht die Erdachse wie Jupiter jetzt senkrecht auf ihrer Bahn.

[204] B [Florenz, Hotel »Helvetia«] 8.I.[1915] ¾ 7

[Rom, Via Pssa Clotilde 7]

Ich schicke die Karte nicht ab, weil sie vor d. Ankunft ankommen könnte. Brief ist besser. Hier ist es nicht schön. Der traurige Abschluß Venedig überschattet alles.

Ich war verzweifelt, weil Fenster nicht öffnen konnte. Dann gelang es. Sah man mich noch winken?

Ich weiß nicht, was werden soll. Tausend gute Wünsche für Dein Leben, auch wenn für mich nichts davon abfällt

Hotelportiers und herumstehende Diplomaten vernichten unseren Plan.

Den T. – am Ende der Welt – nicht angetroffen. Vielleicht kommt er ins Hotel. Ich reise wohl morgen, 9. Vorm. nach Innsbruck. Hôtel Europa.

[Karte:]   8.1.
Ergebenste Grüße!

[205] B [Florenz, Hotel »Helvetia«] 9.1.[1915] ½ 10 Vorm.

[Rom, Via Pssa Clotilde 7]

Karte u Depesche soeben erhalten. Reise jetzt – bei fürchterlichster Unentschlossenheit – nach Verona, Innsbruck. Letzte Nacht trostlos. Herr T. ist, wie ich endlich erfuhr, in *Rom.*

Ich könnte hier doch nirgendwo leben. Aber wo denn? Die beiden letzten Tage in Venedig – welch ein müdes Nachspiel! Mit Deinen wehen Augen zwischen Sehenswürdigkeiten – als ob's ein Naturgebot wäre. (Jener Natur, der man, der wir auch ihre Ruhe nicht gönnen).

Wenn einmal etwas Persönliches zu *depeschieren* wäre – unterzeichne man vielleicht »Cooney« (mit Angabe von deren oder auch eigener Adresse, was ja egal ist.) Die Wiener Censur muß ja doch nicht wissen, wer in Rom mich ruft oder grüßt. (Auf einem italienischen Telegraphenamt ist man nicht zur Legitimierung wie in Wien gezwungen, deshalb geht es) Bekomme ich das ital-franz. Blatt (resp. Ausschnitt), wenn man darin genannt sein wird?

Depesche »vor dem Einsteigen« ist *19'45* aufgegeben. Wer weiß, wie man sich *bis* zum Einsteigen noch abgequält hat. Nie endet diese Sorge, Bitte um Schlaf, wenigstens um jenen, den man mir verübelt hat – und doch habe ich so viel schon für Dich und über Dich gewacht!

»und hoffe auf *baldigstes* Wiedersehn«????.

[206] B Rom, 9./10.1.[19]15   [Rom, Via Pssa Clotilde 7]

Diesen Brief erhältst Du, nachdem ich eine Zeitlang vor Deinem Hause gewartet habe, weil ich Dich mit »bella bionda!« ansprechen wollte. Ich bin nur gekommen, Dir das zu sagen —— denn der Abschied in Venedig hat mir nicht genügt. Da ich nicht weiß, ob Du mein Winken vom Waggon noch gesehen hast, bin ich schnell selbst nach Rom gekommen, um Dich danach zu fragen. Wenn ich es weiß, reise ich wieder ab. Ich will nur bessern Abschied nehmen als den zwischen Hotel- und Grenzabenteuern. Auch habe ich den Schlaf, den Du mir vorgeworfen hast, einzubringen. So bin ich also gestern Nachmittag von Florenz nach Rom (statt Vorm. nach Verona) gefahren, gegen 7 Uhr angekommen und in die Via Pssa Clothilde, um zu sehen, was Dich in Rom umgibt. Ich stand dort etwa ½ Stunde und sah ein matt beleuchtetes Fenster im Hochparterre. Dann fuhr ich mit dem Auto, das in der Nähe gewartet hatte, ins Hotel *Hassler*. Am Abend sah ich in jedes Privatauto – ich nahm an, Du seiest im Grand Hotel gewesen und nun auf dem Weg nach Hause.

Das ist ein dummer Zustand, ich weiß es. Was soll man da anderes dagegen thun, als Abschied nehmen? Ich denke, besser ein schöner Abschied für immer als ein nicht schöner für kurze Zeit. Ich glaube, es geht um jenen. Um Dir die Lebensbahn frei zu machen, bin ich gekommen, und fahre weg, wenn Du den Muth gefunden hast, mir *recht zu geben*. Wohl schon morgen. Nach Rom wieder zu kommen, wird ja schon äußerlich nicht thunlich sein. Und innerlich: ich kann das Beste in mir auf die Dauer nicht verstecken – vor dem Schlechten, dem Opfer zu bringen so viel Nervenkraft erfordert. Du kannst nicht anders, ich sehe es ein – und ich kann nur anders. Vor allem will ich nicht mehr zusehen, wie Du Dich zwischen Schein und wahrem Leben zerreibst, so daß Du sicher dazu kommst, jenen vorzuziehen und diesem zu fluchen. Schließlich bin doch ich das Hindernis für das, was uns Hindernis ist.

Ich fühle es immer und immer und gleich wieder, nachdem Du mich beruhigt hast. Sei nicht böse, daß ich gekommen bin. Es war ja der ursprüngliche Plan, und ich bin nur gekommen, um zu gehen. Sage mir, wann und wo ich Dich dazwischen sehen kann.

Die Tage in Florenz und den heutigen Abend in Rom möchte ich nicht wieder erleben.

[207]   B [Rom] 11.I.[1915] abends (9 Uhr 5 Abreise)

[Rom, Via Pssa Clotilde 7]

Hier das Unaristokratische. –

Jetzt zum Gegentheil:

Auf der unvergleichlichen, durch die Betrachtung der Einen noch geweihten Stiege, oben, spielt jetzt ein Leierkastenmann. Ich bin lange dabei gestanden und habe ein Gebet dazu gesprochen.

Und nun noch eine Bitte:

Sich von der vielen Schönheit ringsum *ansehen lassen* und sich nicht für sie abmüden!

Und:

Ein einziges Wort doch schon nach Innsbruck würde mir die Reise sehr erleichtern: als Erwartung bis dahin und als Wegzehrung bis zu jenem Ziel, von dem ich bald wieder zu entfliehen hoffe.

Ich habe das Sehenswürdigste von Rom gesehen, nun kann ich gehen ——

[208]   K [Verona] 12.I.[1915] 10 Uhr   [Rom, Via Pssa Clotilde 7]

T. hatte im Hotel gefragt und war 1 Minute vor Abgang des Zuges auf der Bahn. Buch wird erscheinen. In stoßendem und kreischendem Schlafwagen ohne Schlaf, ab Modena eiskalte Fahrt durch herrlichen Morgen. *Piazza Dante* – –! in Innsbruck heute 6 frage ich nach Telegramm, dann vielleicht gleich weiter.

[209] K [Innsbruck,] 13.I.[1915]   [Rom, Via Pssa Clotilde 7]

Einen Tag hier geblieben, reise heute abend nach Wien. Dank! (Ich blieb, um das zweite Telegramm zu erwarten.)

F. war auf der Bahn. Hat mir vor acht Tagen geschrieben (ich ließ mir die ganze Zeit nichts senden) wegen Abends, der in Innsbruck stattfinden soll. Ich bin gern bereit – vielleicht läßt sich das wieder mit Romreise verbinden. Tiefster Schnee und Sonne. *Diese* hoffe auch für Rom. Telegramm beweist mir, daß man meinen Brief, den in Rom sandte, erhalten hat. Hoffentlich auch Karte aus Verona. Allerbestes für immer, bitte auch Grüße an M.-M.!

[210] K [Innsbruck, 13.1.1915]   [Rom, Via Pssa Clotilde 7]

Herzlichen Gruß aus Innsbruck von

K.K.

[211] K Innsbruck, 13.I.[19]15 5 Uhr   [Rom, Via Pssa Clotilde 7]

Die schönsten Grüße!

[212] T [Wien, 14.I.1915]   [Rom, Via Pssa Clotilde 7]

Angekommen ++ Erbitte Nachricht Erdbeben ++ Herzlichst

[213] B [Wien,] 18.I.[1915]   [Rom, Via Pssa Clotilde 7]

3 Beilagen!

Hochgeschätzte Baronin!

Vielen Dank für liebe Karten (zwei) – hätte noch zwei Tage bleiben sollen, um wenigstens den Schrecken mitzuerleben. Entfernung wurde gestraft durch schwere Erkältung (vom Schlafwagen her), die ganz gräßlich war und noch nicht ganz übertaucht ist. Hoffentlich gibt nun die Erde denen, die's verdienen, Ruhe. Das hier mitgesandte – übermenschlich seicht – wird D. verwirren. Bitte es ihr jedenfalls zu zeigen.

Ich bin in den Tagen, wo innere und äußere Plage auf mich eindrang, zu einem Entschluß gekommen, den man sicher billigen wird. (Nur *mich* betreffend.) Die Ausführung wird sich vielleicht schon mit R. verbinden lassen. (*Dieses* mit Innsbruck, wo ein Abend veranstaltet wird: der *letzte*).

Den Brief des F. schickt man mir wieder zurück? Ich fand ihn in Wien vor. (Ich schicke ihn extra rekommandiert)

Hier alles unverändert trostlos: erdensicher. Depesche sandte ich gleich bei der Ankunft, vom Bahnhof.

Seit damals keine Nachricht gegeben, konnte kaum aufblicken. – Wie war das Nachtlager auf d. Piazza di Popolo?

½ 8 Uhr

Komme soeben von der Reitschule (um Rest von Influenza auszutreiben, hauptsächlich aber wegen *Sommers*)

Soll ich etwas für die Opfer schicken? Oder werden ausländische Spenden unter allen Umständen abgelehnt?

Eventuell – will man etwas in meiner Vertretung thun?

Gleich am ersten Tag war ich wegen der gewissen Sache beim Advokaten. Staat leistet nicht, nie Ersatz; eventuell möglich, Beamten als Privatmann haftbar zu machen. Ich wäre dafür; nur welche? Wird sich wohl eruieren lassen.

---

[214] B [Wien,] 20.I.[1915] [Rom, Via Pssa Clotilde 7]

Viele herzliche Grüße! Hier war man ernstlich besorgt wegen der spärlichen und knappen Nachrichten: nach den zwei Karten lange nichts. Jetzt mit schönstem Dank Brief vom 18. erhalten. Hoffentlich ist inzwischen das Schreiben eingelangt, welches das *hiesige* Schweigen erklärt. Ein widerliches Unwohlsein, das noch immer nicht völlig gewichen ist. In R. ist jetzt also neben dem vielen Schönen noch mehr des Traurigen zu sehen. Für *diese* Hilfsthätigkeit dankt *mein* Herz. Es ist alles wahr. Und daß es noch immer eine spanische Stiege gibt, ist dann Belohnung.

Das Beiliegende – erst jetzt und in Abschrift – muß dem Adressaten* nicht zurückgegeben werden.

---

* Ich darf ihm wohl Grüße bringen?

Täglich Reiten.

Bitte für May-May und Gfn Dora schöne Grüße!

Allerbestens und mit allen Wünschen für die armen Nerven

Tangy

Paßvorschriften wurden soeben verschärft, auch für Rückreise. Vielleicht wäre, wenn direkt nach Österreich zurück, doch Erkundigung bei Botschaft oder Konsulat zu empfehlen.

[215]   K [Wien,] 23.I.[1915]   [Rom, Via P^ssa Clotilde 7]

Brief vom 19. und 21. erhalten.

Bitte um Ruhepause! Verwüstungen nicht vermehren – im Wichtigsten!

Dies ist alles schrecklicher, als je hätte *nicht* fassen können. [(Was war *sonst* in der Tasche? Dieses (mitgetheilte) ist nicht wichtig.)]

Da man nicht auf Hügel wohnt, könnte man doch ruhig schlafen. Bitte es gleich zu thun. Wenn nicht, wäre ich unbedingt für Rückkehr nach J. (und öfteres Sehen in P.) oder Genfer See.

R.M.R. hat, wie ich gestern hörte, schon im August Kriegsgedichte verfaßt. Das ist mir zu tapfer.

Ich bin stolz darauf, daß man jetzt *scheinbar* dasselbe thut, was die im Lande. Darauf, daß es *scheinbar* dasselbe … Eine ganze *Wahrheit* liegt dazwischen. Dennoch bitte ich um Gnade für sich selbst, damit *ich* nicht Spitalsbesuch machen muß. Mit diesem Wunsche, allerbestens,

Tangy

Noch immer arger Husten. Trotzdem täglich Reiten. Ich schrieb *nicht* rekomm.

Was heißt das

»Die Morgen vergehen mit den Verschütteten«?

Bahnhof?

Was hat man bis jetzt in Rom alles verloren?

Bitte auch Gräfin D. u. M-M. zu grüßen.

Soeben, punkt ½ 6 Uhr (23.) fällt etwas im Zimmer, oberhalb

der Bibliothek. Ich weiß noch nicht, was es war. Am Ende ein Signal aus Rom. Was geschah dort in dieser Minute?

[216] B [Wien,] 26.I.[1915] [Rom, Via Pssa Clotilde 7]

Tangy, die immer noch hustet und heute arge Kopfschmerzen hat, ist über die letzte Nachricht hoch erfreut und nur recht besorgt, daß man, wenn die Tage fliehen, auch selbst ruhelos sei.

Die neue Vorschrift, die ich kürzlich erwähnt habe, betrifft rückkehrende Inländer *nicht*.

Will man in der bewußten Sache Schadenersatz gegen die schuldtragende *Person*** ansprechen? Dies wäre ein Civilprozeß und es müßte eine Vollmacht unterschrieben werden. Jedenfalls wird Advokat solches in Aussicht stellen. Wie steht die Angelegenheit G.?

Vorbereitungen für Tangy – um wieder auf der spanischen Stiege sitzen zu können – durchgeführt. Ungewiß nur, *wann* und vor allem *ob* es möglich sein wird. (Hier herrschen Zweifel.)

Innsbruck soll am 13. sein. F. war bis gestern in Wien.

Gestern die Dame aus Baden getroffen, die das Wort von der »goldenen …« gesprochen hat.

Jetzt war hier ein Wetter, wie ich es noch nicht gesehen habe: aus der Erde schien es zu regnen und vom Himmel Straßenkoth zu kommen.

Es war zum Verzweifeln. Heute ist eine Schneedecke über diesen Skandal gebreitet.

Zum 8. Mal geritten. Dies geschieht, damit ich im Sommer nicht stundenlang besorgt warten muß. Oder werde ichs trotzdem müssen? Ist die Sache May-May gut geordnet? Und gibt die Erde Ruhe, die man sich selbst nicht gibt?

Mit den allerbesten Wünschen für solche Einsicht. Yér

———

* Gestern im vierten Bezirk Namen (aus dem 1.Bezirk) etc. eruiert.

> In ein dunkles Land führen uns die acht Lithographien, die Oskar Kok schla einer prächtig gedruckten Luxusausgabe der herrlichen „Chinesischen Mauer" des Karl Kraus (Kurt Wolff, Leipzig) beigab. Hier wird und wirkt jede Bewegung geheimnisvoller, alles ist tiefer im Metaphysischen verkettet, und in einem Format, wie es etwa die Quadern der chinesischen Mauern besitzen dürften, ist hier aufgezeichnet, was als ebenbürtige Illustration prophetischer apokalyptischer Antworte gelten wird. Das Weib auf dem Menschentier, Hundeschnauzen, Chinesermäuler drängen sich uns aus der Nacht der Zukunft auf: hinter ihrer Wand, die Europas Liebende verbirgt, lauert schon der gelbe Bombenwerfer.

Beilage zu Nr. 217

Hochgeehrte Baronin

der schwer erreichbare Roman ist im Buchhandel *nicht* erhältlich. Ich habe ein Exemplar zu leihen bekommen, für einen Tag – kann es darum nicht senden, schreibe aber die Stelle, für die Sie sich interessiert haben, gerne heraus. Ist sie nicht zu traurig? Sie wissen, *ich* habe für den Autor wenig übrig, bin aber freilich mit Ihnen der Ansicht, daß gerade dieser Absatz einem wahren Gefühl entstammt:

»– – – – Er wußte nur zu genau, daß es bloß »scheinbar dasselbe« war. Denn das äußerlich Gleiche war durch die *Idee* verschieden wie Himmel und Hölle. *Hier* eine in sich selbst nur scheinbare Humanität im Dienste des von Menschen beschlossenen *Gegentheils*, also nur eine Vorschubleistung, eine Ermunterung, es fortzusetzen: Menschen in den Stand bringen, Humanität *nöthig* zu haben. *Dort* Demuth vor dem Unabwendbaren, nicht zu Wünschenden, aber auch nicht zu Beschließenden. Sie hatte Feuer löschen geholfen, aber nie Feuer anzünden. Trotzdem aber zweifelte er, ob nicht etwas in ihr, das noch besser war, an solches Opfer verloren gienge: die Hauptsache – von der sein

Größenwahn so lange geträumt hatte, daß sie nur von ihm bedingt sei. Sie konnte sich, Einheit, die sie war, wohl nicht verändern, aber sie konnte ihm beweisen, daß sie es auch ohne ihn sei.
Er lebte von Einbildungen und kam sich zu Zeiten geringer vor
und entbehrlicher als vordem groß und unentbehrlich, und in
dem schnell bereiten Gefühle der Verlassenheit begann er mit
dem zum Wappenspruch ihres Wesens erhobenen »semper
idem« und dem Begriff »nur scheinbar dasselbe« Fangball zu
spielen – bis ihn zwischen Worten und Ahnungen wie so oft
eine Trauer überfiel. In solcher Wehrlosigkeit, vor jedem deut-
baren Zeichen, lebte er Wochen dahin. Er wußte, daß er ihr Unrecht that durch seine Gedanken, und er fühlte, daß er ihr Unrecht that durch sein Dasein. Er hatte noch mehr Reue als Liebe.
Er fuhr auf, aus Schlaf und Wachen, weil er etwas neben sich
aufstampfen hörte. Oder er sah einen ungeduldigen Fuß, der zu
einer Unterhaltung wollte und durch eine Leidenschaft gefesselt
war. Sie hatte nicht den Muth zu einem Schritt, der ihm ein
sichtbarer Beweis gewesen wäre: ein Opfer. Solches wollte er
und wollte seinen Kopf zerschellen an Dingen, die sich anders
nicht und überhaupt nicht beweisen ließen. Treue sollte ihm
»bewiesen« werden: als Mangel an Untreue. Er wußte, daß
Wahrhaftigkeit noch nie eine edlere Gestalt gefunden hatte. Er
wußte es wohl, aber er *glaubte* es nicht. Er *zweifelte nicht* an der
Lügelosigkeit ihrer Antwort, wenn er sie fragen würde, ob irgendetwas sich geändert habe und ob im Umgang mit Leuten,
denen er allen Vorzug vor ihm selbst einräumte, ein Eindruck
haften geblieben sei; dennoch *glaubte* er nicht. Er wartete auf
das Außerordentliche. Wann würde sie einen Entschluß fassen?
Daß sie wartete, glaubte er nicht. Denn sie rief ja nur, sie kam
nicht. Nie würde sie kommen. Er hatte so viel mit ihr zu schaffen. Denn sie verwirrte mit all ihrer Menschlichkeit seine Vorstellung vom Weiblichen. Blieb sie dabei, diese zu berichtigen?
Oder würde sie sie doch eines Tages bestätigen? Dann wäre er
so zufrieden wie der Arzt, der die Krankheit, an der er zugrundegeht, richtig diagnostiziert hat. Er wollte sich lieber retten und
später mit dem Bewußtsein sterben, den großen Ausnahmsfall
glücklich erlebt zu haben. Dennoch wäre er bereit gewesen, aus

Neugierde, was sie wohl dazu sagen würde, sich umzubringen. Aber auch dieser Beweis war nicht zu führen.

Manchmal gelobte er, Bescheidenheit zu erlernen und geduldig in der Ecke seiner Erinnerungen zu bleiben. Dann kam er sich gleich wie jenes unvergeßlich dicke Hündchen vor, das in seiner Hütte an einem Knochen zerrte, während die Herrin nachsehen kam, ob noch alles beim Alten sei. Käme sie doch nachsehen! Welche Seligkeit bei solchem Spiel! Welch ein Triumphzug von Sternen auf einer Fahrt durch eine Allee. Welche Stille in einem dunkeln alten Hof, in dem zwei nichts wußten als daß, was sie trennte, schön war. Welche Symphonie von Brunnenrauschen und klopfenden Herzen auf dem nächtlich verbotenen Weg zu einem Trunk Wassers. Welches Fest einer noch nie geschauten Landschaft, die sich aus heiligem Düster zum erstenmal öffnet, um zwei Menschenblicke zu empfangen. Und wieder ein mildes Blühen von Blau und Gelb und Friede, den alle Glockenblumen läuten. Eine Parkmauer, auf der der Himmel sitzt, und nichts außerhalb. Und dennoch wieder ein unendliches Grün und sanfter Wind auf dem Berg. Und als die allerletzte Zuflucht eine Insel, als wüßte das erste Menschenpaar, welche Qual der Zeiten den Weg dahin versperren wird. – – So zurückfühlend, konnte er sich Gegenwärtiges gar nicht mehr erklären und sehnte die Gnade eines verwirrten Geistes als Ausweg herbei. – – – – «

Das ist doch die Stelle? Oder war's eine andere, von der wir gesprochen haben? Gerade die versöhnt mich mit vielem, was mir an ihm nicht ganz sympathisch ist. Erinnert vielleicht ein wenig an Rilke, aber nur äußerlich. (Ich citiere: »nur scheinbar dasselbe«.) Im Gefühl geht es sicher tiefer. Ich glaube, Sie waren damals vom Landschaftlichen so sehr berührt – weil es an Ihre eigene Umgebung und Erinnerung (Parkmilieus, Sternenallee) gestreift hat. Ich denke, es ist ganz sicher die Stelle. Und mich hat wieder die Skizze des lebendigen Selbstmörders angeheimelt. Sollte ich doch das Exemplar beschaffen können, so sollen Sie es, *wenn Sie dann noch Wert darauf legen, ganz haben*. Welches Buch lesen Sie jetzt?

Viele der allerbesten Empfehlungen u. Wünsche

Ihr T.

[218] B [Wien, 3.2.1915] [Rom, Via Pssa Clotilde 7]

Hv. B.!

Es ist zu ungeschickt, daß *wir* intervenieren müssen. Bitte also der T. das folgende zu sagen, irgendwie.

B., dem ich den Sachverhalt mitgetheilt und zu erklären versucht habe – er ist noch dümmer als gefühlvoll – sitzt nun stumm da, wie entgeistert. So viel ich diesem Zustand absehen konnte: Er hat doch eine gewisse Ahnung, daß es gegen ihn geht. Nicht, daß er der Dupierte, aber daß er der Leidende ist. Weiß nicht, was er davon halten soll. War es denn nicht besprochen? frage ich. Ja, aber es *werde anders* als gedacht. Findet es *unvorstellbar* und glaubt, sich nun aufgeben zu müssen. Verrückt, nicht? »Unvorstellbar«, weil es sich, wie die Dinge zu werden scheinen und wie die gute T. ihnen den Lauf lasse, nicht um Äußeres handeln werde, sondern um mehr. Mit einem Wort, er sieht sein Glück auf eine schmale, nun erst recht verborgene oder zu verbergende Gelegenheit einschrumpfen – mit dem Verzicht auf den bisher doch nie verhehlten freundschaftlichen Einfluß, *auf das Recht, Sorge zu tragen*. Dies seine Worte. Ein Recht, das doch in der bisherigen Umgebung in der offensten, nie mißdeuteten Art geübt werden konnte. Die äußere Außenwelt, die fernere – der werde vielleicht jetzt besser entsprochen werden, aber die Außenwelt der *Umgebung* nehme an Hindernissen und Peinlichkeiten zu. Die Absicht war – der Zweck jedes hier zu beschließenden Schrittes und vor allem dieses –: *mehr* Raum zu schaffen. B. meint, es werde nun weniger, viel weniger. Dies, verlangt er, müsse vorausgesehen, gewußt werden und wisse man es, so müsse man von dem Schritt abstehen. Es wäre denn – und dieser Gedanke frißt an seiner Seele –, daß die gute T. den neuen Weg um seiner selbst willen gehen will, um das zu verlassen, was sie erreichen wollte, und um nur eines zu erreichen: Ruhe. Nichts anderes, aber jedenfalls das. Und nicht mit Absicht, vielleicht nicht halb bewußt. B. bezieht sich auf die Stelle: »… und es heißt doch eine Zukunft zu sichern.« Dies wie das ganze Energietempo, in dem die Schilderung fremden Glückes gehalten ist, zeigt, daß es eigentlich doch eine Sache wird, die zwei andere näher angeht als B. und jedenfalls nicht ganz so wenig den Theil, der *diesen* angeht. Wie sollte es denn auch, meint er, anders sein?

Wäre es anders, so wäre es absurd. Dies der letzte Herzenswunsch eines Überflüssigen: wenn »noch nichts bestimmt ist«, solle sich die T. die Frage vorlegen, für wen es geschieht oder vielmehr: für wen es schließlich geschehen sein wird, und dann handeln, wie sie muß, aber auch wie sie soll: nämlich zugleich mit der unbedingtesten Rücksichtslosigkeit, Härte im *Sagen,* wenn sie findet, daß B. im Grunde recht hat. Fl. unbewohnbar: »eine große Sorge«. Aber doch kein Hindernis. Dies verlangt er nicht; nur wissen will er, was ihm bevorsteht. Ist alles durchzusetzen, so müßten auch Entfernungen von Fl. durchzusetzen sein – außer dem Sommer. Der: »nur natürlich nicht immer Allein.« Was bleibt dem B., dem ich ja, auf seiner falschen Basis, nicht Unrecht geben kann. Was hilft es, sagte er, daß T. »wie immer ist und fühlt«, wenn etwas geschieht, was *nicht* hilft, diesem Sein und Fühlen nicht hilft, sondern es hemmt? B. meinte: ich weiß nicht, wie eine Lüge, wenn sie so ausgibig ist, einer Wahrheit nützen soll. Die wird dann noch verlogener, weil seltener und durch scheinbare *Deckung* auch *gebunden.* Der Schein sei *zu* groß, um die Wahrheit noch am Leben zu lassen. Ich konnte nur erwidern: Vielleicht *ist* es keine Lüge, sondern *auch* eine Wahrheit, eine neue, und die alte hat eben ausgelebt! Da machte er ein langes Gesicht. Ich weiß, daß es etwas grausam war, aber besser, ich helfe ihm so – und mit mir, der doch immer in der Nähe ist, kann er sich wenigstens aussprechen. Erweisen Sie doch der T. den gleichen Liebesdienst! Sie thut mir mehr leid als er. Ich wies auch offen darauf hin, daß ursprünglich ein größerer Theil des Jahres (mit Reisen) geplant war und daß er aus der gründlichen Änderung des Plans – soweit wir davon wissen – doch *ersehen* könne, woran er sei. Und im April zur Stelle zu sein – ein Ding der Unmöglichkeit, die Welt läuft viel offizieller als dieser unverbesserliche Phantast sichs eingebildet hat. Er las es immer wieder und wiederholte seinerseits: »Mögen sie glücklich werden!« Zur Bitterkeit ist aber kein Grund. Er hatte sich eben zu viel eingebildet. Das Außerordentliche müsse auch außer der Ordnung leben! Was jetzt komme, sei bestenfalls »interessant«: das sei mehr als banal, aber zu wenig.

Gibt sich im Grunde doch selbst alle Schuld an dieser *Lebensblamage,* die ihn zum *Rückzug* zwinge. Er *belastet lieber sich, ehe er glauben will,* daß auf der andern Seite etwas nicht stimme, daß man dort Inneres so vor Äußerem zurücktreten lassen könne. Ich glaubte noch mit diesem Trost zu wirken: Vielleicht nur eine neue Wartezeit. Er warte immer auf den »Beweis«: um den sei er ja noch immer nicht betrogen. Er natürlich hält sich dafür. Nicht durch Plan, aber durch die Umstände, die es doch anders meinen, als T. gewollt hat und denen sie schließlich nachgibt. Ehe das Unvorstellbare geschieht, will er selbst noch einmal nachsehen kommen und fragen, was werden soll. Am 13. ist er übrigens nicht in I., sondern hat in der gleichen Angelegenheit in Wien zu thun, vorausgesetzt, daß die trübste Fernsicht seinen Nerven noch eine andere Beschäftigung als mit der Hauptsache erlaubt. In der zweiten Februarhälfte würde er kommen, nur auf ein paar Tage, »da seine Position ihm auf mehr kein Recht gibt«. Und nur irgendwohin in die Nähe, wo sich's ohne Unterbrechung durch anderes, an dem er kein Theil haben kann, nachdenken läßt und erkennen, ob eine Wahrheit nicht aufhören kann, eine Wahrheit zu sein, um, wenn dies der Fall wäre, ihr ein letztes Geleite zu geben. Dabei hält ihn T.'s Gesundheit fortwährend in banger Sorge – so soll er die Qual bestehen, nicht mehr der Verwalter jenes kostbarsten Guts sein zu dürfen! (Seine Worte.) Man soll T. sagen: er werde schreiben, bis er dazu imstande ist. Da dies überhaupt schwer sei, bitte er, alles, was sie zu sagen hätte, bis zur Aussprache aufzuheben und bis dahin versichert zu sein, daß er »Gewesenes für unabänderlich hält«. Sie mögen T., auf die Sie ja mehr Einfluß haben, als ich auf ihn, dazu bewegen, diese Aussprache fern von dem Milieu, dem er *fern* ist, zu ermöglichen. Werden Sie es thun? Glauben Sie nicht, daß ich unter seinem Diktat stehe. Aber ich halte es für gut so. Vielleicht bekommen dann auch die in Mitleidenschaft Gezogenen Ruhe. Ich meinestheils bin von all dem sehr müde und muß nachdem ich mich meiner Pflichten gegen B. durch Zuspruch und Vermittlung entledigt habe, gestehen, daß ich selbst seiner überdrüssig bin. Ich weiß, wer er ist, aber ich mache ihm gegenüber kein Hehl daraus, daß ich an diesem Zustand nicht länger mittragen will. Sie haben mit der kleinen T. (in ihrer ganzen von ihm erkannten *Größe*) leichteres Spiel. Und jedenfalls sind wir beide der Ansicht, daß das Leben – ob mehr oder weniger als das, weiß ich nicht – aber jedenfalls keine seelische Angelegenheit ist*. Mit den allerergebensten Grüßen und den herzlichsten Wünschen Ihr

Yer.

* Wenigstens, wie ich reuig hinzusetzen muß: nicht *ausschließlich*!

[219] B [Wien,] 5.II.[1915]   [Rom, Via P^{ssa} Clotilde 7]

Die gewünschte Adresse ist: Wlassak & Hadwiger I. Kolowratring 14

Sonst ist nur Unwichtiges zu berichten. Zum Beispiel, daß ich dankbar für die Güte bin, mit der Sie sich für das Herausschreiben der Stelle revanchieren wollten. Aber wenn Sie nicht versicherten, daß die von Ihnen citierten Sätze demselben Buch – ich habe es *leider* aus *der Hand gegeben* – entstammen, ich würde es nicht glauben.

Selbst meine geringe Meinung von dem Autor und dem Gedankenkreis, in dem er wie in einem Käfig herumzuflattern scheint, wird durch die von Ihnen angezogene »Rechtfertigung der Heldin« – das ist ja das Kapitel – noch enttäuscht. Ich versichere Ihnen, wenn man derlei aus *dem Zusammenhang gerissen* ansieht, dann hat man erst das rechte Urtheil. Mir kann ein verunglücktes Sprachbild näher gehen als eine gestohlene Mona Lisa: der Sturm und die Schutzmauer! Die Schutzmauer schützt ja vor dem Sturm, eben vor ihm, und wird ihm auch allgemein vorgezogen. Immerhin bringt sie es von selbst fertig, ihm den Einlaß zu wehren.

Ich erinnere mich gar nicht, die Stelle damals, als ich das Buch las, besonders bemerkt zu haben. Sonst wäre mir doch gewiß auch der psychologische Riß aufgefallen: sie bringt *ihm* als *Opfer* etwas, dem er zum Opfer fällt. Warum verzichtet er dann nicht auf solches Opfer? Die Menschlichkeit gebiete es, wird gesagt. Welche? Für wen? Es ist mir fast verdrießlich, daß Sie den Autor so hoch einschätzen. Der alte Streit: ich halte ihn für einen Narren, und nun – früher fiel's mir nicht einmal so sehr auf – muß ich Ihnen auch noch durch die Versicherung nahetreten, daß ich seinen Helden für einen Dummkopf halte. Immerhin gebe ich zu, daß die Gegenfigur besser gelungen ist. Wenigstens eine schöne Konstruktion. (Wenn's das gäbe!)

Indes, um mit mir literarische Korrespondenzen zu führen, dazu sind Sie vermuthlich nicht auf Reisen gegangen. Nicht einmal, um andere unangenehme Dinge zu hören. Trotzdem muß ich Ihnen sagen, daß B.'s Zustand mir ernste Sorge zu machen beginnt. Er bildet sich jetzt ein, T. fühle in Augenblicken, daß – ja wie soll man das nur sagen – daß seine Auffassung berechtigt sei. Dieses ihr Schuldgefühl, wie er's nennt, bedrückt *wieder ihn.* Was soll man mit Leuten thun, die vor lauter Größenwahn sich für überflüssig zu halten beginnen?

Wann haben Sie sich mit T. zuletzt berathen? Bitte thun Sie's oft und eindringlich. Vielleicht denkt er in diesem Punkt nicht ganz so absurd wie es den Anschein hat. Er ist gewiß ein anderer Ausnahmsfall als irgendeiner von jenen, die als Ausnahmsfälle (mit Recht) verpönt werden. Mindestens scheint er es zu verdienen, daß *Entscheidungen* über sein Leben in seinem Beisein fallen. T. wird wohl schwer zu bestimmen sein, in eine Zusammenkunft außerhalb – Verona, Bol. wohl zu weit – zu willigen. Aber bitte sagen Sie doch unserer lieben Freundin, daß nur ein längerer Aufenthalt für *Rom* sprechen würde – aus damals sattsam erörterten Gründen (man weiß ja gar nicht, *wo* man sich sehen soll) —— und *kommen Sie bestimmt mit* T. *irgendwohin.* Lassen Sie sie *nicht allein,* bitte!

Wenn ich nur auch dabei sein könnte, um *ihn* zu zügeln! Gestern sprach er von den Bildern. Daß er sie noch immer nicht habe, sei ein »böses Symptom«. Wenn er ahnte, wie er die Güte der T., die nur den Kopf mit andern, *ihr selbst nicht erwünschten* Dingen voll hat, mißversteht. Aber er braucht und sucht offenbar aus Mangel an »Beweisen«: *Gegenbeweise.*

Die allerergebensten Grüße und Wünsche an Sie alle und Dank für die so lieben Worte

von Yer

(nicht die vom Autor! Wenn die auch von Ihnen wären, wären sie besser.)

B. will in Genf leben. Gehen Sie mit T. dahin.

[219]* K [Wien, 9.II.1915]   [Rom, Via Pssa Clotilde 7]
[Gedruckte Karte:]

Kleiner Musikvereinssaal, Samstag, 13. Februar, präzise ½8 Uhr

VORLESUNG KARL KRAUS
AUS EIGENEN SCHRIFTEN

Preise der Plätze K 10.—, 6.—, 4.—, 3.—, 2.—. Karten bei Kehlendorfer, I. Krugerstraße 3 und an der Konzertkasse, I. Karlsplatz 6.

Der volle Ertrag wird der Fürsorge für erblindete und invalide Soldaten gewidmet.

II.-18. JAHODA & SIEGEL

Nr. 219

[220] T [9.2.1915]   [Rom]
Zweites rekommandiertes zweiten Februar antwortlos ++ Letzter Brief war vom ersten datiert ++ Heute nur Karte Feuerzeug ++ Bobby behält recht, Karl Kraus

[221] T [13.2.1915]   [Rom, Via Pssa Clotilde 7]
Tiefste Besorgnis ob erkrankt ++ ersehne ein Lebenszeichen um heutigen Abend zu sichern ++ Karl Kraus

[222] T [14.2.1915]   [Rom, Via Pssa Clotilde 7]
Noch immer in Qual nachrichtloser Finsternis ++ erbittet endliches Zeichen ob Briefverluste Erkrankung oder unausdenkbarer Bruch blauen Glases ++ Karl Kraus

[223]   T [Wien, 14.2.1915]   [Rom, Via Pssa Clotilde 7]

Die Stelle lautet: mag geschehen sein oder kommen was will ++
beuge mich geheilt von Maßlosigkeit die verwirrt hat und vielleicht durch die notgedrungen mißdeutbare Umschreibung ver-
letzte. – Dies spüre als Grund der unfaßbaren Stille ++ ringe in
schwerster Lebensstunde nur um Erhaltung des Gewesenen und
daß ein gutes Wort diesem furchtbaren Herzbeben ein Ende
mache. – Wie kann denn wenn nur ein Hundertstel letzten Briefes wahr das jetzt möglich sein und das Wort niemals plötzlich
so grauenvollen Sinn haben ++ Ich trete aus dem Weg und sehe
ein daß er richtig da sonst uferlos ++ Aber der schönste Glaube
muß wahr bleiben letzter Lebenshalt der Freundschaft mir erhalten werden will nicht an einem Frühlingstag der weheste Erinnerung von der teuren Janowitzer Erde bringt in Nacht ver-
sinken ++ Ein Wort würdig des Gewesenen könnte den elende-
sten Menschen in den glücklichsten verwandeln und allem
Kommenden Segen bringen ++ bitte nur das Wort Hainbach –
Karl Kraus

[224]   B [Wien,] Sonntag 14.II.[1915] ½ 5 Uhr   [Rom, Via Pssa Clotilde 7]

Ich bin kaum imstande Ihnen die erlösende Wirkung der beiden
Nachrichten auf B. zu schildern. Ich habe noch nie eine solche
Verwandlung gesehen; noch nie aber, so scheint es mir selbst,
war sie verdienter. Er ist bettlägerig, rennt aber an den Schreibtisch und wollte durchaus selbst antworten – Ihnen, da er ja
noch immer nicht direkt mit T. korrespondieren kann. Ich sagte, es sei meine Sache. Ich habe diesen ganzen Zustand seit zehn
Tagen, in denen nur die eine Karte kam, mitgemacht, und ich
bin selbst noch zu erregt, um alles klar und leserlich zu sagen. Ich
konnte es nicht fassen und wollte mir und ihm die beklemmende
Stille durch Briefverluste erklären. Sie wissen aus früheren geringeren Fällen wie dergleichen an diesem ewig kombinierenden
und *assozüerenden* Gehirn frißt, das mit seinem Zweifel sein eigenes gläubigstes Herz überfällt. Hier mußte ich schließlich vermuthen, daß ein Grund war und einer, den er selbst gegeben hatte.
Er mußte sich irgendwie vergriffen, versündigt haben. Aber was

immer es gewesen sein mochte, T. erschien mir in einer Art hart,
daß ich wieder eher eine äußere Verhinderung annahm. So kam
denn die Sorge wegen Erkrankung hinzu. Freitag abend lief er
zur Kusine Olga – (die natürlich gleich jetzt erfährt, daß gute
Nachricht über Befinden eingetroffen ist.)

Der gestrige Tag gehörte der Hölle. Nach einigen fast ganz
schlaflosen Nächten und bang erwartungsvollen, immer wieder
(um 5 Uhr) enttäuschten Tagen diese furchtbare Spannung. Was
immer er angestellt hatte, das war unverdient. Keine Antwort auf
zwei Depeschen, selbst auf die an M.-M. gerichtete nicht. Sagen
Sie's der lieben guten T. *nicht* – sie hat's ja reichlich gutgemacht –:
was in seinem Zimmer vorgegangen ist. Es gibt sicher eine Erklärung, die ebenso befriedigt, wie die zwei Lebenszeichen beglückt haben (sie kamen beide um ½ 4 Uhr). Sagen Sie ihr nichts
davon, daß es so martervoll war – auch für mich, den nächsten
Zeugen –, nur davon, daß es jetzt so schön ist. Ich *konnte* nicht an
diese stumme Abkehr glauben, weil, selbst wenn er das größte
Verbrechen begangen hätte, nichts von allem, was gewesen, hätte
wahr und echt sein können. Wissen Sie, was es heißt, solchen
Glauben verlieren sollen? Der bei *dieser* Natur der letzte und
einzige war. Was dann? So war die Seelenstimmung des gestrigen
Tages beschaffen – vor dem *Abend*. Hat es je schon so etwas gegeben? Von 6 bis 7 war ich bei ihm. *Der* Blick, als in dem (fünfhundertmal schon geöffneten) Briefkasten *nichts* war! Der Gang
hinüber!* Und dann — — : das ist also das größte Nervenwun-
der und physiologische Räthsel. Es war nämlich wie noch nie. So
hieß es zwar schon oft, aber diesmal muß es wirklich so sein. Zuerst kam etwas Neues (über das Hauptthema), noch viel stärker
als das vom ersten Abend. Alles war förmlich aufgerührt. Nie
habe ich solche Stürme gehört. Es kann nicht anders sein, seine
Weltanklage war durch den unbändigen persönlichen Schmerz
verstärkt – wie wenn nun alles zu einem großen Verlust gethürmt
wäre. Er wußte das nicht, aber heute gibt er mir recht – denn anders
ist die Leistung nicht zu erklären. Freilich ganz zum Schlusse
mußte das, was niemand bis dahin ahnen konnte, auffallen. Was

* *Wie* anders das *letzte* Mal!

da geschah, zu sagen, ist nicht angenehm. Es war ein Nachgeben der Nerven – zum Glück war auch bei dem Rummel finster geblieben (durch ein Versehen des Beleuchters), so daß es nur vorne bemerkt wurde. Der Arzt vom Palais H. (sie war anwesend, auch andere) besorgte ein Schlafmittel, das aber nichts genützt hat. Vor den fragenden Leuten wurde es auf die Erregung des Abends selbst geschoben. Der Kontrast war zu grimmig: *diese* Huldigungen und *dieses* Unglück. Aber dafür: der alles übertreffende Jubel bei den Vielen ist heute in *ihm*. Und, wie ich offen gestehe, auch in mir. Ich weiß aus alten Tagen, wie das frißt – an Herz und Kopf. Wär' das nicht schade? Sagen Sie T. ein bischen Ihre Meinung, nicht viel – das will er nicht, er ist so selig, daß er nicht einmal zugeben will, es sei durch Zufall oder äußerliche Umstände ein Fehler geschehen. Er sieht nur die beiden Telegramme und nichts auf der Welt außer diesen beiden läßt er gelten.

So und jetzt laufe *ich* zur Tante O., ihr mitzuteilen, daß man nicht krank ist.

Da holte ihn *mehr* als ein Telegramm ab. Sein letzter Hoffnungsschimmer: man könnte geschwiegen haben, weil man Überraschung vorhatte – plötzlich da zu sitzen. Er starrte durch das Guckloch auf die 2. Reihe – – –

[225]   B [Wien,] 14./II.[1915] abends   [Rom, Via Pssa Clotilde 7]

Noch möchte ich mittheilen, daß ich bei O.v.N. war, der ich gesagt habe, es sei soeben, endlich, Nachricht über Wohlbefinden eingetroffen. (Ihren Brief mit Erkundigung wird man inzwischen erhalten haben.) Eine rührend liebe Begleiterin der Schicksale von J., mit der sichs so tröstlich namentlich über ein Sorgenkind, »das immer allein gereist ist«, sprechen läßt. Sie meinte das erstemal, *ich* hätte »den *Einfluß*, davon abzuhalten«! War sehr zufrieden die gute Nachricht zu hören. (Ich hatte zur Motivierung meines Besuchs die Besorgnis mit einem Traum in Zusammenhang gebracht – aber wie sollte ich mir anders helfen, da ich sogar bei der Badezimmer-Firma angefragt hatte, ob nicht eine Bestellung aus Rom od. dgl. gekommen sei.)

Bobbys Befinden: Glückstaumel mit Kopfschmerz als Nachwirkung der Nervenkrise. Kann man sich vorstellen, daß er sogar in den beiden Pausen (und gleich nachher) nachhause lief, um zu sehen, ob nicht doch ein Gruß eingelangt sei! So athemlos, in vergeblicher Erwartung des unentbehrlichen *Segens* verlief die Sache. Ein Wunder, wie es gelang. Und dann nachts, um 4 Uhr, plötzlich vom Hause ins Telegraphenamt. Alles in allem: es war ein rasendes Erlebnis. Da infolge Ausbleibens aller *Antworten* nur das Absurdeste als Erklärung übrig blieb – das Gefühl des Zusammensturzes. Wie wenn das ganze Glück gläsern gewesen wäre. B. mußte glauben und konnte es nicht, daß irgendeine Flucht vor ihm, aus seiner Schuld, ein radikales Niemals beschlossen sei. Der horrende Wahnwitz dieser Vermuthung leuchtete ihm ein – aber was sollte ihm das Schweigen anderes sagen? Diese Unheimlichkeit begleitend ganz absonderliche Eindrücke, gerade an diesem Tag, dem *13.* Mittags auf der Straße eine Horde Neugieriger hinter dem Jammerbild eines dahinkriechenden Schwerverwundeten. Darin erkannte er sogleich sich selbst und die Stellung der Außenwelt zu seinem Unglück. B. ließ Namen feststellen und wird vom Erträgnis etwas zuwenden lassen.

Nachmittags, zwei Stunden vor dem Verlassen der Wohnung, vor dem Gitter auf der Straße ein kleines Mädchen, das seit sechs Wochen täglich eine Stunde lang zu dem Fenster hinauf starrt. B. war sich nie gewiß, ob es ihm gelte, und wollte es nicht wissen. Diesmal fühlte er etwas Gemeinsames. Ließ durch die Portiersfrau, die gerade angeklopft hatte, fragen, auf wen die Kleine denn da immer warte. Die Antwort: Es gehe niemand an, sie könne stehen und warten, auf wen sie wolle. Dann sah er vom Fenster, wie sie weinte. Entschloß sich, wegzugehen und vorbeikommend zu fragen. Bekenntnis: sie wolle nichts als immer dort stehen und hinaufsehen. Sie habe Bobby oft gehört und werde ihn auch heute Abend hören. Vierzehn ½ Jahre alt. Ganz armselig, aber blond. Aber häßlich. Und die Erscheinung doch rührend in dieser Verirrung ins Aussichtslose. Hatte die Schrift der drei Autoren über Bobby, ein Buch von Thomas Mann und ein Schulbuch in der Hand. Weinte unaufhörlich. B. gelang es, sie zu beruhigen und zufrieden nachhause zu schicken. Sie versprach ihm zuliebe, nie mehr dort zu stehen. B. sagte ihr nicht, daß er eigentlich, an diesem Tag, *in derselben Lage* sei. Das hätte sie nicht verstanden. Aber war das nicht ein Gefühl wie zwischen Traum und Wirklichkeit? Und wie das stimmte: er suchte gerade die gelb broschierte Schrift und sah sie plötzlich vorm Fenster in der Hand des Mädchens. Dasselbe gelb, und unten überzeugte er sich, daß es wirklich die Schrift war. Das Kind war *ganz beruhigt* – er erst einen Tag später. Was eigentlich der Grund von all dem Wirrsal war, weiß B. noch nicht – das wird in den Briefen stehen. Aber, nicht wahr, Tangy weiß und wird es immer wissen, daß eine Fülle von Freundschaft, wie sie sicher noch nie ein Herz bereit hielt, nicht unbedingt Nervenschmerzen nach sich ziehen muß. Aber selbst diese sind, sagt B., erwünscht, wenn sie von dem unsäglichen Glücksgefühl des heutigen Abends (und aller folgenden Tage) abgelöst werden. Vorwürfe machen sei leicht. Aber mit dem *Dank* könne er nicht fertig werden. Bitte, sagen Sie ihr das.

[226]   B [Wien,] Montag 15.II.[1915]   [Rom, Via Pssa Clotilde 7]

Heute Brief vom 11. eingelangt. Innigen Dank. Wer vorgestern wenigstens gewußt hätte, daß so etwas unterwegs ist!

Und nun ist für B. das größte Glück, daß die tollste Vermuthung grundlos war, wieder abgelöst durch den großen Schmerz, daß die andere Befürchtung, von der seine beiden unbeantworteten Briefe gehandelt hatten, nur zu sehr berechtigt ist: daß so viel von T. verloren gehen wird. Vielleicht jetzt mehr als späterhin. Aber jetzt gewiß. B. hatte also nichts vergriffen und dadurch Schweigen bewirkt, sondern Schweigen war bereits dafür, daß er recht hatte. Er bleibt dabei, daß es *richtig* ist, was T. tut, und will nicht dem Grenzenlosen auch das äußere Maß entziehen, das ja Deckung bringen soll. Das sieht er gern ein und *glaubt,* daß das Neue nicht um seiner selbst willen geschieht, sondern dem Alten zuliebe. Man soll also nicht meinen, B. »wolle jetzt nicht mehr, was er früher für richtig hielt«. Es ist nicht der Fall. Er hatte damals in den Briefen nur die Furcht, ob denn, was im Werk sei, *dasselbe* sei wie das Gewollte, nicht aber *mehr,* und ob nicht zu viel verloren gehe. Auf diese Bedenken kommt T. gar nicht zurück. Auf nichts von all dem was ich damals in B.'s Sinne eröffnet und zu überlegen empfohlen habe, kommt sie zurück. Ist dies nicht ein Anzeichen mehr, daß die Bedenken begründet seien? Wenn die »Hauptsache« sagt, sie quäle sich mit der Vorstellung, daß die äußerlich wichtige Nebensache sie zurückstelle, und man antwortet nicht: das wird ganz gewiß nicht der Fall sein! – was soll jene sehr kleinmüthige, sehr entfernt lebende Hauptsache dann denken? Einmal hieß es: das verlangte »Unmögliche« gienge natürlich auch, *wenn* das Wichtige nicht anders *möglich* wäre. Nie wird B. die *innere* Unvornehmheit aufbringen, T., der er glaubt, auf solche Probe zu stellen. Er weiß, daß es so am besten ist. *So*, das heißt aber: unter *Sicherung* alles dessen, zu dessen *Erlangung* es doch unternommen wird. Es darf doch nicht verloren gehen, was erst zu gewinnen ist. Es darf doch nicht der Zweck auf das Mittel zu dessen Erreichung aufgehen. Wenn man das Kleid gegen Regen durch einen Schirm schützen will, wird man doch nicht die *Haut* opfern, um den Schirm dafür zu kriegen? Gewiß ist es nicht ganz so, aber ein wenig doch, und gerade jetzt. Alle Beweise dafür waren in den beiden Briefen. T. fühlt die Berechtigung und ist darüber traurig. (April – Dabeisein? Längeres Dortbleiben, wie geplant? Florenz? Reisen? Sommer? Möglichkeit späterer Freiheit?) Die Trauer ist bei B. und er bittet aus tiefstem Herzen, zu glauben, daß er alles eher wollte als das Gefühl zu bereiten, er selbst sei das Hindernis (anstatt daß die Hindernisse für ihn weggeräumt werden). Er verläßt sich auf T. Sie wird nichts thun, was das bessere erschwert – denn wenn sie's thäte, so wüßte er, daß das andere für sie eben nicht das bessere sei, das aber glaubt er nicht, sondern vertraut und beruhigt sich bei dem Gedanken, daß die Aussicht nur augenblicklich so verstellt wirkt. Er hatte gefürchtet, T. schweige, weil sie erkannt habe, das bessere sei das *andere.* Nun stellt sich heraus, daß sie geschwiegen hat, weil Äußeres, Nothwendiges ihr Zeit und Nerven für Inneres okkupierten. Das ist schmerzlich genug, vielleicht noch schmerzlicher, weil es die Sorge für die Gesundheit vermehrt. T. ist (ganz so wie Sie selbst) müde, wenn sie endlich dazu käme, an etwas zu denken, das sich in eben jener Sorge verzehrt. »Alles geschieht um mich, nichts in mir«: wie soll dann, was *darin* geschieht, noch geglaubt werden, noch vorhanden sein? Und dennoch ist es vorhanden und wird es geglaubt – nur mit Schmerzen hier und mit Müdigkeit dort. Einer fragt: Was bleibt mir? Er vermuthet, da keine Antwort kommt: sie müßte lauten: »Nichts«. Das ist Wahnsinn. Aber *daß* keine Antwort kam, bewies doch wieder das Nichts. »Leer und confus im Kopf und im Herzen!«? Zu gleicher Zeit schrieb einer, daß es ihm an Kopf und Herzen fraß. Ist es gut, *so übereinzustimmen?* »Das Heiligste, Tiefste« sei »verflucht oder beschmutzt«? So fühlt sie es? Warum läßt sie es dann geschehen?

Wenn sie das fühlt, *darf* sie das nicht thun, was solche Wirkung hat. Aber gewiß thut sie sich Unrecht. Wenn es *richtig* geschieht, wie geplant, mit allen Vorbehalten, dann muß sie das Gefühl nicht haben. B. ist der, der sie davon befreien will. Aber wie soll er ihr das alles sagen, wenn sie unerreichbar ist, und ihm gar nicht mehr sagt, er solle auf lange Zeit kommen. (Vielleicht stehts in den zu erwartenden Briefen.) In die acht Tage am Meer platzt er doch erst recht als Eindringling hinein. Er kennt ja die Situation gar nicht. Hat überhaupt keine Ahnung, ob sie seine *Existenz* ausbedungen, klargestellt hat.

Soll er es wagen, plötzlich da zu sein? Er hatte seit dem 5. bis zum 15. keinen Brief und keine *Antwort* auf das, was er für das Wichtigste hielt. T. war ihm also sicher *damals* verloren. Hätte sie sich denn gefreut, ihn zu sehen, hätte sie Zeit gehabt, wenn er gekommen wäre, statt auf ein schriftliches Zeichen zu warten? Mehr Zeit für ihn als für ein Wort? Als das Telegramm am 9. kam, aus dem sie schon sehen mußte, wie er in Noth sei, trat sie nicht im Vorbeifliegen in ein Telegraphenamt ein. Wie soll er dann glauben, daß er sich eine ganze Stunde holen kommen könnte? Sie ahnt ja nicht, daß von allen Mißgefühlen für ihn das *unerträglichste* ist, *fehl am Ort zu sein.* Die Schlußfrage des Briefes: »Was wird geschehen?« soll er kommen, sie zu beantworten, zu helfen, darüber schlüssig zu werden? Und würde er denn etwas durchsetzen, wenn er einen andern Willen hätte? Es gibt ja keine Entfernung, die groß genug wäre, daß ers nicht mit ihr aufnimmt, wenn es gilt, Freude zu bringen oder Beruhigung. Aber ist denn jetzt dort Hainbach? Das beste wäre, wenn seine Existenz bedungen wäre als eine nicht zu umgehende Thatsache und eine Gemeinschaft der Sorge und einwandfreien Freundschaft ermöglicht würde. Aber er hat ja keine Ahnung von der Situation.

Er hatte in nichts gefehlt, aber er bleibt dabei, im Äußern dem Maßlosen zu entsagen, wenn es *möglich* ist, daß solcher Verzicht dem Wichtigsten zugute kommt. Allem zuzustimmen, was T. in *diesem* Sinne, den sie ja immer mit ihm theilte, für *richtig* hält. Hat sie diese Sicherheit, so wird ihr jedes Gefühl, Unrecht zu thun, und jede Zersplitterung erspart bleiben. Nur muß sie sich immer gegenwärtig halten, daß es darauf ankommt, dem, was sie bewahren will, auch Raum und Geltung zu sichern. Er aber ist überselig, daß ein Hirngespinst zerronnen ist. Hatte, wie er mir soeben sagte, noch nie so guten Schlaf wie von gestern auf heute. Nur eines wird ihm den in Hinkunft noch stören: die Vorstellung, daß die arme T. müde ist. Er beschwört sie, lieber sein Glück, als ihre Gesundheit zu opfern, um Bedingungen zu schaffen, die beides doch erst ermöglichen sollen! Leider bin ich (oder soll ich Gott sei Dank sagen?) nicht immer bei ihm. Ich hätte seine Augen sehen mögen, wie er heute den Brief in Empfang nahm und wieder die Schrift sah! Wenn T. (Sie sind auch nicht immer bei ihr) ähnliche Glückszustände kennt, dann steht ja alles gut. Besser wär's ja, wenn die Größe nicht im Kleinen nachgeben, mit der Welt paktieren würde, wenn der Stand nicht über die Höhe triumphieren müßte – aber vom Unendlichen darf man eben nicht mehr verlangen als dieses selbst. Möge es sich *gegen* die irdischen Verpflichtungen *durchsetzen,* indem es sie erfüllt!

Dies seit gestern der 3. rek. Brief. Nicht wahr, Sie sagen, daß Sie alle erhalten haben? In Eile – ich muß immer auf das Hauptpostamt gehen.

[227]   T [Wien, 16.2.1915]   [Rom, Via Pssa Clotilde 7]

Bitte Tangy verständigen daß drei rekommandirt unterwegs zwei davon für Aufrichtung durch Lebenszeichen ++ fremder Jubel Samstag um einen vollständig Gebrochenen. Eigener erst Sonntag nachdem zwei Depeschen. Dritter Brief in diesem Sinne: Heutiges Kuvert beglückend Inhalt tief traurig. Schweigen rechtfertigte also nicht tolle Befürchtung Verlusts, aber doch daß Einbuße schon jetzt begonnen ++ Selbstverständlich verharrt Bobby in billigender Einsicht wenn Neuerung der Hauptsache hilft und diese noch Hauptsache bleiben kann. Brief mit Erklärung des Schweigens läßt Gegenteil befürchten. Kein helles Wort das ungeschmälert und gar wie geplant erleichtert, aber erschütterndstes Bekenntnis dass Heiligstes verflacht beschmutzt und entsetzlich leer und confus in Kopf und Herzen. Ich citiere wörtlich ++ Nichtschmälerung Erleichterung wohl auch undenkbar da Wirklichkeit sofort Plan korrigiert. Aber Verarmung Leere darf keineswegs kommen und nichts sei unabänderlich wenn dadurch Innerstes leidet. Dann wäre alter Zustand ja tausendmal freier und glücklicher. Vielleicht vertagen bis Aussprache. Bobby wäre schon dort wenn gerufen. Hilft fanatisch mit, wenn Neuerung für Tangy gut. Nur darauf kommt es an nicht auf ihn. Möchte von Höllenangst daß sie für Zwiespalt den doch Inhalt Briefs befürchten läßt am Ende nicht tragfähig sei befreit werden oder sie selbst aus Zwiespalt befreien. Was Rücksichten verlangen darf nur geschehen wenn es ihr wahrhaftigstes Gefühl erlaubt ++ Die Wahrhaftigkeit gegen Bobby und noch mehr gegen Tangy. Gegen niemand anderen. Diese letzte Prüfung empfiehlt er inständig aus dem unbesiegbaren Glauben und Vertrauen in bisherige Wahrheit. Je zweifelloser jetzt diese desto dringender die Mahnung damit nicht eine Konstruktion durch Zukünftiges hinfällig werde und Vergangenes zerstöre ++ Dies an sich denkbar wird durch eingestandenen Zustand zu hilfsberechtigter Sorge ++ Sturm erhebt nicht Anspruch auf Windsbraut ahnt aber Fernhaltung durch Schutzmauer. Maßlos nur in dem Wunsch für Tangys Glück ++ Beseligt durch Lebenszeichen wäre er erst erlöst durch unbedingte Sicherheit daß Kompromiß Hilfe keinesfalls Schmälerung oder gar Verlust bedeutet. Bittet Tangy sich nicht abzumüden damit er schlafen kann. Noch etwas kaputt kommt er mit Sturmeseile wenn gerufen ++ Karl Kraus

[228] T [Prag, 17.2.1915]   [Rom, Via Pssa Clotilde 7]

Brief erhalten ++ tief gerührt ++ werde freundschaftlich raten
helfen Wünsche zu erfüllen die vollkommen verstehe & billige
++ bitte Ende nächster Woche Trient oder Riva kommen & Brief
abwarten ++ Erbitte telegrafische Antwort

[229] B [Wien,] Donn./Freitag 18./19.II.[1915] nachts 5 Uhr
                                    [Rom, Via Pssa Clotilde 7]

Es ist wohl das letzte Mal, daß ich des B. verlorene Sache vor
Ihnen führe. Ich kann ihm nicht helfen und Sie vermögen, wie-
wohl Sie viel von Ihrer Zeit verschwenden, nichts über Ihre
Freundin T., die nun einmal als ein sanfter Dämon an seinem
Leben vorübergleitet und es mitnimmt. Ist nicht schade drum?
Sehen Sie, er leidet an Wahnvorstellungen und, wie sonderbar,
jede wird durch jedes Wort, das Sie übermitteln, zur Wahrheit.
Indem Sie dies bestreiten, fallen wieder Worte, die bestätigen.
Es ist wie wenn eben das, was ihm Grauen verursacht, zugleich
tröstend ihm mit der weichsten Hand über die Stirne führe. Aber
er kann sich nicht verstellen; er ist zu ehrlich von Natur. Er lebt
in Spannungen und jede, unerträglich genug, löst sich in einem
Choc auf. Jedesmal. Ich glaube nicht, daß es je einen Menschen
gegeben hat, der so heiß um seine Illusion gerungen hat.

   Und immer wieder, wenn sie verschweben will, sagt er sich:
Nein, der Citronenfalter, damals im Park war doch Wirklichkeit.
Was jetzt geschieht, hat nicht die Farbe jener Natur, der er das
heilige Erlebnis einer Wiedergeburt, einer nachgeholten Jugend
verdankt. Aber es war doch, und wie kann das jetzt sein? Wie
kann etwas außerhalb jener Mauer spielen? – Sie überfliegen
diese Zeilen, eilen zu Verpflichtungen und werden schon – in
T.'s Namen – ein gütiges Wort finden. Aber das ist es nicht, was
er braucht. Hätten Sie bei einer Antwort immer auf den Brief
gesehen, der sie erbat, so hätte nicht jede Antwort die Zweifel ge-
mehrt, die sie beseitigen sollte. Sie konnte aber nicht. Sie mußte
so furchtbar ehrlich sein. So haben Sie einen traurigen Monolog
kaum gehört – und waren so gut, Theilnahme zu spüren. Wenn
er heute sagt, es sei [so?] gekommen, wie er es kommen sah, wie
es kommen mußte, so will er Sie nicht beschuldigen, daß Sie

auch darum *gewußt* haben. Nein, Sie haben nicht gewußt, nicht gedacht, daß es T. *nicht* werde sehen können. Sie haben sich's nur anders vorgestellt. Ich beantworte alles, was T. wissen will. Sie *kann* nicht antworten. Und sie muß vollends schweigen, wenn ihr die Frage zu nahe gerückt ist.

Sie hat damals, durch fast zwei Wochen, geschwiegen, *weil* Lebensfragen gestellt waren. Die zu stellen, war B.'s Qual. Keine Antwort zu bekommen, schuf einen Zustand, den zu schildern ich mich fast geschämt habe. Dann die endliche Erlösung durch ein Kuvert und – der Zusammensturz durch einen Inhalt. T. spricht von Verödung, Verflachung, Beschmutzung des Tiefsten. Dies *begründe* ihr Schweigen.

Dann: »Alles nimmt den besprochenen Lauf.« Dieser Lauf schien ihm nicht besprochen, sondern *änderungsbedürftig.* »Was wird geschehen?« Zum Schluß diese liebe traurige Frage. Und er ist so weit! Will nah sein, um zu ändern, zu helfen. Er kann nicht, denn sie will nicht. Warum man nicht komme, fragt sie. Nachdem er so oft vergebens nahegelegt hatte, ihn zu rufen. (Denn wie könnte er heute ungerufen kommen!) Wieder tut er es, bittet darum. Hatte in der Nacht vom Montag auf Dienstag mich mit der (2.) großen Depesche geschickt. Dann die Koffer gepackt. Dienstag, Mittwoch; Donnerstag (heute) 7 Uhr abends kommt die Antwort, sie wäre glücklich, wenn er käme, zu raten und zu helfen: »*Nur unbestimmt, ob freie Stunde*«.

Nein, dies läßt keinen Zweifel mehr übrig. Hier besinnt sich ein hartgesottener Zweifler. Freie Tage (für Reisen) waren einst verabredet (behauptet er.) Nun ist keine Stunde frei, um eine Situation zu beraten, die freie Jahre zu gefährden, zu verhindern scheint.

Unter solchen Umständen, rieth ich, auszupacken; denn zu kommen wäre beschämend. Ich rieth zur Vernunft. Es sei doch ganz klar, daß man die dortige, nun einmal täglich gegebene Situation nicht ändern kann. Er stößt sich auch nicht an der Folgerichtigkeit alles dessen, was man zu thun hat – nur an der Ursache von all dem. Er konnte ja schon dem am Sonntag 14. abgeschickten Brief entnehmen, daß er zu viel verlangen würde, wenn er käme – denn selbst zum Schreiben »fehlt die Zeit«. Er soll für richtig halten, was solchen Zustand der »Konfusion und Leere« schafft – er soll zufrieden sein, daß »Heiligstes verflacht« wird, wenn gleichzeitig »so viel Glück mit so wenig Opfer gespendet« werden kann? Nein, *das* Opfer ist so groß, daß er sich nicht mitfreuen kann.

Er sagte damals, daß er wie entgeistert auf das Unausdenkbare starre, man gab ihm kein Wort, und nun wurde sein eigener Fall unausdenkbar. Aber es geschieht doch für ihn — ich brülle es ihm in die Ohren. Er *will* kommen, »sich zu versichern«, daß es für ihn geschieht. Aber es ist unbestimmt, ob eine Stunde frei ist. Wenn es nicht geschähe, wäre das Bessere gefährdet – es ist die »Rettung«. Da es geschieht, ist das Bessere noch mehr gefährdet. Aber vielleicht war es eben nicht das Bessere …. Ich habe jeden Trost versucht, genau so gut und meine Zeit an ihn verschwendend wie Sie. Aber haben wir Nachsicht mit einem, dessen Gemüthsart aus dem Trost nur die Botschaft des Unglücks hört. Es gibt so dunkle Naturen, die ihre Leidenschaft gegen den äußeren Ablauf der Dinge vertheidigen. Er thut das Erdenklichste, um mit sich fertig zu werden, wie er, Gott weiß es, das Erdenklichste gethan hat, um sich vor dem Rücktritt in ein verlassenstes Leben die heilige Domäne seiner Einbildungen zu retten. Auch sie thut, was sie kann. Möge sie ihm verzeihen, wenn sie ihn durch Worte mehr plagt als sie ihn durch Schweigen. Leidet sie unter einem Zwiespalt, so darf er ihn nicht vermehren, wenn er sie daraus nicht befreien soll. *Danken* müßte er ihr für ein endlich gefundenes Wort, das mit seiner Klarheit meinen vergeblichen Erklärungsversuchen zu Hilfe kommt. Nachdem das folternde Warten auf diesen Bescheid und alles Frühere das zunächst und immer betroffene Organ in einen Zustand gebracht hat, der eine Reise momentan hinreichend verhindert. Möge ein anderes die Kraft haben, an Vergangenes nicht zu denken, damit dieses wirklich unzerstörbar bleibe! Keine Sorge für dessen und seine Erhaltung. Wichtiger ist eine Gegenwart und eine andere Gesundheit. Er hat von seinem alten Reichthum noch Wünsche dafür übrig. Aber vor dem neuen Bild der Schönheit, das jetzt aufsteigt, muß er seine Augen verschließen. Semper idem? Niemals! … Sie hat auf so lautes Herzklopfen nicht »Herein!« gesagt.

[230]   B [Wien,[22.II.[1915] 8 Uhr   [Rom, Via P^ssa Clotilde 7]

Die Stelle hat gelautet:

Viel ewiger noch als die 500jähr. Pappel, schöner noch als die Glockenblumen unserer Wiese und viel höher noch als der Mistletoe der höchsten Bäume im Park bleiben u.s.w.«

Ergebensten Gruß
von B.

[231]   [Telegrammentwurf]   Rom Via Clotilde 7

Rp (20) Nadherny

Ich weiß nun mehr aus Brief über Freiheitsverlust und Versagung freier Stunde daß Verhältnisse, die zum Schutz des angeblich Wichtigsten herbeigeführt dieses für alle Zeit ausgeschaltet haben. Nie hat sich ein Plan grausamer in sein Gegenteil gewendet. Sein Leben hängt nur noch an der Hoffnung daß T. selbst ahnungslos war und im Glauben an Möglichkeit wichtige Absicht durchzuführen vor Thatsachen steht die Gegentheil erzwingen, daß also Geheiligtes von außen gestört nicht etwa früher schon künstlich durchgehaltene Lüge war. Scheinbar kann wenn alles frühere wahrhaftig das jetzt nicht möglich sein. Wenn T. wirklich rathbedürftig wenn B. nicht in Verdacht kommt sich in Dinge zu mischen die ihn nichts angehen wenn sie noch Entscheidung vor sich hat und Wahrhaftigkeit so heiß begehrt wie er, so verschiebe sie Endgiltiges bis Aussprache die aber wirklich freie Stunde erfordert. Ist Wendung eingetreten die freie Stunde selbst ihrer Erörterung versagt dann doch klar daß auch für alle Zukunft freundschaftliche Einwirkung versperrt. Selbst dann aber wäre sie Aufklärung wie Gewesenes mit solcher Preisgabe vereinbar ihm und sich schuldig, damit, was vielleicht nur ein Wirrsal nicht als die größte Sünde erscheine und Verrath jener heiligsten Verpflichtung deren Zeuge jeder Grashalm der geliebtesten Erde ist. Jedes geschriebene Wort verdunkelt. Nur Wiedersehn kann verständlich machen daß Zukunft mit Gewesenem vereinbar dieses unzerstörbar. B. soll liegen will trotzdem auf oft verlangten einzigen letzten Beweis etwa daß T. jetzt zu ihm komme wie sie zu wünschen schien verzichten. Ist trotz ärztlichem Widerstreben bereit heute abend überallhin zwischen

Wien und Wüste aufzubrechen zwischen Rom und Riva, dort
beengt hier offiziell Bruder. Dies muß wenn je etwas wahr gewesen ist möglich sein. Anders darf sie nicht in ein Leben treten
aus dem einer verbannt wird für den es gesucht werden sollte.
Menschlichkeit und Weiblichkeit mögen den retten dem sie
opfern wollten. Diese Bitte der einzige Anspruch den reichste
Freundschaft erhebt und ihr letztes Wort. Karl Kraus

12 Worte gestrichen

[232]   T [Wien, 24.2.1915]   [Rom, Via Pssa Clotilde 7]
Bedienerin gesteht heute daß Sonntag liebes gütiges Telegramm
mit Ruf nach Rom gekommen welches Bobby Unsäglichstes erspart hätte und wonach sein telegraphischer Ausbruch ungerecht und unbegreiflich erscheinen muß. – Auch ihm werde
Verzeihung da entsetzliche geistige Stauung dieses Jahrs Ein-
samkeitsfühlen vermehrt und das in Freundschaft Geschehende
verzerrt hat. – Nach bitterster Krise und gefundenem lieben
Wort hat B. nur Dank und Erkenntnis daß Tangy Äußerstes tut
und nichts tun kann was Glanz vergangener Tage auslöscht der
bis zum Sterben leuchten wird. – B. findet Kraft zu dem Kommenden aus dem Glauben daß nichts was T. jemals getan unheilig
keines ihrer Worte unwahr gewesen. – Niemals wird er diesen
zum Weiterleben und Denken unentbehrlichen Glauben opfern
niemals an einem Naturwunder zweifeln weil solchen Verlust
kein Menschenherz erträgt und gewiß nicht dieses sich anbe-
tend für allen Welthaß Entschädigende ++ Dolch Bilder blaues
Glas beruhigen wieder bis zum vorwurflosen Wiedersehen das
auch ihm Rath für Gestaltung äußerer Lebensdinge bringen
möge. Nach Rom oder Riva bis dumme Herznervosität vorüber
++ Bringt Besorgte[s] Tausend Favorit selbst da Übernahme leider als Privatsache verweigert wurde ++ Bis dahin bitte Trübung
beseitigen und zum letzten Siegel daß Schönes schön war und
Sturm der ein Haus achtet nicht aus der Natur versperrt wird da
wird das Zauberwort Windberg. – ++   Karl Kraus

[233]   B [Wien,] 26.II.[1915]   [Rom, Via P^ssa Clotilde 7;
                                                   nachgesandt: Florenz, Hotel Bristol]

Bitte, bitte sagen Sie ihr:

Nicht gestern durch die empfangene Botschaft, schon früher,
tags vorher, als es ins Tonlose horchte, brach ein Herz. Aus
Trümmern findet es die Kraft, den Segen des Himmels für die
Schmerzbringerin herabzuflehen, und es wird mit dem letzten
Zittern noch diese Kraft haben. Aber es möchte *leben,* um für
die eine Sorge und Sehnsucht zu schlagen. Wie kann es das? Wer
hilft da? Dem Verlassenen, damit er nicht verlasse! Zu groß und
rein sind diese Dinge, um den menschlichen Gesetzen von Anziehung und Abstoßung, diesem allergewöhnlichsten Wechsel,
zu unterliegen. Geht ein Riß durch die Natur selbst, dann geschieht eben auch, was nicht geschehen kann; und sie hat es
selbst einmal gewußt, daß »dann die Welt untergeht«. Es stimmt
mit dem Zeitpunkt, und er hatte recht, zu fürchten, der Krieg
wüthe gegen ihn – gegen beide, war zu viel gefürchtet. Vielleicht
auch dies – er möchte es verhindern. Der Untergang von allem
kann eins nicht mitreißen: das Einverständnis darüber. Hier
bleibt noch Rath. Nie, nie, nie wird er von größerem Glück, als
er geben konnte, etwas wegzunehmen versuchen. Nur sehen
und glauben will er, geschehe mit ihm selbst, was will. Über seine
Nebensache hinaus hat er hier Wichtiges zu vollenden. Als er es
begann, mußte er viel in sich umstoßen, was andauernd Kampf
zwischen Erkenntnis und Erlebnis brachte, schmerzlich erlitte-
nen, glücklich belohnten. Nun wissend, daß alles gut war, ganz
beruhigt, daß, was immer in ihr geschieht, reinsten Herzens geschieht, und daß nur ganz zuletzt die Noth des Zustands zwischen unklar versagenden Worten mit unklar gütigen täuschte –
muß er es dennoch zu Ende denken. Noch jetzt läßt sie ihn
glauben, sie fühle sich »fremd zu dem allen« und daß sie, was
nur um sie geschieht, wie ein Bild betrachte. Wenn's in der Tat
so ist, will *er* ihr helfen, zu erleben statt zu schauen. Aber sie
helfe ihm, ihr zu helfen. Was hat er denn anderes im Leben gewollt? Wohin denn mit diesem Reichthum? Wohin denn *sonst*?
Er schwindet, wenn er nicht *hier* vergeben wird. Der Besitzer
wird an ihm selbst arm werden. Vielleicht weiß sie nur nicht

mehr, wie reich sie beide, ihn und sich, durch die Gnade macht, zu nehmen. Wie gut sie einem Vertrag gewachsen ist, dessen übermenschlicher Sinn menschliche Bindungen nicht stört, sondern erleichtert. Aber ist er zerschellt, weil die Natur selbst ihn nicht halten konnte, so hat die eine Seele doch die Macht, die andere vor dem ewigen Gefühl des Verlustes zu bewahren. Denn hier, wenn der Gewinn je echt war, versteht sich der Ersatz nicht so ohneweiteres von selbst und hier bliebe, wenn schon die Gegenseitigkeit verloren, doch eine Hirnhautentzündung nicht ohne Rückwirkung. Daß dem so ist – Gott müßte das Paradies nachträglich in die Hölle verwandeln, wenn es nicht so geschehen sollte –, zeigt die traurige Vorahnung einer obdachlosen Freundschaft und das von keinem Glück zu bändigende Gefühl, daß Eine einmal (immer, sagt sie) einem verlorenen großen Inhalt nachweinen werde. Zu keiner andern Aufgabe weiß er sich jetzt noch imstande, als solchem Ausgang vorzubeugen, ohne die Gegenwart anzutasten. Den Vorwurf, den niemals er ihr, sondern sie selbst sich machen würde, will er ihr abnehmen. Selbst den verschweigen, daß sie ihn sicher machte, als er – so oft! – ihr seine Entbehrlichkeit vorstellte. Nun, aus der Weite, aus dem Veränderten, dem Unabänderlichen vollzieht es sich und soll in der furchtbaren Beengtheit und Verlegenheit des schriftlichen Wortes beschlossen bleiben! Ist das nicht der Weg zum Wahnsinn? Besteht Liebe hier nicht eine Höllenprobe, wenn sie auf sich selbst angewiesen, monologisch, nur die Entstellung eines Bildes niederzuringen hat, um den alten Besitzstand zu kämpfen, Tag und Nacht, in Erwartung und Deutung der Worte, im Hinaushorchen ins Schweigen! Aber der Zustand selbst, für den die hundertmal Arme nicht verantwortlich ist, hätte helfen können, kann noch helfen. Es wäre alles zu *sagen* gewesen, noch zu sagen, erst jetzt, und nur solches Sagen würdig jener wahrhaft großen Zeit, die wir nicht erleben, sondern die hinter uns liegt. Es gibt ein Hainbach, ein einziges nur – sie wollte es vor einer Woche noch tausendmal erleben: hier war es zu sagen. Und überall wäre Hainbach, nur nicht in Rom, von wo ihn eine tiefe Güte, die nicht sprechen konnte, fernhielt. Sie hatte recht, als sie sagte, er würde dort unglücklich sein; sie war

milde, als sie das Wort von der fehlenden freien Stunde fand.
Was sie ihm zu sagen hatte, durfte er nicht dort hören, wo er
umstellt wäre von allem was dazu geführt hat. Aber bereitete sie
selbst die Möglichkeit, daß er dorthin kommen könnte, nur
kommen, um zu hören und dann wieder zu gehen – er käme ja
um eines Lautes willen –: wie sollte er es jetzt können? Ich, seine Besinnung, kann ihn nicht begleiten und allein möchte ich
ihn, im jetzigen von Schlafmitteln etc. erhaltenen Zustand, die
weite Fahrt, bei der er vielleicht nicht glatt ans Ziel käme, nicht
antreten lassen, wiewohl sein Koffer gepackt ist. Es ist hart, von
solchen Dingen zu reden, mindestens beschämend. Umso besser, wenn man nicht sieht, was solche Zeit aus einem Menschen
gemacht hat. Er kommt trotzdem, gern wie noch nie, ich weiß es
– wenn sie keine Möglichkeit hat, irgendwohin und wäre dieses
letzte Hainbach auch nur eine halbe Stunde von Rom entfernt,
zu kommen; wenn sie nicht das hinreichend glaubhafte Bedürfnis haben kann, heimzukehren, um vor solcher Wendung häus-
liche Angelegenheiten in Ordnung zu bringen. Daß sie die eine
so nicht erledigen soll, fühlt sie im adeligen Innersten, denn sie
bleibt immer auf der Höhe dessen, was gewesen ist. Die Welt
selbst, der so viel geopfert werden müßte, daß nichts mehr übrig
bleibt, müßte es zugeben. Ist sie wirklich so allein, so wird sie es
nicht ertragen, den nicht zu sehen, der mit ihr war, ist und immer bleiben wird, so lange sie allein bleibt. Sie komme irgendwohin, oder sie sage, damit ich ihn baldigst ziehen lassen kann,
denn ein schnelles Wort kann ihn gesund machen, wie sie an Ort
und Stelle Raum schaffen kann für eine Aussprache und für das
Gefühl, mit der Beruhigung, die der Ablauf menschlicher Dinge
gewähren kann, wieder zu ziehen: er wird auf die Minute zur
Stelle sein. Sie sagt, es sei sehr egoistisch von ihr: das soll es sein!
Sage sie nicht: es wäre schön, sondern sage sie: um so und so viel
Uhr, dort oder dort erwarte sie ihn. Nie hat einer weniger gewollt; sei sie nur egoistisch; er schämt sich nicht, von der Un-
endlichkeit so wenig zu wollen. Weiß sie noch, wer er ist? Und
sie weiß es trotz allem – so achte sie ihn und seinen Wunsch!
Nichts kann geschehen sein und geschehen, was er nicht die
Macht hätte, in Einklang zu bringen mit sich und mit ihr. Sieht

sie nicht, wie er nach einer Illusion hungert? Nenne sie es so, er
wird schon eine Wahrheit, von der er weiterleben kann, daraus
machen! Verlasse sie sich auf ihn. Er wird sie nicht verwirren, nur
künftiger Wirrnis vorbauen und wenn's solche gibt, alte Sünden
büßen. »Seine Phantasie leide an der Vorstellung von Dingen, die
nie geschehen«, schrieb sie noch vor ein paar Tagen. Mögen sie
geschehen – wenn nur das Wort nicht erst gegen ihn zur Wahrheit wird! Aber – unausgesprochen? »Stärker als Erinnerungen
ist der Mensch, der sie gibt«. Nein, er will nicht stärker sein, er
will sich auslöschen, aber er will wissen, wie er die Erinnerungen
bewahren soll, ohne zu verzweifeln. Gott, Gott, erinnert sie
sich: »drum rede der Freund …. ein dankbares Wort von dem,
was gewesen ist«! So ganz außerhalb der Betheiligten mag es geschehen, aber es soll geschehen! Was bis nun geschehen ist, war
schon oft da, angepaßt der Gewöhnlichkeit zweier Menschen,
die wieder gewöhnlich werden, wenn das Gemeinsame zerfiel.
Stimmt das hier? Sie hat doch sein Werk gern und will, daß es
fortgesetzt werde. Einer hat einmal eine Stimme gehört, die wie
ein Grabwind war und zum Sturm wurde. Über Dinge, die in
der großen Natur vorgehen, wollen wir nicht Beschluß fassen.
Vielleicht aber können sich einverständlich zwei retten, beim
Erdbeben, eins davon durch Hilfe, dadurch, daß es eins, das vier
Wochen unter der Erde war, rettet. Sein Dank, schon daß er ihn
wieder aussprechen kann, hat verewigende Wirkung. Ein Sturm
hat aufgehört? Das kann es geben. Aber er soll nicht eben darum
wieder ein Grabwind werden. Die Stimme muß gehört werden.
Sagen Sie ihr's mit *Ihrer*!

[234]   T [Wien, 28.2.1915]   [Rom, Via Pssa Clotilde 7]

Ewigste Freundschaft gelobt bei allen fliehenden Sternen ein an
Unglück Maßloser ++ Nacht ist vor ihm. Möchte doch ein Strahl
des dortigen Glücks fallen in dieses Dunkel tiefster Verlassenheit
unentrinnbaren Wahnsinns Gesprächs mit einem Bilde schlaflosen Irrens aus dem Grauen des Zimmers ++ Möchte doch Befreiung kommen aus so unverdienter Qual durch schnellen Ruf
zu bestimmtem Ort für wenige Stunden wenn schonende Güte
ermöglicht außerhalb Roms ++ Tivoli oder wenn solches unmög-

lich Clotilde oder wohin Sie will. ++ Wird Gesundheit Besinnung
wiedergewinnen durch Hören der Stimme als Versicherung letzter irdischer Zuflucht ++ will alles Künftige zerstörte Werk hinge-
ben für Trost in angstvollster Lebensnoth vergehen zu müssen
ohne Schönstes vollendet Bestes zu Ende erkannt zu haben oder
soll er schon heute Nacht einen Edlen dessen Freundesleben er
vertreten wollte von der holden Schwester grüßen? Bitte bitte
heute ein bestimmt bestimmendes Wort wenn Morgen nach Eintreffen abgesandten Briefs nicht telegrafische Bestimmung für
weiterer Ort reist Montag abends Ankunft Mittwoch früh Hotel
Ruszie falls nicht Anderes genehm ++ Er achtet Thatsachen verlangt aber Ehrfurcht vor höheren Zeichen ++ Wird Sie glauben
daß heute halb sechs blaues Glas gesprungen? Nun ist Hölle losgelassen wenn länger bleibt werden Splitter töten ++ Möchte leben um zu helfen und noch einmal Parkeinfahrt Wiese Pappel
Insel Sidihaus zu sehen ++ Es war so schön ++ Karl Kraus

[235] T [Wien, 6.3.1915]   [Florenz, Hotel Bristol;
                              nachgesandt: Rom, Via Pssa Clotilde 7]

Dankt aus fieberheißem Herzen ++ Seit Sonntag gelegen aber
nicht Wohnung ++ Gestern ungeheure dort nicht geahnte Schwierigkeiten überwinden müssen ++ Heute Stellung ++ Morgen Erlaubnis Schweiz vielleicht Lugano ++ dort wartend ++ Rät aber
lieber aus dringendst bester Überzeugung Bruder Riva oder
ähnlich begleiten ++ Nicht weil schuldlos Zermarterer ohne dies
Verlorener solches Opfer erhofft sondern wegen späterer Hindernisse wenn Wiedersehen überhaupt dort möglich ++ Käme
um zu helfen und Blässe zu vertreiben bis Ende der Welt ++ Sieht
hier vorläufig nur Möglichkeit Südtirol Görz Schweiz ++ Kommt
aber natürlich wenn dies jetzt wirklich für durchführbar gehalten
an gewünschten Ort ++ Die Zeit will den unendlichen Verlust
mehren ++ Man sollte es nicht dulden ++ Karl Kraus

[236]   T [Wien, 7.3.1915]   [Rom, Via Pssa Clotilde 7]

Fürchte ausführliche Depesche Freitag Florenz nicht erreicht ++
Fragte ob nicht aus äußeren Gründen Riva oder Lugano rat-
samer. ++ Würde Montag Abend abreisen Dienstag Zürich Banet
übernachten ++ dort oder Lugano Lloydhotel Nachricht erwarten
ob Donnerstag kommen soll. ++ Selbsterhaltung vom Glück helfen zu dürfen abhängig ++ Karl Kraus

[237]   B [Rom, 12.3.1915?]   [Rom, Via Pssa Clotilde 7]

Ich bin gestern abend aus Florenz hiehergekommen, um von
Dir Abschied zu nehmen. Seit gestern also hoffe ich auf den Zufall; vergebens. Ich wollte Dich nicht verständigen, um Dich
nicht zu stören. Nun muß ichs doch thun und bitte Dich um
fünf Minuten – noch heute abend, denn ich reise gleich ab.

   Ich *kann* die heutige Nacht nicht mehr in Rom zubringen.
Hier müßte ich mit einem halben Leben, *das ich nicht ergänzen
kann,* ein *Ende* machen. Darum will ich es so schnell als möglich
in das alte Elend zurückschleppen. Verzeih die Ungelegenheit,
die ich Dir bereite. Ich habe Dich längst vor einer Leidenschaft,
die keine Rücksicht auf gesellschaftliche Grenzen kennt, gewarnt. Aber vielleicht findest Du eine Ausrede. Ich würde um
elf abreisen.

   Sidi, es ist mir unbeschreiblich elend zu Muth. Soll ich weggehen, ohne Dich gesehen zu haben?

   Ich habe nun gesehen, was es geheißen hätte, mit Dir einen
Winter in Rom zu verbringen.

   Diesen Brief bringt ein Chauffeur.

   Ich warte in der Nähe, im Wagen.

   Es wäre so schön gewesen, mit Dir ein paar Minuten im Col-
losseum [!] zu sein.

   Ich weiß nicht, was ich schreibe. Ich stehe seit gestern auf der
Straße und bin halb todt.

[238]   B [Rom, 13.3.1915]   [Rom, Via P^{ssa} Clotilde 7]

Meine Braut vor Gott,

auf die ich warten werde bis zum letzten Athemzug —— ewiger Knabe durch Dich. Es war nicht nöthig.

Wenn es ist, kann es nur als Abenteuer zu unserm großen Leben geschlagen werden. Nie kann es Sünde gegen ihn, immer nur gegen mich geben. Schon der Zweifel war Sünde. Ich will mein künftiges Leben daran wenden, Dein Bild zu retouchieren – zu unserer Wahrheit zurück. Durch Wochen schien der Plan – den wir nie hätten ersinnen sollen – in sein tötliches *Gegentheil* verkehrt: Du bist über mein Herz geschritten, Du wolltest mein Gehirn zertreten und damit diese unsere Welt von Herrlichkeit, die es allein bewahrt hat. Gestern hast Du mich gerettet, und das war mehr Gnade als die letzten Wochen Schmerz hatten.

Heute —— meine Sidi, wenn Du an das denkst, was über uns und nur über uns ist, wirst Du die Kraft haben. Denn es kann, darf und wird höchstens der alte Plan sein – besser noch, ein neues Abenteuer, mir von Dir zugeschickt, *meine* Kraft zu prüfen, – weil Du mich so lange nicht gesehen hast. Du merkst, ich habe sie. Ich kann auch geistreich sein, wenn ich um Dich weine. Er aber soll von Deinem Wink leben, sonst überhaupt nicht. Animal senza anima – zwischen Gutmüthigkeit und Zorn nur von Dir zu regieren. Dafür haben wir nicht Tränen nöthig. Sagen wir, es sei nothwendig für uns. Ich liebe Dich über alle Sterne.

[239]   B [Rom, Grand Hotel] 15.III.[1915]   [Rom, Via P^{ssa} Clotilde 7]

Liebe, süße mir und Dir Verlorene!

Ich muß heute Abschied von Deiner Müdigkeit nehmen. Denn Du mußt wissen: eine geliebte Frau soll müde werden *durch* die Liebe – und dann ist es noch Wohlthat, noch von der Natur gewollt, daß sie ihre Müdigkeit besiegen lasse. Wie anders, wenn sie müde *vor* der Liebe ist (und bald dann müde der Liebe)!

Ich weiß jetzt, daß ich in der unseligen Zeit keinem Manne unterlegen bin, aber *Deiner Müdigkeit,* Deiner Ergebenheit vor den Gleichgiltigkeiten und äußeren Nothwendigkeiten, die mit ein wenig Willen selbst in Deiner neuen Sphäre zu Überflüssigkeiten werden könnten. Dich nun, erschöpft vom Lauf der Zeit, nein von dieser Jagd, umarmen zu wollen, ist ein Verbrechen, an das kein anderes hinanreicht. So viel Schuld wirst Du nicht auf mich laden wollen, denn Du kannst sie in solchen Augenblicken *nicht einmal mit mir theilen.* Ich habe Dich gestern wie noch nie geliebt und als Du giengst war ich nicht besser geworden durch Dich, sondern der letzte Schuft, der je den Tag gescheut hat. Dieses zu erleben, haben uns die Sterne jener Praterfahrt *nicht* aufgetragen. Denn damals warst Du müde und wurdest erst lebendig durch Liebe.

Wenn es diese gibt, soll sie das Hindernis für die Hindernisse sein? Lieber bleibt sie fern.

Du hast Dich an die Hindernisse vergeben. Ich kann Dir nicht helfen und wenn ich hundertmal mein Leben Dir zum Opfer bringen wollte. Du nimmst es nicht, Du hast keine Zeit. Nie darfst Du glauben, ich wolle hier etwas. Ich will Deine Zeit nicht. Aber wie sollte ich, wenn sie Dich müde und hinfällig gemacht hat, mit gutem Gewissen Dich noch in meine Arme nehmen können? Ich kann nicht helfen, so will ich nicht unthätig zusehen oder gar den Fluch einer That auf mich nehmen, die gethan zu haben dereinst der größte Schmerz sein könnte von allen, die mir je die Liebe gebracht hat.

Ich weiß jetzt, wie unschuldig Du an der Theilnahmslosigkeit bist, die meiner Exaltation in der argen Zeit geantwortet hat. Ich weiß, daß Du arglos, ahnungslos, gütig sagtest, Du hättest keine freie Stunde. Denn Du hörtest einfach nicht, Du lasest Briefe und verstandest kein Wort. Irgendetwas hatte Deine Oberfläche okkupiert und da wars nicht möglich einzudringen. Spreche ich jetzt zu Dir, so gelingts unter Kämpfen. Somit komme ich gar nicht, zu überzeugen, daß jetzt Fernsein von allen zerstörenden Banalitäten *Lebensrettung* wäre.

Da er nicht helfen kann, verschlechtert der Arzt den Zustand durch seine Anwesenheit.

Versteh mich *jetzt, endlich:* ich will nichts für mich. Ich bin überglücklich, wenn Du den Entschluß fassest, Deine Gesundheit *vor die Liebe und* vor die Verpflichtungen der römischen Gesellschaft zu stellen. Aber *diese* bis zur Erschöpfung erfüllen

und nur jener entsagen – – – nun, das wäre ja *nicht mehr dieselbe*
Frau, wie sollte ich sie noch lieben? Aber sie ist schön über die
Erschöpfung hinaus, schön wie noch nie, sie erinnert doch sehr in
Sprache und Wesen an Sidi – so wird man also zum Verbrecher.

Wenn Du noch Augen hast, das hier lesen zu können – erspare
mir *diesen* Vorwurf und laß mich ziehen.

[240]   B Rom, 15.III.[1915]   [Rom, Via Pssa Clotilde 7]

Sidi, noch einmal:

in meiner letzten Stunde, die vor der Deinen schlagen wird,
soll das verzerrte Gesicht vor mir stehen, das mir Deine Schönheit gezeigt hat – als eine Anklage, daß ich zu schwach, zu verliebt
war, um diesem Elend früher ein Ende zu machen.

Woran leide ich denn? An dem Konflikt, den *Du* durchkämpfst.
Ich vermehre ihn durch Anwesenheit, will mich *darum* entziehen.

Nur *so* helfe ich Dir und mir. Denn jetzt sind wir zwei uns
eine immer wirkende Erinnerung daran, *daß Du es nicht gut gemacht hast.* Du fühlst eine große Schuld gegen mich und Dich.
Ich will sie Dir abnehmen, nicht aus Freundschaft allein, sondern
weil ich es *nicht ertragen* kann, Dich nicht in allem großartig zu
sehen. Dein Entschluß war – trotz allem – *nicht* auf der Höhe,
auf die Dich meine Liebe berufen, nein, auf der sie Dich vorgefunden hat. Es *muß* aber alles was Du thust auf Deiner Höhe
sein, hörst Du, es *muß*! Sei gerecht gegen mich. Ich verlasse Dich
nicht, ich muß mich nur entfernen, bis die Zeit für uns da ist und
es nicht mehr nothwendig ist, das Schöne dem Häßlichen zu
opfern. Ich bin nicht, wie Du klagst, jeden Tag ein anderer, nein,
in Wahrheit semper idem. Nur schwankt meine Seele zwischen
dem maßlosen Glück, Dich in Übereinstimmung mit einer
himmlischen Landschaft zu wissen, und dem maßlosen Unglück,
Dich von Dir selbst entfernt zu sehen. Deine Müdigkeit kommt
wirklich von innen, Du hast recht, und Du mußt das Gefühl haben, daß die Liebenden scheinbar fürsorgend an Dir zerren. *Ich*
will das nicht, weil meine Kraft keine Gleichstellung mit einer
andern erträgt, ich meine: die Kraft, Dich zu lieben und für
Dich besorgt zu sein. Sie *will* es, indem sie sich entrückt, nicht
weiter als Du von Dir selbst gekommen bist. Dieses Opfer ist

178

ungeheuer, aber es hat Vernunft, während das Opfer, dort stehen zu bleiben, wo Du nicht stehst, dem Wahnsinn zutreibt. Meine Leidenschaft ist kein Hochzeitsgeschenk. Und sie muß eines Tages die Hülle sprengen, die ihr aufgehalst ist. Eher könnte sie, abgeschieden, warten: bis das schönste Herz durch alle Hindernisse sich zur Menschlichkeit entschlossen hat. *Wie* schade, daß die Leidenschaft nicht um ein geringes kleiner ist; sie ließe sich an die Kette legen und würde der angebeteten Herrin gehorsam *überallhin* folgen. Aber bei Gott, wenn sie kleiner wäre, Du hättest heute nicht geweint. Denn nicht weil das Leben so unbequem ist, sondern weil Du eine Schuld gegen mich hast, bist Du ausgebrochen. Ich nehme sie von Dir und ich will Dir das Leben bequemer machen.

Wäre es der alte Plan und fühltest Du Dich diesem gewachsen, so hättest Du *gestern* nicht geweint und gesagt: »Ich liebe ihn nicht«. Daran hat nur meine Nähe schuld. Als ich entfernt war, hattest Du kein Hindernis und lebtest bald losgelöst von unserer Verpflichtung. Ich *muß,* weil mir Dein Leben, Deine Nervenruhe, Dein Glück teuer, unentbehrlich, eigener Lebenshalt ist, Dir wieder zu diesem Zustand verhelfen. *Dieses* Opfer kann ich hoffentlich noch bringen, das andere nicht mehr. Von Dir getrennt zu sein, ohne zu *wissen,* war höllisch. Hier zu sein, ohne von Dir gehört zu werden, Zeuge Deiner Verwirrung, sie selbst mehrend – diese Qual ist dem Teufel selbst nicht eingefallen. Was Du gethan hast, war nicht gut. Wenn ich dabei bin, wird es hundertmal schlechter. In den wenigen Minuten des Allein-Zusammenseins können wir *immer nur neue Mißverständnisse schaffen, anstatt die alten zu beseitigen.* Es ist ein Taumel des Aneinandervorbeisprechens, in dem hin und wieder, von mir erpreßt, ein schon erfrorener Refrain erklingt: daß Du mich liebst. Da bist Du viel größer, wenn ich Dich (selbst *nicht* allein!) als Silhouette auf dem Grund einer abendlichen Landschaft sehe. Dann bekommt meine Phantasie zu schaffen und ich bin glücklich mit Dir. Dies der Dir unbegreifliche Wechsel meiner Laune. Bedenke, daß ich in einer halben Stunde mehr erlebe als ein Philister in einem ganzen Leben. Und darum ist's ja wohl in Ordnung, daß *ich nur die halbe Stunde* habe.

Ich will's Dir leichter machen – mit der unverlierbaren
Freundschaft, die Rücksicht kennt, und mit der unverlierbaren
Liebe, die Dich wieder ganz so herstellen will wie Du bist und
nach Erfüllung äußerer Verpflichtungen *wieder sein wirst.*

Komm zu mir, bis Du frei bist! Ich werde meine ganze, nur
Dir aufbewahrte Seelenkraft zusammennehmen, daß Du mich
dann noch vorfindest. Ich verspreche es Dir bei der Wahrheit
von irgendetwas, das wir je gemeinsam erlebt haben. So wahr
die Glockenblumen auf unserer Wiese noch blühen, nein klingen werden, wenn Du wieder in Janowitz, in Dir selbst Einzug
hältst.

Dein, Dein Karl

[240]* K [Rom, 16.3.1915] [Prag]
SN, Carl Graf Guicciardini, Gräfin Noli, KK u.a. an Karl Nádherný

[SN:] A beautiful evening light ++ Love & kisses S.
[?] Mummia
[Carlo Graf Guicciardini:] Carli
[Gräfin Noli:] arrividerci presto! Marga Noli da Fosta
[?] ?
[KK:] Herzlichen Gruß von Karl Kraus

[241] T [Villach, 24.3.1915] [Rom, Bavariahotel]
Erinnere Konsulat Paßbild ++ widerrate Großgepäck sonst nötig
vor Pontebba Kondukteur Weiterleitung Pontafel veranlassen
++ Pontebba Revision nur zwei Minuten Zeit ++ Gepäckswagen
Pontafel genaueste Revision ++ Mir Journale weggenommen ++
Villach Abendessen ++ Karl Kraus

[242] B [Wien,] 2.IV.[1915] nachts [Rom, Hôtel Bavaria]
B. läßt sagen:

Nach einem Nachblick bis Rom, mit einem Chaos tief glücklicher Trauer auf den Platz hinaus getreten. Nichts war vorhanden außer einem Omnibus. So war es recht, als die hinterbliebene
Schäbigkeit, nach dem entrückten Glanz. In der Kärnthnerstraße
– auf dem Weg zur Zusammenkunft im Café – denkt er: Jetzt

kommt die Gasse, wo das »Puppchen« stand. Kaum hat er es gedacht, sieht er es. In menschenleerer Gasse, um eine hohe Herrin trauernd, steht es in unbeschreiblicher Niedrigkeit *noch immer da.* Welch eine Beziehung! Wenn solches nicht ein Zeichen ist! Er war natürlich abgesprungen, zu dem Spielzeug hingegangen, besah es von allen Seiten. Es stand wirklich noch immer da, *wiewohl sich inzwischen so viel verändert hatte.* Winzig klein. Läßt grüßen. Es war so lieb, sogar sein Name schien – in der devoten Haltung, die es einnahm – nicht mehr so unangenehm. Es scheint zu warten, bis es von der richtigen Hand gelenkt wird. Wann, unter welchen Umständen, wie wird das sein? —— ——

Im Café stierte ihn ein Gesicht an, als er eintrat. Es war das des gewissen Carletto. Wieder eine Beziehung, aber keine so liebe, bei weitem nicht. Solchen Gesichtern wird man eben im »Puppchen« entrinnen müssen, bis China entfliehen.

Bis dahin wünscht er ein faltenloses Glück. Es muß so werden, seitdem die Welt am 1. April nicht mehr zum Narren gehalten, sondern zur Weisheit erhöht wird. Vorläufig aber darf man ihrs noch nicht sagen. Dagegen fragte – auf dem Weg dorthin, wo Gesichter sind – ein Stern: wohin die erste Sonne des Kosmos sich entfernt habe. Er lasse sie grüßen. B. sagte, er selbst wollte sich zum Tost rösten lassen, wenn er dort wäre und nicht hier!

Die ergebensten Grüße Ihnen und allen, die es gut mit ihr meinen und wünschen, daß sie über allem, was tief und einzig in ihr ist, immer heiter und sicher sei.

Ihr *K. von Janowitz*

[243]   K [Wien,] 3.IV [1915]   [Rom, Hôtel Bavaria]

Kl. habe besorgt – er theilte mit, daß soeben Brief von Ch., der ein Probestück der Toilette erbittet. Nimmt also die Änderung zunächst nicht vor.

Puppchen im Geschäft wieder besichtigt – bequem für zwei: *82 cm* Wanderer dürfte also 65 haben (das mit 98, Puch, jedenfalls Unsinn.) Grüße an die Heilige Spanische Stiege! Es ist zum Sterben!

[244]   B [Wien,] Ostermontag [5.4.1915], 6 Uhr   [Rom, Hôtel Bavaria]

Wetter: halbblau, Abglanz des 1. April.

Gestern zwei Depeschen, dann Baden gefahren (für einige Stunden nur). Heute (schon um 4 Uhr) Depesche über Bestellung. Dank für alle. Einen Brief erhalten: »Ein dankbarer Bewunderer Ihrer Werke bittet Sie um ein Autogramm für seine Sammlung.« Ich habe es ausnahmsweise gethan. Denn der Brief ist aus – – – Waidhofen a.d. Thaya! Es ist unglaublich, wie sich, *ohne* daß man doppelt erleben muß, nachträglich in Zeichen immer alles zusammensetzt, was vorbei ist. (Es kann die Spur von *solchen* Erdentagen nicht in Äonen untergehn.) Wenn man nur immer auf der Höhe solcher Zeichen und Wunder bleibt!

Ich bin in der Stimmung eines, der irgendwo ist, wo er nichts mehr zu suchen hat. Es wird immer sinnloser, hier zu bleiben.

Daß Ch. bei Kl. Probestück zur Ansicht verlangt hat, ist wohl kein Grund, die Bestellung zu verschieben. Ich gehe also morgen hin. Solche Aufgaben halten noch aufrecht. Sonst – scheinen tausend Jahre inzwischen vergangen zu sein.

1 Beilage

[245]   B [Wien,] 9.IV.[1915]   [Rom, Hôtel Bavaria]

Warum Enschuldigung für Karte? In einem Brief könnte auch nichts Schöneres, Lieberes stehen. Auch ein einziges Wort gibt schon Leben. Tiefsten Dank. Buch mit Bild (wie schon früher an Gfn. Noli und Mme Baraocki) nun an May-May schicken lassen. Erbitte Nachricht, ob angelangt.

Die Angelegenheit Russo könnte irgend einmal die Vollendung des immer mehr zu Vollendenden bringen. Dank für alle Ruhe und Heiterkeit, deren Wirkung auf seine Arbeit B. in den letzten Nächten so sehr gespürt hat. Es ist alles viel leichter geworden. Jemand, der ausrechnen kann, unter welchem Stern man geboren ist, hat ihm kürzlich auf die Frage nach den Jahresregenten 74 und 85 geantwortet: *Saturn* und *Venus.*

In der Auto-Sache, der eigenen, hat er wahrscheinlich Malheur. Es wird nicht so glatt gehen. Der Wagen kommt *zurück,* aber der eventuelle Schaden – ? Es ist ihm gräßlich, sich mit Instanzen herumzubalgen. Er ist das Opfer seiner Gefälligkeit – oder vielmehr des Leichtsinns seiner Nerven, der sich damals wohl eine ruhige Stunde so theuer gekauft hat. Er selbst kann gar nichts machen, nur der *offizielle* Besitzer des Wagens, der aber lange nicht erreichbar. Bis dahin hofft er längst außerhalb dieser Region zu sein. Endgiltig und mittels »Puppchen«. Dieses nun, das letzte Exemplar, ist seit zwei Tagen weg. Er wurde natürlich gefragt, konnte aber doch nicht in derselben Minute es kaufen*; brauchte dies auch nicht, da ihm gesagt wurde, man werde sicher bald eines bekommen, das nur ganz wenig gebraucht. Richtig – seit heute ist ein solches da, wird wieder reserviert.** Mit Ausland soll es auch irgendwie möglich sein. Also in diesem Punkt braucht's keiner Sorge.

Bei Kl. damals Bestellung gemacht. Er fragte, was er Ch. antworten solle, wenn auch er bestelle. Ich rieth, ihm dann den Sachverhalt mitzutheilen. Hat denn Ch. nicht gewußt, daß *die* Sache bereits vergeben sei? *Bitte,* ich möchte schon dabei bleiben und es Ch. nicht abtreten, da es sicher von allen Möglichkeiten die persönlichste ist.

Die Beschreibung der polnischen Schlösser, die ich sandte, ist ganz lesenswert. Besonders das vom Porzellankasten und dem herzigen Streit der greisen Diener. Nur sonderbar, daß solche Herren über ihre Schlösser öffentlich sprechen.

Ist B. eigentlich noch in der Schweiz bzw. München? Wo hat man ihn damals in Österreich getroffen?

Weiß man, wie einer sehr glücklich zu machen wäre? Da ja Wiedersehen wegen Verschiebung auch verschoben: man schreibe, falls nicht Photogr. schon unterwegs, der d'Ora, sie möge die 3 (4?) näher zu bezeichnenden Bilder nicht Rom schicken, sondern extra verpacken, eine Verwandte werde holen lassen. Ich würde dann Dienstmann schicken. Eventuell könnte man ja auch das für Olga bestimmte deponieren lassen, – ich würde es ihr dann übermitteln. Sollte die ganze Sendung schon nach Rom abgegangen sein, so wäre ich sehr dankbar, wenn man mir mit

---

* Auch scheint Besprechung mit Fachleuten vor endgiltiger Wahl doch nothwendig.
** Eventuell auch Tausch gegen eigenen Wagen möglich.

Benützung der Kartons *rekomm.* die Stücke senden wollte. Möchte mit dem Einrahmen nicht so lange warten und bald die ganze Gallerie [!] vor meinen Augen haben.

Wird schon geröstet? Und wars an der Grenze leicht? Die liebe Karte aus Bologna habe ich erhalten. Die erste Dame soll sagen – bis sie's weiß –, wann Empfang im Kosmos sein wird. Großer Empfang, der größte! Bis dahin alles Liebe, Sichere und Heitere!

K.v.J.

[246]   B [Wien,] 10.IV.[1915] ½ 7   [Rom, Hôtel Bavaria]

B. läßt sagen:

Karte vom 8. (so schnell) erhalten. In so frohem Ton und doch beunruhigend. »Sieg davongetragen – geheilt – nie mehr hinuntersteigen ….« es hat sich doch um *äußere* Dinge gehandelt? Man konnte doch nie hinuntersteigen! War denn nicht alles schon am 1. April klar? Wie schade, daß er nicht mehr davon hören kann – aber das geht wohl nicht. So beschließt er, sich an den frohen Ton zu halten und sich zu sagen: »Ich bin geheilt« Kann auch heißen: ich bin nicht krank geworden, ich bin heil. (Und das war man doch selbst in den Tagen, da B. zweifeln mußte!?) Wegen der Toilette: warum soll er selbst *darin* weichen? *Bitte,* es zu belassen, wie es bestimmt wurde! (Sicher ist auch Ch. schon davon abgekommen.) Hier soll doch Persönliches betheiligt sein. Aber an einer kaffeetrinkenden Runde von Gästen?

Bitte ihm das zu ersparen und jenes zu gönnen. Er will mit einem Spiegel verwandt bleiben. So wird er immer ein Gesicht vor sich haben können – so oft das Gesicht will.

Die Karte ist doch so erfreulich – nur will er immer, daß aller Triumph nicht erst errungen wird, sondern da ist. Von Herzen Grüße an alle Schönheit, die dort jetzt genossen wird, die aber doch nur Umgebung bleibt.

K.v.J.

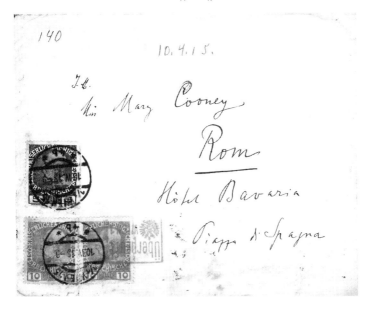

Umschlag von Nr. 246

[247]   T [Wien, 12.4.1915]   [Rom, Bavariahotel]
Soeben obersten Gerichtshof Prozeß Staackmänner endgiltig
gewonnen ++ Erhoffe Wohlbefinden und viel Frühling ++ Karl
Kraus

[248]   T [Wien, 14.4.1915]   [Rom, Bavariahotel]
Dank für liebe Bemühung besonders für Lebenszeichen ++
Käme etwa 25. hoffend Geist des ersten April unverändert an-
zutreffen ++ Karl Kraus

[249]   B [Wien,] 14.IV.[1915] ½ 8 Uhr   [Rom, Hôtel Bavaria]
Allerbesten Dank für so liebe Karte vom 11. Hatte vier Tage
nichts Schriftliches. Gestriges Telegramm habe beantwortet:
»etwa 25.« Aber empfehlen die Umstände eine Mietverpflich-

tung? Man scheint auch in diesem Punkt die schöne Sicherheit zu haben. Ich thue, wie man will. Also, wenn nichts dazwischen kommt, 25. und zur inzwischen wohl mitgetheilten Adresse. Beglückend war die Karte mit dem Wort »6 Uhr« und dem Schlußsatz. Vorgestern hatte ich über großen Gerichtserfolg depeschiert; hoffentlich hat mans erhalten. Was ich immer mache? Mich auf Abreise vorbereiten, äußerlich und innerlich. Arbeit unterbrochen durch großes Aufräumen in alten Sachen (Bibliothek, Schriften etc). Möchte alles so haben, daß plötzliches Aufgeben der Wohnung einmal möglich ist. Liebe May-May, wie geht's der Dame, die Sie begleiten? Sie ist doch nicht mehr so scharf? Aber *ich* war letzten Sonntag scharf, nämlich in einer Auseinandersetzung mit dem Dichter W., der mich plötzlich im Restaurant ansprach. Endlich konnte ich auch mit dieser alten Sache aufräumen. Ein Schwamm blieb in meiner Hand. Stammelte, er wisse nicht, warum er mir damals solche Dinge erzählt habe. Ich sagte, ich wisse es, und sagte ihm auch, *was* ich weiß: daß *er unbewußt* aus verletzter Eitelkeit ein Bild verhäßlichen wollte. Ich hielt ihm natürlich – was das schwierigste war – auch seine Verlogenheit in puncto Gesprächs über Rilke vor. Er sagte, er habe das gesagt, weil er schon verwirrt war und *Gewissensbisse* über die Licenz-Geschichte empfand. Ich bewies ihm, daß er neulich lüge; denn natürlich hat er damals zuerst über das Gespräch im Dresdner Hotel und dann erst allgemein gelogen. Er sagte: seine Erinnerungsbilder giengen durcheinander, was ich ihm gern glaubte, log neuerlich, *er* sei im Hotel angesprochen worden. Ich ersuchte ihn, auf diese Version, so gleichgiltig und harmlos sie an und für sich sei, in seiner Phantasie endgiltig zu verzichten, denn er sei nicht angesprochen worden. Er meinte, er wisse überhaupt nicht mehr, wie es gewesen sei, worauf ich ihn bat, meine Information darüber anzunehmen. Als er sagte, er »wisse selbst nicht, was ihm damals eingefallen sei«, nahm ich diese Erklärung gern zur Kenntnis, nicht ohne den Wunsch auszusprechen, daß ihm als Dichter späterhin Besseres einfallen möge. Im Ganzen sah er ein, daß es (von allem andern zu schweigen) an und für sich unerhört sei, jemand, um dessen gastfreundliche Beziehung er mindestens wußte, solche Dinge zu erzählen, redete aber viel von seiner Menschlichkeit, der man mit biblischer Strenge nicht begegnen dürfe. Im Ganzen: Scheinmenschenthum, das in der Reue nicht besser ist als in der Sünde. Der Fall zeigt beispielhaft, wie man sich vor dem Talent hüten muß, das ein ganzes Register der Schönheit beherrscht und selbst so häßlich ist. Hundertmal könnte so einer alle Herrlichkeiten des Parks von J. »ausdrücken«: sich ihn selbst aber nur einmal dort vorzustellen, dort gehend, sitzend, athmend, ja dichtend – die Vorstellung ist Selbstmord. Dank jener, die mit aller Schönheit auch solches Widerstreben mitempfindet – und viele, beste Grüße von

K.v.J.

[250] B [Wien,] 16.IV.[1915] 5 Uhr   [Rom, Hôtel Bavaria]

Gestern l. Brief (nach Cavall. Rusticana), vorgestern hatte ich geschrieben. Soeben Karte von May-May (vielen Dank und herzl. Gruß!) und rekomm. Brief von Charley: »Kl. hat mir mitgetheilt, daß Sie eine s. T. für S. gekauft haben. Es ist wirklich zu liebenswürdig von Ihnen, S. ein so großes Hochzeitsgeschenk zu machen. S. hat mir geschrieben, daß sie die verschiedenen Gegenstände mit Doppelw. graviert haben möchte. Ich habe Kl. um Entwürfe geschrieben und wenn Sie erlauben, würde ich Ihnen oder direkt eventuell Kl. Mittheilung machen, welchen Entwurf ich für den besten halte. Carl B...... i hat *sehr* bedauert, erst nachträglich erfahren zu haben, daß er mit dem Herausgeb. d. F. gegessen habe; er hatte Ihren Namen leider nicht verstanden. Mit den besten .....« Entsteht da nicht eine Verwirrung? Kl. sollte doch die Entwürfe nach Rom schicken und von dort Entscheidung erhalten? War es nicht so besprochen? Ich werde Ch. depeschieren, ich sei ganz einverstanden, daß er direkt Kl. es schicke, wenn nicht inzwischen Kl. nach Rom die Entwürfe gesandt und von dort Antwort bekommt oder bekommen hat. In diesem Sinn; dann kann er ja das Weitere veranlassen. Ich hätte nicht geglaubt, daß auf C.B. meine Agnoscierung Eindruck gemacht hätte. Es ist viel schöner, unerkannt und unbekannt zu sein als von der Oberfläche her berühmt. Dieser Ruhm ist eben das, was mich hier lebensunfähig macht. – Heute ein wunderschöner, trauriger Traum, von dem noch ganz befangen. Wie immer, ein Traum der Hindernisse, die vor dem Schönsten liegen: d. Traum ein Wiener Leben, aber ganz und gar auf der besten Lebensseite. Man hatte, wie damals, als man die Reise um einen Tag verschob, »Nothwendiges« vor, Nothwendigstes: der ganze Plan hieng daran. Plötzlich erinnern wir uns an einen der erhabensten landschaftlichen Punkte, die uns bisher begleitet haben. Mit einem Ruck wirft sie alle Nothwendigkeiten von sich, entsagt äußeren Verpflichtungen und beschließt, zu *wiederholen*. (»Da wir nun einmal beschlossen haben« – dies alles bis zum großen Klageton.) Nur von Sehnsucht nach einer sonst zu verlierenden Schönheit getrieben, gejagt, in diesem Eifer schön wie noch nie. Irgendwo soll man sich treffen, beide in größter Spannung, ob es durchführbar sein wird und ob die Umstände der Welt nicht die Pünktlichkeit verhindern. Nun ist sie voraus, und ein furchtbares Gewitter entsteht. Er jagt nach einem Wagen. Tausend Hindernisse treten ein – auch alle kürzlich auf der Suche nach einem Auto durchgemachten –, er fürchtet, sie stehe längst dort allein unter dem Gewitter und habe den Glauben an ihn verloren, müsse die Landschaft anders sehen. Plötzlich ist sie da, sie war von den gleichen Hindernissen zurückgehalten. Und sie haben das Schönste wenigstens gemeinsam verloren. So ist wenigstens die Gleichzeitigkeit gerettet. Ich habe noch nie so wahrscheinlich geträumt. Was bedeutet das Gewitter? Weist es nicht nach der Schweiz? Und könnte es nicht dennoch geschehen, daß sie allein an dem Punkt eintrifft, dort wartet, während er durch die Hindernisse zurückgehalten ist? Könnte es nicht gerade in den paar Tagen, da er auf der Reise ist, geschehen? Daß sich dort alles programmgemäß vollzieht und nur er nicht mehr einlangen kann? So wäre es vielleicht doch gerathen, daß er wieder einen Umweg macht und im Lloydhotel Nachricht vorfindet, ob schönes Frühjahrswetter sei. Hier wird von nichts anderm gesprochen als daß man vor schlechtem Wetter schon flüchten müsse. Natürlich bekümmert ihn dabei nichts außer der Frage, ob das Ziel erreichbar sei. – Wie schade, daß die Bilder hier nicht vor dem 25. eintreffen, daß er sie also erst (wenn alles gut geht) im Mai nachhause bringen wird. Ch. scheint keine Zweifel zu haben, daß man fahren könne. Hat man mit F.R. (dem alten Freund) etwas über die Sache gesprochen? Heute hier endlich schönster Frühlingstag: und doch bilden Wettersorgen das Hauptthema. Was macht *man* denn immer? Selten schreiben beunruhigt gar nicht. Nur, wenn es Beweis von äußerer Unruhe, gesellschaftlichen Abhetzens wäre. Man schrieb einmal: »Heute nur eine Karte«, dann kam noch eine, dann lange nichts. Hier ist Freude über Sicherheit, nur Furcht, daß man sich äußerlich zu viel aufhalse. *Nicht* das Gefühl, geschmälert zu sein. Der Brief ist zu lieb (über den Empfang am 6.), nur wollte er auch solche Lebenszeichen ungeschehen, wenn man sich noch damit abmüdet. Ein Wort würde dann genügen. Alles ist jetzt rein – sogar die Wohnung. Denn die Bedienerin ist endlich, gestern, gegangen. Der Genius der Unreinheit ist gebannt und alles blinkt, wie mit einem Zauberschlag. Es könnte von Raimund sein. »Jetzt bin ich allein und will es auch bleiben ….« Erinnert man sich noch an diesen Abend, nach der herrlichen Tour durch Steiermark? Auch das sollte, ganz so wie es war, wiederholt werden. Die allertiefsten Wünsche von

K v.J.

[251] K [Wien,] Sonntag, 18.IV.[1915] [Rom, Hôtel Bavaria]
KK und Wenzel Eusebius Lobkowicz an SN

[KK:] Herzliche Empfehlung und ergebenster Gruß an einem Frühlingstag von

Karl Kraus

[Wenzel Eusebius Lobkowicz:] Handkuß Wenzel Eusebius Lobkowicz

[252] T [Wien, 28.4.1915] [Rom, Hôtel Bavaria]

Neuer Spiegel soeben fertig ++ Fragt nach bestem wahrstem einzigen und letzten Menschenantlitz ++ sagt daß Zweifel an heiliger Harmonie einer Waldfahrt Verbrechen Dummheit oder Fieber sei ++ Letztes entschuldbar ++ Heute Abreise ++ Übersetzer der Werk fertig hat erwartet mich ++ Erbitte Nachricht Mestre oder Bologna Bahnhof Restaurant ob Wohnung. ++ Karl Kraus

[253]   T [Mailand, 9.5.1915]   [Rom, Hôtel Bavaria]

Charly meint Via Sarcana 21 Uhr schneller ++ sonst nichts darüber erfahren ++ Muß wohl Lugano oder Zürich Baur du Lac
übernachten ++ Allertiefsten Dank ++ Naemi Grüße. Kraus

[254]   K Milano Sonntag [9.5.1915] 1½ 12   [Rom, Hôtel Bavaria]

Ch. meint wohl Pisa – Sarcana ab Roma *21 h* ab Roma (5 Min.
vor meinem Zug). Weiß aber nicht, ob noch verkehrt. Wenn ja,
allerdings der schnellste. Aber auch mit dem 6 Uhr-Zug muß
man in Milano nicht warten, während ich 2 Stunden warten
muß. Natürlich von Montag Wien keine Rede, muß wohl irgendwo, vielleicht Zürich übernachten. Im »Corriere« steht,
daß Lugano überfüllt.
    Alles Gut – abgesehen von Gepäckrummel Rom und Milano.
Heiliges Naemi! Ergebenste Grüße von Ihrem
                                        K.

[255]   T [Bellizona, 9.5.1915, 19'15]   [Rom, Hôtel Bavaria]

Alles völlig harmlos ++ Herzlichst – Kraus

[256]   T [Zürich, 9.5.1915]   [Rom, Hôtel Bavaria]

Schön soll Brissago bei Locarno Hotel Myrte sein ++ Ankomme
früh Wien ++ Herzlichst. Kraus

[257]   B [Zürich, Baur au Lac] Sonntag nachts [9.5.1915]
                                        [Lugano, Lloydhôtel]

Fahrt hoffentlich so ruhig wie die meine (Gepäck kaum, Paß
überhaupt nicht vidiert). Hier entsetzlich. Anstatt in dem vermuthlich überfüllten und lärmvollen Lugano lange zu suchen,
wäre es vielleicht gut, sich (außer dem Höhenpunkt) *Brissago* bei
Locarno (Dampferstation), Hotel du Myrte au Lac anzusehen:
soll schön und billig sein. Meine Gedanken können sich von
Naemi und seiner Herrin nicht mehr trennen.

[258]   T [Wien, 11.5.1915]   [Lugano, Lloyd-Hotel]

Gut angelangt ++ Hoffe gleiches und daß man mindestens besten
Wert nämlich sich selbst mitgenommen hat ++ Erkenne daß wir
beide recht haben mit tiefstem Wunsch für Erholung Ruhe u
viel Sonne innen und außen ++ Karl Kraus

[259]   T [Wien, 11.5.1915]   [Lugano, Hôtel Regina]

Beglückt durch drei Depeschen ++ eine und Züricher Brief sandte
Lloydhotel ++ mit Charlie Depeschenwechsel über Ankunft ++
Hoffentlich hat dortige Natur den Ehrgeiz ihren besten Gast
zufrieden zu stellen ++ Karl Kraus

[260]   B [Wien,] 12. May [19]15   [Lugano, Hôtel Regina]

Wie freute ich mich mit den lieben Depeschen (die aus Rom vor
der Abreise kam leider erst am nächsten Nachmittag). Hat man
die meine aus Zürich, worin ich Brissago empfahl, noch in Rom
erhalten? Vermuthlich nicht. Viele Glückwünsche vorgefunden,
fast nur von Unbekannten, viele Grüße aus dem Feld, die beweisen, wie recht das *Schweigen* hat.
   Der kleine Opel – ich werde mich hüten, ihn anders zu nennen
– ist wieder verkauft*. Da neue Requisitionen stattfinden, wäre
ohnedies der Transport kaum erreichbar, und darum wäre es jedenfalls am besten, wenn dort etwas gefunden würde. Hat man
im Lloyd Hotel nach einer Antwort sich erkundigt? Wie wär's,
wenn man in die Neue Zürcher Zeitung eine Annonce gäbe, in
der alle Wünsche gesagt werden: Antwort an »Hainbach
1. April« Lugano postlagernd oder irgendwie. Das könnte durch
das Hôtel veranlaßt werden. Auch soll in Lugano eine Automo-
bil-Vertretung sein. Wie schön wird das sein, wenn es gelingt.
Auch die Wartezeit ist schön. Ich möchte jedem Sonnenstrahl
einen besonderen Auftrag geben, daß er nur ja alles gut mache
und sich die größte Mühe nehme! Hat man denn inzwischen gar
keinen Auftrag für mich, keinen Wunsch für sich? Arbeit allein,
zu der ein gesäuberter Schreibtisch verlockt, kann nicht mehr
ausfüllen.

* *Vielleicht* kommt ein ganz neuer.

Hoffentlich reißt man sich jetzt ganz von dem Überstandenen
los oder denkt nur daran mit dem sicheren Gefühl, daß alles
nothwendig war, um nach Naemi zu kommen, und daß die äußern Dinge so gut durchgeführt wurden als es nur irgendmöglich war, um die freieste Verfügung über Künftiges zu erlangen.
Ich selbst weiß jetzt, daß ich manches viel bitterer gefühlt habe
als es gemeint war. Es war gut, es zu sagen, aber unrecht, es zu
fühlen. Die scheinbare *Nothwehr* gegen das, was man im innersten will und zu dem man am wenigsten gelangen kann, ein Gefühl, welches das Ziel mit den Hindernissen verwechselt und
gegen jenes sich wehrt, weil es mit diesen nicht aufräumen kann,
ist ein ganz und gar natürlicher Zustand und nur ein Beweis für
den echten Menschen, der so fühlt. In J. war es auch manchmal
so, wir sprachen darüber, und es kann gar nicht anders sein.
Nun haben wir es gründlich erkannt, und ich will und kann nie
mehr darunter leiden, – selbst wenn die »Vermischung«, die es
bewirkt, sich nicht vermeiden ließe. *Ich* wäre hart und ungerecht, wenn ich den andern Theil entgelten ließe, daß ich nicht
zu ihm gelangen kann – aber der andere Theil, der weiblichste,
muß frei von Vorwurf bleiben.
   Da wir nun einmal beschlossen haben, jetzt auszuruhen, will
ich mit allen Gedanken für die teuerste Gesundheit besorgt sein
– ohne diese selbst durch meine Sorgfalt zu stören. Ich habe die
Empfindung, daß ich mir das Wiedersehen *verdienen* muß.
Denn der Springbrunnen ist doch besser als das Gedicht!
[unter zwei aufgeklebten Anzeigen:] Das fand ich auf der Reise.
Das zweite stammt gewiß nicht aus Lugano, aber von wem das
erste stammen könnte, wissen wir.

[261]   T [15.5.1915]   [Lugano, Reginahotel]

Ludwigs Befinden vorzüglich ++ Spital Stiftskaserne Abtheilung
6 Zimmer 97 ++ Linke Handverletzung gute Heilung ++ allerherzlichst Karl Kraus

[262]   T [Wien, 16.5.1915]   [Lugano, Reginahotel]

Charlie heute Matschakerhof und Karl Kraus erbitten Nachricht über Befinden ++ Charlie Nadherny

[263]   K [Wien,] Matschakerhof, 16.V.[1915] abend   [Lugano;
                              nachgesandt: Zürich, Hotel Eden au Lac]

KK, Karl Nádherný und eine unbekannte dritte Person auf der Bildseite an SN

[KK:] Wir danken für die so erfreuliche Nachricht. ++ Mit den allerergebensten Grüßen K.K.

[Karl Nádherný:] My telegramm mentioned Chiari & Cook donkey as they never told us to drive over Pisa although much better. I had to speak necessary things with Dr. Rott, now also poor Ludwig, who shall come perhaps to Prague in a hospital. Best Love Charlie

[264]   T [Wien, 17.5.1915]   [Lugano, Reginahotel]

Heute endlich erste allerliebste Karte ++ daher besorgtes Telegram mit Charlie ++ was nicht mehr zu steigern schien wächst immer noch täglich nächtlich ++ wenn es nicht über den Kopf wächst wird Glück daraus und das größte Gedicht ++ Eilbrief von Mittwoch hoffentlich erhalten. ++ Lugano Vertretung Picard Piectet soll vorzüglich kleiner Wagen sein ++ jetzt versuche Transferierung Ludwigs Prag ++ allertiefste Wünsche Carl Kraus

[265]   T [Wien, 18.5.1915]   [Lugano, Reginahotel]

Lieben Brief Himmelfahrttags soeben erhalten ++ Post braucht fünf Tage ++ Luzern famos ++ Wäre dort vier Uhr etwa Samstag ++ Wohnung wird renoviert ++ Hoffentlich bis dahin im Sinne gestriger Depesche Auto Picard Pictet Vertretung Lugano ++ Gruß der Wiese ++ Karl Kraus

[266] B [Wien,] 18.[5.1915] 5 Uhr   [Lugano, Hôtel Regina]

Hier unbeschreibliche Gluthitze
(Hitzewelle)

Beilage zu Nr. 266

Heute vorm. Brief von Chr. Himmelfahrt, jetzt soeben den vom 14. Eine Schnecke scheint die teuerste Botschaft zu bringen. Aber sie brachte zwei an einem Tag, darum sei ihr verziehen. Dafür war die ganze vorige Woche – von der Ankunft in L. bis Sonntag-Depesche (Charlie), vielmehr bis zur ersten Karte am Montag eine bange Zeit. Von hier nach L. scheint es schneller zu gehen – von dort hieher langsamer als von Rom, sonderbarer Weise.

Ich habe gestern und heute depeschiert.

In Zürich war ich Sonntag abend bis Montag früh, konnte darum nicht suchen, fand aber eine Annonce, die auf Vertretung Picard-Pictet (oder so ähnlich) in Lugano hinwies. *Hier* hörte ich, daß es ganz vorzügliche *kleine* Wagen seien. (Wir haben beide fast gleichzeitig dasselbe geschrieben und gemeint).

Luzern herrlich. Besser, wenn ich dort *früher* wäre? Man kommt ein paar Minuten vor mir oder zwei Stunden nach mir. Im ersten Fall wartet man auf der Bahn, im zweiten habe ich schon Hôtel gebucht. Daß man nach Zürich komme – das würde ich nie wollen. Da gehört man nicht hin. Ich würde dort nur suchen, wenn man nichts gefunden hat – sonst, besser, über Thalwil, ohne Zürich zu berühren (Wien 7 Uhr 50 – Luzern 4 Uhr) Hoffentlich hat man bis dahin etwas – man versteht ja mehr davon als ich. In der N. Zür. Ztg. stehen übrigens täglich Annoncen.

Man schreibt im zweiten Brief: »… daß noch viel Peinlicheres hätte durchgemacht werden müssen, um den Springbrunnen zu verdienen.« Man meint den in Frascati – *ich* meine den im Kosmos —— —— und meinte ihn auch mit den Worten: … der Springbrunnen ist doch besser als das Gedicht. Das verstand man doch? *Viel* besser. Ich weiß es ganz bestimmt.

Verzeihe man das besonders arge Gekritzel – ich habe kaum Platz im Zimmer. Es steht alles durcheinander, und rings um mich arbeiten Leute. Die Wohnung wird aber jetzt sehr nett sein – und ein gewisser Höhepunkt wird eine würdige Umgebung haben (drei Rahmen werden Freitag fertig.) Gestern haben Anstreicher allein ein Chaos bewirkt, das mich kaum sofort nach Luzern ließe. Natürlich thäte ich's am liebsten, aber dann müßte, wenn ich zurückkomme, die ganze Arbeit noch einmal begonnen werden. So hoffe ich, daß alles Freitag, Samstag fertig wird. Bis dahin wird auch vieles für die Reise Nothwendige bereit sein. Und ob das Geld für das Auto gleich und ganz mitzubringen, depeschiert man?

Ch. war sehr lieb – er saß Samstag nachts im Cafe P. und wartete auf mich, Sonntag speisten wir im Imperial und abends im Matschakerhof. Bei Ludwig war ich gestern wieder, die Transferierung nach Prag wird durchgeführt. Nach allem, was man hört, war es damals mit Lugano, beziehungsw. Wien die höchste Zeit. Ch. glaubte, nachdem er in Lugano übernachtet hatte, ich würde in seinem Zug nach Zürich sein – er fuhr ein paar Stunden vor mir. Ich bin neugierig, wie das gewisse Transportproblem gelöst wurde.

Soeben Depesche von Ch. wegen Ludwig.

In der Beilage etwas vom Weihnachtstag. Es fiel gestern vom Bücherschrank. Ist man ausgeruht? Ich wollte der Sphärenmusik Schweigen gebieten, damit die erste Dame im K. schlafen kann!

Soeben ½ 6 Uhr Karte aus Brissago —— Ein reicher Tag! (Herzl. Gruß an May-May.)

[267]   T [Wien, 19.5.1915]   [Lugano, Reginahotel]

Vorgestrige Depesche betreffend Dank für erste Karte und Auto auf die sich gestrige beruft aufgehalten ++ Hoffentlich heute zugestellt ++ Abreise Samstag ++ Nur Eilbrief erreicht mich ++ Solcher unterwegs ++ Erbitte Nachricht ob drei Depeschen erhalten. ++ Allerherzlichst Karl Kraus

[268]   T [Wien, 19.5.1915]   [Zürich, BaurLac]

Einverstanden Sonntag mit Summe ++ Wenn wünschest trotz Wohnungsarbeit sofort ++ Kraus

[269]   T [Wien, 20.5.1915]   [Zürich, Edenhotel]

Baur Depesche gesandt ++ Regina drei und Eilbrief lasset nachsenden ++ Wenn eigens wartet komme sofort ++ Schwerste Hin-

dernisse bis Samstag ++ unklar ob Zürich oder Luzern ++ Erkundigen ob Auto rückbringbar ++ Innigst Karl Kraus

[270]   T [Wien, 22.5.1915]   [Zürich, Berninahotel]

Siebenmal fünfhundert Francs telegrafisch gesandt ++ Bobby
froh kurzer Freude da Wagen nicht heimbringbar ++ Abreise
Samstag acht abends ++ Karl Kraus

[271]   T [Wien, 23.5.1915]   [Zürich, Berninahotel]

Sonntag halbdrei wenn fahrplanmäßig hindernislos ++ Ander-
matt bei Göschenen soll das schönste sein ++ Allerherzlichst
Karl Kraus

[271]* K [Wattwil, 25.5.1915]   [Prag]
SN und KK an Karl Nádherný

[SN:] A little afternoon's excursion, lovely weather.   S.
[KK:] Vielen Dank für das Telegramm und herzlichen Gruß!
Ihr Karl Kraus

[272]   [Rückseite eines Wäschezettels, ohne Ort und Datum]

Du Heilige – kannst Du denn *noch* Schöneres thun, als Du den
Tag lang gethan hast?
    Schlafe!
    Antworte *nicht,* weil Du *schläfst!*

[272]* K [Immensee, 1.6.1915]   [Prag]
Mary Cooney, SN und KK an Karl Nádherný

[Mary Cooney:] A wonderful drive along the Vierwaldstätter
See. Much love M.May
[SN:] L[ove] Sidi
[KK:] 1. Juni
    Herzlichen Gruß von der Stelle, wo Tell den Geßler getödtet[!]
hat und May-May gibt ihm vollständig recht. K.K.

[272]** K [Andermatt, Hotel Gotthardt 1.6.1915]   [Prag]
SN, KK und Mary Cooney an Karl Nádherný

[SN:] Our life here is *too lovely*, we drive from spot to spot in the mountains. K.K. pays the expensis & I chauffier; I passed the exam very well in Zürich. I shall stay here till you call me, wish you were with us. Love & kisses   Sidi
[Mary Cooney:] It is lovely here It seems to do S[idi] a bit of good, the high mountains & … – love M.M. come here too. Luzern, poste rest. 31.5.15
[Auf der Bildseite, KK:] Endlich ein anständiger, ehrlicher und dabei tüchtiger Chauffeur!
    Herzliche Grüße von K.K.
[SN:] Alas, the car cannot be brought over the frontier & must remain in Switzerland; it is a tiny car (Opel).

[272]*** K [Mürren, 5.6.1915]   [Našice]
SN, KK und Mary Cooney an Dora Pejacsevich

[SN:] Es ist so traurig so lange schon nichts von Dir gehört zu haben, gerade heute 1 Monat! – Hier ist es wundervoll, rein und fern jeder Unruhe, kamen über Luzern, Interlaken, morgen Montreux, dann Bern. Küsse   Sidi
    Alles per Auto ich chauffiere [auf der Bildseite:] Adr.: Luzern, Hotel des Alpes
[KK:] Also jetzt natürlich »Wandlung« und nicht »Hochzeit«. Ergebensten Gruß   K.K.
[Mary Cooney:] Love from May May.

[273] B [Montreux, Hôtel-Pension Bel-Air] 8./9.VI [1915] Nachts

Wie sehr Du – selbst im Vergleich zur römischen Zeit – anders geworden bist, zeigt der Verlauf jedes Gespräches, den ich haargenau vorhersagen könnte. Die Sache selbst ist ja jedesmal völlig belanglos und nichts sei ferner von mir als einer geliebten Frau gegenüber *Recht* behalten zu wollen. Aber ich möchte ihr aus einer ungesunden Lage helfen, aus der sie sich jetzt nur jeweils durch Widerspruch retten zu können glaubt. Diese Lust zum Widerspruch, die eine weit bessere ersetzen muß, geht so weit, daß Du Darstellungen, die Du selbst ehedem von Personen, Verhältnissen etc. gegeben hast, *ablehnst,* wenn oder weil ich sie *reproduziere.* So gleichgiltig es an und für sich ist, so bezeichnend hiefür ist das Gespräch über R. Als einst mein natürliches Interesse, das wir getrost Eifersucht nennen wollen, dem wochenlangen Zusammensein mit R. eine natürliche Seite absehen wollte, warst Du es, die die erotische Neutralität des Falles fast mitleidig betont und aus der rein weiblich-ästhetischen Einstellung des R. zur Frau erklärt hast – eine Darstellung, die auch dem Eifersüchtigsten einleuchten müßte, der nur eine Zeile von R. gelesen hat. Heute, da ich sie gesprächsweise, ohne jede nachprüfende Absicht, wiederhole, bestreitest Du nicht nur die Auffassung, sondern auch, daß Du je etwas Ähnliches geäußerst hättest. Weit entfernt, somit wieder ein Recht auf Eifersucht anzusprechen, fühle ich in solcher Wendung nur die Regung einer Unstimmigkeit zwischen Dir und mir oder vielmehr, da ich mich nicht verändert habe: zwischen Dir und Dir. Ich habe aus liebendstem Herzen nur grenzenloses Bedauern für solchen Zustand und zerbreche mir den Kopf, wie ich Dir davon helfen könnte. Wenn Dich die Welt müde gemacht hat, so soll Liebe die Rettung sein und nicht das Opfer.

Jetzt, da ich Dir diesen Brief schreibe, umarmt die Nacht stürmisch den See. Ich bin wieder hinausgeeilt, weil ich nun einmal bei so natürlichen Dingen zuschauen mag und mich überzeugen, daß es noch so etwas gibt. Wenn Du plötzlich vor mir gestanden wärst, ich hätte mich nicht gewundert. Das Gegentheil wundert mich auch nicht mehr, aber geht mir schmerzlich nah. Vielleicht wärst Du Deinem ersten, ursprünglichen Vorhaben gemäß am Strand geblieben, wenn Dein Kopf nicht Deinem besseren, heißeren Teil ganz zuletzt einen Streich gespielt hätte. Schade. Es ist schließlich besser, in einer solchen Nacht nichts zu sehen, als bei Tag eine sehenswürdige Oberfläche zu absolvieren und einem sehr erlaubten Naturgenuß zu obliegen, den aus dem Hintergrund jedesmal pünktlich ein »lowly« sanktioniert. Ich werde Dir, solange Dir solches Freude macht, sie nicht durch meine Entfernung stören. Aber späterhin wird gerade diese nothwendig sein, Dich wieder zu Dir und somit auch zu mir zu bringen. Wir sind doch wahrhaftig beide zu viel wert, um uns auf die Dauer so zu unterschätzen, und meine Liebe ist zu groß, um nicht das größte Hindernis für die Deine, mich selbst, aus dem Wege zu räumen. Wenn ich nicht stark genug bin, Deinen Nerven zu helfen, so muß ich *warten,* bis sie gut werden, weil ich sie sonst nur schlechter mache. Ich würde Dich nicht lieben, wenn ich nicht dieser Einsicht fähig wäre!

[274]   B Zürich, [Hotel Bernina,] 20. Juni [1915]   Im Hotel zugestellt

Du bist ein herrliches Weib. Wenn ich nicht Tage wie den 17. und 18. Juni als Pfänder einer himmlischen Gnade bewahrte, so würde ich das Nachher nicht mit so schmerzlicher Gewalt als Verarmung empfinden. Kein Mann, sagtest Du, war bisher so unangenehm gegen Dich. Wenn nur dies die Erinnerung bleibt, war's verfehlt. Vielleicht war aber keiner weniger banal und hat keiner mehr darauf bestanden, Dich in jedem Augenblick ungewöhnlich zu sehen. Darum war vielleicht auch jedem andern der Sturz aus einem Himmel erspart, den er sich von vorneherein nicht so hoch gespannt hatte. Du solltest wenigstens spüren, daß nicht Zweifel an Deiner Vollkommenheit, sondern an meiner Tauglichkeit für Dich, alle Qualen schaffen. Ich beschuldige nur mich, immer wieder. Nur das schwindende Gefühl meiner Nothwendigkeit, keineswegs ein Mangel Deiner Natur kann schuld sein, daß ich so jäh aus Deiner Sonne in eine kalte Zone trete. Wie sollte ich Dir als Beweis dafür »Widersprüche« nachweisen? Es gibt nur *einen,* den zwischen Warm und Kalt. Das Kalte äußert sich freilich oft in der Neigung, zu »widersprechen«. Aber wenn Du es *nicht* thust, wenn Du mit äußerster Beherrschung diese Neigung unterdrückst, spüre ich die Kälte darum nicht weniger, eher mehr. Wir führen doch keinen Advokatenstreit, und mir ist es nicht darum zu thun, Dir Deine Meinungen abzujagen. Nur der Zustand, aus dem sie entstehen – ob sie dann geäußert werden oder nicht – der hat etwas mit uns beiden zu schaffen und der ist eben das, was ich schwindenden Einfluß nenne. Sollte ich Unrecht haben, es so zu fühlen, da Du mir selbst es einmal freiwillig einbekannt hast? Und glaubst Du, daß ein Wort, wie Du es in der Verwirrung der römischen Zeit so *klar* gefunden hast, nicht immer wieder Zweifel aufbrechen kann, ob es sich wirklich um einen Abgeschlossenen, nie wiederkehrenden kranken Ausnahmsfall gehandelt hat? Wenn je *vorher, darfst* Du mir doch *seither* nicht das Recht auf Unruhe bestreiten!

Nicht *mein* Glück will ich aus solchen Krämpfen retten, sondern Deines. Es ist nicht so närrisch von mir, zuweilen an meiner Entbehrlichkeit zu zweifeln und unsern Tag umso grauer zu sehen, je sternenvoller die Nacht war. Es ist nicht so ganz närrisch, daß einer, der sich in der kalten Zone verirrt hat, in den Momenten, da ihm dies auch ganz bewußt wird, jeden, selbst den letzten, der sich Dir brauchbar zeigt, um seine Autorität beneiden muß, und wäre es nur die Autorität des Wagenschmierers. Es ist nicht närrischer als die Natur selbst. Aber ich liebe Dich zu sehr, um Dich an Zuständen leiden zu sehen, die Du vielleicht nur nicht den Muth hast, Dir bewußt zu machen. Wenn Du Dich betrachten, sehen und hören könntest – auch dort, wo Du nicht »unfreundlich« bist, würdest Du am Ende selbst glauben, daß *etwas in Dir gegen den Zwang unseres Glückes rebelliert.* Ich bin nur so weit der Tyrann, als ich auf Liebe bestehe. Schwindender Einfluß wird leicht tyrannisch. Er wird es aus Bescheidenheit. Nichts weiter will er, als durch Nothwendigkeit, nicht durch Gewohnheit auf der Welt sein, bewiesen sein. Am schönsten ist es ja noch, zu glauben, daß die Verstellung vor der Außenwelt an aller scheinbaren Kälte, Härte und an allem Mißverstehen schuld sei. Aber die geliebteste Frau denke einmal gründlich in jenen Stunden nach, in denen sie nicht gründlich fühlen kann, und antworte, ohne Thräne, mit Ja oder Nein, ob sie nicht ein zu kleines Glück, schwierig und selten genossen, als tote Last auf ihrem Rücken durchs Leben trägt. Wenn *Nein* – dann verzeihe sie dem unangenehmsten Liebenden alle Qual in dem Bewußtsein, daß keiner vor ihm, seitdem es Liebe, diese unvollkommenste aller Einrichtungen gibt, durch Selbstqual schwerer gestraft war. –

[275] B [Wien,] Freitag 2. Juli [1915] 10 Uhr vorm.

[Prag, Karmelitergasse 24]

Die Reiselektüre hatte ich zu überreichen vergessen. Jetzt im Café, wo diesen Gruß schreibe. In Heiligenstadt Vorhaltung, Debatte zwischen den Beamten, ob 2 oder 6 Kronen »Strafe«. (Wird erst entschieden werden.) Zurück keine Stadtbahn, nur Elektrische. Gehe jetzt ins Landesgericht, um mir die lustige Klage Staackmann aus dem Akt herauszuschreiben.

Hoffentlich war die Fahrt erträglich. Der kleine Opel, der eine große Seele hat, dachte gewiß mit Bedauern an seine Herrin, die aus solcher Freiheit in solchen Pferch kommen mußte.

Die innigsten Wünsche für ein sorgenloses Janowitz, das selbst Einsiedeln in Schatten stellen wird.

[276] B [Wien,] Dienstag 5. Juli [6.7.1915] ½ 5   [Janowitz]

Hätte ich nur zu sagen, daß die Blume schön sei, so könnte ich es in einer häßlichen Welt, die es nicht erlaubt, auch für mich behalten. Weil ich aber einer bin, der die Schönheit der Blume aus der Häßlichkeit der Welt beweist, was sie noch weniger erlaubt, so kann ich's nicht bewahren. In solchem Leiden lebe ich. Nun gut, ich will mich bezwingen, und alles so denken, daß es vorläufig nur zwischen mir und der einen Leserin bleibt. Aber dazu brauche ich immer wieder ein Zeichen, daß sie mir zusieht und theilnimmt. Als ein solches Zeichen ist ein einziger Buchstabe gut genug. Vier Tage habe ich nun, anstatt anzufangen, in der Erwartung eines solchen Zeichens verlebt. Weiß sie, wie das herunterbringt?

Sicher ist sie nicht schuldig – ich sage nur im Allgemeinen: sie muß spüren, wann ihr Zuspruch wichtig ist.

Heute hat sie es gespürt, soeben kam ein Telegramm, und ein Rasender stürzte sich in die Arbeit, die er getrost gleich durch diesen Brief unterbrechen kann, weil er weiß, daß sie auf Schwingen gehen wird. – Draußen ist die Luft von Sodom, der gräßliche Ruf »Extraausgabe!« ist da, unter dem jetzt die Kinder geboren werden und die Männer sterben – aber es kann mir nichts mehr anhaben. Ich weiß, jemand ist heute zu seinen Wiesen gekommen, und ein anderer wird solange arbeiten, bis er sie sich verdient hat. Innigsten Dank!

[277] B [Wien,] 5. Juli [1915] abends   [Janowitz]

Ich habe unter der Einwirkung des lieben telegraphischen Zurufs in drei Stunden vierzig Seiten für das Werk »Untergang der Welt durch schwarze Magie« redigiert. Es ist zum Schaudern schön, zu sehen, wie wahr alles erst jetzt ist und wie bestimmt, wirkungslos zu bleiben. Und wie es wachsen wird durch die Theilnahme eines einzigen (des einzigen) Menschen, von dem es sich gefühlt weiß, also mehr als verstanden.

[278] B [Wien,] Freitag, 9. Juli [1915] 6 Uhr   [Janowitz]

Aus vierzig Seiten sind schon zweihundert geworden.

Jedes Lebenszeichen ist ein Auftrag.

Dank! Und noch herzlicheren, wenn man sich selbst Ruhe gönnte!

Ich hatte auch nach Prag, Karmelitergasse (vor dem ersten Telegramm, gleich nach der Abreise) geschrieben. Hoffentlich empfangen.

Die jetzige Arbeitsfreude entschädigt für die dumpfe Wartezeit des Jahrs, die aber sicher nothwendig war.

Es ist nur ein drucktechnisches Problem, ob die Bücher bald erscheinen – an mir liegts nicht.

Was machen die guten Schwäne? Wie hoch ist das Gras auf der Wiese? Ist Bobby schon eifersüchtig auf den Leo? Und vor allem, wie geht es der, zu deren Füßen diese letzte Friedenswelt liegt?

Ich sehe fast niemand und bin von drei bis acht und die ganze Nacht bei der Arbeit. Vor hundert Jahren war ich in Einsiedeln, Engelberg und Treib, aber ich kann mich doch ganz genau daran erinnern.

[279] B [Wien,] 14. Juli [1915] 6 Uhr   [Janowitz]

> Ich hab diesen Ort hier
> >   erwählet,
> Daß mein Herz allzeit daselbst bleiben
> >   solle.
> >   Corinth. 10.

Ist es nicht unheimlich schön? Nun starre ich so lange schon in's
Schweigen, da dachte ich an diese Zeilen und ob ich sie je noch
in das Fremdenbuch von Janowitz (oder in die Widmung eines
andern Buches) eintragen werde. Wollte mich eben hinsetzen und
einen Brief schreiben, der nichts enthalten sollte als die Zeilen –
eine stille Frage, ob noch eine Verbindung besteht zwischen diesem Erlebnis und dem was jetzt ist. Daß Wahnvorstellungen
mein Zeitvertreib sind, weiß man. Ich spürte etwas, was sich
nicht aussprechen will und *darum* ins Schweigen flüchtet. Etwas,
woran immer wieder meine Sorge gepocht hat, immer wieder
vertrieben von dem wahrhaftigsten Gesicht und der unschuld-
vollsten Rede. Aber ich arbeite jetzt in der feindlichsten Welt,
bin stark durch die Arbeit und für sie und brauche *darum* noch
mehr als in der leeren Zeit das letzte Menschenherz, das mir zuhört. Im Halbschlaf setze ich mich mit ihm auseinander, frage
es, ob es denn hört, ersinne eine Widmung, frage es, ob sie ihm
gefällt. Und sehe, ganz deutlich, greifbar, küßbar, einen Müden
Mund, der auf und zugeht und der mir wieder sagen wird, nicht
ich hätte ihn ermüdet, und geschaffen scheint, statt Küsse Thränen zu trinken. Ich aber sage mir: Wenn sich das Schönste müde
macht, damit es schöner sei für uns und wenn solches gelingen
könnte, wie darf ich es annehmen? Wenn sie so viel Arbeit hat,
daß ihr nicht Kraft, Zeit, Lust bleibt, einen Strahl in meine Wüste
zu senden – wie kann ich da noch leben? Wie spürt sie nicht, daß
ich nicht denken kann, wenn sie ihre Schönheit nicht ausruht?

     Und wenn es Vergeudung ist – noch schlimmer, als wenn das
Schweigen Flucht vor mir, vor uns besagt. Mit so elenden Gedanken gehe ich vom Triumph der Arbeit – wirklich einem noch
nie erlebten – schlafen und am nächsten Tag, während der Arbeit,
schmerzt wirklich, wie in den Zeiten des schlimmsten Winters,
das Herz, eben dasselbe, welches allzeit daselbst bleiben möchte

und immer fürchtet, nicht auszuhalten. Ich dachte, nach so trostlosen Tagen, bei Gott, an den Spruch und wollte ihn schicken,
und ich dachte auch: warum kommt nicht plötzlich eine Karte
mit der Schloßstiege? Und nun lösche ich alles aus, was mich bewegt hat und was ich jetzt getrost bekennen kann (ich hätte es
nie ausgesprochen) – in den Briefkasten fällt eine Karte mit der
Schloßstiege und mit allem, was jenes Herz erfüllt. Du weißt, es
gehört Dir mit allen Sprüchen, die es hat. Es dankt Dir so sehr!

[280]   B [Wien,] 20. Juli [1915]   [Janowitz]

Wir haben oft vergessen, wie wert wir einander sind, und oft
uns Unrecht gethan. Ich habe es bitterer bereut, aber ich wußte
auch besser, wie es kam und daß es so geschehen mußte, weil
solche Kräfte eher gegeneinander losgehen, wenn die Welt dazwischen tritt. Mit diesem Besitz, den sie mir nicht nehmen
kann, und dieser Erkenntnis bin ich restlos glücklich. Der andere
Theil ist vom Wetter abhängig, von den Nerven und erlaubt einer
Stimmung, ihn mir zu rauben. Dann, dann erst bin ich restlos
unglücklich. Ich brauche Dich, um Dir zu helfen, dann umso
mehr, und ich bin verlassen, wenn ich Dir nicht helfen kann.
Klopfe ich an, um zu geben, bleibt die Thür verschlossen. Wie,
wenn ich nehmen wollte? Ich schrieb einen Brief, der die denkbar
schwerste Selbstbeschuldigung enthielt. Die Antwort war kein
Freispruch. Die Thiere sind eine tröstendere Umgebung als die
menschliche: im August werde das hoffentlich anders sein. Wird
es? Kann selbst ich mich Dir nähern?
    Der nächste Brief, heute, war eine Verurtheilung zum Tod.
Ich habe abgedankt, wenn die Liebste mich um *meiner Arbeit*
willen glücklich preist, weil »Nachdenken entsetzlich« sei. Und
ich solle verzeihen, wenn es ihr nicht gelinge, schön zu sein, wenn
sie »nicht das Herz fände, es zu ändern«. Welche Verkehrung!
Meine Arbeit ist Nachdenken, und ich besorgte es gründlich
auch in den Tagen, da ich nicht am Schreibtisch saß und Du eine
Arbeit hattest, das heißt: beschäftigt warst. Ist der »Triumph
meiner Arbeit« nicht so viel wert, daß Dir die Trauer vergeht,
dann ist er gar nichts wert! Mußt Du nachdenken so schreibe
auch Du es auf, und dann erfahre ich endlich, wie es um mich

steht. Und ob ich weiter ein »man« bleibe, statt ein Mann, ein »Du« zu sein. Soll denn vor diesem Reich, in dem Du nachdenkst, mein Wissen-Dürfen aufhören? Dann bliebe auch alle Liebe nur ein Spiel und alle Schönheit nur ein Anblick. Es kann gar nicht gelingen, schön zu sein, und ich, man, kann nicht verzeihen, wenn es nicht gelingt. Es wäre ja unverzeihlich; aber Du hast zum Glück solche Unterlassungen nicht zu bereuen, denn man *ist* schön. Wärst Du es nicht, *gegen* Deine Stimmung, die Dich nur blaß macht, weil sie ein blasser Spiegel ist – ich hätte jenen Triumph nicht erlebt! Denn er kommt von Dir; was ich denke, ist Dir zugedacht, was ich schreibe, Dir zugeschrieben, und Du weißt, daß diese fünfhundert durchgearbeiteten Blätter Dir gehören, schon im ursprünglichen Text von Dir empfangen, ehe ich Dich kannte. Sei nur so offen meinem befeuernden Willen, wie Du wahr bist – so hilfst Du beiden.

Aber am Ende bin wieder ich nur schuld. Vielleicht ist es gerade mein Einfluß, der Dich traurig machte. Denn ich selbst war in den letzten Tagen traurig um Dich und wollte Dich ruhen lassen und Dich selbst brieflich von meiner Menschlichkeit befreien: Thieren muß man nicht antworten. Nun ist das wieder vorbei, und ich muß Dir doch sagen, daß Du selbst an dem grauen Sonntag nicht einsam warst. Das kannst Du nie sein und Du ahnst gar nicht, wie verlassen ich wäre, wenn Du es wärst! Du ahnst aber auch nicht, wie schön Du jetzt wieder bist, da Du diesen Brief durchfliegst – wenn Du Zeit hättest, jetzt, in diesem Augenblick in den Spiegel zu schauen, müßtest Du es zugeben.

Gestern war, nach einer ganz schlaflosen Nacht, ein qualvoller Tag. Der Krieg klopfte auch an meine Thür, nicht nur an Deine. Ich bekam die Nachricht, daß einer der wenigen Menschen, die sich anständig gegen mich und mein Werk benommen haben, in einer horriblen Situation auf die Abberufung zur Front als *Erlösung* wartet. Der Vorfall ist so entsetzlich, daß ich Dir das schriftlich nicht schildern will. Dazu begibt sich das in eurer nächsten Nähe. Ich habe mich sofort an Baron Lempruch gewandt, der wieder in Tirol ist, und ihn ganz offen um Protektion dieses Ausnahmsfalls gebeten. Ich schrieb: es sei einer jener wenigen Fälle, die mich das beispiellose Unrecht, das sich noch die schlechteste Welt zufügt und von dem sich abzuwenden die letzte sittliche Aufgabe ist, wieder als Tortur an mir selbst empfinden lassen. Ich arbeite jetzt, schrieb ich, für das mir wichtigste Buch das scheußliche Vorspiel dieser Zeit durch; ich lese unter Herzkrämpfen, wie vierschrötige Lumpen damals gefangene Türken wegen *deren* »Feigheit« verhöhnt haben. Daß solche Gesinnung, weil sie »schreiben kann«, jetzt schockweise frei herumgeht, sei ein Eindruck, der eine edlere Ausnahme wohl rechtfertigt. (Die sogenannten »Kriegskorrespondenten«, deren einen wir in Brunnen gesehen haben.) »Gelingt's nicht«, schrieb ich dem Betroffenen selbst, »so leben wir, getröstet und zuversichtlich, weiter in dem Wissen, daß einem *Inhalt* kein *Zustand* etwas anhaben kann.« Dem Baron L.:

»Sie haben über dem, was sich jetzt Ihrem fühlenden Herzen bietet, wohl nicht die Zeit vergessen, in der Sie einem Mann, der es möglicher Weise vor den andern gefühlt hat, oft und oft mit gütiger Achtung begegnet sind. Vielleicht haben Sie inzwischen auch sein Gefühl miterlebt, daß dieser Krieg, der eine moralische Insel nur für Männer Ihresgleichen herstellt, die ganze umgebende Welt in ein großes Hinterland des Betrugs, der Hinfälligkeit und der unmenschlichsten Gottlosigkeit verwandeln wird, indem das Übel über ihn hinaus und durch ihn fortwirkt, weil es hinter vorgeschobenen Idealen sich bereichert und am Opfer wächst.« Mehr könnte ich in einer kommenden Fackel auch nicht sagen. Der Fall betrifft den armen Ludwig v. Ficker (das Jahrbuch des »Brenner« mit Gedichten von Trakl und Rilke ist jetzt erschienen). »Einer der wenigen hochstehenden, geistigen, saubereren Menschen«, schrieb ich, »die ich, seitdem ich die vielen andern verabscheue, gefunden habe. Sie wissen auch, daß es sich um den Herausgeber des Brenner handelt, der natürlich den Aufenthalt unter Wanzen dem in einem Kriegspressequartier jederzeit vorziehen wird. Wie man seine Lage verbessern könnte, davon hab ich natürlich keine Ahnung. Daß der Drang, es zu thun oder geschehen zu sehen, keine Ungleichheit in der vorhandenen Ordnung bezweckt, versteht sich umso eher, als *die Ordnung ohnedies keine gleiche* ist und der Mann, für den ich besorgt bin, nicht so bald mit einem andern sich wird vergleichen

lassen, dem es besser geht. Sie wissen, wie weit von diesen Dingen
ich lebe. Aber schlaflos wie den armen L.v.F. wird mich sein Fall
machen ..... Ich würde solche Bitte nicht wagen, wenn ich nicht
sicher wüßte, daß Ihrem Interesse für mein Werk auch die Sympathie für die wenigen Treuen, die es gefunden hat, naheliegt. Ich
hoffe, Ihnen nun bald noch mehr Dank zu schulden als bisher.«

Nun hoffe ich also auf eine gute Wendung. Wenn Baron L.
nicht außer einem Krieger auch ein Mensch wäre, würde ich sagen: Ich wollte, ich wäre schon im Kerker, der mir nach dem
Park von Janowitz der einzige dem Sinn meines Lebens entsprechende Aufenthalt zu sein scheint, den mir die Zeit offen läßt.

Gestern hatte ich noch ein anderes Abenteuer. Habe ich Dir von
dem Hellseher erzählt, der jetzt in Wien – also innerhalb der un-
durchsichtigsten Materie – aufgetaucht ist? Er stellt aus der Handschrift eines Kuverts den Inhalt des Briefes fest, schreibt die Schrift
jedes Menschen, den er sieht, haargenau nieder, agnosziert einen,
von dem er die Schrift gesehen hat u. dgl. Gestern kam sein Gutachten über meine Handschrift, von der Du nur sagen könntest,
daß sie unleserlich ist. Er hatte nicht den geringsten Anhaltspunkt
und machte dazu Bemerkungen, die ein anderer wörtlich mitgeschrieben hat. In der Beilage ist eine Abschrift (wieder unleserlich). Dadurch, daß ich es Dir schicke, könnte die Annahme, daß
ich nicht eitel bin (was ich ziemlich genau weiß) doch wiederlegt
[!] sein. Aber ich thue es, weil die Sache wirklich phänomenal ist
und weil Du vielleicht aus dieser Entlarvung etwas über mich erfährst, was selbst Du noch nicht gewußt hast. Soll ich veranlassen,
daß der Mann ein Kuvert mit Deiner Schrift, ohne Stempel, zu
sehen bekommt? Ich könnte es wagen, denn er weiß unmöglich
mehr als ich. Aber er wird ebenso wenig wissen. Hier scheitert
ein Hellseher. Er würde höchstens feststellen: das ist eine, die
sich nicht bemüht hat, schön zu sein, und der es gelungen ist.

[SN:] Aussprüche von Schermann, Hellseher über seine Schrift,
ohne ihn zu kennen

[Beilage, in der Hand von KK:] »Ein seltener Kopf; ein Schriftsteller – der furchtbar packend schreibt – in ein paar Sätzen sagt
er mehr als ein andrer in paar Bänden.

Wenn der sich für eine Sache einsetzt, dann verfolgt er sie bis zum Tode. Seine Sprache und seine Zunge ist wie ein 42 cm Mörser. Wenn der eine Sache verficht, wird er nicht ruhen, bis er alles ausgeführt hat. Wenn er einem Feinde gegenübersteht, wird er nicht früher ruhen, als bis der am Boden liegt. Er schrickt vor nichts zurück, *und wenn da tausend Leute sind,* wird er so laut und so packend seine Sache vertreten, daß alle wie hypnotisiert ganz umklappen (Anmerkung: Vision eines Vorlesesaals). Er wird auch zum Beispiel, wenn ein guter Freund an ihm eine Gemeinheit begeht und sich in dem Geleise so weiter bewegt, ihn so lange bekämpfen, bis der vernichtet ist, selbst dann, wenn der Betreffende durch sein (jenes) Auftreten einen Selbstmord begehen würde.

Er muß riesige Kämpfe in seinem Leben ausgefochten haben. Er ist immer auf einen Angriff bereit, hält die Waffe schußbereit in der Hand, dergestalt, daß ihn ein Angriff nicht unvorbereitet treffen kann.

Der Eindruck (von der Handschrift) ist so stark, dass ich davon nicht loskommen kann. Furchtbar scharfer Beobachter, noch schärfer in der Kritik. Ein gewöhnlicher Sterblicher kann ihm gar nicht entgegentreten. Die gediegensten Köpfe, die einen riesigen Scharfblick haben, müssen sich gut zusammennehmen, bevor sie ihm entgegentreten können, er wird sich auf ein gesprochenes Wort nach vielen Jahren erinnern und genau wissen, von wem es gesprochen wurde und bei welcher Gelegenheit.

Er grübelt in alterthümlichen Sachen herum. Geschichte hat ihn immer sehr interessiert (Anm.: Das Vergangene). Er lebt nur für seine Arbeit (Anm.: Wahr und unwahr zugleich). Die Arbeit hat ihm sehr viel Kränkungen und Verfolgungen eingetragen, er ist aber immer als Sieger davongegangen.

Frage: Ist er »gut« oder »schlecht?«

Antwort:

Wenn er einem armen Teufel helfen kann, ist das ganze Herz dabei, und wird in den Sack greifen, und in demselben Maße wird er einen, der eine Gemeinheit begeht, mit dem Messer verfolgen.

Er bezeichnete ein Wort in der Schrift, umringelte es und sagte: Hier hat ihn etwas unangenehm berührt.

»Grund, warum, wofür er kämpft?«

Für die Wahrheit. Echt.

»Eitelkeit?«

Gar keine Eitelkeit, auch persönlich keine, das ist ein Forscher wie man ihn selten findet. Wäre heute weiter, wenn er Tamtam geschlagen hätte und sich in andern Regionen bewegt hätte.

»Frauen?«

Er lebt für größere Dinge (Anm.: Und eben darum für das Wichtigste! Die Handschrift ist aus der Zeit vor 1913.)

»Geld?«

Er hat nie Geld machen wollen. Wenn er hätte wollen, hätte er können.

»Gesundheit?«

Die Nerven überanstrengt. Gönnt sich keine Ruhe. *Ißt nie zur richtigen Zeit,* weil er immer beschäftigt ist.

Er plant seit längerer Zeit etwas Wichtiges, aber es kommt ihm immer etwas dazwischen. (Anm.: seit sieben Jahren, damals seit fünf, die Bücher, Kultur u. Presse etc.)

»Krieg?«

Er versteht vom Krieg mehr als manche, die den Krieg leiten, *aber er darf nichts reden.«*

[281]   B [Wien,] 22.[7.1915] 10 Uhr abends   [Janowitz]

Ich war nachhause gekommen, um das hier für den letzten Menschen, zu seinem Trost, herauszuschreiben. Das Wort in der Meinhardts-Kapelle hatte ich nachsehen wollen, es findet sich weder in der Luther-Bibel noch in der Übersetzung des van Ess. Dafür habe ich das da gefunden, und manches davon soll als Motto in das Buch, gleich nach der Widmung. Nun, ich war eben daran, es fertig zu schreiben – nach einem der allerentsetzlichsten Tage drängte es mich dazu. Glücklich, der arbeiten kann, ja – aber glücklich auch die, welche die Furchtbarkeit des jetzigen Lebens nicht täglich mit Aug und Ohr erlebt, ganz, ganz sicher davor ist, daß nicht in jeder Sekunde, wo immer, unentrinnbar, das allerqualvollste Signal der jetzigen Schande: der Extraausgaberuf ihr in die Nerven fährt! Heute war's, mit Hitze, Staub, hundert Beweisen der Unerträglichkeit, einer der allerschlimmsten Tage. Dazu Briefe von Gefangenen und einem armen kranken Soldaten in Reichenberg, der sich mir als ehemaliger Diener ins Gedächtnis ruft und dem ich sogleich Geld sandte.

Aber ich kam nachhause, um die Bibelcitate durchzusehen und dachte, es gebe ja doch noch einen Menschenrest, zu dem man so sprechen kann. Denke auch: wann wird sie mir schreiben? Da klingelt es und ein Expressbrief kommt. Ich war *noch nie so dankbar,* noch nie so »wieder hoffend«. Denn noch nie hat sie meine Sehnsucht so errathen, so erfüllt.

Es ist wirklich eine Entschädigung für solch einen Tag. Selbst für den »Jahrestag« —— wie wahr ist alles, was in dem Brief steht. Gewiß, um dieses »Nachdenkens« willen – ich wollte, ich könnte ihr auch dieses abnehmen – sei sie mit allen Thränen beklagt.

Aber es wird nicht über unsere Schwelle kommen! Und wenn es vorbei ist, werde ich *diese* Trauer, diese Blässe, diesen Zwang zum Nachdenken rächen!

L.F. ist in B. Ich wollte [Dich] nicht damit befassen, abgesehen davon, daß ich annahm, daß Ch. da nichts machen kann. Er schläft mit 36 Menschen in einem Raum. Er *muß,* auch wenn er sich einen Palast miethen könnte. Es soll da nur das eine zu machen sein: Rück-Versetzung nach Brixen, und um die habe ich ja den Baron L. gebeten. Sollte Ch. zufällig einen der Machthaber in Ben. kennen, so könnte er ja – natürlich ohne von meiner Intervention bei Baron L., der in Brixen ist, etwas zu erwähnen – vielleicht doch erreichen, daß ein Mensch vom sozialen Niveau des L.F. des Glücks theilhaftig wird, im Hotel von B. zu wohnen, wo man sich gegen die Mäuse etc. vielleicht wenigstens wehren kann. Wenn Ch. solche Möglichkeit hat, so thäte er ja das edelste Werk. Aber ich denke, er wird die Sphäre von B. nicht kennen. Jedenfalls warte ich auf Nachricht aus Brixen (wo L. ist und wo eben F. *früher* war) und werde, wenn F. nicht bis dahin versetzt ist, ihn in B. besuchen. Ich hoffe aber, daß F. dann nicht mehr oder nicht lange mehr dort sein wird. Das peinigende Gefühl, so nah von solchem Elend in solcher Schönheit zu leben, würde mich doch öfter treiben, ihn zu besuchen.

Ich würde aber dann nichts davon erzählen – denn die Schönheit selbst hat ohne solches Gefühl in sich selbst zu beruhen, und wenn ich komme, so komme ich nur, um sie in ihrer unerhörten Selbstherrlichkeit zu bestärken und alle Fäden zu durchschneiden, die in die infame Welt führen könnten. Natürlich bleibt, da *nach* dieser Affaire das Inselleben noch schwerer zu halten wäre, nichts übrig als die Flucht in jene Länder, deren Bewohner ja bestimmt sind, sich in etwa hundert Jahren von unserer Erbärmlichkeit durch Augenschein zu überzeugen.

Nicht traurig, bitte, bitte. Um nichts. Ich nehme alles, selbst das, über mich. Vor meinem offenen Fenster singen soeben *Kinder* die »Wacht am Rhein«. *Ich* halte durch! Ich weiß aber auch, warum und *für wen*!

Allerseligsten Dank! Und auch für das Buch, das heute druckfertig wurde. Fünfhundert Seiten. Titel: Untergang der Welt durch schwarze Magie. Die Korrekturen werden mir nach J. gesandt werden. Wie schön wird das sein. Daß einer, der *dies* Buch schreiben mußte, noch so belohnt wird.

Paulus:
»Ich bediente mich bei meinem Reden und Predigen nicht der künstlich überredenden Worte menschlicher Weisheit; sondern sie wirkten durch Geist und Kraft.

Freilich tragen wir Weisheit vor, aber nicht Weisheit dieses Zeitalters und der Großen dieser Welt, welche zu Nichts werden.

Wir aber haben nicht den Geist der Welt empfangen, sondern den Geist, der aus Gott ist.

Der Geistige aber kann Alles beurtheilen; ihn hingegen kann Keiner beurtheilen.

Denn die Weisheit dieser Welt ist Thorheit vor Gott.

Die Zeit ist kurz; das bleibt übrig, daß auch denen, die dieser Welt genießen, so sein wird, als genössen sie ihrer nicht.

Wenn Jemand auf sein Wissen sich etwas einbildet, so erkennt er noch nicht einmal, wie sein Wissen beschaffen sein soll.

Denn so wie das Weib von dem Manne ist, so ist der Mann durch das Weib da; Alles aber ist von Gott.

Wenn ich die Sprachen der Menschen und der Engel redete, hätte aber die Liebe nicht, so wäre ich ein tönendes Erz, oder eine klingende Schelle.

Göttliche Kraft und göttliche Weisheit ist Christus denen, welche berufen sind, sie seien Juden oder Heiden.

Durch Gottes Gnade bin ich aber, was ich bin, und seine Gnade ist in mir nicht fruchtlos gewesen; denn ich habe mehr, als sie Alle gearbeitet; doch nicht ich, sondern die Gnade Gottes mit mir.

Der erste Mensch, Adam, wurde zu einer lebendigen Seele, der letzte Adam zu einem lebendigmachenden Geiste.

Wann aber dieses Sterbliche Unsterblichkeit angezogen hat, dann wird in Erfüllung gehen, was geschrieben steht: Verschlungen ist der Tod im Sieg! Wo ist Dein Stachel, Tod? Wo ist Dein Sieg, o Hölle?

Darum ermüden wir nicht, sondern wenn auch unser äußerer Mensch aufgerieben wird, so erneuert sich doch der innere von Tag zu Tag.

Dies soll nicht wieder vor euch unser Selbstlob sein, sondern wir wollen euch Veranlassung geben, euch unser zu rühmen, auf daß ihr denen entgegnen könnet, die des Äußern sich rühmen, aber nicht des Herzens.

Ob wir gleich im Fleische wandeln, so *kämpfen* wir doch nicht nach dem Fleische. Denn die *Waffen,* womit wir kämpfen, sind nicht fleischlich, sondern göttlich stark, Festungswerke zu zerstören, wir zernichten Trugschlüsse, und alle Burgen, die sich gegen Gotteserkenntnis erheben.

Ja wenn ich auch noch mehr rühmen wollte von unserer Gewalt, die uns der Herr zu eurem Besten, nicht zu eurem Verderben, gegeben hat, so würde ich nicht beschämt werden.

Muß ich mich einmal rühmen, so will ich mich meiner Leiden
rühmen.

Zwar wäre ich darum noch kein Thor, wenn ich mich rühmen
wollte; denn ich redete die Wahrheit. Ich unterlasse es aber, damit niemand von mir mehr halte, als er an mir sieht oder hört.

Und damit ich auf jene außerordentlichen Offenbarungen nicht
stolz würde, so wurde mir ein Stachel ins Fleisch gegeben, ein
Satansengel, der mir Faustschläge gibt.

Darum bin ich zufrieden in meinen Leiden, bei Schmach, in
Nöthen, bei Verfolgungen, in Bedrängnissen, um Christi Willen; denn wann ich leide, dann fühle ich mich stark.

Ich bin ein Narr geworden, aber ihr habt mich dazu gezwungen.
Denn eigentlich sollte ich von euch gelobt werden, zumal ich
jenen übergroßen Aposteln in nichts nachstehe, wenn ich gleich
nichts bin.

Sie sind Ebräer? Ich auch. Sie sind Israeliten? Ich auch. Sie sind
Nachkommen Abrahams? Ich auch. Sie sind Diener Christi?
Vielmehr noch ich; mehr Mühseligkeiten, mehr Mißhandlungen
habe ich erlitten.

Wen trifft ein Leiden, das ich nicht mitleide? Wer wird gekränkt, und ich empfinde nicht den brennendsten Schmerz?

Denn wir vermögen nichts gegen die Wahrheit, sondern nur für
die Wahrheit.

Wir sind Narren um Christi willen, ihr aber seid klug in Christo;
wir schwach, ihr stark; ihr die Geehrten, wir die Verachteten.

[282]   K [Klosterneuburg] Samstag [24.7.1915]   [Janowitz]

Zu einer Aussage über den großen Opel hieher vorgeladen, immer lieber an den kleinen denkend, sendet den schönsten Gruß
in Ergebenheit

       K.

Ich habe zu Trauriges in den letzten Tagen gesehen und doch ist auch daraus noch Arbeit geworden – eine Arbeit, immer wieder erst abgeschlossen, wenn morgens um 6 Uhr grad vor meinem Fenster die Opfer vorbeimarschieren. Was für eine Art Arbeit es ist, deren erster Abschnitt jetzt in drei Tagen und Nächten vollendet wurde, will ich sagen, nachdem aus diesem Tagebuchblatt meine Verfassung klar geworden ist (das ich immer schon schikken wollte):

26. Juli

Jetzt, während vor meinem Schreibtisch, wie zu ihm hin, der tägliche, unentrinnbare, gräßliche, dem Menschenohr für alle Zeiten angethane Ruf: Extr....e erschallt, bin ich eine Stunde lang in Thierfehd gewesen. Und nichts, nichts hat sich verändert! Kein Gedanke, gedacht, gesagt, geschrieen, wäre stark genug, kein Gebet inbrünstig genug, diese Materie zu durchbohren. Muß ich somit nicht, um solche Ohnmacht zu *zeigen,* darzuthun, was alles ich jetzt *nicht* kann – wenigstens etwas thun: mich preisgeben? Was bleibt übrig?

Der Weg muß gegangen werden, wenn's zu lang dauern sollte, bis der nach China offen ist. Was hinauszuschreien wäre, soll mich erdrosseln, damit es mich nicht anders ersticke. Ich bin auf der Straße meiner Nerven nicht mehr sicher. Es wäre aber besser, es geschähe als Plan und nur so, daß auch dies für den einen Menschen geschieht, für den ich lebe und nicht mehr leben will, wenn *er* glaubt, daß weiteres Stummsein die *eigene* Menschenwürde gefährdet, daß nicht mehr ertragbar ist diese stille Zeugenschaft von Thaten, nein von Worten, die das Andenken der Menschheit für alle kosmische Zeiten ausgelöscht haben. Einen gibt es, ohne den nichts geschehen darf, weil alles für ihn geschehen muß. —— ——

Aus dieser Erschöpfung nun ist noch ein Funke entsprungen, und es entstand der Plan zu einem Werk, das freilich wenn es je hervorkommen könnte, gleichbedeutend wäre mit Preisgabe. Gleichwohl und eben deshalb muß es zu Ende geschrieben werden. Der erste *Akt,* das Vorspiel zu dem Ganzen, ist fertig und könnte für sich bestehen. Zu wem aber wird es dringen? Die

Schweiz, die eben noch unserm lieben kleinen Wagen Unter-
stand gewährt, versagt da. Vielleicht hilft sie später; wenn sie
nicht, so Amerika.

Aber ich bin, was immer geschehen kann oder nicht geschehen kann, jetzt freier. Zum Werk »Untergang d. W. ....«, das
hoffentlich ganz so herauskommen kann (sonst müßte es aufgehoben werden) jetzt noch diese Erleichterung.

Es *muß davon* auch viel auf den zweiten übergehen, den ruhig
und frei, also schön zu sehen doch die beste Aufgabe und der
höchste Lohn zugleich ist! Wenn er nun also ganz genau weiß,
daß meine Ankunft am 1. ihm nicht die geringste Ungelegenheit
bereitet, so komme ich, mit Arbeit beladen. Den Zug würde ich
noch telegraphieren oder man theilt mir ihn mit. Ich meine so:
morgens nach Beneschau, wo aber um 2 Uhr Ankunft und ich,
da Sonntag ist, L.v.F. sprechen kann. Dann mit irgendeinem
Zug nachm. oder Abend nach J. Oder paßt das nicht? Die Freude einer Nachricht werde ich ja bis Samstag abend noch haben?
Oder stört es, daß ich vor D. komme? Man sagt es mir, damit
nichts gerade *dieses* Wiedersehen trübe!

[284]   T [Wien, 31.7.1915]   [Janowitz]

Nach schönster Arbeit Morgengruß für Janowitz ++ Alles innen
und außen bereit ++ Wenn nichts anderes erwünscht unterwegs
vier Uhr siebzehn ++ Karl Kraus

[285]   T [Wien, 1.8.1915]   [Janowitz]

Liebe Depesche erhalten nachdem meine abgesandt ++ Glaube
also, daß meine Ankunft nachts erwartet ++ Innigsten Dank mir
um möglicher Verwirrung vorzubeugen Nachmittag errichtet
hat ++ Erbitte Depesche Beneschau Bahnrestaurant.

                                                    Karl Kraus.

[285]° K [Janowitz, (Ende) August 1915] [Felsö-Elefánt; nachgesandt: Našice]

KK und SN an Dora Pejacsevich

[KK:] Liebe Gräfin Dora,

Ihre freundlichen und tröstlichen Worte haben mir sehr wohl gethan. Die drei Hefte werden Sie, sobald und *wenn* sie erscheinen, zugesandt bekommen, aber *nicht* »per Nachnahme«. Vorläufig stecke ich noch tief in Arbeit. Ich verlasse am 1. Sept. Janowitz und zu allem, was es hier gibt, macht mir jetzt auch noch das Wetter den Abschied schwer.

Hoffentlich sehe ich Sie bald einmal in Wien. Mit den herzlichsten Wünschen und Grüßen bis dahin und immer

Ihr K.K.

(Wiener Adresse: IV. Lothringerstr. 6)

[SN:] Bobby hustet nicht mehr.

Küsse   Sidi

[286]   T [Linz, 2.9.1915]   [Janowitz]

Innigsten Dank und Gruß vom Springbrunnen ++ Jetzt holt mich Oli ab.

Karl Kraus.

[287]   B [Wien,] 3. Sept.[1915]   [Janowitz]

Allerbesten Dank für Brief, Karte und alles! Früh angekommen, leider bis 4 Uhr geschlafen, viel Arbeit versäumt. Die Druckerei wartet, drum nur in Eile diesen besten Gruß und kurzen Bericht:

Gestern 3 bis 5 war ich mit Mladotas. Sie noch sehr schlecht aussehend, hofft in 2 Wochen kommen zu können – muß arges Fieber durchgemacht haben, ist aber schon fast gesund. Die »beiden Herren« sah ich Mittag in der Nähe des Hauses – Rosenkrantz und Güldenstern, so kamen sie mir entgegen; das Leben wurde sofort langweilig.

Um 6 fuhr ich nach Enns, von dort ½ 2 Uhr nachts nach Wien.

Mit Springbrunnen, Krankenschwestern und vielem andern viel Freude verbreitet. Die schönsten Grüße auch an Ch. und M.M.

Brief mußte ich öffnen, die Beamtin wies ihn zurück.

Vielleicht gehts übermorgen mit dem andern bei einem andern Postamt.

Erbitte Aufnahmen von Dworáck, Bobby, Zelt, Wiese. Johannesrast *und von der Hauptsache*!

[288] K [Baden bei Wien,] Samstag abend [4.9.1915]   [Janowitz]

Leider bei schlechtestem Wetter in Baden.

Films 8/10 ½ *nirgendwo* erhältlich – kommen wahrscheinlich auch *»nicht mehr herein«*.

Allerergebenster Gruß an Janowitz!

[289] B *Sonntag* [5.9.1915] *abend*

Morgen gebe ich den Brief an G. auf. – Diese Stelle wollte ich heute herausschreiben:

>»O Romeo! warum denn Romeo?
>Verleugne deinen Vater, deinen Namen!
>Willst du das nicht, schwör' dich zu meinem Liebsten,
>Und ich bin länger keine Capulet!
>– – – – – –
>Dein Nam' ist nur mein Feind. Du bliebst du selbst.
>Und wärst du auch kein Montague. Was ist
>Denn Montague? Es ist nicht Hand nicht Fuß,
>Nicht Arm noch Antlitz. O sei andern Namens!
>Was ist ein Name? Was uns Rose heißt,
>Wie es auch hieße, würde lieblich duften:
>So Romeo wenn er auch anders hieße,
>Er würde doch den köstlichsten Gehalt
>Bewahren, welcher sein ist ohne Titel.
>O Romeo, leg' deinen Namen ab,
>Und für den Namen, der sein Selbst nicht ist,
>Nimm meines ganz!«
>   »Ich nehme dich beim Wort,
>Nenn' Liebster mich, so bin ich neu getauft,
>Und will hinfort nicht Romeo mehr sein.
>– – – – – –

Mein eigner Name, theure Heil'ge wird,
Weil er dein Feind ist, von mir selbst geführt.
Hätt' ich ihn schriftlich, so zerriss' ich ihn.«

– – – – – – –

»Bist du nicht Romeo, ein Montague?«
»Nein, Holde; keines, wenn dir eins mißfällt«
»Wie kamst du her? o sag' mir, und warum?
Die Gartenmau'r ist hoch, schwer zu erklimmen;
Die Stätt' ist Tod, bedenk' nur, wer du bist,
Wenn einer meiner Vettern dich hier findet.

– – – – – – –

Gewiß, mein Montague, ich bin zu herzlich;
Du könntest denken, ich sei leichten Sinns.
Doch glaube, Mann, ich werde treuer sein
Als sie, die fremd zu thun geschickter sind.

– – – – – – –

Wenn deine Liebe, tugendsam gesinnt,
Vermählung wünscht, so laß mich morgen wissen
Wo du und wann die Trauung willst vollziehn.
Dann leg' ich dir mein ganzes Glück zu Füßen.

– – – – – – –

Abhängigkeit ist heiser, wagt nicht laut
Zu reden, sonst zersprengt' ich Echo's Kluft,
Und machte heis'rer ihre luft'ge Kehle,
Als meine, mit dem Namen Romeo.

– – – – – – –

Nun gute Nacht! so süß ist Trennungswehe,
Ich rief' wohl gute Nacht, bis ich den Morgen sehe.«

Heute nachmittag im Cafe Imperial ein Erlebnis, tief erschütternd
wie nur jenes, das gerade *vor zwei Jahren,* wohl auf den Tag, *um
dieselbe Stunde, ebenda.* Damals ein *Finden* – jetzt ein *Behalten!*
   Der Hellseher kam an meinen Tisch, stellte sich mir vor. Ich
hatte ihn nicht gekannt. Wir kamen ins Gespräch. Er erzählt von
seinem Auftreten in Berlin. Dort ist ihm unter vielen, ein Kuvert gereicht worden mit der Schrift jener Gräfin (Mielzinska?),
die vor eben drei Jahren von ihrem Gatten erschossen wurde. Er
sagte: es ist von einer Frau, die erdolcht oder erschossen wird!

Einige »Graphologen« riefen: »Herr Sch. überschreitet die Grenzen der Graphologie! Schluß!« Der Vorsitzende weist zur Ruhe. Der Mann, der das Kuvert gereicht hat, ein Professor, erklärt, es sei von Gräfin M., die u.s.w. Unbeschreibliche Aufregung im Auditorium.

Ich sprach mit ihm all dies und widerstand nun nicht der Verlockung. Ich zeigte ihm zuerst das Kuvert von Dora. Da sagte er ganz richtiges: »Ausgesprochener Sinn für Kunst, für Malerei oder Musik, beschäftigt sich damit – viel innerlich durchlebt – etwa 30 Jahre alt, sehr männliches Wesen etc.« Ich brach aber bald ab, da mich anderes viel mehr interessierte. Ich zeigte noch ein Kuvert von L. v Ficker: auch hier sagte er manches Richtige. Dann aber zeigte ich das Kuvert von Deinem Brief, den Du am 2. vormittags geschrieben hast. Und nun – es ist haarsträubend – brachte der Mann die folgenden Sätze hervor, die ich genau mitgeschrieben habe. Es ist selbstverständlich, daß er vollkommen ahnungslos war. Er weiß nicht einmal von der Fackel viel. Interessiert sich für mich nur wegen meiner Schriftprobe. Ein Herr im Lokal hatte ihn auf mich gewiesen, er wollte mich längst kennen lernen.

Aus überflüssiger Vorsicht hatte ich beim Kuvert noch die Marke umgebogen. Nun begann er zu arbeiten, buchstäblich: zu arbeiten. Ich sah deutlich, wie er einen Schleier nach dem andern, fast mit Händen, abhob. In der Reihenfolge, wie er Satz für Satz gesprochen hat, steht es hier. Ich habe in der Abschrift nicht ein Wort verändert. Ich unterbrach nicht, stellte kaum eine Frage *.

Hier ist es.

Ich bin maßlos glücklich. Der Zweifel gehört ja zu mir wie der Glaube, ich *konnte* ohne ihn nicht lieben, aber jetzt ist er weg. Wenn er kam oder kommt, so ist es gleichgiltig, ich weiß dann mit dem andern Bewußtsein, daß nur *ich* am Zweifel schuld bin, und das ist ein göttliches Glück!

---

* Nachher sagte ich natürlich für alle Fälle, daß *manches* ganz richtig sei, *vielleicht* alles, daß ich aber *das meiste nicht wisse* – er sagte: »dann werden Sie es erfahren.« Selbstverständlich sagt er *keinem* ein Wort, daß er aus einer mir vor ihm gereichten Schriftprobe solches herausgelesen habe, fragt auch nicht weiter.

[SN:] Aussprüche R. Schermans [!] (Hellseher) bei Ansicht meiner Schrift 5.9.1915

[KK:] Ein nob[ler Geist] [Textverlust durch Ausriß]
    die Hand überangestrengt
    es arbeitet in ihr
    Man sieht auch Furchen auf dem Gesicht von Stürmen, die sie erlebt hat
    Sinnliche Natur, aber nur das Geistige kann das Sinnliche in Schwingung bringen
    für große Dinge geboren.
    fremdländisches Blut – südlich
    italienische oder französische Citate wendet sie an
    auf Schritt u Tritt belästigt, hat Ekel hervorgerufen
    wenn sie ins Zimmer tritt, muß sie auffallen, bringt physisch auch mehr Athmosphäre als andere Frauen, wenn sie in denselben Raum kommen.
    sie lechzt nach Liebe, hat aber bisher den Richtigen nicht gefunden   sie scheint auf dem Weg zu sein   hofft immer noch weiter u bis sie dieser Sache sicher ist, wirft sie sich ihm um den Hals   hat einen bestimmt in Aussicht
    wenn der Betreffende sie zu behandeln weiß, wird sie frisch aufleben – er wird ihr sympathisch sein, wenn der Betreff ab und zu einen Händedruck [Textverlust durch Ausriß] möchte diesen Mann auf diese Weise fesseln und auf der Straße, wenn sie Gelegenheit hat ihm einen Händedruck geben – Sie glaubt den Moment für gekommen und möchte dem Betreffenden, den sie im Auge hat, so weit bringen daß sie ihr Herz vor ihm ausschütten kann – sie möchte von Herzen gern gehätschelt werden – das hofft sie. Denn sie steht auf dem Standpunkt, daß das Leben so wie so kurz ist und sie viel zu spät aus dem Schlaf geweckt werde – sie hatte sehr oft Gelegenheit, aber das alles schien ihr nicht würdig genug, hat vieles weggeschmissen … es waren Männer, die sie furchtbar gequält haben, und sie hat sich schließlich in der Rolle der Gequälten gefallen   aber jetzt sieht sie den ihr Gleichen und will nicht mehr warten, sondern den Bestimmten, den sie im Kopfe hat, an sich reißen.

Sie hat sich zu irgendetwas entschließen sollen etwas eingetreten, es ist nicht zustandegekommen, es thut ihr auch gar nicht
leid, weil ihr im Kopf nun etwas andres herumgeht, die Person
ist ein Kind der Stimmung. Man kann sie durch eine Kleinigkeit
riesig verstimmen und das klingt dann über längere Zeit nach.

ich habe einen kolossalen Einfluß auf sie, sie weiß es und fühlt
sich glücklich in dem Gedanken, daß ich mich mit ihr beschäf-
tige... ich sehe sie oft vor mir weinen und auch anflehen, sie
nicht zu verlassen und überhaupt mit ihr zu machen was ich will

sie hat die Herrschaft über sich verloren und weiß, daß nur
ich derjenige bin, der ihr die Ruhe bringen kann.

Der Plan, von dem ich gesprochen habe, bezieht sich, wie ich
jetzt klar sehe, auf den Kraus

Der Vorname Karl muß in ihrem Leben eine Rolle gespielt
haben – der ist in den Hintergrund getreten, und der Kraus lebt
für sie

Sie wird oft mit Gott über Sie sprechen, für Ihr langes Leben
beten, Sie kommen ihr vor, als wenn er ihre Sonne wäre. – alles
andere, die ganze Umgebung, ist für sie nichts. Sie hat die Sache
gut überlegt, hat einen *Plan* gefaßt und wird danach vorgehen.
Eine gewisse Wehmuth sehe ich trotzdem heraus, weil sie nicht
sicher ist, daß es ihr gelingen werde, den Plan zu verwirklichen.
Die Annäherung zu dem Adressaten ist bereits erfolgt. Ich sehe
jetzt klar, daß die Verbindung bereits vor sich gegangen ist. Der
Name Karl bringt sie manchmal in unangenehme Aufregung,
sie wird mich anders nennen.

Alter: etwa 30 Jahre

ich sehe wie sie küssen wird – den Kopf nach rückwärts fallen
eine Art Ohnmacht und wird den Geküßten festhalten und ihm
die Zunge in seinen Mund stecken. Sie wird auch von ihm gern
auf ihre Brust gedrückt werden.

Sie wickelt ihr Leben ab und sehnt sich, das frische Leben in
dem Maße, wie sie es versteht, fortzuführen: ich höre die Worte:
Ich brauche sehr viel Sonne sie will immer gestreichelt werden.

Sie wird an den Kraus oft vor dem Schlafengehen noch ein paar
Zeilen richten. Sie wird auch an ihn derartige Briefe schreiben,
wie sie es sonst bisher nicht that.

Sie kennt ihm gegenüber gar kein Geheimnis und wird ihm oft auch sagen, mein guter Geist verlasse mich nicht

sie hat aus irgendeinem Grunde einen für die Welt scheinbaren Bruch zeigen wollen, de facto aber sitzt sie seit der Zeit viel fester und denkt intensiver an ihn – das betreffende Unternehmen ist nicht zustande gekommen und sie ist überglücklich, daß die Sache an und für sich auseinandergieng, wenn man auch momentan an eine Verschiebung denken kann

---

Sie hofft noch immer, daß dieser bewußte Schritt unterbleiben wird ... sie unternimmt ihn, und gibt den Vorwurf auf, und auch daß sie dann K. ganz für sich gewinnen wird und von ihm nie mehr lassen wird ... das ist das Leitmotiv ihres Lebens und daran hält sie fest

Ich sehe genau, daß das der Abschluß ist ... So geht es in ihrem Gehirn herum und so wird es auch enden ... Dieser ganze Vorgang erfolgte auf höhere Einwirkung, etwa des Milieus, weil sie keinen andern Ausweg hatte, aber dem K. muß sie ausdrücklich erklärt haben: »Das Theater muß ich aufführen aus gewissen Gründen und im Kern bleibe ich doch bei der Wahrheit, denn sie kann ohne K nicht leben und müßte sonst zugrundegehen. Sie ist nahe der Verzweiflung, weil sie dieses Theater aufführen muß, und lebt nur in der Hoffnung, ihren eigentlichen Plan zu verwirklichen. Es hat ihr einen kolossalen Schmerz bereitet, als sie auf Drängen des Milieus zu einer Sache Ja sagen mußte und wird oft dem K gesagt haben: Du wirst mich beschützen, daß ich heil davonkomme und daß ich während dieses Theaterspiels nicht zugrundegehe!

Ich sehe einen Altar, eine Hochzeit vor mir, auf Zudrängen des Milieus, sehr plötzlichen Abbruch – es ist nicht zustandegekommen – ich sehe Gäste zusammenkommen, es wurde nichts draus.

K. hat ihr zu dem Theater, das sie aufgeführt hat, Ja gesagt, weil momentan kein andrer Ausweg vorhanden war mit Thränen in den Augen, mit gebrochenem Herzen sehe ich sie an den Plan gehen – mit einem Ekel und Widerwillen

Aber immer höre ich jene die Worte: *Ja, es muß so sein, sonst kann ich meinen Zukunftsplan nicht* verwirklichen.

Sie sagt sich, sie müsse sich opfern – diesen Schmerz, dieses Jammerleben durchzukosten, um dem Milieu zu genügen, zu erklären, daß das Milieu sie ins Unglück gebracht hätte – und: »ich muß es wieder lösen und mich K. nähern.«

Das Milieu? sind blaublütige Leute, die standesgemäße Verbindung wollten. Sie aber konnte sich nicht helfen und hat sich deshalb ein Übergangsstadium zurechtgelegt

Ich sehe das ganze Theater vor mir.

Die Augen umflort, hineingesetzt

Keine ausgesprochene Schönheit, das Gesicht durchgeistigt, graue Fäden auf dem Haar, bemerkt es im Spiegel

Keine Alltagsperson gesund, hochgradig nervös

Sie kommt nicht zur Ruhe

besonders bei dem Theater für das Milieu

»wenn ich einmal verrückt werde und interniert wäre, so kann mich nur der Anblick des K wieder retten.«

Geld… Spielt keine Rolle.

adeliges Blut

Ihr ganzes Gehirn ist nur Kraus – es gibt kein Opfer, nur das sie für K nicht bringen könnte. Sie weiß, daß das Theater, das sie aufführte, wie ein Opfer für ihn … es ist noch nicht aus, es ist eine Verschiebung.

eine sehr sehr interessante Person, unter Frauen gehört sie zu den interessantesten, die ich bisher analysiert habe

interessiert sich sehr für Kunst

lebt für die Natur – immer für frische Luft. Körperliche Bewegung, viel Sport

kolossal interessantes Weib

wer sie zu behandeln weiß, kann bei einem solchen Weib erst aufleben.

Das beste Herz. Leider *zu* gut.

Der Krieg *konsterniert sie. Der Krieg hat jene Sache aufgeschoben* Sie interessiert sich außerordentlich für *Kunst – lebt für die Natur* – körperliche Betätigungen, viel *Sport,* immer in frischer Luft sein!

Wahrheitsliebend

Keine Macht der Welt bringt K. aus ihrem Gehirn

Sie arbeitet nicht unüberlegt. Hat alles glänzend durchdacht und wird auch Schritt für Schritt vorwärtsgehen und vor nichts zurückschrecken. Das einzige, was ihr Unruhe bereitet, ist der *Plan,* das Theater erweckt unangenehmes Gefühle, auch aufspielen zu müssen, um dann ihre Freiheit zu gewinnen.

Ob das Theater durchgeführt wird, kann ich nicht sagen. Alles was aufzuführen ist, wird sie thun, um ihre Freiheit zu gewinnen und dann nach ihrem Herzen zu wählen

K L stark ausgeprägt, das Unglück, das sie hat, verdeckt sich gut

hat Dinge erlebt, unter denen andere zusammenbrechen

verschwindet unter dem Kraftstrom von K in dem Fieberzustand

Unglück einer Familiensache

Änderung im Familienleben – [?] verblaßt

schwerer Fall

ich sehe eine Sonne, unter der alles verbrennt

Brief geschrieben unmittelbar nachdem ich sie gesehen kurzer Intervall

Krieg macht sie halbverrückt   hat ihre Sache aufgeschoben

Keine Schönheit im Sinne eines Gecken

bestes Herz, leider zu gut

Zeitweilige Herabstimmungen bedeutungslos: Und sie bringt ihm geistiges Schwingen.

---

[290]   B [Wien,] Montag 6. Sept.[1915] 6 Uhr   [Janowitz]

L. Brief erhalten, komme jetzt vom Postamt und Opel. Über Behandlung des ersten Briefes schrieb ich schon. Der zweite mußte *auch* geöffnet werden (es scheint eine neue Instruktion für *alle* Postämter zu sein). Adresse mußte *nicht* geschrieben werden. Hier das zweite Recepisse.

Opel: Reserverad kostet jetzt 85 Kronen. Um es in die Schweiz zu bringen, müsse man »wohl« Ausfuhrbewilligung vom Kriegsministerium (Automobil-Abtheilung) haben.

Mantel hat er nicht. Man bekomme einen solchen aber sicher bei Händlern, *kaum* unter 500 Kronen! (ein Bekannter hat kürzlich einen großen Mantel einem *Händler* um 1200 Kr. verkauft – daraus mag man ersehen, wie unverschämt jetzt diese Preise sind.) Opel meint aber: wenn das Material in die *Schweiz* gehen soll, so wäre es doch sinnlos, Gummi in Österreich zu kaufen, da man es in der Schweiz natürlich unvergleichlich billiger und *jetzt* sicher bei allen Händlern bekomme (heute z.b. las ich in der Zürcher Zeitung Annonce: ein *Ingenieur Wiehn* Zürich, Schweizerstr.14 bietet eine soeben angelangte Ladung Mäntel an; ich fragte darüber Opel, der meinte, daß ein solcher am allerehesten *diese* Sorte haben werde – vielleicht schreibt man eine Karte? Opel meinte, daß jetzt auch in der Schweiz die Mäntel theuer seien, aber *nicht viel* theurer als früher; jedenfalls mit den österr. Preisen nicht zu vergleichen.) Was Reserverad anlangt, so war er *sehr erstaunt,* daß man überhaupt ein zweites will. Das sei ihm »noch gar nicht vorgekommen«. Da das Rad doch nicht aus Holz sei, so genüge eines vollkommen, noch *nie* habe er *zwei* für einen Wagen geliefert. Zumal jetzt, vor dem Winter, wo man doch gewiß nicht allzugroße Touren vorhabe, – und im Frühjahr werde voraussichtlich alles leichter zu beschaffen sein.

Ich meine nun auch, daß wir das Reserverad mindestens *jetzt* nicht brauchen, und daß wir wegen des Mantels uns an Ort und Stelle umsehen –, vorher jedenfalls dem Ingenieur Wiehn schreiben sollten*. Will man bei Leemann bestellen, so schlage ich vor, ihm gleich den Glauben, daß er eine Gefälligkeit erweise, zu benehmen und sich auf die bereits gemachte *Bestellung* zu beziehen. Wobei ich annehme, daß auch der Mantel eigentlich bestellt wurde. Also etwa: erbitte Sendung seinerzeit bestellten …. und Mantels an die und die Adresse (nach vorheriger Bekanntgabe Preises.)

Dieser Zusatz ist aber wohl unnöthig, denn *theurer* als ein hier gekaufter Mantel *kann* der von ihm gelieferte nicht sein und für das Rad *darf* er nicht mehr als 85 Kr. verlangen.

Jetzt bitte sage man mir, ob ich die Vorlesung ansetzen soll, da ich es ja *nur* thue, wenn man dabei sein wird. Wenn man

* Ich werde auch sogleich an *alle andern* Adressen, die ich in der Z.Z. finde, schreiben.

nächste Woche schon in die Schweiz will*, wäre man ja *nicht* dabei. Nächste Woche könnte ich aber auch wegen der Arbeit am Heft nicht mit. Das wäre sehr traurig. Wegen Bewilligung werde ich morgen fragen. Ich wollte es ursprünglich möglichst spät thun, da ja eine langfristige Bewilligung von selbst annulliert wird, wenn inzwischen ein Aufgebot erfolgt.

Das Wetter wird jetzt in St. Moritz noch schlimmer sein – es wäre doch besser auf schöne Tage zu warten und lieber zu heizen. Ich habe es gestern nachts – elektrisch – auch thun müssen.

Ich bin noch ganz benommen von der Stunde, die ich gestern mit dem Wundermann beisammen war. Es ist doch wirklich haarsträubend. Von Dora's Schrift sagte er noch: »Sie hat ein zappelndes Herz«.

Sidis Kuvert sah er schon, eh ichs ihm reichte – es kam zum Vorschein, als ich den Brief des L.v.F. suchte, und er sagte sofort: »*Oh, das ist einmal etwas Interessantes, kann ich das dann anschauen?*« Er war gleich sehr erregt, wie er nur *zufällig* die Schrift sah. Im ersten Theil der Analyse war ich natürlich, das kann man sich denken, sehr bestürzt. Aber ich verrieth nichts davon in meinen Mienen und überdies hat er die ganze Zeit keinen Blick auf mich, vom Kuvert weg, gethan. Zum Schluß fragte ich ihn, wie es komme, daß er bei dieser Schrift zuerst ein Auf dem Weg sein und dann eine Erfüllung, also die Identität des Adressaten mit dem erst Gesuchten erkannt habe. Darauf hielt er mir einen förmlichen Vortrag über den Prozeß der Entschleierung, der sich erst im Lauf der gesprochenen Deutung abspiele, so daß die zeitliche Folge der Handlungen, die er erkenne, scheinbar Widersprüche ergibt. Das Gutachten sei kein Urtheil, sondern die Entwicklung bis zu diesem und müsse als Ganzes genommen werden.

---

* Oder will man das jedenfalls von Vorlesung abhängig machen? *Ohne* Vorlesung könnte ich etwa ab 18. oder 20. abreisen. Bisher ist wegen Vorlesung nichts unternommen, da Kanzlei nicht erreichbar war, es ja auch nicht so sehr auf ein paar Tage ankommt; und der 2.Oktober sicher frei ist wie fast jeder Tag.

Der *erste* Blick auf die Schrift ergebe etwa das, was er über dieselbe Schrift *ein paar Jahre vorher abschließend* zu sagen hätte.

An wem zweifle ich nun weniger? An dem Hellseher oder der Schreiberin? Es ist ja das größte Wunder meines Lebens, daß das wahr sein soll und *trotz allem* wahr sein soll!!!

Aber da der Mann die unglaublichsten Dinge aus der *greifbaren* und *äußerlich beweisbaren* Wirklichkeit [Rom etc.] gewußt hat, wie könnte er im Seelischen sich vergreifen, das doch in der Schrift deutlicher wird als eine aufgeschobene Hochzeit?

Es ist ganz gewiß eine räthselhafte Kraft, die aus ihm wirkt. Ich war tief erschüttert, viel mehr als nach dem Gutachten über mich. Denn erstens war ich selbst dabei und zweitens: *der* Fall geht mir ja näher. Ich erzählte ihm später viel von meiner eigenen »Ergänzungsfähigkeit«: z. B. die Episode Wangel in Zürich, die ihn besonders interessierte.

Und damit bin ich fast schon in der Schweiz. Also will man auf mich warten? Ob mit oder ohne Vorlesung – wegen Bewilligung frage ich morgen in der Statthalterei.

Wenn man vor dem 2.Oktober fahren will, gebe man mir einen späteren Termin für die Vorlesung. Wie wär's, wenn man *jetzt* nach Našice ginge und dann in die Schweiz? Im Oktober oder Ende Sept. wird das Wetter auch für das Engadin besser sein als jetzt. Bitte M.-M. und Ch. zu grüßen. Hat er alles bekommen? Eine furchtbare Sache hat der Hellseher gegen P.A. (wegen dessen Freundin) bewirkt, der ganz rasend sein soll. Die tiefsten Wünsche für schönere Tage in Janowitz!

Karte aus Baden (Mittheilung über nichterhältliche Films) hoffentlich angelangt. (Samstag)

[291]   B [Wien,] Montag 6.[9.1915] abends   [Janowitz]

Ich vergaß dieses hier dem Brief beizulegen.

Der an mich gelangte enthält zum erstenmal die Adresse: *»K. Kraus«*

Wie das mit der vom Hellseher behaupteten Antipathie gegen den Vornamen stimmt! Ich arbeite ganz toll – bin aber in einigen Tagen fertig und das Erscheinen könnte – wenn nicht gewisse Hindernisse eintreten – in 10 bis 12 Tagen erfolgen.

Aber will man nicht auf mich warten und nicht auf das Erscheinen von Springbrunnen, Verwandlung und Krankenschwestern?

Man sage es.

Die Brandflecke sind aufgegangen. Auch sie sind eine Erinnerung. Fast ein Nachwort zu den »Krankenschwestern«.

[292]   B [Wien,] 7. Sept.[1915]   [Janowitz]

Herzensdank für das gütige Telegramm, die Bestätigung der Bestätigung (»einige Wahrheit«: wohl »einzige«?)

und für den rek. Brief, die beide heute beim Erwachen vorfand.

Die Aufklärung der Sache L. – auch eine »Erlösung« im Kleinen – ist sehr erfreulich. Ehrlichkeit ist ja kein Verdienst, aber
Nicht-Unehrlichkeit kann beinahe so etwas sein. Der Brief mit
dem Staunen und Wundern (»wie Sie mit dem Wagen vorwärts-
kommen«) – wie kam der nun nach Janowitz, da er ihn – »wir«
staunen darüber – nach Weesen geschickt hatte, während ihm
doch wohl Ragatz angegeben war. Hat er ihn nun selbst wieder
eingeschickt?

Ich bin nicht dafür, daß man von ihm das Geld verlangt – und
das Benzin lassen wir uns *nur* in dem Falle zurückerstatten, wenn
seine Untersuchung einen Erfolg gehabt hat, so daß er schadlos
gehalten ist. Das werden wir ja an Ort und Stelle hören – es wäre
nicht schlecht, über Zürich zu fahren. Jetzt, glaube ich, sollte
man nur die Mäntel bestellen, event. das Reserverad und von
der Benzin-Sache zunächst gar nichts erwähnen, höchstens den
Empfang des Briefes bestätigen. Wenn wir aber über Zürich fahren, brauchten wir wohl gar nicht vorher zu bestellen? Wie man
will. Vielleicht wäre es nun, da diese Sache in Ordnung ist, am
besten den Wagen bei ihm einzustellen. Oder ist es wegen der
Grenznähe doch angenehmer: in Ragaz? Ich bin nun auch in
dem Punkt des Benzin*preises* vollkommen beruhigt. Er erwidert
»nochmals« hätte er das nur *einmal* gethan, wäre gar kein Mißtrauen nöthig gewesen. Denn es ist eine plausible Erklärung,
aber von einem Unterschied zwischen schwerem und leichtem
Benzin hat in *dieser* Sache, d.h. zur Erklärung des auffallenden
Preisunterschieds, weder er damals gesprochen noch irgendeiner

der anderen Händler. Meines Wissens wenigstens nicht, sonst wäre doch jede Handhabe zu einem Mißtrauen entfallen. Jedenfalls ist sie es jetzt und ich freue mich so sehr, daß man wieder die Freude an dem Auto haben kann, ohne daß man es durch eine üble Erfahrung verrußt sehen muß. Denn in der Erinnerung ist solche Freude ja doch mit allem, was ihr irgendwie zur Seite stand, verbunden und es entspricht ganz und gar dem »noblen Geist«, das *nicht* trennen zu können. Dieser versteht sicher auch, daß ich ganz aus der gleichen Beschaffenheit damals so auf Klarheit bestand, eben um die Freude unbeschädigt zu erhalten. Wenn mich mein Drucker betrogen hätte, würde ich über mein Werk traurig werden – unzufrieden schon damit, wenn jener auch nur zu einer Mißdeutung Anlaß geboten hätte. Und so würde ich es mit dem letzten Assistenten eines guten Erlebnisses, mit dem letzten Diener, mit einem letzten Begleitumstand einer großen Sache oder einer, die mir wichtig ist, halten. Der Dvořak freilich ist mehr – der ist die Sache selbst!

Vielen Dank!

Ich habe soeben den 2. Oktober reservieren lassen – muß den Termin aber nicht nehmen, habe acht Tage Bedenkzeit. Statthalterei erst Donnerstag möglich: heute nicht geweckt worden und morgen ist Feiertag.

Hier etwas über den Hellseher. Eine andere Art von Analyse: einer bekannten Schrift.

Loos (der natürlich von der wichtigsten nichts weiß) erzählte mir folgende Dinge: Sch. sitzt mit ein paar Leuten im Speisesaal eines Semmering-Hotels. Einer spricht davon, er habe die Fähigkeit des »Schätzens«, man spricht – Ingenieure sind dabei – von einer Brückenreparatur. Der Mann sagt: diese Reparatur hat – – Sch. unterbricht: »Das weiß ich besser; sie hat 65 000 Kronen gekostet – die Brücke sieht so und so aus, rechts ist…, links befindet sich….« Allgemeine Verblüffung. Unser Sch. spricht (ohne Behelfe – da nichts Schriftliches vor ihm liegt, ist seine Gedankenarbeit intensiver), trägt ein Kellner eine beladene Tablette, die mit großem Krach zu Boden fällt. Alle erschrecken. Sch. sagt: »Das kommt oft vor, wenn ich so arbeite, die Leute werden unruhig, die Kellner lassen immer etwas fallen, wenn sie gerade in den Raum eintreten.« Nach einigen Minuten wieder ein Kellner mit einer Tablette, die wieder mit Krach zu Boden fällt. Wenn Sch. in einem Wagen sitzt und sich gerade intensiv mit einer Arbeit beschäftigt, gehen die Pferde durch. Diese Übertragung seines Erregungszustands auf alles Lebendige um ihn hört sich wie die lächerlichste Erfindung an, ist aber ganz sicher wahr. Er hat vor einigen Monaten auf Grund einer Schriftprobe gesagt: »Dieser Mann kommt ins Irrenhaus, wird aber nach einem Monat geheilt sein.« Später erkundigt er sich nach ihm, erfährt, er sei im Irrenhaus – aber die Ärzte hätten gesagt, der Fall sei unheilbar. »Sagen Sie den Ärzten, daß die Diagnose falsch ist. Der Mann wird bald vollständig geheilt herauskommen.« So ist es thatsächlich geschehen. – Wenn ich ihn wieder sehe – man kann sich keinen *gewöhnlicher* aussehenden Menschen denken –, will ich ihm Schriften von Bekannten zeigen, die in den Krieg müssen, und ihn nach deren Schicksal fragen. Sollte man ihm nicht eine Zeile von C.G. (in diesem Fall natürlich nicht die Adresse S.N.) zeigen?

Auf dem heutigen rek. Brief steht wieder K.Kraus – seitdem er von der Aversion gegen den Vornamen gesprochen hat, prägt sie sich so aus. Ich beginne selbst daran zu glauben.

Wenn er nur auch imstande wäre, die Sonne über dem Park von Janowitz scheinen zu lassen. Ich möchte ihn darum bitten!

[293]   B [Wien,] 10. Sept.[1915] abends   [Janowitz]

Ich küsse die liebe überanstrengte Hand. Meine ist es jetzt so sehr, daß sie gar nicht zum Briefschreiben kommt.

Wenn ich Sch. wieder einmal sehe – ich hoffe es bald herbeiführen zu können – will ich ihm die Schrift zeigen. Ich glaube aber nicht, daß er den *Zufall* – und dieses Schicksal ist ja einer – vorhersagen kann. Er weiß wohl nur um menschliche Beziehungen. (Im Fall d'Annunzio ist es ja eine Frau.)

Vorlesung am 2. nicht ganz sicher, da große Schwierigkeiten beim Heft sein dürften. Ach, es ist eine Qual.

Natürlich war mir die Antipathie gegen den Vornamen bekannt, das schien mir ja eben eine der verblüffendsten Beobachtungen des Sch. Aber ich sprach davon, daß man *zum erstenmal* (gleichzeitig) den Vornamen abgekürzt hat. *Jetzt wieder* auf dem Brief, den ich heute um 5 erhielt!

Mir ist so bang wegen der Sache mit dem andern Träger des Vornamens. Wenn nur nicht der Eindruck der Nachgiebigkeit in äußern Dingen entsteht, der dann Späteres gefährden könnte. Doch verlasse ich mich auf die Hellseherin (wiewohl sie ja einst geschrieben hat: die Freiheit freilich – –?) Nein wirklich, ich verlasse mich auf sie.

Ist nun die Sonne (die über dem Park) wieder ganz da?

Ich bin so zerrissen von Arbeit, man verzeihe. Hier habe ich außer dem Hellseher (einmal) und L. niemand noch gesehen. Bin noch mehr am Schreibtisch als in J.

Ch. habe ich etwas schicken lassen – hoffentlich ist es angekommen.

Wie bin ich damals im Anfang, als Sch. zu sprechen begann, zerbrochen gewesen. Ich glaubte schon: das Gequältsein beziehe sich auf mich und das auf der Suche sein sei von mir weg. Dann kam das große Glück. Daß es noch so etwas in meinem Leben gibt!

P.S.

Heute war ein Mann bei mir, den der Verlag Wolff aus Leipzig sandte. Die wollen, da mir dieser Verlag als solcher nicht gepaßt hat, jetzt einen eigenen Verlag für die Schriften von K. K. gründen.

Aber was der Hellseher mir gesagt hat, war mir eine frohere Botschaft!

[294]   B [Wien,] 14. Sept.[1915]   [Janowitz]

Also: heute in der Statthalterei den Bescheid erhalten, daß die Schweizer Grenze gesperrt ist – auch die deutsch-schweizerische. Es dürfte, sagte mir der Beamte, nicht lange dauern, *wann* die Öffnung erfolgt, weiß man nicht. Ich will morgen eine Erkundigung bei der Schweizer Gesandtschaft, eventuell auch noch im Präsidium der Statthalterei versuchen (der Graf Castell war heute nicht da) nämlich um doch vielleicht zu erfahren, ob die Grenze ab 1.Oktober wieder offen ist. Natürlich gilt die Grenzsperre auch für Frauen und bezieht sich *nicht* etwa nur auf die Verhinderung, daß »Landsturmpflichtige«, denen ja eventuell bloß die *Erlaubnis* nicht ertheilt würde, hinüberkommen. Es ist eine militärische Grenzsperre, gegen die natürlich auch die Hoffnung nicht helfen kann, »hinaufzugehen und sichs zu richten«. Das einzige, was sich thun läßt, ist: zu erfahren, wann die Sperre aufgehoben wird. Sollte sich dies aber nicht feststellen lassen, so wäre es doch wohl gut, wenn man den in Betracht kommenden, die für St. Moritz benachrichtigt wurden, eine Absage schickt, ev. auch die Radsendung nach Ragaz, falls sie veranlaßt wurde, abbestellt.

Es ist ja gräßlich! Ich werde morgen depeschieren. Was wird nun geschehen? Das Winterprojekt ist damit noch lange nicht aufgeschoben – aber ich *fürchte,* daß die Herbstfahrt nicht zustandekommt. Man könnte sich ja auch darauf einrichten, daß man im letzten Augenblick, auch wenn *vorher nichts* Sicheres zu erfahren wäre, die Reise, wenn sie *dann* möglich ist, unternimmt. Ich weiß aber nicht, wie man es dann mit den nach St. Moritz Gerufenen halten will. Wird man nun vorziehen, früher nach Nasice zu gehen?

Schön wäre ja eines: Wenn auch abgesehen von Zweck, Plan und Theater eine Herbstreise – ich glaube, daß der Oktober herrlich sein wird – erwünscht wäre, schon um sich Bewegung zu machen und die Freiheit in anderer Luft athmen zu können, für zwei Wochen durchzuleben, so wüßte ich eines. *Kopenhagen,* eine meiner liebsten Erinnerungen, eine Region, die man noch nicht kennt, von Janowitz *viel* näher, *viel leichter* zu erreichen als St. Moritz. Wie glücklich wäre ich! Da gibt es – zur Vorsicht frage ich doch noch morgen – keine Grenzsperre d.h. nach Deutschland kann man immer und das dänische Konsulat wird mir sicher sagen, daß zwischen Deutschland und Dänemark ungehinderter Verkehr ist. Die Unannehmlichkeit, daß man nach Dänemark – Fluch der Geographie – nicht anders als durch Deutschland kann, wäre schließlich zu ertragen. Man schließt die Augen oder belustigt sich vielleicht an Dingen, die »zum Sterben sind«. Von Berlin sind 8 – 9 Stunden dahin. Es wäre zu schön, denn Dänemark *ist* zu schön.

Vielleicht gewinnt man Eindrücke, die einem den jetzigen Zustand erträglicher machen, und die Sicherheit, daß es noch außer der Schweiz eine Zuflucht gibt. Im Herbst muß die dänische Buchen- und Meer-Landschaft zum Entzücken sein.

Ich könnte auch schon etwas früher abkommen. Die Vorlesung entfiele mit der Schweizer Möglichkeit, d.h. mit der Aussicht, daß man durch Wien kommt. Sie ist ohnedies furchtbar schwer zu arrangieren. Das Schicksal des Heftes ist noch immer nicht zu bestimmen. Die technische Arbeit ist noch viel ungeheurer, als ich es mir vorgestellt hatte. Circa 156 Seiten von mir allein, so daß Dostojewsky (die liebe Korrektur) zurückbleiben muß. Jetzt erst *so ziemlich* alles durchkorrigiert. Erst in zwei, drei Tagen erfolgt die Einreichung. Was dann geschieht? Wenn Arges geschähe – Projekt: es in Deutschland erscheinen zu lassen. Der Mann aus Leipzig ist noch da. Ich könnte mich dort einen Tag aufhalten und alles in Ordnung bringen. In Deutschland soll es viel leichter gehen in diesen Dingen. Geschieht hier wieder [!] Erwarten nichts oder wenig, so dauert der Druck (und das Binden) *8 – 9 Tage*!! Es ist also kaum denkbar, daß das Heft vor dem 27. erschiene. Um die Vorlesung anzukündigen, wäre dann ja noch Zeit. Aber ich habe doch das Gefühl, daß sie *später besser* veranstaltet würde. Wenn überhaupt. Denn eigentlich kann ich mir jetzt wirklich nicht denken, daß genug Publikum da ist – und wenn, so eigentlich das schlechteste.

Jedenfalls kann ich den Saal nicht fest miethen, ehe das Schicksal des Heftes (vielleicht setze ich die Erledigung binnen zwei Tagen durch) besiegelt ist.

Das Technische dieses Heftes ist über alle Befürchtung schwierig. Es sind so wenig Leute da und ein ganz ungeübter Maschinenmeister. Vier Setzer haben das starke Buch – denn das ist es – bewältigt. Wenn's gelingt, wird es das Außerordentlichste freilich.

Wie sich das Vorlesepublikum jetzt lichtet, mag man aus dem tristen Abschiedsbrief eines Unbekannten ersehen, den ich beilege und um dessen Rücksendung ich bitte.

Auch drei kleine Sachen zur Erheiterung, die ich wegzuwerfen bitte, lege ich bei.

Dank für die gütige Karte. Die Hefte hat man wohl schon erhalten – die zwei (nächsten) sind vorgemerkt. Wenn sie nur schon dort wären! Ich bin halbtodt von Arbeit und dem sie fortwährend begleitenden Gefühl, daß sie vergebens sei. Das ist eine rechte Pein, die nur durch die Aussicht auf den Lohn der Reise erträglich wird. Sollte der jetzt auch verloren gehen? Wir wollen hoffen, daß die Grenze ab 1. Oktober wieder offen ist, und *ich* will hoffen, daß es im andern Fall nach Dänemark geht.

An alles Schöne in Janowitz und an das Schönste die ehrerbietigsten Grüße!

[295]   T [Wien, 15.9.1915]   [Janowitz]

Dringend ++ Höchstwahrscheinlich dieser Tag geöffnet. Kraus.

[296]   B [Wien,] 16. Sept.[1915]   [Janowitz]

In aller Eile und Liebe :

Dank für die Karten und Briefe. Ab *heute* Grenze wieder offen.* Statthalterei wußte noch nichts. Auskunft von Schweizer Gesandtschaft, Bestätigung durch Reisebureau. Ob wieder gesperrt wird, weiß niemand, man glaubt aber, *nicht*.

Über Sinn der Sperre (die seit dem *7.* verhängt war) ist man im Unklaren. *Erlaubnisse* wären deshalb nicht zu erreichen gewesen, weil doch der *Bahnverkehr* abgebrochen war; keine Züge, wie man mir gesagt hat, von Österreich in die Schweiz giengen. Also leider für Damen genau so wie für mich. Wenn ich erfahren hätte, daß die Sperre heute aufgehoben wird, hätte ichs natürlich gar nicht mitgetheilt, um nicht zu erschrecken. Aber es war wohl meine Pflicht, und keine Behörde außer dem Kommando, das nichts sagt, weiß etwas vorher.

Nun hoffe ich, daß *ich* den Übertritt erreiche. Für eine Frau gibts natürlich nun keine Verhinderung mehr. Natürlich werde ich mich noch erkundigen, ob nicht auch für »man« eine Paßveränderung od. dgl. nothwendig ist, es erscheint mir aber ausgeschlossen, und eine »Bewilligung« braucht nur ein »Mann« zwischen 17 und 50. Dagegen weiß ich jetzt schon, daß *Visum*

---

* Ich würde depeschieren, kann aber wegen wartender Druckerei nicht zum Telegraphenamt gehen und habe niemand zum schicken.

des Schweizer Konsulats *nothwendig* ist; das habe ich auf der Gesandtschaft erfahren.

Einen Alpdruck nimmt man von mir; indem *man* für mich die Vorlesung verschiebt. Es wäre auch kaum mehr gegangen. Das Heft* kann vor Sonntag oder Montag nicht überreicht werden, wenn die Erledigung auch nur zwei Tage dauert, ist an ein Erscheinen vor dem 29. oder 30. nicht zu denken. Dieses Erscheinen müßten wir *nicht* abwarten, denn nach Beginn des *Drucks* ist ja alles geborgen.

Allertiefsten, wahrsten Dank für die Schlußzeile des Briefes!

Wenn man so spricht, keuche ich gern weiter und komme auch lebend noch aus *dieser* Arbeit.

Eine Schrift von Johannes könnte man mir senden. Sobald als ich nur dazu komme, würde ich den Hellseher aufsuchen. Aber einer *Probe* bedarfs nicht mehr: Wenn er in *unserem* Fall »dasselbe sagt« wie man selbst, so ist er ja schon ein Hellseher, und ich glaube dann eben nicht »ihm mehr« als dem Objekt, sondern *beiden* und vor allem und immer *diesem*.

Daß er von J. das beste sagen würde, ist doch selbstverständlich. Vielleicht würde er sogar sagen, das sei mein Vertrauter gewesen in einer großen Sache!

* (166 Seiten!!)
ohne D.

---

[297] B [Wien,] 17.[9.1915] ½ 8 Uhr früh   [Janowitz]

Du liebes Herz!

Jetzt duftet meine ganze Wohnung nach Deinem Obstgarten. Wie danke ich Dir für diese Freude.

»Ich hörte was vom Einstellen des Frachtenverkehrs.« Und als *ich* gestern vom Postkasten vor meinem Haus wieder in die Wohnung gieng, brachte mir die Portiersfrau die allerliebste, vielleicht letzte Fracht. (Ich hätte sonst noch in dem Brief gedankt.)

Was das wieder für ein Errathen ist! In all den Nächten sah ich mich immer nach dem lieben Obstteller von Janowitz um – das Einkaufen ist jetzt kompliziert. Heute war also die erste

Nacht, in der Du für mich gesorgt hast *(wie* meine ich das? – Ich wollte, ich könnte *so* für Deine Nächte sorgen!)

Als ob ich erst diese guten Äpfel gebraucht hätte, um an Dich zu denken! Aber weil Du an mich gedacht hast, bedeutet diese Sendung mir so viel mehr als sich der gute Gärtner träumen läßt. Soll ich auch ihm danken, wenn ihm das eine Freude machte?

Ich wollte schon gestern fragen: ich habe eine bestimmte Geldsumme (von Verlags- und Vortragssachen) für einen wohlthätigen Zweck zur Verfügung. Gibt es da – statt es einem Kriegszweck, d.h. Spital zu geben – nicht Janowitzer Ortsarme oder Frauen Eingerückter oder Kinder – Weihnachten? Sag mir etwas, wenn Du's für richtig hältst.

Ich bin doch auch Janowitz außerhalb der Schloßmauer so dankbar!

[Zweiter Brief:]

17. Sept. 5 Uhr

Aufgebot erlassen! Jetzt heißt es also wieder »Vormusterung« durchsetzen, da sonst Abreise nicht erlaubt wird.

Ein süßes Leben.

Wenn nur immer Nacht wäre ——

[298]   T [Wien, 22.9.1915]   [Janowitz]

Es sind Tage unsagbarer Noth, ++ Erst heute erfahren, daß man sich wegen Dora Selčan wenden muß. ++ Ehrerbietigst

Kraus.

[299]   B [Wien,] Schreibtisch im Verlag [23.9.1915] ½ 6 Uhr   [Janowitz]

> Du letztes Licht meiner Erde, ohne
> das sie lange schon im Finstern wäre,
> Stern meines Abends, Venus meiner Nächte ——

Was scheinst Du oft so feindlich klar, mitleidslos! Hellseher sagen, es sei nicht so. Warum muß ich dann Tage erleben wie diese da, wo der erschöpfendste Kampf mit allen Gewalten meines Geistes und der äußern Hinderniswelt *ohne* Zuruf der letzten, allerletzten Instanz bleibt, für die sich *all das* begibt.

—— —— —— —— ——

¾ 6 Uhr

Es klingelt und die Stimme aller Stimmen wird hörbar, zuletzt mir entzogen, dann durch einen gräßlichen Pfiff gestört.

Ich meinte: die eingesandte Schrift von G., damit alles erledigt sei, was man mir aufgetragen hat. Ich habe den Hellseher um eine Unterredung für heute abend ersucht, denn ich bin nach diesen wirklich qualvollen Nächten und Tagen endlich durch den guten Abschluß beider Angelegenheiten beruhigt und frei. Der Brief um 5 Uhr, auf dem Weg von der Censur in die Druckerei abgeholt, hat mich noch viel glücklicher gemacht als jener gute Ausgang. Die zweite Sache erfuhr ich *jetzt* erst, telephonisch aus der Statthalterei, knapp vor unserm Gespräch. Diese Sache war eine Tortur für sich. Zwischen all den Arbeiten an jedem Beistrich der 168 Seiten mußte ich von einem Amt ins andere jagen. Gestern erst erfuhr ich das über Slawonien u. zw. vom Grafen Castell, der mir in meiner Sache mit großer Liebenswürdigkeit geholfen hat. Leicht war es selbst ihm nicht, da es eine militärische Affaire ist – und zwar just eine ganz besondere, denn Vormusterungen werden sonst *nicht mehr* bewilligt. Jetzt endlich, gerade als ich auf unser Gespräch wartete, erfuhr ich den günstigen Ausgang. Die Vormusterung findet dieser Tage statt*, das weitere wird rasch erledigt. (In Briefen, die nicht rekomm. sind, vermeide man von der Vormusterung zu sprechen.)

Die Angelegenheit des *Kindes* – ich *mußte* telephonisch so sprechen, da die Gespräche kontrolliert werden – ist geradezu glorios. Wer hätte das für möglich gehalten. Vor drei Tagen schon war die erste Hälfte gut erledigt, aber nun kam die große Gefahr: die Aphorismen.

Das ganze Heft – man wartete natürlich auch mit dem Druck des Anfangs – wäre liegen geblieben, wenn mir auch nur ein paar Seiten genommen worden wären.

* Ich werde darüber in einem leicht verständlichen Telegramm berichten. Bei ungünstigem Ausgang würde aber jedenfalls doch der Grenzübertritt infolge besonderer Weisung des Statthaltereipräsidiums bewilligt werden.

Genommen wurde *ein* Wort, das ich leicht ersetzen kann und dessen Änderung den Gedanken nicht berührt. – –

Es ist selbstverständlich ein großer Ausnahmsfall. Ein Tagblatt, das daraus etwas nachdrucken würde, verfiele sicher der Konfiskation. (Wegen ganz andern Publikums, ganz anderer Perspektive.) Und nun erscheinen die Krankenschwestern (deren eine so um das Schicksal des Kindes besorgt war, als wär's ein grüner Falter), der Springbrunnen, Verwandlung und vieles schöne, das man noch nicht kennt, und Manches, das ein Gruß an Janowitz ist und an alle unvergeßliche Heiligkeit, die ich dort erlebt habe.

Gott segne die, der ichs verdanke!

[300]   B [Wien,] 23./24. Sept. [1915]   [Janowitz]

In einer Swift-Biographie lese ich:

».… Selten ist es, daß in einem Manne die Gabe sprühenden Witzes, zersetzender Satire und einer alles zermalmenden Schärfe des Urtheils mit einem Herzen gepaart wäre, welches ein weiches sein muß, um der äußersten Raserei der Liebesleidenschaft fähig zu sein .… Glühende Briefe und ausführliche Tagebücher richtete er an sie .… *Stella* hielt ihm vor, daß sie ihm ihre Stellung, die Achtung der Welt geopfert hatte und *verlangte,* daß dies Alles durch die Heirat mit ihr gutgemacht würde. *Er* willigte endlich ein, aber unter Bedingungen, welche das eigentliche, stets unaufgeklärt gebliebene Geheimnis der Geschichte bilden. Sie sollten getrennt wohnen und die Welt niemals etwas von der Heirat erfahren … . Gleicht es nicht selbst einer Satire, welche das Verhängnis an das Leben des Satirikers knüpfte, daß die innersten Motive dieser seltsamen Geschichte der neugierigen und schwatzlustigen Welt immerdar verborgen blieben, die Gründe, aus welchen Swift seine Ehe mit Stella in undurchdringliches Geheimnis gehüllt wissen wollte? … In seinen Pamphleten erhebt sich Swift zu einer einsamen Höhe über den politischen Wolken, auf welche ihm blos Junius nachgefolgt ist. Seine Flugblätter sind Brandschriften im eigentlichen Wortsinne.… Kein Scalpell hat jemals tiefer ins todte Fleisch geschnitten, als die Feder von Jonathan Swift ins lebende.… Dieser Mann Gottes ist der grausamste Vivisektor, der jemals gelebt hat.« – – – Und doch wie harmlos in seiner Beziehung zu Stella und wie bürgerlich diese und *beide!*

Eine andere Biographie wird eben jetzt geschrieben. Ein junger Schriftsteller und Staatsbeamter, den ich bisher nicht persönlich kenne, soll mit Begeisterung daran sein. Aber ein Geheimnis *gibt* es, das so undurchdringlich ist, daß nicht einmal die Thatsache, *daß* es ein Geheimnis *gibt,* in die Biographie kommen wird. Hier knüpft sich eben keine Satire an das Leben des Satirikers, sondern eine Tragödie. Und wiewohl das Gefühl davon ihn so oft überwältigt, es wird doch immer wieder von dem andern Gefühl überwältigt: es gibt nur ein Licht in seinem Leben! Er kann nichts thun als vertrauen, daß es ihm jetzt auf dem richtigen Weg leuchtet, den es selbst bestimmend vorangeht. Sein Glück ist abgekürzt wie sein Vorname, den Zunamen trägt nur einer von zweien und dennoch – es bleibt so viel Glück!

Wie sonderbar. Ich entbehrte so viel in den letzten Tagen und hatte immer wieder nur ein K. Wenn man so gehetzt und erschöpft leben muß, wenn alles wund ist, bricht auch die große Narbe auf. Da fand ich die etymologische Deutung: »Karl« – das ist nur germanisch und ist nur der »Mann«, aber »Sidi« – das ist der »Herr«, als solcher von arabischen Stämmen anerkannt (Du süßeste Heilige!). Und »Sidonie«? die kommt vom Hebr. Zidon = *Fischfang* und heißt eigentlich: *Fischerin* (auch Jägerin), fast hätte ich Fischhändlerin! gesagt oder – – ich sehe mich um, wo gibt es zwischen diesen vier Wänden ein Sidonienzelt, wann gibt es wieder die Nacht des 27. August! Nur immer wieder Nächte, wo ein im Wortkampf Gefallener im letzten Augenblick schwindenden Bewußtseins seine theuerste Wahnvorstellung zuhilfe ruft, sie unter Vorwürfen, Küssen, Anklagen, Zweifeln umarmt und nichts dafür kann, wenn ihm nun erst die Sinne schwinden, was in der Sprache jener Überirdischen (der es gilt) »unartig werden« heißt. So verströmt sich ein Kraftstrom. Aber dies sagt, immer wieder, noch mehr die Wahrheit als es ein Hellseher könnte. Es *kann* nicht anders sein, wenn nur eins von beiden es *so* empfindet: dann, hinter allen Schleiern, *muß* auch der

andere Theil so fühlen. So ist es nun einmal in der Natur eingerichtet. Der ungelöste Rest, der immer wieder krank macht,
ist nur das Gefühl, Schuldner an dem reichern Theil zu bleiben.
Ein niederwerfendes Gefühl, das zu Zeiten alle Seligkeit auslöschen kann. Der Schuldner hält dann ein Geständnis für eine
Anklage und beginnt mit sich als Tyrannen abzurechnen. Denn
das will er noch weniger sein an dem heiligsten Lebensgut, welches das Schicksal in seine Bahn getrieben hat. Er dreht sich aus
allem einen Strick und hängt stündlich hundertmal für alles, was
er je gethan, unterlassen, gesagt oder gehört hat. Er hört dann
einem schweigenden Herzen alle möglichen Mißtöne ab, fühlt
sich von einer viel geringern Liebessorge umgeben als er selbst
sie unaufhörlich bietet, und gibt sich allein an dem Unterschied
die Schuld, anstatt sie keinem von beiden zu geben. Alles das
weiß er und kann doch nicht anders, was wieder die Furcht
schafft, den andern Theil *damit* zu stören – wieder unberechtigt
wie alles. Denn die Trauer des andern ist im Gegentheil: seine
Vorstellung nicht zu erfüllen. Noch tausendmal freilich unbe-
rechtigter als seine Ideen. Schließlich zerbricht er sich den Kopf:
wie einen Einklang aus den beiderseitigen Mißgefühlen herzustellen, die doch beiderseits in tiefster, nie zu enttäuschender
Achtung vor dem andern wurzeln. Das *muß* möglich sein! So
viel Schatz soll nicht vergeudet werden, und kann es nicht: dazu
reichen zwei Menschenleben nicht aus! Er liebt, huldigt, ver-
göttert wie noch nie, jeder Mißton selbst wird ihm zu einer
unverlierbaren Erinnerung und aus ihr die ewig suchende Sehnsucht! —— Hier sendet er den Beleg für den abgesandten Brief
an einen, der, wenn es einen Gott gibt und die Natur selbst nicht
auf Pakte angewiesen wäre, wenn die heilige Szene eines Parks
im Mond nicht den Schutz brauchte, ein Theater der Welt zu
sein, nicht einmal ein C. als Vornamen führen dürfte! Und dennoch weiß er, daß wohin immer sie geht, der Weg zur Johannes-
quelle führt, daß sie ihn mitnimmt, und daß es nur Nachts geschieht, weil es da schöner ist und weil es so schön ist, was nicht
gesehen wird. Aber – daß sie dazu doch einen Tag brauchen, das
bleibt sein unendlicher, unendlich süßer Lebensschmerz.

[301]   T [Wien, 24.9.1915]   [Janowitz]

Patient dankt für Theilnahme ++ Sorge unbegründet ++ Mit ihm
ist eine Verwandlung vor sich gegangen ++ Lebendig wie ein
Springbrunnen was hauptsächlich einer der beiden Krankenschwestern zu verdanken ++ Dürfte ersten Oktober aufstehen ++
Nähere Darstellung Befindens bitte in zwei Briefen namentlich
zweiten zu erwarten ++ Ergebenste Grüße auch an May May
und Charlie. ++ Kraus.

[302]   B [Wien,] 24. Sept.[1915] ½6 Uhr   [Janowitz]

Dies als Fortsetzung des gestrigen Depeschen-Motivs wollte
senden, mußte aber in die Druckerei fliegen. Da es doch erst
morgen ankäme, sende ich es so und danke zugleich aus ganzem
freudigen Herzen für den lieben Brief, den ich soeben vorgefunden habe.

Nun muß ich zur Statthalterei die Dokumente holen, dann
zum Konskriptionsamt.

Für Ende Oktober eine Vorlesung? Eben wollte ich mittheilen, daß sie *für 30. angesetzt ist.* Wenn man aber auf 28. besteht,
so würde ich, falls dieser Abend frei, noch ändern – müßte es
aber gleich wissen.

Mit dem »ersten Ball« am 1.Oktober wirds freilich nicht ganz
so. Gerade sagt man mir, daß die Buch*binderei* diesmal (weil
*buch*mäßig hergestellt) über drei Tage braucht. Aber natürlich
wird am 1. Oktober *das* Exemplar vorhanden sein. (Der Druck
selbst wird am 1. fertig)

Wenn von früh bis zum Abend, so doch selbstverständlich
nicht Hotel, sondern früh Thee mit Schmetten (ungekocht) *wo
anders?*

Wenn übernachten, so doch wohl von J. nicht abend, sondern
nachmittag weg? Und *diese* Nacht statt auf der Fahrt: im Hotel
oder – wenn es nicht wegen der Adreßangabe wäre – sonst ist ja
alles jetzt so geordnet und nett, daß es hundertmal vorzuziehen
wäre. Und einer wäre so glücklich.

Über die »unglaubliche Macht« Dinge zu erzählen, die »zum
Sterben«. Aber das mit dem Frost geht mir so nahe. Knapp vorher hatte ich den Gärtner zur jetzigen Sonne beglückwünscht.

Einzig schön muß es ja doch zum Ansehen jetzt sein. Ehe man davon Abschied nimmt, sage man oft und oft allem was es dort gibt Herzensgrüße von einem, der ohne Gedanken daran nicht mehr leben könnte!

Beilage zu Nr. 302

[Beilage, ausgefülltes Telegrammformular:]
Baronin Sidi Nadherny   Janowitz Bez.Selcan
Alle Befürchtungen waren also grundlos ++ Arzt sogar erlaubt daß Patient der ersten aufsteht gleich nach vorheriger Untersuchung Erholungsreise antrete ++ allerdings weil noch zu schwach in Begleitung einer Krankenschwester, Gebirge, wahrscheinlich Sanatorium wo der junge Opel schon seit Monaten ist ++ Ergebenste Grüße ++ Karl Kraus
[Absender:] Karl Kraus IV. Lothringerstr 6

[303]   T [Wien, 26.9.1915]   [Janowitz]
Dringend ++ Wien unnötig ++ Dank ergebenst ++ Kraus.

243

[304]   B [Wien,] 25./26. Sept.[1915]   [Janowitz]

Über das Gutachten des Hellsehers kann ich nur sagen: er weiß
alles über den Schreiber des Briefes und offenbar noch mehr als
die Adressatin weiß, denn das Neue, das er sagte, paßt ganz und
gar zum Bekannten. Es ist mir kalt über den Rücken gelaufen.
Plötzlich brach er ab und sagte: »Wenn ich die Schrift dessen vor
mir hätte, an den der Brief gerichtet ist, könnte ich mehr sagen.«
Ich reichte ihm ein Kuvert mit verdecktem Stempel. Nun erst
war alles Kommende zu erfahren, sonst war's nicht möglich gewesen. Selbstverständlich sagte ich, daß ich die Schrift nicht als
Probe für ein Gutachten, sondern für einen ganz andern Zweck,
wegen einer juristischen Angelegenheit bekommen hätte und
daß mir irgendeine bestimmte Beziehung zwischen den beiden
Schreibern unbekannt sei. Überhaupt war ich von einer Harmlosigkeit, die nicht einmal er durchschauen konnte; er war ja abgelenkt. Hätte er eine Schrift von mir dazu gehabt, eine Adresse
an Dich, so hätte er sich natürlich nichts vormachen lassen. So
aber war er umso mehr erfreut, mich auf alles erst aufmerksam
machen zu können. Denn nun begann er ja plötzlich über *uns* zu
sprechen, über die mir zugewandte Schrift. Er wurde ganz lebendig, förmlich exaltiert und sagte das Unheimlichste. Ich will
heute nur mittheilen, daß er jedes Wort weiß, das je in dieser
Sache gesprochen wurde. Das heißt: er kennt Deine Gedanken
in diesem Punkt durch und durch. Es war so fabelhaft, daß es
mir fast schmerzlich war, ihm nicht durch eine Bestätigung eine
Freude bereiten zu können. Aber das geht ja nicht.
    Ich begnügte mich damit, ihm nachträglich eins zu bestätigen:
die Aversion gegen den Vornamen, und ihm Kuverts zu zeigen,
auf denen – seit dem Tage, da er es aussprach, nur der Anfangs-
buchstabe steht. Nunmehr hat er das »Theater« so deutlich her-
vorgehoben, daß man glauben müßte, er sei – von Nemi damals
mitgefahren. *Fast* an diese Sphäre, jedenfalls in Bezug auf Gewünschtes, streifte seine Erörterung. Aus eben diesem Grund
wird man dafür sein, daß ich das Gutachten, acht dicht beschriebene Seiten, nicht schriftlich, sondern mündlich mittheile. (Wiewohl man gewiß diesmal vor der Abreise nicht den Schlüssel
stecken lassen wird.)

Er hat sich fast drei Stunden mit dem Briefstück und etlichen Kuverts beschäftigt (deren Stimmungsunterschiede er glaubhaft bezeichnete). Er *schwelgte* in *dieser* Schrift, sie habe ihn »belebt«, nachdem ihn die andere erschöpft, »ganz todt gemacht« habe. Wird man glauben, daß eines seiner ersten Worte war: »Der Schreiber hat viel an Körpergewicht verloren«! Er weiß, in welchem Milieu jetzt jener ist, und alles, alles, über Wesenseigenschaften, Verstand etc., so daß ich den Eindruck hatte, er sei bei den Kontraktdebatten zugegen gewesen, irgendwo versteckt. Sein Schluß war: »So ein Fall (einer solchen Beziehung hier und eines solchen Plans dort) kommt einmal in tausend Jahren vor«, »es ist das Eleganteste, Geistreichste, das ich je erlebt habe«. Das Bild der Schreiberin war diesmal noch frappanter, bis auf Körperformen, Lebensgewohnheiten, etc. Er beschrieb sogar die Treppe, »die zu ihrem Gemach hinaufführt, ganz hinauf«; sieht sie am Fenster stehen, spürt »den Wald«, sieht *ein Auto,* sieht sie *kutschieren.* Ich war in der größten Erregung, umso mehr als er diesmal auch der Welt Johannes ganz, ganz nahe kam.

Wenn man unsichtbar hätte zuhören können (so wie er unsichtbar ein Menschenleben begleitet)! dabei ist die äußere Art dieses Menschen eher peinlich. In Tonfall u. Gebärden ein kleiner oder größerer Bankbeamter, aber von diesem widerlichsten Typus durch eine auffallende Naivität und äußere Uninformiertheit unterschieden, ganz abgesehen natürlich von jener Gottesgabe, die ähnlich aussehenden Leuten gemeinhin fehlt. Er jüdelt arg und fast jeder seiner Sätze hat dabei sprachliche Fülle, Bildhaftigkeit. Zum Beispiel rief er, als die beiden Schriften plötzlich konfrontiert waren: »Der? Ausge*schlossen!*. Der ist zehn Himmel tief unter ihr!«

Und dann: »*Eben* deshalb – – das Theater! etc.«

Die Geschichte mit den zerbrochenen Tellern, die ich neulich erwähnte, ist noch viel gruseliger als sie mir erzählt worden war. Es ist während einer Mahlzeit nicht zwei–, sondern *fünfmal* passiert und war von ihm aus ganz bestimmten Gründen *angelegt*!

Als er immer wieder von der Schrift sprach, die mir die Heilige Schrift ist, sagte ich ihm absichtlich: »Wie kommt es, daß mir so wenig davon bekannt ist? Müßte ich, wenn es so wäre, es nicht wissen?«

Natürlich würde er die Lüge entlarven, wenn er eines der Kuverts hätte, die von mir nach J. geschickt wurden. So glaubte er mir und sagte nur, das beweise gar nichts, *er* wisse es und es sei unumstößlich. Er sehe das Gehirn vor sich arbeiten. Er hat gestern auch bestimmte Worte, die man gesprochen hat, bestimmte Bewegungen ganz genau reproduziert.

Sogar die May-May, wenn auch als »Kammerzofe, Vertraute od. dgl« spielt eine Rolle. Von dem Schreiber des Briefs ist ihm sogar die Thatsache der ersten Ehe, »des ersten Verlustes« bekannt.

Er hat gleich im Anfang der Unterredung, ehe er etwas sah, die Schrift (die er drei Wochen zuvor gesehen hatte) ganz genau nachgeahmt.

Täglich die aufregende Arbeit, einen Bogen durchzusehen. Ich habe jetzt jeden Buchstaben der Gedichte mindestens fünfhundertmal geprüft.

26/27.

Was hat man mir da heute für einen entzückenden Brief geschrieben! Ganz aus Mond und ts – ts – ts gewoben. Was war die Folge? Was vielleicht die Ursache war! Die Unterschrift F-Händlerin und die Nachschrift über das Siegel – ich muß mich hüten, es öfter zu lesen. – – – –

Zweifel? Sie wären myriadenfach berechtigt vor einer Fülle, deren *einer* sich immer wieder unwürdig fühlen muß und unfähig, sie zu umschließen. Das ist es, was *mehr* als Zweifel schafft, nämlich die Sehnsucht, zu einem Einverständnis über eine süßeste Wahrheit zu gelangen, die scheinbar von der Liebe nicht gedeckt werden kann. Kann sie es, so werde ich verrückt vor Reichthum. Hier eine Natur, die sich immer wundreißt, dort eine, die sich immer verschließt – dazu öfter Herabstimmungen (Absage aus Rom) und – – – Dieses »und« allein: von technischen Verhinderungen kann ich nicht leben, die seelische Sicherheit ist da, aber dazwischen könnte noch etwas sein, was dem Zweifler die Wahl läßt, sich als Schuldner oder als Tyrannen zu fühlen. Ist dies ein menschenwürdiger Zustand? Das Wissen, so vieles geben zu können und immer noch mehr zu geben und doch das Liebste in etwas zu verkürzen, zu verkümmern! Der Zweifel *bis* Rom war tiefste Bescheidenheit; später –? Und trotz allem weiß ich, daß es Verbrechen ist. Tief begreiflich und dennoch vollkommen falsch. Der Widerspruch liegt in irgendetwas, zu dem uns noch das letzte Wort, der letzte Kuß fehlt.

All dies ist nicht gesagt, um noch immer zu zweifeln, sondern nur zur Rechtfertigung. Ich weiß, daß ich Dich nie so geliebt habe wie eben jetzt.

»Verwandlung« im Telegramm und dieses selbst war so gemeint: der »zweite Brief« (den man erwartet) war schon der, den man mit den lieblichsten Worten da beantwortet, eben der. Der erste war am Morgen gekommen. Das Telegramm meinte *diese* beiden, nicht etwa einen, der am nächsten Tag kam, der hatte nichts mit *dieser* Stimmung zu schaffen. Es war so: Nach dem Telephon hatte ich einen abgeschickt, in der Nacht den zweiten geschrieben, trug ihn zur Hauptpost, schickte ein Telegramm mit, von dem ich glaubte, daß es auch vor dem ersten ankommen müsse. Das Telegramm hatte auch den Zweck, die viele rek.-expreß-Korrespondenz vor dem Postmann unauffällig zu machen, dadurch, daß sie als zu erwartender ausführlicher *Krankenbericht* deklariert war. Im Telegramm war der Patient eigentlich noch das »Kind«, das am 1. Oktober aufstehen kann: Verwandlung, Springbrunnen, Krankenschwestern – alles auf diese Sphäre bezogen und die Titel verwendet, der Gedichte, die das Sorgenkind begleiten werden. Natürlich war auch ich selbst der Patient (der später Erholungsreise antritt etc.), und die »Verwandlung« betraf auch mich. Das glaube man. Im zweiten Brief habe ich ja nur etwas aus der Leidenszeit erzählt, die wirklich vorüber war. Die Depesche nach der »Untersuchung« bewies es ja auch. Des Hellsehers hätte es natürlich nicht, nie wieder mehr, bedurft. Aber es ist doch ein unbeschreibliches Glück, es so bestätigt zu bekommen!

Heute Deine telegr. Anfrage wegen Statthalterei abends vorgefunden. Erkundigung ist natürlich erst Montag früh möglich. Ich depeschiere gleich. Vor ein paar Tagen hieß es ausdrücklich: *Nur* Männer, bis zu 50 Jahren. Ich glaube nicht, daß es anders sein kann. Ich muß mich vorsichtig erkundigen. Denn meine Bewilligung gilt natürlich einer Berufsreise (die ganz genau, dokumentarisch, beglaubigt werden mußte) und ich muß den Verdacht meiden, daß nicht »dringende Geschäfte« oder sonst eine Ödigkeit mich in die Schweiz rufen. Es ist zu idiotisch.

———

Sch. bleibt immer wieder dabei, daß *Du* auch *Namensvereinigung* mit mir willst*. Dies kann ich ihm gegenüber natürlich nicht verneinen, da ich sonst anderes zugeben würde und ich gebe *nichts* zu außer der Aversion gegen »Karl«.

Ich erfahre, daß an der Grenze Schweiz-Österreich (ob Tour oder Retour unbekannt) noch vor einigen Tagen, wohl im Zusammenhang mit der Grenzsperre, *Leibesvisitation* stattfand – man sollte also Schriftliches wenn möglich nicht mitführen. Briefe sollen saisiert werden! Sogar die Schuhe am Leib wurden (unter der Sohle) untersucht! Vielleicht jetzt nicht mehr – aber diese Praxis ändert sich fortwährend. Grenzsperre und Zurückhaltung aller Briefe nach Schweiz und Deutschland war wegen der Truppentransporte aus Deutschland nach Serbien.

Mit solchen unwichtigen Dingen bringt die Menschheit ihr Leben hin, während wir am Wichtigsten behindert werden!

Über das Kuvert des beiliegenden Briefes hat Sch. alles gesagt, was drin steht.

27. 5 Uhr

Wird Umziehen Westbahnhof möglich sein? Vielleicht finden wir doch ein Mittel, Gepäck unauffällig zu mir zu bringen!

Ich habe mich früh an zwei Stellen erkundigt und dann depeschiert. Also Bewilligung für Damen (oder Männer über 50) gibt es *nicht*. (Vorläufig nicht.) So erfuhr ichs ja schon damals, als ich mich wegen Slawonien erkundigte; sonst hätte ich längst verständigt. Es gibt eine Grenzübertrittserlaubnis nur für Männer zwischen 17 und 50. Für Damen etc. genügt der Paß, der von der Schweizer Vertretung vidiert sein muß.

———

* *Gegen* das »Milieu«, *Nach* dem »Theater« oder wenn es mißlingt. Über diesen Punkt sagte er Wichtiges.

Ich habe heute und morgen mit den Paßformalitäten zu schaffen. Den Übertrittsschein habe ich schon. Die Konsul-Sache machen wir wohl zusammen.

Das eingesandte Telegramm beweist, daß es aussichtslos ist, diesem Postmann mit Krankenberichten zu imponieren. Ich hatte ganz deutlich geschrieben; es liest sich wie ein telegraphischer Trunkenheitsexzeß. Schade, ich hatte mich so gefreut damit.

Das erste wird wohl auch verstümmelt gewesen sein. Es lautete etwa: »Mit ihm ... ist Verwandlung vor sich gegangen, lebendig wie ein Springbrunnen, das ist hauptsächlich der einen der beiden Krankenschwestern zu danken etc. dürfte am 1. Oktober aufstehen«

Das zweite: Ärztliche Untersuchung befriedigend (gemeint: »Musterung«). Schermann erst gestern am Krankenbett *erschienen* (nicht: verschieden) *verblüffende Diagnose,* die Zuversicht ersten Gutachtens (die Worte »beobachte namentlich« sind frei erfunden) unendlich steigert. Also Beruhigung auch im wichtigsten Punkte (das heißt: *außer* Censur und Grenze) Dank. Ergebenste Grüße auch M-M, Charlie, *Außen und innen sonnigste Zeit* (diese Worte fehlen einfach, es steht nur das erste)

Ich traue mich wieder den süßen Brief anzusehen. Da steht: »Wie schön war es heute, wie ich nach Hause fuhr. Vor mir ein Mann – – « » – – da fing der Mond schon zu spenden an.« Und immer wieder fällt der Blick auf das Wort »F-händlerin« und auf die verruchteste Stelle über das Siegel. Und dann: »Das ist so traurig, daß es mir nicht gelingen will, den überzeugenden Ton zu finden« und auf der andern Seite das Versprechen, mir etwas »nach dem Schmerzenston« zu sagen. *Das* ist ja der überzeugende Ton, der einzige, den es im Weltall gibt, von mir immer wieder gesucht und immer wieder gefunden! Das letzte Echo von irgendetwas, das der Menschheit abhanden gekommen ist. Einmal wird es mein Wahnsinn sein, es suchen zu gehen, zwischen Rom und der Wüste: wo immer es hörbar war, dort muß es mein Ohr noch finden, wenn es denn schon mein Auge nicht erlebt hat.

Darauf werde ich Dir, der solcher Eheschwur genügt, das Siegel, *Dein* Siegel drücken!

[305] T [Wien, 29.9.1915]   [Janowitz]

Keine festen Tage ++ vielleicht noch Freitag möglich, wenn telegrafisch oder telefonisch Empfangswunsch direkt anmeldet ++
sonst Tag zuvor ++ glaube aber vorliegenden Falles auch gleich
möglich wenn nicht abwesend.

                           Kraus.

[306] T [Wien, 30.9.1915]   [Janowitz]

Nach hiesiger Ansicht dortige falsch, nur Clausur wegen Tiroler
Durchfahrt neuestens nöthig die hiesige Polizei ausstellt ++ Hei-
matschein ratsam

                  Kraus

[307] Zettel   Mitternacht

Ich wollte diesen Tag durch kein Wort entweihen.

     Nun aber muß ich das Wort »Matschakerhof« sagen. Nicht
mehr, *dort* um 1 Uhr, *nicht* im Erzh. Karl!

     »Carletto« sitzt nebenan – in übelster Gesellschaft. Wie gut,
daß man ihn gemieden hat.

     Ich bin allein, und das gehört zum Glück.

[308] T [Wien, 23.10.1915]   [Našice]

Es ist heute nach sechs bangsten Tagen unaussprechlich schön ++

                           Karl Kraus

[309] B [Wien,] Samstag 23.Okt.[1915]   [Našice]

Musik – Kerenzerberg – Abschied in Wildon. Und seither nichts
bis heute: Eilbrief und Karte aus Agram. Wieder einmal durchströmt von dem Gefühl, daß ein überirdisches Leben gerettet sei,
– zu dessen Bewahrung das irdische stückweise dahinschwindet.
Man muß das Herzklopfen bis N. gehört haben. *Die* Verbindung
ist nicht gesperrt. Und dies alles, wiewohl ich doch all die Tage
genau wußte, daß äußere Hindernisse die Schuld tragen. Aber
wozu gibt es äußere Hindernisse? Haben wir sie noch nöthig? …
Ich habe nun telegraphiert und es gieng plötzlich. Hätte ich das
früher gewußt! Von dort scheint es nicht zu gehen, und hier wurde

es vor drei Tagen – plausibler Weise – noch in Abrede gestellt. Hier ist allerlei vorgefallen, was erfreuen wird. Werde ich D. sehen, der ich so im Innersten zugethan bin, weil sie für S. ist? (Karten für alle, auch für M. reserviert.) —— —— ——
Wie wird das werden? Nein, ich lebe nicht nur in der Vergangenheit, mir ist so bang um die Zukunft, und ich fühle mich schon in Allerseelen, stehe auf einem Bahnhof, von dem man abreist. Dazwischen ist viel. Aber immer, immer geht noch mehr verloren.

[310]   B I[glau] 3. Nov.[1915]   [Janowitz]

½ 12 – 20 Min. Verspätung. Ich bin mit der Arbeit fertig und kann darum noch sagen:

Als ich zum Tisch kam, stand ein winziges Hündchen bei mir, wollte gar nicht weg, mit einem Blick – es war unverkennbar, jeder hätte es zugeben müssen. Warum sollte es solche Ähnlichkeit nicht geben? Es war wirklich so, daß ich zuerst nur ein Gesicht sah – in keinem Menschen hätte ich es gesehen – und dann erst merkte, daß es ein Hündchen war. Es war ein Wiedersehen beim Abschied. Ja aber, sagte ich zu ihm: gut, du bist es; aber du hast doch keine Stimme! Da kam – wahrhaftig! – ein Klagelaut, ganz, ganz derselbe, wie von dem andern Abschied. Es war wirklich genau so, ich täusche mich in Stimmen nicht, und auch nicht in Gesichtern.

Soll ich es mitnehmen? Für die Wartezeit.

[311]   K [Wien,] 3. Nov.[1915] 6 Uhr   [Janowitz]

In Eile nur die ergebene Mittheilung, daß bei Z. große Bestürzung etc. Gestern zu spät dem »maßgebenden Fräulein« ausgerichtet, daß ins Hotel anstatt Post, so daß es angeblich noch gestern nach Janowitz geschickt wurde. Ich ließ es nicht an »Rüge« fehlen.

Hoffentlich Paket und Wichtigeres gut angelangt. Viele herzliche Grüße, auch an May May und Baron Ch. Das Wetter trauert.

In aufrichtiger Herzlichkeit
K.

Ich komme von dem Blick, mit dem das Hündchen zu mir aufsah, nicht los. Und nicht von dem Ton, den es mir, wie als Ersatz, zubrachte. Es war ein Wunder. Ich fühle Verbrechensschuld, daß ich es nicht mitgenommen habe, und möchte hinfahren – ich sehe, wie es auf mich wartet. Die Kellnerin sagte, die Bahnhofwirtin sei bereit es zu verkaufen. Es wurde dann so spät, ich war mit dem Brief fertig, als gerade der Zug einfuhr.

Was macht Bobbys Auge?

In der Stelle: »84 .... eine einzige vorzuziehen« habe ich »Einzige« mit großem E setzen lassen. Auch sonst noch – öfter – korrigiert. L. war entzückt von dem Brief (den ich ihm heute bei mir auch »einstudiert« habe). Ich habe so viel Arbeit. Sonst hätte ich das Gutachten schon abgeschrieben. Hat es noch Zeit?

Der Italiener ist zur Hälfte Wiener (von Herkunft der Mutter und fünfzehn Jahre hier gelebt). Ich glaube: auch innerlich. Es berührte mich wie Falschmeldung. Die beiliegende Ansichtskarte, die in meiner Sammlung einen Ehrenplatz verdient, zeige man auch Ch.

Man sollte der Vordergrundsfigur, als Antwort, wieder einmal eine Ansichtskarte aus dem Lokal M. schicken. In der dargestellten patriotischen Menge habe ich vergebens die Physiognomien jener gesucht, die einmal bei einer Vorlesung, die ich dort hielt, die Kasse geplündert haben. Es war natürlich *vor* der Russenherrschaft. – Wenn vor irgendeinem Bilde ist hier die Bemerkung »Zum Sterben« am Platze. Wer hätte das beim Bobfahren geahnt, nicht wahr?

Der arme Wenzel L. ist nun doch gestorben.

Die Dame mit dem Sohn in der ersten Reihe: sollen »Schwarzenberg oder Liechtenstein« gewesen sein.

Hier noch zwei der »Nachwirkungen«, eine mit Antwort. Wenn doch die so Bezwungenen auch verständen, daß ich nicht noch privaten Anschauungsunterricht mit meiner Person geben kann!

Fortsetzung eines Telephongesprächs gestern bei mir, dazu die Begleiterin; größte Begeisterung für die zweite Reihe rechts. D.'s Zärtlichkeit während des Vortrags bemerkt.

Anderweitig – auch viel Neugier, aber alles gut und glatt abgelaufen.

Der kleine Biograph, der von einer großen Gewissenhaftigkeit ist, hat gestern zahlreiche Fragen über Erlebnis *im* Vortrag, Ergänzung des gedruckten Wortes durch das gesprochene etc. an mich gestellt. Behauptet, ganz neue Einblicke in sein Thema durch den Abend gewonnen zu haben.

Heute rief mich der Hellseher an; er will morgen mit mir zusammenkommen.

Ich brauche zu diesem Zwecke – einen Brief.

Hätte er aber *meine* Schrift hier vor sich, so würde er errathen, was mir fehlt. Was denn? Ein Hündchen!

5./6.

L. im Café P., nach seinem Vortrag: der Brief habe ganz besondern Eindruck gemacht.* Seine eigene Rede nur zwanzig Minuten, dann Fragen aus dem Publikum über das Thema, darunter die: »Glauben Sie, daß die 84 adeligen Damen, von denen in den Zeitungen steht, daß sie morgen der Aufführung beiwohnen werden, applaudieren werden?« Er: »Diese Frage werde ich nicht selbst beantworten, sondern einer, der es in besserem Deutsch als ich zu thun vermag. Aber einer, der kein Meister der Sprache ist, sondern ihr demüthigster Diener: K.K. Er hat mir u.s.w.« Hierauf las er – als Schluß des Abends – den Brief vor.

So, jetzt kennt man den Verlauf, nicht schlechter als ich selbst, ich sage Gute Nacht und gehe an die Arbeit.

6. Nov.

Wenn das Hündchen von Iglau Du warst, war Yer in Tabor nicht vielleicht ich? Was sagte er Dir?

---

* Die Frau Sch. habe gesagt, es sei »das Unvergleichlichste und Treffendste, das zu dieser Frage geäußert werden könne«. Das könnte mich stutzig machen. Aber vielleicht glaubt sie, daß *sie* die Einzige sei, die ich den 84 vorziehe, und dann ist ja alles wieder gut. Sonst müßte man doch glauben, daß solche sozialpolitische Frauen sehr empört über dergleichen Ideen sein müßten.

War jetzt mit L. (als Zeugen für Beleuchtungsskandal) beim Direktor der Gesellschaft. Er empfieng mich mit der komischen Versicherung, daß es ihm »in den Ohren von meinem Namen gelle«, weil seine Kinder seit Jahr und Tag von nichts anderem sprechen als von mir. Er versprach ein Strafgericht und garantierte, daß künftig alles tadellos funktionieren werde. Der Saal ist für den 7. Dez. genommen.

Ich kam nach Hause und fand das Geschenk Deines Briefes. In dem mir nur die Hoffnung des C. bange macht. Denn: ihm macht die »Pflichtvergessenheit« bange. Wenn er ihr Ausmaß ahnte! Wird solche Armseligkeit nicht doch imstande sein, solchen Reichthum zu mißbrauchen? Daß ein Familienzimmer statt eines Kerzenlichts die Sonne beansprucht! Es wird vieles finster werden in der Gotteswelt. Vielleicht auf lange. Vielleicht muß es doch nicht sein! Ich wollte, es wäre schon 23.-26. Dez. des Jahres *danach*! Und bin doch schon, für *diese* Weihnachten so dankbar. Wie freue ich mich!

Gotha? Ja, das sollte *ich* doch bringen! Soll man sich auf so wörtliche Auffassung von Gegengeschenk einigen? Oder *was* soll ich bringen? Oder: habe ich die Worte: »Auf ein Geschenk *für Dich* sinnt« nur grammatisch richtig verstanden?

Dora – Cellosonate: *von* St. Moritz wieder zurück? Wirklich? Welche Plage! Wär's da nicht fast besser, erst nachher in die Schweiz zu fahren? Natürlich würde ich lieber ich weiß nicht was verlieren als den Sylvester in der Villa M-S. (Allein dorthin und die Dienerschaft später?) Sylvester an dem schönen Punkt bei Vöcklabruck oder wo immer, auch in Wien bei mir: es ist ja gleichgiltig, wo, wenn man nur beisammen ist. Aber das stelle ich mir doch sehr arg vor, kaum in St. Moritz niedergelassen, nach *B.* zu sollen.

Da würde ich eher empfehlen, Ende November das *erste* Konzert mitzumachen! Oder wie wär's, wenn Dora *dieses* auf Anfang Dezember verschieben wollte: dann hast Du das Konzert und die Vorlesung am 7. Und es paßt an und für sich zu dem Plan, auch ohne Vorlesung nach Wien zu kommen.

Für den Diener ist natürlich in Wien nichts zu erreichen, nur in Linz (Olly) oder in Prag. Die n-ö. Statthalterei hätte mit dem

Fall nichts zu schaffen; höchstens der gewisse Herr, den man
das letzte mal gemieden hat. Vielleicht wäre es gut, den normalen
Weg (Selcan, Prag – dort eventuell durch Ch.'s Freund) zu gehen;
da er schon alle »Musterungen« durchgemacht hat, so wird ja
kein Bedenken vorliegen.

Sch. hat sich heute nicht gemeldet; vielleicht hat er in meiner
Abwesenheit telephoniert. Ich werde ihm Doras Schrift zeigen.

Ich werde täglich die Arsentropfen zählen!

Zwischendurch habe ich eine andere Beschäftigung: mich
durch einen »Plan«, einen Plan mit der Sprache, von dem ich
noch nichts sagen will, der vier Zeilen Deines Briefs und der vier
Tage in Janowitz würdig zu erweisen.

[313] B [Wien,] 7. Nov.[1915]   [Janowitz]

Karte von R. Mladota und Parte von Lobkowitz heute erhalten.
Sandte einen Kranz, der von der Familie morgen mitgenommen
wird. Den Hellseher noch nicht gesehen. Vieles an der Schrift
Doras werde ich verdecken müssen, weil doch der Inhalt ein
Gutachten hier sehr erleichtert. (Musik). Auch die Aufschrift
und Unterschrift – die ich übrigens beide als Degradierung, der
Empfängerin und der Senderin, empfinde. Seit gestern durch
und durch erkältet. Gleichwohl etwas (sehr Besonderes) entstanden. Ich kann es aber jetzt nicht ins Reine schreiben: mir thränen
die Augen, von der Erkältung und von – etwas anderm.

                                                    8. Nov.

Den sehr lieben und merkwürdigen Brief erhalten. Zunächst:
ich war, trotz einer Erkältung, wie ich sie noch nie gehabt habe,
bei Jauner. Die Stanze wäre erst in *sechs Wochen* fertig und würde
30 – 40 Kronen kosten. Für alles verwendbar, Leder und auch
Silber. Zeichnung könne nicht gesandt werden – man würde daraus gar nichts ersehen, als eben nur die Zeichnung des Wappens,
die man im – Gegentheil der Firma senden möge, wenn die Stanze
angefertigt werden soll. Vielleicht werde sich aber die Zeichnung
ohnedies finden – der Herr war gerade nicht anwesend –, auch
lasse sie sich, falls in Janowitz keine vorhanden ist, nach der
Cigarettentasche od.dgl. anfertigen. So wurde gesagt, ganz klar
ist mir der Vorgang nicht, denn wenn *alle* Wappen, auch die von

Schuch gelieferten, von Jauner hergestellt werden, *muß* er ja entweder die Zeichnung oder gar die Stanze selbst haben.

Auch auf der Nordwestbahn war ich, wegen der sehr komplizierten Kranzangelegenheit.

Ich sehe den *ersten* Brief an: ob es dort nicht heißt vo*r* (nicht, wie mir schien, vo*n*) St. Moritz. Dies widerspricht allerdings der Bemerkung über Sylvester, hätte aber an und für sich viel mehr Sinn. Ich kann gar nicht glauben, daß man Lust hat, die ganze Reise mit Zugs- und Grenzkalamitäten und allen unberechenbaren Kriegsgrenzmöglichkeiten noch einmal zu machen, um die Sonate zu hören. Das hieße die bewundernswerte Schonungslosigkeit gegen sich (also gegen mich) übertreiben.* Sicher meint man also, daß man überhaupt erst *nach* dem Konzert in die Schweiz will? Ich kann kaum aufblicken, (nicht einmal zu Dir, wie ich gewohnt) – dennoch muß ich Dir noch etwas über Deinen heute Montag früh eingelangten Brief sagen (es ist übrigens traurig, daß so etwas Liebes den ganzen Sonntag in einer Postschublade liegen muß, anstatt mir expreß zugestellt zu werden.)

Also: was Dir »heute früh im Bett einfiel« …. »doch vielleicht verstehe ich es »gar nicht«? Ja, es wäre ja ein Ausgleich der Natur, daß der Mann dumm wird, wenn der Frau zum heiligsten Augenblick ihres Lebens ein Witz einfällt. Der Witz ist brillant; er wäre es schon, wenn »decken« nur die Position bezeichnete und nicht auch ein technischer Ausdruck für, nun freilich für den Thiergebrauch wäre. Was aber hast Du *gesehen,* da Du es dachtest? Soll ich hoffen oder fürchten, daß es nicht mein Gesicht war? Bin *ich* »Feind«?

Ist es nicht ein sonderbares Zusammentreffen: aber das was jetzt neu entstanden ist, ist *die größte Heiligung dieses Augenblicks*! Habe ich Dich »verdorben«? Ist nicht alle Häßlichkeit, alle Stofflichkeit, alles aus dem Bewußtsein, aus Deiner Erinnerung von mir Geraubte nur Brennstoff für die heiligste Flamme? »Sprechen hätte ich es nie können« – ach könntest Du! Dann

---

* Und wäre weit mehr als Revanche für D. Sie hat wohl kein »Recht« – aber ich müßte dann die Probe machen, ob man einmal – für meine Vorlesung aus der *Schweiz* käme!

wär's noch heißer und nie brauchte ich Dir etwas abzubitten.
Jetzt aber sagst Du: »Du hast mich gut verdorben«; wenn es auch
nur Scherz ist, wie der Einfall selbst: habe ich je damit Scherz
getrieben? Trotzdem – *es gelingt mir,* daß auch dieses süße Bekenntnis Dich verschönert. »Verzeih, ich bin sehr unartig« – bitte
sag mir, wie *das* gemeint ist. Zum erstenmal wäre der Ausdruck
(mir geläufig wie das unvergeßliche Zirpen) am Platz. Oder bezeichnet er wieder die schönste That, zu der er so wenig paßt
wie jener entzückende Witz? Heimlich hast Du mich durch diesen bestochen – für die Entfernung ist es Hilfe, sind solche Ein-
fälle unschätzbare Eingebungen. Offiziell strafe ich Dich dafür,
indem ich Dir etwas noch vorenthalte. Du bekommst es erst,
wenn Du mir gesagt hast, ob und was Du *gesehen* hast, als Du
so viel Witz hattest, und wieweit Du zugibst, unartig gewesen
zu sein. Die Strafe, Dich ein solches Geständnis hundertmal ab-
schreiben zu lassen, darf man über Dich ja nicht verhängen –
weil Du sonst hundertmal unartig bist. Bitte antworte mir also
und sei versichert, daß ich Dein Schamgefühl (»und schreiben
auch nie mehr«) theile. Was soll ich thun? Wir suchen eben beide
auch in der Entfernung die denkbar günstigste Stellung. – Nach
diesem Zwischenspiel will ich wieder beten.

————————

Ich habe den Brief wieder aufgemacht. Weißt Du, die einzige
Sühne für so etwas – ich blicke wieder auf die Stelle: um gut ged.
zu sein – wäre: sofort zu kommen oder mich zu rufen. Es ist ja
entsetzlich. Ich habe oft so gelitten, weil ich glaubte, Du sähest
dabei mein Gesicht nicht, gar keines, Du seiest so strategisch.
Aber das kann nicht wahr sein. Was würde sonst aus mir! Und
wie hätte ich dann den Springbrunnen schreiben können und etwas, das vielleicht noch schöner ist, noch mehr Geist von Deiner
Lust!

[314]   T [Wien, 9.11.1915]   [Janowitz]

Freitag Traviata ++ Gedanke muß dabei Hündchen stellvertreten.

[315]   B 8. Nov.[1915]

Dadurch, daß der Abschied von der Geliebten im Gedicht (zweiter Theil) als *Lebensabschied* wirkt – er soll es, denn er wird ja *immer* so *erlebt* – verliert die Veröffentlichung an Bedenklichkeit (die sie ja wegen des ersten Theiles, bei Lebzeiten des Dichters und der Geliebten, unstreitig hätte). Selbst jene, die den ihnen bekannten Anlaß suchen, werden, da das Motiv des *Reise*abschieds nicht sichtbar wird, abgelenkt werden und auf einen verflossenen Anlaß gerathen, mit dessen Sphäre doch ein Lebensabschied zusammenhängt. Es wäre ja – mit einer Anwendung von semper idem – auch nicht unberechtigt. Was glaubst Du? Fühlst Du irgendeine mögliche Peinlichkeit, so muß der Druck unterbleiben. Wiewohl es entsetzlich wäre, daß man der Welt nicht nur Hindernisse verdankt, sondern auch Ergebnisse opfern soll! Ein besseres als dieses hier kann ich Dir nicht schulden. Jedenfalls kein kühneres. Oder sollte schon einmal der heiligste Augenblick des Frauenlebens Sprache geworden sein? (Zum Verständnis: die Sage von der (aus Schmerz unerwiderter [!] Sehnsucht nach Narcissus) bis zu einem Schall verzehrten Nymphe *Echo* kennst Du wohl?)

Nachtrag

Du kennst doch die Sage: Echo (Nymphe Echo) Gram u unbefriedigte Sehnsucht nach Narcissus verwandelte sie in Schall.

Druckerei, nach 6 Uhr wo noch etwas für Dich ausgebessert wird. Im Kaffee I. hat mich nachm. der falsche Italiener (gemeint nicht im Sinn: »Treubrüchiger am Po«) todt angewidert. Es war eine üble Idee, ihn zu rufen. Er ist maßlos dumm und leer.

Als ich nachhause kam, klopfte mein Herz an die Thür: wird ein Brief da sein? Er ist da. Und *wie* schön! Also *hoffentlich* 27. 2 Uhr Beneschau! Und wie kann man denn glauben, daß ich böse bin! Natürlich wußte ich, wie es gemeint und das *andere gefühlt* ist. Und ohne den lieben Witz hätte ich ja heute diese einzigen Worte nicht bekommen! Glaubst Du denn, daß ich Dir deshalb das Gedicht nicht geschickt habe? Es sollte noch ein

wenig liegen, damit es schöner wird. Vielleicht wird auch noch
später irgendeine Interpunktion anders. Dann versprichst Du mir
sie im Manuscript auszubessern. Höre: es ist sicher nach außen
hin »möglich« gemacht, dadurch, daß jeder glauben muß, der
Abschied im zweiten Theil, die Erscheinung des Hündchens,
dies alles beziehe sich auf ein Erlebnis, das äußerlich vom Tod
abgeschlossen wurde. Dies ist ja innerlich genau so wahr, wie
der Reiseabschied von Dir auch als Entrückung durch Tod erlebt wird. Aber niemand wird ein Gegenwärtiges vermuthen,
wenn er aus dem Stofflichen errathen wollte. Darum glaube ich,
daß die Gestaltung des Klagelauts – sicherlich das Kühnste, das
je mit der Sprache versucht wurde – nichts an sich hat oder mit
sich bringt, das wir – ich tausendmal für Dich – vermeiden müßte. (Arme Welt!) Sollte Dein Gefühl darin ein anderes sein, so
würde die Veröffentlichung des Gedichts bis zu *jenem* Abschied
(von uns beiden) warten müssen, den der Leser *hier* schon meinen wird. Hier hast Du es – gedruckt nur, damit Du es *lesen*
kannst. Geschieht noch eine Änderung, so zeichne sie, bitte,
auch in den Abzug ein – oder gib ihn mir für den dann verbesser-
ten zurück. D., nicht wahr, theilen wirs nicht mit. Schon damit
nicht das persönliche Moment zu sehr hervortritt (was für den
Fall, daß sie es besser als den »Springbrunnen« verstünde, doch
bedenklich wäre.) Es ist besser, daß bis zum Erscheinen niemand davon weiß als wir.

Ich will nichts weiter sagen, aber ich glaube: es ist fast so gut
wie Du! Es ist alles, was die Sprache kann – aber ich liebe Dich
noch mehr!

9. Nov.

Ich schreibe tagebuchartig. Das solltest Du auch thun. Freitag ist
Traviata. Danach wäre eine Stunde, das, was ich Dir vorenthalte,
vorzulesen. Brustschmerzen, Husten etc. haben nachgelassen.
Du, es thut mir leid, fast weh – aber Doras Briefe entstellen mir
ein wenig das neue Bild von ihr. Nicht nur Anrede und Unterschrift – das Ganze hat etwas geistig Konventionelles bei offenbar abwegigem Fühlen. Sie sagt – was höre ich! – daß Du ihren
Kuß warm erwidert hast (oder gar *gegeben*?) Bei Dir kann's nur,
wie alles, ein Plus sein (wiewohl sie sich's gewiß nur einbildet),

bei ihr ist es ein Minus. Und diese Sachlichkeit: das mit dem »Recht«! Es wird mir immer klarer, daß sie um sich herum, das Nächstliegende, nicht »wittert«. Auch kann es nicht anders sein als daß sie Dich auf die Dauer müde macht, und ebenso kann ich nicht glauben, daß so viel organischer Mangel (abgesehen vom Weib als solchem) schöpferische Fähigkeit ergeben möchte: höchstens »*Sinn*« *für* Musik, also auch Musik, die etwa *mir* genügt (was immer ein Beweis gegen Musik ist.) Natürlich halte ich mich mit herzlicher Bereitwilligkeit an ihre Freundschaft zu Dir, bin ihr dankbar und sehe in ihr viel wirklich Gutes. Vielleicht würde sie noch besser, wenn manches zwischen Euch ausgesprochener wäre. Aber Deine Kultur verweigert mit Recht hier Erlaubnisse, die Deine Natur ertheilen könnte. – *Beide* werden vor etwas versagen. Ich denke an den Plan. Du sagst nichts zu meiner Bangigkeit, von der ich kürzlich sprach; Du könntest ja nichts Neues dazu sagen. Wenn nur ein Tausendstel der Kraft in Dir ist, die in Dir ist, *weil* ich sie »in Dich hineinlege« – ich könnte es nicht, wenn sie nicht wäre –, so wirst Du *dazu* kraftlos sein. Nur eine *Nacht* es aushalten, nicht einen Tag! In der römischen Zeit warst Du heruntergebracht, Du hättest es überhaupt nicht durchstehen können, wenn *ich* nicht gewesen wäre, *um dafür zu büßen.* Das wirst Du nie mehr wollen und können. Ich kann mir nicht mehr denken, daß Du auch nur eine Stunde wirst ertragen können, ohne sie als eine Ewigkeit der Hölle zu empfinden. Dazu müßtest Du *schwächer* sein als Du bist. Nicht einmal der Witz der Sache kann solche Zeit vertreiben: ein Lachkrampf über diese Pflichtidiotie (die mich in dem Verdacht bestärkt, daß der Bekenner irgendwie einer Eheirrung zwischen einer G. und einem den Palazzo besichtigenden deutschen Professor entstamme). Wenn die Welt Dir noch immer so beschaffen scheint – auch nach 1915 und allem Zusammenbruch –, daß wir den Plan brauchen, so muß ein Plan zum Plan ihm helfen. Vielleicht gefällt er Dir. Er ist für alle (nach außen) plausibler, würde aber freilich die Beziehungen zu dem Land erschweren. Mündlich.

Der Hellseher ist komisch. Erst hat er mich geküßt – nun läßt er mich sitzen (wie Du). Nun, er wird schon kommen (wie Du).

Ich muß ihm natürlich sagen, daß mein Brief an die ihm bekannte Schrift gerichtet ist (vielleicht nicht sogleich) und ebenfalls die Schrift Doras (auch nicht gleich). Ist mein Telegramm (nach Nasice) inzwischen nachgesandt worden? Auf Deinem rek. Brief heute war vorn eine 35 H.-Marke, hinten, ungestempelt, diese beiden, die ich Dir hier ausgeschnitten zurücksende.

Paßt Dir der 7. oder wäre Dir später lieber?

Ich lese gerade, daß ein Offizier meines Namens das Adelsprädikat »Krausdorf« erhalten hat. Ist da nicht »Janowitz« schöner? Alles wird jetzt verdeutscht. Die Schwester des Biologen soll einen bürgerlichen Offizier, ständigen Hörer meiner Vorlesungen, heirathen. Ich werde künftig Vorlesungen darüber halten, in welchen Fällen Adelsnamen zu behalten sind und in welchen nicht. (Obiges ein sonst uninteressantes Geheimnis, das nur Dir mitgetheilt ist, da mich Hof- und Personalnachrichten nicht beschäftigen und niemand verstehen würde, warum *ich es* weitergebe).

Weißt Du, was schön ist? Daß Du jetzt so bist, wie Du bist, so zu mir bist. Und ich hoffe zu Gott, daß er sich selbst die Freude an Dir nicht verdirbt und Dich so läßt, kein Stäubchen auf Dir (kein *Reise*staub), nichts, was nur Delirien schaffen könnte, keine Gedichte mehr! Nichts, dessen Häßlichkeit nie mehr in Lust umzuquälen gelänge. – – Ich Dich »gut verdorben«?!

———

½ 6

Es klingelt. Da ich zur Thür gehe, steht niemand draußen. Blitzartig verschwunden, denn ich hatte nur drei Sekunden gebraucht. Im Briefkasten liegt wieder die bekannte halbe Visitkarte – Du erinnerst Dich – und dazu zwei Rosen. Und ich hatte schon geglaubt: ein Brief von Dir! Ist es nicht zu dumm: wenn ich um elf einen gefunden habe, sehe ich um zwölf nach, ob keiner da ist. *Du* brauchst nicht ungeduldig zu sein: erstens bin ich treuer als Yer – würdig des Hündchens – und zweitens hast Du keinen Briefkasten! Das machts! – Die Dame mit dem halben Namen ahnt es nicht: wenn sie nicht Rosen gebracht hätte, wäre ich besser auf sie zu sprechen. Ohne daß ich sie kenne, hat sie mich so schwer enttäuscht!

———

Ich schreibe täglich an Dich, wenngleich ich nicht immer gleich absende. Rekomm. Brief von Dir! Das ist eine Freude, da weiß man doch schon von außen, daß man nicht mehr *man* ist, sondern Du *Du* bist!

Es ist ja weiter nicht auffallend, man d.h. wir könnten ja gelegentlich auf Karten die Fortsetzung irgendeiner Arbeit, Übersetzung od.dgl. ankündigen; nöthig ist es nicht. Wenn wir schon für den Schneider uns kleiden müssen, *so* werden wir doch nicht für den Postmeister schreiben!

———

Ich schreibe immer während der Arbeit an Dich. Sonderbar – für eine Sonate von D. aus der Schweiz nach Budapest fahren! Sollte da nicht für ein Gedicht von mir, ein neues, schönstes und von mir Dir vorzulesendes, der Weg von Janowitz nach Peking ein Katzensprung sein? Nun, das andere Projekt ist abgethan – und *diese Nothwendigkeit,* die wird sich uns ja gemeinsam ergeben, um des Ziels willen, nicht wegen des Zwecks, des Gedichts.

———

9./10. 4½

Die Müdigkeitserreger, die Dich damals beim Besuch »totangewidert« haben, getroffen. Sie erwähnten wirklich die Blässe und hatten sie gemerkt. Ich gab sofort die nothwendige Erklärung. (Daß nach diesem Besuch noch mehr Arsen nothwendig, verschwieg ich.) Näheres, nichts Wichtiges mündlich. Es wäre noch im Beschreiben langweilig.

Jetzt schläfst Du oben – und wenn ich hineinsähe, würde ich zurücktreten, in dem Glauben, D. schlafe auf dem Divan. – –

10.

Rekomm. Briefe von Dir aus Janowitz – das ist fast so schön wie gewöhnliche aus Batrina!

(Postamt) Markenausschnitte vergessen – sende hier andere

[316]   B [Wien,] 12. Nov.[1915]   [Janowitz]

Dein Brief ist schöner als mein Gedicht. Ich kann nicht antworten. Die Glücksüberraschung durch den Ruf aus Batrina ist übertroffen. Wie wird das enden? *Ich* werde zum Schall. Bis da-

hin will ich Dich küssen, und glauben, es sei noch eine Unend-
lichkeit. Wenn *jetzt* Dein Heiligtum nicht einen Panzer gegen
die Welt trägt, dann will ich nur noch glauben, daß der Teufel
die Welt erschaffen hat.

Diese soweit sie die irdische ist, die unsere Sprache spricht,
aber nicht hört, wird gar nichts »denken«, also auch nicht, daß
die Nymphe verstorben sei. Nur jene, die in leidiger Nähe leben,
also rathen wollen, werden stofflich abgelenkt. Bewußte Absicht,
den Anlaß zu verstellen, war es nicht. Das Tod-Abschiedsmotiv
ist nicht ausgesprochen, nur, ganz natürlich, so weit spürbar, als
der Abschied von der Geliebten, und gienge sie bloß aus dem
Zimmer, als Tod erlebt wird (wie ja, in der »Offenbarung«, ihr
Abschied von der Lust). Andrerseits ist die Projicierung auf einen
toten Anlaß, die sich den »Vertrauten meines Lebens« – nur diesen – ergibt, kein Unrecht an jenem (das sie bei künstlicher Verwendung wohl wäre). Denn ich habe ja damals beten gelernt –
durch Dich erst künden. Deine Offenbarung!

Wie ich es meinte, schrieb ich schon am 8. nieder – damals, als
ich *nicht Dich strafen,* sondern das Gedicht noch *korrigieren*
wollte –, ließ aber das Blatt am 10. zuhause, als ich mit dem angefangenen Brief in die Druckerei gieng. Hier ist es. Es war damals noch eine Hetzjagd – zur Hauptpost, wo ich den Brief noch
öffnete (mit schnell gekauften neuen Kuverts) – daher wohl
auch die Bemerkung über die Marken unverständlich, deren
Ausschnitt ich zuhause gelassen hatte (Dein Brief hatte hinten
auch ungestempelte Marken, war wohl als *Express*brief gedacht
gewesen. Es ist ja gleichgiltig; ich erwähnte es nur als Janowitzer
Postkuriosum; wollte Dich nicht beschenken.) – 7. Dezember:
es stellt sich heraus, daß es doch nicht geht, sondern erst: 14. Dez.
Ich sehe Dich doch schon in der zweiten Reihe: *dann* würde das
Gedicht vorgelesen. (Jedenfalls in die nächste Fackel.)

Ich fiebere dem 27. entgegen. Es wird Dir gelingen. Was für
Leute verderben jetzt und in München unsere D.? Münchener
»Künstlerthum«, wenn es das ist, ist mir das Verhaßteste.

Natürlich sollst Du das Manuscript behalten. Ich wollte nur,
daß Du, falls Änderungen, sie einträgst. Es werden kaum welche
nothwendig sein. Es ist alles, auch nachher, tausendmal durch-

gelebt, und alle Kämpfe mit jedem Wort und Zeichen durchge-
standen. Ich bin besiegt und meine Wehrlosigkeit hat nichts mehr
einzuwenden. Nichts gegen das Gedicht, also – nichts gegen
Dich! Dein teurer Brief kam, da expreß, eine Stunde vor dem
Termin. Jetzt kam ein lieber Brief von der Mutter des armen
Wenzel.

Sie schreibt:

»Herzlichsten Dank für liebevolle Theilnahme und die so
schöne Blumenspende, die uns unendlich gefreut hat – da wir
wissen, wie sehr mein Sohn Ihnen anhänglich war. In seiner
Krankheit hat er sich noch mit dem letzten Heft der »Fackel« so
gut unterhalten. Mit den besten Empfehlungen etc.«

Ich glaube doch, daß mein erster guter Eindruck von dem armen Wenzel der richtige war. Es war wohl keine falsche Empfänglichkeit wie ich sie tausendmal bei ganz jungen Leuten mit
aufgeschossener Intelligenz erduldet habe.

Die Freunde, die bei Frankfurt leben, sind von der Fackel ganz
begeistert, die sie erst jetzt erhalten haben. *Sie* macht die gute
Bemerkung: »Es ist ja ein Wunder, daß man nichts beanstandet
hat. Herrliche Sachen sind drin – es thut einem wahrhaftig wohl,
diese Sprache einmal zu hören und diese *Sprache* auch.«

Ch. habe ich für den so lieben Brief telegraphisch gedankt.
Hat er es empfangen? (Du das über Traviata jedenfalls auch.)

Aber was sind alle Briefe, die man so bekommt, gegen *einen*!
Ich lebe nur noch als Erinnerung Deiner Herrlichkeit!

[317]   B [Wien,] 12./13. Nov.[1915]   [Janowitz]

Zwischen der Arbeit:

Zwei kleine Roßhaarpolster warten jetzt. Streiten um den
Vorrang, welcher unter dem geliebtesten Haupt liegen wird.
Wie soll ich entscheiden? Der Streit ist so laut, daß *ich* auf keinem
der beiden *schlafen* kann. *Wann* wird er entschieden?

Anzug für Dv.: natürlich! (Ich vergaß bisher die Frage zu beantworten). Gleich oder zu Weihnachten? Auch dunkelgrün
möglich?

——

R.: Immer noch das gleiche Interesse, alles unverändert. Dennoch bin ich, trotz allen Vorzügen, zunächst *nicht* für Kennen. Manches spricht dafür, mehr – unverschuldet – dagegen.

———

Für das Telegramm gestern, das wie vom Himmel an den »Engel« kam, habe ich noch nicht gedankt. Wie viel hattest Du an diesem Tag mit mir zu thun! Und von dem Brief kann ich auch (ähnlich) sagen wie Du von dem Gedicht: »Immer wieder lese ich die göttlichen Worte und sehne mich nur noch, sie von Deiner geliebten Stimme gesprochen (nicht vorgelesen) zu hören.« Aber Du sprichst nicht, und dann plötzlich, wenn Du weg bist, kommen Worte aus Dir von einer so durchdringenden Liebe, daß es nur noch *den* Zweifel gibt: ob ich je so ungerecht sein konnte, einen zu haben. Und wie jedes Wort Deines Briefes beweist, daß Du jedes Wort meines Gedichts nacherlebt hast. Wie seltsam: *Du* bist der *Inhalt* – und es gibt *Dir* zu *denken* und daraus zu *schöpfen*! So umschlungen sind wir!

Jedes Wort, das Du jetzt sprichst, ist ganz so weiblich, echt und tief, wahr und süß wie Dein Schweigen. Was immer von Dir kommt, beglückt und erregt mich!

———

Von geringeren Dingen zu sprechen:

Mit derselben Post wie der Brief der Mutter des armen Wenzel L. ein ganz so aussehender Trauerbrief: des Vaters eines mir persönlich unbekannten jungen Mannes, der am 5. Nov. (wie W.L.?) gestorben ist:

»Ich erachte es als meine Pflicht Ihnen dies mitzutheilen, da er, so viel mir bekannt ist, nicht nur ein treuer Anhänger Ihrer Zeitschrift, sondern auch starker Vertheidiger Ihrer Ideen war.« Ist das nicht ein sonderbares Zusammentreffen zweier Todesfälle und zweier Nachrichten?

Gleichzeitig ein Feldpostbrief, in dem mir der Bruder eines Gefallenen mittheilt, daß dieser ein großes Manuskript »Karl Kraus« hinterlassen habe: »Ich bitte Sie im Namen des Gefallenen, jenem Werke, in welchem er seine reinsten Anschauungen niederlegte, auch Ihre Liebe zuzuwenden.« Er weist mich dieserhalb an eine Verwandte in Königgrätz.

Den beiliegenden mehr lustigen Brief sende ich, weil seine
Beilage wirklich »zum Sterben« ist: hauptsächlich für Ch., den
ja dieses Gebiet interessiert; bitte es ihm zu zeigen. Eine Affaire
à la »Wolldecken«. Ferner sende ich noch etwas, das wirklich ein
kulturhistorisches Kuriosum hinter sich hat. Von diesem dummen, nicht einmal übermäßig dummen Couplet, das mir einer
einschickt*, heißt es, daß es *seit Monaten* in *sämtlichen* »Vergnügungslokalen« Wiens, großen und kleinen, gesungen wird.
Hat es nun je einen größeren Kontrast gegeben als zwischen
dem, was mir, uns nahegeht, und dieser unausstehlichen Popularität? Nie war eine unverdienter. Es ist unfaßbar: diese Unfaßbarkeit für die Leute, und so als Person, als leibliche Person
von ihnen gefaßt! Und dieses Mißverständnis: als ob eine Glosse von mir leichter zu verstehen wäre als ein Gedicht! Vor diesem Ruhm gibts nur die Flucht ins Irrenhaus oder nach China.
Oder zu Dir und Bobby!

Jetzt habe ich seit einiger Zeit ein liebes Nachtmahllokal in
der *Johannesgasse* gefunden, hoffend, *hier* incognito zu sein.
Heute abend beim Eintreten: »… Soooo? Geh!« »…. Hör auf!
Nicht? *Den kennt doch jedes Kind!*« »….großer Satiriker«.

Warum ist die Welt so akustisch? Warum habe ich so gute
Ohren? Ich weiß, es ist ein Defekt. Die Kulturlosigkeit der andern ist mein Mangel. Aber Du verstehst mich. Du wirst mir
immer gerechter und weißt immer mehr, daß das, was als besondere Reizbarkeit erscheinen könnte, nichts ist als die verlassene
Norm, die sich meldet, als die Nothwehr eines isolierten Zustandes. Wenn solche Gesichte und Geräusche von Fabriksmenschheit einem noch auf der Flucht vor ihnen begegnen! Du
bist nun so gerecht, auch das Haß- und Hindernisleben zu begreifen, aus dem alle die Schönheit erst aufblüht, die *Dir* dargebracht wird. Du kannst das eine vom andern nicht trennen und
willst es auch nicht. Wie stolz und glücklich macht es mich, daß
Du Geliebte und Gefeierte mir auch so Gefährtin bist!

——

* die Tintenstriche sind nicht von mir.

Jetzt, nachdem Du mich so lange und so schön unterbrochen hast, gehe ich wieder an das andere Manuscript. Du wirst es ja mehr als je aus diesem Hefte erkennen, wie das Häßlichste und das Schönste nebeneinanderwohnen und wie *eben diese Möglichkeit* mein Denkproblem ist. Hoffentlich hat Dich mein lautes Denken, das Dich ins Leben geweckt hat, nicht heute Nacht im Schlaf gestört! Schlaf wohl! —— Noch eines muß ich Dir sagen: Es gibt kein Wort, das an das Maß der Achtung hinanreichen würde, die Dein *Verständnis* verdient. Du verstehst jenen Kontrast, als ob Du ihn mit mir erlebt, erlitten hättest, und bist doch aus der fertigen Schönheitswelt gekommen. Ich glühe von Denken und Liebe!

—— Du, was war das? Von dort, wo Deine Bilder hängen (links vom Schreibtisch) kam jetzt soeben ein Ton, wie ein Knistern. Ich bin sehr erschrocken. Was willst Du mir sagen? Ich glaube, es ist etwas Gutes, es war ein Ja zu allem, was ich von und aus Dir denke. Ich bin zu den Bildern gegangen und das in der Mitte hatte das selige Lächeln, das von Musik verklärte.

13. Nov.

Mit schwerstem Kopfschmerz und andauerndem Husten – die sonstige Erkältung ist vorüber – den Tag begonnen.

Von meinem Nestroy-Komponisten (die Dora meiner Motive) einen Brief aus dem Krieg. Er will mir jetzt die Noten aufschreiben, sobald er nur Zeit bekommt.

Von dem andern lieben Bekannten, den ich in Linz sah, eine Karte aus dem Schützengraben (»einem wenig exponierten, in dem ich vom Krieg weniger erlebe als im Hinterland. Ihre Septim hat mich in das Leben des wirklichen Krieges eingeführt; die paar Granaten und Shrapnelle, die ich jetzt doch auch in mehr als Rodarodanähe gesehen, geben einem kaum etwas Neues; *Ihr Springbrunnen dagegen* und die andern Gedichte haben das gethan ....«)

Ich schreib Dir ja jetzt schon alles, was um mich herum vorgeht. Ich muß es, denn ich darf es, nicht wahr? ——

Wie hab ich mir den Kopfschmerz zugezogen? Gestern ließ ich dem Hellseher sagen, er möge mich anrufen. Er hat's zum Glück gethan, aber leider um ½ 9 Uhr früh, nachdem ich erst eine Stunde geschlafen hatte. Dann giengs nur schwer und ruckweise, denn ich wurde immer wieder durch »falsche Verbindungen« gestört. Aber jedenfalls wird der Sch. um ½ 6 Uhr bei mir sein.

13./14. Nov.

Also: er war bis nach 9 bei mir. Zuerst schwärmte er mit den komischesten Worten von der Vorlesung (»Ich sag Ihnen, so etwas hätt' ich nicht für möglich gehalten …« »Sie müßten jede Woche …«). Dann: »Jetzt erst ist mein Gutachten über Ihre Schrift bestätigt.« *Ich:* »Ja die Stelle: und wenn da tausend Leute sind, werden sie wie hypnotisiert ….« Er: »Was heißt tausend? Und wenn da Millionen Leute sind! …. Ein Mensch neben mir ist im Anfang stumpf dagesessen. Na wart, Kerl, dachte ich, und hab ihn beobachtet. Dann ist auch er ganz rasend geworden. Kein Wunder, Tote hätte es rühren müssen! …. Und die Frauen hätten Sie sehen sollen! Ich hab' nie so etwas von Wirkung erlebt! ….« (Das alles denke man sich im ärgsten Jargon hervorgesprudelt). Sehr vorsichtig lenke ich das Gespräch darauf: ob er ein Gesicht erkennen müßte, dessen Schrift etc. Er: »Unbedingt.« Irgendwie bring ich ihn bis zu dem Punkt, wo er sagt, er habe sich gleich dafür interessiert, ob die *Schrift* da sei. Er habe einen Verdacht gehabt auf eine in der »besonders vornehmen Gruppe rechts« – ich hatte vorher ganz harmlos gefragt: ob er Personen gekannt habe, wer die links und wer die rechts waren, ich hätte im Zwischenakt die Gesichter bemerkt – er: Ja, ja, ganz feine Leute waren das, die rechts. Links war eine wie wahnsinnig. Und rechts waren die auch in der größten Erregung. Er habe auf eine der Damen, sehr apart und vornehm gekleidet, einen Verdacht gehabt. Aber er glaube doch nicht. In einem hellen Saal *müßte* er es feststellen können, im Zwischenakt sei die Beziehung zwischen der Hörerin, die er beobachte, und dem auf sie Wirkenden doch zu sehr wieder abgebrochen. Er glaube *nicht,* daß die Schrift da war.

Es gieng nicht anders: aber ich meine eben doch, daß ich ihn erst durch eine Suggestivfrage auf die »Gruppe rechts« gebracht habe. Hier sagt er offenbar doch mehr von sich als er kann: an den »Verdacht«, den er von vornherein hatte, glaube ich nicht. Wohl aber, daß er bei genauer Beobachtung in hellem Saal es wissen könnte. Das könnte aber leicht einer, während *vor* der Wirkung auch der Hellseher es nicht kann.

Der aber, wenn er eine Schrift vor sich hat, wirklich Fabelhaftes leistet. *(Sonst* glaube ich doch, daß er sich »übernimmt« und vermöge der Erkenntnis von einer nicht gerade anmuthenden Menschlichkeit, die er mit seiner Gabe mitschleppt, hielte ich das Gelingen solcher persönlicher Experimente auch nicht für wünschenswert.)

Nun kommt das Außerordentliche. Zuerst Dora. Von deren 2 Briefen nur die 1.Seite des vom 4. Nov. vorzeigbar, da alles andere Musik oder Liebe ausspricht. Er verzichtete selbst auf diese Seite und wollte nur das *Datum:* »Budapest, 4. Nov. 1915« das andere wurde zugedeckt, auch die Anrede, die ja an und für sich noch nichts verrathen hätte. Ich sagte ihm, um Überflüssiges zu vermeiden: »Brief einer Dame an eine Freundin.«

Er:

Es ist ein Wesen, das imstande ist, jedermann für sich zu gewinnen.

Sie laboriert an einem Weltschmerz, der immer tiefer Wurzel faßt. Sie sucht einen Rückhalt in einer Person, die ihr in den trüben Stunden zur Seite steht – aber ich glaube, es ist momentan vergebens. Sucht und sucht und kann den nicht finden. Mit aller Gewalt rafft sie sich selber auf, thut das Möglichste, um ihre trüben Gedanken zu verscheuchen. Es gelingt ihr wohl für kurze Zeit, in eine bessere Laune zu kommen; aber die verfliegt wieder sehr rasch. Sie ist besonders vornehm, von Natur lebenslustig, die Natur hat ihr viel Kraft verliehen und sie kann eigentlich mit ihrer Kraft nichts anfangen. Ein Feld, das nicht gut geackert, bearbeitet wird. Sie hat *sehr viel Kunstsinn – ist musikalisch – selbst ausübend.*

Ich sehe ein Sich-Aufraffen – so wie ein Soldat im letzten Moment seine ganze Kraft anspannt, um doch siegreich hervorzugehen.

Sie denkt noch immer, daß sie nicht untergehen wird, denn sie ist ihrer Sache sicher.

Wenn sie so über die Dinge nachdenkt, wird sie für kurze Zeit freudig gestimmt – dann wird sie wieder muthlos. Sie kann den Weltschmerz nicht wegbringen. Sie würde alles hergeben, um doch noch glücklich zu sein – denn mit aller Gewalt reißt sie sich zum Leben und wenn sie keine inneren Fesseln hätte, würde sie das erreichen, was sie sich ersehnt. Aber gewisse Rücksichten lassen sie nicht aufkommen.

Sie war umgeben von falschen Leuten, die sie sicherlich hineingelegt haben. Daher der Groll gegen die Menschheit und die Vorsicht, die sie jetzt an den Tag legt.

Früher einmal hat sie rasch überlegt, rasch gehandelt. Jetzt überlegt sie wohl rasch, handelt aber nicht mehr rasch. Denn sie denkt sich dabei: ich habe gegen meine eigene Person verbrochen.

Sie hat nicht dort zugegriffen, wo ihr Herz dabei war, weil ihr gewisse Dinge vor Augen geführt worden sein dürften, die *sie abgeschreckt* haben. *Und sie denkt speziell an einen Fall und den kann sie nicht verschmerzen.* Sie wird, so oft sie mit Leuten zusammenkommt, die irgendetwas davon wissen, ganz offen darüber sprechen. Es wird ihr wohlthun, wenn sie ein wenig ihr Herz ausschütten kann, was sie bei andern Leuten direkt verurtheilen würde. Hier ist ein Konflikt. Sie ist verschlossen; aber der nagende Schmerz zwingt sie, sich Erleichterung zu schaffen.

(Hier erwähnte ich, da er fertig zu sein schien, die Karte an mich – er habe schon einmal die Schrift beurtheilt. Ich zeige ihm wieder die Schrift von damals, d.h. die Adresse, alles andere zugedeckt. Er habe damals vom »zappelnden Herzen« gesprochen. Er: Ja, ja, das stimmt – ein armer Teufel.

Nunmehr wollte ich auf den Hauptpunkt kommen: ihre Beziehung zu Dir.

Ich sagte, der Brief sei an die berühmte Schrift gerichtet; zeigte ihm von weitem die Adresse Deines gestrigen einzigen Briefes.

Er: »Das ist merkwürdig, wie zwei Wesen zusammenkommen, die beide einen fürchterlichen Kampf und Schmerz im Herzen führen, aber jede anders: die eine nur gegen die Außenwelt, gegen die sie ihr Glück vertheidigt, die andere mit sich selbst.

Während jene (an die der Brief gerichtet ist) ein *Stratege* ist, so hat diese nicht in solchem Maße dieses Talent. Wenn sie aber *bei der andern* (dem Strategen) *weilt,* so wird diese sie *aufrichten.* Es genügt, *wenn sie ihr Gesicht sieht,* so ist sie gleich ganz anders. *Sie lebt auf,* ist frisch und *trachtet auch,* die andere aufzufrischen. Sie *braucht* die andere kolossal, sie schöpft von ihr wie die Sterne von der Sonne. Keiner ist imstande sie so zu beeinflussen, wiewohl die betreffende(?) älter, vielleicht viel älter ist, so schaut sie zur Jüngeren *wie zu einem Gott* empor. Sie ist *ihr gegenüber ganz offen.* Sie ist sehr sinnlich.

»Auch in der Beziehung zu der Freundin?«

Sie wird sie täglich 20 bis 30 Mal abküssen. Es ist nicht ausgeschlossen, daß diese Liebe auch sinnlicher Art ist. Jedenfalls ist sie so vernarrt in sie, vielleicht reißen sie auch die Sinne hin, sie küßt sie ab. Es kann sein, daß es sinnlich ist.

Sie hat keinen erotischen Verkehr, da könnte sie sich wohl auf die Freundin stürzen. Ausgesprochen lesbisch ist es nicht – aber es hat den Anschein, daß sie direkt verblödet ist durch diese Zuneigung. »Erwidert die andere diese Gefühle?«

Nein, sie erwidert sie nicht; *nicht* auf diese Art, in diesem Grad. Es ist eine sehr interessante Schrift.

In dieser Frau kocht es. Aber sie hält sich.

»Figur?« Eher rundlich, während die andere schlank ist. Eher schwarz. Mehr derb in der Figur im Gegensatz zu der andern. Die Schrift macht mir auch noch den Eindruck, daß diese Frau gezwungen ist zu *rechnen.* Ich: »Das scheint mir unrichtig.« Er: Vielleicht so – es ist etwas Haushalten drin, sie *lebt nicht so hoch* wie *die andere.*«

———————————————————

Das ist doch also im Ganzen außerordentlich! Ob ich sie kenne, ob sie bei der Vorlesung war, fragte er noch. Ersteres bejahte ich, letzteres verneinte ich, da ich auch die Frage, ob »die Schrift« da war, verneinen mußte. Dies —— abgesehen davon, daß er sich blamiert gefühlt hätte, weil ihm die Agnoscierung nicht gelungen war – aus Rücksicht auf künftige Anwesenheit d.h. aus den öfter besprochenen Gründen. Ich habe gegen die Oberfläche, die diese Gabe umschließt, ein durch einige Fälle gerechtfertigtes Mißtrauen, und eine so persönliche Begutachtung kann keiner Dame

erwünscht sein. (Umso weniger, wenn er um ein »Theater« weiß!)
Hier lege ich ein Blatt bei.

Nein, ich thue es lieber doch nicht. Es ist zu umständlich, diese
Gutachten abzuschreiben. Sie betreffen die Adresse an mich von
der Karte der Rosel M. und das Kuvert der Mutter des armen
Wenzel. Ich hatte diese Schriften bei der Hand, ehe ich ihm die
Hauptsache vorlegte. Er hat die merkwürdigsten Dinge gesagt,
die ich aber lieber mündlich aus der ersten Niederschrift vorlesen werde. (Über R. ist *mein* Urtheil ganz und gar bestätigt.)

Und nun – höre das, was so wirklich ist, daß es keiner Bestätigung bedurft hat – denn das hast Du selbst immer gewußt, daß
mein Sagen doch noch überzeugender war als Dein Schweigen.
Es braucht – wie etwa Hamlet sagt – kein Hellseher vom Himmel
herunterzukommen, um *das* zu sehen:

(Nachdem ich ihm den kleinen, nun Dir hier zurückgegebenen
Brief, d.h. nur die Zeilen: »Carletto …. gemieden hat« überreicht
hatte – alles andere unsichtbar:)

»Das ist die Bestätigung von allem, was ich mir gedacht habe.

Ich glaube, es ist die einzige Frau auf der Welt, die Sie derart
beeinflussen kann, daß Sie Stundenlang ohne Unterbrechung
(hier hätte ich *ihn* am liebsten unterbrochen durch den Ruf: Ein
Leben lang und alle folgenden!) mit ihr im Geiste beschäftigt
sind.

Sie reißt Sie in höhere Regionen. Sie fliegen in einem Luftschiff und steuern direkt dorthin, wo *sie* ist, die Sie in diesen
sonderbaren Zustand versetzen kann – in jedem Strich dieser
Schrift, die an die Frau geschrieben ist, sehe ich, daß Sie diese
Frau ungeheuer beeinflußt hat. Sie hat Ihnen Ketten angelegt,
die kein Mensch zu zerreißen in der Lage ist. Keine Macht der
Welt kann *Sie beide* auseinander bringen.

Sie werden jetzt, nachdem Sie von dieser Frau beeinflußt sind,
Dinge schaffen, die Sie früher nicht gesehen und geahnt haben.
Dadurch, daß Sie an sie denken, sehen Sie andere Dinge, die Sie
früher nicht sehen konnten.

Das bewußte *Theater* spielt weiter, und die Betreffende ist
darauf gekommen, daß Sie der richtige Meister und Regisseur
sind, der das Projekt unterstützen und zu Ende führen wird –

daß *Sie* nicht nur das *Ziel,* sondern auch der *Helfer* sind. Sie vertraut auf Ihre Gabe und Ihren festen Willen; *zu allem, was sie will, werden Sie ihr helfen, sie nie im Stiche lassen.* Sie gehen auf alles das ein, was sie sich in den Kopf gesetzt hat.

Es war so etwas von einer Liebesbeziehung noch nie in der Welt, das könnte vielleicht nur einmal in tausend Jahren vorkommen. Und gerade dieses *Wort* höre ich *die Frau oft sagen.*

Manchmal höre ich (aus dieser Ihrer [!] Schrift) ein *altes Echo* von *früher her.* Aber es verstummt vor dem neuen Klang. Das Alte verschwindet ganz. Es *ist ein altes Andenken,* das *verschwindet unter dieser neuen Kraft.* Sie sind wie ganz von der Sonne geblendet, alles andre verschwindet.

Kein Opfer wäre Ihnen für diese Frau zu groß. Es gibt keine Person in der Welt, die *Sie* zu etwas beeinflussen könnte, *außer* dieser Frau. *Bei dieser Frau werden Sie jedes Jahr um ein Jahr jünger, statt* älter jünger *mit jedem Jahr, und ganz so ist es auch bei ihr durch Sie.*

Man sieht die Kraft zweier Magneten, die einander immer näher kommen.

Alle Hindernisse werden genommen.

Sind die Hindernisse auf der Erde unbesiegbar, fliegen die beiden in die Luft. Ist das Luftschiff nicht da, kommt ein drahtloses Telegramm!

Es ist etwas, was nicht zerstört werden kann, von keiner Gewalt!

Es ist besiegelt, daß *das* nicht, nie auseinandergeht – ausgeschlossen!

(Dabei sah er immer außer meiner Schrift, die er in der Hand hielt, mit einem Blick auf die Deine des letzten Briefes, die ich hielt.)

Es ist der interessanteste Fall, den ich in meinem Leben behandelt habe; wo zwei Leute sind, die es *so ernst und gut miteinander meinen;* und die sich von dem Milieu nicht beeinflussen lassen und den gefaßten Plan, zu einander zu kommen, unter allen Umständen durchführen, ob nun mit dem Theater oder ohne. Wenn es sein muß, muß das Theater gespielt werden. Und wenn Unterseeboote mitspielen müßten.

Sie hätten nie geglaubt, daß je ein Weib so fesseln und Sie so interessieren kann wie diese. Sie haben lange darüber nachgedacht, wie es kam, daß sich bei Ihnen diese Gefühle gerührt haben. Sie haben sie konstatiert und konnten nichts mehr dagegen unternehmen.

Frage: »Weist die Schrift auf diesem Kuvert etwas besonderes auf?«

Es bestätigt und übertrifft alles. Der Brief ist in hellster, glücklichster Stimmung geschrieben. Aus diesem älteren Brief hier spricht ganz deutlich Ihr sehnsüchtiger Wunsch, recht bald Ihre [!] Luft zu athmen.

»Aber der Brief ist eine Stunde nach einem Zusammensein geschrieben.«

Trotzdem ganz deutlich der Wunsch, die Sehnsucht.

(Wieder beide Schriften ansehend:*) In *beiden* Schriften finde ich, daß beide zu jeglichem Opfer bereit sind und daß sie alle Leute, die in den Weg kommen, ob so oder so entfernen werden – sich von niemand was dreinreden lassen werden. *Nachdem sie aber eingesehen haben, daß sie auf Widerstände stoßen würden, wurde das Theater vereinbart und beide Theile sind wie zwei Soldaten auf ihrem Posten.*

Die Feinde, die da kommen, werden weggefegt, es wird ma-növriert; wenn nöthig, wird List *angewendet.*

Sie weiß, daß sobald alles vorüber ist, sie zu ihrem Ziel gelangt ist, die Leute, die der Sache abhold sein könnten, sich geschlagen geben werden und einlenken müssen. Das Milieu ist zu schwach. Ihm stehen derartige Kombinationen nicht zur Verfügung; denn sie sind nicht geistig so hochstehend, und sie werden dann plötzlich sich überrumpelt sehen und sich geschlagen ge-ben. (Ich fragte hier nicht ausdrücklich, wie die neue Situation sein werde. Er meint, wie er schon einmal ausdrücklich gesagt

---

* Einmal habe ich auch eine Zeile aus *diesem* Brief hier, der ja zum Theil schon geschrieben war, gezeigt: die 1. Zeile auf der 3. Seite: »Jetzt habe ich seit einiger Zeit....« da sagte er: »Immer das gleiche, unverändert, nur *immer mehr* noch.«

hatte: unsere *Heirath.* Eine andere Art Sieg scheint er nicht für möglich zu halten, da er ein Genie noch immer unterschätzt.)

Nach einem Blick auf das Kuvert Deines Briefs: Sie kann kaum den Moment erwarten, wo sie wird in Aktion treten müssen. Die aufgeschobene Sache bereitet ihr, glaube ich, schlaflose Nächte. Sie möchte es rasch erledigen, um den Kampf aufzunehmen, damit sie dann zu ihrem Glück gelangen kann. Ich höre die Worte: »Gott wie blöd sind die Leute, daß sie *das* nicht einsehen, nicht verstehn. Es wird ja doch so kommen, wie ich es will! Grad oder krumm, ich muß das Meinige durchsetzen.« Je mehr die Umgebung trachten wird, die Sache auseinanderzubringen d.h. zu hintertreiben, desto intensiver wird sie arbeiten. Bei keinem Menschen fühlt sie sich *so wohl* wie bei Ihnen! Ihre *Briefe* stärken sie, richten sie auf in den Momenten, wo sie gekränkt oder muthlos ist. Sie wird Ihre Briefe in der *Tasche* herumtragen, sie wieder und wieder lesen. Bei Nacht, bevor sie einschläft, wird sie sicher Ihre Briefe zum x-ten Mal wieder lesen; sie schläft mit den Briefen ein, denn die geben ihr den einzigen Trost.

Sie ist auch *stolz,* daß es ihr gelungen ist, *Sie* zu bezaubern und für sich ganz zu gewinnen. Sie lechzt nach Ihnen. Die Arme zappelt oft nach Ihnen. Ich bin überzeugt, daß sie oft mit Ihnen *spricht,* wenn Sie allein ist, und sich denkt: »Ja, jetzt spreche ich mit meinem Geist!« Wenn ich die Schrift der Frau sehe, muß ich lachen vor Freude. Das ist eine gottvolle Person! Ein zweites Wesen, das so interessant sein könnte wie die, gibt's nicht auf der Welt.

Die letzte Schrift, die auf diesem Kuvert, läßt keinen Zweifel, daß ihre Liebe zu dem, dem sie schreibt, immer mehr gesteigert, daß sie immer verliebter ist. Etwas, wie diese beiden Schriften zueinander hat es noch nicht gegeben.«

Gute Nacht! Jetzt arbeite ich noch – ich habe viel versäumt – und dann lege *ich* mich mit *Deinem* Brief schlafen.

14. Nov.

»Guten Morgen!« »Wie gehts?« »Gutdanke –«

Dora wird das Gutachten wohl nur teilweise empfangen können? bitte, glauben: ich bin *für* Dora, nur die Anrede und Unterschrift verdrießen mich immer. Ich habe sie wirklich gern,

und Bedenken schweigen vor dem besseren Wissen: wie wertvoll ein Mensch sein muß, der *Dir so* anhängt.

Gestern sandte ich etwas, nur weil man die »Sterne, Kreuze
und Orden« gut fand. Es war lächerlich wenig, aber eben deshalb sandte ich es: es ist nämlich der letzte Rest gewesen; es
kommt nichts mehr aus der Schweiz herein.

½ 6 Uhr

Es ist Sonntag. Etwas, das so viel Leben hat und so viel Freude
bringt, liegt wohl auf der Post, und ich kann dort nicht einbrechen!

[318]   B [Wien,] 17. Nov.[1915] nachm. 5 Uhr   [Janowitz]

Drei Briefe, eine Karte, zwei Telegramme.

Th.: »Diese Lebensansicht«: vielleicht bin *ich* das.

Der rek. Expreßbrief, heute um 2 Uhr gefunden – erst um
8 Uhr früh schlafen gegangen – jagte mich auf durch die Worte:
»Du, Du mußt mir helfen«, ein Ausruf, der offenbar mehr sagte,
als die Mittheilung über das Unwohlsein. *Wenn's nicht* vom
Arsen oder vom Schnupfen wäre, sondern das *dritte:* das wäre ja
Deine Antwort auf alles, und sie dürfte, auch ohne Theater,
nicht mehr zum Schweigen gebracht werden. Es wäre unwürdig, in einem ganz andern Sinn als Menschen ahnen können.
Wenn's nicht ist, hat *nichts gefehlt.* Denn Du schaffst auf die
höchste Art und den Ausdruck, den Du mit anderen Frauen gemeinsam haben könntest, wollte Dir die Dich ehrende Natur
vorenthalten. Im andern Fall aber dürfte es nie eine *Sorge* sein.
Doch Dein Hilferuf trieb mich in eine allgemeine Furcht vor
Krankheit und ich dachte, es müsse ärger sein als Du es beschreibst. Gleich darauf kam das erlösende Telegramm, daß Du
ausgehst, damit Dich der Park im Schnee bewundern kann.
Trotzdem habe ich den Arzt, den Dozenten, zu erreichen gesucht. Es gelang mir erst jetzt, telephonisch: Übelkeit könne
nicht vom Arsen, auch nicht von den 3 × 30 Tropfen kommen.
Indirekt höchstens: von einem *Diätfehler.* Sollte dies der Fall,
d.h. so etwas in Erinnerung sein und die Übelkeit wieder kommen, könne täglich dreimal um 5 Tropfen heruntergegangen
werden, so daß sich die Kur gleich in absteigender Linie bewegen
würde. Wenn aber kein Unwohlsein, sei es besser die Kur nach

Vorschrift durchzuführen, da sie sicher günstige Wirkung auf Blutarmut und Müdigkeit habe; sie könne auch nach Ablauf oder später wiederholt werden.

Der Hellseher war gestern (auch vorgestern) wieder bei mir. (Wegen der P.A.-Affaire.) Allerlei Merkwürdiges (auch über die Schrift der Lasker-Schüler frappierend Richtiges; sollte man ihm nicht Rilke zeigen?)

Ich muß in die Druckerei. Es ist noch etwas für Dich zu machen.

Statt allen andern Dankes und zur Belohnung dafür, daß Du wieder gesund bist und der Park jetzt im Schnee, zeige ich Dir, wie anders er (nicht Du) *früher* war, und schenke Dir das hier.

Wegen des kleinen Tamtam hat es Deines lieben Wort-Tamtam nicht bedurft. Ich passe schon auf, und eher läßt mich ein großes Gong auf das Essen vergessen als meine Arbeit auf dieses kleine.

[319]   B [Wien,] 18./19. Nov.[1915]   [Janowitz]

Postscriptum: 19. Nov. 6 Uhr

Nicht lesen, wenn die lieben Augen noch schwach sind!

Das hier, offenbar Dir zugedacht, habe *ich* – mit Deinem lieben Brief heute vormittag (abend kam noch einer,) erhalten. Sieh die Adresse. Willst Du einen Zobel als Hochzeitsgeschenk? Der Händler und alle andern Diener des Lebens, die Dich nicht kennen, sagen *doch* »gnädige Frau«, und die uns kennen —— Dvořak ist mit uns!

Doch lassen wir das – es gibt ein Pfauenauge am Fenster! Am 16. An dem Tag, wo ich das Gedicht schrieb, *an ein Tagpfauenauge dachte*, ihm aber den Admiral vorzog. *Diese* Verständigung ist selbst einem Hellseher unfaßbar. Und dennoch leben wir nicht ganz danach. Oft denke ich mir: *ich* kann nicht plötzlich ins blaue Zimmer treten. Aber über mein Zimmer verfüge nur ich – also – – – – –?

Gäbe es für Prag, bald nach Rückkunft Ch., nicht einen andern Vorwand statt des Konzerts, das wohl nicht immer plausibel zu finden ist, Kommissionen – oder wären die kein Grund über Nacht zu bleiben? Vielleicht Theater, Böhmische Oper, die ich auch einmal – fern sitzend – hören möchte. Ich könnte ja, trotz unermeßlicher Arbeit, in jedem beliebigen Zug in Beneschau anzutreffen sein. Worauf warte ich?

(Ich wollte thatsächlich mit dem 27. Leipzig verbinden, wo alles jetzt reif wird; nun schiebe ich's auf. Aber nach dem 5. Dez. könnte ich – wegen des Vortrags-Termins vom 14. – nicht mehr nach Deutschland.)

Ich wollte die aufgehobenen Sachen persönlich bringen. Fürchte, daß sie zu spät oder zu früh per Post eintreffen, da man nicht wissen kann, wie lange Paket-Sendungen jetzt brauchen. (Das Etui natürlich auch zum 1. Dez.?)

Heute war der liebe kleine Biograph (Taschenformat) bei mir; er fragt nach den Anlässen, ja Wurzeln landschaftlicher Erlebnisse. Aber ich grabe sie nicht mit allen Wurzeln aus.

Viel Neues entstanden; – unaufhörlich. Vieles, was nicht Du bist und doch Du. Nicht aus Deinem Stoff, aber durch Deine Kraft.

Die körperliche hast Du doch wieder? Dein Brief heute nachm. macht mir wieder Angst. Ich hoffe zu Gott, daß ein froherer unterwegs ist.

Ich glaube manchmal, wir haben uns zu hoch gespannt, beide. Wir könnten in einen Abgrund stürzen, wenigstens ich. Gute Nacht! Ich muß an die Arbeit. Aber mir thun Deine Augen weh.

19. Nov. Guten Morgen!

Plagt mich noch immer Dein Schnupfen? Wo ich ohnedies so viel zu husten habe!

——

Die Sache mit dem Peter und dem Hellseher, die ich Dir angedeutet habe, ist eine der großartigsten Humoresken, die sich mit jenem je begeben haben. Du wirst Thränen lachen und es zum Sterben finden.

——

Bitte: streich schnell im Manuscript und im Abzug von »Abschied und Wiedersehen« im Titel »Sehen« durch und setze »kehr«; also: Abschied und Wiederkhr. Und sag mir, daß es geschehen ist.

Hier hast Du etwas, woraus Du ersiehst, daß man auch nicht mehr nach Kopenhagen gehen kann. Ich will jetzt nicht mit der Dir bekannten Miene citieren: »'s ist etwas faul im Staate Dänemark«, so berechtigt es wäre, da dort also »Krieg ist Krieg«, das furchtbarste aller Citate geläufig zu sein scheint. Was sagt »die arme May-May« dazu? Bei dieser Wendung fällt mir das Lachen Doras ein, das sie mir vor allem sympathisch gemacht hat.

——

¼ 6 Uhr

Soeben fiel Dein Brief in den Kasten, worin Du sagst, daß Du schon den dritten Tag ohne Nachricht bist und auf die 5 Uhr-Post warten willst. Mit dieser *muß* doch der von mir am 17. rechtzeitig gesandte rek. Brief eingetroffen sein! Diese Willkür ist wirklich zu dumm, selbst Expressbriefe – es hat gar keinen Sinn, solche nach J. zu senden – kommen offenbar oft erst nachm. statt morgens an.

Wie martert mich die Vorstellung, daß Du Dich nicht nur leidend, sondern auch briefverlassen gefühlt hast. Ich hatte am Mittwoch nicht telegraphiert, weil ja eben als ichs wollte, Dein so erlösendes Telegramm über Spaziergang einlangte, aber ich schrieb sofort. Montag und Dienstag allerdings nicht, natürlich nur deshalb nicht, weil ich Dir nach dem langen Gutachten-Brief nicht sofort wieder zusetzen und erst die Antwort auf diesen abwarten wollte. Es war also nicht wie sonst *ein*, sondern *zwei* brieflose Tage (von hier aus), was aber auch nicht der Fall gewesen wäre, wenn mein langer Brief damals früher eingetroffen und noch am selben Tag beantwortet worden wäre. Verzeih die Weitläufigkeit dieser Erklärung, aber es liegt mir sehr am Herzen, daß Du nicht glauben mögest, ich hätte, wissend um Deinen Zustand, auch nur eine Minute mit einem Zeichen gezögert. Dein Bleistiftbrief (15.abends) kam mir Mittag 2 Uhr zu Gesicht, gleich darauf aber das günstige Telegramm, und ich schrieb sofort. (Wenn *Du* nichts, wegen des Postmenschen, dagegen hast, würde ich Dir *täglich, stündlich* schreiben.)

»Bin augenblicklich ziemlich heruntergekommen....«: also am 18. schlechter als am 17.!

Was soll ich nur thun? Wie soll ich da weiter arbeiten! Soll ich den Arzt nach Janowitz schicken, da ich doch selbst nicht hinkommen kann?

Ende des Monats also doch in Beneschau! Das ist bis dahin nicht die Freude, Dich wiederzusehen, sondern Dich gesund zu sehen.

Diesen Brief schicke ich, ohne die Antwort auf den gewiß gestern um 5 Uhr eingetroffenen Gedicht- und Arzt-Brief abzuwarten. Aber ich möchte ihn am liebsten zerreißen, aus Wuth darüber, daß ich diese Schrift Deinen schwachen Augen zumuthe. Ich weiß nicht, ob ihnen Küsse jetzt wohler thäten. Aber sicher Gebete!

Wolltest Du nicht noch andere Bücher? Nicht jetzt so viel lesen. Wie viel Sehkraft bleibt denn dann für meine Gedichte?

[320] B 19. Nov.[1915] ½ 7

Ich komme von der Post, wo ich den rekomm. Brief aufgegeben habe; und schreibe Dir gleich wieder.

Täglich würde ich's thun, aber es wäre Dir vielleicht doch zu viel, denn ich kann Dir nur rekomm. Briefe schicken. Das heißt: ich kann Dir nichts schreiben, worin nicht mein ganzes Herz enthalten ist. Nie mehr anders. Alle Rücksicht auf den möglichen Blick der Außenwelt empfinde ich als Herabsetzung. (Auch, nachträglich. Du mußt deshalb alles, was ich Dir je geschrieben habe, schon jetzt, von allen andern Briefen getrennt, abschließen.)

Wie gehts Dir jetzt? Was ist das nur mit den Augen? Es wäre nicht nur Vorwand, sondern wichtigster Grund nach Wien zu kommen und hier zu erfahren, was das eigentlich ist.

Es ist wirklich infam von mir, daß ich Dir nicht immer *so* geschrieben habe. Aber der Drang, Dir schnell alles zu sagen, hat es verhindert. Ganz wie bei dem zweitwichtigsten Manuscript: dem für den Druck bestimmten. Du und die Arbeit machen Fieber. Du hast doch keines? Hast Du Dich gemessen? Ich *kann* aber auch deutlicher schreiben, wie Du siehst (jetzt wirklich *siehst),* und ich will es von nun an immer thun, »mich zusammennehmen«, als ob Du mich wegen der »äußeren Form der schriftlichen Arbeiten« getadelt hättest. Schließlich gibst Du mir ja, wie einem der Dorfkinder ehedem, auch Unterricht in der deutschen Sprache!

Du, Sidi, mir ist so *bang:* nach Dir? Das ist naturnothwendig. Aber auch um Dich.

Von *Allem* bin ich gewohnt ein Zeichen zu empfangen – für Dein Glück. Das ist oft eine athemberaubende Qual, aus der ich mich loszureißen suche, um lieber für Dich zu dichten, statt *so* zu beten und zu leben. (Ich habe Dir einmal davon gesprochen.) Nun wird's schlimmer. Gestern nacht – ich schrieb's Dir nicht – riß wieder ein Geräusch in der Gegend Deiner Bilder an meinen Nerven. Ich *nehme alles als Wundermittel ein für Deine Genesung.* Ich thue den oder jenen Schritt plötzlich nicht, weil ich glaube, es könnte Dir helfen und im andern Fall schaden. Auf dem Weg von der Post zum Schreibtisch war es jetzt ein Spießruthenlaufen von Vorbedeutungen. Wie wird das werden?

Hilf mir, indem Du endgiltig gesund bist und mich endgiltig liebst.

Der *Hellseher,* der diese veränderte Schrift sähe, würde sie auf den ersten Blick *wiedererkennen.* Ich eile wieder zur Post – ich muß die drei Wartetage gut machen!

Und in dem Brief, der von Dir unterwegs ist, muß stehn, daß Du gesund bist! Sonst hol' ich Dich, trotz und aus dem »Milieu« und entführe Dich in dem Luftschiff, als das der Hellseher meine durch Dich erhöhte und erhellte Seele gesehen hat!

[321]   B [Wien,] 20. Nov.[19]15   [Janowitz]

Nein, die Wunder nehmen kein Ende. Denn Dein Wunder nimmt kein Ende. Und Deine süße Tragik nicht:

»Während ich schreibe, muß ich fort …. Ch. …. Lohn-Zulagen der Beamten… Er ist sehr zufrieden«. Diese Lohn-Zulagen und die Wiese. Und Du! (Sch. weiß auch das, wie ich es weiß.)

Die Nacht gestern auf heute soll sich nie mehr wiederholen. Sonst ist es um mich geschehen. Ich litt Angst um Dich wie noch nie. Furien waren hinter mir, sahen mir bei der Arbeit zu. Die Nacht, bis [zu] einem neuen Wort von Dir über Dein Befinden, schien endlos. Wo ich hinsah im Zimmer, war keine Hoffnung. Auf einmal fühlte ich es so furchtbar, welche riesenhafte Verantwortung *Du* übernommen hast, und es kam mir wie unsittlich vor, daß ich *das* auf Dich gewälzt habe. Denn *Du* mußt ja *meine* Lebensangst um Dich haben, so wie mich Deine Augen schmerzen. Fühlst Du das, so wie es sein müßte, so bringst Du Dich um viel Lebensfreude im äußern Leben. Du kannst nicht mehr (von anderen Dingen schweigt die Hölle) so Ski-springen (überhaupt und im bald aktuellen sportlichen Sinn), wie Du kannst. Was würde aus mir – nicht aus meinem leiblichen Leben, sondern aus dem, was Dir noch verdankt werden soll an Denken und eine Wiese-beschreiben ——, wenn Dir ein Unglück, das unfaßbarste Unglück unter der Sonne, zustieße. Was sollen wir aber thun, wenn wir uns dieser Verantwortung bewußt sind – Du warst es am 22. Jänner *1914* 10 Uhr 55 Minuten (ist das nicht komisch, daß ich dieses Datum Dir sage?), dann, ach, so lange nicht mehr, jetzt wieder und mehr als je: so glaube ich. Ist es nicht grauenhaft, daß ich es so weit, so bis zu diesem Schönsten, Höchsten, nie noch zwischen zwei Menschen Gewesenen gebracht habe, dazu Dich und mich habe gelangen lassen? Vielleicht ist es doch der einzige Ausweg, den mir die Furcht vor Deinem Ende läßt, daß ich – doch ich glaube, daß es von selbst geschehen wird, ganz so wie die *Lust* durch Dich von selbst geschieht.

Solche Nächte wie die gestrige treffen das, ohne daß man sich entschließt. (Sie treffen *beides*.)

——

Der zweite Brief!

Ja, ist denn das möglich! Montag!

Und der Kopf *ist* also schon freier?

(Denn davon wolltest Du ja die Fahrt abhängig machen.) *Das* ist die eigentliche Freudenbotschaft!

Der Augenarzt ist hoffentlich nur Vorwand, nicht Grund. Trotzdem kann ich Dir die beiden Bücher in der Ausgabe Reklam nicht zumuthen. Ein schönerer Druck existiert nur von einem Band, in dem die »Hauptmannstochter« ist. Willst Du den? – momentan nicht zu haben. »Boris Godunow« *noch nicht* in dieser Ausgabe erschienen (Müller, München).

Schon Montag also – und um dieses Unendliche zu erleben, muß ich *bis* Montag warten. Das werde ich nicht aushalten.

[322]   B [Wien,] Hauptpost 20.[11.1915]   [Janowitz]

Nachtrag zum Text:

Stelle über tragische Süße – gemeint der von mir in diesem
Augenblick auch gesehene Ausdruck des gütigsten Gesichtes –
wie Gottes, der ein dumpfes Dasein, das ihn nicht versteht, verzeiht. (Erinnerung an diesen Ausdruck: damals nachmittag,
Kohlmarkt ....)

Der Autor trägt eine andere Frisur. Über quälendes Drängen
des L., der berichtet, daß wieder zehn Leute bei der Vorlesung
ihn gefragt hätten, ob jener eine Perücke trage, und meint, es sei
ein »Verbrechen an der besten Stirn, die er je gesehen habe.« Die
Stirn ist nicht gut, sondern keck, weil sie es ohne Zustimmung
that. Aber vielleicht erfolgt diese nachträglich. Dies soll nur
schonendes Vorbereiten sein.

Sch. hat es gebilligt und eigenhändig noch eine Korrektur
vorgenommen.

Ich sagte ihm, als er damit beschäftigt war, er thue es wohl,
weil sein Name eine Verdeutschung von Friseur sei.

Man verzeihe die Eile dieses Nachtrags. Er ist nur ein Gruß
als Wegzehrung, da er Montag früh eintreffen dürfte.

[323]   T [Wien, 20.11.1915]   [Janowitz]

Das ist doch selbstverständlich und Leipziger Angelegenheit erledige ich erst vor Weihnachten ++ Alles Gute dem Auge

[324]   B 24. Nov.[1915]

Wie gehts den Augen und dem ganzen Heiligtum?

Unendliche Liebe, endlose Arbeit. Sie hilft mir, die geliebten
Augen zu schonen und ihnen in den nächsten Tagen nicht zu
viel zuzumuthen.

Sonst hätte ich auch viel, das interessieren würde, einzuschik-
ken. Ich hebe es auf.

Von Th. Dinge gehört, die meine Bitte um Vorsicht nur zu
begründet erscheinen lassen. Er schickt seiner Mutter täglich
achtzigseitige ganz tolle Briefe. Leitmotive: Staat, Persönlichkeit,
Mutter, Dirne.

»*Ihr* seid an allem schuld. Warum habt ihr mir nicht, als ich neunzehn Jahre alt war, eine standesgemäße Heirat ausgesucht? Und mich stattdessen in die Arme von Dirnen getrieben!« »Du sagst, daß ich lüge? Ein Mann lügt nie. Nur die Mutter lügt und die Dirne lügt!«

Diese Mutter nun, anstatt Irrsinn anzunehmen, vermuthet, er leide an einer Frauensache. Wahrscheinlich meint sie die Affaire mit der V. (die sie damit überschätzt), hat es aber dem L. nicht gesagt, den sie unter Vorweis der letzten Briefe bat, in einem Gespräch mit ihm, wenn er nach Wien komme, herauszukriegen, was vorgefallen ist. L., der entschlossen ist, ihn brüsk abzufertigen und über die Zumuthung, ihm ein »Palais« einzurichten, lachte, meint, daß den Eltern schweres Unrecht geschehe und daß sie sich die erdenklichste Mühe mit dem Irrsinnigen geben. Ich sagte ihm – da ja Gefahr besteht, daß Th. in Briefen an die Mutter auch von Janowitz deliriert – das Wesentliche, klärte ihn darüber auf, daß es sich nicht um einen Fall handeln könne, sondern um eine allgemeine Erregung durch fixe Ideen von Staats- und Weltrettertum, die er eben in Briefen an alle möglichen Adressen, wie auch an die vollkommen ahnungslose Baronin N. produziere. L. verstand das, wird aber der Gräfin nichts von der Korrespondenz mit Dir sagen, um nicht glauben zu machen, daß er in seinen Ideen bestärkt werde, und weil man ja nur durch ganz äußerliche Antworten diese Korrespondenz unschuldig auf sich geladen habe. Dies machte ich ihm plausibel, und es ist ja wirklich so, nur, bitte, nicht wahr, bleibt es auch so. Es ist doch ein zu peinliches Gefühl, daß es wirklich auch nur den Schein einer geistigen Auseinandersetzung zwischen einem »noblen Geist« und einem minderwertigen, wurzellosen, tief plebejischen geben solle. Denn das ist er, mag sich das noble Mitgefühl auch noch so sehr versucht fühlen, scheinfreiheitliche Äußerungen gegen eine Norm zu vertheidigen, die in solchem Fall mit all ihrer Ungerechtigkeit *recht* hat. Wir beide danken ihm, daß wir uns durch ihn kennen gelernt haben. Aber er war nur der Zufall, es hätte doch geschehen müssen, und wir brauchen es ihm nicht zu sagen. Von allem Wirrsal, in das man hineingezerrt wurde, abgesehen, von allem Selbsterlebten abgesehen, ist ja allein die Äußerung, die er über V. gegenüber einem dritten machte und die man nachträglich, d.h. nach der Korrespondenz gehört hat, wohl der stärkste Beweis gegen jede Möglichkeit einer weiteren, wenn auch noch so losen Verbindung. Ich habe diesen Typus von Hemmungslosigkeit und falscher Intellektualität so oft erlebt, erlitten. Er ist umso bedenklicher, je höher das »Milieu« ist, das er durch Geburt und Lebensführung kompromittiert.

Das Gedicht, das die Bahnfahrt kaum weiter aufzuschreiben erlaubte, wird ein Höllenbreughel von ziemlicher Ausdehnung. Ich habe mich unterbrochen, um diesen Gruß zu schicken. Um zur Post zu gehen, fehlt mir die Zeit. Ich riskiere es, ihn rekomm. in den Kasten vor meinem Haus zu werfen.

Wie schön war das alles! Und wie bin ich bereit, es wieder zu erleben! Bis dahin bete ich für die Augen und arbeite für sie.

Gestern hat die Post spontan das Geld für das nach N. geschickte und »inhibierte« Telegramm zurückgebracht.

[325] B [Wien,] 27. Nov.[1915] Druckerei 6 Uhr   [Janowitz]

Man hat Nachsicht, nicht wahr.

Man weiß, für wen diese Arbeit ist. Sie wird immer erdrückender, endloser. Keine Athempause.

(Vorlesung wird übrigens um ein paar Tage verschoben werden müssen.) Für alles Dank. Und Antwort morgen oder übermorgen.

Wie quält mich diese Thun-Qual, die den Augen angethan wird und dem ganzen Heiligthum, das ich für alle Zeit von diesem geistigen Rinnsal (mit ekelhaften Bildungsbrocken) verschont wissen möchte.

Alles erdenkliche Gute!

[326] B [Wien,] 27./28.[11.1915] 6 Uhr früh   [Janowitz]

Wenn man doch diese Leidenszeit einmal mitmachen könnte, ganz nah – da würde man den Feuerkreis, in den man durch mich geraten ist, *ein für allemal* so um sich spüren, daß nie dieses elende Gewässer der Prager Briefe *herankönnte.* Das heißt: die »Ferne und Fremdheit der beiden Welten« wäre eine so erhabene

Sicherheit, daß sie der andern Welt *nicht einmal ablehnend* zu einem Ausdruck käme. Ich sage das nur, weil man geschrieben hat, der Passus: »alt, krank und böse etc.« mache traurig, man antworte aber auf höheren Wunsch nicht.

Man soll auf den höchsten Wunsch nicht antworten, den Wunsch ihrer selbst, der es immer hätte verwehren sollen. Nun – im heutigen Brief – findet man's ja selbst zu arg, nämlich die sittliche Unsauberkeit (Verhalten gegen die Mutter). Es wird mir immer ein großer Schmerz sein, der Schmerz um alle rührende Grausamkeit, die man gegen sich selbst hat, daß man die allergrößten Unsauberkeiten, die der Korrespondent begangen hat, so oft und immer wieder vergessen konnte. Aber was ist selbst *diese* Unsauberkeit, unter der ich, die Kränkung übernehmend, so sehr gelitten habe, gegen die *geistige.* Mitleid hier, wenn so viel hundertmal wertvollere Menschen – ich meine nur die, die wir selbst kennen – *ihre* Problematik, *ihre* Unruhe, *ihre* Freiheit und Würde dem erbärmlichsten Zwang unterwerfen müssen! Ich kann hier nicht einmal den besonderen Geisteszustand als Entschuldigung gelten lassen. Ich würde es thun, wenn diese unaufhaltsame Fluth, sicher auch durch Schweigen nicht mehr aufzuhaltende Annäherung von Plattheit und Hysterie einen andern Menschen bedrohen würde, nicht eine, die es verdient hat, daß ein Märchenprinz wieder eine Dornenhecke gegen die Außenwelt um sie ziehe (über die kein »geistiger Verkehr«, keine Dissertationswuth eines ewigen Doktors hinüberkann). Ich schrieb, daß er durch Geburt sein Milieu kompromittiert, ich meine dadurch, daß *er* dort zur Welt kam. Na, dieses Milieu! Ein Graf Silva Tarouca läßt sich von einem Judenblatt ausfragen und rühmt sich des Verkehrs mit einem Wiener Kaffesieder [!], der ihm auf der Expedition nach Bulgarien (zu dem gebildeten König) behilflich war. Ich weiß nicht, ob es nicht gerathen wäre, ehe man diesen Adel ganz fallen läßt, es noch mit einer Liga von Kammerdienern und Lakaien zu versuchen, die ihren Herren, eventuell durch Ohrfeigen, Würde beizubringen hätten. Diese Gesellschaft von Großaktionären und Judendienern würde besser thun, einem Dvořák die Stiefel zu putzen. Und nun der wertlose Outsider dieser Norm. Man scheint ihm – welche Ehre – geschrieben zu haben, er thue alles »aus Opposition«. Man kann diesen Revolutionär sofort in Verwirrung bringen, wenn man ihm hinwirft – er schnappt alles auf –, daß der Eintritt in die Börsenkarriere eine Fortentwicklung des Menschen »im staatsmännisch-künstlerischen Sinne« auf biologischer Basis gewährleiste und daß von Weiningers Ansicht über Mutter und Dirne direkt die Fäden zu dieser Anschauung führen. Er ist *kein* Vielschreiber. Ich hätte nie geglaubt, daß man auf 20 Seiten eine so unermeßliche Fülle von Schwachsinn, Durcheinander, Widersprüchen, die förmlich Schulter an Schulter gegen ihren Träger miteinander kämpfen bieten kann. Und das alles wird einer *Frau* angethan, einer *Dame, dieser:* ihr und ihren wehen Augen! Nie, nicht in den gesündesten Tagen, auch nicht ehe ich auf der Welt war, dürften solche Botschaften über die Schloßbrücke von Janowitz getragen werden. Diesem verpfuschten Intellektuellen, dessen Annäherung mir nie das schönste Bild stören wird, dessen drohende Unruhe ich aber als Belästigung empfinde; der zugibt, daß er schwätzt, und es doch nicht lassen kann, werde ich nicht den Wunsch erfüllen können, mich als Lehrer der Lust in der »Künstlergruppe« (2-3) (?!) seines medizinischen Palais mit Abtheilung für Turner und Juristen (pfui Teufel!) dozieren zu sehen. Wohl aber werde ich ihm beweisen, daß ich »*positiv*« bin – welche Qual, daß man *das* vorgesetzt bekommt –, indem ich mich seinem künftigen Wiener Besuch durch die entschiedene Erklärung, ich hätte zu arbeiten, entziehen werde.

Der Vergleich L. mit mir ist ja eine Perle für sich. Dazu müßte man L. hören: was der über das Positive und das Negative denkt. Daß *ich* das Positive des L., wie es der Th. verehrt, für einen Mangel halte, weiß L. Übrigens heute ein köstlicher Dialog: Ich mit L. im Cafe P. (abends). Ich, ganz negativ, arbeite an Versen. L. studiert (positiv) das Armeeverordnungsblatt – ich frage ihn etwas, er hört nicht, außerdem, weil er ganz versunken ist. »Was suchen Sie denn da?« »Ich suche den K.« »Warum?« »Ob er schon drin steht – ich muß es in die Zeitungen geben.« »Ja, aber warum wollen Sie denn das?« »Das muß man.« »Ja, aber wozu denn? Hat denn das einen Werth?« »Gewiß. Wenn *das* keinen

Werth hat, so hat die Tapferkeitsmedaille (die man den Zeitungen mittheilen muß) auch keinen Werth!« Ich: »Ja *hat* sie denn einen Werth?« Ich sagte, unter dem Eindruck der überwältigenden Auffassung des Biologen: »Sehen Sie, das ist der Unterschied zwischen uns. Sie *positiv*. Ich immer zersetzend, *negativ*.« Er lachte, und ohne daß er die Beziehung meines Gedankens ahnte, schien er den Biologen auszulachen. Nun stehen wir ja auf einer Subscriptionsliste – ich wollte schon sagen: Proscriptionsliste – mit der Frau Sch.

Ist es nicht ekelhaft, so wieder vereinigt zu sein? Auf der Karte wurde der *Name verlegen* und der andere Name hatte dann den höchst intelligenten Eindruck, man sei dumm.

»Stammler«. Was ist das wieder für eine Nahrung? Es scheint vegetarische Kost zu sein. Aber *unser* Stammler beißt auf alles an.

Nun aber genug; ich schreibe so viel wie er selbst, wenngleich es gewiß wichtiger und schöner ist zur Beseitigung eines Dummkopfes (aber was noch ärger ist: eines Dumpfkopfes) ein Buch zu schreiben als von einem solchen auch nur eine Zeile zu lesen.

———

Heizapparat: ich werde in dem japan. Geschäft fragen, was eigentlich damit los ist.

Beim Jauner war ich gleich damals. Er hat den Brief angeblich erst *einen* Tag vorher erhalten, wie er zugibt, »möglicher Weise durch die Schlamperei eines Dieners«.

Schweiz: Ich habe die trübste Ahnung von Reiseschwierigkeiten für mich. Ich fürchte, es wird ein böser Winter (den ich nicht verdient habe).

»Schmetterling immer am Fenster«. Welcher?

———

Dora: »Ach! mein kleiner….. Sonnengott…. mir!«

Also ist es doch eben diese Hemmung, die sie tragisch erlebt!

Sch. hat »nicht *alles* gesagt«, weil es mir damals wichtiger war, zur Hauptsache zu kommen.

———

Sollte inzwischen Weiteres, Breiteres aus Prag angelangt sein, lieber bestimmt zu schicken. Es quält mich mehr, wenn ich das

Gefühl habe, daß es nur unter *diese* Augen kommt. Am besten wäre, immer uneröffnet* *an mich.*

———

Ich glaube, daß was jetzt (bei mir, nicht in Prag) in Vorbereitung ist, wird noch wertvoller sein als das letzte.

———

Von 17 Offizieren unterschriebenen Brief zum letzten Heft erhalten und diese Karte aus Sibirien: der zweite Absender hat das Bild von mir zur Heinrich-Schrift gezeichnet.

———

Es ist ½ 8 Uhr früh. Wie hat man geschlafen?

———

Neulich in dem Geschäft wegen der Kassette gewesen. Es ist wohl das einzige anständige Geschäft in Wien, und ein so liebes Altwiener Mannerl. Er hat selbst die Arbeit beaufsichtigt, klagte, daß ihm der Krieg fast alle Arbeiter weggenommen hat.

Eine rechte Freude ist mir der kleine Biograph. Er war so glücklich, daß ich ihm heute Einblick in das was jetzt entsteht gewährte. Er war ganz benommen von der Theilnahme, so in den Irrgarten und Zaubergarten sprachlicher Erlebnisse und Überraschungen eingeführt. Seine Dankbarkeit war mir eine Hilfe; und ich dachte, wie weit entfernt von solchen Dingen ein Biolog wäre, der wirklich glaubt, es handle sich um die Neue Freie Presse.

———

Jetzt ist es schon acht, so muß ich doch einmal schlafen gehen.

28. Nov. 6 Uhr nachm.

Nun gut, wenn man glaubt, ein menschliches Werk zu thun, schicke man den Brief.

Ich glaube aber nicht, daß er zu etwas anderm dadurch zu beeinflussen sein wird als zu einem und vielen weiteren zwanzigseitigen Auseinandersetzungen über Elternliebe, Staat, Persön-

———

* Daß der Name, der bestimmt ist, auf der ersten Seite meiner Bücher zu stehen, auch nur eine *Adresse* dieser Handschrift sein soll, ist Kummer genug.

lichkeit und was es sonst noch gibt an Kraut und Rüben in diesem Gehirn.

Das Wort heißt »Tradierung« (Überlieferung) und ist nicht nur unleserlich, sondern hat hier auch gar keinen Sinn.

Also wieder in einem müden Stadium und doch bereit, eine Schrift, die so molluskenhaft fließt wie die Gedanken, hinzunehmen. Ein »Addio« hat so einer nicht verdient, aber das macht nichts. Schlimmer, daß es nicht Abschied, sondern Einladung bedeutet. Man sollte (event. statt dieses Wortes oder wenigstens dazu) schreiben:

»Nicht denken, sondern .... sein! Briefe, die Sie an mich schreiben, überhaupt Briefgelegenheiten bringen Sie nur von diesem Vorsatz, den Sie gewiß selbst haben, ab. Bitte, schreiben Sie mir erst wieder, bis Sie eine ruhigere Zeit haben. Ich könnte Ihnen nichts anderes antworten und leider drückt sich Ihre Unruhe auch in der Schrift aus, die meinen Augen jetzt schwer leserlich ist. Grüße.«

So würde ich vorschlagen, wenn man überhaupt antworten will. Er wird so und so schreiben, am ehesten dann nicht mehr, wenn dieser Zusatz kommt.

Von meinem Unbehagen darf man sich nicht abhängig machen und die höhere Weisung hat nicht maßgebend zu sein, wenn die eigene, höchste, andres meint. Aber *ich* kann mich von meinem Unbehagen an dieser Korrespondenz, an dieser Ausgesetztheit, durch Güte (für *mich;* jetzt für ihn, um zu beruhigen) verschuldet, nicht unabhängig machen.

Man wird mir sicher recht geben und soll thun, was man für *sich* am richtigsten findet.

Wenn ich morgen eine Minute frei hätte, würde ich sie doch lieber zu einem *Brief* benützen und nicht zu einem Weg. Trotzdem werde ich trachten, in die Stadt zu kommen; wenn nicht, übermorgen. Ich arbeite heute bis 9, werde nach dem Aufstehen gleich in die Druckerei, die wartet, fahren müssen. Es ist entsetzlich. Wenn absolut unmöglich, gehe ich übermorgen zum Jauner. Heute war keine Druckerei, da konnte ich einen so langen Brief schreiben, leider ist er nicht so leserlich ausgefallen, wie ich es jetzt gewünscht hätte.

Ich werde ihn kaum rekomm, aufgeben können. Daher:
»man« —— — :
Ich weiß, daß die hohe Position, in die ich einen Menschen
eingesetzt habe, weil er darin immer war, Opfer verlangt. Sie zu
bringen, könnte nur von dem, der sich dieser Position mit Recht
nicht gewachsen fühlte, als ein Minus *an Freiheit* empfunden
werden. In Wahrheit ist es ein Plus an allem und somit auch an
Freiheit.

»Sie sagen, Sie seien böse, *alt und krank* geworden .... um das
spätere »jung und schön« zu stützen.
Auf Brief des Th.:
Bitte Brief zurück.
Ich möchte ihm beilieg. Brief doch schicken, denn nach diesem scheint es besser geworden zu sein u. viell. beeinflusse ich
ihn für seine armen Eltern. Bitte m. Brief gleich retournieren.

[327]   T [Wien, 29.11.1915]   [Janowitz]

Jauner kann bis 20. nicht machen ++ erbittet Nachricht ob trotzdem bestellen ++ 14 wegen späten Erscheinens bedenklich ++ nur
noch 21 frei ++ vielleicht wegen Clausel und sonstiger Erledigung
nebst Fahrtvereinigung erwünscht ++ Er kann auch vermuthlich
letzten Vortrag vermehrter Gedichte und somit auf Hörerschaft
nicht verzichten ++ hängt mit Weihnachten zusammen ++ Wenn
aber 21 unmöglich und 14 wahrscheinlich bleibt dieser trotz
schlechter Vorbereitung.

[328]   B [Wien,] 30.[11.]/1. Dez.[1915] In der Nacht vor dem Fest.

[Janowitz]

Zwei Briefe heute früh erhalten. Der eine, ältere, enthält den
Vorschlag, den 14. mit – spätestens – dem 20. zu vertauschen.
Mein Telegramm war natürlich nicht die Antwort, sondern
nachts vorher abgeschickt. Also 14. ist für beide Theile uner-
wünscht, 16.-20. nicht frei, 21. nach Empfang des lieben Telegramms (8 Uhr abends) sofort entgiltig belegt. Vielleicht vorher
Deutschland.

Neulich kreuzte sich unser beider Ausruf: »Wie schön war das alles«.

Der erste Brief gibt Antwort auf die Frage, welcher Schmetterling es sei, ehe diese Frage eingetroffen war.

Daß dieses liebe Tagpfauenauge – es ist also noch immer derselbe – jetzt nachts es warm hat, macht dieser Krankenschwester alle Ehre und wird ihr nicht nur Ruhm bei den Dichtern, sondern sogar bei den Schmetterlingen bringen. Es wird sich herumsprechen. So, unter lauter rekonvaleszenten Faltern, müßte sie im Salonblatt – nein, dort eben nicht, das gehört den Gänsen, die Menschen pflegen – wo anders, ganz wo anders —— —— —— vielleicht bringen wir's noch dazu!

Dora: »hätte ich deine Freiheit   ——— Ja
            d. Willen   ——— Ja
            d. Skrupellosigkeit ——— Ja
            d. kraft.Egoismus   ——— Ja (Gottseidank)
            d. Hinwegkönnen über Alles …——— ?

Und was ist es für eine Hemmung bei ihr. Man wird's mir also sagen. Man weiß offenbar schon lange mehr als nöthig, um meinen nach der andern Richtung gehenden Verdacht zu widerlegen.

Etwas Geringfügiges (nicht auf D. bezügl.) quält mich ein wenig. Ich bin in der Hauswirtschaft seelischer Dinge genau, wie nur Ch. mit Aschenbechern. Man wird mich beruhigen, denn es ist eine Dummheit, und alles in mir ist darauf eingestellt, gern und grenzenlos zu glauben.

Dem Jauner wird *frühmorgens* durch den Verlag (für mich bzw. den Baron N.) telephoniert werden, damit keine Stunde verloren geht. Ich ließ dringend ersuchen, die Sache (trotz Hof- und Staatsaufträgen, neues österr. Wappen) bis spätestens 26. anzufertigen. Wenn er zugesagt hat, gehe ich dann gleich hin, es ihm noch einmal einzuschärfen.

Deutsche und italienische Sprache? Man meint wohl das trottelhafte ital. *Kuplet* dieses Berliner Affen (gegen den D'Annunzio), das im Prager Tagblatt (warum kommt so etwas über die Schloßbrücke!) kürzlich abgedruckt war? Oder etwas anderes?

Das beiliegende bitte erst zu lesen, wenn die Augen wollen, (dann gelegentlich zurück); nur der blaue Strich ist von mir, er weist darauf hin, wie die Leute meine Anschauungen stehlen und verschlechtern.

Unser Kind ist heute bis *78* gerettet – morgen hoffentlich bis *128.*

Wenn nur nicht die Wiese im Park wegen Aufreizung gegen den Staat – ist sie denn das nicht? – konfisziert wird. Und erst Abschied und Wiederkehr. Das ist der reinste Hochverrath! Der *reinste.* (Hoffentlich nicht Verrath des höchsten Geheimnisses.) Es ist schon früh. Gute nacht.

1. Dez. ½ 6

Jetzt der rek. Brief gekommen.

Früh ist die Karte gekommen. Cigaretten für Ch. durch Verlag abgeschickt. Jauner *kann* vor Jänner (in d. Telegramm an mich stand auch wie in meinem an Dich statt Jauner Jänner, und jetzt ist diese Schreibart leider wahr geworden) resp. Februar die Stanze zu seinem Bedauern etc. nicht machen. Also abbestellt. Die Stanze gilt nicht, wenn Heirat. Gilt eine Widmung?

Bei verstümmelten Telegrammen sollte man den Postmann zur Wiederaufnahme zwingen. Die Telegramme kommen sicher richtig an, da immer ganz deutlich geschrieben (Wien würde sie sonst nicht annehmen)

Wegen Schweiz werde ich das Erdenklichste thun. Die Schwierigkeit wächst jetzt durch Änderung in der Statthalterei (mit dem Statthalter dürfte auch sein Präsidium wechseln). Mir ist schon jetzt vor dem entsetzlichen Bangsein bang. Aber ich will ja alles versuchen.

Freund von J.: Ich werde in Leipzig anfragen, wie groß die (für Chin. M.) seinerzeit dem wohlthätigen Zweck bestimmte Summe ist und diese vermehrt um 40 Kr., über die ich für solchen Zweck noch verfüge (Nachtrag zu einer *Prager* Vorlesung vor 3 ½ Jahren!!) an Dich gelangen lassen. Oder direkt senden?

Gestern, als ich um 6 Uhr zur Censur eilte, stand eine Rasende *vor meiner Thür.* Die Kleine von damals (vor dem Fenster), größer geworden und eleganter. Erfaßte meine Hand, küßte sie. Ich beruhigte mit ein paar Worten, nahm das Versprechen ab, nie mehr zu kommen. Ein Muff war vor der Thür gelegen. Sie stand in dem Hausflur, gebärdete sich ganz toll.

Ich *wußte,* daß man mich überraschen wollte, *mußte* aber leider die Terminfrage aufwerfen. Ich werde trotzdem überrascht sein, weil ich bis dahin glauben werde, daß Du nicht kommst. Das kann ich. Siehst Du, und damit hängt auch die Dummheit zusammen, die mich quält und mit der ich Dich doch kuälen [!] muß. Nämlich: meine Gedanken, wie Du schon wissen und glauben dürftest, haben ein Ziel. Nur müssen sie wissen, wo sie jeweils dieses Ziel zu suchen haben. Das heißt: die Landschaft oder die Lokalität, in der sich das Ziel jeweils aufhält, ist mit ihm *verbunden.* Sie suchen Dich, und es ist darum ein großer Verlust für sie, Dich irgendwo nicht berührt zu haben und dort angetroffen zu haben, wo Du gerade nicht warst. *Nur* aus diesem mit dem Innersten, Besten zusammenhängenden Drang ist es nothwendig zu wissen, daß Du am 10. Nov. nicht in Janowitz, sondern wo anders bist – ob Prag oder St. Moritz oder wo immer, das ist gleichgiltig – aber sie müssen die *Umgebung* von Dir *haben.* Und wie erst an dem Tag, an dem sie Dir ein Gedicht wie »Abschied und Wiederkehr« zusenden. »Doch ist er fort, sie hat ihn mitgenommen....«

Am 11., im unermeßlich guten Dank für das Gedicht, schreibst Du nun: »*Gestern* war ich in P....« Natürlich vollkommen belanglos. Mein Wunsch (als Sehnsucht) weit entfernt von allem Anspruch, in das Recht der Freizügigkeit einzugreifen. Meine Gedanken fordern Dir nur den Paß ab, den Du ihnen freiwillig vorzeigst. Du weißt, auch ohne diese Erklärung, wie ichs meine: ich will Dich *sehen,* wo immer Du *bist.* Nun sagte ich Dir das in P. Du: »Im letzten Augenblick war das....« (Natürlich, dann *konnte* ichs vorher nicht wissen) »Im letzten Augenblick hat sich *Ch. entschlossen* zu fahren.« Aber Ch. fuhr doch schon etwa 2 Tage *früher* weg, da waren noch Briefe. Und – ich sagte, ich würde es in den Briefen *vorher* auch bestätigt finden, ich sah *nicht* deshalb nach, aber ich lese in jeder freien Minute Dich immer wieder zurück – nun fand ich: 6.: »Ch. fährt zum Begräbnis« 7.: »Ja wegen Fritz geht Ch. morgen in die Prager Statthalterei«.

Also: nicht Ch. hat sich im letzten Moment entschlossen – selbst da war ja noch Zeit zur Mittheilung, waren noch zwei Briefe an mich. Sondern sicher so: man hat sich im letzten Moment entschlossen, am 10., und da wars natürlich zu spät. – Es ist so dumm von mir, ich weiß, daß nicht das leiseste Stäubchen auf dieser seelischen Einrichtung liegt, zu der ich als hundertmal größerer Pedant jederzeit hinzugehen könnte. Nur darum die dumme Selbstqual, die umso dümmer ist, als sie es *weiß*. Sonst würde sie sich *nicht äußern.* Wichtig, ernst ist ihr aber nicht dies – auf die harmloseste Weise der Welt zu beheben, ein kleiner Widerspruch nur in beiläufigen Worten, nicht in Handlungen, gewiß nicht –, sondern was darunter ist: die Notwendigkeit zu wissen, wo das Ziel ist. Haben die Gedanken nicht das Recht dazu? In jener Urkunde, die ich neulich zeigte, haben sie viel mehr Recht bekommen, und man gönnt jenes ihnen gewiß von Herzen.

Ich liebe Dich – das ist das beste Gedicht, das sie Dir schicken können.

Wenn Du ahntest, wie viel ich mir heute, am 1. Dezember, wünsche!

Brief Th.:

Ich hatte die Bemerkung zweifelhaft gefunden, sie aber schließlich doch so aufgefaßt, daß Du nur den eigenen Brief meintest. Denn warum gerade *den* des Th.? (Hat er wieder geschrieben?) (An L. ganz Wahnsinniges)

[329] B [Wien,] Zum 1. Dez.1915   [Janowitz]

Heute also sind es erst dreißig Jahre.

So kurze Zeit erst, daß das Wort »Und siehe, es war gut« nach so langer Zeit wieder wahr ist. Zwei von diesen dreißig haben mir gehört. Es war so viel, daß ich, in die Fülle solchen Menschenthums gehoben, in einen Traum eintrat, der mich zurückleben ließ in jenen Garten, den Gott in Eden gepflanzt hatte.

Mehr kann ich nicht geben als den Dank des Denkenden, der mit dem sicheren Wissen, das der Traum verleiht, sich selbst der Liebenden zuschreibt und sich erinnert, daß Dein Lebensathem es war, der den Menschenstaub zum Menschen gebildet hat.

Es kann nicht geschehen, daß der irdische Fluch, von dem wir einander erlöst haben, je wieder Macht gewinne über uns, uns zwinge, zurück in die Menschheit zu gehen.

Das unserm Gedächtnis so theure Wort aus der Meinrads-kapelle, mit dem Paulus nur einen Ort der Landschaft segnet, möge für alle Zeit mir, aber auch Dir, so lauten:

Ich habe dieses Herz hier erwählt, daß mein Herz immer darin bleiben möge!

[330]   B [Wien, 1./2.12.1915]   [Janowitz]

I   1./2. Dez. ½ 5

Der Freund von J. hat ganz recht mit dem was er über die Korruption der Menschlichkeit durch deutsche Gesinnung, an dem Beispiel des philosophischen Trottels, sagt. Ein fabelhafter Beweis dafür, daß solches Denken auch angelernt, angewöhnt sein kann, bietet die groteske Verwandlung eines Spaniers, den ich sonst stolz liebe – und eines mit dem edelsten Namen – in einen Zeitungsschmierer. Aber abgesehen von der Bereitschaft, öffentlich zu schwätzen, und von der geistigen Dürftigkeit, die die Dinge im hundertmal vorgeschriebenen deutschen Judenmaß ansieht, ist die vor dem Krieg und bei einem Menschen dieser gesellschaftlichen Höhe nicht erlebte Roheit des Ausdrucks bemerkenswert. Daß sich übrigens die Leidtragenden hinter dem Sarg des Grafen Chambord nicht pietätvoller benommen haben als die Kanonen vor der Gruft, ist ein Geständnis, das die Wehklage zum Witz macht.

Ich schicke das nur, damit man sieht, daß auch Spanien für die Zeit nach dem Kriege verpestet ist, und auch damit man fühlt, wie mir das jetzt täglich neue Schauspiel der Verpofelung von Adelswerten nahegeht. Vielleicht interessiert sich auch Ch. dafür. Ich brauche die Ausschnitte nicht mehr, habe Duplikate. Leider konnte ich den schönen traurigen Fall nicht mehr würdigen.

Dafür wird das Heft – ehe seine Gedankenlinie langsam in *unsere* Welt eingeht – mit einem Schulter an Schulter des Grauens eröffnet sein, das, wenn es in Europas andere Sprachen übersetzt werden könnte, der nur spürenden, nicht wissenden Menschheit die Augen aufreißen würde. Ich glaube, es ist gelungen, wie selten etwas, und habe eine große Freude daran. Und vor allem an dem großen Bogen, der von da – auch über ein noch unbekanntes lyrisch-satirisches Gedicht – zu uns selbst führt. Dem »Kind« ist – bis auf das ausgerupfte Härchen eines leicht und besser ersetzten Citats auf S.19 – wieder nichts geschehen. In J. dürfte es am 6. oder 7., in Wien erst am 9. oder 10. eintreffen.

(Heute *nachts* ½ 1 erfuhr ich vom Zensor telephonisch, daß auch der Rest vollständig durchgegangen sei.)

Wenn ich nach Leipzig fahre – soll ich es so einrichten, daß man am 20. in Wotic-Veselka nachm. in den Schnellzug steigt (oder am 19.), in dem ich bin? (Früh von Leipzig weg). Wenn ich's wüßte, wäre die Überraschung noch immer groß genug. Am 21. aber könnte ich nicht fahren, das wäre zu spät. Dagegen, wenn 19. oder 20. aus irgendeinem Grund nicht durchführbar wäre, würde ich vielleicht schon früher die Reise antreten und früher zurückkommen. Aber gibts nichts in Prag zu thun? Wenn beides nicht, fahre ich mit der Nordwestbahn, ohne Prag zu berühren.

Ich schreibe wieder so entsetzlich klein. Soll ich den Brief nicht zerreißen? Ich hoffe aber doch, daß die Augen schon ganz gut sind.

Was kaufe ich für M.-M.? Vielleicht ist das falsche Einlegen schuld. Ich will mich erkundigen. Man grüße das arme Tagpfauenauge von mir und sage ihm, daß ich seine Ahnen sehr gut gekannt habe. Was macht Bobby? Sagt er noch immer nichts? Sollte man nicht trotz allem die Cousine Olga zur Begleitung bringen? Vor Weihnachten ist nämlich biologischer Besuch in Sicht, wohl auch für die Vorlesung, und das Leben nach Schluß wäre sehr kompliziert.

Man hat mich im letzten Brief gewiß richtig verstanden und fühlt immer, daß es nur Unerbittlichkeit gegen mich selbst ist, der wahnsinnige Drang, *das nun einmal für alle Zeit und Ewigkeit unverrückbare himmelhohe Maß in allem und jedem an Dir erfüllt zu finden, im Kleinsten umsomehr, weil ich des Größten sicher bin*!

Hess haben Karte hinterlassen, daß sie mich morgen treffen möchten (3. Dez.). Ich kann nicht gut absagen, da ich es seinerzeit versprechen mußte, nahm mir aber vor, mich für Deine Müdigkeit durch meine zu rächen. Dann aber nie wieder. Vielleicht kann man noch Gerüchte verstopfen.

II   2. Dez. ½ 6 Uhr
Und jetzt, soeben, ist mir das größte Geschenk geworden. Heute ist *mein* Geburtstag. Er war es immer, täglich, an jedem Tag dieser zwei Jahre. Wiedergeburtstage und Immerwiedergeburtstage. Dazwischen Stunden, wo ich noch unter das Nichts versank, aus dem ich so oft wieder geboren wurde; wo ich glauben mußte, Gott selbst habe sich verlassen. Da dies aber nicht möglich ist, so kam es anders und war nur die letzte Prüfung zweier Menschen gewesen, ob sie stärker wären als der Erdenfluch, der sie aus dem Paradies treiben wollte.

Du warst von Gott begnadet, als Du geboren wurdest, Du warst es noch nicht, als Du zu mir fandest, aber Du warst es mehr denn je, als Du zu mir zurückfandest. Mein Schwur war stärker als Deiner, aber jetzt beten unsere Hände ineinander, und mein Glaube lebt fortan ohne Schatten.

Die Flamme, der Dein Herz dankt, gelobt es Dir, daß sie nie verlöschen wird, denn sie brennt und wächst nur an Deinem Herzen. Sie wird ihm leuchten und will es wärmen.

Darum weine nicht um Johannes, dessen Bruderthum auch meines ist, von mir mit Dir beweint, aber von Gott bestimmt war hinzugehen, Dir tiefere Verwandtschaft zu hinterlassen. Aus seiner Verklärung sieht er wie in einem irdischen Spiegel seine verwandelte Gestalt an Deiner Seite, dennoch ist es dieselbe, er erkennt sich wieder und freut sich.

Darum mußt auch Du froh werden und immer wissen, in jedem Augenblick, den Gott Dir und mir Dein Dasein schenkt, daß Du der große einzige nur einmal vom Schöpfer gewollte Ausnahmsfall bist, der, zum Staunen aller Schöpfung, im unendlich schmerzhaften Abschied von einer geliebten Seele ihre unendlich selige Wiederkehr erlebt.

(Die Pensionierung des Güterdirektors des Grafen Lonyay.) Aus Budapest wird uns gemeldet: „Budapesti Hirlap" berichtet über einen Prozeß, welchen der gewesene Güterdirektor des Grafen Elemer Lonyay und der Prinzessin Stephanie Arpad Sänger angestrengt hat. Sänger war pensioniert und aufgefordert worden, die Güterdirektorswohnung zu räumen und zu übergeben. Er nahm jedoch die Pensionierung nicht zur Kenntnis, wies die Pension zurück und verweigerte die Uebergabe seiner Direktorswohnung in Oroszvar mit der Motivierung, daß er im Sinne seines Vertrages bloß in dem Falle hätte pensioniert werden können, wenn er durch irgendein Verschulden hiezu Anlaß gegeben hätte oder zur Versehung seiner Stellung unfähig geworden wäre. Sänger strengte dann beim Bezirksgericht in Magyarovar (Ungarisch-Altenburg) gegen den Grafen und seine Gemahlin einen Prozeß auf Ausfolgung seines normalen Gehalts von 2000 Kronen an, während der Graf gegen den pensionierten Güterdirektor eine Klage einreichte, worin das Gericht ersucht wird, daß der Güterdirektor verpflichtet werde, seine Oroszvarer Wohnung binnen 15 Tagen zu räumen, da die Pensionierung auf gerichtlichem Wege nicht außer Kraft gesetzt werden könne und in jedem Falle unbedingt zur Kenntnis genommen werden müsse. Wenn Sänger glaube, durch seine Pensionierung ungerechterweise in seinen Interessen geschädigt worden zu sein, so habe er höchstens das Recht, einen besonderen Schadenersatzprozeß einzureichen. Das Bezirksgericht in Magyarovar entschied, indem es sich dieser Rechtsauffassung anschloß, daß Arpad Sänger die Güterdirektorswohnung innerhalb 15 Tagen zu räumen habe und wies seine Klage auf Bezahlung seines Gehaltes zurück, da er bloß einen rechtlichen Anspruch auf Pension habe, überdies wurde Sänger zur Bezahlung der Kosten der beiden Prozesse verurteilt.

Wo bleibt der Jagdpferde M. Th.?
Weiterer Unterschied der Fälle: daß die Gfn. L.
[illegible] Reklame mit Verwundetenpflege treibt,
während das edle Werk der in Janowitz
[illegible] [illegible] nicht die
Interviewern preisgibt, [illegible]
Aufmerksamkeit von
aber die von dieser erregt.

(Gräflicher Preistreiber.) Der Besitzer der Herrschaft Staatz, Graf Manfred Collalto hat Hasen für Kronen 1·40 per Kilogramm verkauft weshalb das Gericht über ihn nebst einer Geldstrafe von 1000 Kronen eine 48stündige Arreststrafe verhängte. Der Berufung durch Dr. Herzberg-Fränkl hat das Kreisgericht Korneuburg keine Folge gegeben.

(„Gräfliche Preistreiberei") Am 24. November 1915 wurde über die Verurteilung des Grafen Manfred Collalto wegen Preistreiberei berichtet, sowie darüber, daß der von Dr. Herzberg-Fränkel vertretenen Berufung vom Kreisgericht Korneuburg keine Folge gegeben worden sei. Nun teilt uns der genannte Anwalt mit, daß über seine Berufung bisher noch keine Verhandlung stattgefunden hat.

Beilagen zu Nr. 330

[331] B [Wien,] 2./3. Dez.[1915]   [Janowitz]

Vorbereitung für Villa Manin Sur:

Luftheizung soll, (höre ich) Behandlung erfordern, um nicht schädlich zu sein: tägliches Abwischen mit feuchtem Tuch (wegen des sich erhitzenden Staubes) und so oft im Tag als möglich öffnen der Fenster. Die Luft wird ganz trocken. Nun aber ist diese Sache hier (Beilage) erfunden worden, die sich besonders bewähren soll. Wäre es nicht gut, solche Dinger mitzunehmen oder schicken zu lassen? Ich habe Angst für den Kehlkopf (nicht meinen, der nur zum Vorlesen gebraucht wird).

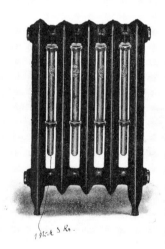

Beilage zu Nr. 331

3. Dez.

Ein Telegramm. Mein Brief scheint diesmal zwei Tage bis Janowitz gebraucht zu haben. Er kam früh, da dürfte nachmittag ein zweiter kommen, der Dank für den einzigen Geburtstagsdank, der von allen Briefen nun doch der schönste ist. Also morgen denke ich nach Prag. Das ist weiter als nach Janowitz.

——

Die angekündigte Karte ist nicht gekommen, wohl erst morgen.

———

3./4. Dez.

Ein Gedicht ist entstanden. Das sende ich nicht mit diesem Brief, der so viel Thatsächliches enthält, wiewohl Thatsächliches, Dir mitgetheilt, noch immer ein Liebesbrief wird.

———

4. Dez. nachm.

Das Allerpersönlichste. Aber es muß doch einmal Druck finden, denn das gehört zum Werk. Wie nun sollte das möglich sein? Nicht nur der Titel, alles ist doch Sidi und nur Sidi. Dennoch – wenn es recht ist – vielleicht so: Es würde den Titel führen: *Aus jungen Tagen.*

Der Leser hat mit solchem Datum, das ihm eben ein Datum ist, die deutliche, unverschiebbare Beziehung zu einem alten Erlebnis, zu *dem* alten Erlebnis (wenn er mehr von mir weiß). Dies ist wieder, wie bei »Abschied und Wiederkehr« kein Unrecht an diesem. Uns aber ist es kein Datum, sondern das Wort für meinen, unsern Zustand. Denn es ist *wirklich in jungen Tagen* erschaffen, und nach der Zeitrechnung des Hellsehers ist der Titel eine biographische Wahrheit. Dir geschieht durch die Irreführung des Lesers keine Einbuße, denn hier erfolgt sie ja mit vielfachem Recht. Wiewohl es natürlich noch schöner wäre, in einer Welt zu leben, deren Augen und Ohren man zu solchem Gedicht den Titel und den Ruf Sidi! vorsetzen könnte. Aber freilich, dann wäre ja das Gedicht nicht entstanden; nicht so entstanden. Nun, mit dem Titel »Aus jungen Tagen« könnte es in einem Bekenntnisbuch – wenn ich mich etwa entschlösse, das jetzt vorbereitete auch mit solchen Gedichten (nicht nur mit den »Sterbenden Menschen« etc.) zu durchwirken – sogar dicht neben der Widmung stehen und keiner, nicht einmal die gewissen scharfäugigen Beobachterinnen, würde es (bei solchem Titel und gerade solchem Inhalt) zu jener Huldigung in Beziehung bringen.

Sag mir Deine Ansicht. Wiewohl es (für uns) persönlicher noch ist als Abschied und Wiederkehr oder Springbrunnen könnten diese eher zu einer Verknüpfung mit dem Heute führen als das Neueste, das eben schon durch den Titel ablenkt. Deine

Ansicht (wenn nicht, wie so oft schon beiderseits Erfragtes, unterwegs) ist darum wichtig, weil jenes Werk Fortschritte macht und die letzten Bogen vielleicht doch einige Gedichte bringen könnten. Die ganze Anlage steht noch nicht fest, aber der Charakter eines Bekenntnisbuches dürfte die Berücksichtigung eben solcher für den »Haß« aufschlußreicher Äußerungen nahelegen. Deine Karte ist früh um 9 Uhr gekommen. Ich hörte sie in den Kasten fallen. Denk Dir nur, ich konnte und konnte nicht Schlaf finden, war nach dem Gedicht und vor der Nachricht in solcher Erregung. Und dieses unaufhörliche Herzklopfen zwischen Arbeit und Dir, die vermittelnde Sprache. Ich schlief erst nach ½ 10 Uhr ein und mußte doch wieder um halb zwei aufstehen. Die Karte kam, die Nachricht über Deinen toten Pflegling. Dann – liebte ich Dich so sehr! Verzeih, ich kann nichts dafür und nichts dagegen, will auch nichts dagegen können. Es ist so schwer Dich zu entbehren und so leicht, Dich immer zu lieben.

Am 18.? Nein, Du weißt ja also schon, daß *nur* der 21. frei war. Du hattest früher geschrieben: *nur* am 18. und 19. *nicht.* Aber selbst wenn Du damals anders geschrieben hättest, wäre es leider nicht gegangen. Es sind ohnedies nur neun Tage Ankündigungsmöglichkeit bis dahin.

6 Uhr

Ich schreibe Dir schnell etwas auf, während der kleine Biograph eine Korrektur liest. Dein Brief ist gekommen.

»Als ob Du nicht auch in der Wüste, und dort mit weniger Schmerzen, genau derselbe einzige Schöpfer sein würdest.« Ich sollte kniend Dir schreiben; nie hatte ich einen edleren Verstehher als Dich. Aber wurde ich nicht eben in der Wüste zum Schöpfer? Ich meine nicht die des Lebens, nicht Wien selbst – ich meine: die Wüste. »Rufer in der Wüste« bin ich für alle; Du aber hast mich *dort gehört,* ich habe Dich zu mir gerufen. Bis ins nächste Leben wird dieser Samum meine Flamme schlagen. Wie viel bin ich Dir noch schuldig! Deiner Herrlichkeit ist noch das größte Gedicht ungeschrieben.

———

8 Uhr

Du arme Seele, gezwungen »über Prag nachzudenken«, wenn wir schon in ganz andern Regionen sind. Natürlich ist es »gut so«. Nein, es ist nicht gut, denn Du hattest noch immer zwei Tage Zeit – eben in einem von Prag (27., Konzert) handelnden Brief –, mir das bevorstehende Gedankenziel anzugeben. Aber Du hast es damals noch nicht für so wichtig gehalten, und es wird mit jeder Stunde wichtiger. Verzeih mir die kleinen Fehler meiner Kraft und sag selbst: es ist »gut so«. Ernstlich glaubst Du ja nicht, daß mir an Dir noch etwas unklar sein könnte. Es ist nur der heiße, oft mein Denken ganz versengende Drang, mir jede Minute Deines Lebens, die miterlebte und wie erst die nicht miterlebte, zu ersetzen. Was soll ich nur dagegen thun? Mich quält's mehr als Dich und ich bin erst erlöst, nicht wenn ich *weiß,* sondern wenn ich Dich sagen höre: »Das will ich ja, das habe ich ja so gern an Dir!« Denn immer weißt ja *Du* doch, woher alles kommt und wie naturnothwendig selbst das an mir Unbegreifliche ist. Es ist das Vollkommenheitsfieber, dasselbe, das mich vor einem Wunder der Sprache packt. Ich mache es mit Dir nicht anders als mit dem Gedanken. Immer möchte man sagen: So ist's am schönsten. Aber – war's so nicht noch schöner? Nein: so! – Es ist das endlose Martyrium der Liebe.

——

4./5. Dez.

»Fährt man vor der Vorlesung nach Deutschland? Dann könnten wir zusammen …. Wien … (das *Gegentheil jeder Überraschungs-möglichkeit),* z.b. am 19. nachm.«

Du, ist das nicht unheimlich? Das ist doch keine Antwort – sondern Gleichzeitigkeit. Denn meines Erinnerns hatte ich erst im zweiten rek. Brief davon geschrieben. *Auch* das Motiv der Überraschung dabei (nur daß ich mich bemühen würde, sie zu erhalten)! Dummer Weise hatte ich den *20.* vorgeschlagen, erst später gesehen, daß Du schon selbst davon gesprochen hattest, Du könntest am *19.* (oder 20.) nach Wien kommen. Also *natürlich am 19.* Das ist ja viel besser, auch wegen der Vorbereitungen zur Vorlesung.

»Alles Weitere, *Nachherige* mündlich!« Heißt das am Ende: daß Du nicht im Hotel K. wohnen wirst?

*Wie erreiche ich nur jenes Glück, einmal die Zeit verachten zu
können, wenn Du bei mir bist!*

——

Wegen der Elise will ich mich erkundigen. Was geschieht nur,
wenn all das Gesindel, das maßgebend ist, keine Antwort gibt?

Ich habe mir auch einen kleinen Heizapparat gekauft, und
meiner bringt auch Rauch und Kälte. In dem Geschäft hatte man
gesagt, das sei unmöglich. Nun will ich den Kerlen den Apparat
vorführen. »Vielleicht ist das ausnahmsweise eine schlechte Koh-
lenmischung.« Das scheint es immer zu sein. Trotzdem finde ich
es nicht schlecht, auch nur ¼ Stunde Wärme zu haben und kann
meinerseits das rothe Ding auch nicht mehr von der Erinnerung
an eine Stunde trennen, die es *so* warm hatte ohne Verdienst des
kleinen Heizkörpers! Und dann gehört er so, mit seiner Klein-
heit, zum Kaliber unseres technischen Lebens.

Der Esel, der das von meinem Haß und von Wien geschrieben
hat, verschandelt einen Gedanken von mir und behauptet, man
käme, mit der Poesie in sich, dazu, die Maschine schön zu finden
oder so ähnlich. Ich habe bisher nur eine einzige Maschine schön
gefunden, und das ist der kleine Opel, und der hat das auch
nicht so sehr sich selbst als seinem Chauffeur zu verdanken.

Vor dem 8. dürfte die F. kaum in J. eintreffen. In »Abschied
und Wiederkehr« steht jetzt »Thau« (ich weiß plötzlich nicht
mehr: ist es so in dem Dir gesandten Abzug? Ich hoffe, denn der
ist ja neu.) Aus diesem drucktechnischen Erlebnis, dem Anblick
des trostlosen »Tau« ist ein satirisches Gedicht entstanden,
scheinbar ein Virtuosenstück mit allen Abwandlungen deutscher
Ordinärheit, Lebens- und Sprachbrutalität, in Wahrheit und
durch allen Witz hindurch positivste Lyrik. Du mußt, wenn Du
daran bist, genau beachten, wie ich dort, wo ich Worte in ihrem
Vollwert*h* einsetze (Werth, theuer, Thräne, Thau) das h erhalte
und das Leben des Deutschen *h-los* durchführe bis zu dem Schluß,
daß für eine Sau nur der Mist Wert*h* hat (alles andere eben nur
»Wert«). In Verbindung mit diesem Gedicht und etlichen Glossen
über die Beziehung des Deutschen zur Sprache sind prächtige
Schopenhauer-Citate da (deren Druck hoffentlich Deine Augen
schon vertragen können, es wäre so schade, sie zu übergehen),

alles zusammen eine Kritik des heutigen Deutschthums, die an
Deutlichkeit alles übertrifft was im letzten Heft enthalten war.
Aber auch die künstlerische Fülle scheint mir diesmal noch größer. Daß so etwas vor drei Jahren noch nicht möglich war, ist
klar. Aber es wäre auch heute nicht möglich, wenn ich die
Adresse nicht hätte, an die es geschrieben ist. Warum gibt es keine
Daseinsform, die einen Vergleich dessen, was gegeben ist, und
dessen, was *wäre,* ermöglicht! Wie schaurig schön wäre es, alles
das jetzt auch vor sich zu haben, was entstanden wäre, wenn ich
Dich nicht gefunden hätte. Aber auch Dein Leben, Deine Werke,
wenn Du mich nicht gefunden hättest! Und ich muß Dir gestehen, daß der Vergleich, nur das Denken an eine solche Möglichkeit des Vergleichens mit noch wollüstigerer Qual mein Gehirn
befällt. Der Vergleich aber mit dem, was *nicht* sein *wird,* nicht
sein kann, gibt mir unendlichen Stolz und die Dankbarkeit eines,
der nach schmerzlichstem Ringen, zur Einheit mit sich gebracht,
sein Denken und sein Lieben auf dieselbe Insel retten konnte.

Wie spricht Dein Othello? »O! Fluch (des Ehestands) daß
unser diese zarten Wesen sind, und nicht ihr Lüsten! Lieber Kröte
sein und von den Dünsten eines Kerkers leben, *als daß ein Win-*
kel im geliebten Wesen für Andre sei.« (Du aber citierst »des *Ehe-*
stands« dazu und sagst mit Recht: nicht ein Winkel bloß, das ganze
Wesen – für *den* Andern). Dann aber: »Ist diese falsch, so spottet
sein der Himmel!« Mein Shakespeare! Und: »Holdselig Ding!
Verdammnis meiner Seele, lieb' ich Dich nicht! und wenn ich Dich
nicht liebe, *dann kehrt das Chaos wieder.*«

Du, ich habe kein Mitleid mehr mit Dir. Früher dachte ich oft,
ich sollte Dir nicht so schöne Dinge sagen, denn Du antwortest
oft nur schweigend und ich, das Ungesprochene nicht hörend,
bin traurig, wenn Dein Brief kaum den hundertsten Theil von
meiner Liebe beantwortet. Aber ich lerne Dich immer besser
kennen, und wenn ich Dich schon mit all Deinem Schweigen
hinnehmen will, wird Dein süßer Mund beredt und Du gibst
mir Worte, als wäre ich Dein Weib und Du mein Dichter. So ist
es mir noch lieber, und ich kann Dir gar nicht sagen, welch ein
Rausch mir Deine Botschaft von Deinem Geburtstag war, wie
reich Du mich beschenkst mit solchem Dank für meine Gabe!

Ich spüre so Dein lebendiges Wachsthum und nie hatte ich weniger als jetzt das Gefühl, daß Du mir nur einen Brief, eine Beruhigung schicken willst, liebend zwar, aber doch mehr aus Pietät für die Liebe. Nein, Du lebst und nie warst Du wahrhaftiger als jetzt und nie eine wahrhaftiger als Du.

Nun sind Dir also zwei Falter schon in diesem grausamen Jahr gestorben. Und zwei hab' ich Dir zum Ersatz gebracht. Ist das nicht Gottes Rathschluß?

Und jetzt —— warum nicht, Du lebst ja in meiner Kontrastwelt, und erst die ist schön für uns – will ich Dir auch von häßlichen Dingen sprechen. Nein, von Hesslichen. Du, ich konnte mir wirklich nicht helfen. Ich hatte, mit dem Vorsatz, es nicht zu wiederholen, den beiden damals versprochen, in das Café zu kommen, wenn sie mir einmal schreiben sollten. Ich habe es überstanden. Vertausendfache die Langeweile und Müdigkeit, die Dich in jener Hausmeisterwohnung überfallen hat, und Du bekommst *annähernd* die Wirkung heraus, die dieses gestrige Gespräch – von ½ 11 – ½ 12 – mir anthun sollte. Ich hätte mir *das* denn doch nicht vorgestellt. Denn gestern war alles Gespräch losgelöst von der einzigen mich interessierenden und belebenden Stofflichkeit: von Dir (der zuliebe ich ja auch den Verkehr mit der Hölle selbst aufnehmen würde), und es war der reine Schöngeist. *Sie* hatte eine Rolle Gedichte von einem »Dichter« gebracht, der sie gebeten hat, mein Urtheil zu provozieren. Dieses war natürlich so, daß es gleich auch die Empfänglichkeit für solchen Unfug ins Herz traf. Plötzlich beginnt sie, vollkommen ahnungslos bezüglich meiner Spezialbefugnis in diesem Fach, von Heine und dessen »göttlichen Liedern« zu schwärmen, es stellt sich heraus, daß sie die dazu komponierte *Musik* meint, an der sie aber, von mir auf diesen Mißgriff aufmerksam gemacht, dem Dichter das Hauptverdienst zuspricht, weil »doch nur ein echter Dichter so herrlich komponiert werden kann«. Er, mit grauer Stimme dazu seinen »ästhetischen Standpunkt« vertretend und den dümmsten Text mit so trostloser Musik begleitend. Das ist wohl eine harte Zumuthung für einen Menschen wie mich, nach einem Tagwerk wie dem meinen. Ich war gekommen – so »unpoetisch«, so »prosaisch«, wie die Dame sagen würde bin ich; thatsächlich sprach sie auch von »negativ«, »zerstören« u. dgl. –, ich war gekommen, um weiterer Verlobungs- und Entlobungstratsch zu hören und abzutödten und bekam die reinste Poesie vorgesetzt. Natürlich schnitt ich an einem Punkte, wo es nicht mehr unhöflich wirken mußte, die Diskussion ab und benützte die Gelegenheit, da er den Verlust seines Regenschirms bemerkte und mit den Kellnern besprach – wiewohl dies doch schon ein interessanteres, weit poetischeres Thema war – zu verschwinden, ohne die geringste Aussicht auf ein Wiedersehen offen zu lassen. Soll man es für möglich halten, daß sie die Rolle mit Gedichten eines Schmierers mir mit den Worten, zögernd, überreichte: »Es ist ein Bewunderer von Ihnen, aber mit Gedichten befassen *Sie* sich doch nicht. *Können* Sie denn Gedichte beurtheilen? Sie sind doch gar nicht *lyrisch*! Nein, ich glaube nicht, daß Sie über Lyrik ein Urtheil haben. Ihnen liegt doch mehr das Scharfe – –« In der Art, wirklich. Die Begegnung wurde eingeleitet durch seine Frage: »Wo haben Sie sich in den vierzehn Tagen aufgehalten? Viel herumgekommen?« »Das thue ich ja nie, und jetzt war ich Tag und Nacht am Schreibtisch.« Darauf die Gattin: »*Sie*? Ach! Nein! 's ist ja *zu* witzich! *Sie* kommen doch überall herum!« »Pardon, wie und warum meinen Sie das eigentlich?« »Ach! Sie? Sie *erfahren* doch so viel! Wie könnten Sie denn sonst *alles das erfahren*?!«

Ich habe noch nie eine Stunde erlebt, in der ich so das Gefühl hatte, am Pranger vor der Banalität zu stehen, ihr preisgegeben. Das ist Adel! Die ärgsten, stumpfsten Spießer, die dicksten Beispiele von »Pachydermata« (Dickhäuter), von denen Schopenhauer (in jenen Stellen) so gern spricht. In dieser Situation war es mir noch lieber, den infamsten Blödsinn über den Heine anhören zu müssen, und ich zitterte davor, daß solch ein Mund plötzlich von der »kleinen Nadherny« zu sprechen anfangen könnte. Ich wäre feuerroth geworden, ich hätte verrathen, daß ich *jetzt* ein Heiligthum gegen solche Berührung vertheidige. – Wie ist so etwas möglich! Welchen Werth hat Adel, wenn er solche Mißgestalt deckt! Wie kann gräfliches Blut mehr Schlamm sein als jenes, das in den Adern eines Oberlehrers und seiner Gefährtin fließt. Nie wieder! Erst wenn sie sich rächen sollten für meine

Abstinenz und Tratsch über Dich verbreiten, werde ich zu einem Rendezvous bereit sein. Dann aber sei nur vom Tratsch und nicht von den Grenzen der Poesie und der Musik die Rede!

Leb wohl, Du einziger, ersehnter Partner meines Umgangs, Du einziger Freund, von dessen Zuhören mehr geistige Anregung ausgeht als von den Gesprächen solcher Mißmenschheit! Du einzige Frau, die man noch in einem Gespräch über Literatur umarmen möchte, Du seltene Geliebte, zu der man sprechen kann, als hätte man sie nie umarmt!

Sonntag, 5. Dez. ½ 7 Uhr abends

Dein Brief vom 3. (9 Uhr) ist heute gekommen. Zum Nicolo kann ich Dir leider Deinen Wunsch nicht erfüllen. Vor dem 8. oder 9. wird es kaum möglich sein. Es sind noch drei Bogen ungedruckt. Das neue Gedicht schick mir, bitte, gleich zurück (sobald Du kannst). Hier hast Du es besser. (Änderungen: 1. Str. 2. Z. (2. Strophe, 2. Zeile; 3. Str. 1., 3. und 4. Zeile; 5. Str.3. Z., 6. Str. 4. Z.) (*Dein*) statt *d.*) Aber vielleicht – was sollen die Änderungen – verstehe ich nichts von Gedichten. Zu der sympathischen Konversation mit dem Paar ist mir nämlich noch eingefallen: »Gedichte, wissen Sie, Ach!, das muß man *fühlen.* Sie *fühlen* nicht. Wenn Sie nicht *fühlen,* dann *können* Sie Heine nicht gerecht werden.« In der Art gieng es. Ich wurde verlegen, wenn ich der »Baronin« sagen sollte – zum Glück muß ichs ja zu *Dir* nicht sagen, aber ich erinnerte mich, daß Du es bist und das gemeinsam haben sollst –; es lag mir nahe, plötzlich zu unterbrechen: »Frau Hess, Sie scheinen nicht zu wissen, wen Sie vor sich haben.«

Man muß bei der Vorlesung acht geben; das Unglückspaar erkundigte sich, wann die nächste sei, ich murmelte etwas von »ganz unbestimmt«.

Ich habe vom »einzigen Partner« gesprochen: – der gute L., selbst wenn er mich hörte, sitzt seit acht Tagen neben mir mit dem Armeeverordnungsblatt od. dergleichen, *studiert* es, staunt vor dem Wunder: daß der K. »noch nicht drin« ist, und betheuert stets von neuem, man »müsse ihn in die Zeitungen geben«.

Ich habe ihn ja gern. Dennoch wollte ich, daß der Krieg oder was immer für ein Zufall uns als die einzige gesellschaftliche und menschliche Verbindung die von *uns zwei* aufzwänge.

[332]   B [Wien,] 7. Dez.[1915]   [Janowitz]

Vorhersage:

Um das Erscheinen der F. am 8. Dez. in J. zu ermöglichen, wurde das Folgende gethan: der Herausgeber traf am 7. um 6 Uhr in der Druckerei ein, wo eben erst der letzte Bogen (mit Abschied, Wiese) in d. Druck-Maschine gieng. Er nahm das erste Exemplar dieses Bogens, fuhr damit in die Buchbinderei, wo es mit den anderen dort bereits befindlichen Bogen und mit dem Umschlag vor seinen Augen geheftet wurde (so gut es in der Eile gieng). Dann nahm er das Exemplar und diesen vorher geschriebenen Brief – denn es war alles abgemacht – und brachte es zur Post, wo er die Sendung nur expreß, nicht rekommandiert aufgab, damit sie vielleicht doch schon früh und nicht erst nachm. dem in jeder Hinsicht ersten Leser zugestellt werde.

                                                              5 Uhr

Nein, so kann es nicht gemacht (nur abgemacht) werden. Erst um ¾ 7 bekomme ich den Bogen. Die anderen wurden aus der Buchbinderei zurückgeholt, sie schließt früher (wegen des morgigen Feiertags) und könnte es nicht mehr ausführen. Man wird das Exemplar in der Buchdruckerei zusammen (heften oder) - kleben. Wenn's nur noch der Abendzug mitnimmt. Eventuell fahre ich zum Bahnhof.

Es ist doch natürlich, daß alles das für solch einen Leser geschieht und für einen, der solche Briefe schreibt.

Frühling ist in den Winter eingebrochen: hier und sicher auch in J. Der arme Schmetterling! Warum hat er nicht diese Tage abgewartet. Es ist, wie wenn ich verzweifelt wäre, bevor der heutige Brief kam.

Wie ich es mir gedacht, wird die Frage der Veröffentlichung beantwortet, ehe sie gestellt war, oder vielmehr gleichzeitig. Wie immer.

».... oder sollen alle denken, was sie wollen«. Wirklich?! *Mit* dem Namen? So dachte man? Das wohl doch nicht! Aber nicht wahr, man spürt ja, daß »Aus jungen Tagen« doch die Wahrheit sagt. Oder will man nicht, daß die Vorstellung des Lesers (der nicht berechtigt ist eine zu haben) verschoben werde und der doppelzüngige Titel eben nur (laut) die eine Sprache spricht, die einen *Zeitpunkt* angibt? Was soll ich thun? Vielleicht »Gebet«, »Bitte« oder ähnliches, das nicht nach rückwärts fixiert. Dann ist aber wenn es in jenem Bekenntnisbuch steht, die Verbindung mit dem Namen der Widmung unvermeidlich. (In der F. nur für die Eingeweihten.) »Aus jungen Tagen« dürfte auch nicht alle irreführen, nicht die, deren Ohr doch hier die Betonung des innern Jungseins heraushört. Und diese kleine Gefahr wollen wir. Also – man wähle schnell.

Solche Probleme entstehen eben, wenn Liebe Sprache wird, das heißt: wenn sie Kunst schafft, die eben *lauter* Dank ist. Mit einem Wort, wenn man sich mit »so einem Gesindel« einläßt.

Verlag ¾ 7

Wieder anders.

Es konnte hier nicht gemacht werden. Die Buchbinderei hat sich doch herbeigelassen, und das Heft lag schon da, als ich kam. So muß ich auch nicht zur Bahn damit.

Am 7. war's also für J. fertig, am 10. erst für W. Aber was mich und meinen Geschmack betrifft, so ist es jetzt schon *erschienen* und alle weiteren Exemplare existieren für mich nicht. (Bitte nur Bobby zeigen.)

[Nach einer radierten Stelle:]

(Was hier stand, nächstens in *rek.* Brief)

Etwa: Ganz erschöpft nach zweistündigem Schlaf, ganz erweckt durch den Brief.

[333]   B [Wien,] 7. Dez.[1915] 8 Uhr   [Janowitz]

Sendung doch rek. geschickt (wiewohl das aufhalten soll)

Ich schrieb etwas wie: Nach zweistündigem Schlaf erschöpft erwacht – durch Brief aufgeweckt. Natürlich seelisch gemeint; nicht Beschwerde, sondern Dank. Aufgewacht war ich schon, und fand dieses unfaßbare Glück in jenem Kasten, der mich so oft verlassen, öfter gerettet hat.

Nach *diesem* nun gibts nichts als Weiterdichten. Ich will sagen, was mir im Kopf herumgeht, aber vielleicht erst nach Jahren daraus hervorgehen kann.

Man sage mir, ob man das hier erhalten hat und ob wieder früher als den Brief (und wann beides).

[334]   T [Wien, 7.12.1915]   [Janowitz]

Dank für Vormittag Empfangenes ++ ist unterwegs ++ hoffentlich noch heute einlangend ++ Bemerkung über Aufwecken mißverständlich ++ natürlich nicht aus dem Schlafe gemeint sondern zum Leben. ++ Viele Grüße auch an Charlie. Maymay.

[335]   B [Wien,] 7./8. Dez.[1915]   [Janowitz]

Theuerste!

Bei dem *mich selig* machenden *Glauben,* mit dem *Du* zu meinem Worte stehst, beschwöre ich Dich, nicht zu meinen, daß es, wenn ich so viel Wort und Zeit an eine scheinbar nichtige Sache wie den M.Th. vergeude, scheinbar vergeude – wie gerne sparte ich mich dem hindernislosen Dienst Deines Heiligen Lebens auf – nicht zu meinen, daß es nicht eben um der Hauptsache willen, und aus sachlichster Erwägung geschieht. Sondern etwa aus verspieltem Zorn, der eine Dir widerfahrende Belästigung und weiter nichts, irgendetwas, das nicht weiter ernst zu nehmen sei, übertreibt. Nein, ich habe Angst – und gerade so viel, wie ich nie für mich gehabt habe. Bitte, bitte, bitte, glauben, daß dies wie alles in Erfüllung der Aufgabe geschieht, die ich mir von Gott und einem in ihm Ruhenden übertragen fühle, dann erst von mir selbst, und jenes so tief und sicher geahnte Vertrauen darf ich nicht enttäuschen! Ich schreibe über die Angelegenheit, weil sie, wie mir längst scheinen wollte und wie mir jetzt vom Vertrauensmann der Mutter des Th. bestätigt wird, demnächst katastrophale Formen annehmen könnte. Bist Du seit jenem von Dir beantworteten Briefe verschont worden? Wenn ja, dann hat die Clausel (Verbots-Clausel) Wunder gewirkt, aber die Wuth des Schweigenden wird Wege finden, sich zu rächen (er ist bereits giftig im Ton gegen L., von dem er jetzt weiß, daß der eher zugunsten des Eltern-Standpunktes interveniert). Ich nehme gern an, daß Du verschont geblieben bist. Wiewohl ich es ganz begreiflich und natürlich fände, daß Du von der Sache einfach nicht mehr sprechen willst und von Briefen, die Du trotz Bitte um Schweigen erhalten hättest, nichts erwähnst. Dann hätte ich richtig vorausgesagt, Du aber hättest von Deinem Standpunkt aus – Mitleid und Nicht ernst nehmen wollen gegenüber einem Kranken – ganz recht, die Sache, die mir näher geht, gerade darum vor mir nicht mehr zu erörtern. Trotzdem fühle ich mich verpflichtet, Dich von allen Wendungen und Möglichkeiten der Affaire in Kenntnis zu setzen. Ich glaube, daß gegenüber einem Geistesgestörten, als den ich ihn *mit* Dir auffasse, Vorsicht noch dringender geboten ist als gegenüber einem Lumpen, dessen Handlungen im vorliegenden Fall eben ein Unverantwortlicher begeht. Er soll nicht angeklagt, nicht verurtheilt werden, aber man muß ihm in weitem Bogen ausweichen. Vor allem: man muß den leisesten Schein zu meiden suchen, als ob man ihn bestärkte, sich in irgendeine Art von geistiger Bundesgenossenschaft mit ihm einließe, auf die er lügenhaft leicht hinweist und mit der er eine Frau schwerer kompromittiert als mit erotischer Verleumdung (gegen die ja der Hinweis auf seinen Irrsinn schützt, während man im andern Fall doch der Mitarbeiter seines Irrsinns wäre.) Nur dies, nichts als dies ist die Einsicht, aus der ich spreche. Ich gestehe gern, daß ich den Brief, den Du an ihn geschrieben hast, jetzt für eine glückliche Eingebung halte, die alles gutmacht und *keinesfalls von etwas Folgendem aufgewogen werden darf*. Da ich die Erlaubnis hatte, L. von seinen Briefen an Dich zu erzählen (wie Du weißt, um möglichen Wiener Erzählungen von ihm vorzubauen), so habe ich dem L. auch gesagt, daß Du ihm, dem Th., eine vorzügliche Antwort im Sinn begütigender Zusprache im Eltern-Konflikt ertheilt hast. Bitte, erlaube mir, daß L. das auch der Mutter mittheilt, die nach der Versicherung des L. eine vollkommen gebrochene, tief unglückliche Frau ist, die danach lechzt, dem Th. Gutes erweisen zu können und von ihm *täglich* in 40 – 80 seitigen Briefen beschimpft wird. Sie lädt den L. öfter zu sich, weil sie selig ist, mit jemand über diesen Sohn sprechen zu können und zu *hören*, daß sie nichts von all dem verbrochen hat, was er ihr vorwirft. Es wäre gut, wenn diese Leute wüßten, daß auch Janowitz so wie ich, von dessen Meinung L. Mittheilung gemacht hat, einen guten Einfluß auf ihn zu nehmen versucht habe. Die arme Frau erzählt weinend, daß dieser Sohn alle seine Bekannten gegen die Eltern aufhetze. Sollte man da – umsomehr als er sicher in Wien irgendetwas erlügen wird – nicht das Gegentheil feststellen? Es ist gut, daß der Brief geschrieben ist. Ich danke Dir heute dafür. Aber: ihm selbst gegenüber gibts jetzt nur noch schroffste Zurückhaltung, wie ich sie beobachten werde und auch L., der nur eine scharfe Unterredung mit ihm sich vorbehält, um ihn aus der Illusion zu reißen, er hätte an ihm einen Bundesgenossen. Seine Rache ist unvermeidlich und nicht zu fürchten. Schlimmer wäre der Verdacht, ein Helfer seiner hirnverbrannten oder auch bloß abgeschmackten Ideen und toleranter Zeuge seiner ungeheuerlichen Pöbeleien gegen die Mutter zu sein. Das muß ich für meine Person ganz klarstellen. Es sind arge Dinge geschehen. Er hat an L. soeben einen Brief geschrieben, den ich Dir hier theilweise abschreibe.* Ich muß das thun, so trostlos auch der Zwang ist, sich mit solchen Dingen zu befassen. Ferner: ich bin heute, genau so wie ich jetzt Deinen Brief an ihn als *Abschluß* für einen *glücklichen* Schritt halte, froh darüber, daß L. der Mutter von meiner Aversion Mittheilung gemacht hat, wie Du schon damals froh darüber warst – denn wir, Du und ich und alle, die mit ihm zu thun hatten und den Schein einer Intervention zu seinen Gunsten auf sich genommen haben, müssen einmal nachweisen können, daß sie ihm nur aus Mitleid eine Zeitlang *zugehört* haben, aber fern davon waren, ihm für Gemeinheiten, die der Irrsinn exkulpieren mag, Sympathie zu bezeigen. Also: L., an den er die tollsten Zumuthungen wegen Einrichtung eines noch nicht gemietheten Palais etc. stellt, ist der Meinung, daß eine Internierung bald unvermeidlich sein werde**. Die Familie ist in der *entsetzlichsten Angst vor ihm,* er stellt freche Geldforderungen, schreibt Schimpfbriefe im *drohendsten Ton,* und L.

---

* Beilage
** Seinerzeit waren gemeingefährliche *Tobsuchtsausbrüche* der Grund. Die Mutter holte ihn gegen den Rath der Ärzte aus der Anstalt.

glaubt, daß er in Wien imstandesein werde, mit dem Revolver auf die Mutter loszugehn. Wenn es ein kriminalistisch-pathologisches Dokument gibt, das beide Fachgruppen gleicher Weise beschäftigen könnte, so ist es der Brief, den er an L. geschrieben hat. Die Mutter hatte ihm hundertmal geschrieben: »Sag er, was er will. Wir wollen ihm helfen. Was wir thun können (materiell), wollen wir thun.« Darauf hat er hundertmal schimpfend geantwortet: »*Ihr* wollt mir helfen? Nachdem ihr u.s.w.« Jetzt rückt er mit der Forderung heraus, daß man ihm eine »Abfindungssumme«, d.i. ein Vermögen statt der (immerhin anständigen) Monatsrente auszahle. *Will diese Abfindungssumme durch einen Advokaten eintreiben!*

Was sagt man aber zu der beispiellos niedrigen Bemerkung über das *Sterben:* »Da letzteres gegenwärtig zu *billig* erscheint.« Sollte da nicht jeder, der jetzt einen Verlust beklagt, der keineswegs so billig ist wie dieser Doktor meint, weinen müssen, nicht mehr über den schmerzlichen Verlust, sondern darüber, daß es solch gottlose Frechheit geben kann, die ungestraft eine Mutter zu Tode martert, als ob Friede wäre, und für das Unglück der Welt nur eine schäbige Bemerkung hat? Bitte, verzeihe alles, was dieser Mensch, ein Unverantwortlicher, Dir selbst und meiner Liebe, an jenem Dezembermorgen, angethan hat. Aber diesen Ausspruch, den der Irrsinn selbst nicht entschuldigt, wollen wir bewahren und ich will mich mein Lebtag erinnern, daß es ein Graf ist, der das gesagt hat! Nun gut, er zieht es vor, »auf eigene Faust zu leben«. Dieses Faustrecht habe er. Wie aber setzt er es durch? Legt er den Adelstitel ab, um durch eigene Tüchtigkeit, ungehemmt von dem Fluch seiner Abkunft, kranke Juden in seinem Palais-Sanatorium heilen zu können? Nein, *erst* wenn dieses Geschäft, das ihn auf eine Stufe mit dem Auswurf stellt, schief gehen sollte, *dann* legt er den Adelstitel ab. *Bis dahin* benutzt er ihn als Aushängeschild, weil er ganz gut weiß, daß niemand den Dr.Thun konsultieren, aber eher einer dafür zahlen wird, mit dem Kuriosum Doktor-Graf in Verbindung zu kommen. Dies alles und, wenn er »*den Krieg überlebt*«: den er ausschließlich *gegen seine Mutter führt,* da ihn das Schicksal davor bewahrt hat, ihn auf dem Plateau von Doberdo mitmachen zu müssen.

»Korrekterweise« verlangt er eine Abfindungssumme von seinen Eltern, mit denen er sich überhaupt nur mehr in »praktische« Erörterungen einläßt, nachdem er ihnen wie allen andern durch zehn Jahre Theorien ins Haus gewälzt hat. *Er* verwahrt sich gegen die Anwendung von »*materiellen Gewaltmitteln*«, die darin bestehen, daß die Eltern ihm nach wie vor monatlich das Geld schicken wollen und nicht einmal dafür verlangen, daß er sie in Ruhe läßt, sondern ihn nur bitten, ihnen nicht mehr öffentlich Unrecht zu thun. *Er* wirft ihnen »*Gerede*« vor! Seine Tante Lobkowitz schreibt ihrer Schwägerin, seiner Mutter, daß sie nach einer anderthalbstündigen Unterredung mit ihm, d.h. nachdem sie ihn anderthalb Stunden angehört hatte, todtmüde von dannen gewankt ist.

Und nun: er hat eine Person gefunden, die ihn »versteht«. Jetzt ist es aus. Dieses zuwidere Malweib schreibt ihm Briefe, die wirklich eine tiefe, innere Bundesgenossenschaft verrathen. Sie schreibt ihm »in fieberhafter Eile«, ist von seinen Ideen begeistert, heckt mit ihm den Plan, den großen Plan der Verwandlung des Palais K. in ein Sanatorium + Seminar + Tempel + Fechtsaal + Atelier + Walhalla in allen Details aus, geht auf alles ein, unterhandelt mit Persönlichkeiten. »Der Saal muß *selbstredend wiedergeboren* werden« »Die medizinische Seite ist mir noch nicht ganz klar« (!) »Und dann zehrt mich das nicht Mitkönnen hier auf, *Graf*!« »…. unsere Kräfte nicht gewachsen sein werden«, »Ein Gefühl des Schraubens in einer bestimmten Richtung muß sich bilden, das durch die Gleichmäßigkeit der Bewegung Kraft zieht« (!) »Deswegen vielleicht doch nicht alles auf einmal, Graf.« »Wie eine Schraube müssen wieder unsere Schritte in die verschiedenen Gehirne hineinwirken, jeder unwiderruflich.« »Ich denke auch an die Neider und die Böswilligen und möchte doch rathen, den Plan nur den wenigsten zu erklären. Und nie den ganzen Plan, *nie vor einer Tafelrunde zu sprechen.* Nie Gelegenheit geben, *die Innensilhouette unserer Arbeit* anzugreifen, denn diese Innensilhouette ist sehr zart, *heilig,* durch Gedanken, die ihr nicht wohlwollen, zu verletzen.« »Schonung Ihrer Kraft, kein Zersplittern! Denken Sie an die Enttäuschung der vielen noch Unbekannten, die entbehren müßten, *was Sie zu bringen berufen sind,*

wenn Sie Ihre Kräfte der Menge gleich anfangs viel zeigen ….«
»Ich möchte Ihnen beim Prüfen helfen dürfen, wo der *Fruchtan-*
satz, durch die vorhergegangenen Prüfungen gefördert, dieses
Prüfen eben jetzt bedingt. *Eben jetzt, Graf!«* (!) *»Die Rassen-*
frage hoffe ich hier bei mir mit Ihnen zu lösen. Ich werde Ihnen
dazu *aber doch eines meiner Bücher geben müssen* oder, um Ihnen
Arbeit zu sparen, *ein Thema aufstellen,* bis Sie kommen.«

   »Stall ist da, wird geheizt sein, *Futter* verspricht mein Vater
zu besorgen« (Das heißt wohl: Wohnung und Essen, der Vater
ist nämlich Gastwirth in Karlsbad) »Man behauptet, ich hätte
die Gabe, alles Unternommene zu glücklichem Ende zu führen.«
»Meine Gedanken kommen aus dem alten Haus nicht fort – *sie*
spinnen schon.«

——— ——— ———

Warum ich das herausschreibe? Weil es ein *Kunstwerk* ist! Weil
mir's Freude macht, einen hysterisch-literarischen Dialog so
rein gestaltet zu finden. Aber ist es nicht ein Zeichen, ein Signal,
daß jeder Vollmensch, und nun gar der beste Mensch, den es
jetzt gibt, zurückweichen müßte von dieser Sphäre? Kann es
noch geschehen, daß man mit solchem Hexenkessel von Hysterie
und Verschmocktheit auch nur in die entfernteste Berührung
kommt? Was mag dieser Mensch diesem ekelhaften Malweib
von *Dir* erzählt haben! Von *mir* hat *sie ihm* erzählt. Kein Zweifel für mich: daß die Reaktion auf nicht beantwortete hysterische Ausbrüche, unbeachtete Annäherungsversuche, Worte der
Geringschätzung waren, die sie zu ihm über mich gesprochen
hat und die, da sein labiles Hirn noch von einer solchen Kreatur
zu beinflussen ist, sein Stichwort gegen mich wurden. Das Resultat ist mir gleichgiltiger als je etwas auf der Welt, das glaubt
man mir, aber der Prozeß ist mir interessant*. Und nun sage
man: soll ich es erträglich finden, zu denken, daß auch nur die
gleiche Post meine große stolze Freundin, diesen nobelsten
Geist, dessen Handschrift ihn auch dem Fernlebenden bewiesen
hat, mit solchem Ungethüm von einer Korrespondentin, mit

———————

* Ich habe fünf Jahre in solcher Hölle gelebt (– einmal mündlich
davon). Daher meine Kennerschaft.

solchem literatenhaften Geschmeiß zusammenbringen könnte? Nein, wir wollen *nichts damit zu thun haben.* Wir können nichts dagegen thun, daß ein Schwachsinniger ins Gespräch mit einem grauslichen Mannweib uns einbeziehe – wir wollen aber nie mehr des leisesten Anstoßes dazu uns schuldig machen! Wir wollen es so halten, daß wir, wenn der (nach L.'s Ansicht unausbleibliche) Skandal: (betrogene Geldleute, die sich im Vertrauen auf seine verwandtschaftlichen Ressourcen mit ihm einlassen, Palais-Miethe, Attentat auf Familie, Internierung) irgendwie uns streifen sollte – wie alle auf die er sich berufen wird – sagen können, daß wir alle aus Mitleid uns seiner angenommen haben, bis zu dem Punkt, wo er auch dem Mitleid gefährlich wurde. Darum glaube ich: es wäre gut, wenn die Mutter rechtzeitig erführe, daß aus Janowitz ein so vornehmer und gerechter Brief abgegangen ist. Und mir selbst mache man die Freude: anzuerkennen, daß mein Eifer dem *Stilgefühl** entspringt, das mich in einer Lebenssache so wenig zur Ruhe kommen läßt wie beim Satzbau. Daß die Reinhaltung der mir vorgestellten und darum, eben darum *seienden* Herrlichkeit, ihre Befreiung selbst von störenden Assoziationen meine lebendige, lebenerhaltende, unvermeidliche und ehrenvolle Qual ist. Daß der Aufwand *so vieler Sorge an solche Nichtigkeit nothwendigerweise* von demselben Reichthum bezogen ist, *aus dem ein Gedicht kommt!*

Mache man mir die Freude, gebe man mir die Genugthuung, nicht: es zu sagen, sondern es zu fühlen (und nur dann würde man's ja sagen). Es ist sicher wichtig, unentbehrlich, was ich thue. Aus dem einfachen Grund: *weil ich es sonst nicht thäte.* Aber ich wollte, das Schicksal hätte mich solcher Nothwendigkeit manchmal überhoben! Zum Beispiel: mir gewährt, das unendliche Glück, Dich durch jenen kennen zu lernen, noch um die besondere Gunst vermehrt zu erleben: Dich *vor* jenem kennen zu lernen. Und vor mancherlei: um dessentwillen Du mir heilig bist. Aber nein, da sitzt ja eben der Widerspruch. Denn dann

---

* Das ist mehr als der selbstverständliche ästhetische Widerstand, der die schönste Welt vor der bloßen Annäherung (nicht erst Betastung) des trübsten Wirrsals bewahren will.

hätte ich ja nie in Deinen Himmel gefunden und so habe ich mir ihn erobert. Aber dort bin ich, will ich bleiben, an Deiner Klarheit alles vergessen, was je auf Erden dunkel war, nur sorgen, daß kein Staub von unten komme, ewig belohnt durch die Erfüllung, daß ich Gott und einem ihm Nahen den größten Schmerz erspart habe! Mögest Du glauben, daß die Sorge, die jedem Deiner Schritte folgt, nichts will als daß *sie* es leichter haben, jeden Deiner Schritte zu segnen, Du Theure, geliebt, wie noch nie eine irdische Gestalt von einem Menschenherzen geliebt worden ist!

8. Dez.

Ich schicke diesen Brief noch heute ab, wiewohl ich Bedenken trage, mein Heiligthum täglich zu umtoben. Aber es ist mir ja erlaubt worden und – Furien treiben mich an, mir noch in diesem Punkte Ruhe zu erstürmen.

Überdies: ein liebes Telegramm* von Bobby ist gekommen und das erfordert schnellste Antwort.

Beilage: [SN:] Brief von Max Thun an K.K.

Lieber Freund!

Dank der Vorarbeit von mehr als 10 Jahren, die mir *Mutterliebe* geleistet hat, ist die Kluft zu meiner Familie unüberbrückbar; ich muß ohne sie leben *und sterben.* Da *letzteres gegenwärtig zu billig erscheint,* will ich auf eigene Faust leben. Anbei ein Brief von Frau v.D. Karlsbad, Villa Luginsland** —— —— —— —— —— —— Ich möchte Sie um die Angabe *eines Advokaten* (bitten), der die *Durchführung meiner Abfertigung seitens der Familie übernehmen könnte. Falls* ich *Krieg, Schmerz* und Krankheit *überleben* und mich doch *praktisch* nicht durchsetzen sollte in großem *Stiel* (mit ie: Federstiel), *werde ich um Namensablegung einschreiten oder* ins Kloster gehen. Auf Wiedersehen in Wien!

* Zugleich mit diesem eines aus Leipzig: das dem wohlthätigen Zweck zugedachte Ehrenhonorar für den Druck der Chines. Mauer ist abgeschickt: 200 Kr., so daß also für die arme Frau 240 Kr. zur Verfügung stehen. Kann ich sie senden?
** Schweizerische Aussprache: Lüginsland. Anm. d. Herausgebers.

Meine Mutter schreibt mir, sie habe mit Ihnen über mich gesprochen. Die *läppische* (zweimal unterstrichen) Erörterung der
Gebetsfrage (L. hatte die Mutter ersucht, ihm zu schreiben, daß
er, L., es ganz begreiflich finde, wenn eine Mutter für ihr Kind
betet – das habe er der Mutter in Briefen übelgenommen, sie dafür beschimpft.) hat auf mich *gar keinen Bezug* – – – dagegen
halte ich das Gebet einer Mutter, *die seit 15 Jahren das Lebens-
glück ihres Sohnes systematisch untergräbt,* gleich dem »Gesund-
beten« für …… verbrecherisch, zum mindesten für *dumm.*
Das jahrelange negative Verhalten meiner Eltern hat natürlich
heute wo ich *wichtige Dinge* zu entscheiden habe, *das vollkommene Versagen* der Familie zur Folge, *an die ich mich korrekterweise* gewandt habe.
(Er bekommt von den armen Leuten 500 Kronen monatlich
und verlangt plötzlich statt dieser Apanage, die sie ihm weiter zahlen wollen, eine große Summe als *Abfindung,* wie eine Maitresse)
Ich *ermächtige Sie, mit Mama zu sprechen* und *um mich und meine
Zeit* sowie die Ihrige zu *schonen, Frau v.D. in Karlsbad zu sprechen* (!), die ohne mein Zuthun mich recht gut *versteht* – – – Lasse
mich mit Mama in *meiner* Wohnung (hier oder in Wien) auf *nur
praktische Fragen ein* und auch das womöglich nur *durch Sie!* Die
theoretische Einstellung meiner Person zu Welt- und Zeitfragen ist
wohl bloß meine eigene Sache, unter Männern zu besprechen, jedenfalls nicht *materiellen Gewaltmitteln* (die *er* anwendet. Anm.)
seitens der Verwandtschaft zugänglich!
—— —— Wenn Sie das Wunder zustandebringen, *meine Mutter
vernünftig* zu machen, wird wohl sie Ihnen am dankbarsten sein!
Mich macht ihre Art *tollwüthig!* Nur *Gerede* – keine That! Gebet zu Gott und *Verleumdung* bei den Menschen!

[336]   B [Wien,] 8./9.[12.1915]   [Janowitz]
Bitte:
    es wäre zu *uns* sprechend und für's Gedicht nicht störend,
wenn unter dem Springbrunnen ganz klein »Villa Torlonia«
stünde. Wir haben seinerzeit darüber gesprochen. Ich habe jetzt
aber das bekannte Bedenken: wegen der Verbindung mit dem
Namen der Widmung. Nämlich: nicht nur Gedanke und Ge-

stalt der *Lust,* sondern auch das: »beinah mit dir dort eingezogen«. Das nun, datiert mit Villa Torlonia und – der Name, von dessen Trägerin die Eingeweihten wissen und viele andere erfahren können, daß *sie* und das Erlebnis des Dichters sich hier in der Villa Torlonia, vor eben jenem Springbrunnen treffen. Hier besteht die Gefahr gegenüber den Bekannten; beim Gedicht »Aus jungen Tagen« – *ohne* diesen Titel – gegenüber allen. Dort ist also das Datum eventuell bedenklich, hier schützt der Titel. Andererseits wäre mir und wie ich glaube dem andern Theil die Anbringung dieses persönlichen Datums sehr erwünscht. Sollen wir uns einen Teufel um die Leute kümmern? Die nächsten (Ch. (?), M-M. auch Dora) wissen ja ohnedies, daß das Gedicht damals entstanden ist.* Bitte sogleich Telegramm, wo nur *ja* oder *nein* (Bez. »bin für Bemerkung«, oder: »besser ohne Bemerkung«) steht. Dies deshalb nothwendig, weil der Bogen jetzt sofort in Druck gehen muß, wiewohl das Ganze nicht vor dem Februar fertig werden dürfte. Ferner im Telegramm (damit das auch gleich mit erledigt wird): welche Farbe Ecrasé liebt man am meisten? Es soll nämlich ein Ledereinband bestellt werden und man fürchtet hier, daß ab Neujahr kein Leder mehr erhältlich sein wird. Blau (Kobald, Königsblau)? Oder grün (dunkel, hell)? (Schwarz?) Schweinsleder? Oder – das könnte nur bei Papke gemacht werden – *»Antique«:* wie die Kassette, was ich mir sehr schön denke. Also ein Glanzleder (Ecrasé) oder Antique etc.? Und wenn jenes, welche Farbe. Dies müßte im Telegramm stehen: vor Weihnachten muß der eine Band und alle andern (50) die natürlich *anders* aussehen werden, in Arbeit kommen, denn sämmtliche Buchbinder erklären, daß dergleichen bald überhaupt nicht mehr wird gemacht werden können und auch nichts reserviert werden kann. Wenn man eine Farbe angibt, so wird sie bestellt werden, vorausgesetzt, daß das Leder in dieser überhaupt noch da ist. Man verzeihe die Eile – ich habe hier noch so viel zu thun und muß in den nächsten Tagen wegen der Ein-

---

* (Freilich, ob nicht gerade wieder durch die Sphäre von »Jungen Tagen«, »Abschied u. W.« der Springbrunnen auch für die Nahen und für alle persönlicher wird?)

richtung des Verlags, der das 500-seitige Buch* herausbringen wird, nach Leipzig. Gedruckt wird es, wie man weiß, in Wien.

Wenn man für »Villa Torlonia« ist, so würde auch unter Wiese im Park »Schloß Janowitz« stehen – sonst besser nicht. Oder wie denkt man darüber? (Ev. auch im Telegramm) Zu dumm, daß ich das alles besprechen muß, da ich doch die Absicht hatte, eines Tages in die Villa Manin Sur damit einzubrechen (entweder das Buch allein oder wenn ich's durchsetze, *ich* mit dem Buch.) Was soll ich aber thun? Es sind doch heikle Dinge, Fragen, die nur gemeinsam zu lösen sind. Bitte bestimmt gleich Telegramm über Untertitel und Leder. (Eventuell dieses meiner Wahl nach Vorrath zu überlassen?)

(Ich frage wegen des Einbands nur, weil es doch den Augen wohlthun muß, was man immer vor sich sehen wird.)

Hier ein Brief, aus dem man erfahren mag (auch für Ch. gewiß interessant), daß diese armen Teufel über den Krieg genau so denken wie wir, und in einer Art es sagen, daß man über die Censurerlaubnis staunen muß. Ist der Name des unterschriebenen Barons bekannt? Die Gans, auf die sich der Brief bezieht, hatte von den »Knaben auf den Bergen« gesprochen.

Unendlich viel Grüße!

Noch eins: es ist natürlich, daß vor allem zwischen der Widmung und den Gedichten, *ganz als ob sie gleich dahinter stünden* (so muß man das betrachten) eine Beziehung hergestellt werden wird, ich meine *jene,* die den Gedichten Inhalt und Gluth gibt. Darauf ist man ja doch gefaßt und will es auch nicht anders? Es ist mir entsetzlich von so etwas zu sprechen, aber ich bin verpflichtet, so viel Wachsamkeit oder Bewußtsein meiner Liebe noch abzuringen. Wenn es einmal bedacht und gesagt ist, können wir es gewiß verantworten. Ich glaube, wir sollen so weit gehen, *alles* errathen zu lassen, was nicht *bewiesen* werden kann. *Die* Schranke ist genug Opfer, der lieben Welt gebracht! Und: eine soziale Gefahr, die nicht an die Sphäre stofflicher Unmittelbarkeit (Roman)

---

* In dieses werden sich die wichtigsten Gedichte besonders gut einfügen.

grenzt, sondern an die des Geistes, ist eigentlich zu verachten. »Villa Torlonia« od. dgl. ist ja scheinbar ein Schritt ins Stoffliche, aber künstlerisch wohl berechtigt durch die Ablenkung von einem Springbrunnen, der einem etwa im Volksgarten solche Gedanken eingeben könnte. »Schloß Janowitz« ein Meilenstein auf der Lebensstrecke* – beides überdies eine Freude, die wir uns persönlich machen und die niemand angeht, auch wenn er deren Zeuge ist. Trotzdem fände ich es *ganz* begreiflich, daß man *nicht* dafür ist, hielte es keineswegs für engherzig, und weiß ganz genau, wie viel wir verbergen müssen, um so viel für uns frei zu machen!

NB. 9. Dez. Mittag
Villa Torlonia ist, wie jetzt in den Leitartikeln steht, derzeit der Sitz der englischen Botschaft. Wenn man also depeschierte: »bin für Villa Torlonia«, so würde die Telegrammcensur einer hochverrätherischen Verschwörung auf der Spur sein. Besser, diesen Namen nicht im Telegramm zu erwähnen, damit die Erinnerung an unseren Springbrunnen nicht in das Komplott der politischen Dummheit gerathe, wie der 30. Geburtstag in das Telegramm des Charlie.

Der Th. wurde in Prag von einer Tochter der Blanka bei irgendeiner offiziellen Gelegenheit gefragt: »Gehen Sie bald wieder an die Front?« Darauf fürchterliche Schimpfereien an die Mutter, *sie* habe diese Frage veranlaßt, und endlose Briefe an die Erzherzogin nach Wien, die und deren Familie ganz bestürzt ist. Es gibt also bald keine Schichte mehr im Staat und in der menschlichen Gesellschaft, die von dieser Fluth verschont geblieben ist.

Was aber meinen Sturm betrifft, der nur ein Haus, ein Schloß bedrängt und vor der ganzen übrigen Welt schweigt, so steigert er sich mit jedem Augenblick des Denkens und mit jeder Antwort, die eine Schweigende ihm gibt. Vor Deinem Schweigen aber verstummt der Lärm der Erde, weicht von meinem gequälten Ohr. Heut vormittag hat es wieder in zwei so süßen Briefen zu mir gesprochen. Welches Bild: wie der gute D. 12 Uhr bläst

* In der Fackel, wiewohl dort *keine* Widmung, *unterbleibt* solche Datierung aus *denselben* Gründen.

und oben die mildeste Herrin noch an mich denkt und dann in der »Umarmung meines Wortes« einschläft, nicht ahnend, daß dieses nur umso mehr glühen werde, unverlöschbar, so in solches Bett genommen!

[337]   B [Wien,] 9./10.12.[1915]   [Janowitz]

Im Fieber schreibe ich Dir:
    Dies hier ist die Krönung. Ich bin selig, es gefunden zu haben. Und unglücklich, — weil ich Dich fragen muß: erlaubst Du es? Ich fühle, *ohne das* ist mein Werk *unfertig.* Es ist Dein bester Inhalt, der mein bester Inhalt ist. Haben wir ein Recht, darauf zu verzichten? Aber haben wir nicht die »Pflicht«, darauf zu verzichten? Ach, wie grauenvoll ist das Leben, das zu solchen Bedenken zwingt, uns, und mich vor Dir. Dennoch glaube ich: dieses »Du« ist erlaubter als irgend etwas. Du könntest es getrost Ch. oder M.-M. vorher zeigen, um Vorwürfen Deiner Nerven, nur Deiner Nerven, später auszuweichen. Johannes würde nicht zögern. Wir aber müssen. Aber wenn wir gezögert haben, glaube ich, *dürfen* wir. Es ist doch der wirkliche Denkstein für Johannes! Ich meine: daß dieses »Du« des Dichters an die Freundin, das »Du« des Dichters an den Menschen, zu dem immer ein Recht besteht, unbedenklicher ist als selbst die Liebesgedichte, von deren Ziel Ablenkung möglich ist – wiewohl vielleicht *dieses* Bekenntnis wieder *hin*leitet. Aber was sollen wir denn thun?! Je reicher wir werden, desto ärmer uns vor der Welt machen? Uns noch *dieser* Reinheit, in solchem Gedicht, schämen? Ich möchte nicht. Aber ich habe die Pflicht, Dich zu fragen. *Was Du sagst, wird das Rechte sein.** Nur schnell, bitte, bitte schnellstens – nachdem Du es, zur Einhaltung des Äußerlichen, eventuell Ch. u. M-M. gezeigt hast —— *ein Telegramm:* es müßte sogleich in Druck gehen. Das »Du« ist sicher etwas, das selbst diese Welt »zugesteht«. Und die Heiligkeit des Inhalts Johannes ist hier nicht preisgegeben, sondern behütet. Mir macht nur der Reflex von diesem da auf die anderen Gedichte (und umgekehrt) Sorge.

* Ich zweifle keinen Augenblick, daß Du wie ich *fühlst,* und wenn *Du* fürchtest, so hast Du Recht.

Aber, wie ich schon gesagt habe – wir können Orgien des Geistes feiern vor der ganzen Welt der Thatsachen, der wir nur durch einen »Beweis« ausgeliefert wären.

Sag mir die Antwort. Es ist mir schmerzlich, Dich vielleicht so zwischen dem Schönsten und dem Gegentheil in einen Konflikt zu bringen. Aber Du bist darin sicher stärker als ich, so stark, daß Du sogar noch für *mich* bedenken wirst: ob ich, selbst wenn Du es *erlaubst,* es thun darf. Du mußt es also sehr, sehr wünschen, fast so, daß ich *Dir* durch *Deine* Erlaubnis ein *Opfer* bringe. Dann thu ich's mit heißem Herzen! Im andern Fall verzichte ich mit jener Liebe, die es andachtsvoll hinnimmt, neben Deinem großen Schmerz um Johannes den Verlust eines Gedichtes an Johannes zu beklagen.

———

Bei den andern Gedichten ist die »Welt« abgelenkt, hier ist sie höchstens zu fürchten als Verwandtschaft, Bekannte, aber selbst denen wird der Inhalt rein sein. Wie befreundet wir sind, weiß man ja, und Johannes' Mission durch den Freund wird nicht angetastet werden!

Vielleicht die *3 Zeilen:* Etwas von ihm blieb

...... verweben

.... zu binden

..... wiederfinden

zu streichen wegen des Moments unserer *Verbindung* – nein, auch darum wäre schade! (»Oder sollen alle denken, was sie wollen?« schriebst Du.) Ach, wärst Du neben mir, rechts, um gleich zu entscheiden und mir Ruhe zu geben. Ich bleibe schlaflos bis zu Deiner Antwort, die mir recht ist, ob ja oder nein. Im zweiten Fall sage ich mir: *Du* hast es gelesen, und das entschädigt für die schmerzliche Unvollkommenheit, die ich spüren werde, an diesem lyrischen Ganzen, das Dir gehören wird, weil es von Dir mir geliehen ward.

Noch keine Nachricht.

10. Dez. 2 Uhr

Du hast gesagt, ich sei Joh. Bote – so bist Du schuld an dem Gedicht. Vielleicht ohne den Titel Joh. Etwa: der Tote oder Botschaft

oder Wiederfinden (im Diesseits) oder *Vermächtnis.* Aber ich
glaube gegen alle Bedenken, die ich sagen muß, wenn ich sie auch
nicht selbst fühle: daß im Gegentheil gerade wieder *dieses* Gedicht,
weil es die Beziehung zwischen uns in einem so frommen Sinn
klarstellt, allen Verdacht von der *anderen nehmen* könnte. Es wäre
also – anders, als ich heute Nacht zu bedenken gab – ein günstiger
Reflex, wenn überhaupt einer. Denn für den Horizont, den die
Menschen in Menschheitsdingen haben, ist doch »reine Freundschaft«, treue Gefolgschaft, Erbschaft heiligen Vermächtnisses
nicht vereinbar mit der Anbetung des Klagelauts! Es jemand zu
zeigen rathe ich nur, um die Harmlosigkeit des »Du« begreiflich
zu machen und sich in diesem Punkt rechtzeitig vor Fragen, die
nervös machen, zu bewahren. Er selbst wäre in allem ja dafür, aber
wir müssen, wenn wir auch nicht wollen, klüger sein als er oder
wenigstens *wissen,* daß wir es nicht sein wollen. Wärest Du vor der
Welt zu mir, was Du vor Gott bist (oder, ach, zu einem *andern*
vor der Welt schon *gewesen),* dann brauchten wir uns über dergleichen nicht unsere Köpfe, nicht unsere Herzen zu zerbrechen!

½ 6

Kein Brief (die Tante!), aber dieses gütige Telegramm, eben als ich
zur Post wollte. Also wenn ich richtig verstanden habe, ist die Ahnung der anderen Dein Stolz. Dies ist mir gute Vorbedeutung für
das morgige Telegramm – wiewohl dieses Gedicht Beweis ist,
aber Beweis für Freundschaft. Ich glaube, Du wirst Dich dem Titel
»Vermächtnis« zuneigen. Oder vielleicht doch dem andern, weil's
dann ein Denkstein in aller Form ist. Bitte überlege gut und wenn
Du lange dazu brauchst, telegraphiere dringend. Verzeih die
Mühe, die Du hast – aber Du wirst schon einmal sehen, daß es
wirklich dringend war. Leb wohl! Ich vergehe in Erwartung
Deiner Nachricht und des nächsten Briefes und Deiner selbst!
    Oder irgendeine *Verkleidung*
    »aus einem Drama«   (nicht gut
            wegen Monolog d. Nörglers u. »Leidtragenden« –
        die auch aus Drama)
ach, ich mache mir gewiß dumme Sorgen, verkleide mich selbst
in die Welt, deren ganze Engherzigkeit ich auf mich nehme,

nehmen *muß*. Befreie mich davon oder sage: es gehe nicht. Dann
habe ich vor dem was ich jetzt ablehne, wieder Respekt.

Aber ich hänge so an dem Gedicht, seinem Gedanken, seiner
Schlußzeile, an Johannes, an Dir!

[338] Briefkarte [Wien,] Postamt 10. Dez.[1915]   [Janowitz]

Das Ganze ist wohl nur Selbstquälerei, aber diesmal doch
pflichtgemäße. Jetzt erinnere ich mich, daß sogar ursprünglich
für den Springbrunnen der persönliche Titel: »Mit ... vor e. Sp.«
gebilligt, für das Buch aufgehoben war. Aber hier bin ich *nicht*
dafür! Außer, man will es.

[339] B [Wien,] 10. Dez.[1915] 7 Uhr   [Janowitz]

Wieder zurück zur Post!

Jetzt erst besinne ich mich, daß die *ganz direkte* Ansprache
doch auch im »Springbrunnen« (beinah mit .... eingezogen ....
Überflüssigkeit) steht.

Also für die, welche ahnen dürfen, mehr als genug. Denn hier
ist es ja *persönlicher* in dem Sinn, den jene suchen, als in der Ansprache des Dichters an den Freund. Der Dichter *kann* ja gar
nicht anders ansprechen. Zum Ganzen: hier wäre Schmerz
künstlerischen Verlustes natürlich identisch mit *meinem persön-*
lichen Verlustgefühl, denn in dieser so schön geschlossenen Reihe
darf doch dieses wichtige, wichtigste Lebensmotiv (*J.* und mit
ihm *meine* Einstellung in das mit ihm verbundene Leben) nicht
fehlen.

Trotzdem: vor der negativen Entscheidung werde ich ganz
denselben Respekt haben wie vor der Erlaubnis (dieser bedeutendsten und wahrhaft maßgebenden Censur unseres Staats-
wesens). Und es wäre dann eben kein Verlustgefühl, denn ich
darf kein größeres haben als man selbst hat, und man übersieht
das alles besser. Ich glaube aber beinahe, man wird sehr dafür
sein. Wenn es vorher inneren Konflikt gibt, erflehe ich Verzeihung, die mir gebührt. Man hat mich zum Dichter gemacht – so
muß man die Folgen tragen!

[340]   T [Wien, 10.12.1915]   [Janowitz]

Statt Vermächtnis wäre Titel Sendung noch schöner ++ dritte
Zeile wird vielleicht statt entzogen verloren stehen ++ Schluß
von den Worten so Mild bis Schwebe sollte in den Stein gemeiselt
werden.

[341]   B [Wien,] 11. Dez.[19]15   [Janowitz]

Die telegraphische Entscheidung sagt mir: daß sie von dem
größten Herzen, das auf dieser Erde schlägt, getroffen wurde.
Der freigesprochene Geist dankt.

Meine Verwirrung hat mich gestern, nachträglich, zu einem
falschen Argument greifen lassen: das »Du« sei auch im »Springbrunnen«, sei dort sogar für den Titel bestimmt gewesen. Aber
dort gehört es eben in die Sphäre des »Unbeweisbaren«, hier
wäre es, da der Inhalt »beweisbar« (zu unserm Lebensschmerz
beweisbar), verrätherisch. Daß er es nur »wäre«, nicht *ist,* hast
Du klar erkannt, jenes nur meiner grenzenlosen Aufregung *zu-
zuschreibende* Argument gar nicht gebraucht und gefühlt, daß
das »Du« hier geheiligtes Sprachrecht ist und der Feind hier alles
»beweisen« kann, was ihm *eingestanden wird: Freundschaft –*
die doch vor aller Welt schon die Widmung bekennt. Wie
menschlich bist Du und wie beglückend kühn im andern Falle:
»Was nicht erwiesen ist, darf in leuchtendsten Farben errathen
werden.« Wer könnte das und mit wem schöner erleben, als ich
mit Dir – wer es stolzer sagen als Du? Solche Worte, Erlaubnisse,
Wünsche sind danach angethan, den Farben ewig die Leuchtkraft zu erhalten. Hab Dank dafür, den Dank des Gedichtes
selbst, das nun schon daran ist, das ihm zugehörige Leben zu
erhalten. Viel äußere, technische Sorge hatte ich in diesen Tagen,
gerade heute, auf dem Weg, Dir Freude zu machen. Das darf ich
Dir verrathen, damit Du auch meine Verdüsterung verstehst, die
gleich von Deinem Telegramm verjagt wurde. Ich werde Dir
einmal – noch nicht im Coupé am 19. – erzählen, wie vor dem
Entschluß, Dir zu gefallen, vor dem Willen, Liebe zu immer
höheren Beweisen zu führen, jedes technische Hindernis dahin-
schmilzt. Nur so viel: heute, eine Stunde lang, ist mein Herz
stillgestanden.

Deine beiden Briefe, das heißt: ein Theil davon, hatten es dann nicht vorwärtsgebracht. Dann glückte mir etwas, was ich seit so vielen Tagen, während all der unermeßlichen Arbeit an der Fackel, für Dich dachte. Dann kam Dein Telegramm, und das bewies mir, wie recht ich thue, so durchs Leben zu keuchen. Dieses Beweises hätte es nicht bedurft, aber es war gut, daß er kam, denn meine Nerven hatten mich verlassen, nicht durch Deine Schuld, durch furchtbare äußere Dinge, nur hattest Du mir nicht geholfen. Und wodurch, das Dir zu sagen, zwingt mich die grenzenlose Hochachtung, die ich vor Dir habe; wiewohl die finstere Stunde schon vorüber ist. Sei mir nicht böse. Ich hatte ein wenig das Gefühl, daß ich Dich gestört hatte (»Was will man noch wissen? Ich weiß nie Daten«). Ich habe noch mehr zu thun als Du, aber es ist für Dich. Du hast nicht so viel Freiheit, ich verstehe das, und will mir zureden, mich daran zu gewöhnen. Das ist es nicht. Nur das: bitte, bitte, glaube nicht, daß ich im Fall Th. Deine *Selbständigkeit,* die ich als einen Theil von Dir liebe, antasten wollte. Nur daß Du meine Unerbittlichkeit in diesen Dingen, die sowohl geistiger wie sittlicher Natur sind, gut heißest und daß Du, weil sie Dir *gefällt,* danach lebst. *Nicht,* daß *Du meinen* Maßstab hast – das wäre nicht schön, damit würdest Du mir nicht gefallen, nie haben gefallen können; sondern daß Du Dich von der Kraft, die Dich *bedient,* bedienst. Nicht Beifall für Logisches, Richtiges, Vernünftiges – mehr als das: *Glaube,* Glaube an die scheinbar so persönliche, in Wahrheit tief unpersönliche Überzeugtheit, die aus meinem Rath zu Dir sprechen, nein, auf Dich wirken muß. Dieses scheinbare Sich-Fügen rückt Dich für mich in eine solche Herrlichkeit, daß *ich Dir* ganz unterworfen bin. Wenn aber Deine *Meinung* neben meiner einhergeht, als ob diese nichts anderes wäre als Meinung und eben Gegenmeinung, habe ich ja gar kein *Verlangen,* Dich zu bekehren. Wir disputieren ja nicht, sondern ich liebe Dich, das heißt: ich *diene* Dir mit meinem Denken, Du mußt davon nehmen, und dann bin ich so fanatisch unter Dich gestellt, daß Du mit Deinem Fuß den Kopf, der für Dich denkt, mißhandeln magst – sein Mund wird ihn küssen.

Ich weiß, Du willst es so, Du fühlst, daß alles was sich zwischen uns begibt, einer den Menschen abhanden gekommenen,

uns erreichbaren menschlichen Norm entsprechen muß. Nur
dringt zu Zeiten, für Minuten nur, in Dein *Bewußtsein* etwas,
was sich dagegen wehrt, als gienge es gegen Deine *Natur,* die in
ihren Ansprüchen zu *befestigen* doch der heißeste Wunsch meines Geistes ist, den wieder nur zu Zeiten der Zweifel befiel, ob
seine Kraft dazu ausreichen wird. Aber ich habe dasselbe Recht
auf Deinen Glauben an mich wie Du auf den meinen. Und wenn
ich meinen Athem an eine scheinbar so geringfügige, so niedrige
Sache wende, so verdient das denselben Glauben, den Deine beglückende Empfänglichkeit für jede meiner Gestaltungen, Du
bester Leser, bereit hat, ob nun meine Glut an unserer Wiese
oder an einem Wiener Eckensteher, an Deinem berückenden
Klageton oder an dem gemeinsten Ruf, den die Straße jetzt hat,
Sprache wird. Da kannst Du, *Du,* mir nicht sagen: ».... aber
trotzdem macht Mitleid leicht blind und eigentlich spricht nur
für sie, was jedem Thier auch eigen: Mutterliebe.« Mich macht
nichts blind, nur die Liebe, weil ich dann besser sehe; aber sie
kann mir nicht die Augen nehmen für das, was ich *erkenne,*
wenn die Geliebte *anders* sieht. Jedes Thier hat Mutterliebe;
nicht jeder Mensch. Sollte das Thier nicht also höher stehen als
der Unmensch? Steht Bobby, der trotz allem nur ein Thier ist,
dem Schöpfer nicht näher als der Dr Graf Thun? Wenn Du es
nicht willst, wird die Mutter nicht erfahren, daß Du in ihrem
Sinne – weit entfernt von »dem Sinn, als ob Dir irgend etwas an
ihrer *Ansicht* läge« – auf ihn einzuwirken gesucht hast. Ich werde nur, wenn Du nichts dagegen hast, L. ersuchen: *wenn* einmal
(nach dem Weihnachten zu erwartenden Sermon) die Mutter
Gegentheiliges erwähnen sollte, ihr zu sagen: »nein, *dort* wurde
er gewiß nicht, habe er auch nicht, aufgehetzt, sondern, wie ich
weiß, hat man im Gegentheil beruhigt«.

(Was bedeutet das: ».... an ihrer Ansicht läge, oder zu seinem
Schaden: d.h., daß er geklagt oder *daß er, trotz Allem, nicht u.s.w.)*

Nun, Du sagst, es sei ein *»kranker Schuft«.* Das ist die einzig
treffende Charakteristik. Nun frage ich aber – in einem Brief, der
Dich in größter Eile zeigt, wendest Du doch noch die ganze
zweite Hälfte an die Sorge, daß *er* Janowitz keinen Vorwurf zu
machen habe – nun aber frage ich: kann man wirklich einem

kranken Schuften diese Karte schreiben? Gewiß, sie ist nur
Ausflucht. Aber braucht man denn, *will* man denn das? »*Wie
schade,* daß Sie nicht früher kommen konnten….« »*Wie* schön
ist das Ende des Briefes….« (Anfang, süßer Anfang des an mich
gerichteten.) Nein, ich *will* kein »Wie« mit diesem Scheusal gemeinsam haben! Du schreibst doch nicht, was Du nicht fühlst;
Du suchtest nur eine Ausrede. Ich verstehe es – aber bedenk
doch, was Du – da Du es doch in Wahrheit *nicht* schade findest,
daß er nicht früher gekommen ist – was Du herbeiführst! Diese
Bemerkung, dazu die Wünsche am Schluß: das ist doch das tod-
sichere Stichwort für weiteres Schreiben, nein Sprechen und
Kommen – denn immer werden sich dann doch nicht leicht
Auswege finden lassen. Soll dieser geistige Schmutzhaufe wirklich einmal in der Nähe der Wiese, Bobbys, von Deiner heiligen
Nähe nicht zu sprechen, anzutreffen sein? Soll ein kranker
Schuft in die Lage kommen, einem Malweib und sonstigem Gesindel, dessen Einflußsphäre er rettungslos verfallen ist, auch
wenn er »Sachlichkeit« für die Debatte gelobt und in Bezug auf
die Mutter-Affaire momentan »Recht« gibt, diese indirekte Einladung, unterschrieben Sidi Nadherny, vorzuweisen? Nein, ich
glaube, einen kranken Schuften behandelt man anders. Mitleid
mit dem Kranken, das aber nicht blind machen darf vor dem
Schuften! Wie? Ein solcher hätte noch ein »Recht, über Indiscretion wüthend zu sein«? Der indiskreteste Mensch? Nein, das
macht nichts aus. Und sogar dem Schuften muß man Discretion,
die man ihm *versprochen* hat, halten – aber die er erwarten kann,
auch das genügt. Denn selbst würde man ja sonst schuftig handeln. *Ich* sollte das nicht wissen? *Ich* in den Verdacht kommen,
einen Rath zur *Indiscretion* geben zu können? Mindestens in
den Verdacht der Unüberlegtheit, der Denkschwäche, die *das*
außer acht gelassen hat? Nein, das glaubst Du, vertrauendster,
gütigster aller Freunde, nicht von mir. Das wolltest Du auch
nicht sagen. Aber *ich* will Dir sagen: daß diese Sache mit der
Frage der Discretion nichts zu schaffen hat. Die Discretion, zu
der man dem Schuften gegenüber verpflichtet wäre, wenn man
sich auch darauf nie einlassen sollte, *darf* man dem Kranken,
dem gemeingefährlichen Irrsinnigen nicht *halten.* Er schüttet

über Dich wie über Erzherzoginnen und Malweiber, Architek-
ten, Bettler, Schriftsteller und alle Berufe seinen Kübel von Theorie und ekelhaften Familienschimpf, Du sagst ihm ein nobles
Wort – es kann nicht »indiscret« genannt werden, einer vor dem
Selbstmord stehenden Mutter, die glauben könnte, auch bei Dir
sei die Verleumdung gegen sie angebracht, *befestigt* worden, *das*
zu verrathen. *Mir* schreibt er doch nichts anderes. Ich zögere
keinen Augenblick, es die Mutter wissen zu lassen, auch wissen
zu lassen, daß ich ihn schroff ablehne: bin ich indiscret? Wenn
ich seine Wuth nicht ignorieren wollte, thäte ich's höchstens aus
Mitleid mit ihm, nicht weil ich fürchten müßte, daß er mir einen
Ehrenvorwurf machen könnte. Ein kranker Schuft mag mir ihn
getrost machen! Wenn Deine Auffassung von Indiscretion richtig wäre, wäre *ich* ein Schuft. Du weißt, daß ich es nicht bin. Du
wolltest es auch nicht annähernd sagen, nur mein Fluch, alles zu
Ende denken zu müssen, bringt mich zu dem Gefühl, mich jetzt
selbst beschuldigen zu sollen. Ich töte mich auf der Stelle, wenn
Du, mit mir dies zu Ende denkend, finden könntest, ich hätte in
dieser Sache einen Makel auf mich geladen, noch nicht durch
Handeln, durch bloßes Denken. Hier hast Du einen Brief als
Antwort auf dieses schon ganz irrenhausreife Telegramm. Der
Brief ist aufgesetzt (zwei Tage) ehe der Deine kam. Findest Du,
daß ich dem *Kranken* nicht so begegnen solle, so schicke ich ihn
nicht ab, und ziehe es vor *nicht* zu antworten, auch nicht das
Rücktelegramm zu benützen. Ich würde dann schweigen, und
das schiene mir auch *Deine* beste Antwort. Findest Du, daß ich
schlecht zu handeln im Begriffe bin, so müßte ich verzweifeln.
Wie aber soll ich mich vor der Annäherung dieses Menschen,
die mir, ganz abgesehen von der Verächtlichkeit seiner hem-
mungslosen Moral, eine wahre Tortur ist, schützen? Schreibe ich
ihm *nicht,* so dringt er in die Vorlesung – ich habe nicht die Nerven, einen *solchen* Abend durchzustehen. Ich sage lieber die
Vorlesung ab, sperre mich ein und öffne nicht, wenn er an die
Thüre schlägt. Räumst Du ihm das Recht, das Recht des Voll-
sinnigen, auf Ärger über Indiscretion ein, so habe ich das Recht,
ihn für seine Schmutzereien verantwortlich zu machen und mir
seinen Verkehr durch solche Absage fernzuhalten. Der Schuft

hat den Brief verdient, der Kranke – da habe ich *vielleicht* für ein paar Wochen Ruhe. Du hättest sie auch, wenn Du ebenfalls in Kenntnis der Gemeinheit seiner Zumuthungen an L., ihm absagen wolltest. Aber ich sehe ein, daß *Du* Dich auf dergleichen nicht einlassen kannst; so ist es besser, Du antwortest gar nicht, er vergißt ja sogleich. Dem Telegramm ließ er einen Brief über die Gegenansichten folgen. Bitte sag mir: was glaubst Du, daß das Beste für mich, von meinem Standpunkt aus sei. Aber wie treibe ich mir ihn dann aus dem Gedankenreich Janowitz?

Bitte, *bitte,* schick diese Karte *nicht!* Wenn Du durchaus antworten willst, schick ein Telegramm, dessen Form ja in solchen Fällen die größte Erleichterung ist: »Leider unmöglich wegen Abreise Grüße«, *(nichts* von Schweiz! L. verabredet mit der Mutter, daß man ihn, um die Peinlichkeit der infolge neuester Prager Excesse vielleicht unvermeidlichen Internierung zu vermeiden, in die *französische Schweiz* schickt; er würde sich sofort im Engadin festsetzen!)

In meinem Verlag hat man mir *lachend* das Telegramm telephonisch vorgelesen, fragte mich, ob der Absender irrsinnig sei. Charakteristisch für den Zustand ist der unbeirrbare Glaube, daß der andere auf seine Ideen nicht nur eingehen werde, sondern von vornherein dafür und für nichts anderes gestimmt sei – im Brief *erwartet* er meine Ankunft für die nächsten Tage. – Mein Rath war aus der großen Angst erflossen, ein bevorstehender Skandal könnte den Fall in irgendeinen Zusammenhang mit Janowitz bringen. Natürlich ist es nicht nöthig, daß die Mutter von seinem Brief erfährt. Nur bitte ich Dich *inständigst:* wenn Du ihm das Recht auf Ehrenkonsequenzen einräumst, dann auch die Konsequenz aus seiner Unehrenhaftigkeit zu ziehen, oder mir, *mir* es nicht übelzunehmen, daß ich es thue. *Nichts* werde ich äußerlich unternehmen, was *Du* nicht für gut hältst. Nur bitte, bitte, bitte halte es auch so und sei in der *Auffassung* mit mir einig.

Es *soll* nicht irgendeinmal, irgendwo heißen, zwischen uns und so etwas sei eine geistige Beziehung gewesen. *Unsere,* von mir bis zum echten, schönen, rechtmäßigen und verdienten Wahnsinn, das heißt bis zur Kunst und bis zur Liebe erlebte Freiheit soll himmelweit entfernt bleiben von jedem Mißverständnis, von je-

der Vermischung mit dieser falschesten, niedrigsten, pöbelhafte-
sten, unadeligsten Losgelassenheit, der die vorurtheilsvollste,
beschränkteste, lebloseste Ordnung millionenmal vorzuziehen
ist. Dies mein Glaube, dies meine Sorge. Verstehe mich! Verzeihe mir! Ich hasse mich, weil ich bei so etwas verweilen muß. Ich
liebe Dich, weil Du leichtsinnig bist. Aber noch mehr, weil Du
Stunden hast, wo Du sogar mich verstehen kannst, der sich
selbst so schwer ist. Verstehe dieses Nichtanderskönnen, das
Dir selbst noch den finsteren Augenblick beichten muß, der
doch sofort vor der Sonne Deines gnädigen, hochherzigen Wortes dahinschwand. Denk daran, daß ich, wenn ich das nicht
müßte, auch nicht die Kraft hätte, Dich so anzubeten!

8 Tage »dienstlich« Komotau ist natürlich Lüge – er fährt zur
Rassenkonferenz nach Karlsbad.

[342]   T [Wien, 11.12.1915]   [Janowitz]

Telegramm erhalten ++ Die Sprache selbst möchte danken und
findet keine Worte doch bittet sie nur Anfang und Schluß des
Briefes gelten zu lassen ++ Nicht Mitleid allein macht blind auch
achttägige Schlaflosigkeit die selbst das Richtige falsch anbringt
++ Erst nachträglich läßt sie sehen daß es gar keine Verschieden-
heit der Auffassung gibt und geben kann nur des Handelns und
das ist gut ++ Schlacken aber mögen verziehen werden denn sie
sind ein Beweis für einen Vulkan ++ bessere Beweise wird er
ewig hervorbringen

[343]   B [Wien, 11.-13.12.1915]   [Janowitz]

I   11./12. Dez.
Ich schlafe nicht, sondern klage mich an.

  Hier schenke ich den ersten Entwurf. Willst Du ihn? Diens-
tag abend reise ich Leipzig, *Parkhotel* dorthin gelangt wohl kein
Brief? Ein Telegramm? Oder zwei? 18. abend oder 19. früh –
Züge unbekannt – reise ich ab, um am 19. um 3 Uhr – – –
  Und am 21.: aber dazu habe ich noch kaum etwas zu-
sammengestellt, und habe doch zum ersten Mal Lampenfieber.
Vor Dir.

Dann sehe ich Dich am 24. Dann lange nicht mehr. Wenn Du Dir bis dahin von mir in die Augen sehen ließest, würde ein Epos entstehen. In der Wartezeit.

12. Dez.

Bitte gib mir das Manuskript von »Johannes« zurück. Hier ein ausgebessertes. Ich habe auch hier den Titel Sendung gesetzt, weil »Johannes« vielleicht im *Sinn* irreführen könnte (denn *ich* wäre ja der Johannes, der Vorgesandte) – natürlich nicht *Dich*. Aber es wäre auch in einem Exemplar, das überhaupt kein Auge sieht, ein Kunstfehler. Ist Dir aber der alte Titel unentbehrlich, so werde ich's wieder ändern; denn Dein Auge beseitigt den Kunstfehler.

II   13. Dez.

In einer Entfernung von dieser Sphäre, die so schmerzhaft weit ist wie die der frechen Erde vom stillen Mond sei das Beiliegende und Folgende mitgetheilt, nur weil es nothwendig ist, daß Du auch über den weiteren Verlauf unterrichtet bist.

Gestern habe ich das hier erhalten. Mich entschlossen, so zu antworten, bezw. antworten zu lassen:

G.M.Th.   K.Villa Luginsland
Telephonisch Ihre Urgenz Kraus mitgetheilt. Er läßt sagen, daß er keinerlei Regie führt und Zumuthung bei feststehendem Termin ohne Stück und Besetzung aus 100 Gymnasiasten für scherzhafte Mystifikation halten mußte. Da aber offenbar ernster Vorschlag, antwortet er daß er mit solchen und anderen Projekten nichts zu schaffen habe und damit in keinen wie immer gearteten Zusammenhang oder Debatte kommen möchte.   Verlag

——

Ich glaube, das genügt und erspart den Brief. Ich *muß* mich dagegen schützen, daß er sich irgendwo auf mein geistiges Protektorat berufe. Das ist ja die *einzige* von ihm zu fürchtende Kompromittierung. Seine Urgenz war ein guter Anlaß, besonders, weil er wie ich richtig errathen hatte, in Karlsbad bei der Malerin ist, nicht in Komotau »dienstlich«. Er lügt also wirklich ins Land. Das ist nun sehr gut, weil jetzt die Dame auch etwas davon hat. Die Gespräche, wohl auch über uns, müssen prächtig sein. Ich vergaß zu sagen, daß diese Geistesschwester eine Freundin des

Burschen ist, der als »in Janowitz ein- und ausgehend« seinerzeit von dem andern Burschen genannt wurde (Circustruppe). Der Dr.G.M.Th. ist also in der besten Gesellschaft. Durch unerbittliches Schweigen können wir uns am ehesten vor der Berührung schützen. Denn bald dürften alle jüdischen und intellektuellen Interessen der Prager Gymnasiasten und Kaffeehausbesucher unter gräflichem Schutz stehen.

III   13. Dez.

Ich fahre *Mittwoch* abends Leipzig, Parkhotel. Bis dahin *hoffe* ich auf einen Brief.

Wäre es nicht gut, schon am 20. bei der Polizei (wenn nicht Selčan) Klausel und zugleich Rückfahrts-»Erlaubnis« (damit nicht Zürich) zu holen? oder wenigstens Paß einzureichen, und *ich* würde ihn nach Janowitz mitbringen.

——

Der gute Brief vom 11., den ich heute bekommen habe. Ich sandte das »*Joh.*«-Gedicht wieder, damit man die Änderungen sieht – man gibt es mir im Zug zurück. Oder man schneidet den Titel aus, klebt ihn über »Sendung«, wenn man diesen nicht behalten will. Aber *so* lange arbeitet man doch nicht an einem Christbaum wie ich an – Dir!

Wegen des Arsens telephoniere ich nach dem Arzt. Welche Freude, daß die Augen gut sind! Jetzt darf wieder meine Schrift sündigen! (Es ist infam, daß ich immer wieder so undeutlich schreibe. Aber wenn man wüßte, *wie* ich gehetzt und nervös bin!)

Man bestätigt »*Brief*, Karte, Telegramm«. Da ist doch der *Expressbrief* gemeint, den ich gleich nach dem rek. expr. sandte – oder ist der in Verlust gerathen?

Du, *mehr* kannst Du mir nicht *sein* als Du bist und mir bist. Aber manchmal denke ich: kannst Du nicht mehr für mich thun als Du thust? Hätte ich nicht, als Du zuletzt in Prag warst, Dich zehn Minuten im Hotel Paris sehen können? (Wie gut gienge das, wenn nur *ich* im Hotel wohne.) Oder jetzt – ich könnte nach L. über Prag fahren. Nein, es ist wohl zu spät. Ich habe in L. übrigens nur 1-2 Tage zu thun. Von denen aber hängt alles für uns ab.

zl. Zv. 351/a

Herrn Karl *Kraus*

Lothringerstr. 6 in   Wien IV

wird über das Ansuchen von 13. Dezember 1915

im Einvernehmen mit dem k.und k. Kriegsministerium mitgeteilt, daß
die Ausfuhr von *holländischem Büttenpapier (Druckpapier)*
nach Dänemark ~~von der Beschaffenheit des vor-~~
~~gelegten Muster~~ derzeit keinem Anstande unterliegt.

~~Hievon wird das Zollamt in . . . . verständigt.~~

Vom k.k. Finanzministerium.

Wien, am 12 Dezember 191.

Mühlburg

Karl Kraus

zu 182 | 23 – 2

Beilage zu Nr. 343

Jetzt war ich in diesen Ämtern für *Dich (nicht* wegen Schweiz): Polizei, Kriegsministerium (2 Departments), Censur des Kriegsminist. (2 mal), Staatsanwaltschafts-Censur, *Finanzministerium* (!)*, Ministerium des Äußeren*(!)*,* Papke (ach so, das ist kein Amt) 5 mal u.s.w. u.s.w.

Aufklärung folgt.

Ich fahre 18. abends oder 19. früh (muß nachsehen) von Leipzig weg. Wie spärlich werde ich Dich bis zur Schweiz sehen! Nicht so wie ich will und muß!

Gestern war wieder etwas über die große Verehrung der Kaiserin für den »kleinsten Dichter« zu lesen. Der »größte« liebt nur eine Baronin. Aber wenn es wahr ist, so ist es mehr.

»N. was ist mit D. Reise zur Villa Manin?« – – – – – – – – – – – Da war fast die ganze Zeile noch leer!

Du, es ist doch ein Brief von Dir unterwegs? Du hast doch nicht geglaubt, daß ich schon weg bin? Ich fahre nicht weg, wenn nicht heute einer unterwegs ist! Ich kann Deine Schrift noch schwerer entbehren als Dich! Achte mich für nichts, was ich Dir je gesagt, gethan habe. Aber für das, was ich jetzt *erreiche,* halte mein Andenken in Ehren!

Mir liegt an dem Urtheil keines Lesers der Erde, nur an *einem.* Warum sagt der mir nichts oder so wenig? War er unzufrieden? So finde er wenigstens, daß der Dostojewski sauber korrigiert ist!

M.M. könnte doch statt Olga mitgehen? D.h. am *20.* oder 21. kommen und im Hotel *Triest* wohnen. Was fangen wir nur an, wenn Du *allein* bist – nachher? Wir brauchen Ausreden.

[344]   B [Wien,] 13./14. Dez. [1915] 3 Uhr   [Janowitz]

Ich werfe das jetzt nachts in den Briefkasten vor meinem Hause.

Der Dozent sagt, die Abmagerung habe nichts zu bedeuten, das Arsen sei doch das richtige Mittel, bei dessen *guter* Wirkung – auf das *Blut* –– das Stärkerwerden nur eine Begleiterscheinung sei, die wieder aufhöre, während das Arsen noch lange fortwirke. Er fand es ganz und gar nicht bedenklich, versicherte mir das wiederholt, äußerte aber den Wunsch, die Patientin zu sehen – vielleicht könne er ihr dann ein Mittel geben, das dieselbe Wirkung ohne störende Begleiterscheinungen (Übelkeit) habe.

Wollen wir uns zwei Minuten dafür Zeit nehmen? *Mir* wär's eine große Erleichterung. Doch ich weiß ja, daß man in diesem Punkt *so wenig* an sich denkt, daß man auch an den andern nicht denkt.

———

Das hier habe ich beizulegen vergessen, schicke es nach, weil ich fürchte, daß sonst meine Antwort unverständlich sei. Mündlich über die Mutter etwas nachzutragen.

———

Es ist zu arg. Wenn ich Samstag abends 8'40 von Leipzig wegfahre, kann ich nicht nach Prag gelangen. Sonntag früh abreisend käme ich erst um 5 nachm. dahin.

Ich muß also in Leitmeritz oder Wschetat (?) übernachten, werde dann in Prag gegen 10 Uhr vorm. sein und nach einer event. telegraphischen (oder nach einer rekomm.) Nachricht im *Blauen Stern* fragen. Wenn ich wüßte, daß man in Prag Samstag oder Sonntag früh zu thun hat, führe ich Samstag früh von Leipzig u. wäre in Prag um 5 Uhr. Aber das ist doch sehr unwahrscheinlich (auch weiß ich nicht *ganz* sicher, ob *ich* Freitag abend in Leipzig schon fertig bin) und in Prag fast einen ganzen Tag zu warten, wäre doch zu trostlos. So wird wohl nichts übrig bleiben, als in Leitmeritz oder in dem noch kleineren Nest zu übernachten. Es ist zu dumm, daß von dort nachts kein Anschluß an Prag ist. —— ——

Ich werde etwas gegen mich tun müssen.

Wenn ich immer nur an das eine denke und nie mehr, auch nicht eine Sekunde, an etwas anderes, so wird nie mehr etwas anderes entstehen als immer das, was in der letzten Zeit entstanden ist. Aber das ist ja doch gut, nicht wahr? Jetzt fühle ich aber deutlich die Sendung der »Sendung« – sie ist das gerade Gegentheil von allem, was etwa befürchtet werden konnte oder gemieden werden sollte. Schon durch die besondere *Einstellung dieses* Gedichtes wird es alles andere verklären, nicht nur für uns, sondern sogar für das Außen, das gerade dadurch in seinen selbstverständlichen Vermuthungen wankend gemacht wird. Das Weltgesindel wird sich

noch nie so wenig ausgekannt haben. Denn eine *Vereinigung* dieses Gebets mit dem *andern* Gebet ist ihnen schon in der Figur des
Betenden undenkbar, aber in den Angebeteten völlig unglaubhaft.
Das können überhaupt nur *die* begreifen, die es *erleben* – und ihr
verklärter Zeuge, ihr Trauzeuge. Unauslöschlichen Dank ihm!
Ich bin ihm noch nie so nahe gestanden wie eben in dieser Zeit, ich
sehne mich danach, ihm die *Antwort* zu bringen; ihm zu sagen, wie
sie die Botschaft aufgenommen hat. Ich weiß, daß mich niemand
so versteht wie er. Ich werde es einst gut haben bei ihm. Aber so
lange ich lebe, will ich ihn immer lebendig erhalten. Immer. Und
jetzt, da mir so oft von ihm ein Zeichen kommt, wird mich keine
Macht der Erde davon abhalten können, seine Wünsche an ihr zu
erfüllen, seine Sorge zu leiden und ihm zur Freude alles zu bestellen, was der Erhaltung einer Vollkommenheit dient.

[345]   B [Wien,] 14.12.[1915] Vormittag   [Janowitz]

[I]
Lieben Brief erhalten. Verzeihe die Eile. Weiß nicht, was ich zuerst thun soll. Konnte nicht einmal Programm f. Vorlesung vorbereiten – nach Deutschland nicht mitnehmbar, da es an der
Grenze – viel ärger als Feldkirch – weggenommen würde.

Sollte ich mich in der Beurtheilung der Karte *so* getäuscht haben? Sollte ich, da mein erster Rath (Clausel) sich so gut bewährt
hat – er hätte doch sicher sonst geschrieben –, diesmal dumm
gewesen sein? Vielleicht hat man recht – man schicke die Karte,
nur nicht mit dem: *Wie* schade .... das schien mir denn doch
eher einladend, als ablehnend. Hier ein Brief der Mutter: L. hatte
sich Abschrift von meiner Meinung über den Fall Th. gemacht –
ich hatte alles, was ich darüber dachte, ähnlich wie in Brief an
Dich, aufgeschrieben bezw. ihm diktiert. – Ministerium? Also
noch ein *Amt* zu den vielen! Noch in hundert, wenn man will –
wie aber komme ich nach Leipzig? Für *Hauptsache?* (Morgen
soll ich, abends, fahren.)

                                                              nachm.
Ich war im M.d.I. Von einem schwachsinnigen Hofrath, einem
Polen, mit kriecherischer Höflichkeit empfangen, der mich ¾
Stunden mit seinen Ansichten über den Krieg peinigte, bis der

»Referent« kam. Der Hofrath kehrte zurück mit geheimnisvollem Gerede: er wisse nichts Sicheres – hat die Miß »vielleicht einen Anstand gehabt?« »Liegt nichts vor?« Ich würde ja hören etc. Dann zum Referenten, der sagte: es sei *noch* nicht entschieden – »ein Telegramm an die Baronin als Antwort sei in Vorbereitung« – morgen werde entschieden – Durchlaucht selbst (Hohenlohe) erledige das Gesuch – morgen möge ich kommen. Mir kam die Sache nicht geheuer vor – ich wollte noch einmal zu dem älteren Trottel, der war aber schon weg. Habe aber den Eindruck, daß es *nicht* ganz sicher ist. In diesem Fall müßte man Ende Dezember persönlich mit dem Hohenlohe sprechen. Ich werde morgen depeschieren. Vielleicht wird es doch günstig erledigt und der Hofrath hat nur alles mißverstanden – das ist, wie ich feststellen konnte, ein kompletter Narr, der von den Schreibmaschinmädchen ausgelacht wird. Ich gehe morgen wieder hin – depeschiere – reise ab. Allerinnigst!

[II]   14./12. ½26

Ich komme nach Hause, finde rek. Brief u. Karte. Ich fliege zum Telephon – vielleicht geht noch bis 6 Uhr *Wottitz 15* dann schnell, um das Unwichtige zu erledigen, der Spezialitäten-Trafik wegen Charley telephoniert. Sie wird per Nachnahme senden. Trafiken haben *nichts* mehr, daher nicht durch meinen Verlag – bitte das Ch. zu sagen. (Nach dem 1.1. soll's überhaupt nichts mehr zu rauchen geben.)

Verzeih. Ich sehe nichts vor Hast. Nun *Deine große Sorge!* Armer Rilke. Ärmere Sidi! Ja was soll ich denn thun? Ich wollte Dir teleph., ob ich Leipzig *um 1 Tag verkürzend,* durch Prag soll. Morgen, Mittwoch abends nach Prag, Dich früh in Prag treffend – oder wenn Du willst, in Wottitz-Weselka, wenn Du zeitlich fährst.

Thun läßt sich so *wenig. Schreiben* gar nichts darüber. Was soll ich heute sagen? Soll ich Leipzig, Vorlesung, Weihnachten aufgeben – alles, um Dir zunächst in dieser Sache beizustehen?

Dein Brief kam mit verdächtig *fast* erbrochenem Siegel.

Bitte schreib nichts nach Deutschland —— Hingehen?

Konsulats-Geschichten —— *Leibesvisitation* an der Grenze und wo treffen? Dann kämst Du ja gar nicht zur Vorlesung!!

Es ist alles so entsetzlich.

Der Freund von J. hat *recht.* Es kreuzt sich zu viel. Wenn der Hofrath S. – ein einflußreicher Esel – sich verwendet, ist's genug. Wir berathen am 19. alles. Der Leiter der Bude, in die ihn jener Hofrath bringen will, ist doch der *alte General, den Du kennst,* wie heißt er.

Depeschiere mir. Eventuell nach Leipzig, ob ich schon am *18.* statt am 19. Dich sehen soll. d.h., wenn Du mich nicht *morgen* nach Prag kommen läßt.

Jetzt sehe ich, daß Dich diese Affaire schon all die Tage bedrückt haben muß. Warum hast Du *mir nichts gesagt*? Warum jetzt in der letzten Minute, wo ich *alles* aufgeben müßte, um mit Dir zu berathen. Ich *darf* es nicht. Aber Durchfahrt in Prag – willst Du? Du thust mir so leid! Das Wohnen in T. wäre doch entsetzlich. Sollst Du das? Ch. müßte doch heute, am 14., aus Prag gekommen sein. Ich denke, Du telegraphierst mir heute noch.

Wenn ich bis morgen abends nichts weiß, fahre ich nach Leipzig.

Sidi – verzeih mir: aber ich fände es doch besser, sich vom Staat zum Krüppel als zum Schuften machen zu lassen!

Wie sollst Du für R. in T. sorgen? Im entsetzlichen Kasernenmilieu. Wohnt er *in der* Kaserne, so kann man doch gar nicht zu ihm!

Es ist *zu* traurig. Aber das Schlimmste: ich sehe keinen Weg, Dir hier das Praktischeste zu empfehlen. Die »offizielle Literatur« – der Sauer in Prag – wird alles Erreichbare versuchen, das ist sicher. Zu viel Wege gleichzeitig, in flatternder Angst, sind gefährlich. Verzeih mir, bitte, dieses elende Geschmiere. Aber ich breche zusammen. Oder sag mir, daß wir unser Weihnachten aufgeben sollen – dann helfe ich Dir – durch Nachdenken – in der anderen Sache. Wie soll ichs denn vereinigen?! Idem: Schweiz habe ich für mich begraben.

Verzeih, wenn ich *geahnt* hätte, wie bedrückt Du bist, hätte ich Dir in den letzten Tagen doch ganz anders geschrieben – manches muß Dich unangenehm berührt haben.

Aber kann ich denn etwas dafür?

Wenn die Wiener Freunde sich bei dem Schleyer für R. einsetzen, so ist es das Letzte, Äußerste, was gethan werden kann. Hoffentlich hilft es. Ihn zu befreien – nicht in eine Helden-Schreiberei zu bringen.

»*Reklamiert*« kann er *nicht* werden, das ist purer Unsinn. Kein Shakespeare kann reklamiert werden, wohl aber ein Operettensänger.

Wiener Freunde beim Kriegsminister – der Literaturprofessor außerdem: ich glaube, daß man zunächst abwarten müßte. Was ist das Gesellsch. z.F.d.W.*L.u.L.?* Wie solltest Du und Ch. zu so etwas kommen?

Hast Du dort angefragt, wie R. empfiehlt?

In Wien ist jetzt dieselbe Sache mit dem Musiker Schönberg, der genommen wurde. Ich glaube, da läßt sich auch nicht viel anders machen als – was eben der Freund von J. schreibt.

Bitte auch depeschieren, ob ich von Leipzig am 17. abends oder 18. morgen *nach München* soll – wenn Du durchaus nach München willst. Nur müßte ich *19. früh* von München nach Wien.

Ich schicke diesen Brief, nicht ahnend, ob man nicht schon auf dem Weg nach München ist. Also: *wenn* ich morgen ohne Prag nach L. gehe, könnte ich von Leipzig so nach München kommen, daß wir am *19. früh* von M. nach W. fahren.

Anders geht's nicht.

Verzeih, daß ich für Dich nicht den Staat erwürgen kann – ich thäts zu gern. An und für sich und für Dich!

Kein Telephon! Also depeschiere ich so daß früh ankommt.

Diesen Brief, dieses Geschmiere, schick ich, ohne es durchzulesen – ich lauf jetzt zur Post.

Dora hat 2 Hefte bekommen die andern hebe man auf. Ich hatte geglaubt, man wolle 1 an R. schicken – aber das geht wohl jetzt nicht. Die andern – wie man will.

Wenn morgen Minist. noch nicht erledigt, werde ich mit einem Sektionschef wegen der »Pflegerin« sprechen!

Warum R.-Sache nicht früher mitgetheilt – hätte doch vielleicht etwas ausdenken können. Ist das entsetzlich! Auch für unser Weihnachten!

Bitte Leipzig Parkhotel Depesche, ob wir *unser* Weihnachten nicht infolge Deiner Stimmung aufschieben sollen.

Schluß des Briefes hat *gefehlt* (nicht von mir verloren)

[346]　B 14./15.[12.1915]

[1]

Mir ist noch kein Weg eingefallen. Ich glaube, man kann nicht helfen, wenn es der offizielle Mann in Prag nicht kann. Vielleicht finde ich etwas! Sag Du, daß das Äußerste geschehen wird. Auch von mir! Du Arme! Wie gerne riethe, hülfe ich, thäte ich alles. Wie wär's beim Vater des armen Wenzel intervenieren? Der Helferin zuliebe. Denn gegenüber den verschiedenen Fällen selbst muß man sich zur Ohnmacht *verurtheilen.* Thäte man's nicht, wäre der Schmerz über das Nicht-Helfen-Können noch größer. Konnte ich im *Sommer* etwas nützen? Der Ärmste – sicher einer der edelsten Menschen – litt entsetzlich, damals, und jetzt, in einer Woche, geht er von Tirol in den Schützengraben. R. wird bloß die Pein des veränderten *Lebens* haben – nichts weiter – das ist absolut sicher, da kann man ganz beruhigt sein. Jenes ist grauenhaft genug, und er thut mir so leid! Aber, Verzeihung, mit dem Auswurf in einer *Heldenbeschreibungsanstalt* sitzen – das ist schlimmer. Das hat F. abgelehnt. Wenn's *mich* träfe (warum nicht, der Krieg wird noch lange dauern!): Glaubt man, ich zöge nicht die letzte körperliche Erniedrigung dieser geistigen vor? Was sollen wir thun als weiter so zu leben versuchen wie bis jetzt: Um das *Gefühl* den Panzer – sonst ist's gleich besser zu *sterben*! Hilfe gibt's nicht. Wollen wir *ihnen Mitgefühl* zeigen, gut: so opfern wir uns vor ihren Augen! *Anderes gibt's nicht.* Ich habe so viele gute Menschen: das heißt *alle* die *wenigen,* die ich kannte, in dem so furchtbar veränderten Leben stehen, wenn sie nicht tot sind. Ich habe ihnen nicht helfen können und weiß, daß *auch mir nicht zu helfen wäre. Wir* haben ein Recht zu diesem; was ich Dir sagen will (auch den Allernächsten gegenüber): ziehe ich mich, ziehen *wir* uns in den Zustand zurück, den die Bestien »Egoismus« nennen, so thun wir wahrhaftig *mehr* für den Menschheitsgedanken als die fühlenden Bestien. Mir ist durch den Schmerz, Dich leiden zu sehen*, viel gestört: *so* egoistisch bin ich. Ich kann mir Dich doch nicht in dem erbärmlichen Nest vorstellen, Dich in Schmerz und Hilflosigkeit herunterbringend. Es quält mich. Es wäre besser, *ich dürfte* vor aller Welt in W.-W. zum Fenster heraus-schauen. Die allerekelhafteste Welt, um die Du Dich mit heiligem Recht nicht kümmerst, wird Deinen Edelmuth mißdeuten. (Wenn Du's thun willst, dürfte *ich* Dir nicht beistehn, oder, besser, sollte es Ch. nicht thun? Was fängst Du dort an – 1 Stunde im Tag wirst Du mit ihm sprechen können. Der zu dem *Milieu gehörige* Hotelpöbel! Bistritz! *Du* – in solcher Umgebung!)

Besser, Du hältst Dich auf der Fahrt nach St. Moritz ein paar Tage in *München* auf (1.- 3.Jänner etwa).

Ich bin egoistisch wie ein Liebender —— *verachte* mich da-für! Aber nein, Du liebst mich dafür! Du mußt! Ich lebe in einer tausendmal grauenhafteren Hölle als die ist, in welche R. hinein-geräth. Ich meine nicht das Leben, ich meine mich. Ich meine: die Fähigkeit, jetzt zu empfinden, daß mir etwas, das ich zitternd in Händen halte, *doch,* trotz allem, beschädigt wird. Ich tauge nicht zum Glück. Verhärte Dich – sonst gehst Du *uns* verloren. Du »denkst an *nichts anderes* mehr«? Soll ich also —— an anderes denken?

15. Vorm.

Nein, es ist nicht wahr. Und darum ist, was ich da schreibe, auch nicht wahr. Wahr kann nur sein, was in diesem Brief heute steht: »*Wie* freue ich mich, wie schlägt mein Herz, wenn es an den 19. denkt! Ewig.«

Nur das kann und darf wahr sein. Und R. werde *ich zu helfen versuchen.* Werde, nach Wien zurückgekehrt, alles aufbieten! Ich laufe jetzt – ½ 4 Uhr nachts – zum Telegraphenamt, um Dir Nachricht zu geben.

Ich will *alles* thun, was ich kann – ich schwöre es Dir!

Hättest Du mir zwei Tage früher es geschrieben! – Aber so-bald die Vorlesung zu Ende ist!

Alles, *Dir zu Liebe*!

* das ist mehr als der ganze Weltkrieg. Davon hängt viel mehr ab!

Gelingts *nicht – darfst* Du nicht mehr traurig sein. Ich will's zu meiner eigenen Sache machen; nein *mehr:* zu Deiner!

[II]   *15./12. 5 Uhr*
Nicht mehr Zeit durchzulesen 7 Uhr

Bitte um die Große Güte: das hier *bestimmt* Sonntag mitzubringen. Ich kann es nicht über die Grenze nehmen – es würde *vielleicht* weggenommen werden (zur Überprüfung). Konnte nicht mehr vorbereiten und muß das Sonntag im Zug machen. Man wird mir helfen? *Jedenfalls bitte* mitbringen – Wottitz oder Prag oder Wschetat – Turnau – Tango Donnerstag ich verstehe das Telegr. nicht. Hier ist es (bitte zurück, gelegentlich). *Jetzt erst,* ¾ 5 erhalten. Ich versuche zu *telephonieren, dringend*! Ministerium: 2 Uhr dort gewesen – noch nicht erledigt. ½ 5 Uhr teleph. noch nicht (von Hohenlohe) erledigt. Man glaubt: *ja,* aber *vielleicht* nur die *Hinfahrt.* (Dann hat man ja doch Zeit). Ich that das Erdenklichstes [!], bestürmte den Menschen.

Ich behalte also den Schlafplatz heute Wien – Tetschen und fahre *nicht* Prag.

Dank für l. Expressbrief, der schon früh gekommen ist. Hat man *meinen,* den ich *nachts* aufgab, erhalten? Man bestätigt nichts. Ich bin sehr besorgt wegen Verlustes. Der heute gekommene hatte das Siegel nicht mehr.

Jetzt fällt soeben etwas in den Kasten.

Vom 14. etwas unendlich Liebes. Wahrscheinlich vor dem Eilbrief aufgegeben. Und um 5 hatte man wohl 2 von mir? (Der Eilbrief* ist wohl die Antwort.) Olgas Ecksitz – aber ich habe schon die *2 No. 3, 4.* Kann nicht mehr zur Verkaufsstelle. Wie soll ich das machen? Müssen es drauf ankommen lassen, daß *Montag* No. 1, 2 noch vorhanden.

Werde versuchen, zu teleph. – was aber sehr, sehr schwer ist. Keine Sekunde Zeit auch. Diese ganze Olga ärgert mich schon. Wenn ich also von L. *nicht* Abreise depeschiere, so heißt das, daß ich Samstag abend, jedenfalls circa 8 Uhr (8'40?) von dort

---

* Wie kam der noch mit? Und war schon *früh* da!

nach Leitmeritz fahre. (Samstag/Sonntag). Also *jedenfalls* Sonntag Wien *(muß* Sonntag abend Wien sein) Wegen Tango erfahre ich wohl noch alles in Leipzig. Ist das eine Station oder der Tanz, irgendeine Anspielung? *Donnerstag* heißt wohl Sonntag?

Wozu diese Abrackerei mit Turnau Sonntag? Ich bin ja mit allergrößter Liebe dabei. Aber man fährt dann *den ganzen Tag* und wird abends totmüde sein!

Mysterien? Ministerien? Es sind *Mysterien* des *Kriegs* und des *Innern.*

Wegen Schweiz: mündlich. Da hängt *viel von Dir* ab. Und die Hindernisse sind so groß.

Alles mündlich. Der heutige Eilbrief bringt mich freilich wieder zum Leben.

München soll *momentan* unmöglich sein: an der Grenze *Leibesvisitation,* viel ärger als Feldkirch.

¾ 6

Das Telephon!!!

Alles aufgeklärt! *Und die Stimme!*

Warum willst Du, Häßliche – ich habe Dich ja jetzt nur *gehört* – Dich nicht morgen in Prag von mir sehen lassen, um mich davon zu überzeugen, daß Du schön bist? Adieu! Ich muß noch zum Schlafwagenbureau laufen, es sind nur noch 5 Minuten Zeit, das 2. Billet zurückzugeben.

¼ 7

Ich muß von Leipzig (Samstag) ¾ 7 Uhr abends schon weg, sagt der Mensch.

Ich habe Dich doch nicht beim Telephon in Verlegenheit gebracht? Was sollte ich denn anderes machen? *Telegraphieren* konnte ich da nichts, Du schriebst: *Donnerstag!!* Verzeih die Quälerei mit Fragen nach Briefen – ich bin aber zumal jetzt, wegen der lädierten oder ganz verschwundenen Siegel, 2 mal, sehr besorgt.

Wegen R. alles, was ich *kann!* Sollte Ch. nicht mit dem Vater des armen Wenzel sprechen? Soll ich das thun? Ich werde mich bei einem hohen Offizier erkundigen, welchen Weg ich machen könnte.

Olga – lassen wir die Karten, wie sie sind! Ich kann doch – ohne es *sehr* auffällig zu machen – kaum *zu* Dir lesen, wenn Du ganz im Eck sitzest. Nicht wahr? Das ist doch wichtiger als die Olga als ganze und ihr Dabeisein. Schließlich ist, wenn *Du* nur willst —— alles egal!

Du, was ist das? Wie überströmend gut bist Du. Jetzt gerade kommt Dein *zweites* Telegramm (ich habe teleph. das erste, das *über* 5 Stunden (»dringend«!) ging, beantwortet – das zweite hatte ich noch nicht, das ist, wiewohl nicht dringend, viel schneller gegangen. Also was ist das mit Dir. In den letzten Tagen mußt Du sehr, sehr gelitten haben. Und ich wußte nichts.

Bitte bring mir alles, auch die lieben Telegramme in den *Zug* d. h. nach Wschetat! Der noch teurer gewordene *Name*? *Ich*? Und Theurer – wie anständig von der Telegraphenverwaltung!

Der Expressbrief – den hatte ich schon früh! Das Billet um 5.

Ich *sagte* im Ministerium: das wichtigste sei Hinfahrt – wenn uns das sichergestellt würde – (damit nicht in Bausch und Bogen abgelehnt wird).

Es hängt *nur* von Hohenlohe ab!

Wie unendlich lieb, mir das vor der Reise zu schicken!

Mein Geschmiere gestern und heute – bitte zerreißen, ehe es den Augen weh thun soll. Wichtig sind nur Deine Briefe!

Schweiz —— alles, was Du willst. Aber – ich will Dir das erklären – es ist nicht nur ein Glück, sondern auch ein Opfer. Ganz entsetzliche Hindernisse stehn da – wegen der *Arbeit* nämlich. Mitnehmbar ist nichts, dort keine Arbeit möglich. Aber sag mir, ich sei ein Privatmann und hätte nichts zu thun als Dir überall hin zu folgen. Dann geschieht es, und staatliche Hindernisse könnte es in *dem* Fall nicht geben.

Verzeih, wiederholt bitte ich, dieses Gehudel. Aber ich bin so erschöpft von Arbeit für Dich. Und in dieser störst Du mich, so daß ich nie weiß: was soll ich früher thun: Dir gefällig sein oder Dir *dienen*? Ich will, immer, beides thun und noch viel mehr!

[347]   T [Wien, 15.12.1915]   [Janowitz]

Muß heute Leipzig ++ könnte aber wenn Berathung über traurige
Sache Maria erwünscht morgen früh halb sechs bis drei Prag
sein was für gut hielte oder wenn besser paßt statt dessen schon
18 Böhmen zurückkehren oder bitte mitteilen ob 19 früh München Wien fahret ++ Momentan München nicht empfehle ++ dort
Aufenthalt auf Reise zu Manin und statt trostloser hilfloser Anwesenheit in dem geplanten Orte mit langem Aufschub und
umso schmerzlicher ++ jedenfalls herzlich gern bereit für Beistand einen Tag Hinfahrt oder Rückfahrt von Leipzig Notwendigkeit zu opfern deren Sinn unverrückbar über jetzt tiefbe-
greiflicher Bewegtheit steht ++ außer man verzichtet und weitere
Bereitschaft für nächste Tage ++ sonst muß heute Leipzig oder
Prag. Viele Grüße auch Charlie May-May ++ rathe Prag und Sylvester München ++ bis dahin gewinne vielleicht selbst Zeit ++ Du
zu O [unleserlich] werktätiger[?] Hilfe für Arme.

[348]   Briefkarte [Wien,] Postamt 15.12.[1915] ¾ 8   [Janowitz]

bitte mein langes Telegr. mitzubringen. Ich vermuthe, daß im
Text stand: »Außer *Name* verzichtet« Ich hatte geschrieben »Außer *man* verzichtet« (nicht *Name*) Ich meinte: *Freude.* Namen ist
wertlos. Oder hat die liebe Antwort nichts damit zu thun? ——
Mußte auf der Post das Kuvert aufreißen, anderes kaufen (war
zu schwer) letzte *Fackel herausgenommen* – bitte *mitbringen!*
Siegel von Postdiener.
    Bitte bestimmt 1 letzte Fackel mitbringen – fehlt jetzt im Ma-
terial

[349]   T [Leipzig, 16.12.1915]   [Janowitz]

Herzlich einverstanden ++ Dank ++ alles gut hier ++ schönste
Weihnachten.

[350]   T [Wien, 27.12.1915]   [Janowitz]

Nichts vorgefunden deshalb gleich telephoniert ++ erhält heute
erst Gewünschtes ++ Erfährt morgen weiteres nachmittags. ++
Anruf verabredet ++ viele Grüße an alle.

[351]   T [Wien, 28.12.1915]   [Janowitz]

Dank Eilbrief ++ Vorschlag doch hindernisvoll ++ besser Wien
oder Innsbruck wenn nicht erste Idee ++ ab Neujahr keine Veränderung ++ dagegen Fahrt zu Otto kaum möglich ++ Maria son-
derbarerweise immer nur telefonisch sprechbar ++ Gewünschtes
noch nicht ++ bleibt Wien ++ ich vorderhand noch keine beruf-
liche Möglichkeit ++ heute letzter Weg Bobby wird von Tier-
schutz Bahnhof empfangen.

[352] T [München, 3.1.1916]   [St. Moritz]

Ich gegenteilige Erfahrungen ++ Route erst morgen bestimmbar ++
spreche mit lieben Freunden viel von Janowitz ++ geplantes Telegramm für gesegnete Ankunft war nicht absendbar

Karl Kraus

[353] T [Lindau, 4.1.1916]   [St. Moritz]

Muß Lindau übernachten ++ morgen nachmittag Zürich Cityho-
tel ++ grüße Manin ++ Kraus

[354] T [Chur, 6.1.1916]   [St. Moritz]

Frau Baronin vermissen es? ++ So wird es sieben dort sein

Kraus

[355] K Samaden 10.II.[1916] ½ 6 Uhr Hotel Bernina   [St. Moritz]

Treues Gedenken den Lieben in der Heimath und Gruß aus
weiter Ferne!

K.

[356] T [Zürich, 2.3.1916]   [St. Moritz]

Schnee möge sich bald setzen um edelstes Ski [zu] tragen ++
Schmerzlichste Grüße aus tristerer Gegend auch an Maymay
und Bobby in unerschöpflicher Dankbarkeit ++ Karl Kraus

[357] T [Frankfurt/Main, 4.3.1916]   [St. Moritz]

Schwierig aber gut angekommen ++ Innigste Grüße auch armer
Maymay ++ Karl Kraus

[358] T [Frankfurt/Main, 6.3.1916]   [St. Moritz]

Daß ich das nicht erleben durfte ++ Herzlichst

Karl Kraus

[359]   T [München, 7.3.1916]   [St. Moritz]

Der Preisgewinnerin entbieten Glückwunsch und Grüße

Dora ++ Didi ++ Karl Kraus

[360]   B [München, Hotel Leinfelder,] 7.III.[1916] ½ 8   [St. Moritz]

Frankfurt: Sonntag ½ 2 Uhr nach Oberursel, wo man mich nicht
wegließ – ich mußte übernachten. Telephonisch erfuhr ich Montag nachm., daß am Abend vorher die Siegesdepesche eingelangt
war (die mir vorgelesen wurde). Jetzt verstand ich das 2 mal Ski
am Samstag (Trainieren). Hoffentlich Nachricht in Wien, wie
alles gekommen und daß es *plötzlich* gekommen (denn ich will
nicht glauben, daß man es schon vor meiner Abreise gewußt hat,
sonst wäre ich doch geblieben.) In Oberursel sehr lieb. Sonntag
abend wurde, mit Gästen, Musik gemacht: Schubert und Schu-
mann. Zum Schluß getrübt durch die Nachricht, daß ein Freund
Otto's im Krieg gefallen. Frau O. fuhr mit mir Montag abend
Frankfurt, zur Witwe.

Heute früh angekommen. D. und D. im Continental bei Tisch
überrascht. Es war zu nett. Dann telegraphiert. Heute abend
speisen wir wieder zusammen. Morgen mittag fahre ich nach
Wien. Im Hôtel wieder den dicken weißen Mann der schwarzen
Frau aus St.M. getroffen. Nachts mit dem Verfasser der Kierke-
gaard-Schrift Rendezvous, den soeben gesprochen habe. In
größter Eile allerherzlichst K.

Dank Engadin-Express – Dora gegeben.

Grenze war nicht ganz so schwer wie früher, nur umständlich
wegen Cigaretten und 3 mal Untersuchung. Für Maymay und
Bobby alles Gute. Wie war Morteratsch?

[361]   T [München, 8.3.1916]   [St. Moritz]

Reise jetzt Wien ++ Herzlichst ++

Karl Kraus

[362]   T [Wien, 9.3.1916]   [St. Moritz]

Münchner nachtelegraphiertes und anderes Telegramm nach erstem wiener noch dankbar empfangen ++ viel Lobpreisung Buches

vorgefunden die zurückfällt an Preisgewinnerin welche auch hier
den ersten verdient hat ++ Wichtigstes Stück im Buch ist nun Abschied u. Wiederkehr ++ noch wichtiger glückliches Ski dazu
herzlichste Wünsche.

[363] K [Wien,] 9.III.[1916] ½ 2 Uhr nachm.   [St. Moritz]

In größter Hast nur dieser allerherzlichste Gruß an das in der
Entfernung riesenhafte Manin sur aus der Wiener Winzigkeit.
Ich habe soeben ein Telegramm geschickt. Hieß muß den Fall
erst untersuchen und wird noch heute berichterstatten. An
Charlie werde ich hoffentlich heute noch schreiben können.
Dora habe ich gestern, 20 Min. vor der Abreise, telephonisch
gesprochen. Das liebe, erwartete Telegramm ließ ich nachsenden;
heute mit den andern bekommen, d.h. 7 Uhr und 8 Uhr früh.
Ich war also sehr früh schon wieder im Engadin. Die dort entstandenen Verse und anderes wird mir *nachgesandt.* Nichts
konnte mitgenommen werden. Ich kann nur sagen: für Ch.
wäre das *nichts.* Es war von allen Abenteuern dieser Art bisher
das *entsetzlichste.* Allerbeste Wünsche für jede künftige Freude
auf Ski und Eis und die schönsten Grüße auch an Maymay und
Bobby.

Charlie hat die Sendung *theilen* müssen.

Bobby!

[364] B [Wien,] 9./10. März [1916]   [St. Moritz]

Die schönsten Grüße an alles, was in Manin sur ist und an dem
nichts unvorstellbar ist als die Entfernung davon.

Nachzutragen, daß Dora schon die Verbindung mit der Bild-
hauerin – die sich telephonisch gemeldet hat – angeknüpft hatte,
mein Rath also zu spät kam. Sie, D., schien aber ohnedies kein
Verlangen nach einer Intimität zu haben.

Was Maria anlangt, so habe ich heute erfahren, daß sie in dem
Haus, wo sie zuerst eingetreten ist, sehr schlecht behandelt wurde. Leider ist aber nunmehr die zweite gefürchtete, von uns noch
mehr gefürchtete Eventualität eingetreten: die Erniedrigung
durch einen Dienst, der leibliches Wohlergehen mit geistigem
und moralischem Schaden rächt. Sie muß thatsächlich all den Zu-

muthungen gerecht werden, die dort gang und gebe sind und die ich damals, in den Tagen der großen Sorge, beschrieben habe. Daß sie's können kann, ist kaum ausdenkbar. Armes Mädel!

Noch wäre zu berichten, daß eine Verbindung der Häuser Taxis und Schwarzwald zustande gekommen ist. War das nicht naturnothwendig? (Auch Marias mit Sch.) Noch von anderen Mischungen habe ich – durch L. – vernommen. Die Zeit wird täglich größer. Heute waren Frau R. und Schwester bei mir, die schon sehr besorgt um mich gewesen waren. Ich habe Photographien zeigen müssen, die entzückt haben.

Im Briefkasten habe ich eine Hutnadel und eine angebrannte Cigarette vorgefunden.

Die Auto-Affaire ist thatsächlich bereits in Ordnung gebracht.

Heute hat sich herausgestellt, daß es viel besser ist oder gewesen wäre, Geld immer durch die Post (als durch die Bank) kommen zu lassen.

Tausenderlei Erledigungen, ehe die eigentliche Arbeit beginnen kann.

An Charlie geschrieben, rekomm.; auch das Kursbuch schicken lassen, das ja nicht nach St.M. geschickt werden kann. Oder geht das? Dann würde ich ein zweites senden. Hat man sonst Wünsche?

Bis wie viel Uhr wird jetzt Eisgelaufen? Wenn der Sommer kommt, wird man's noch spät am Abend können. Nur die Ski-Verhältnisse sollen dann etwas ungünstiger sein.

Ich warte noch immer auf die Enthüllung über das Preisfahren und auf die Mittheilung vieler viel kleinerer Dinge, die dort wichtig sind und deren Bericht das Losreißen weniger schmerzlich macht. Die Erscheinung des »Weißhaarigen«, ja sogar seiner Gefährtin selbst wäre eine Fata morgana in der nun hereingebrochenen Wüste. Wenn dieser Dunstkreis wüßte, welcher Verklärung er fähig ist!

Alle guten Wünschen, auch für Maymay und Bobby, der soeben im Traum furchtbare Kämpfe und Abentheuer besteht. Der letzte Phantast dieser Welt!

Gestern Karte aus Morteratsch und die zweite vom 5.III. gleichzeitig, heute die vom 6. abends und vom 7. Unendlichen Dank
für diese liebe und hoffentlich nicht wieder nur begonnene Art,
mich die Tage von Manin sur fortsetzen zu lassen. Nochmals
herzliche Gratulation zum Preis! Kam der ins Haus geflogen?
Die Cig. sollte man weiter bestellen. Ich mußte 1 500 (andere) in
Salzburg lassen, d.h. nach München an Haecker (Kierkegaard)
senden. Wird nun die Palace-Welt (da man doch dort nicht
abends übt) am Grammophon theilnehmen dürfen? Was macht
der liebe Werkelmann? Ich tief in Arbeit, leider auch in allerlei
Ärgernissen und Sorge. – Die hellblaue Scherpe sehe ich vor
mir. Sie ist wohl willkommener als die rothe, die man in Wien
einst an einem Vormittag trug? Das mit Maria (die mich nächstens angeblich im Café I. aufsuchen wird) soll doch nicht wahr
sein. Es gieng ihr im Gegentheil, so heißt es, früher sehr gut und
jetzt sehne sie sich gar zurück. Maria verkehrt bei Frau Sch. Und
was es da überhaupt an Melangen geben soll! Bis zu Eheprojek-
ten! Wenn ich von diesen Greueln höre, so höre ich auf, eine gewisse Aversion zu bedauern und sie beginnt mir zu *imponieren.*
Was sie eigentlich immer schon that. Und überhaupt – ich lebe
wieder einmal nach der Vertreibung aus dem Paradies (um so
schmerzlicher diese, als sie ja nur Selbstverbannung war). Um das
Obengesagte doch schon jetzt zu illustrieren: heute war die Mutter des Biologen, nicht zum erstenmal, bei der Sch., mit einem
Troß junger Damen. Die Welt ist auf den Kopf gestellt, den sie
nicht hatte. Vom Biologen selbst wartete schon lange ein langer,
ganz toller Brief auf mich, den ich nicht beantworten werde. Wie
freue ich mich auf die künftigen Berichte über das Tagewerk, das
so lieb zwischen Ski und Eis abrollt. Heute die in Salzburg zurück-
gelassene Post, Schriften etc. erhalten. (Die Bücher etc. waren
vorausgeschickt worden.) Das Gedicht ist also angekommen.
Aber, ach, der kleine Kalender ist weg. Natürlich werde ich diese
Wert*h*sache reklamieren. Sollte er's diesmal wirklich nicht überlebt haben? Wenn Eisfiguren die Weltthaten begleiten, so gibt
es jetzt auch Verluste. Mit mehr Recht als Ch. spreche ich von
den »Vermögenswerthen«. Es war wirklich traurig, das kleine

Ding nicht zu sehen. Was macht mein Bobby? Liegen die Shake-
speare-Bändchen noch dort? Links von mir sind Bilder.

Der kleine Biograph heute tief erschüttert von Dramen Sze-
nen. Ich sah mich dabei in einem gewissen Bibliothek-Zimmer.

Nachtrag Sonntag: während ich noch schlief, war Maria da
und hinterließ ein paar Zeilen, wohnt noch Hietzing. Innigst.

[366]   K [Wien,] 12. März[19]16   [St. Moritz]

Liebes Telegramm, wohl die Antwort auf mein gestriges, vorgefunden. 17.? Ja, da man immer vom Abend des 17. *März* gesprochen hatte und ich auch öfter berichtigend vom 17. April
Erwähnung that, so dachte ich, daß man es verstehen werde.
Natürlich der *Abend, 17. April*! Wie schade, daß der Brief mit
der Hamburger Beilage nicht angekommen ist. Ich werde zu reklamieren versuchen. Aber zwischen 24. und 28. muß *auch* eine
Karte liegen.* (Ich antworte hiemit schon auf die l. Karte vom 8.,
die soeben in den Kasten fiel). Mein gestriges Telegramm erfolgte auf die Mittheilung, daß man ev. schon abreisen wolle, heute
erfahre ich das Vorhaben wegen May Mays Geburtstag. Also
ich werde das Erdenkliche versuchen. Wenn nicht, würde ich
etwa am 8. oder 9. entgegenkommen und den Abend für den 12.
ansetzen.

Innigsten Dank und die allerbesten Grüße, auch an die beiden
Boten des Frühlings, die unter dem Fenster ihre Aufwartung
gemacht haben!

* Auch zwischen dem 28. und 1. eine oder zwei.

[367]   T [Wien, 14.3.1916]   [St. Moritz]

Tief beglückt nachts gefundenes Telegramm heutigen Brief Karte
Zeitung ++ habe natürlich oft geschrieben ++ Herzensgruß allem
was augenblicklich im Salon sitzt und liegt

[368]   B [Wien,] 14.3.[1916] nachm.   [St. Moritz]

Also: vorgestern und gestern glaubte ich, da nachrichtlos, es sei
zwei Tage lang nicht geschrieben worden, und verlor die Arbeitslust. Nachts auf dem Weg nachhause: »Ja, solche Wunder

geschehen eben nicht, daß aus so weiter Ferne diese (ganze dumme) Stimmung errathen wird und ein Telegramm im Briefkasten liegt.« Wirklich, das dachte ich. Ich öffne und sehe das Telegramm. Nun war wieder Leben. Und heute: drei Sendungen auf einmal. (Das ist offenbar jetzt immer so.) Der liebe Brief! Und man hat wirklich täglich geschrieben! Natürlich ist Wien unvorstellbar. Ich wollte, es wäre mir bloß vorstellbar; und das ist es nicht einmal an Ort und Stelle! Ganz so aber, wie man es sagt, ist das *Vorgestellte.* Und ganz theile ich die Hoffnung. Aber – nach den Erfahrungen, die Ch. machen mußte? (Er schreibt, daß er nach Wien kommen werde, ich habe telegr. geantwortet.) Vielleicht ist die Nothwendigkeit, M-M. mit Schneebrillen und auf Schneereifen zu sehen, plausibel genug. Jedenfalls ist es schwer wegen Miethe zu rathen, wenn sie nicht ohne Rücksicht auf meine Möglichkeit abgeschlossen werden soll. »Im Sommer manchmal« (abgesehen davon, daß die Auto-Licenz bis dahin kaum gegeben sein dürfte): das hieße doch wohl, wenn mir's Ende April möglich würde, dann zu *bleiben.* Man muß von *sich* aus entscheiden. Daß ich um der geringsten Aussicht willen an der Erfüllung mitzuwirken bereit bin, versteht sich von selbst. Nur glaube ich, daß es richtig wäre, es für sich zu überlegen, auch von dem Fall M.-M. abhängig zu machen. Muß es denn gleich entschieden werden? Ich thue mit schon um der Idee willen. (Aber gibt es nicht auch einen Sommer in J.?) – Die Zeitung war in einem Kuvert mit 25 ct. Bitte: war Geschriebenes beigelegen? (Weil sonst 5 cm genügt hätten; ich sage das um zu erfahren, ob nicht liebe Zeilen verloren sind, im andern Fall zu erinnern, daß es sich um einen Verlust von 1/25 Cap. oder 1/40 Br. M. handelt. Sonst bin ich ja nicht für Sparsamkeit, aber jetzt rechne ich alles in dieser Währung). Maria hat sich sehr über den »… Teufel! Das ist ein Teufel!« von M.-M. gefreut. Übrigens: Man schrieb: »Armer Teufel!« Und ich gleichzeitig (vor ein paar Tagen): »Armes Mädel!« Maria hat eine verschollene Schrift von mir (vor 19 Jahren) um viel Geld bei einem Antiquar aufgestöbert, wie sie mir erzählte. Sie gieng damals in die Victorgasse. Ist *das* nicht der *schwerste* aller Dienste? Dora saß so lieb da mit Didi, bei Tisch, als ich sie überraschte. Didi gefällt mir ausnehmend gut. Wir giengen damals zum Amt zwecks gemeinsamer Anmeldung. Abends speisten wir wieder zusammen im »Continental«. Es gibt kaum ein Detail in Manin sur, das ich nicht berichten mußte. Dora hat die Schriftstellerin Kolb kennen gelernt, die – Bericht Rays und nun meine Lektüre – einen argen Stumpfsinn über mich geschrieben hat, halb respektvoll, halb frech. Hoffentlich geräth Dora nicht in »Kunstkreise«: Maria hatte ihr die Kolb geschickt. Ich bin gegen alle solche Mixturen, deren Meister Loos ist, von dem ich neulich zu Maria sagte, er sei so schwerhörig, daß er nichts sieht, und daher komme diese ganze Verbinderei. Er selbst ist natürlich viel besser als alles was er thut. Ich will immer den Weltmisthaufen in der alten Ordnung, ohne neues Durcheinander, damit er sich leichter als Ganzes beseitigen lasse. Ski-Klub – das ist natürlich keine solche Mischung. Aber gewährt es irgendwelche Vortheile? Das Menschliche solcher Gemeinschaft, woran man ja sicher keinen Antheil hat, ist das graue Elend, das plötzlich die weiße Landschaft verschlingt. Dieser Humor! Ich habe den Bericht gelesen. Ski ist ein Ding, das von den Menschen wegführt, und *die* »pflegen die Geselligkeit«. Man wird natürlich nie eine »Klubistin« sein. »Ein kurzer *Hock* im Kronenhof.« Ist der »Papa Fasciati«, der sich um die »gründliche Restaurierung verdient gemacht« hat, der Arzt unseres Bobby? Dann hat er bessere Verdienste. »*Flotte* Lieder«! »Singend und *johlend* zu den *Penaten* zurückkehren«: die Hausgötter der Römer sind zu bedauern, wiewohl ein Pfarrer eine »flotte« Rede hält. Das einzig Versöhnliche – und eben das, was den Kontrast bemerken läßt – ist die Zeile vom dritten Preise mit den 10 Min. 49 Sek. Wenn ich *das* finde, erfrischt mich der Ski-Sport und ich habe Arbeitslust. Wie höre ich diesen Monolog auf weißer Szene! Es ist unglaublich, wieviel Licht und Musik von dort her immer wieder in mein Leben dringt.

Heute telegraphiert, in der Hoffnung, daß es nach dem Souper eintrifft, wenn man mit M.-M. im Salon sitzt und Bobby zuckend liegt.

Das kleine Mädel immer vor Haus und Kaffeehaus, Canovagasse etc., allein oder mit Freundin.

[369]   T [Wien, 15.3.1916]   [St. Moritz]

Täglich geschrieben ++ neunten zehnten Charlies Geld abgesandt ++ Gestern Telegramm das hoffentlich eingetroffen ++
Dank für alles ++ Herzlichst

[370]   K [Wien,] 15.III.[1916] 5 Uhr   [St. Moritz]

Wie leid mir das thut, kann ich gar nicht sagen. Ich habe täglich
geschrieben, aber gedacht, man wisse ja, daß die Briefe 5 – 7
Tage, wenn nicht länger, gehen. Sonst hätte ich zwischendurch
auch öfter telegraphiert. Auf die Depesche, die ich vorgestern
nachts vorfand, antwortete ich gestern telegraphisch. Das Telegramm scheint noch nicht dort gewesen zu sein, als man das
heute von mir empfangene sandte. Daß die Postanweisungen
(Charlie) – es mußten zwei sein – getrennt durch einen Tag –, die
gleich nach der Ankunft in Wien, d. h. 9. und 10. geschickt wurden (500 u. 300), am 15. noch nicht dort waren, ist merkwürdig.
   Heute einen Brief von dem Kierkegaard-Monographen (dessen Schrift man auf dem Schreibtisch hat), unter anderem: »… Ich
persönlich habe die größte Freude an den Versen »Vor einem
Springbrunnen«. Und daß sie gerade während *dieses* Krieges geschrieben worden sind, macht sie noch schöner. Unter den In-
schriften fand vor allen andern die »Nach Goethe« betitelte
mein größtes Interesse und meine tiefe Zustimmung. Sie ist ein
glücklicher Ausdruck der wahren Ordnung der Dinge und ich
glaube, Goethe selbst müßte sich damit einverstanden erklären,
nachdem er erlebt hätte, welcher Unfug mit seiner mißverständ-
lichen Formulierung getrieben worden ist.« – Das ist, auch nach
dem persönlichen Eindruck in München, wohl einer der wenigen schreibenden Menschen, denen sich die Hand geben läßt.
Maria klagte über das arge Volk, mit dem sie jetzt die Zimmer-
luft theilen muß. – Am 17. (wahrscheinlich) findet ein Abend
statt, aber dort, wo man damals, nach jener ersten Autofahrt,
Raimund gehört hat, aus dem »sogenannten Höllenthal« kommend und von Raimunds Grab. Die allerbesten Grüße und
Wünsche, auch für May May. Diese Karte kommt wohl erst an,
wenn der Schneefall aufgehört hat. Ich habe seit dem 9., dem
ersten Tag in Wien, außer vielen Karten zwei rek. Briefe ge-

schickt. Aber auch die Telegramme dahin scheinen viel längere Zeit zu brauchen, als von dort. Über Bobby habe ich vorläufig nichts erfahren können.

Heute schönster Frühling. Aber die Arbeit verhindert, ihn zu besuchen.

[371] K [Wien,] 16.III [1916] [St. Moritz]

Heute l. Telegramm, aufgegeben 15. 7'55 abends. Bis dahin müßten doch wenigstens meine beiden Depeschen (aber doch die vom 14. 3 Uhr nachm.) angekommen sein. (Die gestern gesandte war mit Rückantwort.) Hoffentlich erfahre ich, ob alles angekommen ist, damit ich ev. reklamieren kann. Das letzte Schriftliche vorgestern früh (vom 9.) Grfn. Wersch.: lauter Preußisch-Schlesier, Vater Alexander, Mutter: Maria von Jackowska. Familie M. steht nicht in dem Jahrgang.

Jetzt muß man aber doch schon etliche Nachrichten von mir haben. (Auch eine direkte von Hieß).

Auf der deutschen Reise konnte ich nirgends dem Plakat der »AEG« entgehen, ich sah also an jedem Eckstein den Weißhaarigen.

Wieder ein schöner Tag. Ich habe ihn aber nur vom Schreibtisch aus. Schon sehr viel gearbeitet. Die Ruhepause hat sich bewährt. Soeben, 5 Uhr, zwei Karten von Kete, aber keine von Manin sur. (Der Freund, der damals vor Verdun gefallen ist, ist der Maler Marc.) Sie schreibt, daß es im Hause gespukt habe: »das Mädchen hat geschlottert vor Angst«. Einer ihrer Brüder sei jetzt auch vor Verdun … Für heute nur noch den herzlichsten Gruß, an alle. Wie groß mag jetzt der Epheu sein?

[372] K [Wien,] 17.III [1916] [St. Moritz]

Karte vom 13. über Skirennen, beigetragene Preise, Gewinnst des dritten mit vielem Dank erhalten. Man hatte wohl seit dem 9. nicht geschrieben oder kommt noch etwas nachträglich? Ich habe *jeden Tag* geschrieben, zweimal (*außer* dem bestätigten Telegramm) depeschiert, das zweitemal mit Rückantwort. Gestern hatte ich das Telegramm von Maymay, für das ich ihr herzlichen Dank sage. Es ist schrecklich so weit zu sein. Selbst die Telegramme, die *dort* ankommen, sind altbacken. Jedenfalls ersehe *ich,* aber, daß am 16. März 3 Uhr 50 alles wohl war. Meine Karten und zwei Briefe und noch etwas sind hoffentlich schon dort. Den Ausschnitt habe ich schon bestätigt. Den nächsten bekomme ich noch. Was für Preise hat man gestiftet? Zu traurig ist es, diese ereignisreiche Zeit nicht erlebt zu haben!

Alles erdenkliche Gute! Aber man *muß* etwas vom Ski wegnehmen und die Zeit den »Karamasoff« schenken. Oder hebt man sie auf, bis eine andere Drucksache aus Wien kommt? Die Arbeit daran ist groß.

Ich gebe jetzt wieder ein Telegramm auf.

[373]   T [Wien, 17.3.1916]   [St. Moritz]

Glückwünsche erster Dame zum zweiten Dritten Preis mit diesem vierten Telegramm

[374]   K [Wien, 18.3.1916]   [St. Moritz]

Soeben, 18. ¼ 7 Uhr erhalte ich das l. Telegramm: man habe noch immer keine Nachricht. Nun aber habe ich *4* Telegramme, mindestens 8 Karten, 2 rek. Briefe, 1 Buch geschickt. Was soll ich nur thun? Ich kann nur hoffen, daß diese Karte ankommt, nachdem man alles erhalten hat. Ich werde die Telegramme etc. reklamieren.

Die allerbesten Grüße, an alle!

[375]   T [Wien, 18.3.1916]   [St. Moritz]

Vier Telegramme zahllose Briefe geschickt ++ allerherzlichst

[376]   K [Wien,] 20.III.[1916]   [St. Moritz]

Wie schön und rührend ist die Beschreibung des Waldes, dem die Lawine so weh gethan hat! Heute habe ich sie erhalten. (Die Karte ist vom 15. datiert). Dann lief ich zur Postdirektion, nachdem ich vorher, wiederholt, im Haupttelegraphenamt und anderen Ämtern reklamiert hatte. Fünf Telegramme hatte ich seit meiner Ankunft geschickt und nur das erste war bestätigt worden. Was und wie sollte ich auf das »Nachrichtlos« antworten, wenn nichts und nichts ankam. Heute nachts habe ich das mit Dora versucht, denn es gieng mir so sehr nahe, daß man glauben mußte, ich hätte nichts geschickt, da ja nicht einmal Telegramme kamen. Nun finde ich das liebe Telegramm vor, aus dem endlich, endlich mir die Freude wird, daß etwas angekommen ist. Hoffentlich folgt nun oder ist inzwischen alles weitere gefolgt. Man bestätige genau die angekommenen Depeschen; für die andern wird Ersatz gewährt. Wenngleich jede wohl mit fünftägiger Verspätung, so sieht man doch wie sehr ich an Manin gedacht habe und daß mich, der alle Depeschen aus St. Moritz nach einer Stunde bekam, die Nichtankunft der meinen noch mehr quälen mußte als die Adressatin.

Also hoffentlich bestätigt man mir bald die Telegramme vom 15. *zwei* (eines mit 20 Worten Rückantwort) und vom *18.* (aber es kommt mir so vor, als ob ich noch eines geschickt und die Quittung verlegt hätte.) Heute ein *166* Worte langes Telegr. von Kurt Wolff erhalten, worin er seinen Kommis desavouiert. Aber das *jetzt* vorzufinden ist mir doch noch lieber!

Allerschönste Wünsche und Grüße, auch für May May und Bobby! Wie schmerzlich war mir das Bewußtsein, daß man immer wartet und sich das nicht erklären kann! Aber nun ist ja alles gut.

[377] K [Wien,] 21.III.[1916]   [St. Moritz]

Immer wieder lese ich die schöne Schilderung der Lawine, die die Eislaufzeit beendet hat. Aber ich wäre ruhiger, wenn sie das Schlußzeichen für die Skizeit gegeben hätte. Maria sucht mich nicht mehr auf. – Dagegen höre ich, daß sie ihre *Abende* abwechselnd in den Häusern Thurn und Schwarzwald (zu deren Verbindung, Austausch von Adel und Intelligenz, sie wesentlich beiträgt) verbringt. Daß man das kann, wenn man so müde ist, wundert mich. Man muß doch frisch sein, um dort erst müde zu *werden*! Mit L., der von den Herrlichkeiten des intellektuellen Milieus mehr als je bezaubert ist, läßt sich darüber nicht sprechen. Aber mir kommen diese Dinge immer absurder vor, und ich erlebe die Genugthuung, kompromißfreies Empfinden dort anzutreffen, wo es mir darauf ankommt, Vollendung zu sehen.

Hat man schon Nachricht von Ch.? Nämlich die, daß er leider verhindert ist? Und wie schade, daß Dora sich um die Freude der Überraschung bringen muß, die ich durch genaue Vorstellung aller Plätze und Gelegenheiten, zu überraschen, ihr nahegelegt habe. Ich wollte, es wäre *mir* jetzt möglich, irgendwo um das kleine Haus plötzlich aufzutauchen!

[378]   K [Wien,] 22.III [1916] 5 Uhr   [St. Moritz]

Ich finde die gütige Karte vom 18. vor mit der traurigen, nun wohl schon oft beruhigten Frage: »Wieso, warum dieses lange Schweigen?«, mit der noch traurigeren Mittheilung über den Fußknöchel, mit der lieben Erinnerung an die lesende May May und den »alten Spucker«, der »seine schwere Pfote gibt«. Zugleich einen sehr sympathischen Brief von Dora (vom 19., also ehe sie meine Depesche hatte) mit vielem Bedauern, daß sie nicht kommen könne, einigem über das Buch und der Stelle: »Die letzten Tage sind voll des Sonnenscheins – ich denke, nun wirds in St. Moritz mit den großen Ski-Touren bald ein Ende haben, *was ja wünschenswert wäre*! – « Soll ich recht geben oder widersprechen? Beides! – Sie hofft, daß ich im April wiederkommen werde, nämlich nach München. Ich hoffe vor allem auf etwas anderes.

Jetzt war Maria im Cafe I. im andern Kleid. Saß zwei Stunden mit einem Ehepaar, kam aber nicht zu mir, der allerdings mit dem (Maria vorgestellten) kleinen Biographen saß. Das macht nichts. Wenn nur inzwischen die Telegramme angekommen sind!

Allerherzlichstes Gedenken allen und allem!

[379]   K [Wien,] 24. März [1916] 5 Uhr   [St. Moritz]

Im lieben Telegramm angekündigter Brief noch nicht gekommen – hoffentlich morgen (trotz dem Feiertage). Aber wird's ein Brief? Viel Arbeit täglich: von 4 bis 9, von 1 bis 8. Korrekturen noch immer nicht fertig. Da kein weiteres Telegramm erhalten, nehme ich an, daß die meinen alle nun angekommen sind und die vielen Karten sowie der zweite rek. Brief nach und nach auch. Heute war Maria wieder im Café und kam zu meinem Tisch.

Charlie hatte geschrieben, daß er demnächst nach Wien kommen wolle, hat aber nichts mehr von sich hören lassen.

Ich lese in der N.Z.Z. über den Ablauf der Sportsaison in St. Moritz. Was macht man jetzt? Und in dieser Stunde? Noch keine Entscheidung über Maymay?

Allerbeste Grüße! Heute war Sommergluth. »Aus jungen Tagen« scheint mir doch möglich. Das andere natürlich nicht.

Gestern war nichts mitzutheilen, ich wollte einen Gruß senden, kam aber nicht mehr dazu. Am 17. ist der Abend; aber nicht in dem mittleren Saal, wo seinerzeit Raimund war, sondern im kleinen. Aber wie soll das werden ohne die 2. Reihe? Heute bekam ich freilich eine Karte aus St.M. – aber von Frau R.: in Wien abgestempelt am 6.III., in St.M. am 19. Ist also dreizehn Tage gegangen.

[380]   T [Wien, 25.3.1916]   [St. Moritz]

Bitte durch ein Lebenszeichen heutigen Feiertag erst dazu machen

[381]   K [Wien,] 28.III.[1916]   [St. Moritz]

Gestern habe ich rek. express geschrieben, mit dem Dank für den Brief vom 20., die Karte vom 22. und die beiden Telegramme vom 26. Gestern abends beglückte mich noch das vom 27. 3 Uhr 5 nachm., das endlich den Empfang des vierten Telegramms, des zweiten Briefes und von fünf Karten – aber es waren bis zum 20. vielleicht mehr – bestätigt und blauesten Himmel oben und innen anzeigt. Vorgestern hatte ich mich wieder an Dora gewandt, von der wohl inzwischen die Botschaft eingetroffen ist.

Gestern war Maria, im neuen Kleid, bei mir im Café I. Erzählte, daß sie günstige Aussichten habe. Ich rieth, doch den fortwährenden Vortrag des »Cornets« zu verbieten, da ihre heutige erlebte Auffassung von diesen Dingen und Sphären doch eine so ganz andere sei und sich ein schmerzlicher Widerspruch in ihr begeben müsse. Sie gab mir sehr recht.

Ich bin ganz vergraben in Arbeit, nein ganz begraben von ihr. Dazu eine viel Zeit raubende Erledigung der Leipziger Affairen, die nun durch mein energisches Eingreifen glatt erledigt sind. Es mußte erst eine rachsüchtige Dummheit besiegt werden, und das ist natürlich gelungen. Die Dokumente darüber – ich werde sie nächstens schicken – geben ein Bild der jetzt die Welt bewegenden Kräfte und Lügen. Der *Name* des Biedermanns, dessen *Betriebsamkeit* mir gegenüber *versagen wollte* (aus Rache, die sich jetzt scheinheilig mit einem Recht zu vertheidigen bemüht hat) ist symbolisch – so heißen sie alle –.

Aber er ist ein schlechter *Eiskünstler,* er fiel hin. Die Sache hat viel Zeit und Nervosität gekostet. Um so interessanter der Verlauf. Das Buch ist *erschienen.* Der wehrlose Chef des Kommis ist über die Zustände, die sich ihm offenbart haben, unglücklich. Nun aber geschieht alles.

Jetzt ist die liebe Karte vom 24. gekommen. Die mitgetheilte Stelle über das Operettenglück der Erde kommt leider – diesmal – zu spät: aber etwas ganz ähnliches ist *drin.* Das häßliche Wetter hätte mich sehr bös gemacht, wenn es nicht bis 27. blauem Himmel gewichen wäre. Dem alten Schnarcher, der mich also nicht vergessen hat, danke ich. Ihm, Maymay und der Wohlthäterin von uns allen meinen schönsten Gruß!

Ich bin neugierig, wann der gestrige Brief angelangt ist.

Ein Bild des »Rembert« sah ich – zum Sterben!

Am 25. habe ich auch telegraphiert – (mit Rp.) Ludwig von F. (dessen Frau geschrieben hat) war krank geworden. Nun ist er wieder dort.

[382]   K [Wien,] 28.III.[1916] 7 Uhr   [St. Moritz]

Der kleine Bub unter mir, in der Hausmeisterwohnung, erbittert mich nicht mehr, sondern rührt mich. Denn er übt nicht mehr Varieté-Gassenhauer, sondern, ganz unbeholfen: »Alle Vögel sind schon da, alle Vögel, alle …« In jedem Ton meine ganze Kindheit. Ich gebe alle Rubinsteins für dieses Konzert.

Was macht der Fußknöchel. Das ist, nein war, doch nichts Ernstes?

Das Gefühl, über Manin sur so lange verfügen zu können, rechtfertigt die Miethe durchaus.

Liest man die Brüder Karamasoff? Oder kommt man jetzt vor lauter Ruhe nicht dazu? Der letzte Anblick der E., hoffentlich der letzte, muß ja ein Fest gewesen sein. Sie hat – so auch in der unzeitgemäßen Vermummung – etwas Knockabout-haftes: falsche Versiertheit. Ihr gewesener Gatte, ein berühmter Tölpel, hat es auch, in komischerer Art. Wenn jetzt nicht so viel zum Sterben wäre, wäre wirklich so viel zum Sterben! Ich sehe fast niemanden. An L. verstehe ich nach wie vor: meine Schätzung für ihn, aber nicht seine für mich. Er lebt so sehr im Gegentheil, von dem aus es eigentlich kein Gefühl und keine Gerechtigkeit für mich geben sollte.

Jetzt spielt der Bub unten das Lied auf der *Geige.* Was ist ein Paganini dagegen! (Selbst eine Dora.)

Es ist schon nach 7 Uhr. Nicht wahr, wenn Eis wäre, käme man jetzt doch bald zurück?

[383]   K [Wien,] 30.III [1916]   [St. Moritz]

Karte vom 26. mit der nun zum Glück schon unberechtigten Klage erhalten. Innigsten Dank für jedes liebe Wort.

Sonnenuntergangsfarben am Rosatsch! Wie weit das ist. Zehn Posttage und weiter! Wie schön muß es jetzt dort sein, nachdem die Unnatur verzogen ist! Natürlich in tiefster Arbeit. Hoffentlich erscheint sie am 6. Und an dem Ort, für den sie bestimmt ist?

Der Frühling soll *nicht* warten! Manin sur ist ja dort.

[384]   K [Wien,] 31.III [1916]   [St. Moritz]

Das Telegramm *hat* den Feiertag verbreitet. Allerherzlichsten Dank! Ich schreibe diese Karte in großer Hast, die man entschuldigen wolle. Ein Gang in die Stadt ist ein Abenteuer: heute bei Hieß gewesen; er kann nichts zusagen, da die Fabrik Bestellung *eines* Stückes kaum annehmen dürfte.

Für Maymay Abonnement verlängert. Maria im Imperial, nicht gesprochen. Sitzt in schlechter Gesellschaft, die die guten Sitten verderben wird. Peinliche Advokaturs-Jüdinnen (die ihr vielleicht helfen sollen, wenn die peinlichen Fürstinnen versagen).

Entscheidung über das »Kind« morgen und Montag; jetzt dort gewesen. Der kleine B. sitzt da, vergleicht Korrekturen und bekommt jetzt Thee. Ich werde ihn (doch) erst in Manin trinken. Jetzt laufe ich zum Postkasten.

Karten etc. sind wohl successive, seit 27., gekommen? Von rechtswegen hatte man an keinem Tag ohne Nachricht zu sein.

Hier ist noch Platz für einen Gruß an Maymay und Bobby.

Draußen ein herrlicher Sonnenabschied. Das gibts auch in Wien!

[385]   K [Wien,] Mitternacht 1. April [1916], Café P.   [St. Moritz]

Allein, wie fast jeden Abend. Der L. ist schon eine Woche lang nicht erschienen. Wohl im Schwarzwald verirrt (nicht mit dem Hochwald Stifters zu verwechseln.) Zum letzten Mal brachte er den K. mit. Ich habe vergessen, im heutigen Brief die Stelle über die Häuser Sch. u. T. zu beantworten. Meines Wissens wurde L. dort noch nicht eingeführt, wohl aber K. (durch Maria und die Michaelis, diese neutrale Allerweltsfreundin). Das Ganze beruht auf der bekannten Idee, Krieg, Spitalspflege und Maleraufträge zu verknüpfen. Diese letzten dürften kaum gefördert werden, aber wer zum »Gesellschaftsmaler« zu gut ist, ist leider nicht zu gut, um auf Jours herumgereicht zu werden. Mir ist das alles grenzenlos zuwider, und es ist mir ganz räthselhaft, wie der gute L. so andächtig meinen Forderungen lauschen und so unbefangen das Gegentheil thun kann. Ich habe ihm in diesem Sinn ein Epigramm gewidmet, das ich ihm ins Buch schreiben will. Dazu sind noch drei andere Vers-Sachen entstanden. Diese vier *Epigramme* können aber erst das übernächste Mal erscheinen. Aus der dramatischen Absicht ist nichts geworden, auch erst fürs übernächste. Bleibt man sicher bis zum *letzten* April? Wegen Maymay will ich an einem der nächsten Tage fragen. Die Cig. sind nicht gut? Ach, wenn ich sie hätte! Und die 1500 mußte ich an Haecker nach München schicken, der sie abgekauft hat. Ch. hatte auch mir über den Rheumatismus geschrieben und daß er demnächst nach Wien kommen werde. Ich depeschierte dann, hörte aber nichts mehr. Wenn Karte vom 15. eingetroffen ist, dürften es doch alle sein, und ich hatte somit wohl täglich ein Zeichen gegeben. Natürlich sollte Dora überraschen. Es war alles abgekartet, und es kränkt mich sehr, daß es nicht geschieht. Ich hätte diese Freude zu überraschen als eigene empfunden, hätte aus der Kulisse zugesehen. Wie schade! Ich verstehe nicht,

daß da Geld eine Rolle spielen kann. Ich hätte jedes der Tele-
gramme mit hundertfacher Taxe bezahlt – oder auch dafür das
Tausendfältige –, wenn ich damit die rechtzeitige, die auf die
Stunde beabsichtigte Ankunft hätte sichern können. Allerbestens.

Könnte ich etwas über den geplanten Termin der Heimkehr
erfahren, d.h. wie lange noch *nach* Manin Schweiz. Ich frage
wegen *Mai*-Vorlesung.

Brief mit Hamburger Beilage (die viel Korrespondenz zur
Folge hat) und Brief mit Dokumenten über unser Buch hoffentlich angelangt.

Abendessen jetzt immer (allein) »Krischke«; sehr nett. Leer,
weil erst um 10 Uhr.

[386]   K [Wien,] 2.IV.[1916] Sonntag abend   [St. Moritz]

Es war zu schön heute im Wald. Leider nicht Hainbach, dazu
wars zu spät, aber irgendwo Neuwaldegg – Dornbach. Die
Elektrische geht vom Haus bis Neuwaldegg. Die Fahrt vergieng
im Gespräch über *eine* Verszeile mit allen ihren Abgründen,
Gefahren, Wundern, Zweifeln. Im Wald hätte ich schon allerlei
für Maymay, das heißt an ihrer Stelle, pflücken können, wenn
ich's nicht eben für sträflich gehalten hätte. (Aber der Maymay
selbst müssen wir's schon erlauben.) Um ½ sieben Uhr waren
wir wieder zurück. Nächsten Sonntag hoffe ich nach Hainbach
zu kommen und von dort einen Gruß schicken zu können.

Was mag man heute gethan haben? Der 1. April 1915 war
schon etwas grüner, aber 1916 ist noch gläubiger.

Die Karte war in den Wald mitgenommen, aber ich bin nirgendwo zum Sitzen gekommen. (Rock und Stock wie in St. Moritz. Da ich ja auf Weisung von St. Moritz den Spaziergang
machte.)

[387]   T [Wien, 3.4.1916]   [St. Moritz]

Kind vollkommen gerettet ++ hoffentlich tägliche Nachrichten
wieder zusammen eingelangt ++ für alles innigsten Dank und
Grüße den teuren Insassen von Manin.

[388]   K [Wien,] 3.IV.[1916]   [St. Moritz]

Heute vorm. Karte vom 29., in der es heißt: »*Gestern* und heute
nichts….« Nun hieß es aber vorher, in der Karte vom *28.:* »… und
heute eine Karte.« So war also nur der 29. ohne Gruß. Am 30. ist
aber wieder einer gekommen; denn die liebe Nachricht an diesem Tag, die ich soeben, ½ 5 Uhr, erhalten habe, bestätigt ihn:
meine Karte vom 22. Vor zwei Stunden habe ich wieder ein Telegramm versucht, indem ich nebst der Mittheilung von der voll-
ständigen Rettung des Kindes (telephonisch früh erkundigt) die
Hoffnung aussprach, daß alle Nachrichten (*täglich* gesandt)
wieder *auf einmal,* inzwischen, gekommen seien. – Ist der arme
Coudenhove im Krieg gefallen? – Ich gratuliere zum Schnee.
Und hier blauester, wärmster Frühling. »Überall große Lawinen-
gefahr«: doch nicht für den oberen Weg, wo Manin sur steht?
Ärmster Bobby! Wie leid mir das thut! »Nächstens fängt M.M.
an«: ist das nur eine Hyperbel, die die »Ski-Wuth« bezeichnen
soll, oder eine thatsächliche [!] Mittheilung? Aber es ist grau-
sam, daß alles jetzt den Nachwinter genießen kann und nur die
Meisterin selbst daran verhindert ist. Längst war ich über den
Knöchel beruhigt. Er schmerzt doch nicht?

Maria: das alte Lied. Was ich vorgestern schrieb, empfinde ich
heute noch mehr. Sie war wieder da und rührte sich nicht. Aber
die Theilnahmslosigkeit mir gegenüber schmerzt mich weniger.
Ich hatte ihr zuletzt, vor etwa 8-10 Tagen, von der Leipziger
Affaire gesprochen, sie that, als ob sie der Fall interessierte, und
ich wollte die Dokumente mitbringen. Nie fragte sie mehr, aber
das ist egal. Daß sie nie *kam,* um zu fragen, wie es in St. Moritz
gehe – das ist es, was mich erbittert. Wie ist das nur möglich!
Man verstehe mich: drei Meter von mir, in dieser Hölle, sitzt
jemand, der vom Himmel weiß – und es gibt keinen Ton der
Verständigung! Ich muß mit niemand über Manin sur sprechen;
aber wenn so nah jemand ist, der davon *weiß* und den's berühren sollte – –! Und dem ich eine *Einladung* dahin zu bestellen
hätte! Nein, alles in allem: das ist nicht mein Fall. Und *kann*
nicht unser Fall sein! Aber das muß ich sagen: wenn ich Wärme
im Gedanken *dorthin* noch nöthig hätte, von solcher Kälte
könnte ich sie noch beziehen. Zum Glück brauchts das nicht,

und es bleibt die Möglichkeit, nach der andern Richtung hin
Dinge festzustellen, die nicht schön sind. Depression kann vieles
erklären, aber sie rechtfertigt nicht munteres, angeregtes Betra-
gen in schlechter Gesellschaft (täglich) und die sichtbare Unlust,
der guten öfter als einmal in zehn Tagen eine *flüchtige Höflich-
keitsvisite* zu machen! Man glaube meinem Gefühl. Es hat recht.

 Die allerschönsten Grüße, und aufrichtige Wünsche für den
armen Bobby! Und für den armen Knöchel!

[389] K [Wien,] 5. April [1916]   [St. Moritz]

Heute keine Karte: aber ich weiß, daß man am 1. April eine geschrieben hat.

 Also: die arme Maymay. Heute festgestellt, daß: *nein,* wiewohl
von der Stelle, wo ich war, *befürwortet* wurde und der Empfänger des Briefs, den man extra geschrieben hatte, *sich selbst dafür
interessiert hat.* Er kam aber mit »nein« zurück und wird jetzt
auf Umwegen, via Zürich, mitgetheilt werden. Diese Antwort
sei seit drei Wochen abgegangen. Nun müßte man sich *direkt* an
die andere Stelle wenden und noch einmal auf das besonders
Berücksichtigenswerte verweisen, von dort könnte kurzer
Hand Erledigung erfolgen. Erbitte Telegramm, ob *ich* (oder
Charlie – nach meiner Information –) das thun soll – wenn man
nicht entschlossen ist, Maymay das liebe Manin verwalten zu
lassen.

 Maria nachmittag gesehen, nicht gesprochen.

 Ein besonders schönes kleines Werk im Entstehen – seit vorgestern.

 Von Herzen Grüße an die drei Freunde in der Villa!

 (Habe ich nicht gestern statt 4. irrthümlich 3. datiert?) Heute
Frühling, Kopfweh und Freude an der Arbeit.

[390] K [Wien,] 6.IV.[1916] 5 Uhr   [St. Moritz]

Ich schrieb gestern: »Keine Nachricht, wiewohl am 1. April
sicher geschrieben wurde.« Das ist zwar nicht richtig, aber es ist
doch zu schön, daß heute eine vom 2. da ist, und daß in ihr steht:
».... keine Nachricht, obzwar sie sicher immer abgeschickt wird.«
Schön, daß man es weiß, und das gemeinsame »obzwar« – mein:

wie wohl! Und das liebe Telegramm, das im Kasten lag, über den Buben und die Karamasoff!

Komme wie immer vom Café. Maria: wie immer.

Sah sich beim Weggehen nicht einmal um. Es ist *zu* sonderbar.

Gestern vor 10 Uhr abends trete ich bei »Krischke« ein: wer sitzt da? Charlie und Olga. Charlie war am 4. abends gekommen, wollte mich eben im Pucher aufsuchen. Olga gieng bald, Ch. und ich blieben lange und giengen noch in zwei Kaffeehäuser, bis 2 Uhr, dann begleitete er mich nachhause. Wegen Maymay, deren Sache mich eben beschäftigte, will er selbst nichts thun, rieth, die Antwort aus St. Moritz abzuwarten. Ich habe heute telegraphiert, das geht ja immerhin etwas schneller. (Oder ist mein Telegramm am 3. gar nur einen Tag gegangen?) Rheumatismus besser, will im Mai nach Teplitz gehen. Sonst unverändert: alle bekannten Tonarten. Ich rieth ihm, in dringenden Fällen Dora zu telegraphieren. Bleibt bis zum 8., dem Tag, da der »Bub« ausgeht. Hat Sch.-Sorgen, zeigte mir das Konzept eines Briefes an diesen, ich rieth ab. Sehen uns morgen, da heute Notar-Sachen.

Man hat also doch, und so schnell, die Karamasoff gelesen, man wollte mich überraschen.

Der Frühling, den die liebe Karte ahnt? Hier ist er schon wieder vom Sommer totgeschlagen. Gestern Gluthitze, heute trüb.

Heute letzte Arbeit am letzten Bogen überstanden. Das Neue, von dem ich gestern schrieb, ist eine Ode.

Nochmals Dank von Herzen für die beiden Zeichen! (Wenngleich das Telegramm fürchten läßt, daß die – sonst bestätigten – *Briefe* noch immer nicht eingelangt sind.)

Im Aufgang des Hauses zum [?] Stiegenhaus ein Kaminfeuer.

[391]   K [Wien,] 6.IV.[1916] 6 Uhr   [St. Moritz]

Nachdem ich die erste Karte aufgegeben hatte, kam Ch., bat mich, morgen mit ihm und seinem Freunde Belcr. zusammenzusein. In der Maymay-Sache will er mit Alex (Viktorgasse) sprechen, der bei der andern Stelle intervenieren könnte. Das scheint mir »nicht übel«.

Allerherzlichst.

[392]   K [Wien,] 7. April [19]16   [St. Moritz]

Heute keine Nachricht aber von mir vermuthlich, wiewohl ich
täglich schreibe, schon seit etlichen Tagen wieder nichts.

Es ist, soeben, etwas Größeres fertig geworden (die Ode), und
der kl. Biograph behauptet, es sei das Schönste. Was geht nur mit
Maria vor? Heute wieder regungslos. Aber es scheint ein geistiges Desaster zu sein. L. (der am Semmering war und den ich jetzt
wieder zweimal sah) erzählte gestern, bei Sch., wo Maria sehr
häufig ist, werde viel *gelacht* über einen heillos affektierten *Panegyrikus*, den Maria plötzlich (als Brief) an eine ganz mittelmäßige
Sängerin, die dort verkehrt und in deren mißlungenem Konzert
Maria war, gerichtet habe, so daß die Sch.- bitte, die Sch.! – sagte:
»Wenn schon Schmock, dann lieber gleich Jud.« Sozialer Abstieg
erfährt also wenig Dank, und gegen das Geistige, hinter dessen
preziösen Formen so leicht bewegtes Menschenthum steckt, war
ich immer sehr mißtrauisch. Daß solches meine Nähe als Druck
empfinden mag, das sehe ich ein und es beleidigt mich nicht. Was
mich *schmerzt,* ist etwas anderes. Ich selbst muß nicht verlockend
sein, aber zu gern hätte ich mich als *Gelegenheit* benützen lassen
von einem, der hin und wieder das Bedürfnis hat, zu hören, wie es
einem fern lebenden Freunde geht. Maria hat dies Bedürfnis
nicht. Schließen wir daraus, daß er auch *jene* Persönlichkeit als
eine für seine schwächlichen Ansprüche zu starke empfindet. *Ich
bin stolz darauf, es zu denken.* Anders hätte es mich enttäuscht!
Und was die Schwäche an Freundschaft versagt, wird die Stärke,
das verspricht sie, hundertfach ersetzen. Aber es bedarf keines
Versprechens, wo die Erfüllung an jedem Tage so selbstverständlich ist. Sie ist ja nur Dank. Und auch das neue Werk, stofflich
anders entsprungen, kann seinen Ursprung nicht verleugnen.

[393]   K [Wien,] 8.IV.[19]16   [St. Moritz]

Gestern nachts liebes Telegramm vorgefunden. Natürlich ist 28.
nicht auf den 24. gefolgt, und das fehlende wird hoffentlich inzwischen eingetroffen sein. Gestern Ch. nicht gesehen. Heute
mit ihm bei Krischke zu Mittag gegessen. Er ist doch nicht recht
entschlossen, wegen der May May-Sache die Viktorgasse anzugehen.

Jetzt, im Imp., auf dem Weg zum Telephon Maria gesprochen, setzte sich, da sie schon ohne Gesellschaft war, auf drei Minuten zu mir. Erzählte, daß sie Aussicht habe, nach M. zurückzukehren. Da sie nicht nach St. Moritz fragte, habe ich die Einladung nicht bestellt. Es ist und wurde wieder klar, daß das Ganze ein Schwächezustand ist, also nichts zum Übelnehmen, aber eigentlich schlimmer. Wußte, daß das Kind heute ausgegangen war. Sonst wurde nichts gesprochen; war schon im Überrock und gieng wieder. – Heute, nach Tagen frühreifer Hitze, rechte Frühlingsluft. Morgen hoffe ich – mit dem kleinen B. – nach Hainbach zu kommen.

In May May's Zeitung, am 7., dürfte die Notiz »Ein Jugendspiel« (Gräfin Taaffe) wohl aufgefallen sein.

Aus Ostsibirien schickt mir einer, den ich nicht kenne, einen Gruß, umso rührender, als die Armen nur einmal in der Woche korrespondieren dürfen. Von meinem Bekannten, der dort ist, habe ich leider schon lange keine Nachricht. Erlauben Fuß und Weg es schon, daß man Waldspaziergänge macht? Es ist doch zu schön, das so vor dem Haus zu haben. Wie gehts dem andern Patienten? – Es hat etwas unheimlich Sprechendes: das Geräusch, mit dem soeben, während ich schreibe, die erwartete Stimme wie als Antwort in den Kasten fällt; es ist die Karte vom 4. Ch. fährt wohl morgen, nach Linz. Er will mir noch telephonieren, da werde ich ihm den Gruß bestellen. *Wann* man das Kind sehen wird! Ich habe alles dazu gethan. »Aber wo bleiben die täglichen Nachrichten?« Auch *dazu*! Es gibt nichts als Geduld und die Hoffnung, daß wenigstens nichts verloren geht. Möchten doch auch die *Briefe* gekommen sein (einer rekomm. expreß)! *Ich* kann wenigstens *wissen, wann* man geschrieben hat. Aber man mag oft, durch viele Tage, glauben, daß ich es nicht gethan habe; und das quält mich sehr. Immer die allerherzlichsten Grüße!

»Über den See kann man noch gehen«. Kann man *schon* über ihn gehen?

[394]   K [Wien,] Sonntag 9.IV.[1916] ½ 8 Uhr   [St. Moritz;
                                                nachgesandt: Ragatz, Hotel Lattmann]

Wieder nur in Neuwaldegg gewesen. Schönstes Grün. Ch. hat
mittags telephoniert. Ich sehe ihn zum Abendessen. Er war gestern bei meinem Arzt: sein Herz ist in *bester* Ordnung, er hat
etwas Rheumatismus und soll nach Franzensbad gehen (nicht
nach Teplitz). Er geht wohl Mitte Mai.

 Heute die rekomm. Sendung mit den Leipziger Sachen erhalten. Dank! Es ist erstaunlich, daß es so schnell nach St. Moritz
gegangen war. Das Kind ist gestern ausgegangen und erregt
durch sein blühendes Aussehen große Beachtung. Das kleinere,
dem ich seit einigen Tagen meine Aufmerksamkeit geschenkt
habe, gedeiht vortrefflich. Daß der Abend am 17. ist, muß man
schon wissen. Und der nächste? Wenn man mir da nur bald –
womöglich telegraphisch – ein Datum vorschriebe, etwa: »ab
soundsovielten Mai (Juni?) möglich«. Nicht nur wegen der
zweiten Reihe, sondern auch wegen des Vortragenden. (Wann
er wieder zur Stelle sein kann.) Nach Ostern möchte ich schnell
die Shakespeare-Feier einschieben.

 Allerherzlichste Grüße und Wünsche.

[395]   K [Wien,] 10. April [19]16   [St. Moritz]

Karte vom 5. heute früh bekommen. Allerschönsten Dank! Mit
dem Hinweis auf die Stelle »Extraplatz im Himmel« hat man
thatsächlich den Kern dieser weltempörenden Bravheit berührt.
So ist es und darum ist der Fall so wichtig (daß ich wünschen
möchte, er verliefe nun doch noch zu *meinem Schaden**, um ihn
in seiner Gemeingiltigkeit zur Sprache bringen zu *können* – es
wäre schade drum!)

 Was das nur mit dem rek. expr. ist! Zu traurig ist das. Für die
»Geschäftsbriefe« habe ich schon gedankt; – man hätte sie behalten können. – Der arme Führer, der so sich führen ließ! War man
beim Begräbnis? Die Sache mit dem Cornet dauert fort, *täglich,*

---

* die Buchhändler *depeschieren* nach L., bekommen die Antwort: »Unterwegs oder demnächst etc.« Einer hat die Antwort-
Depeschen *ausgestellt.*

und der Nachkomme ist viel zu schwach, es abzustellen. Der Cornet hätte sich zu helfen gewußt. Der Nachkomme gieng heute zweimal an mir vorüber – überhaupt war ein hin und her zwischen Café und Hotel. Ein Blutlyriker, der ärgste von allen, jetzt Bureau Kollege, war mit darunter. Der Weg vom Sidonienzelt zu diesem Milieu ist weit; und weiter noch der zurück, wenn es nicht seelische Quarantänen gibt, Reinigungsanstalten, wie ich eine offen halte. Aber die fürchten die Menschen ja mehr als den Schmutz!

Ch. gestern abends abgeholt, in den Matschakerhof. Beim Abschied sagte er nichts von einem Wiedersehen.

M.M. und dem zuckenden Schnarcher meinen Dank. Beide beneide ich.

Vielleicht trifft dieser Gruß gerade zum 17. ein!

——

[396]   K [Wien,] 11.IV.[19]16   [St. Moritz]

Liebe Karte vom 7. erhalten. Werde gleich telegraphieren u. zw. daß sich Sicheres leider nicht bestimmen läßt und es keineswegs vor dem 25. möglich wäre. Will man noch warten? Oder gar zum 17. schon da sein? Wie schön wäre das! (Ich sage es, wiewohl die Karte erst nach dem 17. eintrifft.) Oder nicht warten und erlauben, daß ich entgegenkomme? Und wie schön müßte es im Salzkammergut sein. Vielleicht Dora in Salzburg treffen? Beglückt melde ich, daß gestern, nachts, *wieder* etwas entstanden ist, woran ich besondere Freude habe. (An einen alten Lehrer, den ich, als ich mit Charlie im Restaurant saß, nach so vielen Jahren gesehen habe). Allerbesten Dank! Und die schönsten Grüße, an alle!

Ch. dürfte doch wohl direkt nach Prag gereist sein. Das Erwartete ist am 7. abends abgesandt worden.

[397]   T [Wien, 11.4.1916]   [St. Moritz]

Sicheres unmöglich ++ Keinesfalls vor 25. wenn man nicht abwarten will und Rückkehr zum 17. nicht zu erhoffen wäre würde nachher Ostern Tirol oder Salzkammergut vorschlagen ++ eventuell auch Dora Salzburg treffen ++ würde Feldkirch kommen ++ Hoffentlich findet man es nicht übel ++ allerherzlichst

[398]   T [Wien, 12.4.1916]   [St. Moritz]

Erbitte Mitteilung ob Sommer Manin rückkehrt da vielleicht
besser wenn schwierigste Möglichkeit dahin ++ aufhebe 17. ++
natürlich Abend 12 Mai auf Wunsch ++ liebe Karte ++ wieder
Gruß beiden Frühlingsboten unterm Fenster

[399]   K [Wien,] 13.IV.[19]16 ½ 6   [St. Moritz]

Vom Imp. kommend, wo ich mit dem kl. Biographen und dem
Hellseher war, finde ich das liebe Telegramm über Spätsommer
und May May sowie die Karte vom 9. vor. Aus dieser erfahre ich,
daß zwar die Karten vom 30. und 31., aber noch nicht der Brief
vom 31. (oder 1.?) und leider auch nicht der andere, rek. expr.,
eingetroffen sind. Und bis zu der Stunde, da man das Telegramm
sandte, war *sie* auch noch nicht eingelangt (die am 8. hier erschienen war).

   Noch immer Ski-Springen?

   Wegen May May werde ich alles Erdenkliche thun, halte es
aber für ungemein schwierig.

   Was die viel ärmere Maria anlangt (die mir nur viel weiter steht),
so habe ich in den letzten Tagen keine Bulletins mehr gegeben.
Heute wie immer mit der Dame (die ich übrigens aus Berlin vom
Gespräch einer Minute kenne) und dazu noch mit dem argen
Blutlyriker. Daß sich das vor meinen Augen abspielen muß! Die
Dame ist eine sogenannte »Intellektuelle«, die mich voll Neugier
(was man so »Verehrung« nennt) betrachtet, keinen Blick von
meinem Tisch wendet. Hin und wieder kommen auch andere
Leute, dann ist lebhafte Bewegung. Was da ausgekocht wird, ist
ganz räthselhaft – vorläufig hat es Maria nicht geholfen und er muß
gar den Privatverkehr mit jenem lyrischen »Kollegen« hinnehmen. Der kl. Biograph war heute ganz erschrocken über *diese*
Verbindung. Nun eine Bitte, über die man lachen wird. Kann ich
das Recept für »Schinken-Cadeau« (oder Gateau) bekommen?
Ich wollte schon immer fragen, was die Heizung macht. Da ich von
Bobbys Befinden nichts mehr gelesen habe, glaube ich gern, daß
es ihm gut geht. Das gleiche gilt umsomehr für den Fußknöchel!

   (Ob ich den *ersten* Wunsch im Telegramm werde erfüllen
können, kann ich in den nächsten Tagen nicht erfahren. Es ist

sehr zweifelhaft. Und es wäre vielleicht besser, die Möglichkeit für den Spätsommer aufzuheben.)

[400]   K [Wien,] 14.IV.[19]16 6 Uhr   [St. Moritz]

Auf der Stiege sagt die Briefträger*in*, sie habe nichts. Und nun sehe ich nach und es liegt doch die liebe Karte da, die vom 10. (Aber die Briefe hat man noch immer nicht.) Ganz ähnlich: ein Schlosser war gerade da, um die Schreibtischlade aufzusperren – aber da er weggeht, finde ich den lange gesuchten Schlüssel, er liegt vor mir. Also durchaus: »was rauh begonnen war….«.

Aber meint man die Verszeile, über die auf dem Spaziergang (mit dem kl. Biographen) gesprochen wurde: »mir und einer Verszeile, beiden kann man glauben« – oder die: »nie kann es anders sein«. Über den Spaziergang (mit wem etc.) hatte ich in dem zweiten noch nicht angekommenen *Brief* (1. April oder 31.) berichtet.

Viel Mühe um die Möglichkeit, Maria zu sehen. In der M-M.-Sache muß ich einen Anruf (Rath) erwarten. Das Kind ist noch immer nicht dort, wie traurig! Allerherzlichste Grüße an alle und alles, auch an den gesunden Bobby! Über diesen nichts weiter zu erfahren als: *freiwillige* Meldung. Aber das wußte man. Nur neuestens wieder ein Aufruf dazu. Man verzeihe die Hetzjagd. Es ist wieder so viel zu thun, und darunter hat die Schrift dieser Karte zu leiden. Eile und Nervosität, aber immer die herzlichsten Gedanken. L. wieder krank, auf dem Semmering, dürfte kaum am 17. dabei sein.

Viele Grüße. Wie wird der Sommer sein, ich denke immer daran.

[401]   K [Wien,] 15.IV.[1916]   [St. Moritz]

L. Karte vom 11. erhalten. Den rek. expr.-Brief, 27. abgesandt, heute reklamiert. Mit dem Expreß-Brief vom 31. warte ich noch. Wie schade. Ich glaube, beide hätten Freude gebracht. Vieles in den Karten muß ja jetzt unklar sein.

Die folgende rührende Nachricht bekomme ich aus Sibirien: »Heute war ein Freudentag für mich: die »Chin. Mauer« und die »Sprüche« trafen ein. Es war mir so froh ums Herz, wie wenn ich Ihnen selbst wieder gegenüber getreten wäre. Lieber Herr K.! Dieser teure Besuch erweckte einen Jubel in mir, wie ich ihn in den letzten Jahren wohl selten ausgekostet hatte. Der kleine Kreis meiner Kameraden theilte die Freude. Seien Sie recht herzlich bedankt. …. Heute grüße ich Sie so froh! ….« – Wie gerne thäte ich mehr für den Armen. Aber nichts, nichts kommt an.

Viel Arbeit für Montag. Allerherzlichste schönste Grüße, an alle! Der Saal ist ganz reizend. Also am 12. Mai!

[402]   T [Wien, 16.4.1916]   [St. Moritz]

Tragisch daß Kind an eigentlichem Bestimmungsort nicht angelangt ++ habe Dora ersucht ihres [zu] senden

[403]   K [Wien,] 17./18.[4.1916]   [St. Moritz;
                                    nachgesandt: Hotel Lattmann, Ragaz]

Also es war wie immer und noch schöner. Und sehr traurig: weil kein Zeichen da war von einer entfernten zweiten Reihe. Von Dora ein liebes Telegramm – sie eben hatte den Umschlag des Heftes vor sich, das tragischer Weise in St. Moritz noch immer nicht eingelangt ist. So erkläre ich mir alles und tröste mich. Aber ich sah immer nach links auf die zweite Reihe, ob nicht ein Wunder geschehe. Gestern, Sonntag und heute Montag habe ich keine Sekunde Zeit für eine Karte gehabt. Aber ich habe Sonntag über mein an Dora gerichtetes Ersuchen (das Heft zu senden) telegraphiert und soeben, nachts, über die Vorlesung. Wenn man nur ahnen könnte, wie ich, gerade heute (und gestern) – vorher fehlte die technische Möglichkeit – mit May May beschäftigt war, *ehe* ich die Karte vom 13. früh hatte, in der man so sehr bittet. Ich kann nur hoffen. Was in der Karte steht, ist eine halbe Stunde vorher von mir *gesagt* worden und muß jetzt von *Charlie* geschrieben werden. (Ich habe ihm einen rek. expr.-Brief geschickt und telegraphiert.)

Wer vertritt Elise?

Das Werk ist vollendet, bildete heute den Schluß des Abends.

Maria mit ihren neuen Bekannten saß in der ersten Reihe, gerade *vor*, den Plätzen der zweiten. Irgendwo sollen auch Gfn. Clam-Martinitz, Tochter und ähnliche gesessen sein. Loos, der nicht auf

dem Semmering, sondern, um dabei sein zu können, in ein Sanatorium in Wien gegangen war. Frau R. etc. Herrliche Maiglöckchen
anonym. – (Nächste am 12. Mai also.) Die T. u. Taxis war bei der
Sch.! (Zum Besuch der Karin Michaelis). War mit Maria gekommen. Dies alles, was an Thatsächlichem zu berichten. Daß die
beiden Briefe verloren sind, ist jammerschade. Noch trauriger, daß
die beiden am 7. Apr. abgesandten Hefte nicht angelangt sind.
Hoffentlich kommt Doras Exemplar. Am allertraurigsten, daß
Bobby zurückbleiben muß. Mir zwar unverständlich. Ist es denn
ein Verbot der Schweiz? Nach Österreich wird er doch nicht
»*durch*«-geführt. Es hat heute von ¼–¾ 8 bis ½ 11 gedauert. Es
gieng so gut, weil wenigstens die Karte (am 13.) da war, dabei war.
   3 Uhr Schönsten Gruß, Kete fragt, wie es geht.

[404]   T [Wien, 18.4.1916]   [St. Moritz]

Heutiger Abend mit neuer Dichtung wunderschön ausgefallen
wenngleich getrübt durch Abwesenheit ohne telegraphischen
Ersatz ++ Sache May Mays nicht übel ++ Heute trotz Vorlesung
viel bemüht ++ Charlie geschrieben und telegraphiert daß er sofort neues Gesuch schicken muß ++ Erledigung bekommt er ++
Dora antwortet telegraphisch daß sie Heft sendet

[405]   K [Wien,] 18.IV.[1916] nach 5 Uhr   [St. Moritz]

Also zwar keine Karte heute, aber soeben das gütige Telegramm.
Wie freilich soll ich damit fertig werden, daß man – nicht zu telegraphieren vergessen, sondern eben den *Abend* vergessen hatte.
Ich tröste mich: der Kontakt muß doch da gewesen sein, sonst
wär's nicht so ausgefallen. Maria gab mir heute eine halbe Stunde
lang die Ehre. War ganz in Ekstase, hatte sich solchen Eindruck
nicht erwartet, war fast bestürzt. Auch, wie er sagt, das Ehepaar,
mit dem er immer sitzt und von dem er sagt, es seien sehr nette
Leute – nur die mit dazukommen, seien so arg. Da er also doch das
Gefühl dafür noch hat und überdies plötzlich die schon so lang
erwartete Frage, ob *ich* etwas von Manin höre (!), stellte, so zö-
gerte ich nicht, die Einladung zu bestellen. Er schien sehr erfreut,
meinte aber, daß es ihm, einmal glücklich wieder in München seß-
haft, zu schwierig werden würde. Mit München werde es ihm bald

glücken. Ob mir mit Manin? Es muß sich bald entscheiden, aber –
soll es? Und wird es nicht zu spät? – Wenn ich einmal Heine citiere, nicht wissend, warum ich traurig bin, so ist es, weil mir plötzlich
einfällt, daß Bobby zurückbleiben soll. Wie viel Menschen ließen
wir nicht lieber für ihn zurück! Man sollte sich noch sehr genau
erkundigen. Ich will es auch versuchen. – Gestern, knapp vor dem
Abgang in den Saal, statt des *Erwarteten* ein pneumatischer Brief
von Peters Paula: von ihm diktiert, ein rabiater Ausfall, und ich
verbrachte die Nacht – nach dem Telegraphenamt – bis zum Morgen mit der Abfassung einer Antwort, bei der ich selbst Thränen
gelacht habe. Ich lasse es vervielfältigen und schicke eine Kopie
von Brief und Antwort, auf die natürlich Loos schon mit Freude
wartet. Den alten Narren habe ich seit einem halben Jahr nicht
gesehen, aber *sie stellt mich zur Rede,* weil sie gehört hat, ich hätte
mich (wiewohl ichs mit keiner Silbe gethan habe) über Peters
neuestes Buch »abfällig geäußert«. Es gibt also selbst hier noch
Humor, wie man sieht. Wegen Maymay auch heute wieder – telephonisch – Hoffnungsvolles erfahren, ich wurde damit nach
dreistündigem Schlaf aufgeweckt, aber ich war doch dankbar dafür. Nur läßt sich freilich *Sicheres* in solchen Dingen nie sagen.

Allerherzlichste Grüße und nochmals tiefen Dank für das
l. Telegramm!

[406]   K [Wien,] 19.IV.[1916] 7 Uhr   [St. Moritz;
                                          nachgesandt: Hotel Lattmann, Ragaz]

Heute früh (statt gestern nachm.) die l. Karte vom 14. – Nachm.
die vom 15. mit dem Ausschnitt. Ich habe heute telegraphiert.
Nein, er sprach *nicht* mit Viktorgasse.

Er sprach nur: die Arme! – No ja, die Schidi – warum – die
Arme! Ich wüßte genau, was er zu dem Fall gesagt hat, auch
wenn ich ihn nicht gehört hätte. Viktorgasse war seine Idee,
ebenso gut fand er die meine mit Wenzels Vater. Beides wollte er
dann wieder nicht, weil er, wie er mir sagte, vielleicht in anderer
Sache es thun müßte. (Die auch der Grund ist, warum er nicht
selbst einfach den Sachverhalt klarlegen wollte.)

Ich erinnerte immer wieder, als aber dann das Telegramm
kam, daß man es selbst zunächst nicht wolle, konnte ich sein

Gewissen, das zu belasten mir nicht zustand, erleichtern. Er sagte noch sehr oft: die Arme – oder auch die arme May. Ich hatte angefragt, ob man es dringendst wolle, weil meine Bemühung ungleich schwieriger, komplizierter, peinlicher. Daß ich sie dann auf mich nahm, als das gegentheilige Telegramm kam und zwar *sofort* (wiewohl dann freilich eine dreitägige Wartezeit* wieder eintreten *mußte*, bis zum Sonntag, 16. und Montag 17.), das versteht sich ja von selbst. Nun kann ich nur hoffen, daß er die unerläßliche technische Manipulation durchgeführt hat, wenn nicht Nervosität ihn auch davor zurückschrecken ließ. Gott, wie schwer ist das alles! – Das Wort, das unleserlich war: Panegyrikus – höchster Hymnus mit größter Affektation, wie es L. geschildert hat, der aber ebenso über die Produktion selbst, z.B. den Cornet spricht. Jetzt, da M. endlich ein Wort gefunden hat, sehe ich erst, wie schwach und fein er ist und wie schade es ist, daß man gerade solchen Naturen nicht helfen kann. Fast glaube ich, daß er aus einer gewissen Scham darüber sich so zurückhaltend zeigte. Natürlich bin ich persönlich ganz versöhnt, weil er endlich eine *Frage* gestellt hat: wie es dort geht.

Was ist das nur mit der Vorlesung, nach der man fragt. Vermuthlich hat wegen Verlustes der zwei Briefe die Klarheit darüber gefehlt. Aber habe ich denn nicht öfter geschrieben: »*nicht* 17. März, sondern 17. April«? Und da ich 17. März bloß korrigierte, war es doch klar, daß vorher, vor dem 17. April keine war. Und hätte ich denn andernfalls nicht längst, lange vorher es mitgetheilt? Ich werde doch nicht das Wichtigste einfach unterlassen. Ich habe 12. Mai gewählt, weil man von Rückfahrt 8. od. 9., Jan. 14. schrieb. Ist es nicht recht?

Innigsten Dank M.M. für das Studium, das sie jetzt mir zuliebe treibt.

Vom Stifter-Biographen soeben einen reizenden Dankbrief.

Was S. Rembert seinerzeit fälschlich gesagt hat, ist jetzt wahr. Wie soll das also im Sommer werden? Den besten, schönsten Dank für alles und die innigsten Grüße! Nicht wahr, die Schrift quält sehr?

---

* Der Betreffende war eben krank geworden.

[407]   K [Wien,] 20.IV.[1916] ½ 7 Uhr   [St. Moritz]

Dank für Karte mit Ausschnitt über St. Moritz.

Das glaube ich, daß »der Winter nur widerwillig abzieht«. Er
weiß, welche Gäste noch dort sind, und wem würde da nicht der
Abschied schwer? Und nur aus Verdrießlichkeit benimmt er sich
so, er macht, was er verlassen soll, absichtlich häßlich. Also Dora
hofft mich nach dem 26. zu sehen, aber andere doch auch – wie
soll man beides ermöglichen? Jedenfalls bin ich durch allerlei
schwere Arbeit festgehalten und wie die Entscheidung fällt, um
nach Zürich zum Abend (einer neuen literar. Gesellschaft) zu
können oder nicht zu können, weiß ich noch nicht. – Natürlich
ist auch etwas zwischen 24. und 28. verloren, nämlich außer dem
Brief vom 27. (eben jener rek. expr.) noch ein oder zwei Karten,
wahrscheinlich zwei. Die Beschreibung des sich immer noch
drehenden Bobby erfüllt mich mit Wehmuth. Wenn man ihm nur
dabei helfen könnte, diese Qual der Wahl muß entsetzlich sein.

Heute ein Telegramm aus Jan. (wohin meines und der Brief aus
Pr. nachgesandt wurden – auch eine amtliche Verständigung vorgestern gekommen, daß der Adressat nach Jan. gereist sei und
daß das Telegramm brieflich nachgesandt werde): das Gesuch ist
abgeschickt. Abschriften der Peter-Sache habe ich heute gesandt.
Die Geschichte mit den 500 Kronen ist natürlich nicht wahr, ist
aber jene Stelle, die ihn am meisten faszinieren wird. Ich hatte
große Freude, den Brief zu schreiben; es ist aber auch wichtig,
weil es über meine Beziehung zu ihm restlos Klarheit schafft.

Hoffentlich sind nun alle Wege schon würdig, begangen zu
werden und hoffentlich war es ein schöner Ostertag in Puschlav.
Das Wort hat mich wie ein Keulenschlag getroffen. Aber selbst
das Ärgste ist willkommen, wenn es in der Erinnerung mit dem
Besten verbunden ist und ihr hilft.

Von L.v.F. soeben rührender Brief über das Buch, mit Citat
der Verse: Heute ist Frühling ..... goldener Falter.

[408]   T [Wien, 22.4.1916]   [St. Moritz]

Erwidere innigst allen den lieben Ostergruß ++ hoffe Telegramm
neulich und Doras Gruß angelangt ++ freue mich endlichen Eintreffen Heftes

[409]   T [Wien, 25.4.1916]   [St. Moritz]

Von wann seid nicht mehr Villa sondern Opel ++ Sicheres unmöglich trotz Fahrtantritt ++ innigsten Dank gütiges Telegramm.

[410]   T [Wien, 27.4.1916]   [St. Moritz]

Maymay gerettet

[410]*   K [Einsiedeln, 6.5.1916]   [Našice]
SN, KK und Mary Cooney an Dora Pejacsevich

[SN:] Wie lange schon, dass ich nicht von Dir gehört, mir ist
ganz bang, wenn mich auch K.K. so viel Liebes v. Dir erzählte.
Wir fuhren mit dem Auto zu seiner Vorlesung nach Zürich u.
sind jetzt hier. Ich fahre am 10. oder 11. nach Wien. Mein Bein
ist beinahe ganz gut; ich hinke kaum. Küsse   S.
[KK:] Es ist schwer, aber doch gegangen. (Das bezieht sich auf
die Reise, nicht auf das Bein.) Allerherzlichst K.
[Mary Cooney:] Much love from May May

[411]   K [Buchs, Bahnhof 8.5.1916, 9 Uhr]   [Ragatz, Hôtel Lattmann]

2. Kl. 38 Kr   )
1. Kl. circa 64 Kr.   ) Buchs-Wien
   Allerherzlichste Grüße und Wünsche, auch für May May
   In Eile!

[412]   T [8.5.1916, 9 Uhr]   [Ragaz, Hotel Lattmann]

Es war zu schön. ++ Alles Gute für lieben Chauffeur und lieben
Fahrgast der nicht traurig sein darf. ++ Gute Nacht ++ Karl Kraus

[413]   B Buchs – St.Gallen, 8. Mai [1916] 10 Uhr   [Ragatz, Hôtel Lattmann]

Noch diesen Gruß! Ich wollte telephonieren – das Ankurbeln
wäre leicht gewesen, aber ich dachte, wie schwer der eilige Gang
zum Telephon dem armen Fuß jetzt fiele. So habe ich das Telegraphieren vorgezogen, da mir versprochen wurde, daß es binnen *zehn Minuten* bestellt wäre. Hoffentlich war das der Fall
und hat das Telegramm beim Abendessen erfreut und nicht im
Schlaf gestört.

Hier nur noch ein Mensch, der nach Feldkirch fährt – aber ich weiß nicht, ob es ein Mensch ist. Von Bregenz sollen dann in Feldkirch noch etliche dazukommen und manche dort schon vom 6 Uhr-Zug warten. Ich hoffe, daß alles gut geht – heute *und übermorgen!* Dem Bein wünsche ich *sofortige* Heilung durch das nächste Bad; damit es wieder so schnell gehe wie das Auto. Maymay wünsche ich, daß ihre Überzeugung von unserer Bereitschaft und durch keine Reise unterbrechbare *Nähe* ihr von aller Traurigkeit helfen möge! Es ist ja nur der Abschied in Chur zu überwinden, im Zug schon soll sie das Gefühl haben, daß *eben dieser uns wieder vereinigen wird.* Nach wie vor aber bin ich der Meinung, daß *Buchs* für diesen Abschied nicht übel (üüübel) wäre. Hier könnte man mit May May das Zimmer im Hotel besichtigen, sie dort einquartieren, event. mit ihr zurück zur Bahn – es ist so viel Zeit und es ist die rechte Stille hier zum Adieu-Sagen – bei gemeinsamem Abendessen. Ich bin jetzt ganz allein im Restaurant, der Mensch ist fortgegangen – wie schön, sich hier S. und M. (zusammen: *S.M.)* vorzustellen, wenn sie schon heute leider nicht da sind.

Es gibt keinen Ausdruck, der an mein Gefühl hinanreichte. Darum schließe ich mit der Hoffnung, am 11 um ½ 8 Uhr abends beim Aussteigen helfen zu können, so, *als ob* man noch der Stütze bedürftig *wäre.* (Natürlich nur, wenn die letzte Freiheit, die man in Wien noch haben könnte, die Perronfreiheit, wieder hergestellt ist. Wenn nicht, muß ich mich damit begnügen, beim Einsteigen in einen elenden Wagen zu helfen, der die Keckheit hat, sich Auto zu nennen.) — — —

Und noch ein »Gebet an die Sonne von Ragatz«, daß sie zwei Tage lang stehen bleiben möge!

[414] T [Salzburg, 9.5.1916, 7 Uhr] [Ragaz, Lattmann]

Fahrt nicht übel ++ Billet mit Zuschlag 48 ++ darin sehr genau ++ allerherzlichst

[415] T [Wien, 10.5.1916, 9 Uhr] [Ragaz, Lattmann]

Dank der Sonne glücklichste Fahrt beiden ++ Maymay nicht mehr arm sondern beneidenswert

[416] B [Wien,] 16. Mai [19]16   [Janowitz]

»Trotz Regen große Bewegung im Park«. Wer könnte das dem
Park besser nachfühlen als ich?

Nein, heute war – hier – kein Feiertag. Aber gestern, 15. Mai,
war einer! Er wird der Tag aller Tage bleiben. Soeben Nachricht
aus Hamburg. (Wegen Renovierung, Bepflanzung etc.) Vormittag Brief eines »verehrenden« Malers, der »seit langem den
Wunsch hegt«, mich zu porträtieren. Wie eine Ergänzung unseres
gestrigen Gesprächs. (Aber ich werde den Wunsch nicht erfüllen.)

Was könnte ich nur thun, um Bobby und den Schwan zu ersetzen! Aber es ist ja dort noch so viel Schönheit übrig. Und gar
seit dem 16. 5 Uhr morgens!

Am wahrsten ist jetzt die Zeile: ..... »ist dies hier schon der
andere Planet!«

[417] B [Wien,] 17. Mai [1916]   [Janowitz]

Gestern abend zwei Begegnungen: Rilke bei der Karlskirche,
fragte, ob gut abgereist. Dann auf der Seilerstätte Rysz. als Offizier verkleidet mit gräßlichem Bart, erkannte mich merklich,
that aber nichts dergleichen. Mir fiel unser Thema ein, daß es
der Frau besser anstehe zu geben als zu nehmen. Aber was steht
dem Mann besser an? In jedem Fall: die Uniform, wenn der
Charakter kaputt gegangen ist. Es muß mir gelingen auch rück-
wirkend das Heiligste vor jeder Berührung mit dem Unheiligsten
zu bewahren.

L. erzählte, daß sein Pflegesohn wieder in der Viktorgasse
war und dazu noch die Alte, die wir neulich im Hall des Imperial
stricken sahen. Wenn *das* das »Ministerium« war, von dessen
Einladung bei T. Rilke sprach, so ist's ja umso besser, daß man
nicht dort war. Was jetzt nur überall für ein Durcheinander ist!
Glückliches Janowitz!

Staatsbahnbureau: Našice – »weiteres Kriegsgebiet«, also Paß
mit Klausel, diese nöthig, besondere Bewilligung nicht nöthig.
Genügt die Auskunft oder soll ich mich noch in der Statthalterei
erkundigen?

Gestern zufällig das Buch des P.A. gesehen, über das ich mich
abfällig geäußert haben soll. Das thue ich nun wirklich. Der

arme Narr druckt zwischen Skizzen alles mögliche ab, was ihm *gefallen* hat: z.b. einen Armeebefehl des Generals Dankl gegen Italien. Ohne ein Wort dazu! Als Dichtung von P.A.! Ich war davon so »totangewidert«, daß ich heute an seinem Kiosk vorübergegangen bin, ohne ihn zu grüßen.

Immer mehr weiß ich, daß es, seit die Welt steht, zwischen Paradies und Park nicht Glück und Schönheit gegeben hat.

[Meisterkomponisten für die Kriegspatenschaft.] Unter dieser Devise findet Freitag den 26. b. von 1/25 bis 1/8 Uhr abends im Stadtpark (Eingang Johannesgasse, zweites Tor) ein Komponistennachmittag statt. Die vorbereitende Sitzung zu dieser Veranstaltung fand am 11. b. im Palais der Baronin Georgine Dirsztay in Anwesenheit der Gräfin Pauline Berchtold, der Gräfin Henriette Buquoy

und der Leiterinnen Frau Hofrat Melanie Wolf, Frau kaiserl. Rat Herma Karell und Frau Konsul Mathilde Kraus sowie eines großen Damenkomitees statt. Die Hausfrau teilte mit, daß die Militärkapelle des Ersatzbataillons des k. u. k. Infanterieregiments Nr. 84 unter persönlicher Leitung der Wiener Komponisten Edmund Eysler, Leo Fall, Emmerich Kalman, Franz Lehar und Oskar Straus konzertieren werde. Frau Hofrat Wolf berichtete über eine außerprogrammliche Ueberraschung, die im Rahmen des Nachmittags bei hoffentlich schönem Wetter im Freien stattfinden werde, und bat um eine rege Propaganda. Frau Berta Frankl-Scheiber betonte, daß jede Veranstaltung der Kriegspatenschaft einen gesellschaftlichen und materiellen Erfolg hatte und daß derselbe auch diesmal nicht ausbleiben dürfte. Karten à 10 K. (inklusive Jause) bei den Leiterinnen.

Beilage zu Nr. 417

[418] B [Wien,] 18.5.[1916] 6 Uhr

Endlich wieder einmal die liebe Schrift. Mit dem gütigsten Inhalt. Zum Beispiel: ».... sehr lieb und unverändert. Erst nach 2 St.
Gesprächs fiel ihm mein Bein ein!« Und doch gibt es kein
wichtigeres.

Wie schön wäre das: allein zurückbleiben zu können! Ankommen, wenn man allein ist, das hielte ich selbst für unthunlich. Aber bleiben, nachdem *mit* Ch. vierzehn Tage lang, das
wird doch hoffentlich gehen. Es wäre ja das Schönste. Bleibt
man in Linz? Soll ich entgegenkommen?

Der liebe dumme Schluß des Briefs! Die Rechnerei! Daß das
aus solcher Feder kommt und mir vorgeschlagen wird! Es
klingt wie ein Vorbehalt für die Ewigkeit, ohne den *ich* am Ende
nicht *glauben* könnte! Daß man doch darin »sehr genau« ist
und mir diese kleinen Freuden halbieren will!

Ich sage »man« und könnte doch, da der Brief rekomm. geht,
von Herzen »Du« sagen, nach so langer Zeit schriftlich – es ist
berauschend!

Gestern mit der gleichen Post diese beiden lieben treuen Zu-
schriften. Die arme Mutter! Ich will es als Parte – von allgemeiner
Trauer, weil sie anonym ist, für alle mir so geraubte, gemordete
Jugend – veröffentlichen. Auf diese Art auch der Mutter danken.
Kann es noch Freude geben, wenn *das* geschieht! Vielleicht interessiert es, öfter solche Dokumente, die die Post bringt, mich
und die Welt betreffend, zu erhalten? Dann schicke ich sie. (Auch
Ch. nach Gutdünken zu zeigen.) »Dvořak wartet«. Daß es so
etwas doch noch gibt. Jede Enttäuschung Charlies an dieser Seele,
so berechtigt sie objektiv sein mag, schmerzt mich. Hier möchte
ich Diebstahl zum Recht erhoben wissen.

Von einem andern, der nicht mehr zur Musterung kommt:
P.A. Gestern aus bester Quelle erfahren, daß dieser Kriegshans-
wurst mit Abzeichen bei Beginn der Affaire im »Steinhof« vor-
gesprochen und den Primarius bei allen Heiligen *angefleht* hat,
ihm durch ein *Zeugnis* zu bestätigen, daß er geisteskrank sei, in
irrenärztlicher Behandlung war und deshalb in keinem Fall
kriegsdiensttauglich wäre, *wenn* etwa sein Jahrgang auch dran-
käme!! (Hier müßte man mindestens fünf P.A.'sche Rufzeichen

machen.) Rilke, heftig bemüht, die T. zum Verständnis für mich
zu bekehren, hat den Maler K. gebeten, ihn darin zu unterstützen
und ihr einen Vortrag über mich zu halten. L. selbst meint, das
müsse »gut ausgefallen sein«. Und als ob es unerläßlich für mich
wäre, von der T. verstanden zu werden. Und von irgend jemand
auf Erden außer der N.!

[419] B 19.V.[19]16 6 Uhr

Mein und unser Bobby! Das geht ja über alle menschliche Treue
und ist mehr, als man mit dem Gefühl fassen kann. Welch eine
Szene: der vor dem Bahnhof wartende Hund! Welch eine Haltung: der die Nahrung verweigert, weil er Sehnsucht hat! Einzig
und tief, tief erschütternd. Es risse einen weg von menschlichen
Dingen, wäre man nicht längst davon weg. Innersten Dank für
diese Beschreibung und für das Bekenntnis am Schluß. Es gehört
dazu. Die stumme Seele und dann – welche Entschädigung! –
der sprechende Mensch, der müde macht und quält. Alles, alles,
was man darüber sagt und wie man es sagt, ist ein Zeugnis höchster Menschlichkeit, die sich jetzt im Leiden unter der Menschheit beweisen muß. Zuflucht in der Natur und im Partner des
Elends und Glücks: so soll es sein! (Waren die Worte: »den
Menschen *dieser* Welt entfremdet« Antwort auf ähnliches, das
ich geschrieben habe, oder Gedankenbegegnung?) »Dvořak
wartet«: ich dachte, auf mich. Nun: auf den Brief an mich – das
ist dasselbe, und wenn es solche Briefe sind, noch mehr. Diesen
einen über Bobby, sich und mich möchte ich nicht mehr von
meinem Herzen nehmen. Er ist wie ein Paß, um ungefährdet
durchs weitere Leben zu kommen – für alle drei.

Gestern telegraphierte der Inhaber des »Verlags der Schriften
von K.K.« (aus Baden-Baden, das zwar ein doppeltes, aber beileibe kein Baden ist): »Innigsten Dank für Mai-Heft der Fackel,
das mich durch die reinen und ungeheuern dichterischen Kräfte
seines Inhalts tief beglückte.«

Wo lebt die Quelle dieser Kräfte? Alle Telegramme und Briefe
– wären an *sie* zu richten!

[420] B 20.5.[19]16 6 Uhr

Man hat *auch* gespielt? Jedenfalls besser als *sprechen*. Es »geht
an«. – – Unausgesetzt beschäftigt mich der vor dem Bahnhof
wartende Hund. Aus Sehnsucht nach dem Liebsten hungern –
welch ein Beispiel in dieser Zeit der nüchternsten Hungersnoth!

Jetzt im Café I. eine Szene zum Sterben. L., wieder leidend
und auf dem Weg nach dem Semmering, erwartete mich. K. kam
dazu, der mit R. soeben nach *Baden* fährt. R. gegenüber mit allerlei Leuten, dann für einen Augenblick zu uns. Ich sagte: Ja, unsere
Künstler haben jetzt die Wahl zwischen dem Heldentod und
dem Besuch beim Bartsch; sie sind so heroisch, das zweite zu
wagen. Als R. kam, sagte ich: Daß ich das erleben mußte – wenn
das Ziel eines Laufs der B. ist, daß der *Start* bei *mir* sein soll! R.
lachte, gieng dann wieder hinüber, K. sagte, ich hätte ihn ganz
»entmuthigt«.

Daß weder Ch. noch M. die Erledigung hat, ist einfach räthselhaft. Die Verzögerung M. aber durch Bern erklärlich, aber die Prager Statthalterei hat doch den Bescheid seit drei (vier) Wochen!

Ist es nicht unglaublich daß die zwei nach Baden fahren um
etwas anderes zu thun als was wir gethan haben? In unserm Le-
bensbädeker bleibt es mit hundert Sternen angeführt.

7 Uhr

NB. Das Beiliegende ist ein Abzug des Programms, noch kein
Druck. (Man behalte es.) Jetzt festgestellt, daß in der Schlegel:
Tieck'schen Ausgabe Tieck überhaupt nichts übersetzt hat, sondern sechs die Dorothea, *13* Gf. Baudissin (dessen Übersetzung
viel besser ist als die in Manin sur gelesene).

[421] B [Wien,] Sonntag 21.V.[19]16 abends   [Janowitz]

Dies von Dora. Der Schluß bezieht sich auf die Entsetzlichkeit,
daß Reste eines Regiments auf der Bühne vorgeführt wurden.
Am Mittwoch wird als Ouvertüre und in den zwei Pausen Musik
von Nicolai sein. Ein armer Korrepetitor der Hofoper – der mir's
jetzt, in einem Probezimmer der Oper, vorgespielt hat – macht
es sehr fein. Die Verdi'sche Musik ist leider weniger geeignet.
Heute im Briefkasten einen Band geschriebener Gedichte (»Kla-

gelieder«) vorgefunden, anonym, dazu, von Damenhand, auch anonym die Worte: »Auf Wunsch eines schwerverletzten Kriegers werden Ihnen diese Gedichte als sein Gruß gesandt. – Es ist dies außer der Urschrift das einzige Exemplar.«

Könnte man doch der Menschheit helfen! Wir zusammen! Das Programm wird also noch ergänzt.

[422]   B [Wien,] 21./22.V.[19]16 5 ¼ Uhr früh.   [Janowitz]

Ich habe das folgende Telegramm an Dora vorbereitet:

»Allerbesten Dank. Viele Grüße Ihnen verehrte Gräfin und lieber Miss. Hoffentlich sehen wir uns bald einmal wieder und was das glücklich geheilte Bein anlangt, so möge wenn nicht unsere Bitte, unser Gebet Wiederholung verhüten. Karl Kraus«

22. abends

Komme von Musikprobe. Außer Ouvertüre und Zwischenaktsmusik in zwei Pausen, nach dem 2. und dem 3. Akt ist noch Musik während des fünften Aktes (Wald von Windsor.) Auch Vorhang gibts diesmal. Die Musik ist unsichtbar. Innigsten Dank für rek. Brief, der früh angekommen ist. Also die Musik für Shakespeare habe ich. Braucht man Musik zu den Dialogen, die man citiert? Was für eine das sein müßte! Ja, unsere Shakespeare-Abende! Aber Tierfehd – das ist freilich noch besser. »Welt und mich betreffend« – ich meinte natürlich, nicht jedes von beiden, sondern beides gegeneinander. Aber man hats wohl auch so verstanden.

Allerherzlichst. Man darf nur noch an Tierfehd denken!

[423]   B [Wien,] 23.V.[1916] 7 Uhr   [Janowitz]

Nur schnell, damit der Gruß noch heute weggeht. Ich komme jetzt erst aus dem Saal, wo wieder Probe war. Leider wird die musikal. Begleitung *während* der Elfenszene (unsichtbar, wie auch in den Zwischenakten) wegfallen müssen, da *wir* einander nicht hören (Sprecher und Begleiter). Ich finde im Briefkasten den rek. Brief, der mich beseligt, und diese zu liebe Karte von M.M. (vom 20.): »Lieber guter Herr K.! Ich danke Ihnen vielmals für die letzte F. 5. Mai. Bobby ist wohl. Wir denken viel an den vergangenen schönen Tagen und hoffen, solche werden wieder kommen. Innigsten Dank für alles von Bobby und May-May. Mit Hauswirtschaft viel zu thun und doch sehr bange.« Ist das nicht charmant, dieses: *Wir* denken viel ... und *hoffen* ....!

Ich glaube, daß es selbst in der Hundewelt, die doch seelisch höher organisiert ist als die der Menschen, einen Fall wie den Bobbys noch nie gegeben hat! Programm werfe man weg, wenn das *neue* kommt: es sind zwei Worte auch im Text (der natürlich in die F. aufgenommen wird) geändert: »Besten« statt »Feinsten«, »Möchte« statt »würde«. Auch sonst: im Personenverzeichnis und über Musik. Tieck hat überhaupt nicht übersetzt, nur durchgesehen, was Baudissin und Dorothea übersetzt hatten.

An dem herrlichen Brief betrübt mich nur eines: bis 5 Uhr früh! Abzug an Schlaf *dafür*! (Für drei »Kinder der Mittelwelt«, wie es in der heute geprobten Elfen-Scene heißt). Das macht *mich* schlaflos! Bitte, bitte Nachricht, ob das Bein schon ganz gut!

Wenn's noch geht, lasse ich morgen die Stammsitze frei, damit sie nicht entweiht werden.

Aber in Manin sur wird's gewiß besser geklungen haben. Nicht 300 Jahre sinds – sondern seit dem Anfang der Welt.

[424]   B [Wien,] 23.V.[19]16 abends im Café P.   [Janowitz]

Nachtrag:

Bitte, bitte zu schlafen, während ich arbeite, nicht »Angehn« zu spielen: sonst fällt mir nichts ein! Wenn man die Welt – aus heiligstem Recht, es zu dürfen – so ablehnt, soll man mit ihr nicht Angehn spielen. *Sie angehen*, überlasse man *mir; uns* geht sie nicht an.

Kann man mir den genauen Namen und die Adresse der Frau v. M. mittheilen? Ich will ihr das versprochene Exemplar unseres Buches schicken; habe endlich sechs aus Leipzig erhalten.

Hat man im heutigen Prager Tagblatt (das ich leider vor mir liegen habe) die tollwüthige Skizze des P.A. gesehen: eine Verherrlichung des 40fachen Raubmordes, weil den armen Dienstmädchen »ihre *blöd-mühsam* zusammengesparten 700 Kronen« weggenommen wurden, mit dem Ausruf: »Diese Alle einfangen, abdrosseln und das Geld gut und richtig verwenden – – –!«

Nämlich auf das Bankkonto des P.A. legen. Soll man glauben, daß das einmal der »Dichter der Frauenseele« war? Diese Schandredaktionen drucken es ihm ab, ohne zu ahnen, daß sie ihm damit das gewünschte Irrenhaus-Attest liefern. Man müßte sich töten, wenn's keinen Blick zur Seele Bobbys gäbe und nicht die Hoffnung auf Tierfehd!

Im Prager Tagblatt war kürzlich *Jean Paul konfisziert:* das über den Krieg, aus der Fackel.

[425] T [24.5.1916]   [Janowitz]

Dank rechtzeitigem Eintreffen Telegramms ist der Festabend unter hellstem Jubel verlaufen ++ fast so schön wie in Manin sur

[426] B 24./25.V.[1916] 3½ Uhr nachts

Ich komme vom Telegraphenamt. Also: Um ¾ 7 war der unentbehrliche Zuruf gekommen, und so mußte es gelingen. Es gelang gegen alle Befürchtung und über alle Erwartung. Die beiden Plätze waren leider nicht leer: dies der einzige Mißton. (Oder vielmehr: sie waren leer!) Die Musik bewährte sich vortrefflich. Hinter der Szene. Vorhang (von der Hofoper geliehen) gab es auch. Und Frack. Sonst war alles wie sonst. Die Stimme der Frau Romer wirkte sehr überzeugend, aber niemand wußte, wie sie entstanden war – nicht einmal ein Graf Romer, der mit meinem alten Stammgast, dem Baron Skudick da saß. Wieder ein schöner Blumentopf – aber wer nimmt ihn und setzt ihn dort ein, wo er's gut hat?

Loos wieder vom Krankenlager gekommen, um wieder dahin zurückzugehn (er versichert, es sei immer nur eine nervöse Sache). Nachher mit ihm und dem treuen Besucher D., der vom Semmering gekommen war, bei Hartmann im Freien gespeist. Sonst zu erwähnen: R. hatte (für sich und wohl für seine Patronin) die Karten *verfallen* lassen. (Er war damals mit K. nach Baden gefahren – der B. war nicht zuhause! Zum Sterben! Ob dann, zum *Ersatz,* die lieben Häuser angesehen wurden, weiß ich nicht.)

Die Aline Dietrichstein, von der wir gesprochen hatten, war mit ihrer Gouvernante drin und – wieder zum Sterben – die alte Wydenbruck nebst deren jüngerer Tochter, die sich zum Schluß, unter den Enthusiasten ganz vorne, besonders hervorthat. Das mag ja ganz natürlich zugehen; aber das Erscheinen der Mutter W. ist doch ein wenig auffallend. So meinten die Leute.

Das ganze war wirklich sehr gelungen und wird im nächsten Winter, wohl Wiederholungen nach sich ziehen – wenn die Abende in Manin sur Raum dafür lassen werden, versteht sich. Heute vorm. ist wieder ein sehr lieber Brief von Dora gekommen (merkwürdiger Weise vom 23.); Hier ist er. Sonst in den letzten Tagen viele Frontbriefe, alle so wie der des Offiziers, den man gelesen hat. Ein armer Teufel, der 3 000 m hoch kämpfen muß, dankt für die vorige Fackel, die er kürzlich von irgendwo erhalten hat, in rührendsten Worten.

Der kleine Biograph ist in Lilienfeld – ich werde nächstens, wenn die Arbeit am Ende hält, auf einen Tag dorthin fahren.

Page sagt: »…. ich danke euch für mein Wildpret, Herr Schaal.« *Ich danke euch für den ganzen Abend! Zu wem aber könnte ich sagen:* »Euer Wort an Bach macht ihr nun dennoch gut; er …… noch heute mit ….«

(Als ich, vom empfangenen Telegramm weg, in die Vorlesung gieng, zog just vor der Thür gravitätisch ein Leonberger vorüber, nicht so schön und nicht so bedeutend natürlich wie der unsrige, aber doch zum Weinen ähnlich. Ich glaubte schon, er wolle die beiden Plätze beziehen. Als ich ihm nachblickte, unbekümmert um Publikumsleute, die mich anstarrten, bemerkte ich sogar den Typus Rilke, freilich einen, der einen schlechten Zweck in Baden verfehlt, während Bobby sich nichts besseres wüßte, als im Magdalenenhof zu liegen und über den Verfall der Zeiten nachzudenken. O Bobby! Ich kann und kann mich von der Andacht, die mir dieses Wesen mit seiner Sehnsucht und seinem Hungern eingeflößt hat, nicht trennen. Er meint's nicht ehrlicher als ich, aber sein Ausdruck ist reicher!

25.V. nachm.

Heute vorm. ist der Brief vom 23. – Dvořák hat wahrscheinlich nicht warten wollen – eingetroffen. Da steht: »Und ich werde fern sein, nicht nur zu hören, sondern auch das Schlußglück der Fluths zu theilen.« (Etwas dabei *gestrichen,* was ich fürs Leben

gern gelesen hätte.) Nun, das ist von allen Gedankenbegegnun-
gen die reizendste! Das habe ich doch, auf der vorhergehenden
Seite, heute nachts geschrieben – und *das Echo* war unterwegs!
Heißen Dank dem nie versagenden Echo, das nicht antwortet,
sondern mit der *Stimme* zugleich entsteht! Es wünschte sich,
ein Phonograph zu sein, und ist doch so viel mehr!

Ein Fichtenbäumchen steht jetzt auf dem kleinen Tisch neben
der Chaiselongue (statt der Cigaretten etc): etwas aus dem »Park
in Windsor«; das sich aber nach dem Park in Janowitz sehnt.
Wenn es nur bis zum 3. Juni grün bliebe!

[427]   B 27.V. 1916 ½ 6

Dein Brief gibt so viel Liebe, Schönheit, Klugheit, Humor und
von allem Guten, was die Natur im Menschen nur haben kann,
daß ich reich bliebe auch wenn ich nie mehr ein Wort von Dir
bekäme. »Du größte Courmacherin« – ja ist's denn jetzt verkehrt?

Gestern früh die liebe Karte mit der so erfreulichen Mittheilung, daß Bobby wie ein Lord spazieren geführt wird (ich habe
gleich drauf M.M. und ihm einen telegraphischen Gruß gesandt);
aber künftig sollte es heißen, daß ein Lord Vorzüge genießt wie
ein Bobby!

Welche Briefe sollte man sammeln? Die von den andern an
mich oder von mir an Dich – »als menschlichstes Dokument der
Wahrheit des Wahrsten«. Welche meintest Du? Wohl die von den
andern an mich? Aber ich meine: die von *Dir* an *mich*!

Die Dora-Jagd-Sache wird im Auszug gedruckt zu lesen sein.
Es ist eines der allerdeutschesten Dokumente (dieses Eigen-
schaftswort ist immer noch einer Steigerung fähig) und heißt:
»Auf der Russenfährte«*. Ich möchte es nicht senden. Denn
wenn man solches schon mir – mit Recht – zuschickt und wenn's
schon mein Los ist, solches zu bewahren und zu überliefern, so

---

* Der Krieg vom Standpunkt der Jagd: verhundertfacht das,
was die beiden Besucher sagten, ehe man vom Tisch aufstand
und das Zimmer verließ. Dies etwa der Inhalt der Dora-Sen-
dung.

soll man es doch Dir höchstens als der besten Leserin des später Gedruckten mittheilen, nicht anders.

Frau v.M.: ich werde das Exemplar besser via Dora schicken (auch das Wort Szem*p*len nicht ganz leserlich). Dank!

Niny! Der Schmerz, den Dein Brief bringt unter so viel Glück! Ja, die Bestialität ist doch eine allgemein menschliche Angelegenheit. Aber da es »Repressalien-Lager« heißt, muß es wo anders noch infamer zugehn. Ich schicke ihr sofort eine Karte mit der Versicherung, daß wir immer an sie denken. Die Fackel zu schicken habe ich auch gleich teleph. veranlaßt: und zwar ab Januar 1913. Das hätte ich natürlich längst gethan, habe es immer *wollen,* aber es ist zwecklos. Sibirien, Elba: was seit 1914 erschienen ist, wird nicht befördert. Nun versuchen wir's doch, vielleicht bekommt sie die ältern Hefte. Wenn man ihr nur telegraphieren könnte!

Zu lustig – nach all dem Jammer – ist die Miene, die sagt: Gottes Ruthe…., und die Begleitung: »Und ich spüre, daß sie dann über mir ist.« *(Mir* bitte: nicht »mich«! Dies der einzige Fehler! »Oder müßte ich dann überhaupt alles durchstreichen? « Ganz gewiß nicht, um Gottes Willen! Und selbst das »mich« will ich erhalten wissen und keinen »Gleitrutsch« gegen solche Vorkommnisse anwenden.

Aber was bedeutet der Titel der Seite: *»Kleine Confusion«?*

Bezieht sich das auf das Hören der Porta im Battistero d.S.Giov.d.Lat. statt einer andern Stimme?

L. ist nicht mehr darauf zurückgekommen – ich sehe ihn auch so selten, da er immer wieder in diese entsetzliche Anstalt (ich meine das Sanatorium und nicht das Haus Sch.) geht.

R. lebt in Rodaun, fühlt sich also in der Atmosphäre des Herrn v.H. offenbar wohl (von da ist's ja wirklich nicht so weit nach Baden, das heißt zu jenem Theil von Baden, wo der B. wohnt.)

Nun den Satz über R.: »…. sicher hat er viel verloren. Oder fühlt er sich so reich nach seinem verfehlten Besuch bei B.« Beneide ich die Autorin!

Wer erzählte das von Egbert T.? Kann ihn jemand von mir herzlich grüßen?

Ist M.M. geschrieben worden, daß Bobby nicht nur in
St. Moritz, sondern auch in Wien bei der letzten Vorlesung
Lord-Ehren erhalten hat?

Heute, bei meinem »Mittagmahl« der folgende Dialog mit
dem Kellner, der bei Shakespeare vorkommen könnte, dort freilich mit den Zusätzen: »Ihr Schurken, fort!« Oder »Das lügst
Du in Deinen Hals hinein!« – »Das gebähte Brot ist steinhart!«
»Aber – so schwer is des jetzt!« (»Weil Krieg ist?«) In der Küche
will sie's überhaupt nicht machen. *Beten* muß man, daß sie's
bäht!« »Sagen Sie ihr, sie und das Brot sollen sich erweichen
lassen!« Aber das sind »Humore«, die mir nicht weiter helfen.
Ich selbst bin – auch das käme bei Shakespeare vor – gebäht und
geröstet von diesem Leben hier, und vom Leben, wie ein
entzweigeschnittenes Stück Brot, das nicht 70 Gramm wiegt.
Ich wollte, man hätte die Brotkarte verloren, ehe man mich be-
zog. (Ich meine die Menschheit, nicht *»man«).* Und nun brate
und glühe ich noch im Hochofen der Arbeit.

Da kommt ein Zephyr *(Nordwestwind,* heißt das) und macht
mich wieder neu, lebendig und unendlich dankbar!

27.V.16 abends
Niny diese Karte geschrieben (es ist so schwer – die Situation ist
ja so unerlebt, unglaublich):

Von Herzen hoffe ich, daß dieser Gruß Sie verehrte Baronin
bei gutem Befinden antrifft. Wie freue ich mich daß der Zufall,
der mich Ihre Adresse erfahren ließ, mir endlich Gelegenheit
gibt, Sie meiner aufrichtigen Theilnahme zu versichern. Bitte,
bewahren Sie sich nur ja, selbst wenn Beweise vom Gegentheil
Sie selten genug erreichen, vor dem Gefühl, daß Ihre Freunde –
für unsere Freundin und mich kann ich bürgen – Ihrer nicht mit
immer lebendigen Wünschen gedächten!

Wie gern wollte ich Ihnen eine Freude bereiten, wenn Sie mir
nur einmal sagten, womit ich Ihnen dienstbar sein kann, und
wenn's in meiner Macht stünde, es zu gewähren oder Sie des
Gewährten theilhaft werden zu lassen. Daß Sie nunmehr die Ihnen wieder gesandten Hefte ab 1913 erreichen, hoffe ich sehr.
Wie wenig ist es!

Bitte, liebe Baronin, finden Sie Trost in der Vorstellung, daß die heutige Welt als ganze nicht mehr Freiheit hat, nur weniger Klarheit, als die Gefangenschaft bietet. Und in der Gewißheit, daß Sie niemanden zu beneiden, aber von jedem, der Sie kennt, das herzlichste Mitgefühl zu erwarten haben.

Wenn Sie die Güte hätten, meine ergebenen Wünsche und Grüße für Sie beide auch dem Baron zu übermitteln, wäre ich Ihnen dankbar.

Immer Ihr

Karl Kraus

Nachts 27./28.

Habe auch gleich Ray eine Karte geschrieben. Hoffentlich kommt sie an – vorsichtig gehalten –; u. *hoffentlich* kann er irgendetwas thun!! – Immer wieder lese ich den theuren Brief.

Die Frage nach der Sache Loos-R.: er kam nicht darauf zurück, weil er ja schon damals, als ers sagte, der Meinung war, man sei abgereist. Ich konnte ihm nichts sagen, um diese Meinung nicht zu zerstören. (Wie verabredet.) Was *sie* sagte, »daß wir uns nicht sähen«? Das ist ein Kapitel, das immer schwerer lesbar wird – also auch nicht zu schreiben. Mündlich.

Sonntag nachm.

Das kleine Gespenst spukt vor meinen Fenstern.

Montag ½ 6

L. Karte vorm. eingetroffen. Nach Dost.: »Dämonen« wird Umschau gehalten. »Lucinde« empfahl ich eigentlich nicht. Sonst kämen von dem damals Gelesenen nur in Betracht: Jean Paul, Schulmeisterlein Wuz; Plautus, Bramarbas; (Diderot – Goethe, Rameaus Neffe) und die immer unterschätzten Lustspiele von Scribe (Feenhände) und Sardou (Die guten Freunde). Soll ich das schicken? Aber in der Reclam-Bibliothek ist wohl der Druck fast so schlimm für die Guten Augen wie meine Schrift! Ja, daß der Kuckuck so ein Ausnützer ist – wußte man das nicht? Ob er die kleinen Singvögel hinauswirft, weiß ich nicht. Aber er legt seine Eier in fremde Nester (»Kuckucksei«). Ich dachte mehr an den Unheilsglauben, der mit seinem Ruf verknüpft ist. Aber auf dem reinsten Stück Erde ruft er sicher nur den Frühling aus!

Das Telegramm wegen Bobby hat man wohl. Nicht wahr, man verzeiht die Arbeit. Aber es ist so: sicher habe ich damals unter dem ersten Eindruck etwas geschrieben, das dem Schmerz des Wartenden und dem Schmerz um ihn ganz gerecht wird. Das möchte ich jetzt wieder vor mir haben, und da die Erscheinung Sprache werden soll, wäre es künstlich, *nicht* auf das schon Geschriebene zurückzugreifen. Man versteht mich ja so gut. Und es ist eine so traurige Pflicht, mit der es zusammenhängt!

[428]   T [Wien, 29.5.1916]   [Janowitz]

Bitte innigst auch von mir treuen Gruß zu bringen.

[429]   T [Wien, 29.5.1916]

Verzeihung Mühe ++ Erbitte Abschrift oder Original ++ besonders zweier Briefstellen über Bobby ++ sehr wichtig

[430]   B [Wien,] 29./30.V [1916] während der Nachtarbeit   [Janowitz]

Fackelsendung (ab 1913) sowohl als Kreuzband wie (später) als Paket für Kriegsgefangene in Afrika unzulässig. Leider. Ich werde den Versuch machen, durch Ray schicken zu lassen.

Aber setzen denn auch die Mladotas in Hradek und Linz Himmel und Hölle in Bewegung? Die arme Frau geht ja zugrunde! Man sagt mir, daß durch den König von Spanien Hilfe möglich wäre – jedenfalls für *sie*. Man müßte sich direkt an ihn, den König oder an seine Mutter, mit der ja viele alte Aristokratinnen in Österreich *befreundet* sind, wenden. Sicher gienge so etwas durch die alte Tante Mladota oder andere. Es heißt, daß der König von Spanien sich für alle derartigen Gesuche – mit Erfolg – einsetzt: wenigstens so weit, daß die Armen nach Spanien gebracht werden. Und Kleider – und Geldsendung müßte doch via Schweiz möglich sein.

Da fällt mir ein: der nächste Weg wäre doch die Cousine Mitta – *Blanka:* das sind doch Verwandte des span. Königs!

Heute L. gesehen, der mir erzählte, daß die Sch. ganz außer sich sei – aber das ist sie ohnedies – über die »Lustigen Weiber von Windsor«, die ich neugedichtet hätte. »Wenn ich sie nicht dann noch mehr verachtete, würde sie einen Hymnus auf diese

Vorlesung veröffentlichen.« Daß ich den Falstaff »nicht habe
fallen lassen« – übrigens eine ganz gute Bemerkung – und daß
seine Gestalt die ritterlichste von der ganzen Gesellschaft blieb,
sei das Schönste gewesen. Das gleiche sage der Maler K., er habe
ähnliches nicht für möglich gehalten, *beide* (!) hätten »geweint«
über die rührende Figur der Anna Page. – Nun, das wäre ja
Wunder, aber mich selbst können sie nicht so weit blenden, daß
ich von den Gedichten des K., die jetzt in einer Zeitschrift erschienen sind, etwas hielte. L. – es war zum Sterben – zeigte mir
diese Gedichte, dazu Zeichnungen. Von diesen verstehe ich
nichts, glaube aber, daß sie ein Irrthum des L. sind, der sie übrigens zum Theil selbst preisgab. Aber von dem, was man mit der
Sprache erleben oder nicht erleben kann, davon weiß ich etwas.
L. versucht, mich zur Anerkennung dieser Verse zu bringen. Es
stellt sich heraus, daß er kein Wort davon versteht, sich alle
möglichen *Erklärungen* hineinschreiben ließ, die er wieder
nicht versteht. Noch wankt er nicht. Da beweise ich ihm Satz
für Satz, Wort für Wort, Beistrich für Beistrich, daß er den ja
nicht unsympathischen Mangel, sich nicht handwerklich geschickt ausdrücken zu können, für ein schöpferisches Merkmal
gehalten hat. Daß es der lächerlichste Dilettantismus ist und nur
dort, wo es verständlich wird, lyrischer Gemeinplatz, ganz bana-
les, tausendmal vorhandenes Zeug. Plötzlich gehen dem guten
L., den sicher das schlechte Gehör so vieles überschätzen läßt,
die Augen über und er stimmt mir so sehr zu, daß er mich bittet,
alles das dem K. zu sagen, wozu ich mich natürlich bereit erklärte.
Ich bewies ihm, daß er die Unbewußtheit des künstlerischen
Schöpfers, der natürlich von dem weisesten Plan behütet ist, mit
den Bewußtseinsstörungen des K. verwechselt hat, der in solchen Pausen des Denkens, in denen er imstande ist, den Weg
vom Kaffeehaus zur Frau Sch. zu verfehlen, seine Gedichte pro-
duziert, – und L. fand, daß ich ganz recht habe. Er freute sich
ordentlich, daß ihm die Illusion genommen sei, daß ich sie nun
auch dem K. selbst nehmen wolle, und gab zu, daß er mit seiner
Propaganda das Heraufkommen des ärgsten Mistes verschulde
und diesen beglaubige. Man muß diese Gedichte lesen, wenn
man kommt; und man muß – wiewohl ich mir da kein *Urtheil*

zutraue – die Zeichnungen sehen. Es ist nothwendig, weil ja doch über die *prinzipielle* Möglichkeit der Porträtierung beschlossen werden soll. Ich sagte L., daß der millionste Theil des letzten *Skrupels,* den ich an ein Wort von mir wende, die ganze Sprachleistung eines solchen Gedichtes umschmeißt. Dabei wissen alle diese Leute allerlei von *Kunst,* meinen Kluges und Richtiges von *mir,* selbst aber sind sie nicht imstande, einem Wort Leben zu geben. Wenn ich »Hugo Heller« hinschreibe, ist mehr Mysterium darin als in den überirdischen Redensarten, die solche Leute zu Gedichten zusammenstoppeln. Es ist die nackte Sprachschande!

Den Hellseher heute gesprochen. Zeigte ihm das Kuvert des rek. Briefes (mit verdecktem Stempel etc.), der so viel Herrliches enthält. Er erkannte die Schrift sofort und meinte, es werde immer glühender, rasender. Dabei, »trotz der bekannten Kämpfe«, durch und durch gefestigt, frisch, fast heiter, lustig. Sonst überschüttete er mich mit allem, was er inzwischen geleistet habe (furchtbar ermüdend durch die Tonart). Er war (während wir, nach der Schweiz, in Wien waren) in Prag. Gab mir Berichte darüber. Hier sind sie (ich brauche sie nicht mehr); einen davon hatte *ich* seit Monaten aufgehoben. Ich zeigte ihm auch den Brief der armen Mutter über den gefallenen Sohn; er meinte, daß stärker als der Schmerz um den Sohn noch *ihre* Liebe zu *mir* sei.

Soeben sehe ich, daß bei der Schermann-Sache in Prag auch der *Biolog* zugegen war, nicht ahnend, daß sein Irrsinn schon handschriftlich festgestellt sei.

Die beiden Bände »Dämonen« habe ich heute abends vor 9 zur Hauptpost getragen. Die heißeste *Arbeit* läßt immer noch freie Zeit für den *Dienst:* sie weiß, was sie thut.

Ist das Glück des Monats – des Alleinseins gesichert? Das Ersehnteste und eigentlich Selbstverständliche muß gelingen, nicht wahr?

30. nachm.

Heute ist der liebe Brief mit der Nachricht über die Fahrt Chotovin – Prag etc gekommen. So habe ich Dich heute (Dienstag) nachm. bis morgen früh in Prag vermuthet, mir gedacht, daß Dich die nach Janowitz gesandten Bitten nicht erreicht haben und deshalb nach Prag die Bitte telegraphiert, mir die Abschrift *expreß* zu senden, wenn Du zurückkommst. Nun finde ich das l. Telegramm aus Janowitz vor, das zwar besagt, Du habest meinen Wunsch in J. empfangen (also nicht nach Chotovin?), aber nicht zu erfüllen gewußt. Nicht M-M.'s Beschreibung, die ja in Deiner Wiederholung erst eindrucksvoll ist, sondern Sätze, die ich geschrieben habe, weil ich sie Deinem Bericht verdankte! Nochmals, verzeih die Mühe, aber Du wirst schon sehen, daß sie gut angewandt war, und schicke mir gütigst zwei Briefe von mir (also ohne die Pein der Abschrift), in denen ich: zuerst über das Wunder dieser Sehnsucht schrieb, und dann: noch einmal darauf zurückkam, weil man nicht darüber hinwegkommen könne (»Andacht vor diesem Wesen« od.dgl.). Welche Briefe in Betracht kommen, wirst Du ja unschwer erkennen, und in Wien gebe ich Dir die Briefe zurück, wenn es keinen Sinn mehr hätte, sie nach J. zu schicken. Also bitte – nur in ein Kuvert! Und *expreß*, nicht wahr? Ich dachte, Du hättest in Ch. übernachtet und wärst von dort direkt nach Prag gefahren. – Aber ein anderes Denken war besser:

»Ich dachte mir gleich, daß etwas nicht ganz richtig war mit dem *mich* nach *über; ich sagte mir beides laut vor* und entschied mich für das falsche.« Die Szene vergesse ich nicht, wiewohl ich nicht dabei war. In solchem Augenblick einmal ins Zimmer zu treten –!

[431]   T [Wien, 30.5.1916]   [Prag, Saxe]

So darf ich die Abschrift der Bobbyworte nach Rückkehr express erbitten ++ gute Nacht.

[432]   T [Wien, 30.5.1916]   [Prag, Saxe]

Dank Telegramm das nach meinem Prag gesandten Gruß eingelangt ++ So wäre für Eilsendung zweier Briefe ohne Abschrift nach Rückkehr dankbar ++ innigst

[433]   B [Prag,] 31.V.[19]16 6 Uhr   [Janowitz]

Also die beiden Telegramme, die ich nach Prag sandte (und die man hoffentlich, am nächsten Tag, bei Tisch im Hotel Saxe erhalten hat), haben ihr liebes Ziel verfehlt. Ich hatte mich streng an das Programm gehalten, das mit dem Wort eingeleitet war: »Bitte zuzuhören«.

Hier nun sende ich mit dem allerherzlichsten Dank die M-M-Korrespondenz zurück. Wie schade um die Mühe: dieses Herausschreiben und Übersetzen! Und man erkannte selbst, daß ich *die* Stellen nicht meinen könne, sondern nur die eigenen. Wie entschädige ich nur die guten Augen (die leider nicht guten) für diese Arbeit!? Immerhin verdanke ich diesen Citaten ein Wort: *er wendet sich, davon ab* (von der Nahrung). Das ist sehr schön für meine Absicht. (Zu dumm, daß ich nicht »*meine* Briefstelle« telegraphiert hatte, wiewohl die Worte »im Original« sich schon deshalb nicht auf M M. beziehen konnten, weil dies doch sonst nur ein Mißtrauen gegen den Bericht S. N. bedeutet hätte, – außer ich wollte einer *Kommission* den Fall vorlegen – also mein Wunsch gieng natürlich, das weiß man jetzt, nach *meinem* Text. Aber es macht ja nichts aus: man kann nicht genug von Bobby lesen. Das wichtigste ist mir freilich die von Fritz erzählte *erste Szene* (das Warten und meine Bemerkungen *darüber.*)

Man fährt von Prag also nicht zur Familie D.?

Hier sende ich noch die seinerzeit aufgehobene Sache von dem Dichter, der jetzt endlich eindeutig »Jozsi« heißt; und außerdem wieder das Blatt, das unter dem Vorwand, für Geld dem »Fremdenverkehr« zu dienen, uns seine Erinnerungen bringt. – So schön aber die Beschreibung ist, die man vom oberen Parkweg gibt, glaube ich doch nicht, daß sie wahr ist. Vögel und Mücken sind nicht aufgescheucht und erschreckt, sondern in festlicher Bewegung; sie fühlen sehr wohl, wer da zu ihnen kommt und daß es wer ist, der wie sie selbst zur Natur gehört, und kein Profaner, kein »Kind der Mittelwelt«. Von Rechtlosigkeit also keine Spur; rechtlos ist nur der irdische Besitzer, nicht die Schutzherrin.

[434] B 31./1.VI.[19]16 3 Uhr nachts

Liebes Telegramm erhalten, gleich nach Absendung meines Ex-
preßbriefs. Man hat also wie in dem Fall »mich« statt »mir« in
der Bobby-Sache nachgedacht und sich »für das Falsche entschieden«. Aber was macht das! *Wie* gerne läse ich immer nur
Fehler von dieser Hand und unnütz herausgeschriebene Briefstellen! Und versäumt wurde *nichts*!

Zu der Sache des »Joszi« [!] wollte ich noch sagen, daß er
zwar schon *so,* aber leider immer noch sich Nadherny nennt.
Ach daß der Name auch *diese* Verbindung mit der Literatur eingehen konnte! Es ist schmerzlich. Wie das mit Bobby wird?
Das sage ich nicht. Die Einsendung meiner Briefstellen bedeutet
nur: daß man diesmal ankurbeln hilft. Für mich, und wieder für
uns beide.

Also man war heute in Prag und nicht gestern. So hatte ich
gestern ein falschgestelltes Gedankenziel. Das sollte nicht vorkommen. Schnell mußte und konnte ich noch im letzten Moment
nach – Bremsgarten.

Heute brachte L. den K. und die Gedichte. Ich sagte ihm alles
mit der äußersten Schärfe und nahm ihm das Versprechen ab, so
etwas nicht mehr zu thun. Gieng es Wort für Wort mit ihm
durch, dichtete es um, und der lauschende L. mußte erfahren,
daß alles, was ihm gefallen hatte, entweder wertlos oder *Druckfehler* waren! Alle Einwände aber imponierten dem Dichter
sehr.

In der »Neuen Rundschau« (Juni-Heft) hat sich der Werfel
für die Behandlung, die ich ihm seit zwei Jahren angedeihen
ließ, gerächt und ein Gedicht – gegen mich (das kann man sich
nicht vorstellen?) veröffentlicht. »Einem Denker«: ein Zug in
meinem Gesicht habe ihm von allem Anfang an nicht gefallen, er
habe erkannt, daß ich nur ein Ankläger sei, also einer, der eigene
Sünden zu vergraben habe, ein Herzloser! Angesprochen (mit
Namen) bin ich darin nicht, aber jeder Leser muß spüren, gegen
wen es geht. Schaleres, in »Psychologie« und Sprache, ist selten
gedruckt worden. Ich werde ihm den Tort anthun und es (im
übernächsten Heft) abdrucken. Ich hätte nicht geglaubt, daß die
Abschüttelung eines unsauberen Menschen solche Folgen haben

könnte: freie Rhythmen! Was wohl Maria dazu sagen wird. Aber Maria ist ein schwankendes Laubrohr im Winde.

1.VI.

Die Karte, die man nach Rückkehr aus Chotovin schrieb, erhalten. Erreicht dieser Brief noch?

[435] B [Wien,] 4. Juni [1916] Sonntag 6 Uhr   [Našice]

Jetzt weiß ich es: *nur aus der Angst, daß sich das wertvollste Leben abhetze, abnütze; daß was eben *nur nothwendig* ist, den Vorrang habe* – entsteht solches: zweien zur Qual, einem zur Reue! Aber wenn's nicht manchmal so unerträglich wäre, so wär's ja unerträglich schön!

Zu dumm, so vernünftig zu sein, nicht Bobby zu sein. Sonst liefe ich jetzt – ich glaube, die Herrin ist dort einmal abends angekommen – zum Ostbahnhof; und würde warten.

P.S. Aber nicht wahr: es war gar nicht so unerträglich?!

Und es ist doch gut, nicht Bobby zu sein. So weiß man doch wenigstens, daß am 16. Wiederkehr ist!

[436] B [Wien,] 6./7. Juni [19]16   [Našice]

Die liebe Karte aus Budapest gleich am Montag vorm. erhalten. Das Telegramm aus Osjek am Abend, und heute abend das aus Našice.

Das Kind kommt erst morgen zur Untersuchung. (Diesmal fürchte ich *sehr).* Den wärmsten, schönsten Dank für alles Gedenken und die Bitte: nicht wahr, wir wollen es nicht zum Sprichwort werden lassen: Alle Ankunft ist schwer. Schwer sei nur der Abschied!

Die viele Arbeit verhindert, mehr zu sagen.

Wie beneide ich die Herrin von Našice.

[437] B [Wien,] 6./7. Juni [19]16   [Našice]

Heute lieber Dankbrief von Alma v.M. Ich hatte ihr ein Exemplar unseres Buches geschickt, dessen Sendung aus Leipzig, wiewohl *avisiert,* damals *nicht* erfolgt war. Heute kommt nun von dort die beiliegende, wohl erfreuliche Aufklärung.

Morgen, 8., gehe ich – nach so vielen Jahren – ins Burgtheater, um mir einen Gast als Lear anzusehen. (Da weiß ich aber *sicher,* daß es in Manin sur besser war.)

Hier sende ich wieder das Blatt mit den vielen Schweizer Erinnerungen. Aber May May würde wenig Freude an dieser Ausgabe haben.

An Ludwig v.F. hatte ich eine Karte gesandt mit der Bitte um Nachsicht. Nun schreibt mir seine Schwester diesen Brief hier. Der Allerärmste. Welch ein Glück, daß er so davongekommen ist, aber wie entsetzlich, daß es dazu kommen mußte!

Am *3. Juli* soll ich auf solche Fähigkeit hin geprüft werden. Es wird aber möglich sein, das vorher zu erledigen. Die allerherzlichsten Grüße, bitte auch an Gräfin Dora.

Das »Kind« wird morgen, 8. bis 10. oder 11. untersucht. Vor dem 14. leider an Erscheinen nicht zu denken.

Alles Schönste!

[438]   K [Wien,] 9. Juni [1916]   [Našice]

Gestern die lustige Karte aus Osjek, heute abends die liebe aus Našice.

Hotel Krantz werde ich telephonieren.

Was weiß Grf. Dora schon, das man ihr »erzählen wollte«?

Das Kind noch immer nicht untersucht. Erst von morgen an. Große Stockung infolgedessen.

Ich hörte vierhändig Klavierspielen. Aber es ist undeutlich, ich weiß nicht, was man spielt.

Ich hoffe sehr, daß Grf. Dora mitkommt. Bitte ihr von den allerherzlichsten Grüßen einen abzugeben!

Gestern, nach acht Jahren, im Burgtheater bei »Lear« gewesen. Es war ein Trauerspiel. Man sollte diese Helden zum Tod verurtheilen. Nicht mich, sie zu erleben.

Andauernd viele Briefe, die mich erfreuen würden, wenn sie nicht von so viel Schmerz her kämen.

Ein entsetzlich schwüler Tag; ein ganz großes Gewitter bereitet sich, ich will schnell diesen Gruß nach einer lichteren Gegend befördern.

[439]   B [Wien,] 9./10.VI.[1916]   [Našice]

Gestern oder vielmehr heute abend den Hellseher gesprochen.
Dialog: »In der Zeitung war zu lesen, daß bei Ihrer Séance ein
Graf M.Th. zugegen war. Weder er noch Sie haben gewußt – «
»Halt! ich weiß, was Sie sagen wollen. Ich habe die Schrift von
dem schon einmal gesehn, ich habe gewußt, daß ich die Schrift
schon irgendwo analysiert habe.« »Hat er mit Ihnen gesprochen?« Ja, aber er *wich mir aus,* nachdem er sich mir vorgestellt
und mit mir gesprochen hatte. Jemand hat mir eine Schrift gereicht, mit der Bemerkung, sie sei von einem der Anwesenden,
ich glaube mich zu erinnern, daß es jemand war, der sagte, eine
Frau Gintl (?) lasse mich darum bitten. Ich sah sogleich, daß es
die Schrift von einem Verrückten sei, und lehnte deshalb das
Gutachten ab. Ich habe gesagt, ich sei schon zu müde. Unter den
Anwesenden konnte es *nur* der mir vorgestellte Gf.M.Th. sein,
das habe ich sofort gesehen und da war auch gleich die Erinnerung da, daß ich auch die Schrift schon gesehen hatte. Man
scheint aber *gerade auf diese Analyse neugierig* gewesen zu sein;
ein *Zeitungsmensch* bat mich, ich solle ihm (weil ich die Handschrift ja nach Wien mit anderen mitgenommen habe) ein Gutachten darüber schicken, d.h. eine Abschrift des Gutachtens, was
ich natürlich abgelehnt habe. Der Mann gab mir darin schließlich recht und bemerkte nur noch, daß die Schrift von einem
sonderbaren Menschen sei, der zum Beispiel jetzt immer *ein
Kaninchen in der Tasche bei sich herumtrage!*«

Was sagt man dazu? Das Kaninchen ist vielleicht ein »Versuchs-
kaninchen« für biologische Experimente! Hoffentlich *nicht* –
»zum Sterben!«
    In größter Herzensangst wegen des »Kindes«. Entscheidung
über einen sehr wichtigen *Theil* der Gesundheit noch unsicher –
erst morgen! Aber da *man* daran dachte und denkt, wird die
Krise hoffentlich vorübergehn.

[440] T [Wien, 11.6.1916]   [Našice]

Herzliche Pfingsten Grüße dem lieben Klavierduo das ich so
gern wieder einmal höre ++ Dem Kind fehlen sieben Seiten

[441] K [Wien, 12.6.1916] Pfingstmontag   [Našice]

Welch eine Karte vom 8.!
     Innigsten Dank und alle Wünsche für gute Rückfahrt!

[442] T [Wien, 30.6.1916]   [Janowitz]

Loos Semmering ++ Erdbeeren waren ein Fest ++ herzlichster
Gruß allem was dort ist

[443] T [Wien, 1.7.1916]   [Janowitz]

Innigsten Dank für Putzman ++ müssen gemeinsam besuchen ++
allerherzlichst.

[444] T [Wien, 3.7.1916]

Leider erst früh fünf allein ++ herzlichst.

[445] B [Wien, 22./VII. [1916] 6 Uhr   [Janowitz]

Letzten Brief und Telegramm (zu ärgerlich!) soeben vorgefunden. Auf dem Bahnhof Wottitz-W. war noch ½ Stunde Zeit und
ich stand bis Tabor beladen mit Kopfschmerz wie noch selten.
Ich hatte das Gefühl eigener Schuld: durch mein ganzes Leben,
das eben solchen Möglichkeiten Vorschub geleistet hat. Ich will
nicht, daß dort, wohin ich fliehe, mich das empfängt, was ich
fliehe. Dvořak – Vor dem Graben-Kiosk. Der Park – von jenem
Mund besungen. Aber ich selbst bin schuld an der Entwürdi-
gung, – ich selbst unwürdig. Ich habe nicht Nerven wie Taue,
um die Folgen zu tragen. Das alles sagte ich dem L., der solche
Nerven hat und für die feineren hält, mit der größten Deutlichkeit. Er war zu spät ins Cafe P. gekommen, holte mich auf der
Straße ein. Er – weiß von nichts. Erinnert sich allmählich erst.
(Scheint immer aufzuwachen). Sieht ein, leugnet, gibt wieder zu.
Vollends, da ich ihm *die* Gefahr vor Augen stelle: daß jener Irr-
wisch aus einem Schrei eine druckfertige Skizze machen kann

und wir, ehe wir das nächste Buch mit Widmung nach Janowitz befördern, genau nachsehen müssen, ob der Name N. nicht in einer Skizze vorkommt, unter den Nichtzahlern oder unter den »wertlosen Frauen«, die der Herr K.K. verehrt, od.dgl. Das gieng ihm ein. Scheinbar. Die Sache war so: »Park« beruht auf flüchtiger Mittheilung. (Er hatte humoristisch geschimpft, daß er wieder »robotten« müsse, für nichts – *was* solle er hineinschreiben? Da sagte der L., ein wunderschöner Park sei dort.) Von Reisen hat er nichts gesagt, sondern: ein zweites Exemplar für eine Jüdin, der L. jene Villa baut (die also *nicht* ihm gehört, es war ein Mißverständnis), die war *dabei,* sagte dem A.: sie habe ihn zuletzt am »Gänsehäufel« gesehn; da schrieb er *ihr* etwas über den Unwerth der *weiten* Reisen und *automatisch* ganz ähnliches in das Exemplar für N. Ich fragte L., ob er diesen *Ursprung* der Dedikation für besonders würdig und sympathisch halte. Er: die Frau sei bei der Niederschrift nicht zugegen gewesen. Ich: Ja, aber dieses Zusammen, in einem Aufwaschen. »Steht in der anderen Widmung auch: O Fraue?« *»Ja!«* Er, L., habe das Ganze ohnehin mehr als Ulk aufgefaßt. P.A. vergesse das gleich, er fragte gar nicht, wer und wie und warum. Ich sprach die schärfsten Worte über dies fühllose Zusammenwerfen von allem und jedem, und hoffe für ein halbes Jahr, bis zum nächsten Buch des P.A., ihm Eindruck gemacht zu haben.

———

Der Verlag hatte natürlich *blau angestrichen.* Zu blöd! Es wurde gleich nachgesandt. Aber vielleicht ist alles verpatzt. Spesen und Mühe, das wäre ja egal, aber wenn nur nicht der Zweck verloren ist.

Arbeit riesengroß. Wenn ich nur das alles bis dahin werde bewältigen können!

Aber wichtiger als Tierfehd ist mir das Bekenntnis dazu, das im heutigen Brief steht.

»Vor mir ist nur T.« Auch hinter mir: am Abend des 20.

[446] K [Wien,] 22.VII.[1916] 7 Uhr [Janowitz]

Aus Kirchberg am Wechsel anonym Cyklamen. Stachelbeeren, (deren Erwartung schon so angenehm) noch nicht.

Von dem Dichter des »Gedichtes gegen mich« einen zum Sterben komischen vorwurfsvollen, reuevollen, büßerhaften Brief (wegen der Wendung Troerinnen – Berlin (im letzten Heft)).

Die allerbesten Grüße, auch für Ch.

[447]   T [Wien, 24.7.1916]   [Janowitz]

Größte Arbeit verhindert schriftlichen Dank für schöne Kraxe [?] Stachelbeeren ++ gestern erteilte Bewilligung soeben abgeholt ++ Innigste Grüße für alles in Janowitz.

[448]   B [Wien,] 26.7.[1916] Mittag   [Janowitz]

Heute so lieben Brief vom 24. 12 U. mittags erhalten, – der zwei Tage unterwegs war. (Es wird immer ärger.) Dazu die Karte (Montag der Brief, der das Telegramm enthielt.) Ich habe buchstäblich nicht eine Minute zum Briefschreiben. So groß ist die Hetzjagd.

Hier alles, was sich auf den Fall des armen L. v. F. bezieht. Ich habe ihm nach Innsbruck telegraphiert, daß ich Anfang August dort sein werde. Die Bilder gibt man mir zurück? Eines ist gut. Soll es reproduziert werden?

»R.M.R. …. den Text wußte ich schon vorher. Er ist mir auch jetzt deutlicher als der Brief.« So undeutlich wie *meine Schrift*? Das muß arg sein. Oder bezieht es sich auf etwas bestimmtes, Wohnung od.dgl? Das mit den Brennesseln »macht mich zu bös«! (*Die* haben es ja gut.) Allerherzlichst.

Von Wedekind ein Manuskript erhalten, das ich nicht brauchen kann.

[449]   B [Wien,] 27.7.[1916] 6 Uhr   [Janowitz]

In Eile den innigsten Gruß und Dank f. liebe Karte. Korb schikke ich zurück. Doch weiß ich nicht, ob liebe Absicht, Stachelbeeren zu bringen, für die ich herzlich danke, nicht besser unausgeführt bleibt. Denn wie sollten wir diesen Vorrath in zwei Tagen bewältigen? Oder bitte: wenn man schon so gütig ist, nur kleines Paket! Sonst müßte ich die Stachelbeeren verschenken.

Kind – ganz und gar gerettet.

Heute wegen Klausel bei Polizei gewesen. Dort, von dem bekannten Herrn S. selbst, erfahren, daß die Polizei (seit drei Wochen) keine Empfehlungen an das Stadtkommando Wien wegen weiterer Empfehlung an Innsbruck (behufs »Abkürzung«) mehr erteilt: »weil diese Empfehlungen in Innsbruck *nichts genützt* haben«. Also: man kann sich den Weg ersparen, aber das Telegramm der May May wird (wenn's gekommen ist) immerhin in Innsbruck von Nutzen sein.

Auch ich denke oft und oft an den geliebten Bobby mit allen Wünschen und Hoffnungen für seine Lunge; und ich glaube, daß er wieder zu sich kommen wird, wenn seine Herrin zu ihm kommt.

[450]   T [Wien, 28.7.1916]   [Janowitz]

Weg Schottenring völlig nutzlos da Abkürzung neuestens von Wien aus nicht mehr gegeben ++ nur Innsbruck. ++ Paß mit Visum erliegt Hotel ++ herzlichsten Wunsch für gute Fahrt.

[451]   B [Wien,] 29./30.VII.[19]16   [Innsbruck, Hotel Kreid]

Welche Idee, zu schlafen, wenn sie wegfährt, zu murren, wenn sie kommt!

Welche Schändung an Abschied und Wiederkehr!

Gehört das Gedicht, das Echo noch mir? Es war auch so leise heute.

Ich war so laut.

Bobby, der Vollkommene, hat vor mir die Weisheit, ich habe vor ihm das Bellen voraus!

[452]   B [Wien,] Sonntag 30.VII.[1916] ½ 7   [Innsbruck, Hotel Kreid]

Jetzt fährt man an Kitzbühel vorbei. Lesend, schlafend, jedenfalls müde – immer durch Staub und Plage zu einem Thierfehd.

Ich neben dem Fenster, schon eine Stunde im großen Lehnstuhl, den schöneren am Schreibtisch betrachtend. Dann den Blick zu den Bildern hin. Neben mir ein Stück Obstgarten. Von unten Kinderlieder und »Stille Nacht...«: Weihnachten in J. Überall J. dann wieder »long, long ago!« Da sehe ich Maymay im Kahn – unser beider Kindheit ist verschmolzen. (Das ist so, nicht weil es »sentimentale« Lieder sind – ich könnte auch über »Fischerin, Du kleine« weinen. Es kommt drauf an, was an solchen Klängen hängt.) Draußen ödester Stadtsonntag, Bleiluft. Warum hat in den Samstag meine unglückliche Natur ein Loch gerissen! Ich werde einmal aus Pedanterie die ewige Seligkeit verschmähen, weil sie um einen Tag früher anfing!

Ich sehe eine Lichtgestalt, die vor diesem unverbesserlichen Stück Finsternis sitzt und staunt und traurig ist und dennoch bleibt. (*Ich* weiß, wo durchgehalten wird!)

Aber wenn man dann erst sehen könnte, wie Schmerz und Reue wirken. Der unten spielt dazu auf. Soll ich sagen: er »hintertreibt« es?

Oh gäbe es doch in meinem Abgrund einen Advokaten, der diese »kleinen Metzeleien ausraufte«, ehe sie an den Tag kämen! Ich bin von mir »todt angewidert« – –

[453]   T [Wien, 30.7.1916]   [Innsbruck, Kreid]

Mit allen guten Wünschen bei Bobby u seiner unserer Herrin.

[453]* K [Innsbruck, 4.8.1916]   [Bad Gastein]
SN, Alma [von Mariassy?], KK und Ludwig von Ficker an Karl Nádherný

[SN:] I do hope you'll enjoy Gastein, but how nice if you'd come to Ragaz. Alas it's raining tomorrow I hope it will be nice for you tomorrow for yr. arrival   L[ove] S.
[Alma [v.Mariassy?]:] Freute mich *sehr* über Ihre Grüsse u. bin tiefgerührt, dass *mich* Sidie hier erwartete. Bitte verständigen Sie mich seinerzeit Ihrer Rückkehr nach Jan. Herzl. grüsst Sie *Alma*
[KK:] Salonblatt 30. S.9:
»Vitturini« = Inntaler-Spitzer (Fr.Th.)
    Herzlichen Gruß von K.K.
[Ludwig von Ficker, auf der Bildseite:] Ergebenste Grüße Ludwig v.Ficker

[453]** K [St. Moritz, 17.8.1916]   [Našice]
KK, SN und Mary Cooney an Dora Pejacsevich

[KK:] Aus Wien empfange ich die Nachricht, daß ein Brief aus
N[ašice] eingetroffen ist. Ich werde ihn hoffentlich bald lesen
und sage schon jetzt allerherzlichsten Dank. Ihr

                                                        K.K.

[SN:] Vielen Dank f.l.Karte, bin sehr erstaunt, d. Du am Scherzo
arbeitest, fiel Dir da ein Motiv ein, oder nahmest Du es dem
2. Satz fort? Hier s. schön; mit M.-M. u.Bobby lange Spaziergänge. Nächstens wollen M.-M., K.K. u. ich eine Autotour machen, u. am 14.9. möchte ich abreisen.   S.

[Mary Cooney:] Best love for you & Miss D. from the happy
M.M.

[453]*** K [St. Moritz, 17.8.1916]   [Innsbruck]
KK an Cissi von Ficker

Verehrte Frau v. Ficker.

    Hoffentlich haben sie das Wiener Telegramm, mit den innig-
sten Wünschen und Grüßen für Ludwig und Sie erhalten. Ich
zweifle keinen Augenblick, daß uns ein gutes Wiedersehen,
ganz so wie vor zwei Wochen, bevorsteht. Bitte, zweifeln Sie
auch nicht daran; und haben Sie die Güte, Ludwig – wenn ihn die
Depesche nicht mehr erreicht haben sollte – meine herzlichsten
Gedanken zu übermitteln.
Mit den schönsten Grüßen, auch an die lieben Kinder,

                                    Ihr
                                    K.K.

    Adresse: Ragatz Hotel Lattmann

[453]**** K [Genève] 1.9.[19]16   [Innsbruck]
SN und KK an Cissi von Ficker

[SN:] Es ist zu rührend von Ihnen, dass Sie sich solche Mühen mit
meinen Sachen nehmen, u. danke ich Ihnen innig, auch für Ihren
lieben Brief. Ich hab bisher den Uhrbestandteil u. das Adressbuch
erhalten, u. war sehr froh. – Tausend Grüsse Sidi Nadherny

    [KK:] [Textverlust durch Ausriß] Dank und herzlichen Gruß,
innigste Wünsche sendet Ihr erg K

[454]   K [Buchs, 10.9.1916]   [St. Moritz]

In Buchs erfahren, daß Schnellzug thatsächlich nicht mehr geht,
so daß man also erst 10 Uhr abends nach Innsbruck kommt.
[Das Folgende gestrichen:] Empfohlen wird der Frühzug 9'30
ab Buchs (österr. Zeit 10 Uhr 30), mit dem man den 7 Uhr
abends Schnellzug Innsbruck – Wien bequem erreicht. Da müßte
man aber Ragaz oder Buchs übernachten (was wirklich nicht
übel wäre, nicht so übel wie, mit Bobby, in Österreich zu übernachten.)

   Allerherzlichst!

   Diese Auskunft *falsch* – er geht nur nachmittags oder nachts
ab Feldkirch.

   Hier den Verfasser des Züricher Artikels *(Adler, Davos)* getroffen, der auch nach Österreich reist. Viele Grüße, in Eile, an
Maymay.

[455]   K [Innsbruck, 11.9.1916] Montag   [St. Moritz]

Wir hoffen Euch alle wohlauf. Ich hatte wieder ziemliche Hüften-
schmerzen. Doch habe ich als es schon ziemlich arg war – nur
wegen der vielen Bandagen – einen sehr kompetenten Arzt gefunden, der nicht nur das Leiden, sondern auch den Patienten
kannte. Der half mir sehr. Habe ihn aufmerksam gemacht, daß
ich ihm bald einen Patienten schicken werde. Hoffentlich seid ihr
alle – sonst – gesund. Auch die liebe Maymay. Wir freuen uns
herzlichst euch bald zu sehen. Sonst ist hier alles beim Alten.

   Eure Franziska

[456]   B [Innsbruck, Hotel Kreid,] 11.[9.1916] ½ 7 Uhr früh
                       [zurückgelassen: Innsbruck, Hotel Kreid]

In großer Eile allerherzlichsten Gruß.

   Jetzt kommt Frau v. F. zur Bahn, mit mir frühstücken.
   Habe »Tirol. Hof« gewohnt.
   Alles *mündlich*. Beste Fahrt!
   Ob Bobby mit ist?

[Einlage:]

Briefkarte [11.9.1916]   [Innsbruck, Hotel Kreid]

Vor der Abfahrt noch den schönsten Gruß. Der Zug hat Speise-
wagen. Ich schaffe noch mehr Unbequemlichkeit dadurch, daß
ich ein Telegramm von Innsbruck wünsche. Aber man bekommt
ohneweiters Bewilligung vom Bahnhofskommando, am *Perron*
zu telegraphieren (schon *ehe* der Perron für den Zug geöffnet
wird), und muß *nicht* zum Amt neben dem Bahnhof gehen. (Ich
telegraphiere soeben hier nach Wien). Der Abendzug (10 ½) soll
den Salzburger etc. Schnellzug *nie* erreichen. Am besten doch
früh ab Innsbruck.

   Viele, viele Grüße!

[457]   T [Wien, 12.9.1916]   [St. Moritz]

Hat 20. August nach Urlaub geschrieben daß befürwortend
weitergegeben wird ++ morgen erfahren ob schon erledigt ++
Gewünschtes je nach Partie vier bis sechs Kronen ++ außerhalb
Wien eher mehr. ++ Herzlichst

[458]   T [Wien, 12.9.1916]   [St. Moritz]

Abends angelangt ++ zugleich Depeschenbote ++ mußte Tiroler-
hof absteigen ++ rathe anfragen Buchs ob sieben Uhr geht ++
mir sagte man nur mein Zug und nachts ++ diesfalls rathe bei
vielem Gepäck schon meinen benützen ++ werde übermorgen
Kreid verständigen daß anstatt abends früh Pakete bringt ++
durch Fahrtgenossen erfuhr daß Goldi doch gewichtig ++ morgen
erfrage Keller und Bobby Kaffeehaus ++ höre Gewünschtes über
sechs Kronen ++ viele Grüße

[459]   T [Wien, 13.9.1916]   [St. Moritz]

Gesuch bewilligt ++ 26 Selcan gesandt ++ Maymay mitnehmbar
wenn dadurch ein Tag verzögert ++ depeschieret wegen Innsbruck ++ herzlich

[460]   T [Wien, 15.9.1916]   [Innsbruck, Hotel Kreid]

Guten Morgen ++ hoffentlich erträgliche Fahrt ++ Bobby wird erwartet

[461]   T [Wien, 20.9.1916]   [Janowitz]

Hoffe die drei Freunde wohlstens angelangt und grüße Sie innigst

[462]   B 22. Sept. [19]16

Von Maymay diese entzückende Karte (gestern oder vorge-stern), die zurück erbitte. Ist im Vorgarten rechts nicht Bobby sichtbar? Aber man hat die Karte wohl auch bekommen. Gestern der liebe Gruß aus Tabor. Heute die schöne Karte vom 14. aus St.M. mit der Mittheilung, daß Torfwiesen wartet. Aber ich fürchte, daß es noch lange warten wird. Es ist in der Erinnerung ein Punkt, der mich mit St.M. versöhnt. Heute ist ein Tele-gramm gekommen. Dank! Auch ich habe, wie man weiß, viel zu ordnen und mehr als das. Darum schreibe ich erst jetzt. Dem Hotel habe ich den Auftrag telephonisch bestellt – ich war noch nicht in der innern Stadt. Mit dem zuhause-essen geht es ganz gut, mittag und abend. Nur ist das Obst plötzlich zehnmal teu-rer geworden und manchmal gar nicht zu haben. Könnten die Obstverschwender von J. nicht mit *mir* in die von L. ersehnte, oft abgelehnte »Exportverbindung« treten? Gräßliche Vorstel-lung – aber wie spüre ich jetzt die Armuth eines Lebens, in dem es keine persönliche Beziehung zu Obstbäumen gibt!

Wie schön war diese Erlaubnis der Julitage!

Unvergeßlich bleibt mir Bobbys Bett in jener improvisierten Nacht.

Ich mußte damals den weiten Weg zu Fuß machen.

Gräfin Doras Schnupfen – wenn's auch manchen Ohren schön klingt – ist hoffentlich schon geheilt.

Die Beilage bitte Ch. zu geben. Es wird gerade ihn besonders interessieren, wohl aber auch die Besucherin des ungar. Parla-ments und vielleicht sogar die Glückliche, die bis vor kurzem nicht wußte, wer oder was Hindenburg ist. Es sind Berichte, die in Österreich nur verkürzt erscheinen durften (Siebenbürgen, der diplom. *Cousin,* Thun – Kramarz etc. etc.) Ch. kann die Sache behalten oder Bekannten geben. Das Ms. habe ich *nicht* gefunden. Es ist räthselhaft. Ich kann's aber sicher rekonstruiren. Heute scheint nach grauenvollen Regentagen die Sonne. Sicher auch dort, wo sie von rechtswegen nie verschwinden dürfte!

Alles Gute allem Guten in Janowitz!

——

Hoffentlich ist mein Telegramm auch angelangt. Kann man mir sagen, was in diesem englischen Brief hier steht? (von der Dame, die ihr Porträt geschickt hat) – bitte: ohne Mühe der Übersetzung, nur ungefähr. Dank im voraus!

[463]   T [Wien, 25.9.1916]   [Janowitz]

Vorlesung trotz größter Schwierigkeit 18. verschoben ++ herzlichste Grüße Allen.

[464]   B [Wien,] 25. Sept. [19]16   [Janowitz]

Vielleicht hat die Beschwerde genützt – es geht jetzt viel schneller mit der Post, dafür leider langsamer mit dem Schreiben, infolge übergroßer Arbeit. (Mein Freitag nach 7 Uhr gesandter Brief war Samstag schon dort, und gar Sonntag schon die Antwort hier.)

Also eine blöde Gans, aber eine schöne, wie das Bild zeigt. Auch hier jetzt immer die hellsten Tage, und ich kann sie so gar nicht genießen. Jetzt wird der Karenzerberg bald brennen!

Von dem »übervollen Haus« habe ich jetzt kein Exemplar, aber vielleicht läßt sich noch eines herstellen. Das gewünschte Programm habe ich – wenigstens gestern, Sonntag – nicht gefunden.

Soeben theilt mir der Verlag mit, daß sich von *jenem* kein Abzug mehr herstellen läßt! Vielleicht finde ich noch einen, den ich aber nicht dauernd weggeben könnte.

Die Broschüre, die doch recht dürftig ist, kann beschafft werden. Bis Dezember? Ich fürchte, daß es in Wien früher unmöglich sein wird. Auch das Gemüse, von dem ich doch lebe, wird immer spärlicher und theurer, und eine Kartoffel ist auch für einen Dukaten nicht zu haben. Das heißt: ich kann um diesen Preis meiner Bedienerin nicht zumuthen, daß sie sich mitternachts »anstellt«, um sie mir zu bringen.

Und wie will man das selbst mit dem Brot machen, wenn man jetzt nach Wien kommt? Seit heute ist der Verkauf von Brot in den Wiener Gasthäusern etc. verboten. Man muß es sich *mitbringen,* bekommt es aber beim Bäcker nur, wenn man auf der Straße von 4 Uhr früh bis 8 wartet. Dies muß meine arme Bedienerin für sich thun, darum kann ich auch das Brot, das sie zugleich für mich nimmt, annehmen. So werde ich also wohl für diese Tage um je ¼ Laib mehr bestellen? Wenn sie's nur bekommt! (Man muß es in einem Korb oder in der Tasche oder irgendwie ins Gasthaus bringen). Wäre es da nicht am sichersten, einen Brotlaib aus Janowitz mitzubringen? Dies alles ist wirklich toll. Wer von uns hätte je geahnt, daß so etwas einmal in *unseren* Briefen stehen wird! Und nun das Datum:

»Dora fährt – wenn sie die Bewilligung erhält – zu einer Hochzeit .... 17. Okt. ... wäre die Vorlesung in dem Fall etwa auf den *18.* (oder wenigstens später als den 14.) verschiebbar?«

Das hat mir viel Kopfzerbrechen gemacht und ich hab's auch im Text gar nicht verstanden. Wenn D. am 17. in D. sein muß, so kann sie ja zur Noth am 18. in Wien sein. Wie kommt sie aber nach D. zum 17., wenn sie in Wien am Abend des 16. wäre? (15., Sonntag ist jedenfalls unmöglich). Nun ist eine Verschiebung, wenn bereits angekündigt und Karten im Verkauf, höchst schwierig. Trotzdem habe ich sie vorgenommen. Der Abend findet also am 18. statt. Mündlich werde ich noch erzählen, warum die Absetzung vom 14. (auch mir für den Verlauf des Abends selbst) sehr willkommen ist. Soeben schickt mir die Kleine, die auf dem Land ist, Äpfel, Butter und einen Laib Brot!! Ich habe die Kiste inzwischen aufgesprengt.

R. Kerssenbrock schickt mir einen Brief, in dem Prager Zeitungsausschnitte sind: »Auf Wunsch meines im Felde stehenden Vetters Max Lobkowitz sende ich Ihnen die beigelegten etc. Lobkowitz versichert Sie seiner aufrichtigen Bewunderung und der Übereinstimmung mit Ihren Zielen. Es würde mich besonders freuen Sie wieder einmal zu sehen und zu sprechen, richtiger gesagt zu hören. Haben Sie nicht die Absicht, in absehbarer Zeit nach Prag oder *Janovic* zu kommen?« Ja, die Absicht nach J. zu kommen! Man wird ganz traurig bei solcher Frage. Wenn nicht hier so viel Arbeit und dort so wenig Butter wäre. Aber diese Fülle und dieser Mangel hängen ja zusammen, wie die Schuhteuerung für den Eselbuben von J. mit dem 29. Juni 1914.

Wäre das Gedicht »Sendung« nicht eigentlich doch schon aufnehmbar? Was glaubt man? Vielleicht fragt man auch D.

Etwas Neues ist in der Nacht von vorgestern auf gestern entstanden, ein kleineres Seitenstück zum Gebet an die Sonne.

Gestern erst wieder mit L. gesprochen, der noch immer sehr schlecht aussieht. Was macht meine Wiese?

Allerherzlichst für alle.

Soll ich oder will man K. ersuchen, in Prag eine Wohlthätigkeitsvorlesung zu veranstalten?

[465]   B [Wien,] 26.9.[19]16   [Janowitz]

Heute mittag also bekomme ich den Brief wegen der Opernkarten in die Hand, mache einen mir sehr unangenehmen Weg, von dem ich nicht sagen kann, ob er zum Ziel führen wird. Nun, nachmittags, muß ich schon *hoffen,* daß es nicht der Fall ist. Denn der Brief, den ich eben jetzt bekomme, enthält den gegentheiligen Wunsch. Nun thue ich ja dort, wo ich *alles* zu thun bereit wäre, auch Dinge, die mir beschwerlich sind und meine Arbeit um Zeit berauben. Sollte ich aber da nicht wenigstens wünschen dürfen, daß die Erfüllung am nächsten Tag noch genehm ist? Daß ich selbst mit allem, was *mir* erfüllt werden könnte, dabei zu kurz komme, darüber habe ich kein Recht zu klagen. Ich bin der letzte, der den Park von Janowitz nicht einer Vorlesung von K.K. vorzieht. Ich wollte, ich könnte am 3. dort und nicht hier mitwirken! Leider geht es nicht, und auch nicht vorher und nicht nachher, weil es die Arbeit nicht zuläßt. Ich selbst würde für die hier in Betracht kommende Hörerschaft den 3. dem 18. vorziehen; ich hatte auch ihr zuliebe für die Lustigen W.v.W. entschieden. Nun wird man sie nie mehr hören. Aber was soll ich dazu sagen, daß innerhalb eines und desselben Briefes, also nicht einmal von gestern auf heute, die Sicherheit eines Vorsatzes zweifelhaft wird? »Mitte Okt. aber käme ich *sicher.* – Es hängt noch von Vielem ab, aber, wenn man nicht zu böse wäre .... vielleicht, es ist nicht sicher, kämen wir doch nicht« ich

muß doch glauben, daß sich das auf den 3. bezieht? Aber da
steht: »Da auch D. zur Hochzeit nach Dresden soll, wäre sie
kaum hier.« Heißt das also, daß sie Mitte Oktober nicht da ist –
oder, nun fällt mir die harmlosere Deutung ein: da sie so viel
von J. weg ist, wäre sie zu wenig Zeit in J. Wohl und hoffentlich
dieses, obzwar die Reise nach Dresden doch ohnedies hinter
dem Aufenthalt in J. liegt. Ist also das Kommen zum 18. in Frage
gestellt oder nur das zum 3. Ich glaube, doch nur das zum 3.
Und in diesem Fall soll man getrost zugunsten all des Schönen,
das man so nah hat, entscheiden. Es thut mir nur leid, daß die
Vorlesung mit solcher Überhastung angesetzt wurde und jetzt
zur Entschädigung für die Vielen, die ausbleiben werden, nicht
einmal die anlocken soll, für die es so schnell unternommen
wurde. Von »Bössein« sollte nicht die Rede sein; nur von meiner
Meinung gehe ich aus, daß man sich eigentlich immer vorher
vorstellen sollte, daß Janowitz immer das Schönste ist und
bleibt und daß »der Gedanke, nach Wien zu fahren«, zum Beispiel für mich, etwas so dauernd »Tristes« hat, daß ich diese
Eventualität mein ganzes Leben lang vor mir hätte und danach
Entscheidungen treffen würde. Übrigens hoffe ich aber, daß die
Änderung 14. in 18., die ja die Dresdner Reise erleichtert und
also zur Verlängerung des Aufenthalts in J. beiträgt, vielleicht
auch noch dem 3. zu seiner Ehre verhelfen wird, und grüße in
diesem Sinne alle »in Europa flottanten«, aber schließlich doch
nach Janovic zuständigen Elemente herzlichst.

[466]   B [Wien,] 26./27.[9.1916]   [Janowitz]

Oder hat man das selbst bemerkt?

Darüber wird sicher Maymay eine Mittheilung machen. (Ich
habe es erst nachts entdeckt.)

Auf dem Kuvert des heute nachm. empfangenen Briefes finde
ich eine Bemerkung über einen Obstkorb. Ich habe ihn noch
nicht erhalten, sende aber schon jetzt tiefsten herzlichsten
Dank.

Früh die Karte gekommen. Das ist Verrath am kleinen Opel.
»Was hat denn J. mit Butter zu thun? Es geht noch alles ganz
gut«. Meine Bemerkung hatte sich auf die Stelle im ersten Brief
bezogen: »… denn Fett ist keines erhältlich, wir leben von
Buttervorräthen.« Also durfte ich fürchten, daß ich durch mein
Kommen die Lebensmöglichkeit in J. schmälern würde (um
¼ Kilo). Und ist das nun nicht der Fall? Aber daß in Wien viel
Arbeit ist, bleibt wahr.

»Sendung«: die Gründe waren doch natürlich, daß ein Unterschied zwischen dem Buch und dem überall aufliegenden Heft
ist. Stört das nicht? – Nun trifft mich nachmittag die Freude des
Obstkorbs und etwas später der Schmerz des rek. Briefs, der in
Form der rückgesandten Konzertkarte den *Entschluß* bedeutet,
nicht nach Wien zu kommen. Oder ist das nicht unwiderruflich? Sonst hätte nicht nur ich selbst das Nachsehen, sondern ich
muß gleichsam noch alle andern Veranstaltungen absagen gehen –
in das mir peinliche Musikaliengeschäft etc.

Wegen des 4. habe ich noch nichts erfahren. Zu solcher Premiere kämen wohl Leute aus Amerika, wenn sie Karten hätten
(ich beginne mit der »Konkurrenz« zu locken, da ich selbst
nicht Zugkraft genug habe – *Zug*kraft im wahren Sinne des
Wortes).

Aber das alles ist nichtig im Vergleich zu dem unendlichen
Jammer des beiliegenden Briefes der Frau v.F. Und ich hatte geglaubt, daß er nun ziemlich geborgen ist. Wie mich das traurig
macht, kann ich gar nicht sagen. Kann man noch, solange dieses
Leben reicht, einmal lachen? (Ich meine natürlich nicht »man«,
wiewohl es wirklich zum Sterben ist – sondern nur mich oder
wenn *man* erlaubt: uns).

Wirklich von Herzen Dank für die liebe Aufmerksamkeit.
Aber bitte dem Sekal zu sagen, daß er das Obst nicht martern
möge. Es kann keine schöneren Birnen geben als in J. – und jede
kam mit einem Fleck, mit einer nassen, weichen, schwarzen
Stelle an, die oft über die Hälfte geht. Auch die Äpfel. Die neulich vom Land gesandten – viel wertloseren – waren vorzüglich
verpackt, von einem Gärtner, der zwar nicht in Genf die höhere

Botanik studiert hat, aber Obst einpacken kann. An Geschmack verdirbt diese Art Fäulnis nichts, aber der Anblick ist traurig. Wirklich zu lieb, daß man mich so versorgt hat. Ich nehm's fast als Hilfe an. Allerinnigsten Dank! Und dieser unbeschreibliche Duft in der ganzen Wohnung. So habe ich doch ein Theilchen von Janowitz bei mir. Es ist schon ½ 7. Guten Morgen, es ist Zeit schlafen zu gehen.

29. Sept.

Um 7 Uhr früh, als ich einschlafen wollte, kam das liebe Telegramm mit der Zusicherung zum 18., also mit der Absage des 3., und den wohl nur in der Sprache des »Gleitschrutsch« [!] verständlichen Worten: »…. vorher mit eigenem Kommen beglück*wünschen.*« Oder hält man mich für so eitel, daß ich mit meinem Kommen nicht nur beglücke, sondern auch gleich dazu gratuliere? (Vielleicht ist das aber nur die Auffassung der Janowitzer Telegraphenbeamtin.)

Ich war in dem Musikaliengeschäft und habe den Betrag für die Karten (den ich durch die Postsparkasse gleichzeitig sende) umso bereitwilliger zurückbekommen, als das Konzert *seit zehn Tagen abgesagt ist.* Das hätte man nicht gewußt und wäre am 1. eingetroffen. (Worüber ich mich jedenfalls, wirklich nicht aus Schadenfreude, gefreut hätte.) Aber die Veranstaltungen vom 3. und 4. sind *nicht* abgesagt! In den Zeitungen stehen entsetzliche Dinge über den Punkt, an dem L.v.F. ist. (Späteren Datums als seine Nachricht!) Wenn er nur davonkäme! Es ist unaussprechlich.

[468]   B [Wien,] 2.Okt.[19]16   [Janowitz]

Ich lese gerade die Briefstelle vom 25.9.: »Bitte sagen, ob man bös ist, wenn wir nicht kämen.« Hat's denn davon abgehangen? Dann bedaure ich, daß ich nicht »Ja« gesagt habe! D. verkürzt also nicht nur mich, sondern Janowitz, das heißt *sich selbst* um 10 Tage. Wie kommt es, daß sie von einer Hochzeit, die ihr so wichtig ist, nicht schon früher gewußt hat? Aber das geht mich nichts an, es ist nur zu dumm, daß ich die »L.W… W.« angesetzt hatte und man sie nun wahrscheinlich nicht mehr hören wird.

Das mit Prag geht ja natürlich leider nicht, so gern ich auch das gethan hätte. Dagegen soll Ende Oktober oder Nov. ein Abend (zu wohlthät. Zweck): »Nestroy, Raimund, Worte in Versen« stattfinden. Aber am 22. wär's zu schnell nach dem 18. 24. oder 25. gienge eher schon. Wegen der Oper ist überhaupt erst im letzten Moment, d.h. nicht vor morgen abend oder übermorgen etwas zu erfahren. (Hoffentlich hat D. den Betreffenden nicht geschrieben, daß *ich* eventuell etc. Das wäre mir, auch wenn's gelänge, nicht angenehm, da es ja nur eine Dienstmannsbeziehung von mir aus wäre und ich für dergleichen nie bedankt sein wollte.) Wir müssen es wohl lassen. (Natürlich hätte ich mich für die zwei andern Gäste womöglich selbst angestellt, um Karten zu bekommen.) Von »leicht möglich« kann natürlich gar keine Rede sein.

Das Kursbuch, das ich gleich nach Empfang des Wunsches erhalten hatte, ist hoffentlich angelangt. Und wohl auch der an Sekal rückgesandte Korb. Das Obst ist trotz der Schönheitsfehler ganz herrlich. Die Trafik: »Tr. im Michaeler-Durchhaus Wien I.« oder ähnlich. Eine andere Bezeichnung kenne ich selbst nicht, und diese Adresse genügt jedenfalls. Nur halte ich eine Bestellung für aussichtslos. Es ist seit Wochen nichts, gar nichts zu haben.

Um den kleinen Anton thuts mir herzlich leid. Was wird aus ihm. Sein Gesicht hat so gut hineingepaßt. Ich hätte ihn als alte Miniatüre behalten (die man freilich öfters hätte abstauben müssen).

Die Bedenken wegen »Sendung« hatte ich vor dem Eintreffen der heutigen Antwort, schon auf Grund der ersten Zustimmung selbst abgethan. Die größere Verbreitung war nach dem Entstehen des Gedichts lästig, für das eigene Gefühl. Jetzt ist der Druck nur ein Buchcitat (mit Hinweis an anderer Stelle), und schließlich wäre um jedes Gedicht, ja um jede Zeile schade, wenn man an das Gesindel dächte, das es in die Hand bekommt. Die Buchleser sind ja vielleicht auch nicht würdiger, nur weniger. Wollte man von diesem Gesichtspunkt ausgehen, so hieße das die geringere Zahl ausdrücklich für würdig und vertraut genug erklären: das wäre fast ein persönlicher Verkehr mit diesen, während das Hinausgeben an *alle* nur dem *Werk* gilt. So daß fast die größere Verbreitung reiner ist als die Wahrung der »Exclusivität«. Etwas anderes, wie gesagt, hat damals das Gefühl gemeint, das sich gegen ein *unmittelbares* Hinaustragen vor eine größere Gesammtheit wehrte.

Ich hatte mich also entschlossen und danach schon den Aufbau des Ganzen bestimmt.(Es schließt sich so gut an.) Möglich ist's wohl noch, es auszuschalten. Aber ich glaube, es geht recht gut, und würde nur, wenn noch gewisse Eintheilungsbedenken kommen sollten, vorläufig davon absehen.

Die »Menage Oli« scheint ja jetzt öfter in J. als in R.-H. zu sein. Und die Butter ist also doch ein Grund gegen mein Kommen? »Zeit« bliebe schon, ein oder zwei Tage, während gedruckt wird. Aber das wäre nicht vor dem 9. und außerdem bin ich zu sehr von der Arbeit benommen. So fördernd J. für die Niederschrift ist, so störend bin *ich* für J., wenn die Arbeit sich ihrem Ende nähert.

L. möchte ich an keine neue »Propaganda« für irgendetwas heranziehen, da er derlei ohne jede Rücksicht auf seinen Zustand besorgt und mir – die zwei Mal, die ich ihn flüchtig nachmittag gesehen habe – einen höchst schonungsbedürftigen Eindruck machte. Vielleicht läßt sich für die armen Teufel in der Pension etwas anderes finden.

(L. kommt morgen auch nicht, er soll bald schlafen gehen.)

Und man studiert nun das Kursbuch – das aber doch nur dem Wunsch – flottant in Österreich zu sein, helfen würde.

Wie soll man übrigens den geistigen Verkehr mit einer Frau aufrecht erhalten, die nur zu zwei Büchern eine wahre Beziehung hat: zum Kursbuch und zu »Worte in Versen«!

Von L.v.F. nichts weiter gehört. Habe der Frau v.F. telegraphiert. Hier von einem andern, der's nicht ausgehalten hat. Wenn nur auch der arme F. krank würde, um der Hölle zu entrinnen!

Wann wäre *sicher* zu erfahren, ob A. zum 18. kommt? Eventuell wäre der Platz nicht neben den beiden andern. Ich weiß nicht, ob dies nicht jetzt schon so ist.

zwei Stunden vor Beginn
Ein seltsamer Briefwechsel – rekommandiert, nicht wenn es ein
Heiligthum zu schützen gilt, sondern eine zurückzugebende
Konzertkarte. Und nun heute, an dem Tag, auf den ich mich so
gefreut, den ich eigens Tag hatte werden lassen und der es nun
nicht ist: die Absage für einen *andern* Tag. Nun soll ich das auch
heute noch besorgen. So müde und ohne Stimmung für meinen
Abend, verwünsche ich die Umstände, die mich verhindern, ihn
selbst abzusagen. Von D.P. aber, zugleich mit dem Telegramm,
eine Karte: was denn Windsor mit Dresden zu schaffen habe?
Und ich hatte mir doch wenigstens – auf Grund wiederholter
Versicherung – mit dem Trost geschmeichelt: wenn Dresden
nicht Janowitz abgekürzt hätte, so wäre der Park v. Windsor, so
daß also doch jener Entschluß diesen umgestoßen hat. [spätere
Einfügung:] Und nun können sie »in *keinerlei* Weise in Zusammenhang gebracht werden!«
   Ich weiß nicht – und viel Pein der letzten Tage trägt dazu bei –,
ob ich nicht nun den *18.* absage, da wir schon einmal im Abändern sind und das Motiv »ich werde mir's noch überlegen« so oft
auch nach einem Entschluß eintreten kann. Ein Trost ist mir die
Arbeit, und daß so viel Schönes, auch heute nachts wieder, entstanden ist, weist auf eine Lebensquelle. Manchmal glaube ich,
sie wolle es sich überlegen. Aber gewiß kommt das nur davon,
daß sie und ich uns in äußeren Lebensdingen manchmal etwas zu
viel zumuthen. Darum will *ich* nicht mehr Termine ansetzen. Es
macht mich glücklich, der, für die es geschehen wäre, so das Leben
zu erleichtern.

                                7 Uhr vor dem Weggehen
Kein vertretender Gruß aber ich denke ihn mir gern. [Von K.K.
durchgestrichen]
   Und nun muß ich zum Schreibtisch zurück. Ich hatte die
Klinke und da kam er.
   Allerinnigsten Dank!
   Und *wie* lieb!

Für Karte vom 3. und Brief vom 4. habe ich noch innigst zu danken – die rasende Arbeit, nur unterbrochen durch die drei Vorle-
sungsstunden und etwas Schlaf hat es verzögert. Also ich sehe ein,
daß D. »Janovic nicht verkürzt«. Ich sagte es nur, um nicht Windsor allein den Schaden tragen zu lassen. (Sie verkürzt J. übrigens
genau um die drei Tage, die sie Windsor entzogen hat.) Aber den
Schaden lasse ich mir nicht in Abrede stellen, wenn auch D. den
Zusammenhang leugnet. Er besteht, wenn ich die liebe Briefstelle
vom 28. für kein bloßes Kompliment nehmen soll und das thue
ich nicht: »Wie gerne hörte ich sie (diese Stimme), gerade in den
L.W.v.W., dasselbe sagt auch D., aber diese Hochzeit, die da dazwischen gekommen ist, bedingt, daß D. am 9. von hier wegfährt. Und was bliebe für J., wenn wir am 3. kämen……« Also:
sie und wir müssen Windsor versäumen, weil sie nach Dresden
muß. Ich nehme das nur deshalb »sehr genau«, weil es mir
schmerzlich wäre, wenn ich in den Verdacht von Wahnvorstellungen käme. Und zum Schaden will ich nicht den Spott haben.
Den Schaden soll man mir ja ernst nehmen. Er besteht in meiner
Zerrissenheit in jenen Tagen, die mir das »Auftreten« zum
Zwang macht, also zu einer Handlung, deren ich mich schämen
muß. Man verstehe das, wenn man mich sonst versteht. Träfe
mich die traurige Nachricht vor einer Vorlesung, die ich für die
Freundin angesetzt habe: daß sie zum Fernbleiben *gezwungen*
sei, so wäre ich traurig, aber ich würde dennoch für sie lesen.
Bleibt sie *freiwillig* aus, da sie in einer Alternative gewählt hat, so
bin ich nicht nur traurig, sondern *unfähig.* Da ich das aber nicht
sein *darf,* so fühle ich das Auftreten als Zwang. In dieser Verfassung bin ich in den Saal gegangen, nachdem ich kurz vorher die
Wahrheit darüber hingeschrieben hatte. Das wird man verstehen
und gewissermaßen als einen großen Beweis, wenngleich einen
mir schmerzlichen, gelten lassen. Natürlich gelingt im Lauf des
Abends die Wandlung zum Guten, und mißlingen kann's ja nicht,
da es sogar einmal in der schlimmen Rom-Zeit gelungen ist.*
Auch weiß ich, daß es unvernünftig ist, denn ich kann mir leicht

---

* Etwas beiliegendes gibt den Bericht.

[Goethe und der Dienstbotenärger.] In der Propyläenausgabe von Goethes Werken findet sich folgende Anzeige des Dichters an das herzoglich Sachsen-Weimarsche Polizeikollegium: „Nach der älteren, erst vor kurzem erneuerten Polizeiverordnung, welche den Herrschaften zur Pflicht macht, die Dienstboten nicht bloß mit allgemeinen und unbedeutenden Attesten zu entlassen, sondern darin gewissenhaft ihr Gutes und ihre Mängel auseinanderzusetzen, habe ich der Charlotte Hoyer, welche als Köchin bei mir in Diensten gestanden, als einer der boshaftesten und inkorrigibelsten Personen, die mir je vorgekommen, ein, wie die Beilage ausweist, freilich nicht sehr empfehlendes Zeugnis bei ihrem Abschiede eingehändigt. Dieselbe hat sogleich ihre Tücke und Bosheit noch dadurch im Uebermaß bewiesen, daß sie das Blatt, worauf auch ihrer ersten Herrschaft Zeugnis gestanden, zerrissen und die Fetzen davon im Hause herumgestreut, welche zum unmittelbaren Beweis gleichfalls hier angefügt sind. Ein solches gegen die Gesetze wie gegen die Herrschaft gleich respektwidriges Benehmen, wodurch die Absichten eines hohen Polizeikollegii sowohl, als der gute Wille der einzelnen, den vorhandenen Gesetzen und Anordnungen zukommen, fruchtlos gemacht werden, habe nicht verfehlen wollen, sogleich hiermit schuldigst anzuzeigen und die Ahndung einer solchen Verwegenheit einsichtsvollem Ermessen an-

heim zu geben; wobei ich noch zu erwähnen für nötig erachte, daß es die Absicht gedachter Hoyer war, in die Dienste des hiesigen Hofschauspielers Wolff zu treten." — Das Zeugnis selbst lautet: „Charlotte Hoyer hat zwei Jahre in meinem Hause gedient. Für eine Köchin kann sie gelten und ist zu Zeiten folgsam, höflich, sogar einschmeichelnd. Allein durch die Ungleichheit ihres Betragens hat sie sich zuletzt ganz unerträglich gemacht. Gewöhnlich beliebt es ihr, nur nach eigenem Willen zu handeln und zu kochen; sie zeigt sich widerspenstig, zudringlich, grob und sucht diejenigen, die ihr zu befehlen haben, auf alle Weise zu ermüden. Unruhig und tückisch verhetzt sie ihre Mitdienenden und macht ihnen, wenn sie nicht mit ihr halten, das Leben sauer. Außer anderen verwandten Untugenden hat sie noch die, daß sie an den Türen horcht. Welches alles man, nach der erneuerten Polizeiverordnung, hiermit ohne Rückhalt bezeugen wollen."

sagen, es sei gleichgiltig, ob der Entschluß, die Herbstfarben in Janowitz schöner zu finden als die gesprochenen von Windsor (und bequemer), früher oder später gefaßt wird. Trotzdem – ich war darauf eingestellt, *wie noch nie auf etwas.* (Wie wenig egoistisch das ist, ersehe man daraus, daß ich auf die Anwesenheit bei Shakespeare hundertmal größeren Wert gelegt habe als auf die bei »eigenen Abenden«.) Dies alles nehme man für wahr: dann wird man ganz und gar meine Verfassung begreifen und nicht mehr fragen: »Was das nur ist?« Dazu die täglich sich mehrenden Reibungen mit dem äußern Leben, die *eben* »inmitten von Arbeit« (wie man sagt und darum die üble Laune nicht begreift) so quälen. So viel Ärgernisse, Mißverständnisse und – Nahrungsschwierigkeiten. Wirklich! Die große Erleichterung, die mir das Zuhause-Essen schafft, wie schwer ist sie aufrechtzuerhalten, da gerade die *allerbescheidensten* Sachen, die *ich* brauche, so schwer oder gar nicht für Hauswirtschaften zu haben sind. Vor allem seit Wochen keine Kartoffel (an manchen Tagen auch kein Brot!) Könnte man mir da nicht helfen? Wenn daran *Überfluß* ist, natürlich. Sonst *nicht*!! Ich brauche täglich nur zwei Kartoffel [!] und kann sie hier um keinen Preis auftreiben. Das Gasthausessen aber würde mich recht unglücklich machen.

Um nach J. zu kommen, hindert mich natürlich nicht der dortige Buttermangel, sondern wie ich schon gesagt habe, die hiesige Arbeitsfülle. Es zieht sich immer weiter hinaus. Dürfte vor dem 22. nicht erscheinen. Also erst nach dem Abend (der *nicht* im mittl. Saal stattfindet).

Bitte: Kartoffel oder auch Äpfel für den Winter *würde ich nur annehmen als Tausch* gegen andere Dinge, die man *dort nicht* hat und die ich *hier* beschaffen könnte (Spiritus od. dgl.) Von *meinem* Spiritus und von dem was *meine* Erde trägt, spreche ich nicht. Das ist nicht Gegengeschenk, sondern *Tribut*.

6. Okt.

Heute nach längerer Zeit L. gesehen, der vom Biologen eine wieder ganz wahnsinnige Aufforderung, nach Munkacs (nicht Lemberg) wegen Umbaus einer *Burg* zu irgendwelchen pädagogischen Zwecken zu kommen, erhalten hat.

Nicht weniger närrisch erscheint mir aber das Vorhaben des Schönberg, »Traum ein Wiener Leben« zu komponieren!! Es ist etwas entstanden, das – nach meinem Urtheil – über das Gemeinsamste (wenn ich so sagen darf) in »Worte in Versen« hinausgeht. Ich schicke es nur nicht, weil es mir dafür nicht einsam genug jetzt in J. ist. Es hat eine gewisse Ähnlichkeit – jedenfalls im Vers – mit »Abschied und Wiederkehr«. Besser, man *hört* es von mir. Auch muß es noch einige Tage liegen.

Ich möchte an einem der Abende »Verwandlung« mit D.'s Musik einschalten. Wie ließe sich das aufführen? Vielleicht ist das nicht so absonderlich wie die oben mitgetheilten Ideen.

Daß mir der Anblick des glühenden Parkes entgehen soll, ist wahrhaft tragisch. Wenn das noch *Ende* Oktober so wäre – einen Tag!

—— —— —— —— —— —— —— —— —— —— ——

Ich sehe die Briefstelle: »Was das nur ist?« an und werde sehr traurig. Nichts ist es, was nicht immer war. Die kranke Sucht, das Unverletzlichste von äußern Dingen gefährdet zu sehen, Reiseänderungen od. dgl. plötzlich als Gegenbeweise zu nehmen. Also – nichts. Was sollte, könnte es sonst sein? Alles Äußere, was um *mich* her vorgeht oder vorgehen könnte, gibt mir – so überflüssig und lästig das ist – doch immer nur *Beweise für* jenes Unverletzliche. Ein Heiligthum wird nicht bewiesen und alles, was in dieser Art mir zustößt, ist nur eine Andachtsstörung. Wie könnte sie aber vom Glauben, von der Liebe ablenken?

Von Maymay heute diese Karte. In der Züricher Ztg., dem Reiseblatt, das ich erst morgen bekommen kann, über neue Paßerschwerung (gegen die Schweiz).

Die köstliche Peter-Sache, in der er Venedig und Lido verwechselt und die Fledermäuse organisieren will (eigentlich eine Thun-Idee), erbitte zurück.

Für nichts besorgt als meine Freude,
Für mich nur schön zu sein bemüht,
Wollüstig nur an meiner Seite,
Und sittsam, wenn die Welt sie sieht;
Daß unsrer Glut die Zeit nicht schade,

Räumt sie kein Recht aus Schwachheit ein,
Und ihre Gunst bleibt immer Gnade,
Und ich muß immer dankbar sein.

Goethe

[471]   B [Wien,] 7. Okt.[19]16   [Janowitz]

abends vor dem Weg zum Bahnhof,
wo es aufgegeben wird.

Welch entsetzlicher, alle Arbeit, alles Denken, das sich von der
Quelle abgeschnitten fühlt und es doch nie, nie, nie sein kann,
lähmender Zustand. Wird das Wort, das ihm allein helfen kann,
rechtzeitig kommen? Nicht mein Bewußtsein hat gefehlt, sondern meine Liebe. Aber warum muß sie das! Warum hat die
Natur, die diesen Sommergarten und diese Frau erschaffen hat,
eine so dunkle Seele wie mich geschaffen. Warum hilft sie mir
nicht wieder auf. Nur dieses letzte Mal noch! Dann will ich
mich wegthun. So müßte ich's auch, aber so war's furchtbar. Ist
das Wort unterwegs? Bringt es heut' ein Telegramm? Wie soll
ich den blauen Himmel dieses Sonntags ertragen, wenn mir
auch das Denken zerschlagen ist. Die Tage sind leer und alles
aufgehalten, – nur nicht Herzklopfen.

Ich weiß, daß ich alles, immer alles verschulde. Aber gibt's
denn keine Hilfe? Ich Wahnsinniger bilde mir von jenem 3. Oktober ein, daß Zufälligkeiten irgendetwas bedeuten, stolpere
über die holdseligste Botschaft (»die Windsorglock«…) und lasse der Zerrüttung freien Lauf. Ich weiß, das ist es. Aber sehe
man doch und trotz allem, wer ich bin. Ich büße eben *dafür*.
Ohne alles Gute wäre dieses Schlimme nicht, und dieses nicht
ohne jenes. Es muß besser werden. Denn ich kann mich doch
von der einzigen Sphäre aller Sphären nicht trennen.

Als ich am 3. zu der Stelle kam: »Die Windsorglock hat…«,
fühlte ich so sehr meine Verirrung und ganz, ganz weh wurde
mir bei den Elfenworten: »Denn jeden Schmutz haßt unsere
lichte Frau.« Da bin ich zu mir gekommen.

Nie mehr soll von diesen Dingen die Rede sein. Ich habe gefehlt aus dem leidenschaftlichen, später rechthaberischen Verlangen, Inneres mit Äußerem bewiesen oder widerlegt zu sehen.

Wenn ich zwischen dem 13. und 17. ein paar Stunden im Park sein könnte, wäre es nicht mehr nöthig zu sprechen und gut, sich von einem Glück, das keine Stürme braucht, beschämen zu lassen. Nur, damit es geschehe, soll die Wiese für mich bitten und auf alte Verdienste hinweisen.

»Um Sturm zu haben brauch ich nicht den Föhn«
—— »Um Ruh zu haben brauch *ich* nicht den *Sturm!*«

Es ist unendlich traurig, ihr *recht geben* zu müssen und nicht zu wissen, ob sie es *annimmt.*

—— —— Und ob sie dieses letzte, ihr verdankte, beste annimmt, – welches verstehen zugleich den sich selbst hinderlichen, gefährlichen Menschen verstehen heißt, der es geschrieben hat.

[Auf dem Briefumschlag:] Geschrieben in Bobbys Hôtel: Datum des Gedichts 2./3. Okt. – wenn früheres, Verwechslung mit einem andern Gedicht.

[472] T [Wien, 7.10.1916]   [Janowitz]

Hoffe Eilbrief dessen Rückbemerkung in Bobbys Hotel geschrieben früh angelangt ++ könnte für 12. 13. kommen ++ ein Wort möge heute sagen daß der Park mich nicht verleugnen und letzte Arbeit sichern

[473] T [Wien, 9.10.1916]   [Prag, Hotel Saxe]

Unauslöschlichen Dank ++ jetzt zwei Briefe Karte ++ seit Donnerstag nichts gehört ++ dies als Folge meines unmuthigen Abgangs vom dritten aufgefaßt und gegen mich gewüthet ++ Datum 18. bleibt ++ Gruß lieber Dora die sich für mich beeilt ++ Inhalt von Sendung nie wahrer unzerstörbarer als eben jetzt.

[474] B [Wien,] 9. Okt.[19]16 2 ½ Uhr   [Prag, Hôtel de Saxe]

Also: es ist wirklich zu toll so zu leben. Immer zwischen Hölle und Himmel, da doch die simpelste Erwägung jene ersparen könnte. Aber das sehe ich immer erst nachher. Wie schön ist der heutige Tag! Wie zeigt der Himmel selbst, daß er mich gern empfängt. Und wie unausdenkbar elend war es gestern. Ich hatte mir, seit Donnerstag, eingebildet, daß mein Brief vom 3., den ich auf dem Weg zur Vorlesung, gegen das abwesende Glück wüthend abgeschickt hatte, ein Schweigen und eine Falte verschuldet habe. Vom 5. an (der die Antwort auf einen früheren Brief brachte) hörte ich nichts und mit jedem Tage, jeder Stunde, die ein Jahr lang währte, wurde es mir klarer und ich zorniger gegen mich. Die Antwort, vom 6. datiert, ist heute, am 9. eingetroffen, mit ihr der Brief vom 7. und die Karte. Es war also *nichts* – und doch wird's mir nie aus dem Gedächtnis schwinden. Samstag, der 7., war schon ein heißer Tag. Jede Arbeit hörte auf, ich schrieb abends den Expressbrief, den ich im letzten Moment noch auf der Franzjosephsbahn anbrachte (von wo ich auch das Telegramm schickte). Dieser Brief muß unverständlich gewesen sein, denn es gibt eine Güte, die nicht einmal mein Wüthen spürt und sich gar nicht erklären kann, warum es denn da immer um ein ruhiges Haus stürmt. Nun kam aber das Tollste. Wiewohl ich mir sagte, daß am Sonntag vormittag das Telegraphieren von Janowitz irgendwie schwierig ist, nahm ich es als Entscheidung und verbrachte den Tag vor meinem Briefkasten wie vor einem Orakel. Wissend, daß es toll ist, konnte ich mir doch nicht helfen, mindestens war es mir klar, daß es noch ein Schweigen von jenem Brief her, jenem allerfatalsten Brief, sei. Nachmittag kam, also Hellseher auch aus lokaler Ferne, der Sch., den ich Monate lang nicht gesehen hatte, ins Caféhaus. Ich zeigte ihm das Kuvert vom 4. Er, ohne erst ein Wort über die ihm vertraute Schrift od. dgl. zu verlieren: »Ja, da hat sich gar nichts verändert. Das wird eher immer noch stärker. Nur ist sie ein wenig verstimmt, beunruhigt, fühlt sich *bedrückt; sie beklagt sich, daß Sie ihr einige Tage nicht geschrieben haben.* Aber – *diese* Güte! …«

Ich hätte aufheulen mögen. Nachhause: Kein Telegramm. Mit dem kleinen L. ins Belvedere spazieren gegangen. Konnte kaum sprechen. Schnell nachhause. Eingepackt, um nach Prag zu fahren und irgendwo auf der Straße mir die Antwort zu holen. In den Verlag wegen Reisegelds etc. Zurück – auf dem Weg Konzerthauskassa, die Karten zu sichern. Nun war's ganz wie damals mit Bobby: »…. selbst sonst geliebte Leckerbissen.« Samstag und Sonntag hatte ich ihm nachgefühlt. Und ich bin ganz wie er – ich weiß auch nicht, wann die Erlösung kommt. In diesem entsetzlichen Zustand, den ich nur verlängere, wenn ich nicht reise, laufe ich in die Stadt, will auf der Straße überlegen, ob es nicht doch besser, auf den Montag-Morgen zu warten und halb zwei zu fahren. Aber ich will dem Allergräßlichsten entfliehen, daß auch Montag früh nichts im Kasten wäre; lieber persönlich hören! Da fällt mir ein, im Hotel I. Kursbuch nachzusehen, ob denn der Staatsbahnzug geht. Nein, er ist aufgelassen. Also bleibt noch die Franzjosephsbahn. Da ist noch etwas Zeit. Ich laufe fünfmal um einen Häuserblock, – wer mich gesehen hat, muß mich für das gehalten haben, was ich war: irrsinnig. Dann noch ins Café P., wo die beiden Schwestern sitzen. Ich verstelle mich so gut ich kann, die halten mich zurück, ich solle doch lieber bei Tag fahren. Ich nehme es als Zeichen und lasse die Zeit verfliegen, dann war's zu spät. Nachts, ohne seit Samstag gegessen zu haben, kein Schlaf trotz zwei Schlafmitteln. Ich will *früh* fahren, ohne die Post abzuwarten. Aber ich schlafe eben früh ein, erwache um 10 Uhr und denke: also *Mittag,* wenn im Kasten nichts liegt. Und finde die beiden Briefe und die Karte! Drauf habe ich gleich telegraphiert. Dann kam das gütige Telegramm, das mich nach J. ruft. (Ich werde die Stunde noch angeben.)

Und das alles, weil der Brief vom 6. erst heute Montag früh eingelangt ist. Und es gibt noch eine Wiese, die auf mich wartet! Nie war ich einsamer, nie kann in einer Menschenbrust ein ähnliches Gefühl des *Zusammensturzes* gewesen sein. Selbst von Rom damals war ich nicht so abgeschnitten, denn *seither* sind ja die Gedichte entstanden. Was hätte ich noch zu thun gehabt, wenn ich mir die letzte, einzige Entschädigung für alles, den einzigen Schatz an Menschlichkeit verscherzt hätte! Und wäre denn das möglich? – *Das* war die marternde Frage. Dann wäre es ja nicht *gewesen,* und das wäre die schlimmere Enttäuschung. Da wäre ich nie auf festem Boden gestanden: – das zu erkennen, war tausendfacher Selbstmord. Denn nicht nur, daß nichts mehr wird, so wäre auch nicht gewesen, was geworden ist. Daß es solches *nicht geben kann,* sagte ich mir in jeder Minute; daß es die landläufigsten äußern Hindernisse gibt, auch. Und doch hatte sich die Idee einmal meines Gehirns bemächtigt und ich sah nichts als Abgrund vor und *hinter mir.*

Und nun diese Briefe: »Also ist man doch noch für mich? Und doch schien es mir in letzter Zeit, als bereite sich ein Abschied vor. Woher das Gefühl?« Was ist nun schlimmer: daß sie dieses Gefühl habe und doch leben konnte? Nein: daß ich an diesem Gefühl schuld bin. Darum habe ich den gestrigen Tag *verdient.* Warum ich schuld bin, woher –? Ich weiß es nicht. Ich weiß nur, daß meine Laune aus der Forderung nach äußerer Vollkommenheit, die doch nicht immer zu erreichen ist, komme und mich hinreiße, das herrlichste Kunstwerk zu zerschlagen, weil mich etwas am Rahmen ärgert (woran ich aber auch nachher zugeben muß, daß es gut ist und gar nicht besser sein kann). Nie mehr soll es geschehen! Ich muß es als Ehrensache nehmen und mich danach richten.

Gestern habe ich durch alle Verzweiflung, sie vermehrend, das Donizetti-Spiel aus Weesen gehört! (Die Erinnerung spielte es den ganzen Tag vor mir her.) Da habe ich mich mit dem Gedicht *revanchiert.* Daß man es erhalten hat, scheint aus dem Telegramm hervorzugehen, wo ja die für mich bittende Wiese aus dem Begleitbrief vorkommt.

In der Zeile: »… Schein, der nur, was ist, begreift.«

Denke man sich die Beistriche, die ich hineingeschrieben habe, besser wieder weg. Für Klarheit sind sie nicht nöthig, verwirren eher. Das Entstehungsdatum ist 2./3.Oktober, nicht 23./24. Sept., wie ich wohl irrthümlich aus dem Manuscript des andern neuen Gedichts – beide liegen vor mir – herausgeschrieben habe. Es ist entstanden in der Nacht vor der Vorlesung, so sehr aus den Gedanken an das Wesentlichste, das mein Leben hat und nie mehr verlieren kann!

Und nie mehr darf auch ein Denken, das sich immer wieder eben diesem Besitz *verdankt,* durch die Angst um ihn unterbunden sein!

Samstag wollte ich ½ 6 Uhr *telephonieren* – es ging aber nicht mehr. Ebenso Sonntag vormittag.

[475]   B [Wien,] 13./14. [10.1916] früh   [Janowitz]

Nach vieler Arbeit:

Der Zug war übervoll, vor der Abfahrt Zugluft, bei der Ankunft kein Hindernis.

Solange diese Kartoffeln, Birnen, Brot reichen, werde ich das
liebe »Suo – suo – suo – suo!« dankbar auf mich beziehen.

Immer aber Dank haben für den schönsten Tag meines Lebens.

[476]   B [Wien,] 14. Okt.[1916]   [Janowitz]

Bitte lesen und mir zurückschicken! Alma *muß* das Äußerste
thun. Ich will sie bestürmen und man muß mir helfen. Nicht
wahr, man wird mir helfen? Der Allerärmste! Welche Schmach,
Zeitgenosse zu sein! Die Welt unseres Parkes und —— das!!!

[477]   B [Wien,] 26./27. Okt.[1916] Café P.   [Janowitz]

Die Wirklichkeit, sonst greller als eine Glosse, ist manchmal
schöner als ein Gedicht.

[478]   B [Wien,] 27./28.Oktober [1916] früh   [Janowitz]

Das Glück der zwei Tage hat in den folgenden zwei Nächten
gebracht: Gestern (nach der Abreise) ein Gedicht und drei Epigramme, heute ein längeres Gedicht, zwei Epigramme und eine
Parodie in Versen –.

Bitte, den lieben Brief des alten Weiberls zu lesen. Wir kennen einen Hund, der aus Sehnsucht hungert. Wir haben von
Menschen gehört, die aus Hunger ihre Hunde essen. Hier hungert eine, damit ihre Hunde zu essen haben. Ich habe den Wunsch
der Armen gleich erfüllt und lasse ihr 30 Kr. im Voraus vom
Vorlesungsgeld schicken.

Heute mit dem Ehepaar W. gesprochen, das mit Rilke befreundet ist. Er war natürlich nicht in Wien, sie aber in München bei ihm. Es geht ihm nicht gut und sie wollen, ganz diskret
und ohne daß er von dem Plan erfährt, eine Sammlung einlei-
ten. Auch soll er in München an eine unmögliche Gesellschaft
verloren und darüber selbst d.h. über seine Wehrlosigkeit unglücklich sein. Ich habe empfohlen, sich an den hilfsbereiten

Mann zu wenden, von dem schon einmal eine größere Gabe gekommen ist. Sollte aber die Sammlung eingeleitet werden, so
betheiligen wir uns? (Es wird nur an einen ganz kleinen Kreis
gedacht.) Der fürstliche Gesandte und Gattin haben bei mir anfragen lassen, ob sie mich nicht kennen lernen könnten, sie wollen in die nächste Vorlesung kommen. Ich habe abgelehnt; weil
es *ihn* kompromittieren könnte, da er ja doch die eine der beiden
Schultern zu repräsentieren hat, und weil *sie* sich für Literatur
aufopfert.

28. Okt. 6 ½ Uhr

Die Karte vormittag und jetzt der Brief. Wie aus Batrina! Mehr
muß ich nicht sagen. Die Gedichte sind schon vorher entstanden: sonst kämen sie jetzt. Aber vielleicht kommen neue. Die
älteren sende ich hier mit innigstem Dank zurück. Die Daten
wirst Du, ewig Liebste dem ewig Liebsten, eintragen können: in
der Nacht vor Deiner Abreise nach Elefant (also 19./20. oder
20./21. Okt.?) Die Buchbriefe suche ich bald heraus.

Ein wenig Kaffee jetzt bekommen. Wenn ich später mehr
brauchen werde, schreibe ich wegen des 1 Kilo. Vielen herzlichen Dank. Und heißern für die innere Nahrung!

Ich wüßte mehr zu sagen, wenn ich nicht eilte, den Brief aufzugeben.

[479] B 30. Okt.[19]16

In allergrößter Eile die ersten Exemplare, ein öffentliches und
ein privates.

Den tiefsten Dank für den Kartenbrief.

Aller-allerherzlichst.

(Wieder Neues entstanden!)

[480] B [Wien,] 1. Nov.[1916]   [Janowitz]

Die neuen Gedichte – immer mehr – erst, wenn auf dem Weg
dahin nicht mehr irgendetwas eine Änderung verlangt. Wenn
ich mich über ihre Gestalt, auch im scheinbar *Kleinsten* beruhigt
habe (so weit das ja möglich ist.) Auch das Entstandene ist noch
immer im Entstehen. Das weiß man und hat darum Nachsicht.
Sonst müßte ich wieder, und öfter, zur Eintragung von Korrek-

turen die Abzüge zurück erbitten. Am besten bei einem Wiedersehen im November, auf das ich so sehr hoffe, vorzulesen.

Kräfte und Zeit waren am »Aktuellen« nicht vergeudet, aber bald kommt die Grenze, über die es keine Bewilligung gibt.

Diesen Brief hier und den des alten Weiberls schicke man mir bitte, *gelegentlich* zurück.

Was die A. sagt, ist richtig. Nämlich *die* ist richtig, über welche sie es sagt. Sie selbst ist es nicht.

(Hoffentlich hat sie etwas für den armen F. erreicht.)

L. geht es viel besser; ich war gestern bei ihm im Sanatorium.

Innigsten Dank für das heute empfangene Obst. Die Körbe gehen beide morgen zurück.

Viel Lauferei, zum Advokaten etc. Gräßlich. Aber trotzdem: Ein Gedicht »Abenteuer der Arbeit« wird noch schöner sein als »Memoiren«.

Ich bin jetzt immer, Tag und Nacht, im Park von Janovic.

[481]   B [Wien,] 2./3. Nov.[19]16.   [Janowitz]

Drei zu liebe Briefe heute (Äpfel, Kaffee, Bücher, Bilder, Marken, Liebe), auf die ich leider nur in Hast antworten kann. »Bitte, jetzt hat man doch Zeit.« Und ich hatte noch nie so wenig. Denn ich muß sie an das Gräßlichste vergeuden: Prozeß-Vorbereitung, Advokaten-Sachen u.dgl. Ich war heute bei dem Rahmenhändler, zweimal, da er das erstemal nicht offen hatte. (Die Frau weiß nicht, wie sie das zerbrechliche Ding senden soll, sie wird darüber schreiben.) Das Buch zu beschaffen, wäre mir *morgen* und *übermorgen,* da ich den ganzen Tag beim Advokaten etc. bin, leider unmöglich, und es hat doch größte Eile, es soll ja zum 9. in N. sein. So habe ich den kleinen L. ersuchen müssen, der meinte, daß es verschiedene Ausgaben gibt und in etlichen Buchhandlungen zu suchen sein werde. Das eben wäre mir in diesen Tagen einfach unmöglich – wie leid thut's mir! Nun bin ich so gehetzt, daß ich in der Eile die Briefstelle übersehen habe: »Es sei vermerkt: *in meinem Auftrag.*« Das Buch dürfte aber schon morgen früh abgehen. Man müßte also irgendwie Dora verständigen. Es thut mir wahrhaftig leid – ich wollte, ich hätte wie immer auch in diesen Tagen die Freude, *persönlich* die Erfüllung aller Wünsche durchzuführen. An Ch. bereits das Heft senden lassen. Innigsten Dank für die Äpfel. Vorläufig werden sie ja doch genügen.

In all dem Entsetzlichen wachsen nachts, aber erst um 5 Uhr morgens, Strophen zu. Offenbar brauche ich zum Garten – hinter mir doch dieses Leben mit seiner Peitsche! Das Niedrigste reibt mich nicht auf, sondern läßt mich erst das andere verdienen, das mir *unerreichbar* wäre ohne dieses. Niemand weiß das besser als die, die *immer* im Garten ist. Es ist ein entsetzliches Gefühl, zu wissen, daß Wien, Presse, Juden aller Konfessionen mit Schmutz auf einen warten. Aber was vermag es gegen das Gefühl, in solcher Wartezeit ein Gedicht geschrieben zu haben, das über Memoiren und Springbrunnen, über Abschied u.W. steht.

Springbrunnen: welch ein Weg: in einem Zimmer in Rom zum erstenmal vorgelesen, zuletzt in Berlin! Aber wenigstens hat das Programm für das Auditorium entschädigt. (In Rom waren Auditorium und Programm eins – eine.)

Das eben erwähnte Gedicht wird, ehe es am 17. vorgelesen wird, nach Janovic abgehen – Oder soll ich vorher eine Privatvorlesung in Prag halten? – nur wird man es mir wiederschicken, damit sich kein Pünktchen ändere, nachdem es abgegangen ist. (Und *dies eben* steht im Gedicht!) Wenn es ganz gesichert ist, bekommt man es wieder. Ich schicke es nur, damit niemand in Wien es früher kenne. So werde ich's immer halten!

Aber wie schwer, in jeder Hinsicht, wird das Leben sein, wenn die Adressatin aller Gedichte in der Schweiz ist! Und wo wird sie zu Weihnachten sein?

Die Antwort an den Censor Seite 128 hat man bemerkt? Das »Gebet« dürfte gerettet werden.

Die Marken sind hier auch nicht zu haben, die Bedienerin war in etlichen Postämtern und hat nur die zu 20 bekommen. Am besten schriftlich bestellen.

Beim Advokaten ist es heute wild zugegangen: eine fanatische Helferin (nicht sehr geeignet) trat auf und rang wie Klärchen die Hände um den schon zum Tod verurtheilten Egmont. Aber so arg wirds nicht sein – und wahrscheinlich nicht zu Ende geführt werden. (»Er, der Einzige, der die Wahrheit sagt, soll – –!«)

Vielleicht kann ich noch nachträglich – ich sehe L. erst morgen abend – durch Buchhandlung Verständigung ergehen lassen. Wenn nicht, wird man wohl am besten am 9. es telegraphieren. Dem andern L., der sich sehr um den Prozeß bemüht, gehts besser.

[482]   B [Wien,] Sonntag 5. Nov.[19]16   [Janowitz]

(der Brief geht hier erst morgen ab)

Innigsten Dank für Brief gestern und heute. Gestern die Äpfel angelangt. Kiste wird zurückgesandt. Ja, noch eine Sendung erbeten. Aber es hat keine Eile. Vielen, herzlichen Dank!

Brief (gestern) von Kerssenbrock (Ch. kann ihm das konfiszierte Heft leihen, wenn er will.) Heute von Alma mit der unangenehmen Mittheilung, daß der T. dem armen L.v.F. nicht mehr helfen kann (was wohl auch die Kontumaz-Sache ungünstig beeinflussen wird); dazu fast wörtlich dasselbe, was sie nach J. über die Allerseelenlichter geschrieben hat, und mit gutgemeinten Versen zu diesem Gefühl. Das sollte sie doch aber nicht *mir* schicken; weder die Sprache noch ich sind *dazu* auf der Welt. Von M.M. hatte ich doch nur eine Karte, auf die wir gemeinsam mit Grüßen geantwortet haben.

Die Gedichte werden abgezogen und dann gesandt werden. Ich habe sie augenblicklich selbst nicht.

Die 5 Kg Kaffee bitte zu senden, wenn ich *nicht* selbst sie holen komme. Dez. wär's zu spät. Herzensdank für die Aussicht Janowitz.

Gestern abends bei L. gewesen. Wieder nicht sehr gut. Für alles, wenn auch müd und gehetzt, stets lebendigster Dank und alle noch bessern Gefühle! Alles für Weihnachten etc. reservieren lassen. Von der Dora P. die »Verwandlung« noch immer nicht erhalten. So kann also nichts vorbereitet werden. Wie schade wäre das. Wenn es stattfindet, kommt man zum 4.? Und sonst? – – – Wo wird Weihnachten sein?

In Frankfurt soll eine Vorlesung veranstaltet werden, von »Verehrern«. Ich werde das mit der Schweiz verbinden.

Die Buchhandlung hat die Mittheilung für Dora brieflich nachgetragen.

[483]   B [Wien,] Cafe P. 6. Nov.[19]16   [Janowitz]

Man hole mich bald in die Schweiz ab. Ich kann hier nicht länger leben. Die Hasser und die Schwärmer belagern mir die Thür und die zweiten sind lästiger. Das Gespenst rudert Tag für Tag um mein Haus, das Telephon ruht nicht, Briefe über Briefe. Die kleine Thierfreundin schickt ein Manifest: sie hat »alles erwogen«, wie der Kaiser, und sie erklärt gerade heraus: »ich bin im Banne Ihrer faszinierenden Persönlichkeit« und muß mich deshalb kennen lernen. Dazu freilich die sympathischeren Worte: »die Gegenwart und die Zukunft ist so trostlos«. Wie soll ich all diesen armen Teufeln helfen, ich bin ja ärmer. Kartenbrief heute erhalten. Die 10 Kronen habe ich nachgesandt. Goethe – Stolberg ist hoffentlich eingetroffen. Nun warte ich auf Dora's »Verwandlung«.

Von Charlie heute aus Prag ein Danktelegramm. Hoffentlich geht's mit dem armen Ludwig gut. Der Prozeß soll morgen, 7., sein, wird aber vertagt werden, da Beweisanträge zu stellen sind.

Die Briefe wage ich der Post nicht zu überlassen. Ich möchte sie lieber bringen. Nicht wahr, das ist besser so. Gedichte sende ich morgen. Der 17. wird mir das fürstliche Ehepaar, in der Pause, zuziehen. Statt daß die zweite Reihe würdig vertreten ist. Ich werde mit einer wundervollen Jean Paul-Sache gegen den Krieg eröffnen.

Heute 4 Karten aus Frankfurt. K.O. fragt eindringlich nach der Baronin und ob sie nicht, wenn ich dort lese, auch kommen wird.

Heute einen so ergreifend schönen Brief zum Prozeß erhalten, von dem ich Kopien machen lasse. Eine werde ich senden.

Die Äpfel hebt man für mich auf, nicht wahr? Ich bin so dankbar für diese Hilfe.

Der kleine L. hat bei Schiller (über naive und sentimentalische Dichtung) Sätze gefunden, durch welche die Verbindung von Lyrik und Glosse förmlich geweiht erscheint.

Wieder etliches zugewachsen. Und jetzt etwas im Entstehen, worüber man sehr staunen wird. Ich will einmal selbst alles bringen.

[484]   B [Wien,] 7. Nov.[1916]   [Janowitz]

Beethoven: »lieber *wagen*«? Ich kann das Wort nicht lesen. Theilt man mir's wegen des Wortspiels mit? Oder hat es eine Beziehung auf uns?

   Die Bücher in der Buchhandlung Frick (Graben) bestellt; werden gesandt werden. Es scheint die geeigneteste Buchhandlung zu sein. Die »Buchausgaben« sind abgerechnet worden – aber weiß man, was »*Buchausgaben*« sind? (Wenn Gedichte, die zuerst in der Fackel erscheinen, dann in Buchform herauskommen.) Wieder ein lieber Gleitrutsch. Der Prozeß hatte *heute* begonnen und ist vertagt worden (wegen Beweisantrags formeller Art, um zu prüfen, ob nicht verjährt). Das ist recht erwünscht. Wie geht's? »Gut – danke«? Nein, hoffentlich besser! Allerinnigst und im Sinne des hier Mitgesandten.

[485]   T [Wien, 9.11.1916]   [Janowitz]

Heutiger Weg vergebenst da Hauptsache Legitimation fehlt ++ bitte senden ++ herzlichst

[486]   B [Wien,] Café P. 9. Nov.[19]16   [Janowitz]

Ich hatte mir gleich gedacht, daß jeder Schritt in dieser Sache ohne das »Legitimationsblatt« zwecklos sein werde, unternahm ihn aber doch. Die Schwierigkeit wird nicht unüberwindlich sein, aber wohl sehr groß. Sie besteht hauptsächlich darin, daß der *Paß* erneuert werden muß und daß zu diesem Zweck polizeiliche »Erhebungen« erfolgen, ob der Paßbewerber thatsächlich in Wien wohnt. Hier wird nichts übrig bleiben, als zu einem *Vorgesetzten* des Sobek zu gehen, ehe die Polizei diese Untersuchung vornimmt, da ja sonst die Sache heillos verfahren wäre. Nun kann, wenn das geglückt wäre, der Akt auch an die *Wiener* Militärbehörde gehen. Da wäre es nun freilich gut, wenn man selbst mit dem L. sprechen wollte. Hat aber Ch. nicht bessere Aussicht in Prag (wenn die Statthalterei den Akt dorthin schickt)? In Wien besteht die Gefahr (wie mir gesagt wurde), daß das Telegramm keinen hinreichend »triftigen Grund« beglaubige. In solchen Fällen pflege eine amtliche Schweizer Bestätigung (über Domizil) verlangt zu werden. Es bestehe immer der »Verdacht« der Vergnügungsreise und die Behörde wolle die »Verschlechterung der Valuta« durch hinaustragen des Geldes verhindern – auch wenn es sich um eine völlig einwandfreie Persönlichkeit handelt. Es scheint mir ziemlich sicher daß die Sache bei der Wiener Statthalterei oder Polizei trotz dem schwierigen Punkt der Prager Zuständigkeit und des Nichtaufenthaltes in Wien mit Erfolg geführt werden kann – und soll neuestens das Militär noch größere Schwierigkeiten machen, »namentlich bei Böhmen«. Auch wurde mir gesagt, daß seit September von einer 20tägigen Kontumaz nicht abgegangen wird. Wie wird das werden? Und es schwirren Gerüchte von Einstellung des Reiseverkehrs. Also: ich will alles versuchen, wenn ich das gewisse Legitimationsblatt habe. Nicht übel wär's, es so zu verschieben, daß man am 4. Dez. selbst beim L. intervenieren kann. Denn wenn die Sache einmal abgewiesen wäre, ließe sie sich nicht mehr reparieren. (Der L. sei jetzt »strenger geworden«.) Sollte ich nicht das Recht haben, zu einem Weihnachten bei *mir* einzuladen? Das wäre doch, wenn Schweiz bis dahin noch nicht erreichbar und wenn J. schwierig, besser als im Hotelzimmer in Innsbruck, das aber auch eines von Imst od.dgl. sein kann. Ich denke mir das so, daß wir drei alles einkaufen, was für den Abend nothwendig und erhältlich ist, ev. das Essen vom Hotel Imp. (mit Bedienung) beziehen. Oder wir feiern das Fest bei mir und gehen dann in ein Separé. Schlimmer als Innsbruck kann das nicht sein, und schließlich ist's doch nicht unwichtig, vielleicht so wichtig wie Weihnachten selbst, ob ich meine Gabe selbst darbringen kann. In die Schweiz gelange weder ich so bald noch die Post. In Österreich würde ich mich überall einfinden können, aber ich denke es mir nicht so übel, wenn wir drei einmal bei mir sind, wo der Baum gewiß schöner sein wird als in Innsbruck, wenn auch nicht so schön wie in Janowitz.

Für Mitte Dezember will ich eine Vorlesung ansetzen. Noch ist es Zeit für das Datum, aber nur noch ein paar Tage. Aber da wird man wohl jetzt gar nichts sagen können. Freude genug, daß man am 4. da sein wird. Heute hat die D.P. telephonisch mitgetheilt, daß sie die Noten schicken wird. So spät ist es schon.

Was treibt nur die gute Alma. Ich habe ihr *öfter* gesagt, daß ich Trauben nicht mag; nun schickt sie einen Korb: die Trauben ganz zugrundegegangen, mit nassem Zeitungspapier belegt. Ein trauriger Anblick. Wie schade! Ich habe ihr telegraphisch gedankt und den leeren Korb zurückgeschickt. Weiß Ch., daß am 4. das Schicksal mit dem Hobel vorkommt? Er wird doch auch da sein? Ich will von der Einnahme eine Summe für die E.L.-Sch. und eine für Rilke bestimmen.

Man wird staunen, was alles entstanden ist – bald ist es reif, geschickt zu werden. Hoffentlich denkt man manchmal daran zwischen all den nüchternen Dingen, über die wir nun einmal zu korrespondieren haben.

Neulich habe ich die beiden Akrostichen dem kl. L. gezeigt, der ganz begeistert war, namentlich von Sidis Ohr und Doras Liedermund.

Der guten Maymay, die nicht glauben soll, daß ich sie vergessen habe, ist gestern telegraphiert worden. Ich denke, daß man bis zum 4. mit Ch.'s Gesuch nicht wird warten wollen und können. So wollen wir's riskieren. Nur sage man, ob Prag nicht besser als Wien ist, wenn die Wiener Statthalterei befürwortet (sie sagt: in dringenden Fällen werde es auch in Wien gemacht.) Ich weiß nicht, ob es gut ist, daß *ich* mit dem L. spreche; ich fürchte, daß dann meine *und* Ch.'s Reise verdächtig d.h. »des triftigen Grunds entbehrend« erscheinen wird. Jetzt rathe man mir, und ich will alles thun, was man sagt.

[487] B [Wien,] 11./12. Nov.[19]16   [Janowitz]

Gehetzt? Der Jäger? Aber man macht's ja nur mit. Dann sage ich: *wie* schade, daß ein so edles Wild gehetzt werden kann. Warum geschieht das?! Kommen an solchem Tage Verse von mir an, – wie leid muß ihnen das thun. Also dürfen *Dienstag* keine kommen! Hier ist der Paß. Wenn unsereins auch nur endlich von *diesen* Problemen befreit wäre. Schauderhafte und wieder interessante Dinge aus dieser Sphäre höre ich seit einigen Tagen.

Aber ich möchte lieber davon mündlich sprechen. Nur schnell eines: durch einen sonderbaren Zufall habe ich Einblick in den ganzen Akt der Affaire Rost und Codelli bekommen. Wenn M.'s es noch nicht wissen sollten – es besteht *große* Wahrscheinlichkeit, daß *beide,* schon im Dezember, »repatriiert« oder »hospitalisiert« werden d. h. nachhause oder nach der Schweiz dürfen. Ein Brief darüber war an den verstorbenen Baron M. abgegangen, der zurückgekommen ist. Aber Oli und Frau dürften es von anderer Seite inzwischen erfahren haben, und so wird man es selbst auch schon wissen. Wenn nicht, theilt man es vielleicht telephonisch mit: daß eine Bemühung von *amerikanischer* Seite *wahrscheinlich* Erfolg haben wird.

Feldkirch soll souveräner und ekelhafter denn je sein; der *Abgang* eines Zuges wird als *Zufall* dargestellt (von den nächsten Tagen an). Trotzdem setze ich natürlich meine Schritte in Sachen Ch. fort. Nun war ich dreimal dort. Montag werde ich noch einmal wegen der Möglichkeit, den Akt nach Prag zu schicken, anfragen; ich glaube aber, daß er *nicht* dorthin geschickt werden *kann.* Auch zum Vorgesetzten des Sobek werde ich gehen. Dieser Punkt ist sehr schwierig. Man wollte in der Statthalterei durchaus nicht einsehen, daß Wien ein »ständiger« Aufenthalt ist.

Der Fall sei sehr ungewöhnlich, warum nicht *Prager* Statthalterei etc. Es müßten jedenfalls »Erhebungen gepflogen« werden – totenübel wird einem bei dem Wort. Das *Telegramm* wurde zehnmal hin und hergewendet und bemängelt, daß es »nicht zensuriert« sei.

Woher ist das herrliche Goethe-Wort? (Von »Erhebungen pflegen« – ein großer Sprung!). – Telegramm erhalten. Dank! –

Kerssenbrock schreibt, daß er mit dem Urbanek gesprochen habe (von dem aber noch keine Nachricht eingetroffen ist.)

Du armes gehetztes Wesen (und ich bin doch von Gedichten mehr gehetzt als Du von Jagden) – *ich* könnte zu Weihnachten noch nicht in M.S. sein; man müßte doch Anfang Dezember abreisen. Aber was schreibt die M.? »Muß man *erwägen,* um im Bann zu sein. Ich hatte immer arges Mißtrauen.« (Ich habe nicht Mißtrauen, sondern Unlust.) Aber sie erwägt doch nicht, ob sie im Bann sein soll, sondern sie ist es und hat deshalb erwogen, ob sie mich um ein Kennenlernen bitten darf. (Das ich ihr nicht gewähren kann, und um dieser Grausamkeit willen thue ich mir leid.) Und was heißt das: »Wie, man ist ärmer, trotz der Zugluft«? »Ach könnte sie an das Gedicht heranreichen!« Wer ist: *sie*? Du? Wenn Du nicht an das Gedicht heranreichtest, wäre es doch nicht entstanden?! Wie kannst Du Dich immer unter das Maß der Gedichte stellen und Dich *darunter* stellen? Du wirst bald haben, worüber Du staunen wirst.

Den Brief von Liliencron hatte ich schon gestern gelesen; er war mir aber auch schon vorher theilweise bekannt.

Hier zwei Briefe, darunter ein sehr lieber Thierbrief.

Heute endlich von Dora P. Verwandlung mit Entschuldigungskarte, durch ein Mädchen gesandt. Nun habe ich gleich den Musiker bestellt, zweifle aber, ob es sich so schnell machen lassen wird.

Ch. würde ich, wenn Wien mißlingt, rathen: dem Coudenhove persönlich zu sagen, daß man ihn von Wien nach Prag zurückgewiesen habe, dort gesagt habe, daß für Leute, die nach P. zuständig sind, unbedingt die Prager Statthalterei betr. Grenzübertritt kompetent sei. Sollte dies mißlingen, könnte er in *Brünn* es versuchen (was ja für ihn nicht schwer sein kann).

Dieses Departement VII. in Wien ist die Hölle aller Höllen. Die Schweiz ist wirklich theuer erkauft – nicht bloß durch Kursverlust.

Wie schade, daß gerade der 17. ohne die zweite Reihe vor sich gehn wird!

Was macht mein Bobby?

Das, was ich aus Brünn erhalten habe, muß immerhin von einem feineren Menschen sein, als das was *man* aus Brünn erhalten hat und mir sendet: »Leben und Gesundheit für *diese* Ideale zu opfern ...«! Die alte Fibelwelt ahnt noch immer nicht, daß sie dem Herrn Sieghart dient. Es wäre an der Zeit, den Adel niederzulegen. Entsetzliches habe ich gehört über die Behandlung, die dem armen Pius Hompesch widerfahren ist. Übrigens – und vielleicht interessiert es auch Ch. – der Freiherr v. Teuffenbach hat sich wieder gemeldet.

Frau v. F. depeschiert mir die Antwort, daß die letzte günstige Nachricht vom 29. Okt. stammt.

12. Nov.

Heute muß ein schöner Tag in Janowitz sein.

[488]   B [Wien,] 13. Nov.[19]16   [Janowitz]

Mit den Äpfeln, die plötzlich Sonntag nachmittag dastanden, hatte ich große Freude. (Und noch größere mit den Birnen.) Allerbesten Dank für diese Güte.

Der Brief der Frau v.F. ist entzückend, in der Beschreibung der zuhörenden und einschlafenden Kinder (deren Vater nicht mehr schlafen kann!). Ich will ihn noch einen Tag behalten.

——

Es scheint mir unmöglich, die Sache nach Prag dirigieren zu lassen. Das muß wohl schon seinen Lauf in Wien zu Ende gehen, und eine weitere Intervention außer morgen bei der Polizei wegen der Domizil-Nachforschungen ist undenkbar. Aber ich denke: wenn es in Wien mißlänge (der neue Beamte war sehr erstaunt, daß »die Partei« nicht selbst komme), kann Ch. es noch immer in Prag versuchen, wo er sich mit dem Bescheid, daß dort keine Grenzübertrittsbewilligungen zu holen sind, einfach nicht abspeisen lassen darf. Da diese Bewilligung »im Einvernehmen mit dem Militärkommando« erfolgt, so soll er sich nur an dieses wenden. Ich fürchte, daß ich es in Wien *nicht* durchsetzen werde, nicht, weil der neue Mensch mich gar nicht zu kennen schien, sondern weil die »Partei« eben nicht nach Wien gehört, sondern nach Prag und vom amtlichen Standpunkt ist es eher möglich, einen zuständigen Spion als einen nicht zuständigen Patrioten (das ist doch Ch.!) etwas zuliebe zu thun. In *dem* Punkt gibts keine Protektion. Die Kontumaz-Verschärfung soll erst nach dem Abgang der Baronin Ml. erfolgt sein; man sagt, seit 1. November. Für die Gattin eines höheren *Beamten,* die schwer krank ist konnten es die Leute im Minist.d.Äußern nicht durchsetzen. Sollte man sich auf diese peinliche Möglichkeit (wenn nicht Sicherheit) nicht umso eher gefaßt machen, als der Innsbrucker Helfer fehlt? Natürlich wußte ich doch, daß Weihnachten in Innsbruck nicht freiwillig gewählt wäre (ich schrieb ja: vielleicht sogar in Imst!). Aber da war's wirklich besser, sich gleich auf ein Janowitzer Weihnachten (das ja doch, trotz der armen M.M., hundertmal schöner ist als eins in St. Moritz) einzurichten und gleich nach Weihnachten den Versuch in Innsbruck zu machen, da, wie mir heute wieder ein Herr vom Min.d.Äußern versichert, aussichtslos ist (da Ausnahmen jetzt nur noch bei Reisen im Staatsinteresse gemacht werden, in welchem Fall Anschluß an den Courier erfolgt od.dgl.). In Imst etc. soll es gräßlich sein, schamlose Ausbeutung herrschen. Das wäre also, wenn schon unumgänglich, um in die Schweiz zu gelangen, doch trostlos für ein Weihnachtsfest. Was mich selbst anbelangt, so würde ich es natürlich thun, um eben dieses einzige, herrliche Weihnachten zu haben – aber ich müßte gleich wieder zurück, da ich so schnell mich nicht auf eine lange Abwesenheit vorbereiten könnte. Wenn ich es für möglich hielte, ohne Kontumaz hinüberzukommen, würde ich kein Wort gegen die Feier in St. Moritz sagen, aber so sehe ich voraus, daß wir statt Janowitz einen elenden Vorarlberger oder Tiroler Gasthof haben werden. Und da wäre doch gleich gescheiter, erst nach Weihnachten zu reisen. Außer, man gienge schon *Anfang* Dezember, – was *ich* aber nicht könnte. Es ist entsetzlich. Aber ich wiederhole nur, was mir einer vom Min.d.Äußern (der selbst die größte Schwierigkeit hat, nach München (!!) zu kommen), erzählt hat, derselbe, dem ich die Kenntnis des Studiums der Affaire Codelli verdanke. (Die Hausbesitzerschaft wird wenig nützen. Es handelt sich um den Wohnort. Auch die »Rückkehr Ende Dez.« macht es nicht leichter.) Wäre es nicht angebracht, für alle Fälle die gute M.M. auf die Undurchführbarkeit oder Unwahrscheinlichkeit vorzubereiten, damit sie dann nicht enttäuscht ist? Denn keine Macht der Erde kann *heute* mit Sicherheit sagen, ob man am Weihnachtsabend dort eintreffen kann.

Wie schrecklich auch die Rackerei in Janowitz! Kann denn nicht der Dwořak die Pferde ausführen? Wenn man davon krank würde, wär's mein Tod! Es ist ja möglich, daß das alles sein *muß* – aber *muß* denn das sein, was sein muß?

(Der Vorschlag, vor Buchs eine event. Vorlesung abzusagen, ist nicht durchführbar. Ich muß doch nach Zürich wegen des Paßvisums für die Rückfahrt und bis zu dieser hätte ich Zeit für einen andern Termin der Vorlesung gehabt. Aber das wäre das Geringste. Den Grenzübertritt bekomme ich auch ohne die Züricher Vorlesung – und die Kontumaz wirft das Weihnachtsprojekt um.) (Gesuch-Umschreiben wurde nicht verlangt.)

Herrliche »chinesische Kriegsgedichte« (Antikriegsgedichte) sind in der Insel-Bücherei, sehr schön, wenngleich manchmal zu impressionistisch: modern übertragen. Ich werde am 17. und 4. Dez. einige vorlesen.

Heute war *Schönberg* bei mir, der die Qualzeit (von 11 Monaten) glücklich hinter sich hat. Ich habe ihm Doras Verwandlung gezeigt. Er findet natürlich, daß eine Frau keine *Schöpferin* von Musik sein kann, *lobte* aber die Komposition, besonders eine Stelle. Er ist sehr dafür, daß ich es aufführe. Aber ich zweifle sehr, ob es bis zum 4. Dez. sich wird arrangieren lassen. Morgen dürfte mein Begleiter zur Besprechung kommen. Wie schade, daß die Dora P. sich so lange Zeit gelassen hat!

Allerinnigst!

Bitte, nachlesen Sonntag 12. Arbeiterzeitung: »Die Kinder und der Krieg« (aus *Kinderaufsätzen)*. Welch ein Kontrast zu dem Bild der beiden kleinen F. Es ist wirklich zum Sterben. Aber im eigentlichen Sinn. Lese man es nach. Und dann die Chinesischen Gedichte. Und auf diesem Weg nach China!

Vom Urbanek ein ganz dummer Vorschlag, auf den ich gar nicht antworten werde.

Die Verständigung der »Partei« wird angeblich nach 10-12 Tagen erst erfolgen, (direkt Hôtel Krantz)

[489] B 14. Nov.[1916]

Hier die Überraschung. (Das erste Exemplar).

Erscheint am 16.

Das, worüber man noch besonders »staunen« wird (Fundverheimlichung) ist auch hier – kommt erst später in die F. Ich sende auch den schönen Brief, den ich neulich erwähnt habe.

In rasender Hast, ganz kaput von Arbeit und Wegen (heute auch eklige *Stunden* bei den Ämtern, förmliche Raufereien mit subalternem Gesindel. Aber es wird vielleicht gehen.)

Unendlich herzlichen Gruß!

Dr.Kornauth soeben da gewesen, findet auch manches gut an Doras Komposition, hat sie mitgenommen, weiß aber nicht, ob er Ausführende finden wird. Näheres demnächst.

Jetzt laufe ich zur Hauptpost, damit die Überraschung noch weggeht.

Gelingt Doras Sache, so wird's auch eine Art Überraschung. Denn ankündigen ließ es sich nicht, da man ja keine Ahnung hatte, ob sich Leute finden. Dr K. hält das für sehr, sehr schwer. Irgendeinmal aber wirds gewiß möglich sein. Jetzt sei fast niemand da. Er wird sich sehr bemühen.

[490]   K [Wien, 14.11.1916] *Hauptpost*   [Janowitz]

Im Wichtigsten (»Abenteuer der Arbeit«) S.6 unten bitte das Spiel der Interpunktionen zu beachten. (Es dürfte zwar nicht zu übersehen sein.) Hoffentlich kommt diese Karte nicht vor oder nach dem Brief.

Allerherzlichste Grüße!

Am 17. wird es gelesen (auch »Der Reim«) am 4. anderes!

[491]   K [Wien, 14.11.1916] 2.Karte   [Janowitz]

Am 4. *auch* anderes (Alle Vögel etc) aber *auch* »Abenteuer der Arbeit«!

Ob es wohl an einem Tag eintrifft, wo ein Ohr wartet? Erbitte Nachricht ob beide Karten und ob sie zugleich mit dem Brief angelangt sind.

[492]   T [Wien, 16.11.1916]   [Janowitz]

Scheint mir sinnlos ++ höchstens zu Loschek ++ vielleicht später andernorts wenn jetzt mißlingt was Samstag erfahre ++ herzlichst

[493]   B [Wien,] 17./18.[11.19]16. 4 Uhr früh.   [Janowitz]

In der Nacht nach der Vorlesung, die ganz ungeheuer war, innigsten Gruß.

Ein telegraphisches Zeichen habe ich mir so lebhaft *vorgestellt,* daß alles geglückt ist. Auch zehrte ich noch vom gestrigen.

(Und die Streichholzschachtel half.) – Es war ein großer Rummel, die Hysterie in der ersten Reihe arg störend. Loos hat mit dem gewissen Buchhändler gesprochen und es wird künftig verhindert werden.

Sonst viel Sonderbares. Leute aus Wien und Prag, die man sicher kennt.

Die Aline D., von L. ins »Künstlerzimmer« gebracht, stand die ganze Zeit beim Aufgang zum Podium, am Schluß. Daß das Heft erst am 16. anstatt am 15. kam, ist zu dumm, noch dümmer, daß die 2. Karte vorher kam und gar ohne die erste. Hoffentlich ist diese (mit der Bitte, das Spiel der Interpunktionen Seite 6 unten genau zu beachten), nachträglich doch gekommen.

Was heißt das: »Weihnachten hier vergessen«? Heißt das: sich an mich nicht erinnern? *Wann* will man nach Innsbruck gehen? Schon nach dem 4. Dezember?

Ja, es waren »Höllenwege« und es kommen noch solche. Von einer abgewandten »Amtsehrenbeleidigung«, angeblich begangen an einem Vieh von Polizeioffizial, mündlich. Ich habe, als anonymes Publikum, bis zur Neige verkostet, was sich dieses gefallen lassen muß – nämlich vom subalternen Gesindel. Es war eine groteske Szene, die durch das Eingreifen von Vorgesetzten übel für den »Beleidigten« ausgegangen ist. Aber welcher Verlust von Zeit und Nervenkraft! Ja, die »Erhebungen« wegen Ch.'s Aufenthalt – das war der schwierige Punkt. Das wäre beinahe geglückt; ob es aber dem Militärkommando passen wird, soll sich erst morgen herausstellen.

»Aus Brünn habe ich doch nie was erhalten.« Was schrieb ich denn da? Meint man den Brief mit Einladung zu einem Brünner Abend, den ich schickte, oder meinen Rath an Ch., im Nothfall es mit einem Gesuch bei der Brünner Statthalterei (»Carletto«!) zu versuchen? Was habe ich denn gesagt oder geschrieben?

Dr Kornauth hat mir heute in der Pause gesagt, daß er wirklich *niemand* gefunden hat. Es dürfte also kaum glücken!!

Schönberg: ich glaube, das Zwischenspiel von »Heute ist Frühling«.

Bei den Vorgesetzten des Sobek war ich *nicht* – es ist anders gegangen.

»Gute Nacht und *morgen* wartet ein Ohr«, schreibt man am 15. Bezieht sich das auf den Abend des *17.* oder auf die räthselhafte Ankündigung der 2. Karte?

Wegen »Extra-Klausel« Innsbruck – ich glaube *nicht*! – werde ich mich morgen erkundigen.

Was die Geldfrage betrifft, so kann ich wieder nur – die Cleopatra schlage aber nicht den Boten – eine Unheilsbotschaft bestellen. Gestern erzählte jemand, daß sich die Schweizer Banken neuestens überhaupt gegen die Annahme von österr. Noten sträuben. Der offizielle Kurs sei vor ein paar Tagen 58 gewesen. In der Schweiz sage man: »Zahlen Sie *Geld* oder *Kronen*?« oder so. Krone wird dort nicht mehr als Geld angesehen!

Die Postämter können sich bis auf weiteres dieser Aversion nicht anschließen. Darum halte ich's für das beste und günstigste, öfter Geld per Post schicken zu lassen. Was thut man, wenn man die 20000 Kr. überhaupt nicht anbringt. Man kann's ja versuchen und schicke sie dann gleich als Geldbrief an die Prager Bank zurück. Aber jedenfalls sollte man sich wöchentlich ein oder zweimal Geld per Post schicken lassen.

Was geschieht nur mit mir?

Ich habe heute aus *Salzburg* eine Einladung zu einem Vortrag erhalten, die ich aber nicht annehmen werde.

Der arme L. (seit einigen Tagen aus dem Sanatorium entlassen) sieht schlecht aus und es geht ihm sicher nicht gut. Die Grete H. war in der Pause allein bei mir und sprach sehr düster. Aber ich hoffe doch, daß sein Optimismus gegen die dummen Ärzte recht behält. Hat man den Kropp auch *von* der Bahn kutschiert?

Kutschiere man mich lieber nach China!

Vor einiger Zeit ist auch eine längere Reihe Aphorismen (»Nachts«) entstanden; jetzt wird bald der Band in Druck gehen (auf dem Umschlag des Kleinen Heftes schon angekündigt).

Man schrieb von »Höllenwegen«. Ich habe die Polizei mir schmerzlos gemacht, indem ich sie jedesmal mit dem benachbarten Zahnarzt verbunden habe, der mir einen Nerv operiert hat. Da kann einem der ärgste Offizial nichts mehr anhaben. Zwischendurch ist jedes Wort des letzten Heftes entstanden, erkrankt, gesundet, alt und wieder neu geworden, kurzum hat alles das erlebt, was in »Abenteuer der Arbeit« steht. Heute habe ich dieses, den »Reim«, »Memoiren«, »Gebet« und »Gebet an die Sonne von Gibeon« vorgelesen.

18. nachm.

Nun ist der Dank da, der immer schöner ist als die Gabe, Du bestes, heiligstes Ohr! Wie es dem Geist wohl thut, so einzufließen! Und ein schönerer Essay des Herzens ist nie über mich geschrieben worden als Dein Brief!

Du staunst über die Arbeit dieser kurzen Zeit und über das, was dazwischen war an Qualen, die doch nie produktiv sein können. Das berührt sich ganz mit der Schilderung, die ich oben (heute nachts) jetzt gegeben habe. Und nun auch noch die neuen Aphorismen und dazu die ganze Vorarbeit am Band »Nachts« (zunächst technischer Art). Und die Vorlesung und hundert anderes. –

Der Al.T. könnte am ehesten noch wegen der Kontumaz etwas versuchen. (Beim Oberkommando) – Ich komme gerade von Polizei und Statthalterei. *Dort* hat man noch keine Erledigung (von der Statthalterei *zurück*) und bei der Statthalterei überrascht man mich mit der Eröffnung, daß der Akt »doch nach Prag gehen müßte«, zum dortigen Militärkommando, »wegen der Zuständigkeit« – wenn's nur diese Worte nicht mehr gäbe! – und dann erst nach Wien zum Stadtkommando. Nun wäre eine Intervention in Prag zu spät – meint man; hab auch wenig Sinn, da dort sicher günstig erledigt werde – denn »die Statthalterei habe es ja befürwortet«. Auch für Stadtkommando sei kaum etwas zu fürchten. Ich denke also, daß Brief an L. wenig Sinn hat. Aber man will: Oberstleutenant.. ?. L.. Stadtkommando I., Liebiggasse. Ich halte es für überflüssig, eher störend. Kann das aber nicht entscheiden. Ich fragte, warum man mir das nicht gleich gesagt habe, daß es nach Prag geht; – das hätte man »nicht gewußt«. Alles in allem: hier verhungern ist übrigens immer noch für die Nerven und für die Menschenwürde besser als mit Erlaubnis dieser Leute ins Ausland gehen zu dürfen. Sich von ihnen etwas verbieten lassen, ist gräßlich. Aber sich von ihnen etwas erlauben zu lassen, könnte unter Umständen ein Selbstmordmotiv sein! Ich habe den Umgang mit diesen Machthabern, von denen immer der niedrigste der drückendste ist, herzlich satt.

Man sagt gar nichts darüber, daß ich doch nur zum Weihnachtsabend (wenn überhaupt) kommen könnte und dann *zurück müßte*. Wie schwer wird mir, für die kurze Zeit all das Entsetzliche durchzumachen, und – es dann, wenn ich mich radikaler entfernen will, auf ein paar Monate, oder auf Kriegsdauer, es vielleicht nicht mehr zu können. Trostreicher wäre mir die Aussicht auf ein Weihnachten in J., auch ohne Lichter, gewesen. Aber ich kann verstehen, daß man der hiesigen Marter so rasch als möglich entrinnen will. Nur weiß ich nicht, was ich thun soll.

Die Karte muß die *erste* sein; die gieng also zwei ganze Tage. Rek.Brief und die beiden Karten sind zugleich auf der Hauptpost am 14. ½ 8 abends aufgegeben worden. Die Interpunktionen, meinte ich, wollen *angesehen* werden. Es ist auch typographisch malerisch – nach großen Mühen. Gedankenstrich, Strichpunkt, Komma, Doppelpunkt, Rufzeichen und Fragezeichen stehen etwas entfernt von der Zeile und alles in einer Linie. (Der Punkt und der Doppelpunkt in der letzten Strophe der 6. Seite sind natürlich unbetont, stehen also normal.) Aber das hat man sicher gemerkt, gefühlt, verstanden. Es sind gleichsam Illustrationen.

Innsbrucker Abend wird schwer arrangierbar sein.

Unendlichen Dank, liebstes, gütigstes Ohr, empfänglichstes Herz!

[494] Briefkarte [Wien,] Postamt 18. Nov.[19]16. ½ 6   [Janowitz]
Nachtrag zum rek. Brief:

Das hier hat man mir auf der Statthalterei gegeben – *für alle Fälle,* falls Ch. in Prag doch nachfragen wollte, habe ich es mir verschafft.

Es enthält die Geschäftszahl des Gesuches und das Datum des Abgangs nach Prag. Ich glaube aber, daß es zu spät sein wird und an und für sich nicht nöthig ist.

In aller Hetze

grüßt innigst,

allerinnigst.

Zur Paß-Sache wollte ich noch sagen: es wird höchstwahrscheinlich unvermeidlich sein – *wenn* die Sache glückt –, daß Ch.
zur Unterschrift nach Wien kommen muß. Darüber will ich
aber noch mit dem Sobek sprechen.

Ich meine: wenn Ch. die Sache *vor* seiner Reise nach Tirol,
also *Durchreise* durch Wien ganz erledigt haben wollte.

Ich sende zwei Thierschutzzeitschriften (um deren gelegent-
liche Rückgabe ich bitte) mit etlichen angestrichenen Stellen:
vielleicht findet man aber auch etliche gute Rathschläge für
Bobby und die Pferde, irgendetwas, was man noch nicht weiß,
wiewohl man sicher alles Gute weiß. Ich bin um Bobby sehr besorgt; die Hütte ist doch sicher zugfrei? (Seit der »Zugluft« in
Wotic-Veselka glaube ich, daß es in der Gegend immer ziehen
muß.)

Man bestelle sich gleich – ich vergesse vielleicht, es zu schikken – Inselbücherei 183 Chin. Kriegslyrik und No 186 *Matthias
Claudius.* (Das ist einer der allergrößten Lyriker, vielleicht nach
Goethe der größte – ganz verschollen unter einem Gesindel, das
den Heine großgemacht hat und Uhland für einen Dichter hält –
was schon Schopenhauer für ein deutsches Brandmal angesehen
hat.)

Zu all dem, das ich in den letzten zwei Wochen zu thun und
zu leiden hatte, muß noch – der Vollständigkeit halber erwähne
ich's – der Prozeß gezählt werden. Gestern ist das Publikum –
etwa 900 – bei der bloßen Nennung des verhaßten Namens in
demonstrativen Beifall ausgebrochen. Das wäre noch nicht viel,
aber ich muß sagen, daß die Leute sogar »Abenteuer der Arbeit«
mit einigem Verständnis anzuhören schienen. Die Erziehung
macht doch Fortschritte. Könnte ich vor Europa sprechen, wäre
der Krieg in einer Minute beendet.

Hat man in der Arbeiterzeitung 12. Nov. »Die Kinder und der
Krieg« gelesen? Man sollte es thun. Und gleich darauf chinesische
Gedichte lesen.

Dem alten Frauerl, dessen Karte ich sende, war zuerst geschrieben worden, daß sie nicht bestätigen müsse (damit sie nicht
danke), dann aber war's doch nothwendig, weil nur ein Brief

geschickt worden war. Nun schreibt sie so lieb, und ich denke, wir müssen uns Zeit nehmen, sie aufzusuchen.

Der Musiker sagt, heute wieder, es seien die größten Schwierigkeiten. Ich gebe aber die Hoffnung noch nicht auf. Wenn, so hinterm Vorhang. Und Klavier (er selbst), Harmonium gehe nicht. Er findet einige Fehler und die Strophe »Wüstensturm« sei nicht nachgestaltet. Hinterm Vorhang, hauptsächlich weil nur männliche Stimme zu finden wäre (wenn überhaupt).

Heute auf dem Weg zur Polizei Begegnung mit einem schweren Schicksal. Näheres mündlich. Ich kann nicht mehr auf die Straße gehen. Und als ich nachhause kam, wartete in der Hausflur ein Soldat, der gestern das Gebet gehört habe und mich deshalb kennen lernen müsse. Er war ganz rasend und sprach nur davon, daß er »Fortinbras« sei und mit dem Unglück fertig werden wolle. Ist es gut oder schrecklich, so viel Erregung zu lösen? Erlösung bringt es doch nicht.

Heute ein schlechtes Gedicht von der Isonzofront erhalten, das mich aber, als Hilfeschrei, doch nicht losläßt. Und diesen ganz traurigen Brief. Was soll man nur thun?! (Bitte Ch. zu zeigen. Wegen des Inhalts dieses Briefs schicke ich meinen Brief rekomm.)

Ein furchtbarer Schneesturm draußen – und es geht weiter. Es ist das einzige, was weitergeht!

Fährt man nach dem 4. schon nach Innsbruck? Viel besser wär's statt der dortigen Versuche durch Al.T. ein Telegramm aus dem Hauptquartier zu erlangen suchen.

Die *Klausel* gilt für jede Tiroler Reise innerhalb der Frist – das habe ich heute erfahren, nur in der maßlosen Hetze vergessen, in dem rek. Brief oder Nachtrag (Kartenbrief) mitzutheilen.

———

Die Annäherung der Gesandtin (deren Gatte durch den Tod des Botschafters verhindert war) wurde gestern geschickt vermieden.

Wer ist ein älterer Gf.Wolkenstein aus Prag, der gestern sehr »zugestimmt« haben soll? Ob man nicht doch versuchen könnte, diese Klasse zu einer Manifestation der Menschenwürde zu bringen? Auch ein Oberstleutnant soll zu allen antikriegerischen Wendungen demonstrativ applaudiert haben.

Man müßte glauben, daß ein Abend wie der gestrige *That-wirkung* habe. (Von Jean Pauls ungeheurer Rede an bis zum Gebet an die Sonne.) Nachträglich sehe ich mich gezwungen zuzugeben, daß die Leute, mit denen Maria immer im Café war (außer den später hinzugekommenen), also das Ehepaar, ganz besonders feine Leute sind. Es ist ganz begreiflich, daß er an ihnen eine Stütze gefunden hat. Die Sammlung geht weiter, der gewisse Mäzen hat 1000 Kr. zugesagt und ich will den Ertrag des 4. Dez. zwischen E.L.Sch. und R. vertheilen (ohne daß er's weiß), aber noch einen Rest einem andern wohlthätigen Zweck geben. Man wird sich also auch betheiligen? Ich will das Geld vor dem 1. Dez. abführen, denn bis dahin soll die Sammlung abgeschlossen sein und das Ergebnis wird durch einen Freiherrn v. Schey via Berlin an R. gesandt, ohne daß er erfahren wird, woher das Geld kommt.

Der Sammler meinte, daß R. von dem Gedicht »Mythologie«, welches dem gespenstischen Café Imperial-Milieu entsprungen ist, sehr eingenommen sein wird; er schickt ihm das Heft. Sie hätten oft im Gespräch sich gefragt, ob das lebende Menschen seien. Sie hörten einmal, wie einer »Hedda Gabler« sagte, und es war ein Rennpferd wie die Göttin »Glaukopis« (Athene). Aber eines heißt auch Pallas Athene. (Ein Pferd mag es verdienen, so zu heißen, aber nicht ein Turfagent, es auszusprechen.)

Ich bin ganz glücklich über den heute empfangenen Brief.

Bitte, doch nicht hetzen. Das ermüdet mich.

19. Nov.
Sonntag

Ein Gedicht von Claudius (von dem übrigens »Der Mond ist aufgegangen«):

Der Tod
Ach, es ist so dunkel in des Todes Kammer,
Tönt so traurig, wenn er sich bewegt
Und nun aufhebt seinen schweren Hammer
Und die Stunde schlägt.

Geht das nicht über alles?

20. Nov.

?

21. Nov.

Heute der rek. Brief vom 19. und die Karte. Allerschönsten Dank. Gestern habe ich mich in der Bank nach den ekligen Kurssachen erkundigt. Wofür wurde *eingereicht?* 20 000 *Kronen* kann man jederzeit herausnehmen und mitnehmen, ohne jede Bewilligung. Die »Devisen-Centrale«, bei der die *Bank* einreicht, bewilligt Einkauf oder Sendung von Francs höchstens bis 1 000 oder 1 500 u.zw. zu dem günstigen Kurs 157 Kr = 100 Fr (100 Kr = 64 Fr.). Dies ist aber der *Postkurs,* man kann aber neustens *nur* 100 Fr. (täglich) schicken.

Wechselt man das Geld in der Schweiz um, so bekommt man um 176 Kr = 100 Fr (100 Kr = 56!) Etwa auch so, wenn man hier – ohne Bewilligung der Devisencentrale das Schweiz. Geld kauft. Das alles ist zu lästig. Man soll einfach – trotz Porto – täglich 100 Fr. schicken lassen. Das macht am wenigsten Kopfzerbrechen. Aber *nicht* 20 000 Kr. mitnehmen, weil das doch ein zu arger Verlust wäre. *(Genommen werde* es.)

Al.T.: das wird er schon wissen. Das »Haupt« ist der Bumsti (zu dem man einen Weg durch die Dalbergs hätte?). Aber das wird wohl, wenn überhaupt möglich, auch anders gehn und der T. muß wissen, an wen er sich da zu wenden hat. Ich glaube nicht, daß in *Innsbruck* etwas zu arrangieren sein wird.

Über Ch. Paß – Wien – Kommen habe ich schon oben etwas gesagt. *Kranz könnte man eine Karte schreiben.* Ich werde aber wohl vorher es erfahren (und es kann ja auch liegen bleiben.)

Richtig, Brünn, jetzt verstehe ich's: ich meinte den patriotischen Aufruf vom Landeshauptmann, den man mir geschickt hat. Man schreibt: »... oder irre ich mich? Pazienza.«

Warum Geduld?

Heute so viel Sonne und nichts davon für mich. Ich bin noch mehr gehetzt und vielleicht mit noch mehr Recht als Du.

Oli: Die Stelle ist der Konsul Edgar v. Spiegl, ein Schulfreund »des Toni«. Er sagte mir, daß ich mich irre, der rückgesandte Brief sei an die Baronin überadressiert worden. Mehr als mir wird er ihm nicht sagen; ich habe ja den ganzen Akt gesehen.

Die amerik. Botschaft sagt: es werde *wahrscheinlich* …. Er meint, das bedeute: fast *sicher.*

Von der Absendung an die »Garde-Gräfin« habe ich vorgestern zufällig erfahren.

Auch wenn ihm Oli nicht schreibt, wird dieser eine Verständigung erhalten. Ich werde den Sp. (der jetzt in Deutschland ist) darum ersuchen. Der verehrt mich heiß, ist auch mit Maria gut, mit dem er im April bei der Vorlesung war. (Hat mir kürzlich, »weil ich an dem Grillparzer-Autogramm vom Geschwisterpaar Nadherny eine Freude hatte«, das Manuskript von Freiherr v. Dingelstedts »Sturm«-Übersetzung zum Geschenk gemacht – mit dem ich freilich nicht viel anzufangen weiß).

Ach, »baldigst mehr, man verzeih die Eile, habe nie Zeit, *wenige* (habe nie Zeit)

so sieht das aus, ich

glaubte zu erst: *liebe nie*

Herzensgrüße. »Wenn ich Deine Gedichte lese, ist es, als küßte mich jedes Wort.« Aber hast Du denn Zeit, Dich von einem Wort, und von jedem, küssen zu lassen?

Und ich lege Dir noch den Dichter Claudius ans Herz!! Hast Du denn auch nur Zeit, meine Briefe zu lesen?

Und nichts davon, daß ich nach Prag kommen könnte, d.h. auf der Rückfahrt nach J. Sind meine Gedichte nicht in eine schlechte Zeit (die man nicht hat) gekommen? Wie erst ich selbst!

Wie schade –!

Und doch sind neue entstanden.

Ich schicke den Brief eines »deutschen Kriegers« aus Galizien mit.

[496]   T [Wien, 21.11.1916]   [Janowitz]

Ereignis macht vierten Dezember ungewiß ++ allerherzlichst

[497]   B [Wien,] 21. Nov.[19]16 Café P.   [Janowitz]

Ein Diener von der Hofburg bringt die Nachricht. Und eine halbe Stunde später wird diese – vorbereitete – Extraausgabe gebracht. – Die Straßen sind ganz leer. Der 4. Dez. ist dadurch wohl in Frage gestellt. Auch, vermuthlich die Möglichkeit, daß Al.T. in der nächsten Zeit eine Erledigung erreiche. Soll man ins Chaos reisen?

(Hier die Abschrift des Briefs eines der wenigen anständigen Literaturmenschen. Sehr schön, nicht wahr?)

Ich verspreche, daß ich den widerspänstigen Zeitumständen jede nur irgend erreichbare Aussicht abtrotzen werde, der Herrin von J. (die J. so sehr liebt, daß sie dort nicht bleiben, sondern dahin zurückkehren will) zu helfen.

Morgen wird es sich entscheiden, ob der 4. stattfinden kann. Jedenfalls werden wir uns doch, da oder dort, sehen, um alles zu besprechen, nicht wahr? Von einer Postsendung für den 1. wird mir abgerathen. (Wenn ich an diesen 1. denke, so weiß ich, daß ich geboren bin.)

Aber der Papagei war ein falscher Prophet.

Man denke jetzt, daß ich die Jean Paul'sche Rede an den Nachfolger neulich gesprochen habe.

Der arme L. geht aus. Aber es steht schlecht mit ihm.

Der guten M.M. bitte innigsten Gruß zu sagen und: daß »die Kessler« meine Gedichte bei weitem nicht so gut versteht. Davon bin ich ehrlich überzeugt.

Schwere, gefahrvolle, herrliche Arbeit an dem Werke »Nachts«. Jetzt gehe ich wieder zu ihr, vorher zum Telegraphenamt.

Allerherzlichsten Dank für die Äpfel. Aber bitte muß ich die Kiste zurückschicken? Das ist so furchtbar schwer, abgesehen davon daß ihr Wert ein Drittel der Versandkosten beträgt. Das macht natürlich nichts, wenn man die Kiste braucht. Nur ist das mit dem Spediteur so schwierig. Jedenfalls tiefsten Dank für die gütige Aufmerksamkeit.

[498]   T [Wien, 23.11.1916]   [Janowitz]

Gesuch Charlie bewilligt ++ vierter Dezember findet statt ++ erbitte Mitteilung wann Janowitz rückkehrt wovon eventueller Leipziger Vortrag Termin abhängt ++ herzlichst.

[499]   B [Wien,] 23./24.11.[19]16   [Janowitz]

Ich habe der Ärmsten nunmehr 100 Kronen schicken lassen. So
was Armes wird natürlich noch von »gerichtlichen Aufkündi-
gungen« gehetzt. Und weil sie einen Hund ernährt, bekommt
sie, d.h. ihr eingerückter Sohn keinen »Unterhaltsbeitrag« vom
Staat! Ich bin neugierig, wie sich dieser Staat »verjüngen« wird.
(Jetzt wird täglich für siebzig Jahre gelogen.)

Heute war ich im Hotel Krantz, wo noch nichts eingelaufen
ist (was auch noch kaum möglich ist). Ich kam eben dazu, wie
Fenster für das Begräbnis vermiethet wurden (an eine Gräfin mit
Sohn). Heute die günstige Erledigung bei der Statthalterei erfahren, morgen gehe ich zur Polizei, um mit dem S. zu sprechen.

(Die arme Frau hat mir einen kleinen Weihnachtsbaum geschickt. Wo wird der unsere sein?)

Vom Ehepaar Wolff zwei reizende Telegramme, er will eine
Vorlesung zwischen dem 4. und 15. arrangieren (ich weiß noch
nicht, es ist zu anstrengend); sie depeschiert: »Es ist schön, daß
eine Melancholie bleiben und ein Jüngster Tag vergehen wird.
Elisabeth Wolff-Merck«.

Soll das nächste Heft als festliche Illustration eine gewisse Bob-
Photographie bringen? Zum Sterben!

                                                         24.
Todmüde theile ich mit, daß ich den S. nicht angetroffen habe.
Es ist auch eigentlich gar nicht nöthig, da ja Ch. ohnedies nach
Wien kommt (ich hätte vielleicht eine Zustellung des Passes
ohne Unterschrift erreichen können); wollte übrigens dem S.
auch einige Aufklärung über die Szene mit dem grauslichen
»Offizial« geben. Den Akt habe ich gesehen. Er bleibt liegen,
bis Ch. zur Unterschrift nach Wien kommt (was einen oder zwei
Wege zur Polizei kosten wird, die ich, wenn's nach dem 4. ist, mit
ihm machen kann); nach seinem »Wiener Domizil« dürfte ohnedies keine Zustellung erfolgen. Die Erledigung in Prag war nur
eine Formalität (wegen Landsturmpflicht); über die Grenzbe-
willigung hat das Wiener Stadtkommando zu entscheiden. Das
wäre also geglückt. Nun kommt die Kontumaz-Sache, die jedenfalls vor der Innsbrucker Reise so oder so erledigt werden müßte.

Denn in Innsbruck selbst ist es jetzt wohl aussichtslos. (Für alle Fälle schicke ich, falls Ch. früher zur Polizei will, den beiliegenden Zettel. Es ändert sich aber bis zum 4. nichts.) Ich bin froh, daß das erledigt ist. Man sollte aber für solche Fälle *wirklich* ein *Wiener Domizil* haben, um die Hauptschwierigkeit zu beseitigen.

Jetzt habe ich das l. Telegramm vorgefunden. Das Wort heißt, wie auch aus der obigen Mittheilung hervorgeht: *Leipziger* (Vortragstermin). Aber ich weiß noch immer nicht, ob ich meinen Nerven das jetzt zumuthen soll.

Ich könnte es, wenn ich sicher wüßte, wo ich zu Weihnachten bin. Das hängt alles zusammen. Die Arbeit am nächsten Heft, am Buch »Nachts«, Vorträge etc. Ich wollte wissen, wann man von Wien nachhause fährt um den Termin danach zu bestimmen und vielleicht gemeinsam zu reisen. Ich will W. vorschlagen, auf den Vortrag zu verzichten und mich (schon jetzt) in Prag zu treffen.

Hier die Arb. Ztg., die ich zurück erbitte.

Mit »Verwandlung« wird's ohnedies nicht gehen. Es soll überhaupt keine Stimme zu finden sein.

»7 ¾ abends dann im *Häuslichen* (?) ... »wie heißt das Wort? Einen »italien. Koch« gibts?

Groß ist mir die Sache keinen Moment erschienen, nur war es noch gestern zweifelhaft, wie lange die Pflichttrauer dauern werde.

Wenn aber die Vigilien am 4. Dez. wären (man glaubt, am 2.) müßte der Abend doch entfallen.

Der Brief aus dem Café P. ist schnell gegangen. Das Telegramm, das ich damals nachts sandte, scheint aber früh nicht angekommen zu sein. Ach, die Kiste! Vielleicht doch am besten mitnehmen. Oder wenigstens auf der *Bahn* dann aufgeben. Das Gräßliche ist ja nur für mich, es zur Bahn zu bringen, da man so schwer Spediteur dazu kriegt. Aber dann gehts in einem. (Es könnte aber sicher auch als Gepäck gehen, da ja niemand wissen kann, ob nicht Flaumfedern oder Papiere drin sind.) (Der halbe Inhalt hat noch Äpfel, weil auf dem Kasten kein Platz ist – aber bis dahin ist die Kiste schon leer.) Ich bekomme jetzt seltener die teure Schrift. Es würde nichts machen, wenn ich das Gefühl hätte, daß die *Ruhepausen* mit *Ruhe* und nicht mit Hetzjagd ausgefüllt sind.

Allerinnigsten Dank für jedes gute Wort und viele, viele Grüße!

[500] B [Wien,] 24./25. Nov.[19]16   [Janowitz]

Der arme L. So krank, hat er jetzt eine so niederschmetternde Nachricht erhalten. Sein liebster Schüler ist auf der Fahrt von Trient in seine »Stellung« – in die des Kriegs! – mit dem Automobil in einen Abgrund gestürzt, er und der Chauffeur todt. L. (der morgen auf den Semmering gehen soll) ist ganz deprimiert und mich berührt es auch sehr, da ich den wirklich lieben Menschen gekannt habe. –

Aus dem Claudius-Büchlein werden im nächsten Heft citiert: Abendlied: *1.* und *4.* Strophe Mein Neujahrslied: *10. 11. 12.* Strophe Der Schwarze in der Zuckerplantage, *Kriegslied, Der Tod, »An –, als ihm die – starb«,* Bei dem Grabe meines Vaters, *Die Liebe,* Ein Versuch in Versen, herrlich ist auch »Der Tod und das Mädchen«, aber durch die Schubert'sche Komposition bekannter als die andere (wird *vielleicht* citiert). Ein Dichter, den die Deutschen zur Lesebuchberühmtheit verurtheilt haben.

Die kleine Hundefreundin schreibt mir wieder und schickt mir diesen Brief einer ihr befreundeten »Feldmarschalleutnantsgattin« aus Innsbruck! Ist das nicht von der Frau v. Tsch? In Innsbruck ist doch sonst keine wohl und die kennt mich. Die darin mitgetheilte Hunde-Sache ist so entsetzlich, daß wir die Stadt nicht betreten sollten. Oder doch – um dort eine Vorlesung zu halten und die (neue) »*Fundverheimlichung*« zu lesen (die in Wien erst am 15. gelesen wird, nicht am 4., weil nicht genügend Raum dafür). Will man der Frau v.Tsch. schreiben oder telegraphieren und gleich für mich das Datum vorschlagen? Ich thäte es natürlich selbst, aber ich weiß ja nicht, *wann man dort sein will.* Die Vorlesung wäre nicht übel, um unsere gemeinsame Anwesenheit noch besser zu motivieren, die so mit dem ganz öffentlichen Zweck verbunden wäre. Und vielleicht hilft es doch auch für das raschere Weiterkommen.

Die Mittheilung in dem Brief aus Innsbruck eröffnet eine grauenhafte Perspektive und das empfindet die kleine Hundefreundin sehr wohl. (Der Brief der Generalin ist sonst ganz albern.)

Was wird nur werden, wenn das so weiter geht! Wie gut, daß Bobby in sicherer Obhut (auch *seine* »Zuflucht«!) und von der Bestialität bewahrt ist.

Werden aber die Leute in Abwesenheit seiner Herrin die Ernährungspflicht so gewissenhaft erfüllen, daß man beruhigt sein kann? Ch. wird ja wachen – aber wenn er nicht in J. ist! Dvořak ist doch darin ganz verläßlich? (Sie traun sich *beide* »auf ihr ehrliches Gesicht«, nicht wahr?)

(Die Striche im Brief sind nicht von mir!)

26./27. früh

L.v.F. schreibt: ... Aufs tiefste verehrter Freund! Wie oft, wie gerne wollte ich Ihnen danken für Ihre Grüße, die mich wahrhaftig tiefer bewegten als alles, was an Herzbewegendem gelegentlich um mich vorging! Aber ehe ich diesen entsetzlichen Ring von Vereinsamung inmitten von Fels, Eis und erstarrten Kriegshandwerkern nicht wieder einmal auf ein paar Tage durchbrechen kann, erstirbt mir jeder Gruß im Herzen wie ein gefangener Vogel. Vielleicht kann ich Sie doch bald wiedersehen! Immer, immer ihr L.v.F.

Er schickt mit einem grauenvollen, über alles bisher Gehörte und Geahnte hinaus marternden Tagebuch Grüße an Baronin N. Und er schließt mit den Worten: Man darf nicht daran denken, wie licht die Welt zu sein vermöchte!

Nach der Lektüre dieses Tagebuchs, das ich seiner Schwester, einer Frau Professor Dopsch in Wien schicken soll, nachdem das alles geschehen ist und erlitten wurde, erinnere ich mich an eine melancholische Stelle in einem Brief, den man mir einmal geschrieben hat. Was sollen wir noch hier? Heute fiel mir ein, ob noch eine Aussicht wäre, den über alle »Kriegsnothwendigkeit« mißhandelten Menschen zu helfen, wenn ich zum Vater des armen Wenzel gienge und ihm sagte, daß zu mir die Wahrheit aus dem Feld dringt und daß sie von so vielen kam, die wie sein Sohn an die Fackel gedacht haben, ehe sie gestorben sind. Soll ich das thun? Oder steht mir solcher praktische Versuch im

Chaos zu bessern, nicht zu und würde das Resultat nur das Gefühl der Ohnmacht vermehren?

Was schreibe ich da alles. Das mitfühlendste Herz hat gewiß
keine Zeit, es zu lesen. Man schrieb mir: Nächstens mehr. Und
nach etlichen Tagen war's wieder nur die Darstellung der Hetze,
in der man lebt. Der Brief mit Trauerrand, den ich heute zufällig
wieder gesehen habe, ist von jener Mutter, die mir damals über
ihren gefallenen Sohn geschrieben hat. Der andere Brief offenbar
von einem Musiker, der Verse aus dem letzten Heft komponieren will und jetzt ins Feld geht. Ich schicke das alles, weil
ich doch immer glaube, daß man theilnimmt. Heute habe ich –
ein winziges Theilchen der großen Arbeit – die Karte mit dem
Goethewort und das Gedicht »Sendschreiben« verglichen und
die Strophe herausgeschrieben. Vielen Dank für diesen Wink.
(Die Zeile: »und an goldne Gottgestalten streifte« ist einzig und
so sehr eine Erfüllung von Janowitz, könnte es sein bei ruhige-
rem Leben.)

Also – was wird aus mir? Hier treten aber Mitte Jänner
durchgreifende Änderungen des kleinen äußeren Lebens ein; es
wird nicht mehr möglich sein zu bleiben. Und für die Schweiz
bin ich – wegen der Arbeit – nicht gerüstet. Der Mann, der für
Rilke sammelt, sagte mir heute, daß auch Geldsendungen in die
Schweiz bald verboten sein werden, daß man nur österr. Geld
mitnehmen kann und trachten muß, es dort nach und nach ein-
zuwechseln.

Es besteht aber da eine Möglichkeit, via Deutschland zu helfen.
Das müssen wir besprechen.

Die Versicherungssache ist *zu* dumm. Wenn man sonst kein
Mobiliar *hat*! Das kann man freilich nicht über die Grenze
schreiben, weil ja dort ein »Domizil« sein muß.

Café P. 28.

Ich habe für den gestern empfangenen Brief vom 24. und für
Brief vom 26. und Karte vom 27., die heute nachm. gekommen
sind, zu danken.

Was hatte man da beobachtet: ».... die Mittagsglocke am
Kirchthurm hat zum –« zwölften Mal geschlagen? Mich inter-

essieren diese Verschluckungen, weil der Text spärlich genug ist. Aber man antworte nur mündlich, wenn man keine Zeit hat.

Gestern und heute hatte ich keine zur Absendung des Briefes. Ich habe mehr Arbeit und dennoch schreibe ich mehr. Natürlich schreibt man seltener, aber das würde, da das Warten auf meinen Brief mein Vorschlag war, nichts machen, arg ist nur das Gefühl, daß man in so einem Wirbel lebt wo man gar nicht die Ruhe hat meine Darstellung von dem Vielerlei zu lesen oder aufzunehmen. Das ist ein schlimmeres Gefühl als Unterbrochenwerden. (Das ist aber beileibe kein Vorwurf, nur schmerzlichstes Bedauern – *wenn's* so ist.) Betheiligt man sich also an der Sammlung Rilke? Sie soll aber am 2. Dez. abgeschlossen werden.

Ich fürchte wirklich, daß ich nur die Wahl habe, vor Weihnachten dem Fest zuliebe zu reisen *oder* später, nicht beides thun kann. Und da wäre doch das zweite besser, darum eine große Erlösung, wenn die erste Möglichkeit gar nicht wäre. Ich thue aber, was man will, und bemühe mich um alles. Nur – ob ich mit der Arbeit vor Weihnachten fertig bin, quält mich noch.

Von W. noch keine Antwort auf das Telegramm. Vor dem 4. könnte ich keinesfalls nach Prag kommen – wegen der Proben geht es nicht. Heute war eine, ich komme todmüde um ½ 8 Uhr nachhause. Als ich in das Konzerthaus gieng, schlich wie gewöhnlich das Gespenst mit Begleiterin herum. Ich komme nach 2 ½ Stunden nachhause, es knackst etwas am Briefkasten, ich denke: aha, heute ist eine Photographie fällig. Es war eine Sinnestäuschung. *Zehn* Minuten später fällt etwas in den Kasten: die Photographie.

Ich (bitte das in der eigenen Betonung zu lesen und sich Doras Lachen dazu zu denken) stürze die Stiege hinunter, erwische das Paar, herrsche die falsche an, die richtige kauert in einer Nische, ich sage: »Wenn noch ein einziges Mal, so….« Das Paar verschwindet, die eine – heulend. Da dachte ich mir doch, die könnte sich was anthun, stürze nach einer Weile auf die Gasse nach und nehme sie, während die Begleiterin verschwindet, ins Gebet. Sie wurde *frech*, that so, als ob es ihr *Recht* wäre, mich zu belästigen, dann heulte sie wieder und schließlich gieng ich, nachdem sie ihr »Ehrenwort« gegeben hatte, nie wieder vor dem

Hause herumzuschleichen. Vorläufig ist also Ruhe; und ich hoffe, daß sie auch nicht mehr die erste Reihe unsicher machen wird. Zu allem auch das noch. Ich bin noch ganz kaputt von der scheußlichen Szene. Man muß sich denken, daß ich gerade in den letzten Wochen keinen Schritt unbelauert aus dem Haus oder in das Haus machen und dabei den Plagegeist nie erwischen konnte. Gegen den Haß kann ich mir doch leichter helfen als gegen die Liebe. Die, gegen welche ich mir helfen will. Eine andere gibts, *zu* der ich mir helfen will und die mir helfen soll. »Der *liebendste* Mann«, heißt es in einem Brief. Ja, das bin ich und beweise ich. Aber die Antwort sollte eigentlich das andere Particip sein. Ist sie das nicht, »so kehrt das Chaos wieder«.

Liebeserklärung: »Du – Liebendster!«

Was sagt Ch. zur Erlaubnis? Sie ist ihm doch erwünscht? Ich bringe den Brief jetzt nachts zur Hauptpost.

[501]   T [Wien, 29.11.1916]   [Janowitz]

Innigsten Dank ++ Prag vor 4. Dezember leider unmöglich ++ Brief folgt ++ herzlichst

[502]   T [Wien, 30.11.1916]   [Janowitz]

Gestern empfangene Nachricht läßt erkennen daß das ausgelassene Wort Abschied heißt ++ wie traurig ++ Innigsten Dank ++ Kraus.

[503]   T [Wien, 1.12.1916]   [Janowitz]

Alles erdenkliche Glück wünscht ++ Karl Kraus

[504]   T [Wien, 2.12.1916]   [Janowitz]

Für Telegramm drei Briefe Dank ++ Thermos reparierbar ++ Glückwünsche dieser und allen künftigen Reisen

[505]   B [Wien,] 7./8. Dez.[19]16   [Janowitz]

Das liebe Telegramm ist nach 6 Uhr eingetroffen. Nie werde ich diese, gerade diese drei Tage vergessen!

Von Dora heute früh dieser liebe Brief. Ich danke telegraphisch und werde sie von der Hoffnungslosigkeit zu überzeugen su-

chen: gerade die von ihr empfohlene Berufung ist wegen Preß-
furcht – auf die man übrigens *immer* stoßen würde – undenkbar.
Lauter Gesindel! Es gienge nur an einem eigenen Dora-Abend;
das wird immer klarer.

Heute war der Jagdhund mit dem Mann wieder im Café:
»besserer Aussichten« voll; allerlei Vermittlungen in dieser Sache,
die sich länger und langweiliger hinzieht als der Weltkrieg und dasselbe deutsche Pathos hat. Wegen der Bücher habe ich »scharf«
gesprochen – sie seien da und er werde sie, wenn er nach Prag
kommt, senden.

Bitte dem Oli ev. zu telephonieren: der Betreffende hat mir
heute mitgetheilt, daß *soeben* in seinem Amt eine Relation eingelaufen sei, wonach seine Verwandten d.h. der A.C. mit Brief
vom 17. Nov. sich sehr günstig über die jetzige Situation, als die
»bisher beste«, äußere. Er sei mit seiner Frau wieder vereinigt.
Auch heißt es, daß die »*Hospital*isierung« Fortschritte mache.

Also ganz erfreulich. – Die gewünschte Mittheilung ist schon
gestern an Oli abgegangen. – Die teure Tasche lag auf dem
Schreibtisch, unter dem »Werfel«. – In Deutschland (Süddeutsch-
land) sind kürzlich an einem Tage 120000 Bahnarbeiter eingerückt, infolge dessen am nächsten Tage überall Zusammenstöße –
gerade als mein Bekannter dort war. In Ungarn sollen »kleinere«
Katastrophen sich täglich jetzt ereignen. Es hängt das alles mit
dem Personalmangel zusammen; meine Sorge ist also nicht ganz
unbegründet.

Die kleine Thierfreundin plagt mich mit Begeisterung. Sie
habe mich nach der Vorlesung in der Lothringerstraße getroffen
und es war diese Begegnung »great (?) a sensation« für sie. Sie
fragt, ob ich mich nicht oder wer anderer eines armen russischen
Windhundes annehmen wolle. Ich weiß niemand – und wie
kann *ich* das?

Ich ließ ihr schreiben, daß sie sich auf mich beim Thierschutzverein berufen soll. Sie selbst sagt Adieu – denn sie geht nach
Amerika! Zum erstenmal sagt sie auch, daß sie »von der Kunst«
ist: »niemand kann für Vollendung und Unübertrefflichkeit dankbarer sein als *wir Berufskünstler*«, sagt sie. Sie ist also doch Musi-
kerin. Wenn Dora in Wien lebte, würde ich sie wegen des Hundes

an sie weisen. Was soll man thun? Hoffentlich gelingts beim
Thierschutzverein. Und ich kenne ja eigentlich nur *einen* Hund!
——

Olgas Nachbar war heute auch im Café, nachm. Er wußte, wer
man sei, und erzählte, das Gespräch habe sich darum gedreht,
daß die junge Dame der alten zuredete, ins Künstlerzimmer zu
gehen. Zum Sterben! Nicht nur daß man so ein Erinnerungsbild
absichtlich hervorruft, man kann sich noch nachher überzeugen,
ob es getroffen ist!

    Der gute dicke Mann dampfte vor Entzücken über den
Abend – ich glaube aber immer, daß die zweite (diesmal erste)
Reihe es den Leuten anthut.

[506]   B [Wien,] 11.12.[19]16   [Janowitz]

Wirklich zum Sterben der Brief dieses Trottels.* Der Mensch,
an den er adressiert ist, ist derselbe, den ich damals aufmerksam
gemacht habe, daß man kommen wird und daß sich die Autorität anständig zu benehmen habe.

    Das Geld ist zurückgekommen. Bitte mir dieses hier *und* den
Aufgabeschein zu senden oder zu bringen. (Weil ich den nicht
hatte, wurde die Übergabe verweigert.) In größter Hast. Allerherzlichst, und wenn das Schlußwort lautet: »In ewiger *Nähe*«:
glücklichst.

* Das sind die Vorgesetzten der Menschheit!

[507]   B 12./13.12.[19]16

    Der »Rauchverzehrer« war schon abgesandt, als der l.Brief
mit dem Wunsch nach den 2 Fl. »Duft« kam. Schade. Ich habe
telegraphisch um Nachsendung ersucht. Hoffentlich trifft *alles*
rechtzeitig ein.

    Um die Frcs. bemühe ich mich noch.

    Die Arbeit ist ganz toll; weiß nicht wo aus und ein – und jetzt
noch der 15., da gibts auch so viel vorzubereiten. Am Samstag
ist's schon ruhiger – da kümmere ich mich gleich um die Karten.
Ob das geht, weiß ich nicht.

Hotel Kummer (Mariahilferstr.). Es gibt wohl ein noch Näheres, aber jenes ist *etwas* nobler, »Innere Stadt«-mäßiger. Die Kiste ist leider angeblich nicht transportabel. Per Post gehts nicht. Ist das recht: ich werde trachten, eine schönere neue zu kaufen und *direkt vom Geschäft* schicken zu lassen. So etwas wird ja nicht augenblicklich gebraucht, nicht wahr? Oder muß es gleich sein?

Jetzt sind so schöne Tage, und ich wollte heute auf eine Stunde kommen. Aber ich habe nicht eine freie Minute leider. Ich kann gar nicht sagen, wie schmerzlich mir das ist: den Park sehen zu *können* und nicht zu können!

Hier der Brief des R. Wirklich arm. Ich glaube, daß der »schlichte Werktag« auf der Burgruine nicht viel bringen wird. Viel neues Leben wird aus *den* Ruinen nicht blühen! War je etwas in ihm, worauf man »besteht« und was der Zusprecherin »durch die Jahre vertraut und *mächtig* gewesen ist«? Vertraut ja, aber mächtig?

Ein sonderbarer Zufall, daß ich gerade heute nachm. auch einen Brief von ihm an Frau W. gelesen habe.

Wie ist das mit der Dezember-Miethe? Nun wird doch, überraschend und beglückend, demnächst das große Ergebnis der Sammlung eintreffen, so daß er weder jenes noch die Anleihe, von der er schreibt, brauchen wird. Es ist ihm herzlich zu gönnen. Für die *feinen* Menschen sollte der Staat noch eher sorgen als für die Genies, die leichter Holz hacken können als jene.

Der arme V., von dem er schreibt. Sein Wiener Übersetzer war ihm zur Last, aber an einen ähnlichen Berliner Fall hat er kurz vor seinem Tod einen heute veröffentlichten geradezu *zärtlichen* Brief geschrieben.

R. sagt: »Es wird trostlos in dieser Welt«, aber das ist es schon lange und ich fürchte, er wird sich »keinen Vers darauf machen können«. Er war zu fein, um der Wendung zu folgen, und zu schwach, um sie zu bewältigen. Darum konnte er auch einem Menschen, der groß wie die Natur ist, nie »mächtig« sein.

Aber mir ist's freilich auch nicht recht, daß *ich* so brave Leute wie den oder die hier (Beilage) zu Dichtern mache.

Bitte beim Abschied von Bobby meinen Herzensgruß mitzugeben!

[508]   T [Wien, 20.12.1916]   [Oetz, Hotel Drei Mohren]

Allerherzlichstes Gedenken den Geschwistern ++ erhoffe Trost
von schönster Landschaft ++ Maria hat bereits telegrafisch erhalten ++ Innigste Wünsche

[509]   T [Wien, 21.12.1916]   [Oetz, Hotel Kassl]

Höchst besorgt wegen Kälte ++ muß doch zu ändern sein ++ allerherzlichste Wünsche lieben Geschwistern ++ hat man Innsbruck
wegen Kommen gefragt ++ weiß Prinz Lobkowitz Adresse

[510]   T [Wien, 22.12.1916]   [Oetz, Hotel Kassl]

Maymay schickte gestern nachmittag folgendes liebe Telegramm ++ meine zwei Liebsten ++ bitte nicht traurig ++ ist meine
Schuld ++ Gott segne Euch lieber Freund ++ innigst dankend
Cooney ++ werde ihr gleich Grüße aus hoffentlich schon war-
mem Zimmer senden

[511]   T [Wien, 23.12.1916]   [Oetz, Hotel Kassl]

Dank tieftrauriges und besseres Schreiben ++ Erwein heute und
morgen anrufe ++ scheint vergeblich ++ Maymays Helfer aufge-
sucht ++ wird versuchen ++ zweifelt sehr ++ wir Getrennten sind
alle vier mit aller Sehnsucht und aller Ergebenheit morgen
abend in einem Innern Janowitz vereint

[512]   T [Wien, 24.12.1916]   [Oetz, Hotel Kassl]

Das war ja ein beglückender Gruß der aus dem äußern Janowitz
in meine Kontumaz kam ++ tiefsten Dank ++ leider bisher aussichtslos auf beiden Seiten ++ Dienstag Erwein wieder Anruf ++
wäre nicht Vetter Mitas Gatte versuchbar? ++ mich deprimiert
das so sehr alles ++ innigste Bitte um Geduld

[513]   T [Wien, 27.12.1916]   [Oetz, Hotel Kassl]

Wie traurig Herzklopfen verschuldet ohne Lohn guter Botschaft ++ Maymays Helfer hat vergeblich gesprochen ++ Erwein
der Ohnmächtige wollte mich heute anrufen ++ habe bisher
nicht geschrieben weil so viel Unsägliches ++ glaubte nicht daß
möglich ++ hoffe innigst daß beide ausharren

[514] B 27. Dez.[19]16

Nein, ich habe bisher nicht geschrieben. Im Telegramm schweigt sich ein Gefühl besser aus, das man ja doch nicht sagen kann. Mir ist so bang: nach, um, vor —— ich hätte auch nicht geglaubt, daß es gehe. Denn was sollte das *Ganze* für einen Sinn haben – d.h. den hat es ja so auch nicht.

Und dann, dachte ich, ist ja nichts mitnehmbar. Aber nun fällt mir ein, man wird wohl die Sachen an mich schicken (oder nach-hause?) Wenn ich nur gerade dann in Wien bin.

Wie schmerzlich mir das alles ist, will ich gar nicht versuchen mit Tinte zu sagen. Immer wieder nehme ich das Album zur Hand. Wann werde ich *das* alles wieder sehen? Und wann die menschliche, menschlichste Figur, mit Bobby, die beide so schwer zu entnehmen, aber wenn man sie einmal im Dickicht gefunden hat, so rührend sind. Ich kann gar nicht daran denken.

Am Weihnachtsabend nach 6 Uhr habe ich mir diese Überra-schung bereitet, klopfenden Herzens, wie seit dreißig Jahren nicht.

Sonst war alles öd und traurig. Wie sollte es anders sein – selbst ohne die Pein, die Situation dort so mitfühlen zu müssen und so ohnmächtig zu sein.

Möchte doch Ch. ausharren! Gerade diesmal sollte er doch wissen, wie schwer das Glück erkauft ist, wie selten und fast unmöglich zu haben und daß er wohl nie wieder in die Gelegen-heit kommen wird. Auch muß man bedenken, wie Maymay sich darauf freut, gerade darauf, *beide* zu sehen.

Nun zählt man die Tage und erträgt sie wohl dank dem Ge-fühl, das Ziel ehrlich abzudienen. Andern Trost weiß ich nicht.

Könnte ich zehnmal so lang dort sein, um es der Armen zu ersparen, würde ich's thun. Aber da gibts leider keine Stellver-tretung, kein Opfer und wirklich nichts anderes als die Einsicht in ein Unabänderliches, das leider nicht einmal durch schicksalhaf-te Bedeutung entschädigt. Allerherzlichst und mit dem tiefsten Segenswunsch für 1917.

[515]   B 28. Dez.[1916]   [SN hält fest: nach Ötz]

Heute, nach einer Zusammenkunft mit dem Prinzen L. weiß ich
zum zweiten Mal, daß es unmöglich ist. Wie schmerzlich mir
das ist, kann ich gar nicht sagen. Wenn eine Verschlimmerung
des Drüsen-Zustandes befürchtet wird, bleibt wohl nichts übrig,
als den Arzt kommen zu lassen, vielleicht daß durch eine Bestätigung der Gefahr doch eine Ausnahme noch erwirkt werden
kann. (Wiewohl dann wahrscheinlich die Zeit ohnehin beinahe
abgelaufen sein dürfte).

   Schmerzlich aber hat mich auch die Stelle des Briefs berührt:
»Und zu denken, daß ich dem Ch. Weihnachten und Neujahr
verdorben habe.« Wie das? Man ist doch an gar nichts schuld!
Meint man: dadurch, daß *er* nicht in J. geblieben ist? Aber das
gemeinsame Weihnachten am dürftigsten Ort ist doch besser als
allein in Janowitz. Wie soll ich das nur verstehen? Oder meint
man: dadurch, daß *man* nicht in J. geblieben und erst später die
Reise angetreten hat. Da aber muß ich doch sagen: daß *mir* mein
Weihnachten noch mehr verloren gegangen ist. Denn ich war
doch nicht einmal am dürftigsten Ort. *Das* kann man nicht meinen, und bereut gewiß nicht, daß man nicht in J. geblieben ist.
(Wiewohl man ursprünglich dahin zurückkehren wollte, wenn
Innsbruck nicht erlaubt wäre – als Antwort auf meine Prophezeihung, daß man in einem kleinen Nest zu Weihnachten sitzen
werde.) Wie soll ich das nur verstehen? Gibt es unter den einmal
gegebenen Umständen ein besseres Weihnachten als in *Oetz,*
wo doch eben die Hauptperson ist? Was ist's mit *meinem?*

——— ——— ———

Ein junger Mann, irgendwo bei Hannover, zur Zeit Kranken-
wärter, schreibt einen Brief, in dem die Worte stehen: »… eine
Seele, die »Sendung« geschrieben hat, ist nicht angreifbar«.
   Viel Arbeit, Plage, Sorge, Bangigkeit. Hoffentlich geht alles
leidlich aus. Das Album tröstet und vermehrt den Schmerz.

[516]   T [Wien, 28.12.1916]   [Oetz, Hotel Kassl]

Erwein auch resultatlos ++ empfiehlt aber wenn Gefahr Verschlimmerung Befindens Zeugnis über Innsbruck einreichen ++
eventuell Prager Arzt telegraphieren oder Innsbruck Hlawat-
schek berufen ++ allerherzlichst.

[517]   B 29. Dez.[19]16   [SN hält fest: nach Ötz]

Die liebe Maymay vom 29. 2 Uhr 45:
    »Gedanken reisen frei. Meine sind liebend mit euch im 1917(,)
auch guter Freund«.

    Das letzte bezieht sich wohl auf mich und das Ganze ist fast
eine Sprachleistung. Die Gute! Wenn sie wüßte, daß sie – zu allem *Unabänderlichen* – auch wirklich ein bißchen die Schuld hat,
mit der sie sich belastet. Darüber einmal mündlich einiges.

    Vielleicht hätte, längst vorbereitet, ein Wort des jetzigen
»Freundes der Kessler« doch einigermaßen geholfen. Aber wer
kann das wissen, man muß eigentlich doch glauben, daß es keine
Möglichkeit gegeben hätte. – Ob nicht doch ein Aufenthalt sein
wird? Ich möchte der guten Maymay (der ich zum neuen Jahr für
uns alle telegraphiere) zwei Termine angeben. Denn nach den
neuesten Vorschriften wird's wohl etwas umständlicher werden.

    Wie hindernisvoll ist das alles, und man muß die Weisheit ha-
ben, allen Verdruß als nun einmal unvermeidlichen Anhang
zum größeren Jammer zu nehmen, ob er nun ursächlich damit
zusammenhängt oder nicht. Viel darüber gestern mit dem Prinzen L. gesprochen. Man darf nicht immer von neuem erstaunt
sein. Wie wird's im materiellen Punkt nun gehen?

    Daß Ch. ausharrt, ist wirklich gut – und so peinlich es ist, ich
beneide ihn. (L. hat alles Erdenkliche gethan – es scheint wenigstens so.) Die Gründe, warum ich anfangs nicht geschrieben
habe, sind schon bekannt. Aber auch noch dies: ich *hoffte* doch
immer noch, daß ein günstiges Telegramm jeden Brief unbe-
stellbar machen werde.

    Man glaube mir, daß ich mich sehr, sehr darum bemüht habe.
Das neue Jahr muß in allem ein besseres Gelingen bringen! Nun
jährt sich der Tag, da Ch. »cigarrenleuchtend« eintrat, und der
anderen zwei schönen Sylvester. Unendliche Wünsche!

[518]   T [Wien, 30.12.1916]   [Oetz, Hotel Kassl]

Drei Briefe gesandt ++ habe Maymays Wünsche beantwortet
und schicke selbst die denkbar herzlichsten ++ Ließe sich bei
Innsbrucker Freunden fragen ob Kommen sechsten möglich ++
möchte Vorlesung Februar vorbereiten

[519]   B 31. Dez.[19]16, 8 Uhr abends   [SN hält fest: nach Ötz]

Mein Sylvester ist viel freudloser!

Heute zwei liebe Briefe. Allerwärmsten Dank. Man schreibt:
»Es wäre gut, sich auf alle Fälle, wo man Vor*lesungen*« (?) halten
will, zu erkundigen. Vielleicht schwieriger, aber schneller«. Das
verstehe ich nicht ganz.

Das neue Heft wird *leider* noch nicht fertig sein. Kaum vor
dem 12., so daß man es erst am 20. oder noch später haben wird.
Es geht so furchtbar langsam, weil immer weniger Arbeitskräfte
da sind.

Wie ist man mit der Familie zusammengekommen? Hier
heißt's nicht, daß sie nett sei.

Wie traurig, daß ich nicht einmal unterm Sylvesterbaum stehen konnte. Ich dachte so sehr daran, es zu ermöglichen, aber
das geht ja offenbar nicht. Maymay habe ich zum neuen Jahr
telegraphiert. Ihre Nachricht habe ich brieflich mitgetheilt.
Briefe von ihr können ja noch nicht da sein. Oder sie hat nicht
verstanden, daß sie *schreiben* kann, und glaubt, daß ich ihr nur
die Adresse mittheile, damit sie weiß, wo man ist.

Das alte Weiberl war gestern da, brachte ein riesiges Hufeisen
mit zwei Begleitbriefen, in denen sie mit überströmend gefühl-
vollen Worten dem Wohlthäter und der Wohlthäterin dankt.

Ja, die materielle Frage! Ich habe schon *vor* dem Expreßbrief,
die Situation erfassend, eben in dieser Sache einen Weg zu der
Stelle gesucht und werde Dienstag oder Mittwoch Näheres er-
fahren. Jedenfalls hoffe ich, daß *spätere* Sendungen für den
Kurzweck möglich sein werden. Man wird mir aber vielleicht ein
Zeugnis schicken müssen.

Maymay habe ich also 8. *oder* 9. angegeben.

Charley soll auf der Rückreise nicht versäumen, den Prinzen
Lobkowitz anzurufen (Hetzendorf, Club etc.) Er will ihm eini-

ges sagen. Grüßt herzlich. Man hat wohl gelesen, daß der Markus Pejacsewich Speisenträger war.

Innigst erfreut, daß man jetzt warm hat und den Umständen entsprechend zufrieden ist.

Eine Nachricht wegen der Vorlesung (Literaturverein) brauche ich nicht mehr. Es ist alles in Ordnung. Die Termine hier sind 17., 21. (nachmittags) und 26. *Dann* gehe ich *vielleicht* nach Deutschland. Allerherzlichst! Wäre zu gern 6., 7. dort gewesen!

Vielleicht ist im andern Hotel ein Brief von Maymay.

[520]   T [Wien, 31.12.1916]   [Oetz, Hotel Kassl]

Dienstag noch ein Versuch ++ außerdem wegen Geldsache die schon vor Expreßbrief angebahnt ++ unendliche Glückwünsche

1917

[521] T [Wien, 3.1.1917]   [Oetz, Hotel Kassl]

Geld bewilligt ++ Dokumente express abgesandt ++ auch für
Nachsendung Geldes wenn früher abreiset eventuell von Hotel
veranlasset ++ innigst

[522] B [Wien,] 3.1.[19]17   [Oetz, Hotel Kassel;
                                                nachgesandt: Feldkirch,
                                 Vorarlbergerhof; nachgesandt: St. Moritz]

Beilage: Dokument

In größter Eile – todmüde hier die *Bewilligung.* Es war durch
die doppelte Intervention eine Verwirrung entstanden, so daß
gestern das *Gesuch* nicht *auffindbar* war und ich heute früh
durch den seinerzeit bevollmächtigten Advokaten Kienböck ein
neues machen lassen mußte. Als ich damit hinkam, hatte man das
Gesuch schon wieder gefunden, so daß die gräßliche Diktiererei
heute vormittag beim Advokaten überflüssig war. Es schien mir
wichtig auch noch die Bewilligung für die *Post* aufnehmen zu
lassen. Bei späteren Postsendungen muß Ch., wenn über 200 Kr.
jedesmal einreichen.

Allerherzlichst – ich kann nicht weiter schreiben, ich breche
vor Müdigkeit zusammen und soll jetzt zu der gewissen Stelle,
die über die Gesundheit des Kinds etwas zu sagen weiß. Halb
ist's ja in Ordnung.

Das mit dem »Zugeschlossensein« ist sehr, sehr traurig. Für
mich! Wie sollte da die so lieb gewünschte reiche Arbeit 1917
gedeihen? Es bedeutet ja Ausgesperrtheit.

[523] T [Wien, 4.1.1917]   [Oetz, Hotel Kassl; nachgesandt: St. Moritz]

Bedaure tief ++ freue mich herzlich ++ schönste Reise und Ankunft

[524]   B [Wien,] 8./9. Jänner [19]17   [St. Moritz]

Wohl alles bis zu der Karte, die in Feldkirch 8 Uhr früh geschrieben wurde, erhalten. Heute auch der »Bädeker für die Schweiz«
ab Feldkirch angelangt. Meinen rek. Expreß-Brief nach Oetz mit
dem Bewilligungsdokument *(nicht:* »Dokument*en«)* und einen
dorthin gesandten Expreß-Brief über Bobby und meine Hoffnung, daß der Teure uns erhalten bleibt, ferner das wohl zu spät
gesandte Telegramm mit Reisewünschen hat man hoffentlich
schon nachgesandt erhalten. Die Hotelleute in Oetz waren jedenfalls instruiert, den Brief, der das Dokument enthielt, zu öffnen.
Ich hatte auf das Kuvert geschrieben, daß sein Inhalt das Dokument sei. Aber ich mußte den Brief doch rekommandiert aufgeben, und wie nun der Empfang durch den Hotelbesitzer ermöglicht wurde, ist mir nicht klar. Schlimmstenfalls ist der Brief nach
St. Moritz weitergeleitet worden und man sendet nur das Dokument nach Oetz zurück. Dem Dokument lag ein Brief bei mit einer
Mittheilung darüber, wie künftige Sendungen durchzuführen
sind: für jede, die über 200 Kr. beträgt, müßte – so wurde mir in
der Devisen-Zentrale gesagt – ein besonderes Gesuch gemacht
werden. Das müßte Charley also unternehmen. Ich konnte nicht
riskieren, das Dokument, dessen Beschaffung ja so schwer ist,
nicht rek. zu senden und nahm an, daß man entweder noch in
Oetz sein werde (was ich ja trotz dem auch mir zugegangenen
Gerücht von Entlassung glauben durfte) oder, wenn man es
nicht wäre – hauptsächlich dachte ich, wenn der *Brief* nicht bis
zum 9. eingetroffen wäre –, daß man auch für einen rekommandierten Brief Vorsorge getroffen und Vollmacht ertheilt habe.
Ich hatte ja eben deshalb die Erlaubnis, das Geld *per Post* zu senden, für alle Fälle gleich mit erwirkt. Nun denke ich wohl, daß
der Brief nach St. M. gegangen ist und man das Dokument nach
Oetz schickt, was ja nur eine Verzögerung bedeutet (aber auch
die Sicherheit, daß man den Begleitbrief empfängt, der ja doch
sonst leicht verloren gehen könnte). Die vielen Telegramme haben
mich recht aufgeregt: ich hatte der M.M. also 9. und 10., dann 5.
mittag dann das »erst morgen oder übermorgen Weiterreisen
könne« ohne Ankunftsdatum weitergegeben. Am spannendsten
und quälendsten für uns alle (hoffentlich hat die gute M.M. die

Telegramme erhalten) war die letzte Verzögerung. Zuerst hatte ich den großen Schmerz, daß ich mein Vorhaben nicht mehr ausführen konnte, *vermehrt* durch die Mittheilung, daß Andere dort gewesen waren. Dann kam *das* noch und ich hatte die marternde Idee, daß *die Besucher daran schuld* seien. Denn: wenn das Ganze zur Härte auch noch einen Sinn haben soll, so *mußte* ja das, was A.L. und C.v.F. ausgeführt hatten, *unmöglich* sein. Daß es irgendwie möglich wäre, das war mir ja auch klar. Aber *ich* wollte das doch nicht versuchen, nicht *meinetwegen* (weil ich am Ende die größere Anstrengung vergebens durchgemacht hätte) sondern wegen jenen, denen die Überraschung galt. Ich *wollte* überraschen. Schon zum Sylvester. Mußte aber befürchten, daß es in diesen Dingen doch Logik gab und also, wenn's schon gelänge, doch mindestens die *Möglichkeit* einer großen *Unannehmlichkeit* oder aber gar Verzögerung für die, denen es galt. Darum verzichtete ich auf die Überraschung für den 31. und 1. und *fragte an* für den 6. und 7. Wie schmerzlich nun zu denken, daß ich selbst wenn man nicht abgereist wäre, *nicht* hätte kommen können, weil ich, weil *man* doch keine Antwort, keine Sicherheit hatte. Und schmerzlicher, daß andere, denen ich's ja sonst gewiß gönne, die Freude hatten, die ihnen ja doch eine kleinere ist. Als ich nun das Telegramm über die mir noch heute räthselhafte Verzögerung hatte, erschrak ich furchtbar und glaubte, die »Ausflügler« seien schuld. Es waren entsetzliche Tage bis zu der erlösenden Nachricht, daß man bei Maymay sei.

L. hatte mich auf der Reise vermuthet, wußte natürlich noch nichts von der Entlassung. Mußte mir gestern im Café P. alles beschreiben (woselbst sich später auch der noch immer in Wien weilende, langweilende Biolog einfand, der natürlich gar nichts erfahren hat).

Entsetzlich muß dieses letzte Stadium gewesen sein und ich bin zu begierig zu hören, was sich vom 5. 8 Uhr früh bis zum 6. nachmittag (oder abend?) begeben hat. Die Arbeit schlägt mich tot. Vor dem 15. oder 17. ist das Erscheinen nicht möglich. (¾ ist bereits gerettet.) Die Termine mußten verschoben werden, eben aus dem Grunde. Also: »Eigenes« 22., »Maß für Maß« 26., die Raimund etc.- Wiederholung 28. ½ 4 nachm.

Gestern, Sonntag, war ich, nach so langer Zeit, im Theater: bei einer sehr guten Aufführung des »Blaubart« (nachmittag). Könnte man mir durch ein Telegramm »Brief 9. angelangt« Beruhigung schaffen – damit ich überhaupt weiß, daß das Schreiben eine Aussicht hat? Hoffentlich steht aber in dem Telegramm auch, daß man gesund und froh ist und manchmal noch denkt, daß ich lebe oder dergleichen Angenehmes, Beglückendes! Die besten Grüße für M.M. u. Ch. und die allerinnigsten, ehrlichsten Wünsche für eine glückliche Zeit!

Vorlesungen in Deutschland finden *nicht* statt. Weiß nicht, ob ich (Anfang Februar) hinfahre, wiewohl ich dringend dort zu thun hätte. Aber von *dort* zu reisen, ist überhaupt unmöglich.

Das liebe Grün aus Janowitz liegt noch immer auf dem schwarzen Kasten vor dem Heiligthum der Bilder. Möge das nächste Weihnachten noch schöner sein!

9. nachm.

L. Karte vom 6.1. erhalten. Untertags Kalender bisher nicht erhalten. Werde versuchen, glaube aber nicht, daß es mit dem Buch gehen wird. Das herrliche Wetter war sicher ein letzter Beweis zu Gunsten der armen Reisenden, ein Entgegenkommen von hoher Seite!

[525] T [Wien, 16.1.1917]   [St. Moritz]

Gerührt beglückt von erstem Lebenszeichen seit Ankunft ++ selbst seit neunten nicht geschrieben da durch Erschöpfung und Erkältung schmerzhaft erkrankt ++ heute besser ++ Heft erscheint Donnerstag ++ tief beunruhigt durch tägliche Nachrichten Lawinen Skiunfälle ++ gute Maymay soll meine Bitten unterstützen ++ so viel Wünsche als Schnee im Engadin

[526] K 16. Januar [19]17 6 Uhr

Soeben habe ich für das liebe Telegramm über Codellis Ankunft in Weggis und den Schnee in St. Moritz telegraphisch gedankt. Man verzeihe mein Schweigen. Hatte am 9. geschrieben und dann nur zweimal Ausschnitte geschickt. Es waren so *entsetzliche* Tage voll Depression und Schmerzen. Von einer schweren

477

Erkältung, die mit argen Schmerzen im Rücken, und sonderbarer
Weise bei jedem Schluck und Bissen, auftrat. Heute ist es, endlich,
viel besser. Die riesenhafte Arbeit hatte mich umgeworfen, das
war, technisch, alles noch viel schwerer als sonst, und ich glaube
fast, daß es bald überhaupt nicht mehr durchführbar sein wird.
Nun ist es fertig und heute ist ein guter Tag in jeder Hinsicht.
Vor allem wegen des ersten Zeichens aus St. Moritz. Sicher sind
Karten oder gar Briefe unterwegs. Aber die Welt büßt jetzt ihre
Schnelligkeit. Wär' nur auch die Seele der Postkutsche wieder
da, so wäre ja alles wieder gut. Aber das ist leider nicht der Fall. So
bleiben wir mit der Maschine im Herzen, auf dem Wege stecken.
Der Kalender ist endlich auch gekommen und beides von mir –
auf verschiedene Art – gesandt worden. Demnächst lasse ich
Altindische Märchen schicken, von denen ich bisher eines, das
sehr schön und mir gewidmet ist, gelesen habe. Donnerstag erscheint das Riesenheft, das nur zwei Fleckchen aufweist. (Ich
hoffe, man wird es bald haben.) Ch. muß wohl schon zurückgefahren sein? Also: 22. (Eigenes), 26. (Maß für Maß) 28. nachm.
Raimund etc. Ich hatte schon gefürchtet, absagen zu müssen.
Auch der arme Musiker ist krank (in Graz). Viel zu erzählen,
was sich aber nicht schreiben läßt.

Der Biolog hat mich oft gemartert. Er ist wirklich *gefährlich.*
Anfang Februar will ich nach Leipzig etc. fahren. – Der Baronin
Codelli habe ich auch gleich telegraphiert.

Wie wird gewirtschaftet? Hat man die nach Ötz gesandten
Briefe bekommen? Was macht Manin sur? Und Bobby? Den
ich immer nur dort sehe! Aber man darf gar nicht an das »dort«
denken, wenn man nicht heulen will, wie Bobby nie geheult hat.
Wie geht es meiner Maymay?

[527] B [Wien,] 17.1.[19]17   [St. Moritz]

Soeben, ½ 6, kommt das liebe Telegramm mit der Bestätigung
des Briefs vom 9. Gestern habe ich eine Karte geschickt, die
wohl später als der heutige Brief einlangen wird. Man wird sich
wundern, diesen aus der *Schweiz* zu erhalten. Aber die Marke
täuscht: ich bin leider nicht in der Schweiz und verdanke es der
Freundlichkeit des Grafen Bernstorff, daß man – hoffentlich –

die beiliegenden Hefte, ein öffentliches und ein nichtöffent-
liches Exemplar (also zu vergleichen), so überraschend schnell
empfangen wird. Es erscheint in Wien erst am 19. früh und man
wird es wohl nicht sehr viel später haben als man's hätte, wenn
man in Janowitz wäre. Außerdem wird ein Exemplar – diese
hier sind natürlich die ersten fertigen – den endlosen Postweg
gehen und soll, *wenn's* ankommt, der lieben Maymay gehören.
Auch nach Weggis lasse ich eines per Post schicken. Ich bitte
mich, wenn *diese* Sendung eintrifft, es telegraphisch wissen zu
lassen. Ich bin neugierig, wie viel Tage diese seltene und vermuthlich nur diesmal gegönnte Art der Expedition gebraucht
haben wird. Schriftliches aus St. Moritz ist leider noch immer
nicht eingetroffen. Wenn man geschrieben hat, so scheint's jetzt
von draußen nach Österreich länger zu dauern als umgekehrt.
Es wäre auch möglich gewesen, das Beiliegende durch den
österr. Kurier schicken zu lassen, aber der geht erst am 23. und
der andere morgen.

R. soll über das Geschenk hocherfreut sein. Vielleicht hat er
in diesem Sinn auch nach St. Moritz geschrieben.

Mir gehts heute schon sehr gut. Die Schmerzen beim Schluk-
ken, die durch eine Woche quälten (und über die ich in der Karte
geschrieben habe), waren nicht solche, die man »Halsschmerzen«
nennt. Es gieng bei jedem Bissen eine Erschütterung des Körpers
vor, das war ganz entsetzlich und wohl auf einen besonders argen
»Hexenschuß« zurückzuführen. Dazu ganz benommen von Arbeit, Migräne und Depression. Nun ist's vorüber. Aber heute tritt
die schlimmere Beunruhigung wegen der Gefahr ein, die der
letzten Zuflucht droht (wiewohl Janowitz immer die allerletzte,
beste bleibt). Wie namenlos traurig wäre das! Wenn ich nun auch
glaube, daß sich das alles von hier schlimmer ansieht als an Ort
und Stelle, würde ich vielleicht doch rathen, sich für die letzte,
nicht auszudenkende Möglichkeit des Zurückmüssens auch im
Punkte Maymay vorzubereiten (Berlin, Zürich, eventuell Davos
– auf Grund der alten Rückkehrsbewilligung).

Die Situation wäre ja eine unglaublich komplizierte und zu
allem Elend des Fortmüssens käme noch das Problem des Fort-
könnens. Hoffen wir aber, daß sich in der Schweiz nichts verän-

dert und daß auf dem Eisplatz auch heuer ein Grammophon aufspielen kann, ohne durch eine peinlichere Musik unterbrochen zu werden.

Tausend Wünsche dafür!

Ch. ist wohl schon weggefahren?

[528]   T [Wien, 17.1.1917]   [St. Moritz]

Soeben Brief von Baronin Rosl mit der Freudennachricht erhalten ++ es schneierlet

[529]   K [Wien,] 18.1.[19]17   [St. Moritz]

Endlich heute etwas Schriftliches, vom 10. (9.?) und 11. die zwei lieben Karten mit dem offenbaren Bemühen um historische Genauigkeit, die aber in eine köstliche Verwirrung von Daten und Ereignissen umschlägt. Gestern, morgen, heute scheinen verwechselt zu sein und die Poststempel selbst dürften auch ihren Antheil daran haben. Der Ausflug nach Davos ist in diese Zeitenfolge so wenig einzureihen wie die Skipartie bei Mondschein, wenn man nicht Lear's Eintheilung zuhilfe nehmen will: »Wir wollen morgen früh zu Abend essen«, »Und ich will am Mittag zu Bette gehen«. Aber wiewohl ich mich nicht ausgekannt habe, so habe ich doch gesehen, daß der Inhalt Zufriedenheit ist, und das hat mir genügt: um auch mich zufrieden zu stellen. Allerherzlichsten Dank! Wegen der Vorlesung habe ich ja schon geschrieben, daß man sich keine Mühe machen muß.

Ich habe alles, was ich brauche, um in Manin sur Vorlesungen zu halten. Aber wann wird das möglich sein! Und *wird* es möglich sein?

Also die Mittheilung, die man in Davos empfangen hat. Ja, wer das geahnt hätte! Merkwürdig ist dabei nur, daß das Zeugnis nicht zur Erlaubnis hilft, aber zur schnelleren Durchführung.

Hoffentlich ist alles nach Oetz Gesandte inzwischen eingetroffen.

Jetzt, soeben, habe ich in der Kanzlei des Konzerthauses einen jungen Mann sitzen gesehen, der mit einem *Spiel* beschäftigt scheint. Ich frage, was das sei. Er schreibt mit Blindenschrift ein *Gesuch* um *20 Kr.*! Es ist ein blinder Musiker. Ich habe ihm (unter der Bedingung, daß das Gesuch trotzdem erfüllt wird,) gleich hundert von der kommenden Vorlesung gegeben. Durch den Krieg ist er um jede Verdienstmöglichkeit gekommen. Und wir haben Augen, um das zu sehen! Aber wir sollten es uns auch immer vorstellen.

Wie ist Manin sur ohne Bobby und mich?
   Wir sollten uns überzeugen können.

[530]   K [Wien,] 20.1.[19]17 6 Uhr   [St. Moritz]

Also Montag wird Bobby verherrlicht werden.

   Ich warte mit Spannung auf die Nachricht, ob es eingetroffen ist.

   Wenn man telephonisch mit den Freunden in Weggis sprechen sollte, bitte einen Gruß zu bestellen.

   Heute liegt der Schnee so hoch, daß ich glaubte, ich würde auf der Ringstraße zum Hahnensee gelangen. In so tiefen Fußstapfen der Erinnerung gieng ich einher. Soll ich nicht doch Schneereifen anschaffen? Den allerbesten Gruß, leider nicht den wärmsten, denn der elektrische Ofen wirkt nicht bis zum Schreibtisch. (Das würde mich wieder an Oetz erinnern, wenn ich das Glück gehabt hätte, dort zu sein.)

[531]   T [Wien, 23.1.1917]   [St. Moritz]

Gestern ist Bobby sehr gefeiert worden

[532]   T [Wien, 24.1.1917]   [St. Moritz]

Leider andauernd kein Lebenszeichen außer verdrießlicher Konfusion an der unschuldig ++ von Kassl Antwort daß Geldbrief sechsten laut Auftrag Vorarlberghof gesandt was man wohl vergessen ++ nun werde beiderorts erfragen ob Dokument dabei da vermute daß Kassl korrekterweise den Expressbrief entnommen hat ++ sollte verloren sein werde nebst Reklamation Vorarlberghof Janowitz rücksenden lassen oder soll Charlie Rückfahrt beheben ++ mit soeben Erlangtem Neuen sende jedenfalls Betrag ++ morgen von hier direkt wenn nicht ++ schade daß man immer vor Ankunft davongefahren ++ überhaupt bis

fünf andere Weisung Vorarlberghof hat nachsenden lassen ++
andernfalls wäre selbst bei jetzt möglichem Verlust Reparatur
schneller leichter gewesen ++ innigst

[533]   T [Wien, 25.1.1917]   [St. Moritz]

Immer unbegreiflicher ++ heute telegrafiert ein Devisenschein
Geldbrief eingeschlossen ++ zweiter liege dort ++ ließ diesen Vorarlberghof senden der soeben telegrafiert Geldbrief bis heute
nicht eingetroffen ++ sofort Nachforschung veranlaßt ++ Verlust
ausgeschlossen aber quälend ++ eigene Sendung ab morgen möglich ++ hoffentlich bis dahin wichtigste Rücksprache Charlie ob
nicht Rückreise mit Maymay vorbereitet ++ Karte vom 16. erhalten ++ vorher nur 10.11. ++ meinte natürlich daß seit erhaltenem
Ankunftstelegramm nichts gehört ++ innigst.

[534]   T [Wien, 26.1.1917]   [St. Moritz]

Glücklich glatt angekommen ++ waren abends zusammen ++ finde
besser Reklamation abwarten ++ neue Summe erst wenn nötigst ++
beiden Dank Gruß Charlie ++ schließe mich herzlichst an ++ hoffentlich meine Befürchtung grundlos ++ nur jedenfalls Papiere
Maymay ordnen ++ Karl Kraus

[535]   T [Wien, 29.1.1917]   [St. Moritz]

Gestern nachmittag leider allein Fahrt ins Fextal gemacht und
auch vor einem Springbrunnen der leider so sehr Abwesenden
gehuldigt ++ Abreise zweiten Leipzig wo fünften lese ++ siebenten Berlin ++ zehnten München ++ alles wohltätigen Zweck ++
Geld mit Devisenschein sendet Charles durch Bank ++ innigst

[536]   T [Wien, 31.1.1917]   [St. Moritz]

Da seit Karte 16 u. mühseliger Geldbriefsache nichts gehört befürchte Erkrankung ++ hatte mitgeteilt daß Leipzig reise schon
Freitag Abend ++ hoffe sehnlichst freundliches Zeichen bis dahin weil sonst nicht reisen kann ++ Loos soeben mit direkter Bewilligung zu schwerkranker Frau für paar Tage ++ wird abends
aus Zürich anrufen ++ innigst.

[537]   T [Wien, 1.2.1917]   [St. Moritz]

Unendlichen Dank ++ allertreuesten Gruß beiden Hörerinnen

[538]   T [Wien, 2.2.1917]   [St. Moritz]

Innigstes Gedenken den besten Seelen vor Abreise Leipzig Hotel Hauffe ++ ab 6. Berlin Bristol ++ München zweifelhaft geworden ++ dann Frankfurt Wien ++ dann Vorlesung Manin ++ von
Charlie lieben Brief daß Janowitz viel Schnee ++ Recherche noch
abhängig und Wiener Bank Betrag gesandt ++ wie beglückt haben
beide Telegramme nach aller echolosen Zeit wo Schriftliches
nicht ankam und einziges Lebenszeichen jene Affaire ++ Hoffentlich ist auch Brief über Bobby Oetz angelangt ++ zweites Telegramm auf Straße empfangen als Meraner Eisbildchen zum Rah-
menmacher trug ++ die Meisterschaft von St. Moritz muß als
Rahmen Verse finden

[539]   T [Wien, 2.2.1917]   [St. Moritz]

Unternehme Höllenfahrt nur um wie im Vorjahr etwas für den
Himmel vorzubereiten

[540]   T [Leipzig, 5.2.1917]   [St. Moritz]

Bei unerträglicher Kälte jetzt Berlin Bristol ++ hoffentlich fällt ein
Gnadenblick in Hölle der Muth für siebenten macht ++ Leipzig aus
inneren und äußeren Gründen abgesagt ++ dagegen nachträg-
liches Weihnachten vollendet ++ wird es wie vorjähriges angenommen werden? ++ Jedem Wort darin ist so bang zumuthe aber
es hofft weil Kunst und Leben sonst keinen Sinn mehr hätten

[541]   T [Berlin, 6.2.1917]   [St. Moritz]

Für mich ist es seit eben empfangenem wahrsten Zeichen keine
Jammerwelt mehr und Dank auch für den wärmenden Gruß
den zwei nachts vorfand als bei nie erlebter Kälte ankam ++ hoffe
ganzen Herzens Wohlbefinden und Freude an Ski ++ Viele viele
Grüße auch guter Maymay ++ vielleicht bis zehnten hier dann
wahrscheinlich Frankfurt ++ innigst Kraus

[542]   T [Berlin, 8.2.1917]   [St. Moritz]

Gestern liebe direkte Karte ++ heute Brief 24. ++ Man hat mir
Glück gebracht bei Höllenprogramm was mich eben an Centrale
reizte ++ nachher mit Elemer eingeladen ++ von Charlie gestern
Telegramm über Feststellung Wertbriefs und Frage wann ich
rückkehre ++ bin bis zehnten hier ++ dann Frankfurter Hof woselbst Abend dreizehnten ++ dann kurz München wo entfallen
dürfte ++ überall Huldigung vor Springbrunnen

[543]   K Berlin 9.II.[19]17   [St. Moritz]
        KK und Elemér Graf Pejacsevich an SN

[KK:] Ich spreche vom Park in Janowitz.
    Viele ergebene Grüße, auch an Maymay sendet
    Karl Kraus
[Elemér Pejacsevich:] Elemer Pejacsevich

[544]   T [Frankfurt/Main, 12.2.1917]   [St. Moritz]

Wie gehts auf den Schneefeldern und im kleinen Haus ++ hoffe
bestens und daß beide Berliner Telegramme angelangt ++ bin hier
am nächsten und doch weitesten Weg dahin ++ morgen lese Springbrunnen Frankfurter Hof ++ ab 15. München Jahreszeiten ++ allerinnigst.

[545]   T [Buchs-St.Gallen, 28.2.1917]   [St. Moritz]

Soeben erst erfahre daß erst vier Feldkirch weiter was Zürich
niemand wußte ++ also leider Innsbruck Personenzug oder
Übernachten ++ Dank ++ Grüße Isola persa von Karl Kraus

[546]   T [Wien, 2.3.1917]   [St. Moritz]

Abends angelangt ++ Innsbruck Europa übernachtet ++ Wertbrief
erkundigt ++ werde Resultat erfahren ++ Dank vorgefundene drei
Karten ++ erhoffe allerbestes Befinden.

[547]   T [Wien, 3.3.1917]   [St. Moritz]

Liebes Telegramm vom ersten leider zurückgeleitet heute erhalten ++ Sende innigsten Gruß ++ ein helleres Leben

[548]   T [Wien, 4.3.1917]   [St. Moritz]

Bewegten Herzens Dank für heute eingelangten Brief der aller
Schuld bewußt macht und doch keiner ++ er gab mir die Möglichkeit heute nachmittag andächtig gegenwärtig bei ferner Hörerschaft zu sein ++ erhoffe vollste Erholung

[549]   B [Wien,] 5./6. März [19]17   [St. Moritz]

Immer noch, immer wieder in dem tieftraurigen Brief, der doch
so lieb ist, versunken. Traurig wird man also, wenn »so viel verlangt« wird, und will Einsamkeit. Aber bei Entfernung, die das viel
verlangen ja ausschließt, ist man es auch. Und war unter allem was
verlangt wurde, je ein »Versprechen«? So eines kann doch nur gegeben, nie verlangt sein. Alles andere *ja* – aber weiß Gott doch
stets nur als Hilfe für den, der in der Irre geht, jenen Zustand
fühlt und zum Glück zurückwill. Nicht der Zustand ist die Folge
des »zu viel Verlangens«; sondern umgekehrt. Und darum beides
zugleich. Auch ich »kann nichts dafür und thue alles dagegen«.
Aber solche Aussprache ist wahrhafter, unendlicher Trost, bringt
dem einen Ruhe und dem andern Glauben. Darum fühlt sich
mein Herz schon dankbar beruhigt, wenn mein Kopf noch erregt
ist. Oft schon war solches Auseinandersetzen des unzerstörbar-
sten Ineinander. Und dann kamen Worte wie in dem kürzlich
wiedergelesenen Brief, nachdem man »Wiese im Park« erhalten
hatte. Und jetzt dieser! Die kluge, menschliche und weibliche R.
hat vor ein paar Tagen zu mir gesprochen, als ob sie bei Gesprächen
dabei wäre; – und ich konnte ihr's doch nicht bestätigen. Nur
sagte ich ihr, als sie das Außerordentlichste über mich bemerkt
hatte, plötzlich: Schreiben Sie das – dorthin!

   Wie glücklich haben mich heute die beiden Telegramme gemacht. (Das erste, das sich auch innerlich so mit dem meinen begegnete!) Ich bin schon von einem Wirbel der Arbeit erfaßt und
zweifle sehr, ob ich so bald herausfinden werde. (So daß auch abgesehen von allen äußern Umständen die liebe Hoffnung sich
kaum erfüllen wird. Und würde denn auch die höchste Instanz
der Einsamkeit so bald die Erlaubnis ertheilen wollen?)

   Von Äußeren Dingen ist wenig zu melden. Der Sonntag-
Nachmittag war sehr stürmisch, kein Platz für eine Stecknadel,

wiewohl mir ein Auditorium, das nur aus solchen besteht, lieber wäre. Nur wenig bekannte Gesichter, die Tante des Biologen.

Dem L., der auf dem Semmering ist und den ich noch nicht gesehen habe, ließ ich sagen, daß er nicht eigens hereinkommen solle, wie er durchaus wollte. Mit der H., die sehr verzweifelt ist, eine Zusammenkunft gehabt. Die Geschichte, in die sie hineingerathen ist, berührt sie viel peinlicher noch, als L. gefürchtet hat. Sie fühlt sich ganz und gar als Opfer seines Propaganda-Dranges. »Zum Sterben«, daß er etlichen Leuten erzählt hatte, »wie *billig* das Besohlen von Schuhen« dort sei. Ich hätte antworten können: wie teuer, da man sogar für fremde Schuhe zahlen muß!

Sehr unangenehmes hörte ich von Maria, dem die Nennung mit dem weiblichen Vornamen immer angemessener wird. Er scheint sich ganz zur Partei der Hysterie geschlagen zu haben. Das Problem des Scheinmenschenthums in der Literatur hat ihn durch meine Einwirkung so lange bewegt, bis er sich selbst dazu entschlossen hat. Mir wird erzählt, daß er sich nach meiner Erledigung des Falles zu meinen Ungunsten für das Prager Ghetto ausgesprochen habe. Aus dem »persönlichen« Motiv meiner Erledigung habe ich so wenig ein Hehl gemacht, daß ich ja ganz gründlich auch ihn seinerzeit informiert habe. Erinnert man sich noch, daß man ihm selbst schon vorher geschrieben hatte: »Der Mensch sagt die Wahrheit über den Dichter – denn der Mensch lügt.« Wir hatten es in J. besprochen.

Und das alles – die höchst persönliche *Nähe* dieses persönlichen Motivs, diese zehnjährige Freundschaft (die vor der Außenwelt ihm das oft beklagte Vorzugsrecht gibt) hat nicht genügt, sich mit Entschiedenheit von diesem Schlamm abzuwenden. Vielmehr hat er »Widersprüche« – gegen *mich*! (Aber ich darf's eigentlich nicht wissen.) Nun, ich glaube, der kürzlich in Berlin die gegentheilige Wendung vollzogen hat, hat recht: »Für schwache schöne Seelen ist er nichts.« Für mich ist auch dieser Fall endgiltig und für alle Zeiten erledigt. Nicht, weil einer »Widersprüche« gegen mich erhebt, sondern weil *er sich* an ihnen klarstellt!

———

Von Charlie habe ich einen Brief vorgefunden. Er wollte nach Wien kommen. Ich telegraphierte, worauf er rek. expreß schrieb. Dann wieder Telegrammwechsel. Er will Ende der Woche kommen. Die Angelegenheit ist noch ungeklärt, hängt vielleicht mit der Erwein-Sache zusammen. Gewiß wird sich bald alles klarstellen lassen. (Er hatte schon mit Pr. Lobkowitz gesprochen.) Wie sehr freue ich mich, daß mich der begehrtere Gast abgelöst hat: der liebe Schnee. *Man* zweifelt ja an der Natur, wenn man's nicht *weiß* auf *schwarz* hat!* Meine innigsten Wünsche dazu. Das alte Frauerl hat vier oder fünf ganz unleserliche Briefe mit Berichten über Pferdemißhandlungen geschickt. Ich habe mit über 130 Kr. geantwortet, die für die Wohlthätigkeit noch aufgehoben waren. Die Ärmste muß in der kalten Zeit (die noch nicht vorüber ist) entsetzlich gelitten haben.

Von Dora gar keine Nachricht. Ich würde es deshalb für zudringlich halten, ihr jetzt etwas zu sagen. Hat sie auf »Ski und Fiedel« geantwortet? Viele herzliche Grüße auch an Maymay und tiefsten Dank für so viel Güte!

* Die Natur sagt: »Wenn man nichts von mir verlangen würde, als was ich von selber geben kann, und nicht *immer Auskunft* und *Versprechen* und Antworten haben wollte, mich nehmen wie ich bin, dann wäre alles gut. Ich kann nichts dafür und thue alles dagegen, aber ich fühle, wie ich *erfriere,* wenn ich nicht völlig frei handeln kann.« So spricht die *Natur.* Immer wieder wurde sie ausgefragt, wurde ein Versprechen für morgen verlangt, Schnee gewünscht, wenn sie Sterne gab. Und nun – schneit sie von selbst.

Was bin ich doch für ein Skifahrer!

[550]   T [Wien, 6.3.1917]   [St. Moritz]

Habe für zwei so gütige Telegramme zu danken ++ Orlik kommt nächste Woche ++ leset dritten sechste Seite Affaire Piccaver ++ innigste Wünsche

[551]   T [Wien, 9.3.1917]   [St. Moritz]

Dank ++ solchen Passus nie geschrieben ++ vielleicht Worte Charlie ++ kommt nächste Woche ++ verstümmelt ++ Innigste Wünsche

[552]   T [Wien, 13.3.1917]   [St. Moritz]

Wollte gerade dasselbe anregen ++ Charlie fragt mich wer abge-
raten hat ++ nachträglich tiefstes Mitgefühl mit wehen Augen im
dunklen Zimmer ++ Bewunderung für Überwindung technischer Schwierigkeit um Herrlichkeit die aber problematisch wird
wenn größere Naturherrlichkeit Schaden nimmt ++ darauf Antwort Shakespearescher Prinzessin.

[553]   T [Wien, 15.3.1917]   [St. Moritz]

Erster Schritt durch heutiges Ergebnis Untauglichkeit wohin
mich gütiges Telegramm begleitet ++ jetzt wäre noch dortige
Unentbehrlichkeit zu beweisen ++ hoffentlich stellt sich diese
noch fühlbarer ein ++ dann geschähe nichts lieber ++ jedenfalls
werde Charlie fördern ++ Verschiebung vernünftig ++ hoffe Brief
eingetroffen und Tour schon geglückt ++ tief bewegt von Schilderung Begräbnisses und edlen Raubes ++ werde Sonntag Charlie
alles für das teure Grab mitteilen ++ meine Gedanken sind dort
aber auch bei der Sonne von Alp Laret.

[554]   T [Wien, 22.3.1917]   [St. Moritz]

Wie leid tut mir das ++ in schwerste Arbeit u. fiebrige Erkältung
bei endloser Mühe arg verwirrter Wertbriefsache zugezogen
trifft das harte Wort ++ wie gegenteilig wäre die Erkenntnis
wenn Hergang schildern u. sagen wollte daß er in einem plötzlich erschlossenen Zustand tiefster liebendster Sorge mir die
rührendste Überraschung bot u. ich höchstes Fest mit der Natur
über Bequemlichkeit u. Bedenken unseres Nervenlebens stel-
lend wahrhaftig beruhigend einwirkte ++ Behielt den liebens-
würdigsten Eindruck von diesen Tagen wobei nicht leugne daß
seine ungleich stärkere Sorge als meine längst beschwichtigte
mir für ihn u. sie wie eine Glückverheißung war ++ Hätte sie ihn
und mich hören können wie anders wäre das und anderes ++ er
war mir neu u. ich habe ihn liebgewonnen ++ Rückhaltlos bis zu
Tränen bekannte er innere Grenzen über die ich ihm um des
heimlichen Schatzes von Güte willen so gern helfen wollte ++
wir beide wußten daß Recht auf Freundschaft Freiheitsrecht
nicht antastet ++ Grundfalscher Behauptung ließe sich leicht

Wahrheit entgegenstellen aber harter Verdacht versteckter Handlungsweise entfernt die Gelegenheit hiezu ++ schmerzlichsten Gruß in unverlierbarer Erinnerung unverlierbarer Hoffnung wärmerer Zeiten.

[555] T [Wien, 23.3.1917]   [St. Moritz]

Treuesten Gruß

[556] T [Wien, 24.3.1917]   [St. Moritz]

Verlust unmöglich ++ hängt mit erster Schwierigkeit zusammen gegen die Gesuch gemacht ++ Charlie geschrieben ob Nachtrag machen oder Erledigung abwarten will ++ Andauernd erkältet bei trostlosem Wetter ++ hoffentlich Charlie Rückkehr Sommer mitteilet ++ wird glücklich sein ++ Innigst

[557] T [Wien, 27.3.1917]   [St. Moritz]

Spannendste Schilderung erhalten ++ beneidenswert u. doch beklagenswert um neuen Wundmals ++ ein noch tieferes Aufatmen aber sollte in geistigen Höhen sein wo man freilich oft ganz erfriert ++ dann ists mir noch besser ein Buch kommt statt eines Autors ++ jenes etwas verzögert durch Druckmisere ++ dagegen Gedichtbuch zweite Auflage inzwischen erschienen ++ Briefe Charlie ++ Dora Verwandlung übersetzt ++ Donnerstag erscheint Heft ++ Sonntag nachmittag Vorlesung Eigenes ++ Vierten Nestroys Judith und Hannele ++ will man herrenlosen jungen Bernhardiner für Janowitz ++ vorläufig Tierschutzverein ++ innigst

[558] T [Wien, 29.3.1917]   [St. Moritz]

Befürchte Verlust meiner oder dortiger Nachrichten wenn nicht Erkrankung ++ umgehendst gebraucht Daten wann angelangte Summe Bank abgesandt wann eingetroffen ++ bitte auch wann wie lange Ragaz ++ Doras Verwandlung erscheint ++ allerherzlichst

[559] T [Wien, 30.3.1917]   [St. Moritz]

Je zwei Hefte auf zwei Wegen ++ was Autor und Buch betrifft die ja beide Erdenklichstes tun so ist es ganz die erwartete Antwort Shakespearescher Prinzessin ++ nur weil sie nicht kam war

alles schwarz und tobten Empfindungen jenes weiseren Lieb-
lings um den jetzt viele wehklagen ++ heute strahlt Sonne von
Laret buchstäblich herangewacht schöner als je

[560]   T [Wien, 1.4.1917]   [St. Moritz]

Lieber Zuruf aus unsichtbarer zweiter Reihe ließ alle bisherige
Wirkung übertreffen ++ köstliche Saalsensation erstes Auftreten
Peters mit Paula ++ war wie Loos meldete in höchster Ekstase
die natürlich morgen umschlägt ++ innigsten Gruß und Dank
beiden verläßlichen Hörerinnen

[561]   T [Wien, 1.4.1917]   [St. Moritz]

Die von Gibeon gehorcht besser ++ die von Laret hört besser

[562]   T [Wien, 4.4.1917]   [St. Moritz]

Gnädigster Gruß der letzteren hat auch die letzte Stunde armen
Hanneles verklärt und unbeschreiblichen Eindruck erwirkt ++
Wunsch tausendmaligen Erlebens aber gibt neues Leben ++
macht Vorwurf versteckter Handlungsweise u. falsche Behauptung die doch auf böser u. guter Karte selbst wiederholt sind
daß nämlich etwas diktiert ganz vergessen ++ ich selbst stelle begeistert alle Herrlichkeit über Schwierigkeit hoffe einmal zu erklären ++ dann alles verständlich längst verziehen ++ nur noch in
Gedanken an Laret ++ Maymay endgiltiges auf so lange Frist
nicht erzielbar ++ es geschieht immer Erdenklichstes ++ tausendfachen Dank

[563]   T [Wien, 7.4.1917]   [St. Moritz]

Größte Schwierigkeiten ++ Entscheidung Wochenende erzielbar ++ Betrag höchst zweifelhaft ++ anderes gleichfalls da nur eigenen Gebrauch möglich ++ Oetzer und andere Sache noch kein
Resultat ++ hängt wie auch Ferneres mit Bericht Erweins zusammen ++ alles erleichtert wenn Sommer kämet da nur persönlich
ordnen könntet ++ fremde Intervention unmöglich ++ habe Charlie direkten Schritt angeregt ++ noch nicht geantwortet ++ scheint
nervös über endlose Schwierigkeiten ++ fand Janowitzer Leben
leichter friedevoller ++ ich aber meine daß was man schöner findet

gründlich gesichert werden müßte ++ man ahnt meine Bemühungen nicht wegen Maymay ++ rate Konsulat fragen oder Bern
++ erbitte letztmöglichen Termin ++ Abfahrt angeben und ob jedenfalls Charlie Sendung an mich ersuchen soll ++ innigste beste
Osterwünsche beiden

[564]   T [Wien, 14.4.1917]   [St. Moritz]

Lias Onkel unverständlich und wohl auch unverständig. Antwort
ein Meisterstück das einen Shakespeareschen Narren verstummen macht ++ er kann nur noch sagen daß eben selbst Schnee vor
Bewunderung schmilzt ++ letzter Termin Postsendung Sommersachen erbeten ++ heute wirksamst für Reklamiertes und anderes
interveniert ++ Innigst

[565]   K [Wien,] 15. April [19]17 Sonntag   [St. Moritz]

Jemand schreibt (aus dem Feld):
    »Wie ist das U, dieser verhängnisvolle Vokal, im Gedicht ganz
Trauermusik geworden, die aus der Ferne in den Nachruf dringt;
wie tief liegt hier die Alliteration von Hunger und Hund; wie
tief traurig tönt dieses »nun« der letzten Zeile, wo die Sprache
aus ihrer Leidverlorenheit zur Gegenwart zurückfindet!«
    Und nun, von einem Unausgesprochenen her, schlägt jede
Stunde noch abschiedsvoller. Buch und Autor bangen. Möchte
es nicht wahr sein und ein Kunstwerk der Freundschaft dessen
schönste Manifestierung überdauern! Die letzten Zeilen von
»Sendung« müssen über die letzten von »Bobby« fortwirken!

[566]   T [Wien, 20.4.1917]   [St. Moritz]

Gestern Karte 27 mit rührender Beschreibung Vallorbewiese
und inniger bestimmter Hoffnung Wiedersehens Flora ++ wie
glücklich wenn erführe daß dieser Wunsch für Autor wie Buch
noch aufrecht ++ Postsendung wieder unsicher ++ morgen Finanzministerium ++ anderes hoffentlich mitnehmbar ++ sind Bernsen-
dung Karten Schaubühne drei vier eingetroffen ++ dankbar für
ein Wort ob Bobby auch im Druck wiedererkannt blieb ganz
unverändert ++ gestern Niny Passwege geholfen ++ bedauernswert aber nicht angenehm ++ es gibt nur einen Menschen ++ dem

wird ein tief in seiner Schuld stehender zu aller äußeren u. inneren Freizügigkeit helfen

[567]   T [Wien, 22.4.1917]   [St. Moritz]

Reich beschenkt nach langer Entbehrung ++ letzte Karte vom dritten ++ ankurbeln wann gewünscht ++ doch letztmöglicher Termin dankbarst erbeten zu gänzlicher Erledigung aller phantastischen Dinge etwaiger Prager Reise fast fertigen Hefts und Advokatensachen auch damit noch nötiges Gesuch Tag enthalte ++ der menschliche Fall Niny über ihr Erlebnis hinaus trostlos ++ Mittwoch wird Hannele für Kinderschutz wiederholt ++ wie schön daß die Macht die wissend Verse und Denken ermöglicht sich im Gewähren beweist und nicht im Versagen ++ freilich wäre sie es sonst nicht aber ++ dafür soll sie künftig ewig von allem Trübnis und Hindernis bewahrt bleiben.

[568]   T [Wien, 23.4.1917]   [St. Moritz]

Unendlichen Dank dem Echo ++ jetzt kommt Charlie der heutiges Eintreffen auch zu Hannele telegrafiert ++ hole ihn von Sacher wo kein Zimmer zu Imperial ++ werde eindringlichst wieder zureden ++ scheint aber zunächst wirklich unmöglich ++ also fünften hoffentlich ++ hat bis dahin Sonne von Alp Laret auch Macht über den Frühling

[569]   T [Wien, 28.4.1917]   [St. Moritz]

Dora die einen Tag Wien war u. ich grüßen innig ++ Verwandlung erscheint sodaß drei Namen vereinigt ++ kleines Etui sagt daß heute vierter Geburtstag war ++ die anderen zählen nicht ++ wünsche alles Glück.

[570]   T [Wien, 30.4.1917]   [St. Moritz]

Glücklichste Fahrt in den Frühling den beiden Gütigen ++ Weitere Mitteilung erliegt am Ziel

[571]   T [Wien, 1.4, recte: 1.5.1917]   [Ragaz, postlagernd]

Heute außer Telegramm endlich Karte ++ schaudernde Bewunderung erregenden Inhalts ++ wie schwer arbeitet denkt lebt sichs
ohne diese Zeichen ++ leider hat ewiger Druckfehlerteufel das
Eintreffen Werkes wegen neugedruckten Bogens verzögert ++ sogar liebem Telegramm aus wichtigstem nichtigsten Tag gemacht
was der andere Dämon als tiefere Bedeutung verleumdet ++ bitte
wäre kleine Fristerstreckung zwecks letzter Heftrevision möglich nur wenn Bad Tamina Ungeduld entschädigen ++ alles glücklich besorgt auch sonst kaum mehr erlangbares Gewünschtes ++
Charlie hat wohl Erledigung reklamierten ohne eher störenden
auch unwissenden Onkel gemeldet ++ Sommersachen genauest
ihm bezeichnen da Jungfer ausschalten will ++ mich wärmstens eingeladen ++ wieder in ihm heimlich besten Menschen gefunden ++
erwarte nach Davoser Unglück heilste Ankunft ++ Karl Kraus

[572]   T [Wien, 3.5.1917]   [Ragaz, Flora]

Autor abgeht morgen oder Freitag abend zur letzten Sicherung
gewünschten ++ hoffentlich einverstanden ++ Innigst

[572]*   K [Neuhausen, 11.5.1917]   [Našice, Ungarn]
SN, KK, Mary Cooney an Dora Pejacsevich

[SN:] Innigste Herzensgrüße   Sidi
[KK:] In größter Ergebenheit grüßt   K.K.
[Mary Cooney:] Best love   May May

[572]**   K [Temple du Pont, 26.5.1917]   [Genf, Hotel Richmond]
SN und KK an Mary Cooney

[SN:] Always in loving thoughts by my sweetheart   Dovie
[KK:] little K[raus]

[572]***   K [Genf, 29.5.1917]   [Genf, Hotel Richmond]
KK an Mary Cooney

little K[raus]

[572]**** K [Vallorbe, 11.VI.1917]   [Našice, Ungarn]
SN, KK, Mary Cooney an Dora Pejacsevich

[SN:] Wir sind 3 Tage hiergeblieben wegen der wundervollen
Landschaft. Im Wald wird diniert, auf der Wiese gejausset [!].
Heute fahren wir weiter gegen Zermatt. Küsse   S.
[KK:] Ergebensten Gruß sendet Ihr K
[Mary Cooney:] Best love for you & Miss Davison   May-May

[572]***** K [Vallorbe, 11.VI.1917]   [Janowitz]
SN, KK, Mary Cooney an Karl Nádherný

[SN:] We came for 3 days because we love this landscape here
abouts; we always take dinner & tea in the wood, or on a lovely
meadow. Today we are leaving for Montreux. It is raining alas a
little.   S.
[KK:] Herzliche Grüße   K.
[Mary Cooney:] Best love   May-May

[572]****** K [Leukerbad, 16.VI.1917]   [Janowitz]
SN, KK, Mary Cooney an Karl Nádherný

[SN:] You see we roam from place to place.   S.
[Mary Cooney:] Best love   May-May
[KK:] Herzliche Grüße   K. Leukerbad (für Rheumatiker)

[573]   T [Zürich, 27.7.1917]   [Einsiedeln, Pfauen]

Innigsten Gruß den beiden Einsiedlerinnen von dem Einsiedler
Karl Kraus

[574]   T [Wien, 7.8.1917]   [St. Moritz]

Ludwigs Befinden geradezu ausgezeichnet ++ vollste Beruhigung ++ innigst

[575]   T [Wien, 7.8.1917]   [St. Moritz]

Alles glatt nur Nachtfahrt nicht ratsam ++ Dank und innigsten
Gruß dem Paradies

[576]   T [Wien, 8.8.1917]   [St. Moritz]

Dank ++ hoffentlich gleich Visum wegen drei Tage ++ gestern
Parte ärmsten Grüner erschienen ++ trotzdem noch nicht alle
Hoffnung aufgegeben ++ erbitte mitteilen Abfahrtstunde ++ in-
nigst beiden Manin

[577]   T [Wien, 9.8.1917]   [St. Moritz]

Soeben Ministerium ++ Auskunft Maymay November Ausfahrt
hindernislos ++ versorget jedenfalls Visum ++ noch gewisseres
depeschiere Abend ++ innigsten Dank

[578]   T [Wien, 9.8.1917]   [St. Moritz]

Das maßgebende Amt sagt daß einmal erteilte Erlaubnis Maymay auch November gelten wird ++ erwarte also beide ++ innigst

[579]   T [Wien, 11.8.1917]   [St. Moritz]

Hoffe daß alles versorgt ++ Maymay gratuliere u. bedaure ++
Rathe ab Innsbruck Tagfahrt oder würde telegraphisch dorthin
Reservierung Schlafwagen versuchen ++ wenn Schmetterlinge
noch unverpackt ändert achte Zeile anstatt heiße kranke ++
zwanzigste anstatt gibt leiht ++ Innigst

[580]   T [Wien, 12.8.1917]   [St. Moritz]

Ninys Mann maßgebende Abteilung ++ vielleicht telefonisch
wenn nicht schon Cousin oder Onkel der übrigens höchst bedenklich sein soll ++ war heute mit jungem Ehepaar ++ Charlie
Schlüssel aber keine Antwort ++ innigst

[581]   T [Wien, 13.8.1917]   [St. Moritz]

Kann nur sagen daß Ludwig und auch Rudolf gesund ++ obwohl
Schlafplatz antwortlos habe Innsbrucker Gesellschaft depe-
schiert ++ erfraget ob reserviert ++ stehend verbringen wäre arge
Zumuthung an meine eigene Nacht ++ Innigste Reisewünsche ++
Grüße Maymay

[582]   T [Wien, 15.8.1917]   [Feldkirch, Vorarlberghof]

Depeschen nachts vorgefunden ++ fassungslos ++ mir unbegreiflich da mir an maßgebendster Stelle versichert daß unbedingt
hindernislos ++ muß irgendeine Unterlassung Davos vorliegen ++
soeben noch jemanden angesucht ++ früh weiteres und alles Erdenkliche ++ Ludwig sicher gesund ++ verstehe nicht was von
Bern erwartet wird ++ werde gleich früh Amt gehen ++ bitte Geduld ++ innigst Wünsche Grüße

[583]   T [Wien, 16.8.1917]   [Feldkirch, Vorarlberghof]

Nocheinmal Auer Telegrafenamt um Generalkonsul Stepski mit
Rückantwort u. Berner Gesandtschaft zu depeschieren ++ mitteilet ob auch an dortige Personen depeschieren soll ++ gleich
früh Ministerium ++ mir räthselhaft wo Versäumnis ++ innigst

[584]   T [Wien, 26.8.1917]   [Janowitz]

Abreise Dienstag acht ++ telegrafiere noch ob vier oder drei über
Beneschau ankomme ++ wenn noch etwas mitzuteilen dringend
erbeten da sonst erst nächsten Tag ankommt ++ innigsten Dank
liebem Park

[585]   T [27.8.1917]   [Janowitz]

Opel nichts ++ versuche jetzt anderwärts u. Stefansplatz ++ Ankunft vier Uhr ++ anderes unsicher ++ innigst.

[586]   B [Wien, 24.9.1917]   [Janowitz]

Suleika

Nimmer will ich dich verlieren!
Liebe gibt der Liebe Kraft.
Magst du meine Jugend zieren
Mit gewalt'ger Leidenschaft.
Ach! wie schmeichelt's meinem Triebe,
Wenn man meinen Dichter preist.
Denn das Leben ist die Liebe,
Und des Lebens Leben Geist.

West-östlicher Diwan.

1. Leider unmöglich, da ja Kartendruck nicht einmal fertig wäre. 17.: eigenes. Und es trifft sich schon so, daß die, zu der es gesprochen ist, nie mehr hören wird!

Wegen dieser »Clausel« muß Verlöbnis um zwei Stunden später erscheinen. Vier, beziehungsweise sechs Bureaus waren durchzumachen und nun wieder die Abholung. Ich behalte es dann zurück, da vielleicht doch nicht Zeit genug, es zu schicken. Es war so schwer wegen »Anweisung«, Nachweis des in Wien Wohnens (ohne Meldezettel!), Nichtwissens der »Zuständigkeit« u. dgl. Viel leichter und einfacher wäre es gewesen, das Zeug in Selčan hineinschreiben zu lassen (hinzuschicken). Die zwei Stunden vermehrt nun dieser Brief um eine halbe; aber der liegt mir am Herzen.

Die Deinen nützen den sichern rekommandierten Verschluß, ach, so wenig aus. Aber Du hast gewiß, in der Eile der Verrichtungen, »Dein Möglichstes« gethan.

Nun: »gestern erzählte mir D. *alles.*« Und Du ihr? Soll sie glauben, daß ich ihr näher war als Dir? (Und da sie's doch nicht glaubt, nicht glauben kann, wie sieht sie Dich?) Und andere Dir näher als ich? Wie ist es möglich, daß sie's nicht weiß, und wenn sie's weiß, von Dir nicht hört: daß Du Springbrunnen, Abschied und Wiederkehr und Verlöbnis bist. Welche schmerzliche Verstellung gerade jetzt, daß – damals in Wien – das Entstehen und Vorzeigen *anderer* Strophen behauptet werden muß! Und »Verwandlung«! Ist es möglich, daß die Komponistin noch heute von dem Text nichts weiß und mir und sich selbst eine Verzückung an jenes andere »erste Menschenpaar« – nicht fürs Paradies, sondern fürs Salonblatt – zutraut! Oder weiß sie es, ihr sprecht darüber und ich darfs nicht wissen?

Wenn's anders ist —— ich weiß nicht, ob es ein Unrecht an mir ist. Sicher eines an ihr.

Daß *sie* nicht die Öffentlichkeit solchen Verlöbnisses sein soll, müßte sie, wenn sie's spürt, doch schmerzen; und als Weib versteht sie den Text, den selbst die Komponistin nicht verstünde.

Wie schön ist ein Geheimnis. Mich beunruhigt nur *ihre* Stellung zu *Dir.* Ist sie Außenwelt? (Du bist's ihr nicht.)

Ist sie's nur dann, wenn es um die Hauptsache geht? Das könnte dieser schmeicheln.

Als allerschmerzlichster Kontrast zum Geheimnis eines Verlöbnisses dieses hier, schmerzlich um seiner selbst willen. Die Ärmste, die so ihr armes Minutenglück prostituieren lassen muß! So spielen konnte ich nicht, daß mein Spiel durch alle Schranken fortriß! Aber sollte es nicht die Freundschaft der edelsten Freundin mithören dürfen, *wie es zu hören ist*? Was weiß sie sonst von Dir und mir? Dich ahnt sie nicht und mich hält sie für einen, der neben dem Leben dichtet. Was Du ihr nicht sagen kannst, sollten ihr die Verse sagen, wenn Du sie ihr zeigst und sagst: »Da, lies das zum erstenmal! – (und lies diesen Brief!)« Vielleicht spürt sie dann erst die Beziehung zu dem, was von der »Muse« gesagt ist: die »hohe, die himmlische Göttin«.

Bis jetzt war sie Zeugin nur des andern Theils der Schiller'schen Xenie: daß jene mich »mit Butter versorgt«.

Was immer mir zur höchsten Erfüllung versagt bleiben mag — nun, ich habe eine Anspielung gewagt, durch die ich mir möglicherweise eine geplante Überraschung verdorben habe. — – Aber mit jenem andern ist's mir ernst und – bei allem, was mir an Dir und Deinem Park heilig ist – wenn Du mit ihr dort gehst und ein Tag, wie die jetzigen, es verdient – Du solltest »ihr alles sagen«.

Ob *ihr* »alles«, das sie gesagt hat, nur das mich Betreffende oder mehr: ihr Alles betrifft, so oder so soll sie wissen, daß auch Du einmal so ein glückliches Geheimnis hattest und daß es da und dort und jetzt noch aufgeschrieben ist, von einem, der um jeden Preis der Seele glauben möchte, es bestehe noch.

---

[588]   B [Wien,] 26. Sept.[19]17   [Janowitz]

(In Eile! Rasend viel zu thun.)

Postamt in der Polizeidirektion, nach 6 Uhr. 5 Uhr *vergebens* dagewesen. »Noch nicht erledigt«. Jetzt, um *6 Uhr* endlich erhalten. Entzückender Brief, den aus Druckerei mitgebracht und jetzt erst (da Begleiter hatte) lesen kann, bringt mich von dem Vorhaben ab, den Paß einzuschicken (Niny's Schicksal.) Aber auch aus andern Gründen, nicht nur wegen Verlustgefahr, war's *unvorsichtig,* den Paß zu schicken. Nämlich: in Wien, statt in Selčan die Klausel eintragen zu lassen. Nicht wegen der unglücklichen Umständlichkeit (viel schwieriger als neuer Paß!), sondern wegen der Eigenart des (nicht in Wien ausgestellten) Passes. *Daher* die Verzögerung (vorhergehende »Recherchen«). Zum Glück endlich erledigt. Ich *behalte also den Paß.*

Unaussprechlich tiefen Dank für die guten Worte. Wie wohl das thut! Und in der letzten Nacht ist etwas ganz besonderes entstanden. Der Stoff weist diesmal *nicht* auf die ewige Herkunft. Aber sie war da wie bei »Verlöbnis«.

————

Das beiliegende bitte auch für Charlie. Hat man die entsetzliche Schilderung aus dem Erzgebirge im Pr. Tagbl. gelesen?

Hatte schon Kuvert für Pass.

[589]   T [Wien, 28.9.1917]   [Janowitz]

Pässe korrekt ++ keine Mühe zu groß für Sonntag.

[590]   B [Wien,] 6./7. Okt.[19]17   [Janowitz]

»… sie, wie sie ist, vergessen« —— das bist natürlich nicht Du, oder Du nur in einem Augenblick: es ist ein älterer Aphorismus (aus einem der Bücher), der die neue Gestalt angenommen hat. Und dennoch:

»… unter dem Eindruck dessen, was ich von ihr denke«: das bist ganz Du, wenn in dem »von« der Dank enthalten ist, daß ich's von Dir habe. Dieses »von« ist Dein geistiger Adelstitel.

Du Heilige! Verzeih, daß ich von Dir – ach, dieses von – immer so viel verlange, als Du mir gibst. Ich weiß, es ist viel verlangt: es ist unendlich!

[591]   B [Wien,] 12./13.10.[19]17   [Janowitz]

Es war falsch. »Von Dir« ist *mein* Adelstitel. Dir hat er nicht genügt; ich tausche mit keinem Prinzen.

Ich thue nichts anderes mehr als auf den Frühling warten, um es Dir dort zu sagen, wo es sich Dir am schönsten sagen läßt: in unserm Vallorbe! Wenn Du nach Deinem Winter in das Thal fährst, so wird auch der Frühling von Dir sein. Vorher war er nicht. Und gäb's auch den lieben Extrazug nicht mehr, der uns dorthin bringt, wir müssen doch hingelangen! Aus der Sehnsucht danach ist das Gedicht entstanden und jetzt ruft es noch mächtiger. Aber ist nicht jeder Punkt und Platz, wo ich mit Dir war, des Wiedersehens wert? Hainbach, Gasternthal, Thierfehd, —— Janowitz! Und Dein Brief: die Seele und Würde all unsrer Landschaft! Heute war – sie ahnte nicht, *wie* sehr ich innerlich und äußerlich beschäftigt war – die bedauernswürdige Niny bei mir. Ich will alles aufbieten, Montag überrascht zu sein!

[592]   B 20. Okt.[19]17

»Jugend erst werde! Am Leseabend bebten vom *Glück* die Aeonen und alle Stunden waren steilende Stufen.« Hab' ich es so recht gelesen? Welche Kühnheit dem Janowitzer Telegraphenamt dieses wunderbare Echo anzuvertrauen! Aber es ist mehr als gelungen, denn »Ju*n*gend« ist noch jünger als Jugend. Und nicht wahr: »alle Stunden« —— das ist von der Zeile bezogen:

Die Stunden dieses Abends also hörten die Stimme des Glücks? Und die vollkommenste Hörerin ist auch die vollkommenste Leserin.

Mir aber waren die Äonen Zeugen von Glück und Leid nicht an diesem Abend, sondern an jenem vorher. 16. Oktober: da war alle Seligkeit von Vallorbe in ein kahles Zimmer gezaubert. Es kann, wenn es noch ein Überirdisches gibt und eine Gerechtigkeit in diesem, nie mehr anders sein!

————

Dieser kleine Dank hier hätte schon gestern gesandt werden sollen. Es sind aber Schwierigkeiten und für alle, die ihn nicht verstehen wie Eine, erscheint er erst am 25. (oder später.)

Es verkehren beide Schnellzüge, u.zw. 7 Uhr 30 abends (mit Schlafwagen) und 8 Uhr 50 früh.

(Bange machen mir die in der Beilage beschriebenen Dinge, von denen wir keine Ahnung hatten.)

Es wäre zu schmerzlich, wenn knapp eine Stunde nachdem Hannele ausgeträumt hat, schon die andere Fahrt angetreten würde. *Ich* hätte am Schluß Reisefieber. Vielleicht läßt sich doch noch ein Tag zugeben. Wie schön wäre das!

In dem mitgesandten Briefe ist ein sehr gutes Citat über das
»Zerstören und Nicht-Aufbauen«.
(Die Radierungen in meinem sind eine Folge der Tintenver-
schlechterung.)

Zur letzten Zeile der Beilage:
es soll natürlich heißen: »…. *das* unersetzlichste Menschenleben
und kostbarste Gut anvertraut *ist.*« Wenigstens ist und bleibt das
nun einmal meine Ansicht!

[593] T [Wien, 20.10.1917]   [Janowitz]

Nicht der siebzehnte sondern sechzehnte war dieser reichste Tag.

[594] T [Wien, 24.10.1917]   [Janowitz]

Fabrik J. Granner Wien zwölf Hofmeistergasse drei ++ innigst.

[595] B [Wien,] 25. Okt.[1917]   [Janowitz]

                          bei gut brennendem Gasofen
Innigsten Dank, in Eile, für Anfrage wegen Äpfel. *Damals* wurde
es zugestellt (jetzt?) Rücksendung der Kiste wäre leider unmöglich.
    Von N. kam vor ein paar Tagen das hier. Ich hatte keine Ah-
nung, daß sie in Wien ist. Dann war endlich nach zehn Versuchen ein Telephongespräch möglich, und sie war da: vorgestern.
Gestern wollte sie wieder kommen, ich wartete, dann ließ sie
absagen; heute geschah dasselbe.
    Bitte (auch Ch.) *nicht* versäumen, die *ganze* Rede Viktor Ad-
lers in der Arbeiterzeitung von heute, 25. zu lesen.
    Es entsteht allerlei Neues. Tiefsten Dank hiefür!

[596] B [Wien,] 25. Okt.[19]17   [Janowitz]

N.'s Brief mit dem rührenden Schlußsatz
    (»und ich so weit weg –«) beizulegen vergessen.
    Allerherzlichst.

[597] B [Wien,] 27./28.10.[19]17 [Janowitz]

in stürmischer, mondheller Nacht –

– vor so viel Gräbern der Hoffnung das Glück dieses Echos! Sprache entsteht, weil es dieses Ohr gibt. Das eine, letzte, vor dem sie nicht in Scham verstummen muß. Dieses Wissen, diese Sicherheit rettet, erhält, beseligt. Es ist ein Einverständnis, das Macht hat, selbst wenn sie auch erstorben wären, alle Lebensempfindungen aufzuwecken. Denn nichts, was Freude ist, darf bei dem höheren Feste fehlen. Dieser Sprache bin ich das Ohr, und so entsteht sie, die sonst in Scham verstummt. Denn tief wie alle Natur fühlt sie: die Mannheit dieser Zeit ist entehrt.

Vallorbe – heilige Insel des letzten Menschenpaars!

[598] T [Wien, 29.10.1917] [Janowitz]

Niny erzählte gerührt von kurzen opfervollen Zusammenseins müdem Befinden ++ hoffe innigst heute besser und wohlverdiente Ruhetage ++ Kremser nicht versendbar ++ habe besorgt ++ genügen vorläufig zwei Liter ++ hat man sonst noch Wünsche.

[599] B [Wien,] 29./30. Okt.[19]17 [Janowitz]

Heute zwei Briefe. Der eine beginnend mit: »Ich hatte eben mit Interesse D…. E…. gelesen«. Ich wußte zuerst gar nicht, was das ist, dann nicht, wie diese Namen nach Janowitz kommen (ich selbst habe von all den Reden nur die von A. gelesen und mir thun die guten Augen weh, die eifriger waren als die meinen). Und war so gerührt von solchem erwachten und nun unersättlichen Interesse für diese nüchtern traurigen Dinge. Wo war je im Weltenraum eine größere Entfernung als von Deiner Heiligkeit zu einem Parteitag!

Aber: wie antworten einander unsere Briefe, die sich begegnen: ich spreche von den Gräbern der Hoffnung und Du: »… man war aufgerichtet und … so fällt alles zusammen«. Ja, *wir* beide sind einander gewiß kein Gefühl in diesen Tagen schuldig geblieben, wir spüren beide, daß alles endgiltig zur Verzweiflung umgeschwungen ist. Fast glaube ich auch, daß, was am 17.

war, jetzt (vielleicht nur momentan) keine Resonanz fände. Was soll werden? Gestern nachts warfen die Leute vom vierten Stock Raketen aufs Pflaster, ich glaubte, es wären Handgranaten. Diese Menschheit ahnt nicht einmal ihre Blindheit.

»Es entsteht Neues«: das heißt, Verse. Natürlich wird an den Büchern gearbeitet. Die Charakteristik der N. – im andern Brief – ist verblüffend richtig. Sie hat viel Werth vergeudet und viel ist ihr vergeudet worden. Man thut ihr furchtbar Unrecht, wenn man es mit ihr macht, wie sie mit sich: es bei der Oberfläche nehmen. Sie hat so viel Liebe für Dich und das macht sie so gut, wie sie im Grunde sein kann. Ganz rührend, wie sie heute im Chaos des Bahnhofs von den paar Minuten mit Dir erzählte: daß Du so müde warst und dann zu Fuß gehen mußtest. Ich dachte an die Stelle des Briefs: »… wieder den ganzen Tag im Hof« und das tieftraurige Geständnis: »Mir scheint, ich bin bei dem Minister Gottes noch weiter weg.« Sidi, Sidi! Werde ich je noch den letzten Lohn meines Dir dargebrachten Werkes erreichen, daß *Du* Dich nicht vergeudest —— verschwendest an das Nothwendige! Bin ich dieses Opfers nicht würdig? Besser um die Gefahren Deines Genusses auf Schneebergen zittern als um die Deiner Mühe! Ich werde Dich immer mit schmerzendem Kopf und abgemüdet den Weg über die Felder, wieder zur Arbeit, gehen sehen und dort ist es gefährlicher als auf den Schneehöhen. Und Du Ärmste trägst noch etwas von mir in der Hand. So war das nicht gemeint. N. interessierte sich dafür, weil sie im Burgtheater das elende Stück gesehen hatte, ich gab's ihr als Reiselektüre und bat sie, es Dir in Verwahrung zu geben. Aber Du sollst Deine Augen (die genug mit diesem Brief zu thun haben) nicht damit anstrengen; es ist wirklich nicht so wichtig. Lies immer nur »Vallorbe« von mir oder, besser, höre es mich Dir vorlesen. Das ist ein Schauspiel, um das Du mich beneiden kannst! Denn Du kannst mich nur hören; aber ich sehe Dir dabei zu!

Beiliegend zwei Kuriosa von Adressen —— zum Sterben! (Hätte ich geahnt, daß N. Dich telephonisch nicht erreichen wird, hätte ich natürlich telegraphiert, daß sie Wien verlassen hat. Sie war Freitag abend da und hat mitgetheilt, daß sie Samstag früh abreist. Heute habe ich mit ihr und dem Verwandten im Café P. gespeist. Morgen will sie noch anrufen.

»Morgen Ruhetag« —— nämlich Sonntag, wie bei allen Arbeitern. Du rührendstes Wesen!

N. fand Telegramm vor, daß sie in Buchs abgeholt wird.

[600]   B [Wien,] 31.[Oktober]/1. Nov.[19]17   [Janowitz]

Begegnung in Vallorbe: »Du solltest immer nur V. von mir lesen ….« und: »V. —— wenn ich es lese, möchte ich knien….«

So müssen wir, wie unsre Gedanken, dort zusammentreffen, wenn Du das Frühjahr bringen wirst (nach Ragaz *bringen,* nicht dort vorfinden). Immer habe ich einen Brief von Dir – wenn nicht mehrere – bei mir, der mir der theuerste ist. Nun glaube ich, wird es immer *dieser* sein. Ich hätte wahrhaftig nicht mehr geglaubt, daß es noch so viel Gnade über mir gibt. »Ich brauche dann nur die Augen zu schließen« (wie damals, als ich's das erstemal vorlas!) »und Duft, *Liebe,* Mai, Bläue, Blumen, Wiesen dringen in alle Sinne und betäuben mich« —— das ist ja *Liebe!* Und was dann geschrieben steht, das wiegt alles je über mich Geschriebene und Gedruckte auf, ist tiefer und erhebt mich höher. Und die Worte: »… Eindruck, der das Herz ausfüllt, vor grenzenloser Verachtung, vor tiefstem Haß für die Allzuvielen Übriggebliebenen und vor unendlicher Ehrfurcht und Liebe vor Gottes Schöpfung ….« (und was dann kommt bis »Geschöpf«): *wie soll ich Dir für dieses Pfand danken!* Ich finde kein Wort als dieses: es könnte von mir über Dich gesagt sein, denn *ich* erlebe es doch über alle Maßen, mit jedem Schritt, Blick, Athem und Gedanken, diese Verachtung zugleich und diese Ehrfurcht und Liebe »vor Gottes gütigstem, bestem und liebendstem Geschöpf«. Ich lese es hundertmal, werde immer zweifelnder, ob denn das wirklich von Dir an mich geschrieben ist und ob's nicht *meine* Handschrift. Und so lebe ich in Dir, daß ich mich an Deiner Stelle es empfangen und lesen sehe: ich dort, Du hier. Und *dieser* Brief wurde von ihr geschrieben an dem Abend des Tags, da ich sie so müde sah! Habe ich ihn nicht doch für sie geschrieben?

Du schönstes Herz! Dein Dank gibt mir so viel! Hab Dank dafür!

»Über allen Gipfeln«: *wiederholt*; jedoch bei angestrengtestem Nachdenken und Suchen die verstreuten Hinweise nicht zu finden, eine indirekte, aber ausführlichere Behandlung: d.h. die Zurückweisung des deutschen Attentats auf das Gedicht war im *April-Heft* 1917 »*Goethes Volk*« (auch damals, vor der Abreise in die Schweiz, vorgelesen). Meinst Du das? (In dem Heft, dessen Abschluß Bobby war). Hier! Ich fürchte, Du hast das Heft gar nicht in J. Welche Hefte und *Bände* fehlen dort? Sie sollten auch in Deiner Abwesenheit in Deiner Bibliothek komplett stehen.

Dank für den czechischen Ausschnitt.

Und für das Telegramm! Bitte, nur zur Kontrolle des Janowitzer Postamts, mit dem wir ja gerade in dem Punkt Erfahrungen haben: ich habe das Telegramm in der Nacht von Montag auf Dienstag (nach dem Zusammensein mit N.) aufgegeben, natürlich mit Rückantwort und zwar *20 Worte*. (Dies nur, weil ich es immerhin für möglich halte, daß in J. keine Antwort oder mit geringerer Wortzahl, aus Versehen wie gewöhnlich präsentiert wurde). Ein langes Telegramm nach Amschelberg, seinerzeit, über Paß-Sachen, ist überhaupt nicht angekommen.

Die Telegramme an May-May dürften jetzt alle zugestellt worden sein. Heute erhalte ich auf ein Telegramm vom 24. Sept. an Wedekind die »Dienstnotiz«, daß Adressat abgereist sei. Natürlich hätte er bis zur Öffnung der österr.-schweiz. Grenze warten sollen! Der Staat dürfte wieder Tausende an Telegrammen (und dringenden) durch Irreführung des Publikums verdient haben. Noch heute darf wahrscheinlich nicht an den Schaltern gesagt werden, daß die Grenze gesperrt *war*.

Die Expedition der Niny gestern war recht schwierig. Die Arme war wie in einem Taumel. Ich war über ihre Bitte auch auf der Westbahn, d.h. fuhr im Wagen mit hinaus. Auch der Begleiter war dabei, mit dem ich dann auf der Rückfahrt in der Elektrischen noch eine leere halbe Stunde beisammen war. Zum Schluß, knapp vor dem Aussteigen, sprach er von der »großen Zeit, in der wir leben«. Wirklich und wahrhaftig: ernsthaft. (Und ich habe mich bei dieser Gelegenheit erkältet.)

Die Kontumazfreiheit für die Bonne hat N. am Vormittag mit aller Mühe doch erhalten.

Ich bin verliebt in diesen Engel, den sie aus Afrika mitgebracht hat. Seit den Tagen der goldenen Sidi hat es wohl so etwas nicht gegeben. Die Fahrt von der Franzjosephsbahn – nach
den dortigen Gräßlichkeiten mit dem Gepäck – durch die finstere häßliche Stadt, vor mir immer dieses Blau und Blond ——
ich denke: jetzt bildet sich in diesem armen Gehirn ein dunkler
Kindheitseindruck: diese Einfahrt in Wien —— und sage: »Nicht
wahr, in Afrika war es doch schöner als in Wien?« Und sie (mit
dem zufriedensten Stimmchen): »Ja.« Ich werde das nicht vergessen, wiewohl sie damals und am nächsten Tag, im Westbahn-
restaurant, auf *jede* Frage mit diesem entzückenden »Ja« geantwortet hat. Sie sieht aus, wie das Pastell im Salon von Janowitz,
und hat eigentlich etwas von *beiden* Zwillingen. (Niny findet
das auch). Am wenigsten sieht sie wohl ihrem Onkel ähnlich.
Daß so was Schönes *jetzt* geboren sein muß!

————

Die gutgemeinte Huldigung hier ist von einem, der schon früher
einmal geschrieben hat und wenn ich nicht irre, Techniker oder
Monteur ist. (Manches: »nicht übel«)

————

Gestern dachte ich: es müßte einen kleinen Opel auch jetzt
schon für Österreich geben, und erkundigte mich im Vorbei-
gehen. Das Fahren ist möglich, Benzol erhältlich. Der Wagen
(gebraucht) wäre sehr teuer und ein Ersatzreifen cirka 1 200 Kr.
– Garantie bis 3 000 Kilometer. Aber ich weiß ja, es ist hier aus
Innern Gründen nicht durchführbar, und selbst die Landschaft
hier wird uns für immer verpestet sein. Es war nur so eine Idee,
weil ich immer an die Glanzzeit meines Lebens denke, wo ich in
Diensten meines Chauffeurs war, und keinen andern Wunsch
habe als mit ihm wieder *dorthin* zu gelangen, wo es für uns so
schön war! Wenn das alles doch wieder und genau so wieder
wäre! —— Nichts mehr und nichts anderes sonst im Leben als
diese zwei Tage voll »Duft, Liebe, Mai, Bläue, Blumen, Wiesen«!
 N. war über das Album von Janowitz glückselig.
 Karbid nicht erhältlich!

Innigsten Dank für den Brief und die Karte. Die arme M.M. hat
die Hefte bekommen, d.h. sie werden jedesmal abgeschickt. Bitte
sie allerherzlichst von mir zu grüßen.

N. hat nur die Hefte, die »beiden Theile« aber nicht, ich habe
kein Exemplar und sie hat nie davon gesprochen. Es läßt sich ja
einmal nachholen.

Wegen Schlafplatz, Endlicher [?] werde ich das Nöthige veranlassen. Ich bin durch und durch erkältet, weil ich damals bei
strömendem Regen vor meinem Haus festgehalten und mit den
schweren Pflichten der großen Zeit angeödet wurde (von der ich
weiß, daß meine Schuhe nicht reparierbar sind und ich darum Er-
kältungen ausgesetzt bleibe). —Wie unvergeßlich lieb, daß sie –
an demselben Nachmittag – auch »W.i.V.« in der Hand trug.

Wenn ich nur wüßte, wo die Stelle über das Goethe-Gedicht
steht. Es war sicher öfter der Fall, daß ich es erwähnt habe.

(Bei dieser Gelegenheit: das Gedicht wird zu schuftigen
Kriegsscherzen mißbraucht, aber ein anderes wird von den
Deutschen *verlacht:* die unvergleichliche Stelle in Faust II.: »Ein
großer Kahn ist im Begriffe, auf dem Kanale hier zu sein« – darüber macht sich die deutsche Literaturkritik seit jeher lustig!!)

Ich kämpfe jetzt mit der »Behörde« um die Erhaltung d.h.
Bewilligung meines Gas- und meines elektrischen Ofens.

Zum Schluß der heute empfangenen lieben Karte steht: »Könnte nicht …. Mutter zweier …. vom 1. November zugewiesen
werden.« Das ist also *am 2. November abends* geschrieben.

Am 2. November abends habe *ich* meinem Verlag geschrieben,
man möge gleich bei der Arbeiterzeitung fragen, wo die Witwe
Franziska L. (der Ausschnitt liegt vor mir) wohnt, ob sie eine
Unterstützung annehmen würde, an wen (wenn Ertrag der
nächsten Vorlesungen) das Geld zu schicken wäre etc.

Diese Wunder der Gleichzeitigkeit häufen sich jetzt. Es ist gewiß die größte innere Übereinstimmung, die je zwischen Menschen war. Man kann eigentlich nicht mehr verzweifeln, wenn es
so etwas noch gibt. ——

Das »Datum 17.«: man lese die Briefstelle noch einmal. Doch
das Programm des Abends gemeint! Die »Tendenz«, die mir die

wichtigste ist: z.B. die Szene mit dem Einspännergaul. (Der ist jetzt von selber ungestüm.) Natürlich gibts für mich keine Änderung; nur könnte das »Klima« des Saals ein anderes sein. Wir stehen vor einer tristen Periode des Wintersports. Und von allen daran betheiligten Gattungen sind, glaube ich, die Bobfahrer die unverläßlichsten. (Ich bin nur für Skifahrerinnen.)

Am 11. ist also Eigenes, am 18. Verlorene Liebesmüh' mit Musik, am 2. (auf allerhöchsten Wunsch) Worte in Versen u. Hannele.

5. Nov.

Mir gehts elend, muß mich niederlegen. Ich kann gar nicht sprechen. Hoffentlich muß der 11. nicht abgesagt werden.

An Dora habe ich jene Zeitung geschickt. Kr.Senf ist furchtbar scharf, muß noch stehen. Allerherzlichst!

[602]   B [Wien,] 5. Nov.[19]17   [Janowitz]

Innigsten Dank für rek. Brief. Verzeihung, daß ich Mühe mache. Aber da ich diesem Staat keinen Heller schenke, so reklamiere ich.* (Auch wegen der Zeitdauer des Telegramms; es war nachts nach der Ankunft der Niny abgeschickt, unter dem Eindruck ihrer so theilnahmsvollen Erzählung, und ist offenbar erst am nächsten Abend zugestellt worden). Dazu braucht aber eventuell das Janowitzer Amt die mir frdl. gesandte Originalschrift, die ich wieder zurücksende, weil *ich* sie ja doch nicht der Telegraphendirektion überreichen kann. Habe natürlich erwähnt, daß dort nur 12 Worte angewiesen wurden, wie Nachforschung ergeben habe. Vielleicht ist es ein *System* wie bei den Lebensmittelsendungen. Das Telegramm ist natürlich verstümmelt *(der* Weg der Verständigung ist wirklich ungangbar, d.h. von Wien nach Janowitz).

»Gerührt von kurz*en* opfervollen Zusammenseins müden Befinden ... *genügen* (nicht genüg*ende)* vorläufig zwei Liter?« (Das war eine *Frage!)* Das Telegramm mußte ich beilegen, später bekomme ichs zurück.

* Zugleich wegen des Paß-Telegramms an Niny, das sie nicht bekommen hat.

Eine Audienz bei Kaiser Wilhelm.

Wien, 13. Februar.

Der deutsche Kaiser hat den Verfasser des mit so großem Erfolge aufgeführten Dramas „Könige", Doktor Hans Müller, zur Audienz in die Hofburg beschieden. Herr Dr. Hans Müller hatte die Freundlichkeit, einem unserer Mitarbeiter folgende Mitteilungen zu machen:

„Ich wußte nichts von der bevorstehenden Berufung, so die Generalintendanz der Hoftheater mir vormittags mitteilte, daß der deutsche Kaiser hätte an sie den Wunsch gerichtet, mich für ¾12 Uhr zu ihm in die Hofburg zu bestellen.

Eine Weile wartete ich in den offenen Sälen des großen Fremdenappartements, das Kaiser Wilhelm bewohnt, und indeß ich meine Spannung durch den Blick auf die uralten Gobelins zu beschwichtigen trachte, tritt Militärattaché Oberst Graf Kageneck mit freundlichen Worten auf mich zu, dann der dienstthuende Flügeladjutant, zuletzt Generaladjutant Generaloberst v. Peßler, der den Eindruck, welchen das Drama „Könige" im Deutschen Reiche erwecke, auf die liebenswürdigste Weise betont. Einige jüngere Offiziere aus dem Gefolge des Kaisers setzen das Gespräch fort, alle von lebhaftestem Interesse für die zeitgenössische Kunst erfüllt.

,Seine Majestät lassen bitten.' Die Türen gehen auf, da kommt der Kaiser selbst mir bis an die Tür entgegen, er streckt mir die Hand hin, er blickt mich aus seinen großen, strahlenden Augen mit dem gütigsten Lächeln an und sagt: ,Sie haben uns im Kriege eine so schöne Dichtung geschenkt — was dürfen wir im Frieden von Ihnen erwarten?' Vor dieser Stimme schwindet sogleich jede Befangenheit: frisch, lebhaft, impulsiv in Ausdruck und Gebärde, anregend in jedem Schwall zwingt Kaiser Wilhelm hervor, dabei von einer ganz selbstverständlichen Würde, entspricht Kaiser Wilhelm wohl den besten Bildern, die man von ihm trägt, und übertrifft sie doch durch die Leuchtkraft seiner Augen auf die überraschendste Weise. Diese Augen lassen einen nicht los. Sie sind der erste Eindruck seiner Persönlichkeit, und wie sie mit ihrem offenen, männlichen Blick jeden seiner Sätze begleitet und erhellen, leuchten sie einem noch am Ende nach als der Spiegel einer klaren, im tiefsten Sinne sittlichen Natur. Von dem Augen gleitet der Blick über Antlitz und Gestalt des Kaisers. Leicht ergraut, doch immer noch im Gesamteindruck blond, das Haar aus der hohen Stirn zurückgestrichen, tannenschlank in jener echten Soldatenhaltung, vortrefflich gekleidet durch die österreichisch-ungarische Felduniform, straft Kaiser Wilhelm die Sorgenzeit des Krieges Lügen. Es ist von einer Jugend und inneren Lebendigkeit, die man ein Geschenk der Natur anmuten.

Lange spricht der Kaiser über mein Stück zu mir. Nur was die Allgemeinheit interessiert, sei hier andeutungsweise wiedergegeben. Kaiser Wilhelm betrachtet die Freude an der Kunst als seine einzige Erholung von den hunderttausend Staatsgeschäften und Volkssorgen, die ihn jetzt ganz erfüllen. ,Den Sinn für die Bühne', sagt er, ,habe ich von meiner Mutter ererbt; meine Mutter war Künstlerin und Kennerin. . .' ,Daß der Kaiser nicht nur an Wissen, sondern auch an Einfall, Phantasie, malerischen Blick einer der ursprünglichsten Regisseure ist, weiß an den Berliner Hofbühnen jedermann; dankbar erwähne ich dies im Zusammenhang mit der Berliner Inszenierung der ,Kön ge'.

,Ja, wir haben uns mit dem Stück viel Mühe gegeben', sagt der Kaiser in seinem schlichten Art; ,alles ist zeitgetreu nach alten Stichen und Urkunden gemacht, denn ein historisches Drama soll nicht nur im Wort, sondern auch im Bild dem Zuschauer treu in die vergangene Welt zurückführen. Jedes Jahrhundert hat seine Silhouette. Diese Silhouette nicht als Flachwerk, sondern als ganzes Kulturbild auferstehen zu lassen, ist eine der bleibenden Aufgaben des Theaters. . .' Und jäh auf den Krieg übergehend, fragt der Kaiser plötzlich: ,Wissen Sie, daß wir in Belgien alle Kirchen, alle alten Kunstdenkmäler sorgsam herstellen, daß wir alles, was nur irgendwie historischen Wert hat, schützen und restaurieren? Ja, wir sind die wahren Barbaren. . .'

Dann ist von meinen neuen Arbeiten die Rede. ,Sie sollten immer wieder in den Brunnen der deutschen Vergangenheit hinabtauchen', sagt der Kaiser lebhaft, ,welche Fülle von Gold liegt dort noch ungehoben! Seit frühester Jugend

gehen nur ein paar Gestalten nach, die nach der Vertiefung durch den Dichter verlangen. Da ist der Ostgotenkönig Theoderich, der im letzten Teil von Hebbels ,Nibelungen' nur als Episode gestaltet ist. Da ist aus späterer Zeit Friedrich II., einer der schöpferischsten und interessantesten Männer, noch lange nicht in seiner Größe erkannt. Da ist vor allem Karl V. Denken Sie sich, daß, wenn Martin Luther zusammenkäme — ist das nicht einer jener ewigen Gegensätze, die auch auf der Bühne ewige Wirkungen erzeugen — ?' Und nach einem kleinen Schweigen sagt der Kaiser langsam und ruhig hinzu: ,Wer weiß, wenn die beiden, Karl und Luther, wirklich zusammengesprochen wären, wer weiß, wo heute das deutsche Volk stünde. . .'

Während der Kaiser so spricht, tu die letzte Tiefe der menschlichen Erkenntnisse hinabgreifend, sehe ich immer seine Augen, diese Augen erst lassen einen ganz begreifen, was er meint und wie er schreibt: ohne Spur von jenem verkörpergewogenen. Jedes seiner Worte, je unmittelbarlicher er es sagt, zeigt um so bedeutenderes sein Gefühl für die Verantwortung des Königsberufes. Da ich jenen schönen Brief an den Reichskanzler erwähne, durch den er das Friedensangebot der Mittelmächte begründet hat, sagt Kaiser Wilhelm mit starkem Kopfnicken: ,Ja, dieser Brief mußte geschrieben, dieser Schritt mußte getan werden; jetzt weiß doch die ganze Welt, wer diejenigen sind, die der Menschheit weitere Qualen aufzwingen.'

Und so stehen wir unvermittelt im Gespräch über die letzte Phase des Krieges. Könnte ich den Ton der Sittlichkeit, aber auch den Ton des Wissens wiedergeben, mit dem Kaiser Wilhelm seiner Gegensätze prachtvollen Ausdruck gibt! Zu jedem unserer Häuser flöge ein Fenster auf, durch jedes offene Fenster schiene uns eine neue Frühlingssonne hell auf den Tisch. Denn der Kaiser macht keine Redensarten; er vertraut mir einer, der aller Gefahr offen ins Gesicht geblickt hat. Und noch etwas — es liegt Österreichi-Ungarin von ganzem Herzen. ,Vergißt man schon', sagt er, ,daß die Patente die Mörder des Erzherzogs Franz Ferdinand schützt? Wie kurz ist doch das Gedächtnis der Welt! Als ich jenem den Oberstkofmeister meines vormaligen Fremdens, Baron Rumerskirch, sah, seit jenen Königsbichter Frühlingstagen ganz erstmals, da kam es mir wieder ganz stark zu Bewußtsein: Aber unserer Feinden liegt doch von Anfang an der Schatten des Verbrechens! Auf unserer Seite ist Recht und Sittlichkeit — und ihnen zum Triumph zu verhelfen, muß jede blanke Waffe uns willkommen sein. . .

Es ist ein Quell der Zuversicht, und der Zwersicht, Kaiser Wilhelm über die scharfste dieser Waffen, den neuen Unterseebootkrieg, sprechen zu hören, dessen Ergebnis — militärisch, politisch und psychologisch — er schon jetzt als sehr bedeutend einschätzt. ,Sehen Sie doch die europäischen Neutralen', trist er aus, ,sehen Sie die schwedische Antwort, dieses wohl für die Ewigkeit geschriebene Dokument — nun wissen wohl die Neutralen schon insgesamt, wie sie unsere Kraft, aber auch wie sie unseren Willen zum Frieden einzuschätzen haben. Zum erstenmal steht in gewissem Sinne der erklärte Wille der kleinen Staaten gegen die angelsächsische Welt. Und Napoleons Kontinentalsperre wird aus einem Phantom zur Wirklichkeit, zu einer, die England härter trifft als alles, alles Bisherige.' Ich werfe ein, daß auch bei uns der Hoffnung fest und opferwillig an dem jüngsten Entschluß steht. Kaiser Wilhelms Auge blitzt freudig auf, er nickt mit dem Kopf und sagt strahlend: ,Ja, ich weiß es. Und es erfreut mich das Herz, wie prächtig Ihre blauen Jungens mit den meinen zusammenarbeiten. Da ist ein großer Zug darin, das hat sein Ziel, das geht voran. . .'

Ist es möglich? ,Eine Viertelstunde, wenn ich, ist wie im Rausch verstrichen. Se. Majestät nimmt meine Hand, schüttelt sie wieder und sagt: ,So danke ich Ihnen denn noch einmal für das Werk, das Sie uns gegeben haben, danke Ihnen auch dafür, daß mein Berliner Schauspielhaus mit Ihrem Drama während des Krieges das Publikum erheben konnte. . .' Und dann, kann stehe ich draußen vor dem Tor der Burg, und wie meine Augen noch einmal zu dem Fenstern des Kaisers zurückblicken, durchströmt mich eine heiße Welle der Zuversicht — der Zuversicht auf ein baldiges, glückliches Ende unserer Prüfung. ,Das hat sein Ziel, das geht voran. . .' Mochten alle Menschen, Soldaten und Bürger, sich an diesem Wort des deutschen Kaisers im Innersten aufrichten.'

DIE FACKEL

Nr. 454—456　　　　**1. APRIL 1917**　　　　**XIX. JAHR**

Goethes Volk

　　　　Berlin, 24. Februar. Ballin gewährte dem Mitarbeiter des ‚A Vilag‘ in Hamburg eine Unterredung, in der er erklärte, daß die Admiralität mit den Ergebnissen des unbedingt notwendig gewesenen U-Boot-Krieges außerordentlich zufrieden sei. Das Ziel des verschärften U-Boot-Krieges ist nicht das, möglichst viel Schiffe zu versenken, sondern den Verkehr von und nach England abzuschneiden, welche Absicht als vollkommen erreicht bezeichnet werden kann. D e u t s c h l a n d s e l b s t s c h n e i d e e s b e i j e d e m e i n z e l n e n S c h i f f t i e f i n s H e r z, nicht nur bei einem der neutralen, sondern auch bei feindlichen . . . .

　　　　Wess das Herz voll ist, dess gehet das Gemüt über:

D e u t s c h e A r t

Es zetern unsre Feinde Ob U-Boots-Barbarei, Die edle Hetzgemeinde Brüllt Haß und schimpft dabei.	Wer sieht die Schiffspapiere Mit solcher Rücksicht ein? Lotst Feindes-Offiziere Ins Rettungsboot hinein?
Doch hält ihr Wutgeheule Nicht vor der Wahrheit Stand: Wir sind im Gegenteile Nur leider zu galant.	Nur, wenn der Kapitän sich — Wie's jüngst von Z w e i'n geschah — Frech wehrte, griff man den sich Selbst rücksichtsvoll noch da:
Wer, dem ein Schiff zur Beute Verfiel auf stürm'schem Meer, Verteilt an dessen Leute Zigarren und Likör?	Denn da die Zwei, als B r i t e n S i c h ö d e t e n und wie, Fing man noch einen D r i t t e n — G i b t e i n e W h i s t p a r t i e!

　　　　　　Wer sorgt für solche Gäste
　　　　　　So, wie's bei uns geschieht?! —
　　　　　　G e s p r e n g t, versenkt wird feste —
　　　　　　D o c h i m m e r — m i t G e m ü t!

　　　　　　　　　　　　　　Georg Bötticher

　　　　Mit diesem Gedicht hat die liebe ‚Jugend‘ das Jahr 1917 eröffnet. Nun mag ja die Bestie der Gegenwart, wie sie gemütlich zur todbringenden Maschine greift, auch zum Vers greifen, jene zu glorifizieren. Was in dieser entgeistigtesten Zeit Deutschlands, von den Hauptmann und Dehmel hinunter bis zum letzten Münchner Ulkbruder zusammengeschmiert wurde —

und wär's noch toller und mehr gewesen und wären auch täglich eine Million Tonnen des Geistes versenkt worden — es würde doch vor der letzten weltgeschichtlichen Instanz als unerheblich abgewiesen werden, wenn es sich zu Ungunsten der deutschen Sprache gegen das Dasein der Luther, Gryphius, Goethe, Klopstock, Claudius, Hölty, Jean Paul, Schopenhauer, Bismarck behaupten wollte. Ja, wenn zu Gunsten Deutschlands nichts weiter geltend gemacht würde, als daß auf seinem Boden das Gedicht ›Über allen Gipfeln ist Ruh'‹ gewachsen ist, so würde ein Prestige, auf das es schließlich mehr ankommt als auf jene zeitgebundenen Vorurteile, zu deren Befestigung Kriege geführt werden, heil aus der Affaire hervorgehen. Was die Lage kritischer machen könnte, wäre eine einzige vom Ankläger enthüllte Tatsache. Daß nämlich dieses Zeitalter, das als verstunkene Epoche preiszugeben und glatt aus der Entwicklung zu streichen wäre, um die deutsche Sprache wieder zu einer gottgefälligen zu machen, sich nicht damit begnügt hat, unter der Einwirkung einer todbringenden Technik literarisch produktiv zu sein, sondern sich an den Heiligtümern seiner verblichenen Kultur vergriffen hat, um mit der Parodie ihrer Weihe den Triumph der Unmenschlichkeit zu begrinsen. In welcher Zone einer Menschheit, die sich jetzt überall mit dem Mund gegen ein Barbarentum sträubt, dessen die Hand sich beschuldigt, wäre ein Satanismus möglich, der das heiligste Gedicht der Nation, ein Reichskleinod, dessen sechs erhabene Zeilen vor jedem Windhauch der Lebensgemeinheit bewahrt werden müßten, wie folgt der Kanaille preisgibt:

(›U n t e r a l l e n W a s s e r n . . .‹) Im ›Frankfurter Generalanzeiger‹ lesen wir:

Frei nach Goethe!
E i n e n g l i s c h e r K a p i t ä n a n d e n K o l l e g e n.

> Unter allen Wassern ist — „U"
> Von Englands Flotte spürest du
> Kaum einen Rauch . . .
> Mein Schiff versank, daß es knallte,
> Warte nur, balde
> R—U—hst du auch !

Wo in aller Welt ließe sich so wenig Ehrfurcht aufbringen, den letzten, tiefsten Atemzug des größten Dichters zu diesem entsetzlichen Rasseln umzuhöhnen? Die Tat, die es parodistisch verklären soll, ist eine Wohltat, verglichen mit der Übeltat dieser Anwendung, und hundert mit der Uhr in der Hand versenkte Schiffe wiegen eine Heiterkeit nicht auf, die mit Goethe in der Hand dem Schauspiel zusieht. Die Ruchlosigkeit des Einfalls, der den Sieg jener Richtung bedeutet, die mit dem Abdruck von Klassiker-Zitaten auf Klosettpapier eingesetzt hat, ist über alles erhaben, was uns das geistige Hinterland dieses Krieges an Entmenschung vorgeführt hat. Und wie um den Rohstoff einer Gesinnung, die solcher Tat fähig war, nur ja handgreiflich zu machen, ergänzt das Wiener Saumagenblatt, das Schere an Schere die Verpflanzung des Generalanzeigergeistes in unsere Region besorgt, die Beschwörung Goethes noch durch diese Anekdote:

> Zwischen zwei a n d e r e n englischen Kapitänen spielte sich folgendes Zwiegespräch durch Flaggensignal ab: Der eine fragt: »W o h i n g e h s t d u?« — »Z u G r u n d e«, antwortete der andere kurz und bündig!

Am nächsten Tag aber wird — vermutlich aus Sympathie mit dem Namen des Admirals Scheer — eine Nachricht weitergegeben, von der jeder deutsche Patriot, der die sentimentalere Auffassung des Herrn Ballin mitmacht, überzeugt sein muß, daß sie eine Lüge ist:

> (Admiral Scheer zum U-Boot-Lied der ›englischen« Kapitäne.)
>
> Das ›Lied des englischen Kapitäns‹, das wir gestern in unserem Blatte veröffentlichten — ›Unter allen Wassern ist U‹ —, hat auch den Beifall des Siegers in der Seeschlacht am Skagerrak, des Admirals Scheer, gefunden. Unterm 18. Februar richtete er an die Schriftleitung der ‚Dresdner Nachrichten‘ folgende Zeilen: »Über das ‚Lied des englischen Kapitäns‘ aus den ‚Dresdner Nachrichten‘ h a b e i c h m i c h h e r z l i c h g e f r e u t. H o f f e n t l i c h b e h ä l t d e r g u t e M a n n r e c h t. Scheer, Admiral, Chef der Hochseestreitkräfte.«

Nun aber geschieht ein Übriges, das den Literarhistorikern zu schaffen machen wird. ›Unter allen Wassern« taucht in allen Blättern auf und wohl in der Absicht, einen authentischen Text festzustellen und zugleich den Namen des Dichters, der Deutschlands nationale Enttäuschungen an Goethe wettgemacht hat, der Vergessenheit zu entreißen, veröffentlicht das Berliner Tageblatt, in der Gaunersprache des neuzeitlichen Verkehrs auch B. T. genannt, die folgende Fassung:

Lied des englischen Kapitäns.
(Frei nach Goethe)

Unter allen Wassern ist — „U" !
Von Englands Flotte spürest du
Kaum einen Hauch . . .
Mein Schiff ward versenkt, daß es knallte —
Warte nur, balde
Versinkt deins auch !   Ludwig Riecker (München).

Nehmen wir an, daß er der Urheber ist und dieses sein Wort, an dem man nicht drehn noch deuteln soll. Ehe ich es las, habe ich eine andere Mitteilung des B. T. für den Rekord jener findigen Entwicklung gehalten, die wie die Kunst in den Dienst des Kaufmanns, alle wehrlose Größe in den Dienst der Niedrigkeit gestellt hat:

Elefanten im Dienste des »Berliner Tageblatts«.

Um die Schwierigkeiten zu mindern, die sich gegenwärtig bei der Heranschaffung der großen, für die Herstellung des »Berliner Tageblatts« nötigen P a p i e r m a s s e n ergeben, haben wir mit Herrn H a g e n - b e c k ein Abkommen getroffen, w o n a c h e r u n s v i e r s e i n e r E l e f a n t e n m i t d e n d a z u g e h ö r i g e n i n d i s c h e n F ü h r e r n z u r V e r f ü g u n g s t e l l t. Heute vormittag haben die Elefanten zum erstenmal i h r e n D i e n s t b r a v u n d f l e i ß i g v e r r i c h t e t. Sie brachten mehrere mit Papierrollen hoch bepackte Wagen vom Anhalter Bahnhof zu unserer Druckerei. Drei Elefanten waren mit starken Riemen als Zugtiere eingespannt, der vierte Elefant b e t ä t i g t e s i c h, indem er m i t s e i n e r b r e i t e n S t i r n d e n W a g e n s c h o b. Natürlich erregte diese neue, oder wenigstens f ü r E u r o p a n e u e B e f ö r d e r u n g s a r t in den Straßen sehr viel Aufsehen und Interesse.

Welch ein Schauspiel ! Für Europa neu; in Indien bedienen sie längst die Presse. Welch ein Aufzug ! Anstatt den Dichter des U-Boot-Liedes mit dem Rüssel emporzuheben oder doch wenigstens so stark zu nießen, daß er sich unter allen Wassern vorkommt, anstatt die Papiermassen so zu zerstampfen, daß sie unbrauchbar werden, oder doch wenigstens so laut zu brüllen, daß die jüdischen Führer erschrocken fragen: Nanu, was is denn los ? — tragen diese geduldigen Riesen, ihrer heiligen Herkunft vergessend, dem Mosse die Betriebsmittel ins Haus. Und einer betätigt sich gar als Schieber ! Urwälder werden kahl geschlagen, damit der Geist der Menschheit zu Papier werde, und die obdachlosen Elefanten führen es ihr zu. Bei Goethe ! Es ist der Augenblick, aus einer Parodie wieder ein großes Gedicht des Abschieds zu machen.

Alle diese dem Staat entrissenen Gelder sind für wohlthätige Zwecke bestimmt. Gestern habe ich ein neues altes Weiberl dazubekommen. Den Kleinen vom Volksgarten neulich getroffen; er behauptet, er hätte als Adresse: »*Santergam*« [?] angegeben! Soll ich mich dort gelegentlich erkundigen?

Ich glaube, man hat *keinen* Grund wegen der Reise besorgt zu sein. In etwa einer Woche werde ich wegen des Schlafplatzes fragen. Bei Tag könnte ich bis Salzburg (wo ich zu thun hätte) mitfahren.

Essig wartet.

Wann – und was – werde ich von den armen Freunden hören, die dort unten an dem Grauenvollen betheiligt waren!

Was sagt man dazu, daß Vallorbe das letzte Wort der Fackel gewesen sein könnte. Fast sicher, daß es kein Papier mehr gibt! Und schlimmer: noch genug für all das, was nach der Fackel ruft!

Wenn nur schon die Grenze im Osten offen wäre!

[603]   T [8.11.1917]   [Janowitz]

Muß die entsetzliche Nachricht bringen daß die edle gütige Freundin Elisabeth R. gestern abends plötzlich gestorben ist.

[604]   B [Wien,] 10./11. Nov.[19]17   [Janowitz]

Könnte ich doch morgen absagen —— aber es ist technisch fast undurchführbar und dann: es wird wie immer gehen, wenn ich einmal oben bin. Nur bis ich hinauf gelange! Seit Tagen schleppe ich mich so mühselig dahin. Husten und ein miserables Leben schütteln und stoßen mich. Wollte ich den Abend und die Nacht des Mittwoch 7. Nov. beschreiben, es wäre nicht zu glauben. Eine Pein nach der andern, eine Unglücksnachricht nach der andern und zum Schluß *diese* Steigerung!

Die Allerärmste – oh wenn Du wüßtest, *wie* arm sie war, Du willst allein sein *(auch allein* sein), sie aber konnte es nicht. Dienstag abend sah ich sie zum letzten Mal, flüchtig. Ich glitt nur so an ihr vorbei im Sprechen. Könnte ich den einen Abend nachholen! Ich spüre alles, was Dich betrifft, bin da umwittert und umzittert von Einfluß und Fernwirkung (mir hat an jenem Dienstag das »Gedankenziel« gefehlt; Du erinnerst Dich, Du

hast mir einmal das Recht gegeben, Dich zu finden, wo ich Dich
weiß. Hab ich dieses Recht nicht, so muß ich trachten, mich ab-
zufinden.) Hier aber, nämlich so nah, sah ich die Schatten nicht,
die sich schon über dieses Leben gelagert hatten. Am nächsten
Tag ist es geschehen. Ich war abends, wo ich immer bin, und wurde
von unglücklichen Menschen persönlich und telephonisch beansprucht. Da komme ich nachhause und die Schwester, die mich
den ganzen Abend nicht erreichen konnte, weint mir die Nachricht zu. Ich stürze in die Trauerwohnung. Hätte sich die Gute, die
mit so verschönten Zügen da lag, noch einmal *sehen* können, sie
hätte den Lebensmuth nicht verloren! Wahrhaft grauenvolle Sze-
nen spielten sich in der Wohnung ab. Und nun Tag für Tag Gespräche mit der so ganz verlassenen, rührend guten Schwester —— das
Unergründliche, für mich und sie Beschämende zu ergründen
suchend. Viel, viel wüßte ich Dir darüber zu sagen. Was ihre Nächsten und Freunde ihr gaben, es war ihr zu wenig. Ich habe weiß
Gott das Erdenklichste gethan und sie so hoch geachtet, denn sie
war nächst Dir der beste Mensch, den ich kannte. Wie sonderbar:
die Schwester, die nur noch weint, sagt mir, daß sie immer von
dem Gedicht »Zuflucht« phantasiert habe: »Ohr« zu sein, wäre
ihr Traum gewesen und sie nahm – unter anderm, was auf sie
drückte – so tragisch, daß sie es nicht war, verfluchte ein Schicksal, das sie nicht in einem Park geboren hatte, machte sich, so
überlegen sie sonst war, unglücklich durch eine fast kindliche Art,
mit dem Leben aufzubegehren. Dazu kam vielerlei Mißgeschick,
woran ich mindestens so unschuldig war wie an jenem. Ich habe
sie immer mehr und mehr geschätzt; es war weniger als sie verdient hat, wenn's auch nicht weniger war als ich geben konnte.
Die beiliegenden Zeilen waren eigentlich ihre letzte Freude. Sie
leuchtete auf, als sie mir dafür dankte. (Die 8. Zeile beruht auf der
vielleicht unbekannten Redewendung: »Jemand steht seinen
Mann« = bewährt sich). Natürlich trägt niemand, weder ich noch
die Schwester noch der unglaublich nachgibige Mann irgend eine
Schuld —— in Form irgend eines Anstoßes. Und wenn ich mein
Leben lang bei ihr gestanden und ihr zugesprochen hätte, ich hätte
sie nicht retten können, denn sie war geboren, um unglücklich zu
sein. Der letzte Anstoß könnte ein Ereignis, eine Enttäuschung

gewesen sein, von der ich nichts und niemand etwas weiß. Nebst der äußeren Miseren eines täglich hindernisvolleren Lebens, das ihre Nervenkraft rapid herunterfraß. (Sie konnte weinend aus einem Geschäft herauskommen, in dem sie etwas nicht bekommen hatte oder wo der Verkäufer eine dumme Antwort gab.)

Wer sie gekannt hat, zum Beispiel L., ist sehr erschüttert. Dienstag ist das Begräbnis.

Von Herzen Dank für das Telegramm! Der Trost: »neuerlich Vereinsamung« wäre mein Todesurtheil, wenn er sich auf mein Leben und nicht bloß, wie ich hoffe, auf mein Wiener Leben bezöge. Die mir Erlösung von der Einsamkeit bedeutet, Zuflucht aus der Welt dorthin, wo ich nicht mehr einsam bin, und in deren heiligem Dienst ich *in* der Welt einsam wurde und werden konnte – die darf es nur so meinen, daß es sich nicht auf mein Leben bezieht.

Mit dem *hiesigen* Leben möchte ich freilich fertig sein. Eine Unterredung wäre so nothwendig. Ich wagte es bisher nicht von Deiner Erlaubnis Gebrauch zu machen, Du hast an sie nicht mehr erinnert. (Hätte ich nicht, wie einmal, nach Prag kommen dürfen? Damals, wo auch Kammermusik war. Übrigens wie gut, daß Du das wieder einmal hattest und um wieviel besser als die Reise des darauf folgenden Montag und Dienstag! Denn da sehe ich Dich mit müden Augen, an Verwandtengesprächen unbetheiligt.) Ich muß mich jetzt bald zu den durchgreifendsten Änderungen im äußern Leben entschließen; ich habe es Dir, wenn ich nicht irre, schon angekündigt und nun ist's fast unumstößlich – wenigstens für lange Zeit –: die F. kann nicht erscheinen. *Dafür* gibts hier kein Papier mehr! Was soll ich hier noch? Wo mich alles doch zum Schreiben peitscht! Und im Milieu der Bobfahrer zu leben, wird immer bedenklicher. (Ich will morgen mit Pr. Max L., der heute angerufen hat, darüber sprechen.)

Morgen nachm. unternehme ich übrigens das Äußerste! Und es ist so wichtig, so unaufschiebbar, daß ich auch deshalb nicht absagen kann. Am 18. kann »Verlorene Liebesmüh« nicht sein, da der Musiker verhindert ist —— so muß, da der Saal gemiethet und die Karten gedruckt waren, eine Vorlesung aus eigenen Schriften stattfinden. Am 25. Shakespeare (wenn Du schon da wärst!), am 2. die Festvorstellung. Später: *Goethes* »Pandora« und aus meinem Epilog!

Heute die Nachricht, daß der liebe, gute Kerl, um den ich so gezittert habe, der jüngste der Brüder J., verwundet ist (»jetzt außer Gefahr«). Charlie kennt ihn.

Zur Telegramm-Sache: Ich *schrieb* doch, *warum* ich das »Schnitzl« zurückschicke. Daß *ich's* nicht vorweisen kann. Da hätte die Beamtin Unannehmlichkeiten, weil sie ja doch ein amtliches Dokument nicht der »Partei« ausliefern darf; sie muß es behalten, also *zurückbekommen*, (darum bat und bitte ich um Verzeihung für die Mühe), um es der eventuell anfragenden Wiener oder Taborer Direktion zu übergeben. Als Beweis konnte *ich* nur das Telegramm, wo »12«, und meine Recepisse, wo »20« steht, verwenden, aber nicht die Geheimschrift. Vielen Dank!

———

Dir ist also der Gedanke so begreiflich: »Die kann von der Liebe nicht leben…«? Ja, »weil Dein Leben die Liebe ist«. Und ich Elender trachte nach Deinem Leben, nicht wahr? Oh gib mir etwas davon, nur ganz wenig! Von Zeit zu Zeit so viel, als in Deinem Brief neulich über Vallorbe und die Fackel, als in dem Brief über das Dir gesandte Gedicht enthalten war. Denn für mich ist das so unendlich viel, und dann bin ich nicht vereinsamt. Ich bitte Dich, *hilf mir, für Dich zu leben*!!!

11./12. Nov.

Dein Brief vom 9. das Kondolenzschreiben, ist heute gekommen.* Wenn sie *das* gewußt hätte – wie *Dir* meine Verehrung für sie bekannt war! Sie hatte oft geklagt, daß ich sie »verleugne«. Die Vorlesung absagen – daß ich's nicht konnte – auch Loos und andere baten mich dringend, es nicht zu thun – das lag wie ein Stein auf mir. Nun ist sie vorbei, und die Wirkung jener so wichtigen, unaufschiebbaren Rede (»Verständigungsfrieden«, Czernin etc.) hat alles übertroffen. Der Saal war ganz starr und fand sich dann in einer Raserei, wie ich sie noch nie gehört habe. Die Leute hatten erwartet, daß ein, sagen wir, Unglück eintreten

* Also da stehts ja ganz klar: vereinsamt in *Wien*!

würde. *Wie* schade, daß Du das nicht gehört hast! Ich will es Dir vorlesen. Es ist ein Manuscript und würde im Druck etwa 8–10 Seiten haben.

Mittag rief Max L. an, er sei wider Erwarten nachm. doch frei geworden, ob ich ihn nicht hineinbringen könnte. Da mußte für ihn (wie auch für die beiden andern L.) ein Sessel aufgestellt werden. Er war dann vor der Vorlesung im Café J., holte mich ab und war im Künstlerzimmer bei mir, nach der Vorlesung bei mir zum Thee und blieb bis halb neun. Morgen sehen wir uns wieder. Wir haben uns beinahe angefreundet. Er hat ganz sicher das redlichste geistige Streben und ist besonders gutmüthig. Wie anders als die bösartige »Intelligenz« des Vetters Max, den er tief mißachtet und den ich nach seiner Meinung längst hätte radikal abschütteln sollen (wobei er übrigens zugibt, daß das wenig nützen würde).

Er hat ausgezeichnete, selbst erworbene Ansichten und kennt nicht nur die Fackel, sondern ist sich auch der Stupidität bewußt, mit der dieser in seinen Kreisen vielfach begegnet wird (das Motiv des »Niederreißens« und des »Negativen« citiert er so höhnisch, wie wenn er unsere Gespräche darüber gehört hätte). Er sprach auch von Janowitz, erkundigte sich nach Charlie und interessierte sich für die Kontumaz-Affaire, die ihm bekannt war. Während er bei mir war, ereignete sich ein Telephonwunder. Er wollte mit seinem Bruder in Bilin sprechen, und es glückte binnen *fünf* Minuten! In Bezug auf die Bobfahrer denkt er im Ganzen sehr optimistisch; er glaubt an die Änderung.

»Worte in Versen« hat er *nicht* erhalten, dafür ein Exemplar »Menschen im Kriege«, das ich ihm wie etlichen Leuten in Österreich damals zu schicken empfahl. Er hat kürzlich zufällig mit dem Hennet, der nicht mehr in Bern, sondern hier ist (Ackerbauministerium) über den Autor gesprochen, der dem H. sehr imponiert, während L. (mit Recht) künstlerische Einwände hat. Natürlich ist auch er sehr für das Buch als Dokument. ——

Wie schade, daß ich nicht nach Salzburg begleiten darf!

Ich habe der Schwester die Kondolenz mitgetheilt; sie dankt innigst und fand so schön, was Du gesagt hast. Du Einzige! Hier eine kleine Freude für Dich.

Es wird Dich interessieren, und ich glaube, es liest sich – nach 12 ½ Jahren – noch immer ganz gut.

[605]   B [Wien,] 14. Nov.[19]17   [Janowitz]

Gestern rek. Brief und l. Karte erhalten. Ich war heute in etlichen Geschäften: der *verlangte* Würfel ist nirgendwo zu haben, so fuhr ich in die Floriangasse: dort *angeblich derselbe,* aber in anderer Verpackung und zu 7 Heller (100 = 6 Kr. 50); ich ließ es wunschgemäß absenden (der Mann sagte, daß Wertangabe nicht unter 300 Kr. sein dürfe).

Innigsten Dank für die Herzensgüte der Arbeit an den Briefen. Aber das muß doch auch anstrengen!

Carbid könnte in meiner Abwesenheit gekommen und wieder zurückgetragen worden sein. Ich werde mich erkundigen. Wie lieb, daß die Erinnerung an meinen Besuch meine Frage nach solcher Erinnerung kreuzt.

Wenn's nur möglich sein wird?! (Werde es erst am Tag vor der Abreise sicher wissen können und dann telegraphieren.) Ich hoffe und danke jedenfalls von Herzen. Viel Arbeit, Sorgen, Husten und Trauer. Zu dieser gab's gestern, beim Begräbnis, auch noch den Schmerz, daß dem Sarg dieser Edlen nicht mehr Vertreter einer höheren Menschenart folgten. (Umso merkwürdiger, daß der Hellseher, der sie persönlich nur flüchtig gekannt hat, anwesend war.)

Ich hatte in der Nacht vorher fast gar nicht geschlafen. M.L. war im Café gewesen und dann bis vier Uhr früh bei mir; dann hatte ich noch zu arbeiten. Heute war jener nachmittag im Café und hierauf ich bei ihm.

Ich machte ihm beide Theile zum Geschenk; er will sie studieren, denn, wie er gestand, »die Lyrik macht ihm Schwierigkeiten«, während sein Bruder F. »gerade für die Verse sehr schwärme«.

Der Schluß nach all dem, was wir gesprochen und was er gehört hatte, war seine Mittheilung: daß er in den Schützengraben abgehe, nach Rumänien. Dieses Ziel ist freilich dadurch ihm etwas freundlicher gemacht, daß Egbert S.-T. dort ist. Aber wohnlicher ist es dadurch nicht. Welch ein Domizilwechsel. Es ist unfaßbar. Er sprach darüber manches, was es ganz klar macht, daß

seine Kreise die Glorie noch immer nicht als den Profit der
Hyänen durchschauen, nach vier Jahren noch immer nicht!
Diesen Auffassungen, deren Fibelhaftigkeit unerschütterlich ist,
kann sich seinesgleichen nicht entziehen, und ich erfuhr, *wie*
unerbittlich grausam diese Auffassungen fortwütheten.

Er hat seine Mutter veranlaßt, Sonntag in die Vorlesung zu
gehen, auch andere Leute, z.B. den Hennet, der sich jetzt für
den Autor von »Menschen im Kriege« verwenden will und der
auch das Verdienst haben soll, Vorträge der Schalek in der
Schweiz verhindert zu haben. —— Heute sehr lieben Brief von
der Grfn. Drakovich erhalten. – M.L., von dem mir der Abschied schwer gefallen ist, läßt Charlie vielmals grüßen. Er ist
heute abend (wenn nicht im letzten Moment ein Telegramm, das
den Urlaub um drei Tage verlängert, eingetroffen ist) abgereist.
Ich habe eine Grabschrift für die arme E.R. verfaßt. Die paar
Menschen, für die man zeitweise nach Wien zurückkehren
konnte, sind tod oder leben in der Nähe des Todes. »Franz,
Franz, warum ließest Du Dich verleiten!«

M.L. hat erlebte Dinge erzählt, die es einem unmöglich machen, mit den daran Betheiligten nach dem Krieg einen gemeinsamen Welttheil zu haben. In Europa würde Rußland der einzige Staat sein, der durch die Gemüthsart seiner Bewohner etwas
wie Sühne gewährte. Aber eigentlich bleibt nur China.

15. Nov.

L. Brief vom 13. erhalten.

[606]   B [Wien,] 16. Nov.[19]17   [Janowitz]

Der zweite: Franz Janowitz, ein Lichtpunkt meines Lebens, ist
erloschen. Am 4. Nov. seinen Wunden erlegen.

[607]   B [Wien,] 19. Nov.[19]17   [Janowitz]

Ich danke innigst für die Liebesmüh der Textberichtigung, zu
rührend, und insofern – ich werde natürlich alles nachsehen –
»verloren«, als ja jede deutsche Übersetzung gerade dieses Werkes mit seinem durchgehenden Motiv der parodierten Silben-
stecherei unzulänglich sein muß. Ich streiche ohnehin viel und
habe auch selbst – ohne das Original – manches geändert.

Gestern war die Mutter des Max L. mit dem L. aus Bern drin, außerdem der Erwein L., der keine Karte mehr bekommen hatte und deshalb zu mir kam (ich ließ einen Sessel aufstellen). Heute rief zu meiner Überraschung M.L. an und ich habe ihn auch jetzt im Café I. getroffen. Er hat noch ein paar Tage Urlaub erlangt und ist aus Polen über Prag nach Wien zurückgekommen. Er hat in Prag Ch. gesprochen, der anscheinend noch nicht wußte, daß ich kommen wollte, mindestens nichts von Dienstag (was ich, *ehe* ich von »21.-22.« erfuhr, dem M.L. gesagt hatte). Ich hatte vermuthet, daß er es weiß, da ich ja doch die Kleider mitbringen sollte. Nun aber – so, wie es mir jetzt geht – weiß ich nicht, ob ich mich zu der Fahrt werde aufraffen können, und auch nicht, ob ich berechtigt bin, jetzt mit so viel Trauer dort einzukehren. Denn mir ist wenig im Leben widerfahren, was mich so ins Herz getroffen hätte. Ich komme darüber nicht hinweg. Nicht über diesen Verlust dieses Allerbesten und nicht über die zwei Wochen, die er in Schmerzen lag. Wie man inzwischen schon weiß: es ist der Dichter, nicht der Musiker. Ein dritter Bruder, auch irgendwo, schrieb vom *6.* (da jener schon tot war): »von zuhause erfahre ich soeben, daß Franz aus dem Feldspital…. Karte vom 19.X. schickte, worin er schreibt, daß er vor 5 Tagen verwundet wurde, gegenwärtig außer Gefahr ist, die Ärzte mit seinem Befinden sehr zufrieden sind *und er es auch sein müsse*!« Heute nun kommt eine Karte vom Musiker (der den »Vormarsch« mitmacht!), die denselben Text enthält und noch dazu die Worte: »und soll von dort (aus dem Feldspital) nach Klagenfurt, dann nach Wien kommen. Näheres über die Art der Wunde und sein Befinden weiß ich nicht.« Diese Karte ist vom *14.*!

Dieser tief melancholische, ganz zarte kränkliche Mensch (der natürlich auch in beständiger Todesgefahr lebt) ist vielleicht heute noch nicht —— auf dem »Siegesmarsch« ! — — von der Nachricht erreicht worden, die ihn umwerfen wird. Er hieng so sehr an ihm und litt mehr an seinen als an dem eigenen Leiden.

Der Vater, der mich um Rettung dieses Sohnes anfleht – was habe ich nicht versucht und wieder versucht –, schickt mir heute, soeben, dieses ergreifende Schreiben des Dieners:

»K. – K.Feldspital 1301 am 6/11 1917

Hochgeehrter Herr!

Erlaube mir mit zitternder Hand mitzuteilen, daß mein Herr Leutnant Janowitz den 4. November seinen Wunden erlag.

Mir wurde es trotz meines Bittens nicht erlaubt, mit seinen Sachen zu Euch zu kommen.

Hab wohl viel Thränen vergossen für den Herrn. Ehre seinem Andenken. Mein innigstes Beileid. Gott hat es gewollt. Ich komme wieder zur Kompagnie. Sein tr. Diener

Josef Greunz.

————

Daß ich dieses *erhabenste* Dokument dieser *niedrigsten* Zeit einmal werde nachschreiben müssen, ich hätte mir's doch nicht vorgestellt. Meine Hand zittert auch.

Der Vater schreibt, daß das Prager Platzkommando einen Urlaub für die beiden Söhne veranlaßt hat.

Gestern sollen Offiziere in der Vorlesung geweint haben. Wir weinen alle und es geht dennoch weiter.

Ich weiß nicht, was ich thun werde.

Ich habe alles Gewünschte besorgt.* Aber ich weiß nicht, ob ich imstande sein werde, in der Bahn zu sitzen. Auch bin ich noch immer vom Husten nicht los, der auch kein Gast für Janowitz ist.

Ich weiß, wo Trost ist. Aber es ist alles so weit und so schwer. Man denke: vorgestern mußte ich aus einem alten Paket etwas heraussuchen, nämlich das Gedichtheft des Guten. Es war nicht drin. Aber *drei* Karten lagen *aufeinander:* von Franz G., von Elisabeth R. und von Franz J.! Alle nach Janowitz gerichtet. Er schreibt: »Wie ist mein Böhmen?« (Später war ich in Enns und da hörten *beide* »Die Krankenschwestern«, »Springbrunnen« und vieles andere!)

Samstag hält Liegler über mich einen Vortrag (»K.K. und die Sprache«)

In welcher seelischen Verfassung der arme Musiker »siegt«, zeigt die beiliegende Karte, die er vor ein paar Wochen geschrie-

————

* Schlafplatz 3. Dez. Endlicher [?] 29. Nov. 3 Uhr.

ben hat. Und noch heute weiß er vielleicht nicht, daß der Mord, von dem er spricht, seinen liebsten Menschen ihm genommen hat. Aber er überschätzt die Schufte, da er glaubt, daß *sie* den Charakter dieses Kriegs nicht kennen.

Nach all dem ist nur jene eine Seele glücklich zu preisen, die abgegangen ist, *ehe* all das über die Welt hereinbrach!

Ich würde es ihr, wenn ich von der Sendung einmal heimkehre, sagen!

[608] T [Wien, 25.11.1917] [Janowitz]

Dank, aber das Nichtkommen war nicht meine Schuld ++ empfing doch ohne andere Weisung Absage für Mittwoch der natürlich äußerster Termin wegen Rückkehr für Sonntag war ++ zu allem Mißgeschick arme Bedienerin schwer erkrankt und nun ärgste Wirtschaftsplage ++ Auskunft soeben erhalten daß nichts von solchen Vorschriften bekannt ++ Grüße

[609] T [Wien, 5.12.1917] [Bern, Schweizerhof]

Hocherfreut früh angelangte Depeschen ++ Charlie mit Essig heimgekehrt

[610] T [Wien, 9.12.1917] [Codelli, Bern, Luisenstraße 28]

Innigen Dank für alles ++ viele Grüße auch an Mutter des Engels ++ schönste Fahrt zu guter Maymay

[611] T [Wien, 14.12.1917] [St. Moritz]

Ist man eingetroffen ++ von Charlie keine Nachricht ++ könnte Vortragsreise wenn nicht letztes Hindernis Freitag antreten ++ übermorgen Wiederholung Epilogs ++ innigst

[612] T [Wien, 18.12.1917] [St. Moritz]

Dank drei Telegramme ++ Buchser Brief Charlie gesandt von dem keine Nachricht ++ wegen Jelinek telegrafiert ++ Vortragsfahrt vor Freitag leider unmöglich ++ Innigst

[613]   T [Salzburg, 11.3.1918]   [St. Moritz]

Nachts Schnellzug bekannten Besuch ++ fahre jetzt Wien beide
Abenteuer umständlich ++ konnte gestern nicht mehr anrufen ++
Herzlichst

[614]   T [16.3.1918]   [St. Moritz]

Diese Nachricht bringt etwas Licht in meine Hütte die in düsterer
Ebene liegt ++ Paxl und ich wir beide sind nun übel dran ++ der
kleine Engel hoffentlich gesund geblieben

[615]   T [Wien, 22.3.1918]   [St. Moritz]

Innige Grüße allen ++ viel Arbeit u. Plage ++ Mittwoch Vortrag

[616]   T [Wien, 27.3.1918]   [St. Moritz]

Auf Weg in Saal liebes Lebenszeichen das viel Glück brachte ++
am Schluß war Kantgedicht ++ Charlie vertrat zweite Reihe ++
Zeugnis abgesandt ++ wir beide senden innigste Grüße

[617]   T [Wien, 30.3.1918]   [St. Moritz]

Auf Weg zu wiederholter Vorlesung erwidere beiden liebe Ostergrüße von Herzen ++ viel Glück und Schnee

[618]   T [Wien, 6.4.1918]   [St. Moritz]

Wüßte so gern wie es dem besten in trübster Zeit geht ++ Fextal-
gruß erhalten ++ wenn möglich erbitte express Lias Onkel gelie-
henen Artikel da eventuell Prozeß brauche ++ allerherzlichst

[619]   T [Wien, 11.4.1918]   [St. Moritz]

Dank liebe Bilder ++ Maries Distanzlosigkeit erstaunlich davor
selbstverständlich Niny gefeit ++ kürzlich Ferdinand mir schöne
Klaviernacht bereitet ++ Technisches verzögert Heft ++ Prozesse
fast erledigt ++ Winter dortseits bei Krankheit voraussichtlich

unbeschränkt ++ ohne Garantie dagegen fürchte vorjähriger Rat
Onkels jetzt aus allgemeinen nicht individuellen Ursachen berechtigt ++ Anfang Mai vier Berliner Abende ++ dann sollte wie
noch nie ersehnter letzter Sonnenblick Vallorbe Gasterntal
Thierfehd entschädigen ++ Grüße glücklichste Fahrt beiden

[620]   T [Wien, 14.4.1918]   [St. Moritz]

Frage wann Gewünschtes benötigt ++ vielleicht mißverstanden ++
hat wohl etwas Zeit ++ Dank Eilbrief ++ Helena heute geglückt ++
schönste Fahrt in den Frühling

[621]   T [Wien, 16.4.1918]   [St. Moritz]

Mitfühle innigst Schmerz fehlenden Kleinen ++ vielleicht doch
taugliche Erfindung ++ allerherzlichste Grüße.

[622]   T [Wien, 23.4.1918]   [Genf, poste restante]

Ersehne Nachricht ++ Befinden Stimmung Stand der Erfindun-
gen ++ nach Schwester Erkundigung scheint Winter durchaus
möglich ++ werde alles dransetzen ++ jedenfalls besorget Onkels
Dokument für Charlie selbst durch Wien eher unerreichbar ++
Gewünschtes augenblicklich kompliziert ++ würde meines dort
überlassen ++ gestern letzter Vortrag vor Reise ++ werde Jahrestag unvergeßlichsten Sommerbeginns Berlin begehen ++ innigst
Beiden

[623]   T [Wien, 27.4.1918]   [Genf, postlagernd]

Herzlich erwartetes Luzerner Lebenszeichen mit meinem gekreuzt ++ Dank Karte und Genfer Telegramm ++ Ferdinand vermutlich dort ++ sagte ihm Hotel ++ vielleicht auch Schwester ver-
storbener Freundin Montreux hingereist ++ soll ich Charlie über
Situation befragen ++ hoffentlich habt auch für Maymay Onkels
Empfehlungen betreffs Winter ++ zweifle nicht ++ Garantien gibts
leider keine ++ fraget auch Bern ++ beachtet Vollzähligkeit aller
Karten ++ ich Strafe gezahlt ++ Abreise zweiten abends Bristol ++
neulich gelesene Bange Stunde enthält Verherrlichung unverän-
derter Kraftquelle ++ Grüßet liebe Nachtigall

[624] T [Wien, 28.4.1918]

Nachts vorgefundener Wunsch besten Freundes hat Glück in
harten Kämpfen um das Kind gebracht ++ wahrscheinlich München Mitte Mai zwei Abende über Einladung ++ hoffentlich langes Telegramm mit Frage wegen Charlie vorgestern eingelangt
++ allerinnigst

[625] T [Wien, 30.4.1918]

Zweitausend sogleich ++ ab Juni ständig monatlich ++ Donnerstag abends Abreise Bristol ++ Allerherzlichst

[626] T [Berlin, 5.5.1918]   [Genf, postlagernd]

Matinee gut verlaufen ++ wann Innsbruck ++ könnte dort Prag
oder Wien wiedersehen ++ Mary erzählt Unangenehmes ++ Pilz
versorget jedenfalls alles von Berlepsch ++ auch für Herbstfahrt
wichtig ++ herstellet Sachen ++ eventuell verfüget meine Wohnung ++ allerherzlichst

[627] T [Berlin, 6.5.1918]   [Genf, postlagernd]

Liebes gutes Telegramm nach Absendung meinigen nachts vorgefunden ++ Doras Bruder befremdend unheimatliche Ansichten ++ bin für Mary weil sie von Sidi begeistert ++ wollte daß wir
beide und Dora Pottenstein kommen ++ allerinnigst

[628] T [Berlin, 6.5.1918]   [Genf, postlagernd]

Nicht herstellet Sachen sondern bestellet Sacherhotel ++ hoffe
auch Wien da München fraglich ++ wie lange bleibet Wien da
Vorlesung ansetzen könnte ++ kommt auch Maymay vor Hannele ++ sende allerinnigsten Gruß

[629] T [Berlin, 9.5.1918]   [Bern, Bristol]

Dank ++ traurig daß Wien nur wenige müde Stunden und daß
An[ge]bot abgelehnt ++ trotzdem komme dreizehnten und
wenns auch nur Minuten Wiedersehens wären ++ München aufzugeben ++ bestellet Buchs etwa Raetia Zimmer ++ Abschiedsgruß
Maymay ++ Herzenswünsche für lange Fahrt ++ soll ich von hier

Schlafwagen reservieren oder habt Wünsche für Wien ++ nehmet Zeugnis Bernhard mit ++ hier alles prächtig verlaufen ++ innigst.

[630]   T [Berlin, 11.5.1918]   [Bern, Bristolhotel]

Entzückende Geburtstagskarte empfangen ++ gerührt Erinnerung holden Einklangs von Sprache und besten schönstem Ohr ++ umso betrübter daß so kurz bemessene Frist solches Erlebnis verkümmern wird ++ wieviel mag ungesagt unerzählt bleiben ++ alles Glück für Fahrt.

[631]   T [Wien, 17.5.1918]   [Janowitz]

Telegramm nach Ankunft Doras erhalten ++ nicht abgeholt da behördlich beschäftigt ++ wird soeben zur Bahn gebracht ++ alles ausgerichtet ++ Grüße Janowitz

[631]* K 17.5.1918   Janowitz
Dora Pejacsevich und KK an SN

[Dora Pejacsevich:] Bin am Bahnhof mit K.K. Dank f. Deinen Brief   kann erst v. Janowitz aus Schritte unternehmen da keine Zeit hatte um Brief zu schreiben. Mein Koffer geht von hier als Reisegepäck nach Janowitz   der *Gepäckschein* wird Dir vom Hôtel Sacher zugeschickt werden. – Werde doch von Dresden aus Papa schreiben in der gewünschten Angelegenheit. Innigst Dora [KK:] K.K. grüßt herzlichst

[632]   T [18.5.1918]

Traurig daß Schmerzen Freude verdanken soll ++ wenn arg und vor fünf könnet gleich bei Arzt vorfahren ++ sonst telefonisch abmachen ++ Zimmer bestellt ++ rate Sacher ++ auch Wagen bestellt ++ Abholung leider unmöglich da Warten in diesem Bahnhofe schon jetzt Kopfschmerz und Abend gefährdet ++ Karte vor nicht neben Mary ++ erwarte Anruf oder Kommen ++ Verlust bitter aber durch Zeit und Land mehr als verständlich

[633] T [Wien, 19.5.1918]   [Janowitz]

Dolorose gleichfalls Dienstag nicht Mittwoch ++ Hotel hat untersucht ++ leugnet entschieden ++ bleibt also nur Träger ++ wenn
gewünscht mache Anzeige ++ doch resultatlos wegen unwider-
stehlichen Zwangs durch Not und verlockende Gelegenheit

[634] T [Wien, 31.5.1918]   [Janowitz]

Innigsten Dank für alles ++ herzlichste Grüße beiden und Gast

[635] B [Wien,] 31. Mai/1. Juni [19]18   [Janowitz]

Ausspruch der Al.P. (nicht zu mir, der ich das kaum ertragen
hätte) : »Ich hätte die ganze Fahrt sicherlich stehen müssen,
wenn mir nicht ein Offizier Platz gemacht hätte. Er hatte die
Brust voll von Auszeichnungen. *Er hat sich offenbar gut ge-
schlagen!* Du weißt, das imponiert mir!« »Aber woher weißt
Du das? Der kann ebenso gut im Kriegsministerium sitzen.«
»Nein, der hat sich *sicher gut geschlagen* …. ich lasse mir meine
Überzeugung nicht nehmen!«

   M.D. (die erst heute gesprochen habe) meint, man müsse dieses
Gebiet bei jener vollkommen ausschalten. Ich sagte, daß ich
dazu nicht imstande sei. Ich brachte alles vor – beinahe bis zu
der Ansicht, daß man ein Weib, das so denkt und spricht und
wie ein Mechanismus diese blecherne Redensart von sich gibt,
gut schlagen müsse – um ein Weib aus ihr zu machen!

Heute mit M. und F.L. in der »Inkognitologe« gewesen. Die
rhythmische *Gymnastik* mag hingehen – das kann ganz gesund
für die Menschheit sein, wenn sie von der Pest davonkommt.
Aber die rhythmische *Mimik* ist von übel.

   Innigste Grüße, auch an D.

[636] B [Wien,] 4. Juni [19]18   [Janowitz]

Der »Mensch« rechts hat ganz recht. Er hat wahrgenommen,
daß einem toten Hund nachgerufen wurde, *als ob* er, *wie wenn*
er ein toter Mensch wäre. Und dies eben ist der Sinn. Ein Hund
erfaßt ihn besser als ein Berliner.

Vielleicht interessiert auch, was der alte Vater des Otto W. schreibt. Nur: zu merkwürdig, daß ihm der löschpapierene Lear »nicht mißfallen« hat.

Täglich mit M.L.

Was machen die kleinen Hunde?

Allen herzliche Grüße! Ob ich's wagen sollte, dem Sch. die heutige Handschrift zu zeigen?

[637]   B [Wien,] 10. Juni [19]18   [Janowitz]

Dank für diesen Entschluß! Ich wollte ihn als Erleichterung und als Erfrischung fühlen. Warum, das kann ich besser ahnen als sagen. Es ist, als ob ein Durchweg geschaffen wäre, durch den Leben eindringen darf. Dieses großmüthige, der würdigsten Seele dargebrachte Bekenntnis möchte ich gern als Gedenkfeier für den Tag von Vallorbe empfinden – wie schön muß es sein, *jene* Hörerin auf solche erlebte Höhen zu führen! Wie stolz! Doch ich darf mir jetzt nicht gestatten, auch nur der entfernte Mitwisser meines Schicksals zu sein, soweit es Glück war. Denn eigenes Glück darf es jetzt nicht geben, und nicht einmal jenes, das es gegeben hat. Darum kann ich augenblicklich nicht kommen; nicht der anwesend Entfernte sein. Ich darf die *Trauer* nicht im Stich lassen, die wieder in meine Nähe gezogen ist. Denkt euch, wie eine Mutter und eine Braut – des gütigsten, sanftesten Menschen, eines, um dessen *Erhaltung* ein Krieg geführt werden müßte und der bei einer »Sturmübung« zerrissen wird! – in einem Zimmer sitzen, stumm die Lippen bewegen, mit Augen, die nicht mehr weinen können, in das Unbegreifliche starren. Darf ich, weil es keinen Trost gibt, die Trostlosigkeit hinter mir lassen?

So viel Unschuld ist noch nie vernichtet worden; und obgleich mir die anderen Fälle persönlich vertrauter waren, ist die *Ungerechtigkeit* dieser Vernichtung wohl die größte. Wie gerecht muß Gott sein, wenn er durch all diese Geschehnisse sich doch beweisen soll!

[638] T [Wien, 11.6.1918]   [Janowitz]

Heute wieder traurigste Nachricht ++ armer guter Neffe um den
so sehr gebangt ist gefallen ++ Gruß liebem Janowitz dem lichten
Rest dieser dunklen Erde

[639] B [Wien,] 12. Juni [19]18   [Janowitz]

Das ist auch ein schmerzlicher Verlust. Und der reine Thor, der
es schreibt, ahnt nicht einmal, daß es ein »Typ« für Leute ist, die
Blut gut anlegen wollen.
     Nein, der hat mich nie gehört!

[640] T [Wien, 16.6.1918]   [Janowitz]

Ankomme Montag nachts ++ bitte nicht warten ++ Grüße

[641] K [Pottenstein,] 10./11. Juli [1918]   [Janowitz]

In dankbarer Erinnerung an Janowitz allen herzlichen Gruß!
     Heute war mehrfaches Gewitter. Ich bin in anderen Zim-
mern, oben.
     Ein schöner Goethe 1840 war vorher eingetroffen.

[642] B [Pottenstein,] 14./15. Juli [1918]   [Janowitz]

Professor H. spielt mit seinen prächtigen Mädchen Dvořak und
Lanner, also Töne aus einer österreichischen Welt, die sich auch
sehen lassen konnte (Wie wäre das: »Von Lanner bis Lehar. Die
Geschichte eines Weltuntergangs.«)
     Andrerseits ist aber die Frau P. noch da.
     Die schönsten Grüße allen!
     Hier eine Art Quittung.
     Die Bilder sind sehr fein. Eins dürfte wohl von einer neuen
Sendung sein; es ist ähnlich jenem, das mir so gut gefallen hat.
     Täglich Gewitterregen. Nachts elektrisches Licht.

[643] T [Pottenstein, 15.7.1918]

Herzlichen Dank für schöne Bilder und Karte ++ viele Grüße
allen.

Bewegung.

Eine neue Künstlervereinigung.

Seit einer Woche werde ich unaufhörlich gefragt: »Haben Sie schon das Plakat gesehen? Es ist . . .« »Jawohl,« unterbreche ich, »ich habe es gesehen.«

Jede nähere Beschreibung ist überflüssig. Es ist einfach das Plakat. Man sieht es zuerst, wenn man mit der Elektrischen vorüberhuscht, nimmt sich vor, es bei Gelegenheit zu entziffern und wird erst seines Lebens wieder froh, wenn man nach einiger Ueberlegung herausbekommen hat, daß die tanzenden Buchstaben das Wort »Bewegung« ergeben.

Also ein gutes Plakat. Ein Plakat, das seinen Zweck erfüllt. Der Zweck des Plakates ist, gelesen zu werden. Und das wird von jedermann gelesen, weil es unleserlich ist. Der Zeichner heißt Franz Stala.

Zwischen Equitable und Gerstner, in der Kärntnerstraße, hat die neue Vereinigung bei Kende eine Ausstellung veranstaltet. Diese Ausstellung ist so erfrischend wie das Plakat. Das sind junge Leute, die das Leben nicht zu schwer nehmen, viel gelernt haben und mit Leichtigkeit aus dem Handgelenk schaffen. Man fühlt sich in einem westlichen Staate. Dabei hat man, vielleicht um diesen weltlerischen Eindruck zu vertiefen, drei Tschechen eingeladen. Die sind Paris. Es sind Bastislav Hofman, Vaclav Spala, Rudolf Kremlicka und der Kubist Josef Capek. Da haben die Wiener ... worüber nachdenken, daß doch alle Kunst eigentlich Kubismus ist. Kubismus ist Breitjachung. Zweifellos weiß auch der Kubist, daß der Mensch eine Nase hat. Aber er läßt sie weg, wenns ihm paßt. Wohlgemerkt: wenns ihm paßt. Der Maler vor 80 Jahren wußte, daß ein Baum 100,000 Blätter hat. Aber er läßt sie aus, wenns ihm paßt, geht darüber mit breitem Pinsel hinweg — zugunsten einer höheren Wirkung. Daß der Sumper aller Zeiten und Völker immer wieder vor Dennerscher Bartstoppeln hingerissen wird, während dem Nichtsumper der »Vereinfacher« Rembrandt lieber ist, wer wird sich darüber verwundern.

Und noch einen Gast gibt es: Alfred Kubin mit seinem schönsten und größten Werke, das Buch Daniel. Eine Folge von Tuschzeichnungen, die wohl bald in Vervielfältigung im Kunsthandel erscheinen werden.

Und nun die Mitglieder der Gruppe. Da ist Richard Dillenz, mit leicht gesehenen Landschaften, rosarot und himmelblau, zart und duftig, lieblich und graziös. Und so sind auch seine figuralen Entwürfe für die Dekoration eines Musikzimmers und für ein Damenzimmer. Das ist nichts vom germanischer Schwere, das ist heutiges Paris. Und ich muß schon sagen, daß mir echte Grazie lieber ist, als die falsche Gemütsathletik, der wir, dank der echten Kokoschkas, seit ein paar Jahren in Wien ausgesetzt sind.

Da sind die tüchtigen Landschaften Friedrich Feigls. Da sind die reizenden und rührenden Miniaturen Janina Großmanns, Ihre großen Porträts, nach dem neuesten Münchner Rezept — man hat's bald heraus, so daß die gesamte Mittelmäßigkeit es anwendet — Cranachsche Naivität und Primitivität wieder in die Malerei zu bringen, haben nicht die Größe der Miniaturen. Noch zwei Malerinnen: F. Salvendy und H. Funke. Man staunt über so viel Männlichkeit und Kraft und Können. Vielversprechend ist K. Zirner, vielleicht das stärkste Talent dieser Gruppe. Ein Typ für Leute, die Geld gut anlegen wollen.

Adolf Loos.

Beilage zu Nr. 639

[644]   B [Pottenstein,] 17.7.[1918]   [Janowitz]

Die lieben Fragen vom 15. erhalten. Man weiß, daß der »Berichterstattung« – im kleinen Umkreis der Thatsachen und Personalien – nicht mein geschriebenes, nur das telegraphierte oder das mündliche Wort pariert. Das Telegramm ist aber in Böhmen vom Zufall (in textlicher und zeitlicher Beziehung) regiert und überdies noch vielleicht von einer postmeisterlichen Zensur, die ich auch für Briefe, die nach Janowitz gehen, befürchten muß. Sonst hätte ich längst berichtet, daß alles sehr

schön wäre und in allem und jedem durchwirkt von der wohl-
bekannten Güte, wenn nicht die Anwesenheit einer kleinbür-
gerlich engen Figur (und jetzt noch deren Schwester!) einen un-
ablässigen Gehirndruck hinterließe. Das kann man sich gar
nicht vorstellen, wie eine Luft, die die reinste Lebensluft sein
könnte, durchschwirrt ist von Banalität, Bildung aus zehnter
Hand, unermüdlich falsch angewendeten Citaten; etwa so:
»…das gibt viel Arbeit« »Ja natürlich, von der Stirne heiß rinnen
muß der Schweiß, sagt Schiller, oder ist das von Goethe, Herr
K.?« »Nein, von Schiller«, »Nicht wahr? Ich hab mir's gleich
gedacht!« —— »…Der deutsche Gott…« »Ja, nicht wahr, der
Gott, der Eisen wachsen ließ, von wem ist das nur?« – »Wie alt
ist das Haus?« »Festgemauert in der Erde …. nicht wahr? Wie
sagt doch Schiller? Nicht wahr, das ist von Schiller?« —— »So?
Die schreibt Gedichte? Da kann man wirklich sagen: Es bildet
ein Talent sich in der Stille, sich ein Charakter in dem Strom der
Welt.« – So geht das zu. Ich flüchte gern in das entzückend liebe
Bad und mache zuweilen aus meinem großen Staunen kein
Hehl, wie so echter Wert so gar keiner Mißempfindung fähig sei
gegen den Unwert und ihn gar nicht spüre. Ich glaube, man muß
nicht *ich* sein, um da trübsinnig zu werden. Da ist die vorübergehende Stickluft von Gästen wie 4 Bubnas und einer Freundin,
die in Familienstupidität ruhig vor sich hinstarren, leichter zu
ertragen. Da konnte auch mein Inkognito gewahrt werden. Nicht
so vor dem Königswarter (und dessen herzensguter kugel-
runder Frau), die durch den O.Kolow. von meiner Anwesenheit
unterrichtet waren. Mit M., der man wirklich nur die edelste
Umgebung wünschen möchte, nur zwei oder drei Mal ganz
kurze Spaziergänge gemacht. Durchaus harmonisch wird es,
wenn die böhmischen Musiker da sind. (Das andere soll bald
abgehen.)

Die Bilder haben außerordentlich gefallen. Dank!

Ich kann nicht beschreiben, *welche* Zimmer es sind. Nicht
die, die man oder D. hatte.

Nachts Arbeit; auch sonst natürlich.

Allen und allem in Janowitz den schönsten Gruß!

[645]   K [Pottenstein,] 20. Juli [1918]   [Janowitz]

Wegen der Schopenhauer-Ausgabe habe ich in Wien angefragt.

Viele Grüße, auch an D. Hoffe, daß die beiden Briefe und Drucksache eingetroffen sind.

[646]   B [Pottenstein,] 23. Juli [1918]   [Janowitz]

Erbitte *nur* den Dankbrief der alten Frau zurück (falls ange-kommen) und die beiliegenden drei Briefe (wegen des Inhalts des einen besser *rekomm.*); die Drucksachen brauche ich *nicht*: die Zeitung möge weggeworfen, das Heft mit den kindischen Enthusiasmen und Ungezogenheiten event. aufgehoben wer-den. Bestätige dankend zwei Karten und 1 Drucksache (die jetzt angekommen ist).

Es ist alles, in zwei Wagen, soeben nach Littitz gefahren. Seit gestern Bar. Melowetz da, sehr lieb. (Eine Erholung von dem fortwirkenden Alpdruck.) Der Schwager war zwei Tage da.

Den konfusen Brief der N. (aus Innsbruck gekommen) erklä-re ich so: »die großen Kinder v.T.« sind wohl die Stiefkinder. »Monocle H.« ist wohl der unwiderstehliche Trottel von Sono-retta. R. ist vielleicht der »Reizes«, der nicht mehr dort ist. (Welche Kenntnisse diese Briefschreiberin voraussetzt!) Sie »findet nichts und niemand«, scheint aber einen Hochstapler gefunden zu haben. Der Name »Sch…« ist mir als der eines sehr zweideutigen Individuums bekannt. Natürlich nie in Verbin-dung gewesen und Behauptung, daß »für die F. gebeten«, eine *Lüge.* Ich habe der N. das telegraphisch mitgetheilt; vielleicht sollte man sie auch noch schriftlich (falls das Telegramm nicht eintrifft) aufklären. Wer weiß, wie ein solcher Lügner ihre Be-kanntschaft mißbraucht.

Der Brief des armen F. ist so rührend; ich schicke ihn, da viel von Janowitz darin die Rede ist. »*Allen* lieben Hausbewohnern schönste Grüße« habe ich *nicht* bestellt, nur allen *lieben* Hausbewohnern. Das Bad ist nichts im Vergleich zu einer Stelle im Adler-Flusse, die ich, auf den Spuren der vorjährigen Ent-zückungen, glücklich gefunden habe. Es ist das Schönste dieser Art Naturdiebstahl, das mir 1917 gewährt hat, und sogar etwas von der Besonderheit des Wasserfalls und Thierfehd dabei.

Dazu ein einziges Sonnenbad. Nur fehlt eben der kl. Opel in der Nähe – mit allem was äußerlich und innerlich noch dabei war.

(So viel Natur gibts in der Natur! Und nicht weit davon so viel Unnatur!)

Gestern haben auf der Wiese beim Fluß ein Trauermantel und ein Segelfalter gewartet. Das waren vielleicht doch die beiden Freunde, die an den Schweizer Ufern gewartet haben.

Die Arena ist geschlossen. Viele herzliche Grüße auch an D. Hat man die R. schon vorlesen gehört? (Ich nur auf der Bühne gesehen oder fast nicht gesehen.) Soll ich das erlauben?

[647] T [18.8.1918]   [Janowitz]

Ein Kilo ++ herzlich dankbar ++ innigst

[648] B [Wien,] 18. August [1918] abends   [Janowitz]

Den lieben Brief mit innigstem Dank heute, Montag, mittag empfangen. Wenn ich seine Vorschläge, kombiniert mit Prager Reise und Besuchen, richtig verstehe, so müßte ich Mittwoch nachm., also übermorgen abreisen (um Donnerstag früh dort zu sein). Das ist nun beim allerheißesten Willen nicht möglich. Denn wenn ich selbst bis dahin alles Nöthige vorbereiten könnte und die Karte aufs Gerathewohl morgen nähme, so würde mich doch keinesfalls die *Antwort* erreichen, die ich, wie man wünscht, abwarten soll (da ja bis Mittwoch kaum meine *Anfrage,* die ich stellen soll, einträfe). Ich bedaure von ganzem Herzen, daß der Mond und seine Schwester mir so wenig Zeit lassen. Denn jener kommt Donnerstag und diese will, daß Frage und Antwort vorher seien. (Eine mögliche Absage könnte mich keinesfalls mehr erreichen.)

Wie schade!

Überdies: 3 bis 4 Tage sind viel Glück, wo eine Stunde es schon ist. Aber, noch dazu durch die Prager Abwesenheit verkürzt, reichen sie zu so großer Lektüre bei weitem nicht. (Mir wohl, aber kaum den Hörern.)

Für den Wunsch allen Herzensdank und einen Gruß beiderlei Geschwistern, also auch an ihn, der Donnerstag sicher eintrifft, weil er von Verabredungen, Vorbereitungen, Kartenbureaux und

Krieg unabhängig ist. Ich beneide ihn, auch als den Fremden, der in den nächtlichen Park einfährt – und um *dieses* Wiedersehen!

[649]   B [Wien,] 20.8.[19]18   [Janowitz]

Gestern habe ich wohl irrthümlich statt 19. 18. datiert. Jetzt, 6 Uhr, den l. Brief vom 18. erhalten. Wenn ich davon die Entscheidung erst abhängig machen wollte, wär's ja zu spät; denn das Billet für morgen müßte ich schon heute genommen haben.

Schopenhauer noch nicht da; erst am 25. soll eine Entscheidung sein: d.h. feststellbar, ob die Annonce Erfolg gehabt hat.

A.-Z. lasse ich morgen telephonieren. Sicherer wäre es gewesen, wenn er selbst Karte geschrieben hätte, da teleph. Reklamationen kaum wirksam sind.

Gestern hatte ich im Cafe P. den Besuch von Erwein u. Johannes L. —— Dieser Brief kommt zum Vollmond zurecht. Ich habe unterlassen, ihm noch einen Unterschied nachzurühmen: er hat immer sein Nachtlicht bei sich. Und ich hätte in der kurzen Zeit auch nicht die Kerzen beschaffen können, die mir eben jetzt unerläßlich wären, da ich an Korrekturen zu arbeiten habe.

Diese Zeit der Hindernisse! Einst wäre auch Ch.'s Entfernung für zwei Tage keines gewesen.

Allerinnigsten Gruß und die Bitte, zwischen all den Besuchen auch zu sich zu kommen!

[650]   B [Wien,] 2./3. Sept.[19]18   [Janowitz]

Wie arm ist der Wasserfall vor Deiner Gnade!
Wie arm ist die Sprache vor den Lauten Deiner Liebe!
Wie arm sind die Wunder vor dem Ereignis Deiner Erweckung!
War es der Geist, der Dich, Tochter des Jairus, erweckt hat,
    so hast Du ihm ewiges Leben dafür gegeben, Erweckerin!
Wie reich war ich durch Dich. Wie arm wurde ich ohne Dich.
Wie reich bin ich durch Dich!
Beglückerin Du! Vernichterin! Erretterin!
Wie steigen die Sonnen aus dem Thränenthal empor!
Laß mich den Tag erwarten, da es ganz Vallorbe geworden ist,
    und dahin vor Bildern, in Träumen, zu Worten
        der Sehnsucht nach Deiner Herrlichkeit leben!

Deren Mund die verlorene Liebe wegküssen wollte,
 ich lasse ihn unberührt.
Ich küsse die Hand, die das rothe Himmelsthor öffnen kann,
und die Augen, die Thränen hatten für meine Thränen.

[651]   B [Wien,] 8. Sept.[19]18   [Janowitz]

Daß R.B. von M.L. so wenig weiß, daß er ihm innere und äußere
Möglichkeiten für die verhaßte Sphäre zutraut, ist verwunderlich. Und E.L., der äußerlich nicht so weit davon lebt, wird kaum
so viel zu sagen haben wie B. selbst. M.L. war in Wien, ihn und
seine Vettern oft gesehn. Er kommt übermorgen wieder und ich
könnte ihn ja fragen. E.L. ist in Raudnitz (wohin ich für Oktober, von F.L., geladen bin – wie auch wieder, für Herbsttage,
nach Pottenstein wofür kaum Zeit sein wird; auch ist der Neger
ein Abhaltungsgrund; er wollte eventuell auf dem Rückweg,
Mitte des Monats, nach Janowitz kommen: vielleicht ruft ihn
Ch. noch oder trifft ihn in Prag.
    Der Betrag ist längst eingelaufen. Eine Depotgebühr, die in
Zürich abgezogen wurde, werde ich ersetzen. Schopenhauer
bisher leider nicht zu erlangen gewesen. S. – nach telephoni-
scher Erkundigung – wird bestimmt in dieser Zeit da sein. Die
Nachtfahrt damals war nicht gut. Ankunft ½ 10. Auf der Fahrt
vom Schloß sprang ein Mann mit Kartoffelsack in den Pächterwagen.
    Für die Äpfel bin ich täglich, nächtlich dankbar. Die Arbeit
ist unendlich, die Äpfel leider endlich.
    Herzliche Empfehlung an Gfn. Schönborn.

—— —— —— —— —— —— ——

Ich habe Dir noch nicht gesagt, daß die Wahrsagerin, die ich in
Marienbad gesehen habe, Dich, mich, uns genau kennt (Dich:
haargenau.)
    Heute, am 5. Jahrestag unseres Findens – damals war's ein
Wiedersehen, nun lernen wir uns kennen – habe ich diesen gar
nicht scherzhaften Scherz für Dich niedergeschrieben.
    [»Deukalion: ein fabelhafter König in Thessalien, der nebst
seiner Gemahlin Pyrrha aus der großen, das ganze übrige Menschengeschlecht vertilgenden Wasserflut (deukalionische Flut)

gerettet wurde und durch Rücklingswerfen der Steine einem neuen menschlichen Geschlecht das Dasein gab.]

8. September 1918: – – wir zwei allein im weiten Einerlei – –

[652] B [Wien,] 11./12.9. [1918]   [Janowitz]

Dank! Ich hätte geglaubt, daß meine volle Zustimmung zu der Ansicht, daß *eher* E.L. als M.L. in Betracht kommt, und meine Mittheilung, daß E.L. jetzt erreichbar ist (wohl auch telephonisch) und eventuell nach Janowitz kommen will, den anderen Entschluß herbeiführen werde. Halte das Schreiben an M.L., der übrigens noch nicht eingetroffen ist, nicht für erfolgversprechend. Ich wollte ja nur mit ihm sprechen, um ihn zu fragen, ob er überhaupt eine Möglichkeit hat zu der ihm ebenso wie uns peinlichen Sphäre, ob also ein Schreiben an ihn nicht vergeblich wäre. Wenn jetzt nur nicht zu viel Zeit vergeht. Vielleicht könnte Ch. doch den E.L. erreichen, der ja sicher durch Prag kommt, wenn er nach Wien zurückreist. B. allein scheint mir, wenn's überhaupt möglich ist, für den Fall auszureichen.

»Steinigen«: wird der Gedanke oder der äußere Sinn der Zeile nicht verstanden?

Die Menschheit hat sich selbst gesteinigt. Steine sind übrig geblieben. Erschaffung eines neuen Geschlechts durch Rücklingswerfen der Steine. Die neue Menschheit, die nun einander friedlich gesinnt ist, vereinigt sich, um ihre Schöpfer zu steinigen. Schicksal der *über* der Menschheit Stehenden, ihr nur durch Steinwürfe Erreichbaren, denen sie von Natur feindlich gegenübersteht – des Schöpfers, Künstlers, der Persönlichkeit, Manns und Weibs in ihren Urformen. (Wahnidee, die durch den *Traum* gegönnt ist. Lehnt der eine Theil die ihm zugewiesene Höherstellung oder nur die Gesellschaft ab? Es ist nichts anderes als das »erste Menschenpaar« in der ersten »Verwandlung«.)

Zur Bahn-Kommen wohl unthunlich? Wegen Verspätung oder wenn ev. telegraphische Absage mich nicht erreicht. Innigst

Hoffe aber *sehr,* daß es der 15. sein wird, damit am 16. der gewisse Weg gemacht wird, da am 17. verhindert.

Man verzeihe Eile und Bleistift.

Bitte Zeile: deukalionische .... mit *kleinem d*!

[653]   T [Wien, 14.9.1918]   [Janowitz]

Empfange soeben konsternierende Mitteilung daß Möglichkeit kleines Spiel zu sehen momentan für alle vorläufig gesperrt ist, dürfte aber bald wieder geöffnet sein ++ Näheres erfahre vielleicht morgen. ++ Allerherzlichst Kraus.

[654]   B [Wien,] 18./19. Sept.[1918]   [Wien, Hôtel Sacher]

Du hast entschieden, indem Du wähltest.

Nie hätte ich gedacht, daß ich in dieser Zeit, im Krieg der Welt gegen Gott, auch meine Sidi verlieren würde.

Ich verzeihe Dir.

Grüß mir Janowitz, »die Wunderwiege meiner Lyrik«, nun ihr Grab. Und alles, was je gemeinsam war. Auch ihn, von dem ich die Sendung übernahm, oder mir anmaßte. Ich muß sie nun zurücklegen.

Weine nicht, sondern freue Dich, wie Du mußt. Die Tochter Jairus' erweckt ein anderer. Doch kommt die Zeit, wo sie aus dem Leben erwachen wird.

Bis dahin mögest Du jenes Glück finden, das Du mit mir nicht gefunden hast.

Ich werde das Glück, das ich verloren habe, nie mehr finden. Lebe wohl!

[SN an KK:]

Ich bin s. unglückl. Ich verliere Dich und mich. Nie kann mir ein Glück werden, das auf Deinem Unglück aufgebaut ist, denn dieses wird mich nie loslassen, auch in jenen kürzesten Augenblicken. – Zugleich aber fühle ich, dass ich nicht anders *kann*, ich weiss ich kann den Geringeren nicht aus meinen Nerven reissen u. wenn ich auch jede Gelegenheit vermeiden werde, so weiss ich doch u. gestehe es zu meiner grossen tiefen Schmach, gegen alles was Edelmuth, Grösse, Vernunft, Dankbarkeit, Freundschaft, Verehrung erwidern mag, dass, freilich nur ihm allein, gelingen kann, was er sich wünscht. Dass er mich unver-

ändert liebt dass ich, u. da thut die Erinnerung an junge glückliche Tage viel mit, seiner alten inneren Macht räthselhafterweise
immer noch ausgeliefert bin, kann mich einem so unendlich
höheren Wert gegenüber nicht vertheidigen. Deshalb bleibe es
beim gestrigen Abschied – solange, bis *ungetheilt* alles in mir
Dich zu fragen wünschen wird, ob Du zurückkehren willst oder
mir ewig verloren bist. –

[KK:]

19. Sept.

Ich habe Deinen Brief erhalten.

Daß Du nicht glücklich sein kannst, wird mir nie mein Unheil
lindern. Aber ich als Anwalt der Natur sage Dir: Du trägst keine
Schmach. Und wenn die Erfüllung jenes, seines Wunsches auch
der Welt nichts gibt, wie die Erfüllung meines so viel der Welt
gegeben hat und das Versagen so viel ihr entzieht, und wenn ich
als Person daran verdorre wie der andere gedeiht – ich sage Dir:
weil es die Erfüllung *Deines* Wunsches ist, so ist keine Schmach,
denn solche hat die Natur nicht und kennt sie nicht. Mein Vorwurf gilt nicht ihr, sondern Deinem seelischen Theil, der sich
noch darin bewährt hat, mir's zu spät zu sagen; der Rücksicht,
die nun Höllenbrände von mir nicht abwenden kann. Deiner
Güte, die gelogen hat, nicht der Natur!

Du Arme! Weine nicht, denn Du sollst schön sein.

Ich bleibe Deiner Seele gut und beuge mich vor der Gewalt,
die ich in ihrer Unerforschlichkeit und Unverträglichkeit immer
geachtet habe. Die Verbindung ist räthselhaft wie sie selbst und
hat uns in die Irre geführt. Deiner Seele will ich immer helfen,
auch wenn Deine Lust mir nicht Leben gibt. Solange ich es dann
noch vermögen werde.

Helfe sie auch mir in diesen bangen Stunden!

[655]   T [Wien, 7.10.1918]   [Janowitz]

Diesjährige Manuskripte Abzüge mitbringen wegen Änderungen

[656]   T [Wien, 21.10.1918]   [Genf, Richemond]

Dank Karten Telegramme ++ innigste Wünsche für Gesundheit ++
Grüße beiden

[657]   T [Wien, 8.11.1918]   [St. Moritz]

Karte 20 eingelangt ++ erbitte Mitteilung ob zwei Exemplare ++
eins rekommandiert eins Maymay erhalten ++ Herzlichst.

[658]   T [Wien, 9.11.1918]   [St. Moritz]

Tieftraurige Karte vom ersten heute am Tage des größten aller
betäubenden Ereignisse eingelangt ++ hoffe herzlichst Genesung
++ mit armer Dora keine Verbindung möglich ++ erfahre aber
daß in Bpest sind nicht im Wald ++ wenn Reisemöglichkeit lese
15. 16. 17. Prag ++ Montag Wien Charles Einladung ++ leider keine
Zeit ++ innigst

[659]   T [Wien, 12.11.1918]   [St. Moritz]

Telegramm sechsten heute erhalten ++ depeschierte neunten daß
Verbindung unmöglich sind ++ aber nach Behauptung Erweins
gesichert ++ morgen abreise Saxe ++ herzlichst

[660]   K [Prag,] 16.XI.1918   [St. Moritz]
Mary Dobržensky, Caroline von Malowetz, Max Lobkowicz, Otto Janowitz,
Karl Nádherný, Franz Weyr, KK an SN

[Mary Dobržensky] Černy Kůn.
Prahá.

Nach einer Vorlesung von »Helena«* sitzen wir hier und senden
herzliche Grüsse
* und »Worten in Versen«: »Abenteuer der Arbeit«, Spring-
brunnen, Bauer, Hund und Soldat, Sonne von Gibeon, Zum
ewigen Frieden.
Mary
[Caroline von Malowetz:] Lolly
[Max Lobkowicz] Max Lobkowicz
[Otto Janowitz:] Dr. Janowitz
[Karl Nádherný:] I'll write soon!! Charlie
[Franz Weyr:] Dr. Weyr
[KK:] Karl Kraus

[661]   K [Prag,] Hôtel de Saxe, 17. Nov.[19]18   [St. Moritz]
KK, [?], Otto Janowitz, Caroline von Malowetz, [?] Orssich, R. Boos-Wald-
eck, Max Lobkowicz, E. Orssich, Otto Kolowrat, Renka[?] Kerss[enbrock],
Ferdinand Lobkowicz, Karl Nádherný, [?] Lobkowicz an SN

[KK:] Nach der dritten Vorlesung senden herzliche Grüße: Karl
Kraus
Hotel de Saxe, 17 Nov. 18
[?]
[Otto Janowitz:] Dr. Janowitz
[Caroline von Malowetz:] Lolly
[? Orssich]: [?] Orssich
[R. Boos-Waldeck:] R. Boos-Waldeck
[Max Lobkowicz:] Max Lobkowicz
[E. Orssich:] E. Orssich
[Otto Kolowrat:] Otto Kolowrat
[Renka[?] Kerss:] Renka[?] Kerss[enbrock?]
[Ferdinand Lobkowicz:] Herzlichste Empfehlungen Ferdinand
Lobkowicz
[Karl Nádherný:] Charlie
[? Lobkowicz:] [?] Lobkow

[662]   K [Roudnice, 20.11.1918]   [St. Moritz]
Ferdinand Lobkowicz, KK, Max Lobkowicz, Ferdinand Lobkowicz,
Gabriele Lobkowicz an SN

[Ferdinand Lobkowicz:] Herzlichste Empfehlungen   hoff. auf
baldiges Wiedersehen
[KK:] Karl Kraus
[Max Lobkowicz:] Max Lobkowicz
[Ferdinand Lobkowicz:] Ferdinand Lobkowicz
[Gabriele Lobkowicz:] Gabrielle Lobkowicz

[662]* K Raudnitz, 20.XI.[19]18.   [Janovice]
KK, Ferdinand, Max und Gabriele Lobkowicz an Karl Nádherný

[Ferdinand Lobkowicz:] Herzlichste Grüße   Hoffentlich auf
baldiges Wiedersehen hier
[KK:] Karl Kraus
[Ferdinand Lobkowicz:] Ferdinand Lobkowicz

[Max Lobkowicz:] Max
[Gabriele Lobkowicz:] Gabrielle Lobkowicz

[663]   T [Wien, 22.11.1918]   [St. Moritz]

Nachts von Raudnitz u. viertem Prager Mittwochabend rück-
gekehrt finde nebst Brief Doras traurige Nachricht u. gedenke
mit der Bitte es auch der armen Witwe zu sagen erschüttert u.
herzlich teilnehmend dieses Freundes u. Ehrenmanns

[664]   T [Raudnitz, 23.11.1918]   [St. Moritz]

Drei Telegramme gesandt ++ Dora ist Budapest ++ herzlichst
Kraus

[665]   T [Wien, 9.12.1918]   [St. Moritz]

Dank ++ gestern erhaltene Karte 26 großes Heft mit 500 zusammen zwanzigsten rekommandiert ++ außerdem 500 gewöhnlich
das offenbar eingelangt ++ Sonderheft 23 rekommandiert ++ alles
neuerlich gesandt ++ erbitte zwecks Reklamation ob beide rekommandierten inzwischen gekommen auch zur Kontrolle ob
zwischen ersten u. 22 keine Karte etwa aus Bern geschickt ++
Geldpunkt werde erfragen ++ vermuthe jetzt ausschließlich Prager Angelegenheit ++ Vorträge Mozarteum Raudnitz ++ zwei
Nächte zwischen dritten vierten Vortrag ++ nur unterzeichnete
Ferdinand Max Gabrielle anwesend ++ soll wieder hinfahren da
hier erfriere aber kaum mehr möglich aus Finsternis ++ sende
Grüße trübseligste

[666]   T [Wien, 9.12.1918]   [St. Moritz]

Mitteilungen über Hefte Sonne u. Finsternis haben sich gekreuzt ++ Stadtbild von unvorstellbarer Grauenhaftigkeit ++ friere
innen u. außen ++ dazu beklemmende Sorge um einen schweren
Krankheitsfall ++ jetzt herrscht wirklich die letzte Nacht u. nur
jüngster Tag kann etwas Licht bringen

[667]   T [Wien, 23.12.1918]   [St. Moritz]

sonntags empfangenen lieben & schönen Gruß erwidere mit
dankbar herzlichen Wünschen & der Bitte heute abend der
Weihnachten 1913 zu gedenken.

[668]   T [Wien, 24.12.1918]   [St. Moritz]

Liebe Telegramme schon am Vorabend erhalten ++ gleich nach
meiner Bitte nur eines der letztjährigen Feste zu gedenken ++
dieses mir auch durch eben gebrachten schönen Schneerosen-
korb gegenwärtig für den herzlich danke ++ Karte 14 eingelangt
++ längeres vor bestätigten gesandtes Telegramm hoffe gekommen ++ kleine Freundin hatte beiderseitige Lungenentzündung
++ jetzt noch gebesserte Pleuritis ++ frage warum bleibe beantwortet sich durch Unmöglichkeit Reisens ++ alles trostlos ++
doch nun wenigstens warm da Ferdinand gelegentlich Hausver-
änderung reichlich geholfen ++ innigsten Dank u. alles herzliche
beiden

[669]   T [Wien, 31.12.1918]   [St. Moritz]

Viel Glück und Schnee

1919

[670]   T [Wien, 7.1.1919]   [St. Moritz]

Lieben Brief Karte freundliche Buchsendung bestätige mit innigstem Dank ++ ebenso Karte Maymays ++ Sylvester am Schreibtisch ++ die herzlichsten Wünsche und Grüße

[671]   T [Wien, 14.2.1919]   [St. Moritz]

Dank ++ hängt von Ereignissen nach 16. ab ++ vielleicht Raudnitz
Berlin ++ herzlichste Wünsche

[672]   T [Wien, 10.3.1919]   [St. Moritz]

Vielen Dank für Freitag empfangene liebe Ansichtskarte vom
16. und zwei Ausschnitte ++ falls vom Verlag am 15. abgesandte
Denkschrift die soeben Gräfin bestätigt nicht angekommen
wäre erbitte Mitteilung ++ Herzlichst

[673]   T [Wien, 15. 3.1919]   [St. Moritz]

Bedauere herzlich Telegramm zum Gedenktag 22. Februar ++ soeben vorgefunden Bote vergessen ++ wüßte gern ob Nachts und
Altenberg eingelangt ++ Herzlichst

[674]   T [Wien, 31.3.1919]   [St. Moritz]

Vielen Dank Telegramm Karte 18. ++ darin erwähnten Brief oder
Karten die Empfang bestätigen leider nie erhalten ++ herzlichste
Grüße und Dank Maymay für freundliches Gedenken

[675]   T [Wien, 1.4.1919]   [St. Moritz]

Allerbesten Dank für freundliches Gedenken ++ herzlichsten
Gruß

[676]   T [Wien, 7.4.1919]   [St. Moritz]

Dank Munstertaler Gruß ++ Telegramm am Fest und Blumentag
bekommen ++ Bestätigung galt früherem ++ herzlichst

[677]   T [Wien, 17.4.1919]   [St. Moritz]

Vielen Dank Telegramm Karte Ausschnitte bekommen ++ Zeitung ständig Bern ++ nein leider kein Wald nur Schreibtisch ++
fast gleichzeitig mit Munstergruß besuchte damaliger Chauffeur
hilfsbedürftig auf Heimkehr ++ schönste Ostern beiden

[678]   T [Wien, 29.4.1919]   [Ragaz, postlagernd]

Dank Ausschnitt ++ heute schöne Karte ++ falls 10. abgegangenes
Aprilheft nicht angelangt erbitte Nachricht ++ herzlichst

[679]   T [Wien, 29.4.1919]   [Ragaz, postlagernd]

Vielen Dank allen für Nachmittag eingelangten Glückwunsch ++
heute bestätigende Karte ++ hysterische Broschüre wegwerfen ++
nur als Kuriosum gesandt ++ wegen Rückkehr Rath schwierig ++
schönste Maifahrt

[680]   K [Wien,] Sonntag [4.8.1919]   [Janowitz]

Vielen Dank für die vorgestern empfangenen freundlichen
Worte. Das Buch ist nach Nyon gesandt worden.
   Die herzlichsten Wünsche und Grüße, auch für D.P.

[681]   B [Wien,] 15./16. August [1919]   [Janowitz]

Die gewünschte Erkundigung kann ich aus physischen und anderen Gründen – nicht persönlich vornehmen, doch habe ich sie veranlaßt. Wann etwas zu erfahren sein wird, kann ich leider nicht
sagen. Eine direkte Verbindung wäre den Angehörigen oder einem
Advokaten möglich. Ich selbst erinnere mich aber an den Vorfall;
es muß *damals* wahr gewesen sein, da der Betreff. später auch als
Zeuge in einer *andern* Sache aufgetreten ist, und zwar, wie es damals hieß, aus der bewußten Situation vorgeführt. Es kann ja aber
inzwischen günstig erledigt sein, d.h. ohne Urteil; wenigstens
war von einer Verhandlung bestimmt nichts zu lesen. Ich hoffe,
daß ich bald, noch vor meiner Abreise nach Gaming, etwas erfahren werde. (Man versprach, mich telephonisch zu verständigen.)
   Die andere Sache zu vermitteln ist mir zu meinem wirklichen
Bedauern unmöglich. Es ist kein Zweifel, daß sich da die Lage

seither nicht verbessert hat. Man müßte jedenfalls wieder alle Geschäfte aufsuchen, und das vermöchte ich auch dann nicht, wenn ich hier bliebe. Denn mein Tag hat ja kaum eine Stunde, die ich seit so vielen Monaten nicht einmal zu einem Gang in die Innere Stadt verwendet habe. Es lebt sich so schwer und ich gelange nicht zu den nothwendigsten Besorgungen, weil ich die Arbeit, selbst wenn sie nicht unmittelbar drängt, der Berührung mit Geschäften und Menschen vorziehe. Jener jedoch, der die Aufgabe damals übernommen hat, ist mit beruflichen Dingen dermaßen überhäuft, daß ich ihn nicht wieder darum bitten kann, den Zufall – und ein solcher wäre das Auftauchen der passenden Ausgabe – wahrzunehmen. Er meint, daß sich die Situation nicht verändert haben könne, daß aber auch kein Buchhändler den Auftrag zu einer solchen Beschaffung übernehme – es wäre denn, daß man im Vorhinein sich mit dem Resultat (Qualität und Preis) einverstanden erklärt. Ich könnte also, wenn dies der Fall wäre, einen solchen Auftrag ertheilen.

Die Sendung des gewünschten Heftes wurde noch einmal veranlaßt; es muß in Verlust gerathen sein. Die Bücher waren thatsächlich nicht gesandt worden, weil mangels jedes Lebenszeichens auch Mangel an Interesse für diese Bücher vermuthet werden durfte. Überdies standen jeweils nur sehr wenige zur Verfügung. Ganz besonders gilt dies von der Gedenkrede, von der ich nur ein paar Exemplare in Anspruch nahm, deren jedes einzelne für den *Verleger* kostspielig ist, der in diesem Fall ja keinen Gewinn hatte. Er wie der Autor wollten den im Sinne des Toten gewählten wohltätigen Zweck (zwei Kindervereine) um kein Exemplar verkürzen. Darum legte ich seinerzeit auch besonderen Wert darauf zu erfahren, ob das in die Schweiz gesandte Exemplar angekommen sei – der bestätigende und dankbar empfangene Brief kam nach vier Monaten –, weil es doch so schade gewesen wäre, wenn wie viele Poststücke auch dieses seltene in Verlust gerathen wäre. Einige wenige Exemplare sollen noch im Verlag Lanyi vorräthig sein. Von den anderen Büchern, von denen ich, so sonderbar es klingt, *selbst kein einziges besitze,* ist in der Hinteren Zollamtsstraße keines mehr vorhanden: die mir zukommende Anzahl ist eben erschöpft. Nun habe ich aber wegen des

IV. Bandes nach Leipzig schreiben lassen und hoffe, daß es gelingen wird, von der zweiten Auflage, von der mir späterhin ja auch Autorexemplare gebühren, schon jetzt zwei Stück zu erhalten – vorausgesetzt, daß diese Auflage überhaupt schon *gebunden* ist. Das neueste, *heute* in den Buchhandel gelangte Werk, ist bereits nach Janowitz und zwar in drei Exemplaren gesandt worden.

Für den Ausschnitt danke ich bestens. Aber ich hatte ihn schon, und gerade dieser Artikel ist der Grund, warum ich mir die weitere Zusendung des Blattes vom Hals geschafft habe, das über seine nützliche Funktion während der Kriegszeit sich zum verdächtigen und wohl bezahlten Werkzeug einer schlechten Sache ausgewachsen hat. Was die Wiener Presse ist, weiß ich besser als der Kerl, der sie mit einer mir entlehnten Polemik in eine ganz schiefe Verbindung mit einem Unrecht bringt, dessen Grauen eben darin besteht, daß es weit *über* die von der Presse »eingeschlagenen Fenster« Vergütung fordert. Was dort geschrieben ist, ist ganz derselbe schuldige Journalismus der andern, nun ganz ebenso antipathischen Couleur. Die Welt ist nicht schöner geworden, und Umkehrzeichen sind höchstens *dort,* wo die Verleumdung das Gegenteil behauptet. Dank und herzlichen Gruß für alle in Janowitz.

[682]   B [Wien,] 3. Sept.[1919]   [Janowitz]

Herzlichen Dank für die Einladung wie für deren freundliche Übermittlung. Die Worte: »erinnert mich immer einzuladen« enthüllen mir kein Versäumnis des einen, aber eine Freundlichkeit des andern Teils, für die ich ganz besonders dankbar bin. Doch die Worte: »er sagt, ich muß *auch* schreiben, daß man kommt, sonst hilft es nichts« —— könnten mein eigenes Gewissen mit dem Vorwurf der Unfreundlichkeit belasten: als ob ich bisher für eine direkt ergangene Einladung nicht gedankt hätte. Ich kann mir diese und jene Wendung nicht anders erklären, als daß ein Schreiben, das den Wunsch enthielt, an mich abgegangen und von mir eben nicht beantwortet wäre. Sollte es der Fall sein, so wird mich die Versicherung, daß ich einen solchen Brief nie erhalten habe, gewiß entschuldigen. Ich trage dann meinen allerinnigsten Dank nach und würde ihn natürlich auch direkt abstatten. Wenn aber der so freundlich gefühlte Wunsch nun, überraschend genug, zum erstenmal seinen Ausdruck gefunden hätte, so danke ich nicht minder herzlich. Daß ich ihn leider – zu meinem wahrhaften Bedauern – nicht erfüllen kann, dafür gibt es der äußeren Gründe eine Menge. Nebst Verkehrs- und seit dem Vorjahr vermehrten Lebensmittelhindernissen nicht zuletzt den, daß nun zwar der Sommer, aber nicht meine Arbeit fertig ist, die mich seit so vielen Monaten ohne eine Unterbrechung bis acht Uhr morgens festhält – so daß ich außer dem einen Mal (als ich eine Ansichtskarte sandte) kein Grün gesehen habe und auch kaum eines der anderen leichteren Reiseprojekte ausführen werde.

Der Epilog ist – als eines der letzten Exemplare – geschickt worden und wie die nicht bestätigten Bücher hoffentlich eingetroffen.

Was die gewünschte Erkundigung betrifft, muß ich leider mittheilen, daß ich wegen Erkrankung der Mittelsperson bisher nichts gehört habe. Ich lasse es nicht aus dem Auge. Die Bemerkung betr. »Gespenster«, die ja nach einem früheren Brief anders aufgenommen wurde, bezieht sich wohl nur auf die eine Seite, die eine ähnliche Ansicht wie jener »Schluß des Briefes« enthält. Daß ich darin enttäusche, kann nicht meine Schuld sein. Es sollte nur Sieger von Beruf verdrießen. *So* hatte ich's eben nicht gemeint und daß ich's recht gemeint und schon vor zehn Jahren gewagt habe, gegen das Unrecht zu sein, hat kürzlich auch der Präsident einer andern Republik (also nicht nur der einen) gesprächsweise in warmen Tönen anerkannt. Ich zweifle aber auch nicht, daß die Wissenden es besser wissen als sie glauben machen wollen. Sie wissen auch, daß die Gerechtigkeit sich manchmal aufmacht und als Unrecht ans Ziel kommt. Daß aber die Welt keineswegs zur Ruhe kommt, wenn sie sich mit ihrem schlechten Gewissen auf die andere Seite legt. Wirksamer als die fremde Meinung, deren Probe ich beilege, wird mich die Zeit bestätigen. Viele Grüße an alles in Janowitz!

[683]   T [Wien, 16.9.1919]   [Janowitz]

Dank Brief Karte Elefant ++ Herreise nicht rätlich ++ gestern Berchtesgaden postlagernd abgereist ++ alle Grüße

[684]   K [Königssee,] 19. Sept.[19]19   [Janowitz]

»Der Anblick übertrifft die Schweiz!«

Raimund, »Der Verschwender«.

[685]   K [Königssee, undatiert]   [Janowitz]
KK an SN und Karl Nádherný

Herzliche Grüße!

K.

Königssee bei Berchtesgaden postlagernd

[686]   B [Wien,] 6./7.[10.1919]   [Janowitz]

Wie steht es mit der Arbeiterzeitung für St. Moritz, Cooney?
Wann zuletzt bezahlt? Hatte ich das Abonnement abbestellt?

7.8. Okt.
Hier die Erledigung. Es müßte also festgestellt werden, von wann
an nicht mehr erhalten (oder ob es nur eine vorübergehende
Stockung war). Habe jedenfalls reklamieren lassen.

In München nicht gelesen.

Nach Rückkehr noch erfahren, daß seinerzeit auf freien Fuß
gesetzt, aber die Untersuchung fortgeführt wurde. (Immerhin
also mit sehr verringerter Wahrscheinlichkeit der Schuld.)

Zu den andern Fragen: Arbeit, wie immer. Die letzte Frage
klingt fast wie ein Citat aus einem gewissen Gedicht von
Schmetterlingen und läßt sich wohl ebenso wenig beantworten.
Dank und herzlichen Gruß!

[687]   B [Wien,] 15./16. Nov.[19]19   [Janowitz]

Ich hatte die Karte erhalten, in der die Worte standen: »Es ist
sehr kalt geworden, wir müssen schon heizen«. Ich wollte
antworten: »Es ist sehr kalt geworden, wir können nicht heizen«.
Da hatte ich mich schon erkältet und es waren – bis zu einer
Vorlesung – mühselige Tage. Nun kam der Brief, der mich in
schmerzliches Staunen versetzte.

Denn ich hatte nicht mehr gemeint, daß zwischen uns ein
unbeglichener Rest sei, und muß nun sehen, daß es doch noch
etwas gibt. Und ich kann mich nicht anders als mit dem tiefen

Bedauern dazu verhalten, daß es außer meiner seelischen Macht steht, es zu ändern. Denn diese Hilfe wäre außerhalb der Natur. Ich habe alle Achtung vor der Konstruktion, deren Schönheit Du nachhängst, und sie ist wohl schön. Doch ist es eine Konstruktion, entstanden aus dem Bedürfnis einer feinen Seele, sich ästhetischen Ersatz für Naturwerte zu schaffen. Wäre ich einer ähnlichen Lebensanordnung fähig – und ich will es für eine Gabe und keinen Mangel halten –, so gäb's freilich einen schönen Einklang, verwandt jenem, der ja im Verkehr mit einem andern Dichter Deine Wunschlosigkeit befriedigt. Klarer als je wird mir an der Vorstellung, in die Du die Natur zu fügen denkst, Dein Wesen mit seinen Gaben und Grenzen. Schon daß Du wähnst, man, Du, ich, beide könnten solch einen Aufbau über die Vergangenheit thürmen, der schön sei, obgleich man, nein weil man darin nicht wohnt. Aber die Ruine, in der man nicht mehr wohnt, ist echter: und zöge doch immer den Blick auf sich. Wohl würde es *Dir* gelingen – *glücken* –, Dich »nicht zu erinnern, daß vorher etwas war«. Es ist eine beneidenswerte Stärke. Sagen zu können: »Mit der Liebe ist es vorbei« und dennoch eine schöne Aussicht zu haben – auf das Gegenwärtige. Fühlst Du denn wirklich, daß das nun vermißte Licht – wie schade! – ohne Wärme wirken könnte, ohne eben jene Kraft, die zur »Last« wurde? Dir fehlt nun etwas. Aber als Du es hattest, fehlte etwas zu Deiner Natur. Wie wären sonst Licht und Last eines? Nein, Dein Bekenntnis: »Wie fehlt mir nun dieses Licht!« hebt nicht mein Selbstbewußtsein, sondern kränkt es. Denn ich wollte für Dich das Unmögliche und sehe nun, daß ich nicht einmal das kann, was Du für möglich hältst. »Es gibt keine Vergangenheit«: wäre *ich* so glücklichen Vorsatzes fähig, den zu haben auch schon das Gelingen bedeutet, ich hätte längst, vor Dir, das Wort gefunden. Aber träte mich nicht die Vergangenheit als Anspruch an, sie fortzusetzen, so läßt sie sich doch nie von mir abweisen als Erlebtes und behauptet Tag und Nacht ihr Recht, dagewesen zu sein. Wie sollte ich, so schwach vor ihr, wagen, es auf ihrem ureigenen Schauplatz mit ihr aufzunehmen —— wenn anders schon Nerven die ihnen vorgeschriebene Richtung befolgen könnten! Mit keinem Wort möchte ich sagen, daß sie in eine andere wollten, mit keinem Wort, daß *sie* noch an die Vergangenheit gebunden sind, leicht bereit, sich von ihr mitnehmen zu lassen. Nichts will ich darüber sagen, ob und wie es mir gelungen ist, sie zu bändigen und mit ihnen den Anspruch der Vergangenheit. Das darf Dich nicht bekümmern oder trösten, so wenig wie ich ein Recht auf Deine Versicherung habe, daß ich »keine Gefallene besuchen komme«. Dieser Begriff stand nie in meinem Denken über die Natur. (Nur war mein Fühlen einst in Widerspruch zu diesem gerathen —— zu meinem Heil und Unheil.) Ich will nur aussprechen, daß ich meiner Tragödie nicht als Zuschauer beiwohnen könnte und nicht, was ich erlebte, einmal von außen betrachten, und gar auf der Szene selbst. Auch ich kenne mir unvergeßliche Wiesen. Es ist begreiflich, daß Du eben diese leichtmüthiger als ich betrachten kannst und gar die von jenem Oktobertag ruhigern Gemüthes wiederfändest als ich die von Janowitz. Selbst mit mir fiele Dir ein Wiedersehn von Vallorbe leichter als mir allein. Doch einem Sterbenden, der sich vielleicht durch seligere Ahnung entschädigt fühlt, seinen Verlust vorzustellen, wäre weniger heillos als meiner Seele die Blickpunkte der Gemeinsamkeit, jener Fahrten und jenes Aufenthalts.

Nun könntest Du sagen, Du selbst seiest ja Szene der Vergangenheit und wir könnten uns dann überhaupt nicht mehr sehen. So ungefähr sagst Du es auch. Etwas ist daran; aber es wäre doch nur die Probe, ob ich – und ich glaube, sie bestehen zu können – die Vergangenheit als Erlebnis für abgeschlossen halte. Deine Erinnerung an jene Oktoberwiese zeigt deutlicher als der gütige Vorschlag selbst – denke ja nicht, daß er mich nicht bewegt –: wie Deine Erwartung irrt. Jenes auch mir unvergeßliche Einverständnis kam nicht von einem Verzicht auf die Liebe und einem Sich-Bescheiden auf die »Freundschaft«. Oh, niemals hättest Du von dieser das Licht empfangen! Nie könntest Du es von ihr empfangen, denn es rührte von der Liebe her. Jenes Einverständnis aber war eine Zurechtlegung, die keine Konstruktion sein mußte; daß Deine Erwiderung nicht aufgehört, nur soweit sie Deine Nerven beansprucht, ausgesetzt habe —— es war der Entschluß, am Krankenbett der Geliebten mit umso reicherer Liebe zu warten. Ein Gedanke, der jegliche Trennung ermög-

licht; er *gebietet* und *erreicht* das »Vergessen, daß es ein Geschlecht gibt.« Davon »überzeugt zu sein«, als Vorsatz zu neuer
Verbindung, ist eine Konstruktion. Daraus, daß es »mit der Liebe
vorbei« ist, wird nichts mehr. Sie mußte nicht tätig sein und hätte
doch alles gegeben; und solche Witwerschaft hielte lebendig bis
ans eigene Grab, denn das innerste Gut war ihr unverloren.
Freundschaft: das kann nur *vor* der Liebe kommen, nicht *nach*
ihr. Wenigstens nicht als das Element, das Licht und Wärme gibt.
Wie könnte ich zur Grundlage machen, daß etwas vorbei sei,
dem ich mein Höchstes verdanke? Ohne Liebe würde es nicht;
und wie würde es aus der *Bedingung,* daß Liebe nicht sei? Jenes
Einverständnis war ein Abschied anderer Art. Und wenn der ein
Leben währte, er erhielte die Hoffnung, daß die innere Macht,
unverlierbar, sich einmal wieder beweisen würde; und wäre es
nur eine Illusion, so wär's doch Sünde, sich noch diese durch ein
Beisammenbleiben zu zerstören. So empfand ich es damals, als
es so schön war. Einzig die Kraft, auch das fühlen zu können,
hatte das Licht gebracht. Sie gab Freundschaft durch Liebe, sie
könnte jene ohne diese nicht geben. Wohl in jenem Maß, das
unter allen Umständen, in allen Lagen *unversehrt* zu bleiben hat
und gewiß ausreicht, um die Außenwelt zu überzeugen.

Aber bedarf es an diese in so umsturzhafter Zeit einer Erklärung dafür, daß sich das äußere Bild einer Freundschaft verändert? Kann irgendjemand – dessen Eindruck wichtig genug
wäre, um die Haltung zu beeinflussen – auf ein Zerwürfnis (im
Maße der notorischen Freundschaft) schließen, wenn es doch
auch notorisch ist, daß heute einer Reise nach Böhmen (ich
könnte auch sagen: nach Wien) größere Schwierigkeiten ent-
gegenstehen als ehedem einer um die Welt? Und ich reise das
ganze Jahr nicht einmal nach Wien; sehe auch die paar hiesigen
Bekannten kaum mehr. Eine Vorlesung in Prag läßt sich leider –
trotz unaufhörlichen Einladungen und Anboten [!] – nicht arrangieren; aus schwerwiegenden Gründen, die nichts mit uns zu
tun haben. Das Gefühl dafür wird, wer meine Arbeiten kennt,
leicht aufbringen. Daß ich wie kaum einer bereit und geeignet
war, gegen die Bedrücker zu sprechen, machte mich wohl taug-
lich, vor den Bedrückten zu sprechen. Was aber sollte ich – nicht

einem Erlösten, nein, dem Triumphator gegen einen Bedrücker
sagen, den es nicht mehr gibt, dem jener aber – Gott sei's geklagt –
in manchen Zügen die Treue hält? (fast hätte ich gesagt: den
Fahneneid.) Und sollte ich in einer Zeit dort sprechen, wo gerade
einer der wenigen werten Menschen »einrückend gemacht«
wurde, ganz wie's ihm durch den seligen Vorgänger geschah?

Sollte ich ohne seine liebe Begleitung und vielleicht an einem
Tage, da er irgendwo auf Wache steht, in Prag die Kriegswelt ver-
fluchen? Für Menschen, die Musik im Herzen haben, ist diese Un-
wandelbarkeit der Dinge noch unerträglicher, als die Dinge selbst
waren, und so auch für die, die mit ihnen fühlen. (Ich stehe hierin
anders zur »Vergangenheit«. Und auch von dieser komme ich
nicht los; – denn *sie* ist nicht vorbei.) Die Welt läuft leider Gottes
nicht ganz so, wie wir nörgelnden Optimisten es gewünscht und
gehofft haben. Es ist ja nicht ausgeschlossen, daß ihr noch mehr
Irrsinn vorbehalten sei und eine Wendung eintrete, die mich veranlassen könnte – nicht um Leben oder leibliche Freiheit, sondern
um die Arbeit zu retten – nach Böhmen oder in die Schweiz zu
übersiedeln. (Denn in *diesem* Punkte sind dort wohl unzerstörbare Sicherheiten und da ist volle Übereinstimmung.) Jetzt ist eine
trübe Übergangszeit, in der das zu gern Gehörte zu sagen schief
oder nicht nobel wäre. Ich habe übrigens das Gefühl, daß der M.L.
(ich lasse ihn grüßen, und vor allem jene edle Freundin und den
Bruder, die so gütig waren, mich in Janowitz sehen zu wollen), daß
also er, der wohl mit aller Nervenanspannung so lange dagegen
ankämpfte, von der Entwicklung enttäuscht zu sein, bis er sich ihr
ergab, nicht mit mir gestimmt wäre. Mit meiner persönlichen
Wirkung kann er nicht fertig geworden sein; aber sie würde seinen
Konflikt nur erregen, und Sache des Nationalen ist es, den An-
dersnationalen zu hassen, aber den Nichtnationalen zu verachten.
Schade; er meint es gut, aber ich weiß es besser. —— Hier ist ein
Elend, dessen Übermacht auch dem verbissensten Gegner Respekt abnöthigt. Doch solange an ihm nicht die Früchte der politischen Befreiung verfaulen, genieße ich sie mit aller Dankbarkeit.

Nun aber ruft mich eine Stimme an, die ich nicht mehr zu hören geglaubt hätte. Ich kann gar nicht sagen, wie wehe mir ist,
daß ich einem Verlangen, welches sicherlich ein Ehrenzeugnis

für das Wesen ist, das es empfindet – mehr als für den Angesprochenen –, nicht Genüge thun kann. Ich will dieses Unvermögen nicht jener lästigen Naturfülle, sondern wirklich einem
Mangel zuschreiben; aber es läßt sich eben nicht überwinden.
Wohl, tragisch wäre es, wenn »das Leben darüber vergehen sollte«. Aber die Natur *ist* tragisch. Und die Hoffnung bleibt: entweder wird Dein Bedürfnis Dich zu Dir selbst – dem wahren
Schatz hinter dem scheinbaren Minus – erwecken (und dann
erst stünde *ich* vor der Probe auf meine Stärke vor der Vergangenheit), oder es erweist sich als Täuschung. Dann würdest Du
jenes Gefühl des Abschlusses besiegeln, das heute zu der Befriedigung, »von einer *jahrelangen* Last zwischen uns befreit zu
sein«, so widerspruchsvoll noch den Schmerz zuläßt, daß Dir
ein Licht verloren gieng. Beides zusammen —— das ist in der
Natur so fehlerhaft wie die Vorstellung, das Licht ohne die Last
einzurichten. Aber der Widerspruch war in Dir, und daß Du
Liebe nicht mehr als Last trägst, kann eher die Entrückung bewirken als der Entschluß, es einmal bloß mit dem Licht zu versuchen, das, vorsätzlich außerhalb der Natur gestellt, im Nu erlöschen würde. Es wäre denn, Du *wolltest* das, um es nicht mehr
zu vermissen. Aber sollte *ich* meine Illusion dahingeben, weil
Dich die Deine hindert? Das wäre *zu* viel der Liebe, um zu wenig zu bewahren. Ich kann mit Heiligthümern nicht so schalten.
Und obschon »die Monarchen auseinandergiengen« (war das
auch *bildlich* gemeint?), ich könnte von der Erinnerung, daß ich
einer war, nicht abdanken. »Zusammen einer Welt gegenüber-
zustehen« —— das war freilich schön! *Aber als es erst nöthig
wurde, sollte es nicht mehr möglich sein.* »Warum eigentlich thun
wir das so?« Warum hat es die Natur so gethan!

[688]   T [Wien, 28.12.1919]   [Janowitz]

Schönste Grüße zum Mitternachtsschluß [?] ++ herzliche Wünsche für ein […] Jahr
    Karl Kraus

[689]   B [Wien,] 31. Dez.1919   [Janowitz]

[Enthält nur datierten Briefbogen mit Tannenzweig].

[690]   K [Garmisch-Partenkirchen,] 3.II.[19]20   [St. Moritz]

[auf der Bildseite:] Herzliche Grüße K.K.

[691]   B [Wien, 18.4.1920]   [Wien]

Daß nur eine Straße trennt, was einst kein Meer getrennt hätte,
ist ein Märchen. An das Wunder dieser Abkehr muß ich glauben.
Aber dieser Wechsel und daß sich mir alles, was schön war, nun
so verändern soll, ist ein größeres Wunder als selbst jenes, das
mich einst begnadet hat. Leb wohl!

[692]   T [Linz, 26.6.1920]   [Janowitz]

Nur dritte Juliwoche ++ von dort Zürich oder Augustende ++
Gewünschtes schwer erforschlich ++ Gaming nur eines am besten
von Linz ++ schöne Grüße auch dem Himmelsboten der damals
am Bahnhof erschien und so rührend mit Zug lief ++ Möchte die
Landschaft sein, die rückwärts rennt ++ aber es geht nicht bis Janovic ++ tief gefühlten Dank

[693]   B [Wien,] 9./10. Juli [1920]   [Janowitz]

Der Empfänger eines solchen Telegramms hat das Recht, den
Text (dessen Original kalligraphisch deutlich geschrieben war)
feststellen zu lassen – was an einem Tag möglich ist. Die Leute
in Tabor würden sich ein nächstes Mal hüten, ein kostspieliges
Telegramm so zu behandeln.

   Viel Arbeit und eine fiebrige Erkältung, die nun vorbei ist, hat
die Antwort verzögert.

   Zürich ist unwahrscheinlich geworden, im August werde ich
kaum in Wien sein.

   Hier einiges aus dem buntesten Leben, das ich vorfand und
inzwischen erhalten habe. Das eine ist freilich ein Tod. Der Absender hat sich, wie festgestellt wurde, gleich darauf erschossen.
Hoffentlich gelingt es, die Kinder unterzubringen. Ein anderes

ist die Sprache eines Tischlergesellen, dessen Sohn Druckerei-lehrling ist und jetzt aufs Land gebracht wurde; die Mutter ist Hungers gestorben. ——Merkwürdig ist jenes von den zwei aus Hagen, die nicht ahnten, daß ich es je zu Gesicht bekommen würde. Der wegen Prag und R. interessante Brief ist an Liegler gerichtet. Der Artikel enthält auch eine Verquickung mit R. Wen spricht er so an? Erbitte freundliche Rücksendung. Viele herzliche Grüße an alle!

»Ach, nur über Eines muß ich schweigen, Dir gegenüber, ihm gegenüber: wie glücklich ihr mich beide macht.«

Und Du auch beide?

Wenigstens habe ich voraus, hören zu dürfen – und zu *können* –, was verschwiegen werden muß. So muß es nicht.

Es ist jenseits der Sünde, also auch jenseits des Verzeihens.

Widmungen jedoch sind Empfangsbestätigungen.

[694]   T [Wien, 20.7.1920]   [Sponau]

Innigsten Dank für gütigen Wunsch leider schnell nicht erfüllbar ++ dort durchreise etwas später ++ allerbesten Gruß

[695]   T [Wien, 21.7.1920]   [Janowitz]

Dankbar für gütigste Worte ++ habe Sponau telegrafiert ++ ab-reise Freitag früh Kuchelna Tschechisch-Schlesien postlagernd etwa zwei Wochen ++ dann womöglich München Königssee ++ innigst

[696]   K 27. Juli [1920], Eisernes Tor   [Janowitz]

Wie einst, auf Etzel und Rigi, bewiesen mir Schmetterlinge ihr vertrauensvolles Entgegenkommen: Segelfalter, Trauermantel, Tagpfauenauge. Es ist einzig schön.

Die nächste Adresse ist also:

Kuchelna, Oberschlesien *(Kreis Ratibor), Tschechoslowakei,* postlagernd oder Schloß. Viel innige Grüße! Bitte auch Ch. und Maymay einen herzlichen Gruß!

[Bildseite:] Ich bin von Baden gekommen und steige nun nach Vöslau ab. Man sieht auch Heiligenkreuz, wo wir waren, und Mayerling.

[697]   B Kuchelna 4/5 August [1920]   [*Janowitz*]

Seit Freitag abend – mit Auto von Troppau – hier. An Zauchtl vorbeigefahren; wie schade.

Ich bin bei L., und in prächtiger Umgebung. Grätz, wo wir manchmal sind und wo ich im Herbst, nächstens aber einige Tage wohnen soll, ist freilich noch viel schöner. (Dort ist ein Klavier, auf dem Beethoven gespielt hat. Hier aber eine Ortschaft (Meierhof), die *Borotin* heißt.) Die Gegend, das sogenannte Huldschiner Ländchen, war vor 170 Jahren tschechisch; Kuchelna ist es wieder, der übrige Teil »Abstimmungsgebiet«. Grätz war im österreichischen Schlesien. Gestern war ich in Deutschland (Ratibor), zum Bad in der Oder.

Doch dies sind Nebensachen. Wichtiger ist: auch ich glaube gern, daß die Thränen einer besseren Welt entstammen, und es ist ein schöner Gedanke, an jene heilige Insel zu denken. Aber ist denn ein schon erreichtes Ideal nicht noch unerreichbarer und begibt es sich den *Irdischen,* daß die Zeiten so zusammenfließen? Dank für jedes freundliche Wort! Der »Traum« ist Dir »ganz neu und doch irgendwie bekannt«: weil Du wenig Aufmerksamkeit für diese Dinge hattest, als sie erschienen. Das war im April 1919, Du mußt nur nachsehen; es ist auch das Heft, wo Dir kein fehlender Vers gefehlt hat (siehe das letzte). Hättest Du es damals so schön empfunden wie jetzt, so wäre ich vielleicht doch in Vallorbe aufgetaucht. Aber würde es denn genug sein, Deiner *Erde* – so heißt es doch – nahe zu bleiben? Du verlangst mit Recht mehr, und es ist das Unglück, daß ich mehr gebe als Du verlangst.

Der M.D. – ich komme übrigens vielleicht durch Chotzen nach Prag – werde ich den grausigen Brief zurückschicken, so bald ich wieder in Wien bin. Aber wo werde ich Anfang September sein? Es kommen trostlose Nachrichten. Ich glaube, daß man sich um diese Zeit kaum in Steiermark wird aufhalten können. Mir dürfte die Wahl zwischen Tschechien – schon sage ich nicht: Tschecho*slowakei* – und der Schweiz bleiben. Nach Mitte August aber dürfte ich wohl durch Prag – nach Marienbad resp. Königsee – reisen. Vielleicht gienge es da?

Es wäre schön!

Ich arbeite hier an der Buchausgabe der »L.T.d.M.«

[698] K [Olmütz,] 27.8.[1920]   [Našice; nachgesandt: Janowitz]

Dies hier ist das schöne G. Aber ich fürchte, es wird nichts draus.
    Allerbesten Gruß!

[699] K [Olmütz,] 27.8.[1920]   [Našice; nachgesandt: Janowitz]

Morgen reise ich nach Prag, vielleicht mit kurzem Aufenthalt in
Pottenstein. G. ist leider ganz unwahrscheinlich geworden. Wenn
möglich, gehe ich an den Königsee [!] (oder ins Salzkammergut).
Vielen Dank für den lieben Brief und herzliche Grüße, auch an
D.P.!
Gruß aus Olmütz! 29. 8.
[Auf der Bildseite mit Pfeil:] »Mein Schlafzimmer«.

[700] T [Wien, 30.9.1920]   [Janowitz]

Schönsten Dank für über viele Umwege empfangenen Brief.

[701] B Maria Schutz 21. Okt.[1920]   [Janowitz;
                                 nachgesandt: Prag, Karmelitzkagasse 24]

Auf dem Semmering, um einer argen Erkältung – nach vieler
Tag- und Nachtplage – los zu werden. An einem unsäglich blauen
Morgen über den Sonnwendstein gegangen. Der ganze Wald gehört einem! Das ist noch schöner und weniger einsam als zu
zweit. Aber es führt alles Schönste *davon* herbei. – Hier ein Brief,
der an so ein Gemeinsames unvergänglicher Art anknüpft. –
Noch dankbarer freilich bin ich für den aus Dresden. Ich las ihn
oft und möchte so gern glauben, daß dieser bessere, beste Teil,
von dem solche Worte kommen, *der ganze* ist!
    Viel Herzliches, auch an die Freundin, von   K.

[702] B [Wien,] 7./8. Nov.[1920]   [Janowitz;
                                 nachgesandt: Prag, Karmelitzkagasse 24]

»Da schon die Blätter falb« und der Duft aus dem Dresdner
Garten bis zu mir dringt, so möchte ich fragen: wie es geht;
    ob der Gruß aus Maria-Schutz (rekomm.) eingetroffen ist
(daß die zwei Karten, mit denen ich wegen Graetz antwortete,
leider nicht gekommen sind, weiß ich);

in welchem Stadium sich die Abschrift der Briefe befindet –
mir nun sehr wichtig –, wie sie mir zugänglich gemacht werden
könnte, und ob sie nicht am Ende, mir unauffindlich, in Wien
geblieben ist; und mittheilen, daß am 15. nachm. W.i.V. und
Pandora gelesen werden.

Hier noch ein Stück Innsbruck; der Gatte der Armen ist einer
von jenen.

[703]   B [Wien,] 29./30. Nov.[1920]   [Janowitz;
                                      nachgesandt: Prag, Karmelitzkagasse 24]

Wann es wieder Sterne geben wird? War die Frage nicht auch
mir zu beantworten? Und die Klage über das »ganz zu mir
genommene Kind«: wer hatte die zu erheben? Im Frühling 1919
konnten Verse wie »Traum« ihren Eingang, ihren einzigen Eingang, nicht finden. Und im Frühling 1920 ——

Aber das alles, das alles ändert nichts an meiner Überzeugung:
daß das alles nicht wahr ist; und der Widerschein im Lac de Joux
die fort während Wirklichkeit.

Die Briefe bitte, wenn dazu Zeit und Stimmung vorhanden
sind, abzuschreiben. In meiner Schrift möchte ich sie nicht mehr
sehen. Es eilt aber nun ganz und gar nicht: da wieder allerlei und
große Arbeit dazwischen tritt. »Wiederlesen«? Ich bitte darum!
Oft denke ich: wie schön wäre es, jetzt zu sprechen, und welche
Hilfe! Aber es scheint mehr als eine Tagereise dazwischen zu
liegen. »Die Welt, wo sie nicht arm geworden ist« – wenn es die
gibt, so muß einer wohl sehr reich sein, um dahin zu gelangen.
Vielleicht ist man es und sie liegt ganz nah. Nur brauchts viel
Zeit und die vergeht leider noch schneller als alles andre. Aber für
den 1. Dezember habe ich Wünsche – nicht für mich –: die in
Erfüllung gehen werden, weil die Natur es ja doch mit Dir so
gut wie selten meint!

In der zweiten Januar-Hälfte sind Vorlesungen in Berlin.

[704]   T [Wien, 1.12.1920]   [Janowitz]

Mit herzlichen Gedanken heute in Janowitz
                                      Karl Kraus.

[705]   T [28.12.1920]

Schönste Grüße zur […]schluß ++ herzliche Wünsche für ein
[…] Jahr. Karl Kraus.

[705]*   B Sylvester/1.1.1921

[enthält nur einen Tannenzweig]

[706]   T [Berlin?, 20.1.1921]   [Našice?]

[Text abgefallen]

[707]   T [Berlin, 1.2.1921]   [Našice]

Unendlichste Bejahung ++ soeben vor Rückreise nach vier
schönsten Abenden empfangenen beglückenden Briefes Dank
unverrückbarem Stern

Beilage zu Nr. 708

[708]   B 5./6.II.[1921]   [Našice]

(vor einer Vorlesung)

   Am 3. nachm. (nach 2 Tagen in Ischl und Wels) eingetroffen.
Einen Berg von Arbeit vorgefunden. Gleich am 4. ließ ich – auf
das l. Telegramm, das mich erwartete – reklamieren. »Immer gesandt worden«. Wird offenbar gestohlen. Habe *mein* Exemplar
ab 20. rek. senden lassen. Erbitte Nachricht, ob eingetroffen und
ob weiter senden soll. Wenn das abonn. Exemplar auch weiterhin nicht kommt, kann man vielleicht das Geld zurückerlangen.
Vielleicht durch die Post Našice reklamieren! L. Brief heute erhalten. Ja: »unendlichste Bejahung«. Und das ist wahr!
   Ist das Telegramm, das ich aus jener Hölle sandte – etwa am
26. –

»Ersehne silbernen Brunnen«
nicht eingetroffen?

Ich hab so das Gefühl, daß es schön wäre, wenn ich auch *die*
Verluste ersetzen dürfte. Irgendwie fühle ich mich dazu verpflichtet. Durch ein Gebot, wovon vielleicht nicht einmal Du
etwas weißt. (Übrigens wird Max L. andern Sinnes sein, und der
andere Fall – da würde ich rathen, späterhin ganz scharf vorgehn zu lassen.) – Für die russischen Schauspieler wäre sogar ich
ins Theater gegangen.

Die Pläne sind herrlich. Wenns nur – mit mir – gehn wird!
Wäre Ragusa nicht um einen Sonntag *zurück*zuverlegen? (Oder
Anfang April?) Aber ich weiß noch gar nicht, wie. Müßte wohl
einen Termin absagen.

Die Mörderin hat richtig gewählt; sie macht ihr Glück. Gehts
dennoch schief, so tritt sie vielleicht in die Armee ein, von der
hier (Beilage) berichtet ist. – Dank für jedes Wort!

Theuerste!

Der nach Berlin gesandte Brief war vier Tage gelegen, ehe ich
ihn auf der Post erhielt. *Wie* glücklich war ich!

[708]* K Našice, 10.2.[19]21   [Wien]
SN an KK

Schon mit meiner grossen Arbeit fertig. Numerisch ergibt sich
Folgendes:

	Briefe	Telgr.	Karten
1913:	8	7	1
1914:	108	81	9
1915:	85	50	12
1916:	65	61	41
1917:	21	66	5
1918:	12	38	5
1919:	4	13	3
1920:	3	3	2
	326	319	78

(das sind 723 Lebenszeichen).

Inhaltlich: ein Meer von Liebe!

Antwort? Ein- heilig u. seliggesprochenes Leben!

[Auf der Bildseite:] meine Fenster

[709] T [Wien, 15.2.1921] [Našice]

Unaussprechlichen Dank teuerstem Kopist liebendsten Gedenkens ++ Brief nach Rückkehr gesandt ++ tolle Arbeit ermöglicht erst morgen zweiten ++ allerherzlichst

[710] B [Wien,] 15./16.II.[19]21 [Našice]

Es ist ½ 9 Uhr, ich habe ohne Unterbrechung 10 ½ Stunden gearbeitet, ohne aufzublicken: nicht ohne zu Dir aufzublicken. Denn das ist so mit Dir und mir. Es ist alles viel besser als es je war. Auch darum und darin, daß ich's nicht mehr sagen zu müssen glaube. Ich habe eine Sicherheit, die mich so arbeiten läßt, daß ich gar nicht dazu komme, Dir's zu sagen.

In Berlin habe ich – wie angesagt – *nicht* geschrieben. Dann aber doch gleich von Wien, am 3. oder 4. geschrieben, vielleicht hast Du's doch schon – mit der Frage, ob Du ein *kleines* Telegramm aus Berlin *(vor* dem mit »ewiger Bejahung« – ich bejahte es im Brief und bestätigte sie) erhalten hast. Es geht wohl alles 5-7 Tage. Außer Deinem Brief vom 1., den ich beantwortet habe, sind angekommen: Karte vom 3. (»Beschlagnahme« Lichn. ist ein Zeitungsgeschwätz) Dann Brief vom 4. *Wie* dankbar für jedes Wort. Auch für die kleinen Sorgen wegen Tischgemeinschaft in J. (nur für Gäste oder Verwandte unmöglich, so fürchten meine Nerven; sonst natürlich). Aber weiß denn Ch. nicht ohnedies, daß Du meine *Freundin* bist?

Brief vom 8. Da dankte ich dem »teuersten Kopisten« telegraphisch. Hoffentlich erhalten! Der Brief kam gestern. »Die Sprache des Liebendsten der Geliebtesten«. Ich will hoffen, daß »der Geliebtesten« Mehrzahl des Masculins und nicht Einzahl des Femin. ist (wiewohl sie es, von *mir* zu Dir geschrieben, natürlich ist). Ich wünsche Aufklärung über die Sprache der Geliebtesten der Liebendsten (und *des* L.).

Soll ich die Zeitung abbestellen? Für *den* Monat geht's wohl kaum mehr. So lassen wir's wohl, erneuern natürlich nicht, da postalisch so unsicher, und ich sende jedenfalls ständig *rekomm.* Ist's recht so?

Heute die Karte vom 9.

Brief von Mary nicht gelesen; war nicht offen. Doch teilt sie gleichzeitig *mir* mit, daß eine Kanone dort wohnt.

Bitte nicht mehr unsicher sein!

Alle Arbeit, die ich je gethan habe, war Faulenzen gegen das was 3.II. bis jetzt sich am Schreibtisch abgespielt hat. Ich hoffte, daß inzwischen der Brief angekommen sein würde und war erst durch Deinen gestern eingelangten so recht aufgepeitscht. Wie schrecklich fühle ich nachträglich, daß Du in Unruhe warst.

Hoffentlich ist auch die zweite Sendung der Ztg. angelangt. Die dritte folgt. —— Über Berlin alles mündlich. — Viele Grüße an D.! Für jeden der Briefe war Strafporto 5 Kr., für die Karte 1 Kr. Ich teile das mit, nicht ohne zu schwören, daß ich für jeden der Briefe auch 500 Kr. und für eine Karte 100 Kr. Strafporto zahlen würde. Aber Dich würde es verdrießen, daß da Geld hinausgeworfen wird. (Bis Du diese Aufklärung erhalten hast, hoffe ich noch viel Strafporto zu zahlen!)

Ich liebe Dich.

16.

Die Karte vom 10. mit der rührenden Statistik erhalten.

Wie arm 1918, 1919, und gar 1920.

Und 1921, wenn nicht der Brief inzwischen gekommen ist: θ, und doch das reichste!

[711]   B [Wien?,] 22./23.II.[19]21   [Našice]

Verzeih mir, Liebste, Beste, die Todsünde. Aber die Arbeit, die unermeßliche, hält mich nicht ab, an Dich zu denken, nur es Dir so oft zu sagen, wie ich möchte. Aber Du mußt ja ein sicheres Gefühl haben, Du weißt ja, daß es keine Ablenkung von Dir, sondern eine zu Dir ist. Seitdem ich zurückgekehrt bin, habe ich wohl nächtlich und täglich 17-18 Stunden gearbeitet. Es läßt sich nie ein Brief schreiben, nie die Ruhe dazu finden, ehe die drängendste Arbeit gethan ist, und wenn dann wie so oft 9 Uhr vormittags ist, dann überwältigt wieder Müdigkeit und Kopfschmerz und so wird es, immer mit dem besten Wunsch für den

nächsten Tag, immer wieder hinausgeschoben. Bis Du diesen
Brief erhältst, sind seit dem letzten *so* viel Tage vergangen. Zu
ärgerlich. Man vergißt auch immer wieder, daß so etwas sechs
Tage braucht. Den ersten habe ich also nicht am 4. – ich kam am
3. zurück und hatte die nächsten Tage mit den ödesten Verlags-
erledigungen angefüllt – geschrieben, sondern am 6., wie Du mir
mitteilst. Ich glaubte wirklich, ich hätte »sogleich« geschrieben,
denn ich that es *vor* der eigentlichen Arbeit, hatte aber den
Plunder vergessen. Diese drei Wochen sind wirklich ein Taumel.
Und dazu diese Quälereien des Lebens, alle möglichen Peinlichkeiten, Sorgen, Belästigungen, Briefe, Schmähungen, Undank,
Gemeinheiten und was es eben alles gibt, wenn man zwar die
Menschen nicht sieht, aber – vielleicht eben darum.

Ich antworte der Reihe nach. Der rekomm. Brief vom 13. kam
einen Tag vor dem vom 12. an, der den meinen vom 6. bestätigte.
In diesem fragst Du – mit der Miene, bei der die Falte heiter
mitspielt (»das hab ich gut gemacht«), was man in Ischl und
Wels zu suchen hatte. Es war ein so schöner Morgen, als ich von
Passau nach Wels fuhr, und da fiel mir ein, den Abstecher zu
machen und Frau K. in Ischl zu überraschen. Sie war aber eben
nach Salzburg gereist und wir vereinbarten telephonisch, daß
wir uns in Wels treffen.

Aus Berlin habe ich 3 mal telegraphiert. Das zweite hatte den
Wortlaut: »Ersehne silbernen Brunnen«. Ist also leider nicht angekommen.

Am 13. sprichst Du von May-May. Aber natürlich! Nur wäre
es – wenn mir nicht Prozeßsachen dazwischen kommen, scheint
mir *nach* Ostern besser – unbedingt wichtig, irgendwo auch allein
zu sein. Vielleicht trägt die in einem späteren Brief erwähnte
Schwierigkeit mit Ragusa dazu bei, an irgendeinen Punkt an einer
italienischen Küste zu denken. In Ragusa wird gewiß alles mögliche Geldpack versammelt sein. Auch hat mir der Hermann Bahr
diesen Himmel verhängt durch seinen kürzlich annoncierten
Entschluß, bald wieder »sein« Ragusa zu betreten. (Es wird
schließlich nur Borneo übrig bleiben oder Kalifornien.)

Die beigelegten Briefe: Ob es nicht vielleicht doch gut wäre ein
Zeichen zu geben! Nämlich damit nicht »Dein Schweigen den

Wänden der Narrenzelle gleiche«, sondern diese, wenn sie unvermeidlich wären, auch ganz isoliert davon seien. Ich kann mir
denken, daß dieses Verlassensein »verrückt machen« kann. Das
soll aber niemand in der Welt je glauben dürfen. Nicht *dies* darf
den Ausschlag, den »letzten Anstoß« geben zu einer Erscheinung, die doch lange vor Deiner Assistenz vorhanden war. Wie
wäre eine Mitteilung an die Dame (die Adresse: S.B.N.Th. ist zu
dumm.) – ist sie übrigens so intim mit Dir? – etwa der Art: sie
möge ihm ein paar Zeilen übergeben: in denen ihm gesagt wird,
daß Dein Nervenzustand zunächst die absolute Entfernung
erfordert. Nur diese ermögliche die Erhaltung freundschaft-
licher Gefühle, die Du ihm nicht entzogen hast. Die Entfernung
erfolge nur im wohlverstandenen beiderseitigen Interesse. Du
hoffst von Herzen, daß er zur Ruhe kommen und um dies zu
beschleunigen, sich einer Kur unterziehen werde, in jenem Sanatorium, dem F. seine Wiederherstellung verdankt. (In diesem
Falle sei ihm ja auch die Hilfe seiner Familie sicher (?)). Du bittest
ihn dringend, in der Zeit dieser Entfernung auch nicht Briefe zu
schreiben, sondern die Freundschaft, die Du erhalten willst, mit
der Rücksicht auf Deinen seelischen Zustand zu vergelten. ——
Ich weiß nicht, ob Du so etwas wirst schreiben wollen (wenn
nicht ihm, so vielleicht *ihr* !), ich billige Dir natürlich das Recht
auf radikalste Abkehr zu in einem Fall, in dem Du die Zuwen-
dung so schwer zu tragen hattest —— nur möchte ich gern vermieden wissen, daß die Leute und das Gesindel, die so wenig informiert sind und es auch nicht sein wollen, gegebenenfalls den
»Zusammenbruch des Verlassenen« beklagen. Es wäre doch
eine tragische Groteske, daß einem so auf der Hand liegenden
Fall von Verrücktheit hinterher das heroischeste Motiv derselben angehängt würde. Wäre es nicht gut, durch ein Zeichen vielleicht auf Monate hinaus Ruhe zu schaffen und jedenfalls zu
verhindern, daß die ganze in Betracht kommende Öffentlichkeit
von dem Liebesschmerz eines, dessen Innenleben so sehr zur
Publizität neigt, wiederhalle? Natürlich darf er nicht wissen, wo
Du bist. Doch besteht immerhin die Hoffnung, daß ein Lebenszeichen manchem, was so maßlos lästig ist, die Spitze abbiegen
und vielleicht wirklich beruhigen würde. Du bist absolutest im

Recht, *nichts* zu tun. Aber vielleicht wäre ein Übriges gut. (Eventuell Ch. zu fragen?) Nämlich schon deshalb, damit die abgeschlagene, d.h. unerhörte »Bitte um Freundschaft« nicht das sehr bereite (bei den schlechtesten, treulosesten Menschen bereite) sentimentale Echo finde.

Heute (gestern) ist der entzückende Brief vom 16. gekommen. Wann für mich? Vielleicht etwas später. Man könnte ja, wenn etwas dazwischenkäme bzw. Aufschiebendes wäre, abbestellen? Binden ist ja natürlich schlecht. Ich denke, daß ich wenn Du einmal mit M.M. dabei bist, bald Nachricht bekäme, ob es möglich und wie oder ob Du mich nicht wo anders sehen willst. Das mit dem Adel ist ja außerordentlich richtig. Soll ich eine Berichtigung schicken? Nur müßte ich auch dem Einwand begegnen, daß der Adel zwei Jahre lang die Kulturgestaltung vernachlässigt hat (die ja allerdings, da sie einmal von ihm in die Wege geleitet war, nicht mehr abirren konnte) und sich einem Gebiet zuwandte, wo kulturell gar nichts zu gestalten war, nämlich dem Adel. (Dies nur, weil jetzt eine Gfn. Th. ihre Aufträge reklamiert. Aber sie hat trotzdem recht. An dem was sie getan hat, kann *nichts* einen Abzug bewirken, und das was sie tut, ergänzt alles tausendfach. Gethan hat – thut: nicht ihr Name, sie selbst ist das *Infinitiv*! Und das so bedankte Ohr wird nie wieder *der* Sprache offen sein, die es immer schon *gibt* und die nicht entsteht, weil es dieses Ohr gibt.)

Wir wollen aber trotzdem nicht berichtigen (höchstens der Wiener Partei, was vielleicht gut wäre, eine Zeile schicken, daß nur regelmäßig u.s.w. Nachsendung eingetroffen etc.) Die Öffentlichkeit dieser Wirkung hat Zeit, solange die Wirkung dauert. Nur eine menschliche Schranke hat sie übrigens, wie Du weißt. Wir müssen es als die Schuld der zwei Jahre hinnehmen. Übrigens »zwei Jahre«! Eine Astrologin in Berlin sagte: ich sei – – kurz alles, wofür Du mich hältst. Ich hätte häufig Kopfschmerzen, die von einer Kopfwunde, Narbe, kommen müssen. Auch andere Schmerzen (Nierengegend), da würde ich einmal eine Krise zu überwinden haben. Ein großes Werk hätte ich vor, etwas ganz besonderes, es werde etwa im Sommer hervorkommen. Ich hätte einen großen Verlust erlitten, nun sei aber alles wieder gut. In zwei Jahren würde ich verheiratet sein. (Sie hat angeblich noch nie eine solche »Konstellation« vor sich gehabt.)

Hab Dank für jedes Deiner lieben Worte. Wie es dem *Ohr* wohl thut, daß so etwas einfließt!

Ich sehe soeben im Brief vom 4.2. die Stelle: »Und einen Brief aus Italien.« An *ihn* oder an Bl.?

Im Telegramm stand etwas wie, daß der Brief morgen gesandt werde, »nach«, sondern der durch Arbeit so verzögerte Brief an Dich war gemeint. Herzl. Gruß an D.

23. nachm. 4 Uhr, vor Absendung dieses Briefes. Heute kam der Brief vom 19. Wie schnell! Also die Sache mit der B., die seinen Zettel geschickt hat, da wäre es also vielleicht wirklich geraten zu schreiben. An oder durch die andere B. oder Bl. (Es scheint ja ohnehin unabänderlich, was sie mitteilt, so daß vielleicht die Erwähnung der Kur gar nicht nothwendig wäre.) Ich verstehe die Stelle so:

K – d. Kirkegaard (wahrscheinlich von Dir gereichter Zunder, wiewohl ja da alles Zunder war) u. Hauer (?) »Religion von Menschenwürde u. Graus« bist Du? Früher warst Du nur die zweite. ――

Soeben wird die l. Karte vom *17.* gebracht. Daraus ersehe ich, daß ich inzwischen jenes Abendblatt noch einmal geschickt hatte. Dieses Duplikat aber hatte ich (wegen des Zitats einer Redoutenschilderung 2. S. rechts oben, das ich nur wenn noch möglich mir zu senden bitte) für mich bestellen lassen.

Ich glaube jetzt eher, daß jene Gefahr sehr hinausgeschoben ist. Also das »nach« hatte doch keine Position.

Nach Rückkehr, natürlich. Aber es war: zwei Tage nach Rückkehr!

Du weißt, daß jede Verzögerung, zu Dir zu gelangen, von Dir erfüllt ist.

[Zu einer von Karl Kraus durchgestrichenen Randnotiz:] (Hier stand etwas von den Reisedaten, aber es hat nicht gestimmt.)

[712]   T [Wien, 6.3.1921]   [Našice]

Wegen Agram wird Kanzler sofort interpelliert ++ Innigst

[713]   B [Wien,] 15./16. März [1921]   [Našice]

Das ist so mit mir: nach der großen Arbeit kam große Arbeit,
und nicht eine Viertelstunde war dazwischen. So kann noch niemand gelebt haben. Jetzt waren es siebzehn Stunden im Tag.
Wie lange das noch möglich sein wird? In der Nacht, in der der
letzte Bogen zum letzten, so und so vielten Male durchgearbei-
tet war, gieng ich nicht schlafen, sondern begann die Satire zu
schreiben, von der Du aus einem Programm Kenntnis hast. Sie
ist die Erfüllung des Versprechens, das ich – im Heft – jenen be-
rühmten Gefühlsschlampen und allem ähnlichen Kaliber (das
nun wirklich eine Maffia gegen mich bildet) gegeben habe, dem
Goethedieb und seinem Anhang. Es ist ein Lachkabinett geworden, in dem man aber doch lieber weinen möchte; das Nichts,
das sich absurd gebärdet, spricht faustisch und die ältere Gene-
ration im Blankvers, der nichts Jüdisches schuldig bleibt. Die
Wirkung war verheerend. Aber, wiewohl bis dahin geschrieben,
gedruckt, oft und oft korrigiert (und sogar komponiert), war's
damit nicht fertig und seit dem 6. – im Wesentlichen hatte es
vierzehn Tage gebraucht – arbeite ich immer weiter. Nun ist
aber auch der Druck der Bogen bald beendet und ich müßte
mich eigentlich in die Arbeit an den »L.T.d.M.« einlassen –
wenn nicht ein stärkerer Magnet ablenkte. Ich hoffe von ganzem
Herzen, daß ich ihm nicht widerstehen werde. Es müßten denn
unvorhergesehene Dinge (auch äußere, prozessuale etc.) da-
zwischentreten. Zu dem obigen Thema will ich nur noch sagen,
daß der Herr in München, in dessen Brust gleichfalls zwei ziemlich wertlose Seelen wohnen (wie in der seines Autors), bisher
keinen Ton hat verlauten lassen.
    Ich habe für so viel liebe Worte zu danken. Es ist seltsam:
wiewohl doch alles gut und sicher ist, schafft mir das bloße
Bewußtsein, nicht gleich auf jeden Deiner Briefe zu antworten,
das ganze Schuldgefühl des Clavigo. (Ich dachte neulich daran,
als ich das Stück, das ich am Gründonnerstag vorlesen will,
durchsah.) Aber ich weiß, Du hast darum keine Marie-Gefühle

und das beruhigt mich wieder. Wiewohl Du einmal, am 20.2., vielleicht im Mißverständnis einer Briefstelle von mir, schreibst: »Du warst aufgepeitscht.« Und wem (gibt es kein Femininum für wem?) kam es zugute? Der Arbeit? Ja wem denn sonst? Das heißt, nein: *Dir.* Aber aufgepeitscht war ich damals eben durch jenes Schuldgefühl: daß zwar das Denken an Dich nicht aussetzt, daß ich mich aber in solchen Zeiten darauf verlassen muß, daß Du es *spürst.* (Damals meinte ich nicht jenes Aufgepeitschtsein; wenn Du fern bist war das Wort nah.)

Ich hatte noch lange täglich um 8 Uhr früh für Dich »angestrichen«, aber auf Deinen Wunsch nicht mehr abgesendet —— nur die Ausschnitte, aus denen Du ersehen hast, daß Dein Brief eine amtliche Erklärung bewirkt hatte.

Braucht man für die ital. Bewilligung nicht ein hiesiges »Sittenzeugnis«? Dies zum Brief vom 20. Karte vom 23.: Ch. war nicht da. Diese Schweizer Buben, die alles *abgemacht* hatten, haben auf den letzten Brief des Verlags und dann auf eine Mahnung überhaupt nicht geantwortet. So ist nichts draus geworden. Eigentlich bin ich froh darüber; es wäre sonst jene Arbeit nicht entstanden, nicht jetzt und nicht so.

Karte vom 26. (Du siehst, ich hole alles nach und schreibe dann mehr als Du): das mit Georgien hatte ich eben in Erinnerung an Deine seinerzeitigen Erzählungen angestrichen, aber wohl nicht mehr gesandt.

Ich muß eine Nachricht von Dir verlegt haben. Denn die nächste, die ich hier vor mir habe, ist die Ansichtskarte vom 7.3., die mir den Duft der Frühlingsblumen vermittelt.

—— Nun *habe* ich den Brief (mit dem länglichen Format 28. 2.). Die Sache der Moskauer Schauspieler, die ja allseits inzwischen erledigt ist.

»In *dieser* Sache (Th.) habe ich das *allerreinste* Gewissen.« Ich meinte nur: um den Trotteln eine Freude zu verderben. Aber das gelingt nie, und Du hast ganz recht. Was dieser hoffnungsloseste Teil einer Welt der Dummheit denkt und sagt, ist wirklich egal.

»Arbeit auf *mir* ruht«, nicht: *mich;* trotzdem bin ich überzeugt, daß die russischen Schüler sich keine bessere Lehrerin wünschen können.

Hier lege ich die Karte vom 9.3. bei. Es ist das erstemal (lange war keines), daß ich auf ein Strafporto böse bin. Denn es verdeckt mir die liebe Schrift..

Ich ergänze (bitte es zu tun): »Ich …. hätte ich ….

»Ich fiebere vor Erregung« ist Zitat?

Was bedeutet: »jetzt sehne ich mich …. läßt« Es *ist* ja hinzugefügt?

Daß Jean Paul das »s«, zeitweise, entließ, ist bekannt. Eine seiner vielen Ungenießbarkeiten. Das hat jenes Gräuel ihm abgeguckt, sonst nichts, oder vielmehr auch die Schwelgerei in Bildung, die natürlich hier eine viel äußerlichere ist, wiewohl J.P. auch mit einem großen Zettelkasten begabt war.

Und was sagst Du nun zu dem merkwürdigen Zusammenhang, der die andere Beilage, der Brief des Arztes, offenbart. Ob er etwas davon weiß? (Erbitte den Brief so bald als möglich zurück, da mich die Sache zur Äußerung zwingt). Der Brief ist ebenso intelligent wie dürftig. Menschlich verdächtig durch folgendes: er vertraut (im Anfang) auf die künstlerische Ehrlichkeit und traut ihr (am Schluß) zu, daß sie *schweigen* wird, wenn sie seine Einwendung für *berechtigt* hält! Als ob sie nicht in diesem Falle öffentlich eine Korrektur vornehmen, also *sprechen* müßte. Er soll sich aber darin nicht getäuscht haben, daß sie *sprechen* wird, weil seine Einwendung *unberechtigt* ist. Es ist ungeheuer interessant; aber abgesehen davon, daß er die stilistische Erlaubnis nicht spürt, weiß er nicht, daß hier nicht das Geringste gegen die Grammatik unternommen ist, höchstens gegen seine und die herkömmliche, der tatsächlich so stumpfhörig ist, zu glauben, daß »es beginnt der Tag« und »es wird Tag« *dasselbe* »es« haben. In Wahrheit ist es *dort* das bloß vorangestellte (natürlich nicht aus »rhythmischen«, sondern aus gedanklichen Gründen), hier ein ganz regelrechtes und ganz besonders starkes *Subjekt*, das stärkste, das es gibt: nämlich die Schöpfung, die Natur, das Weltall, die Summe von Sinneseindrücken, aus denen die Wahrnehmung entsteht, daß das, was *wird,* Tag ist. »Es wird Tag« ist ganz wie »es tagt«. Und ganz was anderes als: es beginnt *der* Tag. Umkehrung: der Tag beginnt. Und dort: Tag wird *es.* Das »es« erhält sich also auch in der Umkehrung als leitendes Wort, als Subjekt. Nun habe ich aber festgestellt, daß die geltende Grammatik das wirklich nicht weiß, weil sie es nicht spürt. Selbstverständlich wäre selbst wenns grammatikalisch falsch wäre, die Verwendung im Zitat unerläßlich; »es« steht dann fast wie Anführungszeichen. Aber daß es richtig ist, ist beiweitem nicht so interessant wie daß die Grammatiker das nicht wissen. Ein Berufsgermanist (der Musiker, der mich begleitet) staunte zuerst über meine Auffassung und dann noch mehr darüber, wie recht ich habe und wie stumpf die heutige Grammatik ist, die das wundervolle, weite »es« in solchen Beispielen (»Es werde Licht«) für ein gewöhnliches vorangestelltes hält. In Wahrheit ist »es« das Subjekt, Licht das *Prädikat.* So stark ist die Funktion des »es« in »es will Abend werden«, so stark der Verwandlungsprozeß des »es« *zum* »Abend«, daß man in der Relativstellung fast ein »*den* es werden will« hören möchte (was aber grammatisch unerlaubt wäre).

Und nun etwas, das Dich noch mehr interessieren wird, weil es Dich selbst betrifft. Es ist das erstemal, daß so etwas erscheint, und es ist eigentlich nicht angenehm, so gut es auch gemeint ist. Die Deutung von »Mahnung« und die biographische *Festlegung* ist natürlich ganz unsinnig. (Er schreibt übrigens, daß ich nach Berlin kommen werde und bespricht dann »Eros und d.D.«, das er gehört hat.) Manches ist flach; aber es ist ein unheimlicher Mitwisser. Hoffentlich bleibt es ein Einzelfall, daß die so belobte »Schamhaftigkeit« so verletzt wird. Gerade das am wenigsten zu Verleugnende darf vom Dritten nicht dargestellt werden; nicht, solange zwei physisch leben. Ich bin sehr gespannt, wie es Dich berührt. Fast entschuldigt ihn wieder die Treffsicherheit, mit der er, wenn auch verbotener Weise, das Zusammengehörende in den Bänden erkannt hat.

Ich habe heute keine Zeile von mir gelesen, aber wundervolle alte Dichter, die ganz verschollen sind. Manches hat Jubel erregt. Und für die Kinder sind (wie auch am 9.) gegen 19 000 Kronen eingenommen worden.

Die gute M. hat mir Zigarren aus der Schweiz geschickt, die bisher nicht angekommen und wahrscheinlich gestohlen sind.

Erreicht Dich dieses Schreiben noch in Našice? Vielen Dank an D. für ihren Gruß, herzliche Erwiderung.

Die Friends' Relief Mission schreibt etwas so liebes: »Wir erlauben uns bei dieser Gelegenheit Ihnen unsern besten Dank auszusprechen für die große Anteilnahme, die Herr K. K. an unserem Hilfswerk genommen hat. *Es sind uns schon von aller Welt Spenden in seinem Namen* zugekommen, so daß wir gerne ihm sagen möchten, wie sehr wir uns glücklich fühlen, daß sein Wort so viel Elend zu lindern vermochte.«

Hier sende ich »E.u.d.D.*« – nicht der »Verfasserin«, aber jener, der solche Entscheidung »zugutekommt«, weil sie *selbst am Ziel so absonderlicher Wege steht.* Will sie helfen, daß ich nicht, ganz versunken wie ich bin, um diesen Frühling komme?

* Nach 2 stündigem Suchen gefunden. Dieser Schreibtisch! *1 cm* Raum zur Arbeit. Und ein anderer dichtet »Schönheit«.

[714]   B [Wien,] 21./22.3.[19]21   [Zagreb]

Ich habe für Briefe vom 12. (am 19. erhalten), 12. abends (heute; mit Strafporto 6 Kr.) und Karte vom 16. (heute nachm.) zu danken.

Die Druckfehler: »Hir« und »Verd ener« sind *keine,* wiewohl es solche im wahren Sinne des Wortes sind; nämlich nicht dem Setzer passierte, sondern während des Druckes. Da hilft keine Aufmerksamkeit; es springt eben eine Letter aus. (Nicht Auslassung der Druckerschwärze). Aber gerade solche Fehler – natürlich nur in einem *Teil* der Auflage enthalten – stören doch eigentlich am wenigsten. Wird ein Druckfehler »als solcher erkannt«, so ist doch *nicht* »der Gedanke gestört«, höchstens der erste Genuß des Gedankens. Arg sind nur jene, die nicht als Druckfehler erkannt werden. Arg wäre ein solcher Maschinenfehler (nicht Satzfehler), wenn es z.B. jene Bildung betroffen hätte, jene Mißbildung, zu der Du in Klammer das *K* setzest. Wäre hier der erste Buchstabe ausgesprungen, so hätte der Leser nie *K* ergänzt. Natürlich ist Deine entzückende Frage: oder soll es ein Sphärenton sein? zu bejahen. Es ergibt sich ja aus der *Sphäre,* daß eben dies beabsichtigt war. (Nebenbei: das wovor mir nachträglich immer graut, eben wenn ich an das Idealohr denke, kann so zwischen uns erörtert werden. Es ist als ob mir von eben dort die stofflichen Bedenken abgenommen würden, wo ich sie erst habe.) Es ist »zum Sterben«, daß das Wort auch in einem Berliner Telegramm – und in dem ein Vergleich mit mozartischer Gestaltung vorkommt – seinen auffallenden Platz einnimmt. (Und auch gestern erhalten!)

»Schaffner« war in einem Zitat, ist aber auch an und für sich *richtig: nicht nur* Kondukteur, sondern auch = Schaffer. Mit »Apo =« (oder hätte ich das an jenes oben anschließen sollen?) ist's schwieriger. Nur daß es am Ende der Zeile steht, der Abteilungsbruch sich also mit dem beabsichtigten Teilungszeichen deckt, macht, wie ich zugebe, eine Schwierigkeit. Sonst muß es aus der Sphäre des Kommandierens, Herumschreiens, *Diktierens* sich ergeben, daß: mehr *Apodikt* als Benedikt. Vorher steht: *Punkt.* (Apodiktisch). Also kein Druckfehler, aber gewiß für manche schwierig.

Zu lieb ist das über die Gartenszene der Hunde (Maxl oder Ma*sch*?) und die grauenvolle Wiener Situation. Aber —— *ist* es denn »des Menschen Heiligstes«? – Sonderbar daß sich unsere Meinungen über jenen Münchner Heros brieflich begegneten. (*So* stehts auch in dem Berliner Telegramm.)

Aber wie ist das mit dieser *Wortträumerei von Verlegern?* Sie hat mich gestern in den *Traum* begleitet. Viel mehr als ein ödes Stück von Goethe, das ich nach so langer Zeit wieder durchlas (»Der Großkophta«). (Sehr peinlich sind auch »Die Aufgeregten« und »Der Bürgergeneral«.)

War ein getrocknetes Veilchen in Deinem Brief? Es lag im Bett neben mir, und ich hatte auch noch den Brief einer »Verehrerin« erhalten (Mänade). Ich hoffe sehr, es war *Deinem* Brief entfallen; jedenfalls liegt es jetzt drin.

»Metapher«: Aber wie oft stand dies Wort schon in der F. (z.B. »Abenteuer der Arbeit«), *Wie* »hinkend die Sache ist«, hättest Du erst gesehn, wenn Du das Geschmier selbst gelesen hättest. (Aber Du sollst gar nicht in den Rohstoff der Fackelfahnen dringen.)

Welche Ausschnitte? Agram oder die »Moral«-Sache, die ich auch sandte?

Agraseln = Stachelbeeren.

Die Wirkung der Polizei-Sache reicht sogar über den Saal. Die Polizei hat (dem Verlag) *telephonisch* energische Untersuchung zugesagt, nach Näherem gefragt u.dgl.

Aber die lateinischen Sätze hättest Du im Konv.-Lexikon finden können (bis auf: [?]…; die Formeln sicher).

Dagegen bleibt mir unverständlich: »… zugleich aber entferne ich mich von ihnen, indem ich mich stolz mit K….. st identifiziere«. (Warum das?) »Das können nicht einmal Leser der F. thun. Bei diesem Verbum …… Th. *geht unter* im K…. u. es *bleibt ein M.* !) Wer? Wieso? Was bedeutet das alles?

Zur lieben Karte: *Ich* gönn's ihm ja auch nicht, *aber ich kanns nicht verhindern.* Und: *Ich* bin leider ohne Primeln zurückgekommen. Freitag von einem Spaziergang: – Salmannsdorf – Neuwaldegg, heute von: Sievering – Salmannsdorf – Pötzleinsdorf. Auf einer Wiese gelegen. Aber alles noch weit, weit zurück (während es in den Stadtgärten schon sich regt).

Woher weißt Du, daß die Russen nach Wien kommen. Hier nichts darüber gelesen.

Hoffentlich erreicht Dich dieser Brief noch in Agram.

Heute hatte ich Irrentag. Sie meldeten sich von allen Gegenden zwischen Leipzig und Wien. Auch wieder die damals von der Rettungsgesellschaft und Polizei entfernte Familie, nämlich jetzt durch die ehemalige *Braut* des Bruders, mit Briefen von diesem, von denen ich schwören würde, daß sie eine Abschrift von Briefen *unseres* Falles an dessen Mutter, Schwester, auch an Dich sind. Es kreist weiter um mich. Außerdem habe ich einen neuen Hausirren, der *täglich* schreibt, nein: zwei, nämlich einen aus Brünn (gleichfalls täglich: wiewohl jetzt alle Briefe zurückgehen). Es ist furchtbar schwer. Man ist da oft ganz rathlos. Wegen unseres Falles werde ich mich erkundigen. Allerinnigstes, Herzlichstes für die Fahrt und für das Ziel!

[714]* K [Ragusa,] 6.4.[19]21 [Wien]
SN an KK

Bitte am 20. ein Telegr. nach Venedig, poste restante, was man vorhat, d.h. ob Du nach V. kommst. Wenn Dir sympathischer, könnten wir auch einige Tage nach Ravenna, wo ich mich an ein liebes Hotel erinnere, an schöne Mosaiken u. an wundervollen Pinienwald. Kommst Du aber nicht fort, so käme ich anfangs Mai nach Wien, u. vielleicht könnten wir einige Tage im Wien.Wald verbringen? Privatzimmer in Heiligenkreuz waren sehr nette. – Sehr viele Liebes, S.

[715]   B [Wien,] 7/8.IV.[1921]   [Ragusa]

Jetzt war ich vierzehn Tage und Nächte in Ordnungsarbeit vergraben. Ich kann nicht weiter. Es wird immer *mehr.* Es würde ein Jahr lang dauern. Der erste Antrieb war – nebst der Schreibtischmisere –: Korrespondenzen der beiden W. zu finden. (Der eine hat sich inzwischen gemeldet, aus München und aus Wien; er wurde nicht empfangen und hat keine Antwort bekommen, da es keine persönliche Angelegenheit mehr ist. Alles Nähere mündlich.) Was ich zutage gefördert habe – davor gehen selbst mir die Augen über. Ich hatte gar nicht mehr gewußt, daß alles *so* stimmen könnte.

Ich schrieb nicht, weil ich auf Adresse gewartet (abgesehen davon, daß ich wirklich nichts außer jener Arbeit getan habe). Nun habe ich eine offenbar verstümmelte Adresse. Ich warte mit der Absendung dieses Briefes auf den im l. Telegramm avisierten; etliche Drucksachen sind poste restante geschickt worden.

Ich habe für so viel Nachrichten zu danken.

Brief vom 19.3. Aber das Sternwort auf der Karte (das ich immer zurückgebe) konnte ich doch als *Wort* nicht ergänzen. Als *Sinn* tat ichs natürlich, wollte aber wissen, wie es laute. Für »Aufpeitschung« natürlich; man verdorrt ja sonst ganz und gar. »Doch seitdem der Stern gefallen, achtest Du auch nicht auf sein Gespräch« – welche doppelte Blasphemie!

Was L. zum Verständnis des Kritikers sagt? Ich ließ es ihn – seinerzeit – nur überfliegen, d.h. nahm's, als ich mich besann, in der Mitte der Lektüre weg, mit der Begründung, es sei uninteressant. Es ist aber mehr als interessant. Hier ist es wieder.

Karte mit Cordelia? Nein, einen so unterzeichneten *Brief,* den ich bestätigt habe. Ich glaube auch, daß *nicht mehr* zu bestätigen war. Sicher aber wäre nicht der Schreibtisch, nur die Post schuld.

Ch. war da und sehr lieb. Durch allerlei Mißverständnis bzw. Nichterreichenkönnen sahen wir uns erst nach zwei Tagen. B. war einmal da, mit einer sonderbaren Geschichte, dann spurlos entrückt. Auch vorher – 14 Tage in Wien – sich nicht blicken lassen, alle Vorlesungen versäumt, wiewohl angeblich danach verlangt. Höchst ungeschickt.

Noch sonderbarer D., die überhaupt kein Zeichen gab. Was bedeutet das alles?

Wegen Klinik konnte ich gar nichts erfahren, der Name im Telegramm ist wohl verstümmelt.

Natürlich: wo »zwei Seelen«, ists zumeist nur eine, wertlose. Das zeigt sich im Fall jenes W. exemplarisch. Er ist angeblich »ganz gebrochen«.

Was schreibst Du da von »Alterserscheinung«? Die wirkt doch nur in der Lyrik, nicht im Lesen Deiner Briefe. Was Du über den Brief des Arztes schreibst, ist höchst erfreulich und ausnahmsweise verständlich. (Wirklich fein, daß »den« den »Abend« abschwächen würde.) ——

Daß der Mitwisser den Namen gefunden hat, ist nicht so verwunderlich; er hatte ja die Widmung.

Wie wird das mit dem Zusammentreffen sein? Vor Venedig habe ich eine gewisse Angst; man bleibt immer unter den Menschen, deren so viele sein dürften. Gab's irgendeinen freien Fleck? Und einen grünen! Am 20. ist der Prozeß P. A.; vorläufig unvertagbar, da schon zweimal vertagt. Es geht also nur nachher. Ist da noch Zeit? Oder – Du kürzest Italien ab, ich reise Dir entgegen und wir ziehen durch alle Gebirgsgegenden, die wir damals im Auto gesehen haben, bis zum Höllenthal, das ja überhaupt das Schönste ist. Ganz wie Du willst. Ich komme, wohin Du mich rufst. Nur möchte ich, wenn möglich, allem Mondänen ausweichen.

Einen Zivilprozeß (Konzerthaus gegen mich) habe ich neulich gewonnen.

———

Es waren einige recht aufgeregte Tage. Schließlich behielt die Komik des Falles die Oberhand. Max L. telegraphiert heute aus

London: *»Wozu hab eigentlich«*. Sonst nichts: diese drei Worte und der Zuname! Verstehst Du das, als Hörerin? Ich will Deinem Nachdenken ein Ende machen: » – – ich ungarisch gelernt?« (»Sprachenpflege«). Wenn's zu Ende gediehen wäre, hätte ich's wohl nicht erlebt. Und die Braut von Steinamanger!

Bei der Ordnung auf dem Schreibtisch kenne ich mich nicht aus. Jetzt finde ich wirklich nicht alle Briefe, die ich zu beantworten habe, d.h. es scheint eine Karte zu fehlen. Der Brief vom 23.: es gibt keinen Wunsch, den ich Dir nicht erfüllen will —— außer *diesem*!! *Wie* soll ich denn das machen? Es ist ja eine ganz andere Welt, mit der's keine Verbindung gibt. Und soweit *die* sie *brauchen,* stellt sie sich ja von selbst ihnen ein.

————

Die Berichtigungen waren wirklich liegen geblieben; habe sie mit anderen nachgesandt. Hoffentlich alles erhalten. Auch das Ostertelegramm nach Agram? Ich glaube, daß ich auch nach Spalato (jedenfalls Ragusa) telegraphiert habe.

Es ist so viel zu erzählen, daß die Unmöglichkeit, es zu schreiben, auch den Antrieb, weniger zu schreiben, nimmt. Da wartet man lieber. Nun ist die Karte gefunden —— außer einem Brief, der nur Zurückgesandtes und die Notiz betr. »Split« enthält. Die Karte erfordert viel philologische Arbeit, die erst durch Vergleich mit den bezügl. Briefen zu leisten ist. Jeder Teil muß eben den von ihm empfangenen mitbringen.

Was mag mit Polizei-Sache gemeint gewesen sein? Die Überstellung eines Irren, der mich am Karfreitag umbringen wollte, auf die psych. Klinik ist erst an diesem Tag erfolgt und Deine Frage ist vom 25. datiert. Aber die Vorbereitungen dazu wegen der Qual fortwährender Drohbriefe. Vielleicht heißt es nicht: »entfernte« Familie. Es ist einer gemeint, der mir so lange zugesetzt hatte, bis damals die Rettungsgesellschaft geholt wurde (davon weißt Du ja): Schwester und Bruder, dessen Briefe wie auch die des *neuen* Falles, sehr »unserem Falle« gleichen. Es war, von *Dir, kein K* in Klammern. *Ich* schrieb, vielleicht (K)urzum. In einem Berliner Telegramm: von M.L. Nun wollte ich wirklich und wahrhaftig den Satz niederschreiben: »doch das beantworte mir lieber mündlich, sonst entstehen nur Mißverständnisse«, und sehe, daß *Du* ihr, fast wörtlich so, geschrieben hast.

Nur das, womit Du Dich durchaus »identifizieren« willst! Warum das? Nie wäre Deine Sphäre mir zu so etwas in den Sinn gekommen. Wäre es nicht am schönsten, sich dort zu sehen, wo es grün ist? Wo immer es sei. Wann *mußt* Du (weil Du willst) spätestens in J., beziehungsweise in Wien sein. Ich müßte es auch wegen Vorlesungen sehr bald wissen: die 200. und dann Wiederholung des Lyrik-Abends. Mit jener habe ich gewartet, dieser wird eigens angesetzt.

Ich schicke den Brief doch, ohne den Deinen abzuwarten, poste restante, und zwar mit tausend und einem Gruß, diesen für M.-M. Und noch das Sternwort.

[716]   T [Wien, 10.4.1921]   [Ragusa, Hotel Gradac]

Dank Brief postlagernd ++ Brief Drucksachen ++ zwanzigsten Proceß anberaumt ++ ab zweiundzwanzig möglich ++ vielleicht Venedig ++ Zeitknappheit ++ vorschlage dort abkürzen ++ Graz treffen ++ Gaming Höllental ++ alles ehemals Geschaute erbitte späteste Daten Wiener Ankunft ++ Abreise zwecks Ansetzung Termin ++ Ansetzung zweihundertste und Lyrikabend ++ innigst

[717]   T [Wien, 19.4.1921]   [Venedig, postlagernd]

Gestern Brief zehnten ++ erhoffe vierten Landtour ++ Innigst

[718]   B [Wien,] 22./23.IV.[19]21   [Venedig, postlagernd]

Wieder, seit drei Wochen, tief in Arbeit —— an dem Heft. Bestätige mit innigem Dank zunächst Brief Ragusa von einem Sonntag (nach der Ankunft). Wie beneidenswert! Und wie schade, daß es mir nicht möglich war! Wie Du weißt, hatte ich eigens die Vorlesung vom 4. April abgesagt. Aber dann sollte ich ja auf Nachricht aus Ragusa warten, und inzwischen kam der Gerichtstermin, der leider absolut nicht zu vertagen war (Nun ist es erledigt, der Lump hat alles vollständig zurückgezogen, in der Altenberg-Sache, und trägt die Gesammtkosten; ich sende Dir einen sehr lückenhaften Bericht). Nach dem 20. war's aber natürlich für Italien zu spät. Alle Zeitmöglichkeiten, die vorher groß aussehen, verkürzen sich dann so sehr.

Ich danke Dir für die Karte mit der Hotelansicht und für die mit dem entzückenden Erlebnis der Henne. Das ist ja ein Wunder, und ich weiß nicht, ob ich mich Dir noch nähern darf. Was kann es nur bedeuten? Was Dir da gebracht wurde, ist vielleicht mehr als fünf Bände und gewiß das Zeichen einer Macht, die es gut mit Dir meint (»So sag ich Amen!«)

Dein Brief vom 10. enthält das Telegramm, das ich ausgebessert sende. Ich hatte wirklich noch nie so deutlich geschrieben. Aus dem was wir gemeinsam *geschaut* haben, werden *Geschäfte:* Ganz räthselhaft kommen »Grüße« dort hinein, die zwar gedacht, aber nicht geschrieben waren, und gewiß nicht dort. Fabelhaft ist die Unterschrift. Das war nämlich links unten, ganz unscheinbar, als Absender geschrieben (aus bestimmten Gründen gebe ich jetzt auf Telegrammen die Adresse meiner Bedienerin an). Hoffentlich hast Du am 17. den Brief und anderes in Ragusa vorgefunden. Es dauert immer acht Tage hin oder zurück.

Ich hätte mich nicht begnügt, am Strand zu liegen und Sonnenbäder zu nehmen. Wie bedaure ich diesen Verlust. Ein Frühling mehr. Aber ich kann ja nichts dafür; es ist nicht zu helfen. – Von *Dir* habe ich nur ein Telegramm mit Hoteladresse bekommen (ich schrieb trotzdem postlagernd, da ich die Adresse für verstümmelt hielt). Was stand in einem andern Telegramm, wenn ein solches abgeschickt wurde? Wie beglückt mich die Aussicht der acht Tage! Aber Du machst es mir schwer. Wie soll ich das mit den Vorlesungen verbinden? Vor- oder nachher? Ich war damit (und bin es noch) in der größten Bedrängnis. Zuerst sich auf dem Land treffen geht schwer, weil ich 2 – 3 Tage vorher wegen des Programms etc. in Wien sein muß. Und wenn wieder zuerst die beiden Vorlesungen (selbst wenn dicht hintereinander), bleibt für das Land nicht viel Zeit. Immerhin schien diese Methode besser, und so habe ich mich heute für den 5. und 7. entschieden. Andere Termine, so nah nebeneinander, sind auch nicht zu haben. Denk nur: es gibt – für die 200. Vorlesung – überhaupt keinen Saal in Wien für mich! Es gehen ungeheuerliche Dinge vor. Das Konzerthaus, wo ich fast hundertmal gelesen habe, *verweigert* mir »über Direktionsbeschluß« den Saal! Natürlich aus uneingestandenen monarchistischen Gründen —— durch die Zeitumstände gesteigerte Frechheit, die nur auch so stupid ist, nicht die Folgen zu bedenken: denn es wird eine der größten »Affairen«, die je auf diesem Gebiete gespielt haben. Es ist schon alles in Aufruhr deshalb. (Die andern Säle scheinen Ausreden zu gebrauchen, sind jedenfalls im Mai nicht zu haben; es blieb nur ein Theater für den Feiertag-Nachmittag übrig.) Zu allen Plagen auch das noch. Nun muß ich Dich aber – da ich ja mit der 200.Vorlesung wirklich auf Dich gewartet habe – bitten, wenn irgendmöglich, *am 3.* in Wien zu sein. Es ist so viel zu sprechen, und ich fürchte, daß dafür, wenn Du am 4. abends kommst, totmüde sein wirst und am 5. entweder um ½ 3, oder schon um 10 Vormittags die Vorlesung ist, keine Zeit sein wird. *Bitte thus!*

Wenn Du aber das Opfer bringen könntest, um 3, 4 Tage Venedig abzukürzen, könnten wir uns – etwa an einem Tag, wo's wirklich ein Geschenk wäre – in Graz treffen. Aber dazu ist's ja wohl zu spät. Vielleicht beruft mich ein Telegramm am 1. Mai nach Graz? Wenn wir auch nur 1 Tag irgendwo wären, um in Ruhe zu sprechen! Am 8. würden wir dann für fünf Tage noch ins Höllenthal etc. gehen können. Oder kannst Du auf Pfingsten in Janowitz verzichten? Natürlich hätte ich »*den besonderen Wunsch, daß es später sei*«. Sich am 4. in Graz treffen, gienge nur, wenn auf die beiden Vorträge überhaupt *verzichtet* wird. Das hättest Du gewiß nicht wollen, und so habe ich mich für berechtigt gehalten, da höchste Zeit ist und sonst kein Termin zu haben, den 5. zu nehmen. (Der zweite im kleinen Saal ist ev. aufschiebbar für 10-12.) Und Du willst noch nach Ladendorf! Was bleibt da für uns? Wenn »ich *besser als Du weiß*, wann Du nach Wien kommst«, so sage ich: am 3. Ich werde den Portier verständigen.

Ich bin glücklich, daß Du zufrieden bist. Und ich beneide Dich so sehr um die montenegrinischen Landschaften! Dank für die beiden Karten, auch an M-M. und innigste Grüße!

Ich habe Dir viel zu *erzählen* und noch mehr zu *sagen*. In *jenem* ist auch etwas den »Fall« betreffendes enthalten, d.h. eine von mir vorausgesehene Konsequenz für *mich.* Ich habe erst kürzlich bei der Aufräumerei das Konzept jenes Briefs vernichtet, den ich Dir damals schreiben wollte. Da stand eben das angekündigt, was jetzt eingetroffen ist. Literaturzusammenhänge! Ich werde mich zu einem Brief (in dritter Person, ganz abweisend) aufraffen müssen, der aber *nur mit Deiner Zustimmung* abgeschickt werden kann. (War er denn in der letzten Zeit in Brünn? Nun soll er in Tulln sein, in einer dortigen Anstalt.)

Der Advokat sagte, daß die Scheidung ganz glatt geht.

Richtig, noch eins: daß ich D. überhaupt nicht gesehen habe, schrieb ich Dir schon? Und Bl. hat *nie mehr* einen Ton hören lassen. Ich finde das eigentlich sehr arg und kann es mir gar nicht erklären. Ch., der nach acht Tagen wiederkommen wollte, scheint nicht in Wien gewesen zu sein. Was bedeutet aber das Verhalten der Freundinnen? (Aber es sind wohl Gattinnen.)

Ich danke Dir so sehr, daß Du mich erwartet hast!

Bitte, Ankunft depeschieren! Oder sollen wir uns am 1. Mai in Bozen treffen? Nein, in Graz!

[719]   T [Wien, 26.4.1921]   [Venedig, postlagernd]

Samstag geschrieben ++ bestürzt heutiges Telegramm bauend vierten ++ nahm zweihundert fünften ++ eigens angesetzte andere siebenten ++ anderes unerhältlich ++ tieftraurig und wo bliebe Landwoche ++ erhoffe Telegramm daß spätestens vierten

[720]   T [Wien, 29.4.1921]   [Rom, Bostonhotel]

Verschoben Sonntag nachmittag

[721]   B [Wien,] 20/21 Mai [19]21   [Janowitz]

»Kaum war der Zug aus der Halle«, brach das Wetter mit Blitz und Regen los. Die Natur hatte bloß noch eine Respektspause von einer halben Stunde eintreten lassen. Zu der Einfahrt in den Park – bis dahin dürfte ich arbeiten – wird es gewiß wieder schön sein.

Hier (natürlich) trübe.

Karte mit dem Engel (der eben ein ahnungsvoller ist) erhalten. Sie sei mit der Beilage R.L., die wohl zum Allerschönsten gehört, von Herzen bedankt.

Möglicherweise fahre ich Mittwoch nach P., wo ich vorläufig nur kurze Zeit bleiben würde. Soll ich (wenn die Reise nicht überhaupt entfällt) von dort nach J. kommen? Paßt es? Allerseits? *Wenn* ich jetzt nach Böhmen fahre (was wahrscheinlich ist – ich warte noch eine Nachricht ab und bin auch mit der größten Arbeit noch nicht ganz fertig), so wäre es die schönste Gelegenheit, und es würde mich ein Telegramm erreichen.

Die Beilage G.K. sende ich nur aus persönlich-stofflichem Interesse, nicht als dichterisches Dokument wie die *andere*, einzigartige. Daß ein solcher Mensch so aufhören mußte!

———

Von Bl. habe ich ein Bild gesehn – an übelstem Ort –, das eine Ähnlichkeit mit dem Mann zeigt, der irgendwo in Schönheit sitzt und auf den Genius wartet.

———

Ich kann nur jetzt nach P. und dann erst nach Mitte Juli. Es wäre schade, nach den paar Tagen P. wieder zurückzufahren. Fahre ich aber *nicht* nach P., so käme ich natürlich wann es be*liebt* nach J. Nur wäre es am besten, schon jetzt alle Pläne zu besprechen. Was hält man vom Harz, von Thüringen und von der Nordsee?

Allerherzlichst.

[KK:] Bahnhof böhm. Trübau, 1 Uhr nachts
Viele herzliche Grüße, auch an Ch.   K.
[Mary Dobrženský:] Mit Votava.
Herzlichst Mary
Votava hat fast so gut chauffiert wie Du.

[724]   B [Pottenstein,] 3./4. Juli [1921]   [Dresden, Europäischer Hof]

Ein entschieden reiner Charakter kann in den Fall kommen, das Interesse zu verlieren und auf die Länge kalt zu lassen. Ein problematischer hingegen, mit dessen Widersprüchen sich unser Inneres von Zeit zu Zeit herumstreitet, nistet sich immer tiefer im Herzen ein und wird uns lieber, je mehr er uns zu schaffen gibt.

– – – Die Liebe aber ist ein produktiver Zustand, der nicht allein ein Wesen vollkommen schafft, sondern auch die Kraft besitzt, es vollkommen wieder herzustellen – –

Goethe
(nach dem Leben, 1830)

Dieser Brief trifft Dich in schwersten Sorgen. Aber keine wäre schwer genug, um zu verwehren, daß ich Dir sage, wie tief, wie jung mein Gefühl jetzt für Dich ist. Als Du wiederkamst, war es mehr die Errungenschaft als Du selbst; die Vergewisserung: es stimmte, daß etwas als unmöglich gewußtes eben doch unmöglich war, weil unser Leben mit einem solchen Riß und Verrat nicht abschließen konnte. Diese Jahre waren eine Prüfung und wir hatten sie bestanden. Dann waren Monate, wo noch dieses Gefühl nachschwang und stärker als das Glück die Befriedigung war, daß das Grauen dieser nie geglaubten Einsamkeit vorbei sei. Dann waren Tage, wo wir in eine gemeinsame Schönheit giengen. Und nun bist Du selbst da. Nun ist die Sehnsucht groß nach einer Stunde mit Dir, wo immer sie wäre, nein, nach dem Augenblick, den Du neulich hattest und den ich noch nie gesehen, aber so oft genossen hatte. Nun ist jede Entfernung von Dir erst die Spannung Deines Reizes und die Erwartung neuer Wunder. So ist das Glück jenes »Wasserfalls« doch noch übertroffen: ich erlebe etwas mit der Natur, was noch keinem eingefallen ist zu erleben, keinem Dichter und keinem Wanderer, und nehme Dich – täglich – dazu, und es zeigt sich, daß Du zu diesem Element gehörst, so sehr, daß ich in dieser Einheit von Wasser, Sonne und Dir gar nicht unterscheide. So denke ich, ob nicht einmal selbst dies zu verwirklichen wäre. Wir haben so oft bewiesen, daß nichts unmöglich ist – außer unserer Trennung. – Ich habe die Tage nicht mit Schreiben verbracht, nur mit Korrekturen an Dir. Hast Du mir nicht immer »zu schaffen« gegeben? Vieles was Du tust und sagst, ist an und für sich nicht gut. Es verhält sich mit Dir wie mit mir. Es ist nur Dein Stoff. Daß *Du* es tust und sagst, macht es wieder gut. Nichts bleibt vor Dir übrig als Dich zu lieben. Dann muß das Innere sich nicht mehr »herumstreiten«. Du und die Liebe, ihr dürft es euch erlauben. Manchmal denke ich: Dein größter Fehler ist, daß man Dich so selten hat. Selbst seit »man« Dich wieder hat, muß wieder Politik und Versteckenspielen einsetzen. Das würde nichts machen, wäre eher ein Plus, wenn man sich nur einen vollen Tag, einen Tag voll von jenen Augenblicken, und die Nacht dazu, ablisten könnte. Wenn ich von Dir gehe, mache ich tausend Treppenwitze der Liebe, die Dir wiederzuerstatten nie Zeit ist. Du weckst das ungeheure Verlangen, Deiner Natur so nahe zu kommen wie der Natur (wenn die Sonne auf mir liegt), und man möchte lange bei Dir warten dürfen, um auf irgendetwas von Dir zu warten, das Du nicht sagst. Damals im Winter war es immer noch der Riß, das Unbegreifliche, und ich hatte so viel Mühe darüber hinwegzukommen wie Befriedigung, daß es vorbei war. Aber jetzt ist Sommer, jetzt bist Du da, und hast an Wert nur gewonnen. Ob's mir ein zweitesmal gelingen würde? Ehe es auf den Versuch ankäme, wäre es besser, die Augen zuzudrücken und Deine Sonne in ein zweifelfreies Leben hinüberzunehmen.

[725] B Potštýn 11.7.[1921] montag nachm.   [Janowitz]

Das Weib, welches den Koffer trug, wollte auf dem M.-Bahnhof noch etwas Geld *rauben* und machte einen großen Lärm, so daß ein Wachmann intervenieren mußte. Im Zug leistete mir ein Prager Ministerialbeamter Gesellschaft (von der M.L.-Terrasse), zitierte die Fackel und trug den Koffer zum Auto, in dem W., der Diener und der Hund Sirolek warteten. W. teilte mir mit, daß er erst *Dienstag* früh fahren könne, weil die Luise noch nicht eingepackt habe. Montag sei es absolut unmöglich. *Dadurch geht ein Tag verloren.* Dies nun scheinst Du geahnt zu haben, da Du mir nach P. telegraphierst. Soeben, 2 Uhr, ist das Telegramm – rasch genug – eingelangt. Es ist ziemlich verstümmelt (wohl von einem Korrektor, der die deutschen Ortsnamen durch tschechische ersetzen wollte. Und lautet: »Da Mittwoch *Ingro-witz* (ich vermuthe, daß Du *Lösch* geschrieben hattest), vor-schlage Freitag früh Zwittau *frühe Zwittau–Svitavy* (vermuth-lich Einschaltung des Beamten; frühe = entweder früh*er* oder Wiederholung des »früh«) oder abends Troppau wo vier Uhr ankämst Svinov umstei*m*(g)end. drahtet Entscheidung Zusam-menkunft – Mechthilde schreibt tägliche Erwartung.«

Soweit ich das Telegramm verstehe, soll ich entweder Freitag früh in Zwittau oder Freitag abends in Troppau sein (in wel-chem Fall die gemeinsame Autofahrt nur 20 Kilometer wäre). Nun wollte ich Dir eben, schon vor dem Telegramm, schreiben, daß durch den Verlust des einen Tages die Bestimmung sich sehr schwierig gestalten dürfte und den Vorschlag machen, entweder allein nach K. zu fahren (was Du aber wohl kaum wünschen würdest) oder die Fahrt nach K. bis nach der Rückkehr von Dresden bzw. Lobositz zu verschieben, also auf die letzten Juli- oder die ersten Augusttage. Diesen Vorschlag wollte ich wohl hauptsächlich für den Fall machen, daß Du nicht nach Lösch gehst. Denn wie sollte ich in 2 – 3 Tagen Hin- und Rückfahrt Wien *nebst* Paßbeschaffung bewerkstelligen können? Ich hatte tatsächlich – als ich in D. Wien statt Ostsee bestimmte – an den *20.* gedacht, umso mehr als ich Deine Frage, ob ich länger in Wien bleiben wollte, bejaht hatte. Auch hatte ich geglaubt, daß die Fahrt nach Lösch sicher sei. Nach Wien zu gehen, habe ich mich hauptsächlich aus dem Grund entschlossen, weil dort eine ganz dringende Druckereiarbeit auf mich wartet (Imprimatur für den III.Akt, ohne das nicht weitergedruckt werden kann und die ganze Arbeit wieder um zwei Monate verzögert wird, da die Druckerei anderes vornehmen würde). Das dauert, bei intensivster Anspannung, immerhin einige Tage und Nächte.

Nun kommt Dein Telegramm, das trotz Lösch mir die Sache schwierig, fast unmöglich erscheinen läßt. Nämlich selbst wenn ich den eigentlichen Zweck der Wienfahrt vollständig vernach-lässigen wollte (in welchem Falle es aber trotz der angenehmen Auto-Gelegenheit besser gewesen wäre, in P. zu warten und Dich am Freitag in Brünn zu treffen, wohin mich übrigens auch das Auto gebracht hätte). Die bloße Rückfahrt – ohne jede

Rücksicht auf den Aufenthalt in Wien – erfordert eine Leistung, die bis Freitag früh nicht durchzuführen ist. Zwittau käme da überhaupt nicht in Betracht. (Da müßte ich das Visum Donnerstag nachm. haben.) Ich treffe Dienstag spät abends in Wien ein. Wenn ich *Glück* habe, erreiche ich Mittwoch den Diener, der Donnerstag das Visum besorgt. Ob er es Donnerstag bekommt, ist unsicher; eher glaube ich: Freitag. Wenn ich auf ihn verzichte und mich selbst – in Hietzing! – anstelle, dauerts bestimmt länger. Habe ich das Visum Donnerstag abend, so kann ich Freitag früh nach Troppau fahren. (*Jedenfalls* würde ich die Karte Mittwoch nehmen und eventuell zurückgeben.) Es ist doch aber eher anzunehmen, daß ich das Visum erst Freitag bekomme. Gienge es also nicht, daß wir uns *Samstag* abend Troppau (oder früher Olmütz oder irgendwo) treffen? Wenn nicht, was mir ja sehr, sehr leid täte, würde ich Dich bitten, *jetzt* auf die gemeinsame Fahrt nach K. zu verzichten. Ich würde dann an einem der letzten Juli-Tage nach Janowitz kommen, so daß wir von dort wirklich eine gemeinsame Autofahrt hätten (nicht bloß Troppau-Kuchelna), oder wir könnten von Brünn aus fahren. Hoffentlich stimmst Du der Möglichkeit *Samstag* Troppau (oder anderwärts) zu oder willigst in den Aufschub. (Im zweiten Fall würdest Du wohl diesmal überhaupt nicht per Auto nach L. fahren?) *Jedenfalls* verschaffe ich mir sofort das Visum. Sollte ich – wider Erwarten – es Donnerstag (also schon am Tag nach dem Auftrag an den Diener) haben, so würde ich nach L. depeschieren, wiewohl das ja ziemlich unsicher ist. Dieses liebe Zusammentreffen ist eben von zu viel Faktoren abhängig und es fehlt eben gerade der *eine* Tag (um den mich W. gebracht hat), um Freitag nachm. Troppau zu sichern. Was soll geschehen?

Der heutige Vormittag im und am Adlerfluß übertraf alles, nur nicht die Dresdner Stunden.

In Troppau würde ich vor dem Hotel »Römischer Kaiser« (oder so ähnlich) warten.

[726]   T [Pottenstein, 11.7.1921]   [Janowitz]

Wotava kann erst Dienstag wegen Visum ++ erreiche Diener
schwer ++ vorschlage Samstag abends Troppau oder Aufschub
Kuchelna bis Rückkehr ++ Dresden Eilbrief abgesandt.

[727]   T [Wien, 14.7.1921]   [Lösch]

Samstag nachmittag ankomme Olmütz   ++ Innigst

[728]   T [Wien, 15.7.1921]   [Brünn, Grandhotel]

Sofort nach Visum Lösch telegrafiert ++ nachmittag Olmütz

[729]   B [Dresden, Europäischer Hof, 21.7.1921]

[Dresden, Europäischer Hof]

Weber
   Wie aber zusammentreffen, da Karte nicht hinreichende
Direktiven gibt.
   Bin im Schreibzimmer.   Allerherzlichst

[730]   T [Bolatice, 23.7.1921]   [Janowitz]

Faust Helena beglückte ++ ersehntes Lebenszeichen von Eupho-
rions Weltflug.

[731]   T [Bolatitz, 23. 7. 1921]   [Dresden, Europäischer Hof]

Schönsten Dank ++ Eltern grüßen innigst ++ vergl. Sidonie Na-
dierny

[732]   B [Kuchelna,] 1./2. August [19]21   [Janowitz]

Wir lieben Dich.

[732]*   K [Janowitz,] 1./2. August [19]21   [Kuchelna;
                                                    nachgesandt: Janowitz]

SN an KK

Dora schreibt: »Wo ist jetzt K.K.? Bitte verlange für mich jenes
F.Heft welches über die Expedition Karls nach Ungarn damals
handelte; habe dieses nie erhalten u. es soll so fabelhaft sein!« –

Seit gestern wieder hier, hoffe man kommt jetzt *sehr* bald! U.
dass auch Mechtilde bestimmt kommt! U. Mary! – *Alles* Liebe

[733]   B [Janowitz, 4.-18.8.1921?]

Als gestern nachts hinunterkam, im Gang ein Licht gesehn. Somit weiß M. oder N., daß ich oben war. Vielleicht also gut, M.
zu sagen, daß wir drei gestern noch einige Zeit zusammen waren
(da vielleicht auch Stimmen gehört wurden; sonst könnte ich
auch *allein* etwa bei einer Bibliothek gewesen sein).

Was aber tut man, wenn – wie es den Anschein hatte,
beobachtend – die N. das Licht hielt? Vielleicht auch (von selbst)
sagen, daß wir noch etwas zu sprechen hatten?

[734]   T [19.8.1921]   [Janowitz]

Als ich noch Prinz war von Arkadien.

[735]   B 28./29. 8.[19]21

Himmelsschwester!
Du hast gestern alle Sterne zu Zeugen gerufen, daß keiner ge-
fallen sei.
Der Beweis gelang. Du warst unter ihnen!
Solang ich auf der Erde bin, will ich Dich preisen.

[736]   T [Česká Třebová, 6.9.1921]   [Janowitz]

Es war arg ++ reise Troppau ++ allerbestes

[737]   T [Wien, 19.9.1921]   [Janowitz]

Komme heute Montag acht Uhr abends Wottitz ++ herzlich.

[738]   K [Prag, 30.9.1921]   [Janowitz]
KK und Max Lobkowicz an SN

[KK:] Die innigsten Grüße senden Karl Kraus
[Max Lobkowicz:] Mußte leider die Fahrt nach Greifenberg um
24 Stunden verschieben. Hoffentlich auf Wiedersehen vor dem
15. Max Lobkowicz
   Wilsonbahnhof

[739] T [Wien, 4.10.1921]   [Janowitz]

Dank Brief ++ sechzehnter und siebzehnter feststehend ++ innigst

[740] T [Wien, 11.10.1921]   [Janowitz]

Nachmittag u. abends hoffentlich Ankunft ++ vierzehnten wegen Freundin ++ innigst.

[741] B [Wien,] 5./6. Nov.[1921]   [Janowitz]

Trotz allem Allerbeste!

Das Ausbleiben des »Wortes« ist begründet 1.) in einer Stimmung verlassenster Aussichtslosigkeit, nach innen und außen (auch im Gefühl des hiesigen Jammers, der ohne eine Wahrnehmung des Stadtbilds fühlbar ist) (in den spärlichen Aufblicken von der Arbeit, die mich 2.) seit so vielen Nächten wieder bis zehn und nach zehn Uhr festgehalten hat. 3.) in der Achtung vor Deinem Ruhebedürfnis, zuletzt noch in dem so flüchtigen telephonischen Abschied befestigt, der mir ein wenig »dieses G'fühl ...« beibrachte, wiewohl ich mir Deine Eile mit dem Wunsch erklären konnte, die Berathung wegen der Rückfahrt nicht im Stich zu lassen.

M. habe ich auf den ersten Brief – erbitte Rücksendung – in dem sie Deiner lieb gedenkt, kurz geschrieben und nun (zugleich mit der gestrigen Sendung an Dich) wieder, weil ich empfinde, wie sehr sie es gerade jetzt braucht. Wenn Du doch bei ihr sein könntest! Wie gequält ist dieses arme Leben, das so systematisch um allen inneren Reichtum betrogen wird! Nimm ihrs nicht übel, daß sie nicht schreibt. Sie weiß sich wohl nicht zusammenzuraffen, um nichts, noch um alles zu sagen. Doch holt sie es sicher nach. Um wie viel höher steht sie doch als die Verfasserin des Briefs, den ich hier zurückgebe. (*Diese* undelikate Sachlichkeit mit Pincki und Mauserl garniert und dann wieder mit Gartenlaubenformeln für Gefühle: »ich vermisse oft Frische und Frohsinn bei ihm – doch wer hat keine Fehler?« (Sogar er!) ... Und: »er kann dieser Art fanatischen Leidenschaftlichkeit nicht *nachspühren.*« (Nein, das kann er nicht, besonders wenn sie nicht vorhanden ist) ... »so daß ich nicht mehr so rat- und rast-

los einhertreibe, jedem Sturm innerer Haltlosigkeit preisgegeben; aber was in mir war, lebt in mir weiter!« … Und nun »Madame Croquemitaine«! Selbst wenn D. es wäre, ist die Fügung
scheußlich. Das Heft, das sie wünscht, lasse ich *Dir* senden.
Aber das ständige Exemplar könnte sie erst nach der Scheidung
wiedererhalten, da man es doch nicht an diesen Namen (freiwillig) schicken kann. Abgesehen davon, daß ich über die unglaubliche und noch nicht aufgeklärte Verzerrung meines Gesprächs
von damals nicht hinwegkomme. Wenn das nicht geschehen
wäre, könnte ich mir eher die Anerkennung mancher sympathischer Züge, die Du wohl mit Recht verteidigst, abringen. Vielleicht sagst Du ihr, daß nach Deutschland wegen der großen
Teuerung keine Freiexemplare mehr geschickt werden (und auch
sonst hier nur noch wenige). Das ist auch wohl so der Fall.

Ob es dem Dichter helfen wird, daß er Schwiegervater eines
Referendars geworden ist, halte ich für sehr zweifelhaft.

Daß wegen jenes Dummkopfs, der im Aeroplan reist, der
kleine Opel in Gefahr kommen könnte, hätten wir uns damals
in Wien noch nicht träumen lassen, nicht wahr? Hoffentlich
bleibt dem Kleinen – ich meine den Opel – jeder fernere Re-
staurationsversuch erspart. Peinlich ist zu denken, daß man nie
mehr im Leben nach Madeira wird gehen können.

Aber in Berlin müßte ich schon am 5. Dezember sein. Wirst
Du M. die Freude bereiten, sie abzuholen, oder [mit] mir, am 4. in
Prag (oder Beneschau) zu sein? In jenem Fall würde ich wohl
über Passau reisen.

Und nun laß Dir noch sagen, daß ich, wenn ich nicht über
Dich nachdenke, Dich unerhört hochschätze, und wenn ich
über Dich nachdenke, noch höher. Was soll ich also tun? Es ist
ein Zustand, aus dem ich mich am liebsten in die Arbeit rette,
durch die ich Dir aber noch näher komme. Nicht einmal die
Vorstellung, daß Du mit »Porzellan und Hauselend« beschäftigt
bist, kann gegen Dich helfen. Daß Du dazwischen an mich oder
vielmehr an uns denkst, macht es auch nicht besser. Die Stimme,
mit der Du »*alles* Liebe« schreibst, hat sogar etwas von jener, von
der es heißt, daß sie »so sanft und mild war, ein köstlich Ding an
Frauen«. Und habe ich die vollkommene Übereinstimmung

nicht wenigstens in dem Punkt erfahren, daß Cordelia schweigt? Nein, gegen Dich ist kein Kraut gewachsen, und wenn ich noch an die tägliche Gesichtsfrottierung denke – die Folgen sind gar nicht auszumalen. Du wirst mich wieder einmal einen »Kurmacher« nennen, selbst dieses Wort könnte mich nicht ernüchtern, und eben dazu würde mich doch nichts als Dein Wert bestechen. Liegt er nur in meinen Augen, so ist er doch sicherlich mehr vorhanden, als wenn er in aller andern Augen läge, und es wird schon etwas zu bedeuten haben, daß ich an der Welt kein gutes Haar lasse außer jenen, die Du auf Deinem Kopfe trägst.

Was sagst Du übrigens zu diesen Sätzen, die ich in einer Swift-Monographie gefunden habe:

»Selten ist es, daß in einem Manne die Gabe sprühenden Witzes, zersetzender Satire und einer alles zermalmenden Schärfe des Urtheils mit einem Herzen gepaart wäre, welches ein weiches sein muß, um der äußersten Raserei der Liebesleidenschaft fähig zu sein. Dies ist im Charakter Swifts fast ein ebenso großes Räthsel, wie es die Doppelliebe ist, der er verfiel und deren tatsächliche Motive und Lebenswendungen ein ewiges Geheimnis bleiben werden.«

Es war doch etwas anders und es fehlte der Zusammenschluß und Dreikuß; der Unterschied der Anziehung, der die Einheit aufhebt. Für jene wäre ich bereit, zu sterben. Für Dich, in dieser verlorensten aller Welten zu leben. Daraus wird dann das Leben, »nach dem Du Dich sehnst«: das Heft, das ich in der Hand behalte.

[Notiz auf dem Kuvert:] Hauptpost 6/7   Wenn *S.* will, erhält natürlich *D.* das Exemplar.

[742] B [Wien,] 27./28. Nov.[1921]   [Janowitz]

Liebster Freund!

Die – fast drei – Wochen sind vergangen in Arbeit ohne Aufblicken und ohne an jenen schmerzlich schönen Brief Denkenwollen. Eigentlich wäre gar nichts mehr dazu zu sagen, da es ja keinen Sinn hätte, zu sagen, die Natur solle nicht so, sondern anders sein. Und doch gebietet das Gefühl, mit dem so ein Todesurtheil ausgesprochen wird, Dank, unauslöschlichen Dank, und an den hast Du ja auch ohne Worte geglaubt. Mir ist alles ver-

ständlich, denn das war es mir ja immer und schon damals, als
Du es nie wahr und Wort haben wolltest, immer, immer gegen
alle Deine Widerrede. Denn ich wußte und weiß, wer Du bist.

Und dennoch muß ich sagen, daß mir auch alles wieder unverständlich ist. Unverständlich wie manche Deiner Handlungen, die mich betreffen: die Meinung, ich wollte Dich nicht als
das Objekt *jener* Wirkung anerkennen, die Du mit solcher
Herzlichkeit zugibst und der Du Dich – liebend – unterwirfst.
»Du aber sagst, dann brauchst Du mich nicht, das kann auch ein
Mann.« Wenn es wahr wäre – daß ich Dich dazu nicht brauche –,
müßte ich Dich mehr verabscheuen als die hunderte Männer, die
ich allerdings dazu habe, ohne sie zu brauchen, und vor denen ich
in jene Wüste rennen möchte, von der wir zwei einst gekommen
sind. Ich weiß ja nun freilich nicht, wie Du Dir diese Wirkung
denkst und ob Du wirklich so gering von Dir denkst, daß Du
glauben kannst, ich könnte Deine Seele, und wenn die Weib-
gestalt ihr völlig abhanden gekommen wäre, je in solchen Vergleich bringen. Aber *ich* denke so: Selbst die Wirkung auf jene
Männer gehört – naturnotwendig – dem Bereich an, dem das
dort zuständigste Weib (mit und neben allen ihren Gaben!)
heute entflieht. (Durch irgendein Verhängnis der Nerven, das es
gibt und für das niemand mehr liebevolle Schonung hätte als der
Liebende.) *Hören,* und davon allein – wie »niemand mehr« –
gehören: —— das ist ja alles und vielleicht mehr als das andere.
Nur —— *wie* denkst Du Dir das? Aus derselben Entfernung, die
ich zwischen mir und dem Hörer und Leser aufrichten muß? Wie
alle jene, die ach so gern in die Nähe kommen möchten? Und Du
wolltest in der Entfernung bleiben? Sie genügt Dir? Sie befriedigt
Dich? Der Einfluß, den Du anerkennst, treibt Dich nicht weiter
als alle jene, die nur Halt machen, weil sie derselbe Einfluß
hemmt? Oder willst Du auch das zu Dir *allein* Gesprochene
hören? Und wenn Du nicht *lohnen* willst – hast Du je geglaubt,
daß ich dann als Lohn empfinden könnte, was Du *trotzdem*
gibst? Warum führt Deine Zweiteilung, die ich mit dem Glauben
an die unerforschlichen Wege der Natur hinnehmen muß, bis zum
grausamsten Mißverständnis meines Wesens? Wie könnte derselbe Mensch, den Du so siehst wie Du ihn beschreibst, zugleich

der sein, der *solchen* Lohn begehrt? Da wäre noch unfaßbarere Zweiheit und wohl auf Kosten des besseren Teils, der in *Dir* doch heil ist. Lohn außerhalb der Wirkung, der Wesensleistung! Fließt er nicht von selbst aus ihr, so ist es keiner.

Und nun könntest Du sagen, dies alles stehe in Widerspruch zu meinem Gehaben. Das mag wohl sein. Aber die Schuld trage nicht ich. Mich anders zu zeigen, war keine Zeit. Und das kam so. Was ich immer wollte und brauchte, weil es ein Lebensmittel ist, ohne das es nicht weiter geht, ist das Zeichen jener Wirkung, irgendeines, über das es keine Täuschung gibt. Keines hast Du gegeben. Versteh mich recht. Niemand auf Erden gibt es, den ich – mit allen Fehlern: um sie zu tilgen – so zum Freund möchte wie Dich. Zu einem, zu dem mir *kein* Mann taugt. Wenn du körperlich verhindert wärst an dem Beweis, der der faßlichste ist —— Du glaubst, ich würde mich dann von Dir wenden? Vielmehr ist es so: Belüge Dich nicht darüber, stelle Dich außerhalb aller Müdigkeitssituationen, in denen Du vor einem (einem gegenüber) stehst, der zu viel verlangt; denk an Eine, die zu wenig gibt, und Du wirst erkennen: wir haben uns in acht Jahren überhaupt nie gesehen, nie gesprochen und Du bist auch in der zugänglichen Sphäre in Wahrheit sie, die ich nie gekannt. Nun gibt es dem Liebenden ein Zeitmaß, das ihm alles ersetzt, wenn keine Zeit gegeben ist und damit er sie dann nicht braucht und nicht vermißt. Das ist: der Augenblick. Der macht die Ewigkeit aus, und auf dem Augenblick mußte ich bestehn. Nicht weil ich unersättlich bin – natürlich wäre ich das an Dir –, aber weil Du mir keine Zeit gegeben hast; weil ich bescheiden war. Hättest Du sie gehabt, hättest Du sie noch, sie würde mir in keinem irdischen Fall so genügen wie in Deinem, denn da hätte ich doch mehr als von allen andern, und die Ewigkeit schaffe ich mir schon. Nein, zu dem, was Du mir außerhalb dieser verlorenen oder verschollenen Möglichkeit geben könntest, würde mir kein Mann taugen. Willst Du? Laß es einmal auf die Probe ankommen, ehe das Leben zu Ende ist. Versuche einmal, *mit* mir zu leben, ohne daß diese Gemeinschaft etwas enthielte, was Du nicht oder nicht dann, wenn der Beweishungrige es will, geben kannst. Ich würde mit keinem lieber als mit Dir – die herrliche M. ist ja selbst ich –

alles was in meiner Welt liegt, betrachten, tragen, erleben, besprechen wollen. Ich kann es nicht, wenn ich nur ein winziges Zeit- und Raumteilchen von Dir abbekomme, und da, dann, erwacht aus dieser Entziehung, in der sich alles Wesentliche verkürzt sieht, die *Lust*, der Du nicht gewachsen bist. Mit aller Illusionskraft suche ich sie als einen Anspruch auf Deinen Ursprung, ihre Erfüllung als etwas vom Ursprung Kommendes mir einzubilden, verbinde es mit Deinem Wesen, und so entsteht aller Zweifel und alle Zweiheit. Deine Lebenseile hat nur *diesen* Anspruch ermöglicht, hättest Du je Zeit gehabt, mich anders zu sehen, Du hättest Deinen Schritt verlangsamt. Aber so mußtest Du ja vollends *fliehen.* Niemand wäre würdiger, niemand glücklicher als Du in einem Verkehr mit mir, wie Du ihn Dir wünschest, aber Du hast bisher nicht den Entschluß aufbringen können, die schöne Gelegenheit zu schaffen, Dich Dir anders zu zeigen. In dem knappen, tausendfach zersprengten Ausmaß unseres Verkehrs blieb zu nichts die Zeit als zu meiner Lust und zu nichts die Möglichkeit als zu meiner Phantasie, die unendlich viel Zeit- und Spielraum bekam, jene zu vergrößern und *mit vermehrtem Anspruch bereitzuhalten. Dies* ist das Labyrinth, das Du ahnst. Ich glaube wohl, Du würdest auch wieder Deine – jetzt mit allen Gründen chokierte – Natur gewinnen, im Aufleben würdest Du auch dieses Lebens, das doch *ursprünglich* nicht trennbar ist von Dir, wieder teilhaft werden, aber ich würde mich nie auf kaltem Weg seiner vergewissern wollen, was doch eben nur die Ungeduld vermocht hat, die Niegekannte zu kennen, *irgendwie* und wäre es auf die unmöglichste Art sie zu erleben.

Aber so darfst Du Dir nicht Unrecht tun, daß Du Dich mit Willen in dieses Inkognito zurückziehst und mit Verleugnung von allem, was die Natur doch immer in Dir vermag. Warum läßt Du Dich denn gern an die Gesichtsfrottierung erinnern und versprichst sie? Derlei ist doch nicht bloß eine ästhetische Angelegenheit, besonders nicht, wenn Du davon schreibst. Und seit dem letzten Weihnachten hat es doch auch Augenblicke gegeben – ich meine nicht jene, in die *ich* meine Ewigkeit hineinpressen wollte –, sondern solche, wo Dein Lesen und Hören Dich doch – beinahe – dorthin geführt hat, wo Du versagst, ver-

sagen willst. Ich möchte dem köstlichen Spiel mit dem Wort
»Verlegen« (Legen, Liegen) schon ein Blatt meiner Lebenserin-
nerungen weihen. Ja, da wußtest Du's sogar. Aber wenn Du
jetzt so lieb schreibst: »Soeben ist es gekommen« und Du – natürlich – das Heft meinst, so wünsche ich mir, ohne Psycholog
zu sein, doch keine bessere Leserwirkung. Und so kalt unser
Leben oft war, *meine* Augenblicke hatten doch auch manchmal
Deinen Inhalt, wenn die landschaftliche Natur – in einem Kahn
unter Sternen – Dir zugesprochen hat, sie nicht zu verleugnen.
Ich würde Dir nie zusprechen, wenn meine Wirkung es nicht
vermag, von der Du doch sagst, daß sie *einen grauen Himmel
zum Glühen bringt.* So begnüge Dich, mich zu lesen und zu
hören! Aber genügt es Dir, mich nur so wie andere zu hören,
dann können wir es uns an den Fingern abzählen, wie viel Gelegenheiten dazu das Leben noch bringt.

Hast Du manchmal eine Vorstellung, einen Gedanken daran,
wie mir vor dem Schlafengehen zu Muthe sein mag? Unter allen
Stimmen, die ich da höre, fehlt mir die eine.

[743]   T [Wien, 28.11.1921]   [Janowitz]

Für alles Dank ++ Brief folgt ++ abreise vierten Passau.

[744]   B [Wien,] 30./1. Dez.[1921]   [Janowitz]

M. war da – mit L., der zum Glück nicht drin war. Es war unbeschreiblich heute. Man lachte und weinte, und des Jubels war kein
Ende. Das zweite Lied war verändert worden, da es zu schwer war.
Ich wollte, ich könnte das jeden Abend lesen. Du mußt kommen,
wenn es wiederholt wird. (Für B. und Prag ist es nichts.)

Und trotz allem, ich glaube es geht nicht mehr; ich kann nicht
mehr weiter mit mir. Was mich noch hält, ist, daß ich Dir und
ihr helfen möchte. Könntet ihr mir desgleichen tun! M. will es.
Und Du auch, auf Deine große, seltene Art, die ich immer zu
spät erkenne.

1./2. Dez.

Ja, aus Vollkommenheitsdrang —— für mein Kunstwerk, das Du
bist! Aus Liebe zur Natur! Es ist ein – in der Natur *möglicher,*
ihr eigentümlicher – Zufall, daß sie nicht antwortet. Man muß

ihn respektieren und auf ihre Wunder warten. Und wenn man daran zugrundegeht. Jedem Kampf um einen Beistrich, den ich führe, mußte sie antworten, ganz, mit *allem* was sie vermag. Und doch ist es *mir nicht* unbegreiflich, daß sie »flieht«. Die Flucht ist qualvoll? Bitte, bitte sag mir eines – denn ich muß Dich kennen lernen –: Ist die Qual der Flucht größer als die Qual, vor der sie flieht? Dann ist Hoffnung. Und: »Gegen andere darf sie ja sein, aber nur nicht gegen Dich«. *Ist* sie gegen andre? Oder liegt alles daran, daß sie zu anderen fliehen möchte? Dann ist keine Hoffnung. Alles war darauf gebaut, daß eine geistige Anziehung eben das vermöchte, was der andern, der ungeistigsten, gelingt. Soll ich wünschen, daß es keiner mehr gelingt? Dafür würde ich mich verachten, Dich beklagen.

Ich zerquäle mich um das ausgestrichene Wort, für das jetzt »Küsse« steht, wie um mein ausgestrichenes Leben. Ich hätte Deine Thränen geküßt? Und Du hättest mir diesen Ausdruck zugestanden? Was geht da nur vor?

Es muß ein Ausweg gefunden werden —— für alle! M. muß »nichts wissen« und doch genug, um zu helfen. »Gäbe es nur ein inneres Glühen!« Ja, gäbe es das! Aber wie empfängt das der andere Teil? Du bist —— sie, die ich nie gekannt. Könnte ich einmal dabei sein, wenn Du an mich denkst! Und Du, wenn ich an Dich denke!

Das Wichtigste bist jetzt Du.

Du *darfst* nie mehr Thränen haben, selbst wenn ich Dich dafür küssen dürfte, will ich es nicht!

Dich drückt viel, wovon ich Dir helfen muß, ohne zu klagen, daß dieser Druck, an dem ich unschuldig bin, auf unserer Beziehung lastet.

Es ist unmöglich, daß ich Dich aufgebe. Ich konnte es eher vor drei Jahren als jetzt. Wenn Du aber glaubst, daß meine Entfernung Dir eher helfen könnte als meine Nähe, so müßte sie geschehen. Wenn das Unvermögen, von dem Du sagst, daß es die seelische Verbindung umflort, ein wesentliches wäre, so hätte ich Dich nie geliebt. Ich tue mehr, ich glaube an Dich.

Nimm mein Gedicht und frottier' Dein Gesicht —— dann wirst Du sehen, wie schön Du bist, und Dich unsres Lebens freuen!

Noch unbestimmt, ob Fahrkarte für 4. oder 5. Eher 5.
Berliner *Brief*adresse:
Berlin W Postamt 35
Genthinerstr. postlagernd
Ch. innigsten Dank und Gruß!

[745]   T [Prag, 24.12.1921]   [Janowitz]
Abreise Prag heute halb zehn ++ Innigst

1922

Samstag nachmittag, ehe Dein Brief kam, stand ich mit Schmerzen wie ich sie noch nie hatte im Schlafzimmer, mit solchen, die
meine rechte Seite förmlich ins Grab zu ziehen schienen, dachte,
wie sonderbar das ist, daß gerade der eine Mensch, an den ich
doch mehr als an alle anderen im Leben gedacht habe, jetzt gewiß nichts für meinen Zustand fühlt, weniger als alle fühlen
würden, oder daß er es doch nicht aussprechen kann; und hatte
den schrecklichen Einfall – denn selbst darin fühle ich noch mit
ihr –: ob sie nicht aufleben würde, wenn ich nicht wäre, ob ihr
das nicht helfen würde, und im selben Augenblick wußte ich
schon, daß es nicht der Fall wäre, und hatte das äußerste Mitleid
mit ihr, die dann unglücklich lieben würde und ganz gewiß als
Verlust all das fühlen, was ihr als vorhanden so wenig Gewinn
brachte. Also es war eine »ungerechte Welle«, die gleich der
größten Liebe wich, aber nicht weil ich Deine Briefe las, sondern
weil plötzlich der Abend unseres ersten Tages vor mir stand und
ich Deine Stimme, die im Herbst, hörte: Begleiten Sie mich! Es
war der erste, letzte, einzige, aber acht Jahre durchstrahlende
Augenblick, wo ich Dich aktiv gesehen habe, und ich wurde eifersüchtig für einen, dem und vor dem es geschah, und wieder für
mich, dem es seit damals in allen Träumen aller Nächte und Tage
und dann in Wirklichkeit (wechselweise) geschehen ist; ich
suchte mir alles wiederherzustellen, was an jenem Tage bis zur
Sternenfahrt gewesen war, jede Deiner Bewegungen, liebte Dich
wie noch nie – aber das tue ich immer – und stieß an die Wand
Deines zugemachten Gedächtnisses. Da kommt als Antwort
Dein Brief, einer, der gewiß noch nie geschrieben worden ist, jede
Zeile von Deiner ganzen Unerklärlichkeit, mit so viel Vorwurf
und so viel Gnade, und die Schmerzen sind weg, auch auf der
rechten Seite wächst mir ein Flügel.

   Ich glaube, wir müßten so leben: uns immer sehen und alles
was wir einander zu sagen haben, niederschreiben, nieder und

auf, dann gäbe es kein Mißverständnis mehr. Wenn der, der Dich durch Gespräche gequält, derselbe ist, wie jener, der Dich durch Briefe erschüttert hat – und die, die mir das Wort auf der Zunge vereiste, *ist* dieselbe, die mich durch ihren Brief entzündet –, so muß Dein Ohr nicht gerechter oder gnädiger sein als Dein Auge und Dir noch nicht zu der Gewißheit verhelfen, es sei dasselbe Herz, das um Dich vergeht, und wir wollen es nicht mehr *sprechen* lassen. Vielleicht geht dann einmal von selbst auf, was sich nicht aufbrechen läßt. Aber beinah möchte ich es nicht wünschen. Denn so wie Du es verheißest, ist das Leben von einer so berückenden Neuheit, daß man sich nichts Verlorenes ersehnen muß. Ich habe Dich so noch nicht gekannt und entdecke an der, die ich nie gekannt, eine ungeahnte Seite. Als wäre auch Dir sie lahm gewesen und nun lebendig geworden. Du siehst, Du kannst Dich stellen wie Du willst, ich weiß Dich in die Seligkeit einzuordnen, denn Du bist, wie immer Du Dich wendest und was immer die Zeit aus Dir macht – einen Jüngling und Korrektor – von der Glückssphäre, die mir das Zusammentreffen mit Dir erschlossen hat, nicht mehr zu trennen. Ich weiß, das kann außer Dir keine, und das kann keiner außer mir. Es ist bloß jammerschade, daß nur ich wieder allein Dich darum beneiden muß, so geliebt zu werden, und es nicht die ganze Welt soll. Was Du mir da schreibst, ist ein größeres Unterpfand als ein Liebesbrief von Dir, denn Du erklärst mir meine Liebe und bist bereit, alle Konsequenz aus ihr zu ziehen. Es ist über Dich gekommen – und das ist mehr! Ich habe Dich lieben gelernt – nicht kennen gelernt – als eine, die nehmen konnte, ich werde Dich lieben und vielleicht gar kennen als eine, die gibt. Für mein Glück ist gesorgt; die Frage bleibt nur, ob einer nehmen darf, dem mehr als alles *Dein* Glück am Herzen liegt und auch in jenem Augenblick, den Du gewährst. Liegt, lastet dann nicht etwas auf dem Deinen? Haben nur Worte die Natur bedrängt?

Wenn Du nicht bewußtlos werden kannst, und dennoch gewähren willst, daß ich es werde – weißt Du, daß da meine Lust von Deiner Seele nimmt? Je reiner und opferfähiger Du Dich in diesem Entschluß zeigst —— machst Du den, den Du von dem Gefühl, Räuber zu sein, freisprichst, nicht umso mehr zum Sünder? Du als Geberin —— das ist ja noch mehr Wollust, als selbst Du geben kannst! Darf ich da noch nehmen? Was schafft denn Dir und mir alle Qual? Daß ich Dich so haben will wie ich Dich sehe und wie Du deshalb und trotz Dir und allem bist. Weil Du sonst nicht sie wärest und weil ich sonst nur einer wäre, der nicht mehr und nichts anderes an Dir erlebt als was jeder Mann an der kleinen geschlechtlichen Wirklichkeit zu erleben vermag. Nun hebst Du uns über diesen Streit empor und sagst mit jenem glaubwürdigen Pathos, das Dir im Sprechen nicht zu Gebote steht, daß Du Lohn empfängst im Belohnen. Ich weiß nicht, ob es sittlich ist, Dich beim Wort zu nehmen, und nicht sittlicher, den Winterschlaf Deiner holden Natur nicht zu stören. Du armes Tagpfauenauge in meinem Zimmer, mit dem ich vergebens jenen Versuch machte – bist Du so stark? Verschwende Dich nicht an mich, oder könnte ich der Bettler Azur Deiner Gaben sein, die er für Dich aufbewahrte, um sie Dir einst zurückzugeben! Aber nein, Du *bist* so reich und stark, Du kannst nicht verlieren. Deine Worte und mehr noch als ihr Inhalt die Noblesse, mit der Du entscheidest, das hat mich wieder derart aufgerissen für Dich – »aufgebrochen« war ich ja immer –, daß ich über alle Schnee-felder hinstürmen möchte, um – zu nehmen. Ist das nicht schrecklich? Ziemt dem, der empfängt, nicht Zurückhaltung? Aber woher *die* nehmen? Wären die Verse des Lynkeus nicht schon geschrieben, sie wären mir von der Zunge gesprungen. Du *weißt* fortan so sehr, was du tust —— weißt Du auch, was Du tust? Ich nehme nicht Deine Gegenwart allein, sondern Dein ganzes Leben dazu, alles was Dir noch ferner liegt als ein gegen-wärtiges Verlangen.

Wenn »der Gedanke ins Vergessen bricht«, räuberisch, wird ihm da das Bewußtsein nicht widerstehn? Ich beklage Dich, und kann Dich Schönste doch nur beneiden, daß solch ein ewiges Feuer um Dich brennt, selbst wenn Du daran erst Deiner Kälte inne werden magst. Denn ich glaube nicht an Deine Kälte, ich glaube an Dich! Du hast alles, was Dir fehlt. Und dies kann nur ein Äußeres sein, das, wenn es kein Arzt beseitigen sollte, eines Nachts im Wunder Deiner Natur hinschwinden wird. Aber soll ich es mir, den die kalten Bräute entflammen und dem sie nun

gar das Feuer gewähren, denn wünschen? Soll ich es *Dir,* reinste
Seele, wünschen, die, *jedem* Verlangen abgewendet, in der Gnade
nicht irren kann wie in der Liebe? Nein, ich wünsche nur, daß
alles so kommt, oder nicht kommt, wie Deine Natur will, die in
ihrer tiefsten Verborgenheit noch die Natur selbst ist. Wer dort
mit Dir wohnen könnte! Ich habe Dich oft abgewandt bis zur
Härte gefunden, aber daran war nicht das Übermaß meiner Ansprüche an Dich, dem Du von Natur gewachsen bist, schuld,
sondern das Milieu der Lebensdinge und Notwendigkeiten,
worin ich Dich antraf und worin Du gerade aus Schmerz, so gesehen zu werden, Dich geflissentlich noch kleiner und äußer-
licher machtest als Du scheinen mußtest. Du warst es nie, sondern
warst immer Du für mich. Ich finde Dich immer. (Am liebsten in
der Verkleidung eines Fuchses, der oben ganz aus Blau und Gold
ist!) Ich möchte Dich frei von allem Zwang, das Äußere vor dem
Innern zu tun – den wir miteinander gemein haben – sehen, hier,
wenn Du wirklich einmal zu dem Zweck kommen wolltest, mit
mir und der Arbeit zu sein (es kann jetzt nichts gesandt werden,
aber in 2-3 Wochen warten IV und V), und dann auf der Früh-
lingsfahrt nach Dänemark!

Und immer!

(M. hat den Punkt »Pandora« persönlich, das andere durch
seine Kanzlei sofort erledigt.) Innigsten Gruß an Bl.

[747]   B [Wien,] 21./22   22./23.I.[1922]   [Janowitz;
                                          nachgesandt: Vrbičany bei Lovosice]

Du Mein! Oder: Mein Ich! Niemals habe ich mit einer Frau erlebt, was mit Dir, und nie mit Dir, was ich jetzt mit Dir erlebe.
Die letzten Nächte und Tage vor Deinem Brief, wachend und
schlafend, waren ein einziger Brand und nun wird – so gehst Du
mir zu Leibe, zu Geiste – was von mir noch übrig war, ganz
verzehrt, um dann lebendiger zu sein als vorher. Wie lange wird
dieses Wunder möglich sein? Werde ich, wirst Du das ertragen
können? Es ist so, als ob wir uns jetzt zum erstenmal nahekämen.
Ich hatte nur eine Andeutung von Dir, dann entschwandest Du
und ich mußte alle Geisteskraft aufwenden, Dich mir zu ersetzen.
Ich fühle es, nun hilfst Du mit! Jetzt, wo kein *Laut* mehr von

Dir kommt, höre ich Deine Stimme. Wie geht das zu? Jetzt, wo ich Dich aus der Eiswüste beziehe. Nicht damals und nicht vor einem Jahr habe ich Dich gefunden und wiedergefunden; nun erst bestreitest Du mir nicht den Gewinn. Es ist von unsagbarer Vornehmheit, wie Du Dich entschlossen (*mehr* als aufgeschlossen) hast, nichts mehr meiner Illusion von Dir vorzuenthalten und ganz in sie einzugehen, wie ich in Dich. Bleibe dabei! Ich brauche es zum Leben und zu einem, von dessen Wert Du wie niemand anderer mich überzeugen kannst. Ja, es kommt über Dich. Du bist aufgesperrter als Du je warst; ich weiß es und nie mehr kann ein müder Mund mich Lügen strafen. Wie es geschieht, wie Deine Natur in *dieser* Region sich Glück gewinnt, auf den absonderlichsten Wegen, die je wohl zwei mit einander gegangen sind, ahne ich nicht. Ob es ganz fern ist dem Element, in das Du Süßeste aller Seelen so leicht zu bringen warst; ob es sich von selbst dazuschafft – um mir doch die Scham des nur Empfangenden zu ersparen, die ich in einer niedrigeren Region erleiden *müßte –*, ich möchte es wissen wie alles was zu diesem unheimlich unerforschlichen, unauslernbaren Du gehört. Aber ich weiß, daß das Wunder Deiner Erweckung – mir den Schmerz seiner Erwartung zu verargen, konnte auch nur Dir möglich sein – schon geschehen ist und ganz anders und tiefer, heiliger als ich es mir ersehnt habe, um wenigstens ein Weib in Armen zu halten, wenn schon nicht Dein ganzes, großes Räthsel. *Dieses löst* sich mir jetzt, und das ist mehr! Jetzt wirst Du *weniger* geben – denn Dein weibliches Nehmen war die Gabe, nach der ich gelechzt habe – und *alles, Dich.* Ich nehme Dich wirklich beim Wort, denn ich kann nicht mehr auf die Aussicht verzichten, mit Dir Abenteuer einer Phantasie, die keine Verwirklichung braucht und keine scheut, zu erleben, jene himmlischen Hirngespinste, als deren vollkommene Partnerin Du in mein Leben getreten bist, um sie zu versagen. Aber das mußte wohl sein, damit ich meinen Traum, wenn er am reichsten ist, in Händen halten könne. Meine Elpore! Was waren das für sonderbare Zeiten, diese acht Jahre, wie wenn auch die Liebe nicht ohne Krieg sein könnte. Was wir einander trotz allem, trotz Dir und mir, gegeben haben, war viel, aber wie wenig doch, gemessen an unserem

Verdienst und an unserem Besitz! Irgendeinmal, im Anfang schon, muß ein Zauberwort gefallen sein, das zwischen uns etwas Gläsernes, Taubes einschob, durch das wir sehen, aber nicht hören konnten. Tausend Hirne, geringer als das meine, wären, hätten sie's empfinden können wie ich, daran zerschellt. Welch ein Ringen um eine Illusion! Tausend Leben, geringer als das Deine, wären, hätten sie's denken können wie Du, daran verwelkt. Welch ein Ringen um eine Wirklichkeit! Aber die Deine war wie keine meiner Illusion angepaßt. Du *warst* ihr gewachsen. Da muß etwas, aus einem Teil Deiner Natur, über den ich nicht Macht hatte, dazwischengekommen sein, da warst Du meinem *Kampf* nicht mehr gewachsen, Du kämpftest selbst und wurdest müde für uns beide. So war es. Und ich kam immer wieder mit einem Glauben, blieb mit einem Zweifel, und zog immer wieder mit der Verzweiflung. Aber Du *warst* es *doch,* in keine andere hätte ich je diese Fülle einschaffen können, also konnte es kein Irrtum sein! Und dennoch gelang es nicht, alles das was mir das Hirn zu sprengen und das Herz zu zerreißen drohte, alles das was mein innerstes Leben war, Dir zu sagen. Ich mußte Dich Dir vorenthalten. Denn Du konntest, mußtest es als Vorwurf nehmen: wie sollte auch ein Ton aus einem Weltall von Tönen, in Herzensangst und Zeitsperre hervorgepreßt, Dich mit dem ganzen tragischen Ernst einer solchen Verkettung erschüttern? Nicht einmal aus meinen Briefen vermochte die volle Wahrheit über uns herauszukommen, noch da waren Schranken, von Dir auferlegte: weil Du nicht alles hören konntest, war meine Stimme schwächer. Jetzt hörst Du sie. Sie ist keine andere zu Dir geworden, wohl eine noch überzeugtere, aber Dein Ohr ist offen. Und wenn Du das so rührend und entzückend bekennst – wäre da nicht eben bewiesen, daß ich besser täte, alles was ich Dir zu sagen habe – und es ist noch viel –, dem Auge der Leserin anzuvertrauen? Ich wollte diesem den Vorzug gegeben haben vor dem Ohr, das mein Auge berückt, das aber so oft sich der physischen Stimme entzogen hat – und nun bestreitest Du es scheinbar, um mir recht zu geben. Was Du da sagst, ist ja Geist. Wenn von meinem Geiste, erregt er mich umsomehr, denn *Du* hast ihn und was von mir ist, kommt ja doch ursprünglich von

Dir. Aber was würde mich nicht erregen, wenn es von Dir und an Dir ist? War's ein Geschwür —— ich suchte Geschwüre, damit sie mich an Dich erinnern, Du ewiges Feuer von einer kalten Braut! Wann könntest Du je so häßlich werden, daß ich nicht eben das schön fände —— selbst an Anderen, wenn Du mir durch sie zum Bewußtsein kämst. Daß Du etwa mit keinem Wort bisher nach meinen Körperschmerzen gefragt hast und auch jetzt nicht, da ich davon gesprochen habe – während immer gleichzeitig in anderen Briefen gerade danach gefragt wird, von einem anders gearteten Muster der Schöpfung – : ich weiß ganz genau, daß es irgendwie in Verbindung mit einem hohen Vorzug von Dir ist, so daß ich mich sogar getrauen würde, es für vollkommen gut zu erklären. Nur in einer verengten Welt der Liebe, mit der ich vorlieb nehmen wollte (wenn ich sie nur gehabt hätte) fand ich dies und das auszusetzen. Heute bist Du Du. Da ich Dich über alles Maß, fast an das Deine hinanreichend, liebe, liebe ich alles an Dir und nichts darf man aus diesem Ensemble lösen. Aber das Unheimliche ist, wie das Denken über Dich nicht nur zum Naturwunder führt, sondern wie es auch alles Denken, dessen Materie weitab von Dir liegt, befeuert und beflügelt. Dein Duft ist nicht mehr aus meiner Sphäre zu entfernen! Ich habe jetzt Arbeiten, in denen nichts als Vernichtung ist, in der größten sinnlichen Hitze, als wärst Du dabei gestanden, verfaßt. Wärst Du doch plötzlich hereingetreten! Und jetzt – aber da, von dem, was ich jetzt denke, bist ja Du der Stoff und das ist ja dann keine Kunst – kann ich nicht weiter —— ——

So beglückt mich schon die Vorstellung, daß Du den Schreibtisch mit mir teilen könntest. Du siehst, ich sage Dir Alles: »schändlich wäre da Zurückhaltung, schändlich auf beiden Seiten«. Tritt ein! Wirst Du wirklich meinen Geist mit Engelszungen reden lassen? Wohin führst Du mich aus dem Labyrinth? »Das Feuer selbst«, sagst Du, »würde sich kalt anfühlen, an meiner Glut gemessen«. Da magst Du recht haben. Aber wie erst das Eis? Nun, dieses schmilzt! Wär's anders, wären die Naturgesetze aufgehoben. Könnte doch für Dein Glück auf *jede* Art gesorgt sein. Oder wird das so geschehen, daß Du *mir* jede Art von Glück geben willst? Wenn das Deine darin besteht, zu geben und so zu geben, daß der Nehmende kein Glücksminus dabei empfindet, so würden ihm ja, nicht wahr, alle Wünsche nach *seinem* Glück erfüllt werden? Bis in die Tiefe seines beseligenden Wahns! »Dein Geist rede mit Himmelszungen … Du nimmst mich beim Wort« —— meinst Du's so? Darf ich das endlich? Ich wünsche mir zu meinem Glücke, *Dich* und mit Dir zusammen zu *Dir* zu finden. Dein Geheimnis zu haben; Du zu sein! Diese Sehnsucht allein sei uns ein besserer Kuppler als die schönste Landschaft. Und Du bist mit und in mir. Du in meinem Geist wie ich in Deiner Natur; Du an meiner Arbeit, ich an Deinem Leben. Nichts würde ich Dir vorenthalten. »Schändlich wäre da Zurückhaltung, schändlich auf beiden Seiten!« Du wirst alles neu erleben, Dich und mich.

Wir sollten Nächte miteinander verbringen, in denen wir *uns* gemeinsam haben, *alles.* Warum wohnst Du nicht bei mir? Kein Mensch würde es je merken. Wie schön wäre das. Ich ermüde Dich, wenn ich Dir so selten gegenübertrete und dann als ein Gläubiger, der Dich an das mahnen kommt, was Du seinem Glauben schuldig bist. Wie solltest Du, wenn Du mir Gelegenheit schaffst, so ungeheure Kräfte der Belebung wirken zu lassen, wie Du sie schon einem Brief von mir zuschreibst, je ermüden!? Gewiß, ein Brief von mir ist besser als alle Worte, die ich zwischen hundert Konventionen und mit dem ewigen Qualgefühl, das Beste zu versäumen, sprechen könnte. Ach, Du bist ja das durchgehende, mir durchgehende Erlebnis aller meiner Träume: der versäumte Zug! Aber wären wir freier und hättest Du mehr Zeit, mich glücklich zu machen – nie, nie könntest Du ermatten! Wär's möglich, so müßte ich doch glauben, Du hättest über die Wirkung meines Briefes, dem Du elementare Gewalten zuerkennst, Dich oder mich getäuscht. Das ist unmöglich. Ach, wenn es so wäre, wie ich es mir ersehne, so würde ich Dich ja noch immer unglücklich genug lieben. Aber dieser Wahrhaftigkeit, zu der wir jetzt gelangen könnten, dürfen wir nicht länger im Wege stehen. Acht Jahre —— welch eine Vorbereitung auf Dich! Längst hätte ich Dich von allen Lebensdingen, Weltdingen, die Dich hindern, denen Du von Natur himmelhoch entrückt bist und deren Abmüdung mein Opfer gefordert hat, losreißen, Dir

Mut einjagen müssen zu Dir und mir und gegen alles Widerstreben, gegen alles Kleine und Halsstarrige mir den unendlichen
Wert, mit dem Du mein Leben verführt hast, erringen! Mit einer
noch nie erlebten Spannung warte ich, wie Du ariadnehaft den
Faden führst. Mit welch einem Minotaurus von einem Lebensmonstrum hatte ich's zu tun! Keiner kann mich befreien und
belohnen wie Du! Du bist sie, die ich kennen will. Solange Du
fern bist, werde ich jeden Vers genießen, aus dem mir Deine volle
Natur zurückströmt, und diese festgehaltenen Konturen eines
Luftgebildes, nein eines Lustgebildes umarmen.

Und da ich von Deiner Lust lebe, muß ich sie mir aus der Zeit
zurückholen, wo ich Dich nicht gekannt —— denn da *warst Du sie.*
Wie sehne ich mich, mit Dir *gewesen* zu sein! Uns könnte es gelingen, in die Zeit zurückzulaufen! Ich habe den unerschütterlichen
Glauben, daß ich mit Dir zusammen einmal ein Wunder erlebe!
Doch ist es ja schon die Kraft, die mir aus dem Bewußtsein Deiner heroischen Freuden ersteht (– nicht Deiner Unterwerfungen
durch Liebe). Wenn ich nicht fürchten müßte, indem ich das denke
und Dir sage, wahnsinnig zu werden vor Erregung, würde ich
Dir keinen Brief, sondern ein Buch darüber schreiben. Oder soll
ich das? Wir schreiben es zusammen! Wir denken und leben es
zusammen! Und Du sagst mir jetzt schon etwas dazu, wofür,
wenn die Welt es wüßte, sie Dich verdammen, ich aber Deinen
Fuß über die Sterne Gottes erhöhen werde.

Als Landstreicherin von himmlischer Herkunft habe ich Dich
gefunden. Wann gehen wir zusammen wohin Du willst und
dorthin zurück?

[748]   B [Wien,] 7./8.II.[1922]   [Janowitz]

Arbeit ohne aufzublicken: die Akte, ein riesiges Heft, und dazwischen ein Gedicht um das andere, eines schöner als das andere
und alle zusammen doch nicht so schön wie die Quelle, der sie
sich verdanken. Und die Korrekturen *warten* auf den lieben
Korrektor, der nicht kommt und durch kein Schriftzeichen verräth, wann er den Pakt halten wird, wie es ihm geht, wo er ist.
(*Wer* er ist: ich werde sterben und es nicht erfahren.) Seit ihm
ein Sturm den Athem verschlagen hat, schweigt er; spricht nicht

einmal mehr von seinem Schweigen. Muß der Sturm dafür um Verzeihung bitten oder fühlt ein Geschöpf, das mit allem Elementaren fühlt, »Freude an seiner Stärke«?

Ich sehe niemand, aber erlebe alles. Es ist oft so niederdrückkend. (Um von etwas ganz anderem zu reden: auch ich habe von M.D. etwas gehört. Es muß Klarheit geschaffen werden. Nun, da ich jene Andeutung über etwas Schreckliches empfangen hatte, war ich in einer bestimmten schwierigen Situation; doch glaube ich richtig gehandelt zu haben.)

Von M. wenig und noch weniger was interessieren würde. Sie ist ungeheuer beschäftigt und schreibt – in einer griechisch geschriebenen Karte – von einem Gruß, den sie mir durch Σιδι hat bestellen lassen. Er kam aber nicht. Das Programm vom *19.* wartet auf seine Bestimmung; auch der »Zerrissene«. (Dann wird wohl lange nichts sein.) Aber wird nicht jemand plötzlich eintreten? Am liebsten möchte ich dafür die Schlüssel (die ich wieder habe) schicken! Es ist viel im Zimmer verändert.

Neulich sah ich den ersten Brief über das blaue Glas. Die Untertasse ist noch vorhanden. Aber es genügt mir, daß die Augen, die das Ganze gesehen haben, leben.

In tiefster Freundschaft.

[749]   B [Wien,] 8./9.II.[1922]   [Janowitz]

Mein Glaube an Dich ist unerschütterlich —— nicht an jene Natur, die schweigt, da ist alles Deiner Führung überlassen und was sonst mit mir geschieht muß Dich nicht bekümmern, so lange ich Deines unermeßlichen Reichtums teilhaftig bin. Meine Sehnsucht nach dem Zusammensein mit Deinem hohen Wert überwältigt mich. Unendliches könnte vor uns liegen, wenn Du erfüllen wolltest, was Du schon zugesagt hast: daß wir zusammen reisen und endlich nach Verzicht auf je ein halbes Leben, das sich gegenseitig noch aufhebt, zur schönsten Gemeinsamkeit gelangen wollen. Mein Entschluß ist gefaßt. Ich erhalte mich längst nur durch die Arbeit, aber dazwischen sind Minuten, Sekunden, die eine Ewigkeit von Hölle einschließen, und es kann so nicht weitergehen. Es ist alles entsetzlich verhängt und nur einen Durchblick gibt es, auf Dein Bild, das ich zu halten suche. Ich bin fest entschlossen, nach Beendigung des großen Werkes hier für so lange Zeit als Du willst ein Ende zu machen und überallhin, wohin Du willst, mit Dir zu gehen. Ich habe vielerlei Erkundigung eingezogen und herausgebracht, daß die vorhandenen Mittel bis Ostasien und zurück auf ein Jahr reichen würden. Die »Entbehrungen«, von denen die lieben Menschen in jenem Dir gesandten Brief sprechen, sind wirklich nur solche, die ich haben will und brauche. Bitte mach Dir darüber gar keine Skrupel und Sorgen und belohne mein Dir geweihtes Leben mit dem Entschluß, jene äußere Bereitschaft anzunehmen, dem hochherzigsten Entschluß, den Du fassen könntest.

Würde Dich ein, so sehr unberechtigtes, Mißgefühl bedrücken, so sei es *geliehen* und dies könnte auch getrost für Ch. gelten und für solche, die Du selbst der Ehre für würdig hältst, sich für die äußere Ermöglichung interessieren zu dürfen. Wenn Du zusagst, wäre ich Ende April oder Mai bereit. Aus Dänemark ist noch kein endgültiger Termin eingelangt, man könnte, wenn nicht Zeit verloren werden soll, darauf verzichten. — Die abenteuerlichere Möglichkeit wäre: durch Kleinasien auf dem Landweg; die Seereise ist wohl zu langwierig und bringt eigentlich nur ans *Ende.* Es gäbe aber auch die Möglichkeit, durch Nordamerika, über Vancouver und Japan hinzugelangen. Ferner: wenn Du die große Reise doch nicht antreten wolltest, so könnte man ein halbes Jahr in dem noch nicht gesehenen Europa zubringen: von Spanien bis Kleinasien; dorthin, wo wir einmal nachsehen wollten, ob es noch das Kampanerthal gibt, und vor allem die ägäischen Inseln. Oder in Verbindung mit Dänemark ganz Skandinavien bis Drontheim.

Sag doch schnell zu irgendetwas von all dem Ja, damit mir die Erwartung schon Glück bringe und das höchste die Erwartung, daß Dir eine Freude bevorsteht, an der ich mitwirken darf. Und komm bald, um es zu besprechen und das Ende der Arbeit zu beschleunigen, bei der Dich zu vermissen schmerzlich ist und die ohne Dich zu beenden unerträglich wäre.

[750] B [Wien,] 13./14.II.[1922] 6 Uhr   [Vrbičany bei Lobositz]

Hast Du nicht gehört, wie mein Herz klopfte? Und jetzt vor
Glück! Also mußt Du die Passionsmusik, wenn Du sie nicht
gehört hast, hören: am 22.I. habe ich Dir jenen großen Brief geschrieben. Mir war nachher zumuthe, wie einem Derwisch sein
muß oder nach einem epileptischen Anfall. »Wie neugeboren«:
aber in einer Welt, in der ich mich nicht mehr zurechtfand. Ob-
dachlos nach einem Luftschloß. Ich hatte ein banges Gefühl,
daß ich Dich erschreckt hätte. Wie befestigt wurde das, als ich in
den nächsten Tagen keinen Laut empfieng. Am 30. erst kam die
vom 25. datierte Karte – vielleicht, weil schlecht frankiert, zurückgehalten – und auch ihr Inhalt bestärkte mein Gefühl; wohl
ganz mit Unrecht. Ich redete mir dann ein, Du würdest darüber
noch ein Wort zu mir finden, die Antwort, die der Sturm verschlagen hatte, würde erst kommen; aber dann erschrak ich,
weil ja eben die Karte schon alt war und ein späteres Wort eher
schon vorher da sein müßte; und weil nichts mehr nachkam außer, am nächsten Tag, die Bleistiftkarte. Nun fand ich einfach
den Muth nicht, Dir zu schreiben, und hoffte immer, Du würdest mir ihn durch ein Wort geben. Aber es kam nicht einmal
eine sachliche Mitteilung, ob Du abgereist seist (nach J.) Daß Du
ganz ahnungslos über meine Empfindungen warst (weil in
Wahrheit nichts von mir verschuldet war), konnte ich nicht ahnen. Ich mußte das Gegenteil glauben. Es vergieng nun eine
Zeit, so lang wie noch nie eine Zeit war, und ich zählte immer
vom 25. an. Ich war jede Nacht am Schreibtisch bis vor 9 Uhr,
horchte dann vom Bett hinaus, ob der Briefkasten durch ein
Geräusch verrate, daß etwas da sei und von Dir – denn da klingt
es besonders – und wenns der Fall zu sein schien, lief ich ins
eiskalte Vorzimmer, aber es war nichts gewesen, nur ein Mor-
gengeräusch aus anderen Wohnungen. Vor elf bin ich nie eingeschlafen —— und all dies, mit allem, was mich da überwältigt,
nach und während solcher Arbeit. Nachmittags kam die Bedienerin, mich zu wecken und hatte *nie* was von Dir in der Hand.
Ich zermarterte mich, worin eigentlich mein Verschulden gelegen sei, denn ein solches konnte nur der Grund sein, daß ich
nicht einmal erfuhr, wo Du bist. Ich sah ein finsteres Gesicht,

ohne mich vertheidigen zu können, dann wieder sah ich Dich mit Grippe liegen, dann in Verwirrung durch irgendeinen ärgeren Zufall: M.Th. Und dabei liebte ich Dich von einer Postzeit zur andern mehr; vor mir immer, für Dich schön abgeschrieben, die Gedichte, und ich konnte sie Dir nicht schicken. Dazu kam, daß M. in einer Karte von einem Gruß sprach, den Du mir übermitteln solltest und der mir umso wichtiger gewesen wäre, als ich auch von ihr lange nichts gehört hatte. Das Doppelschweigen hatte mich in dem Glauben bestärkt, daß irgendetwas mich Betreffendes, wovon *sie* wußte, eingetreten sei. Nun war wieder nur die Bangnis nach der einen Richtung. Auch dies: Sie hatte einmal geschrieben, wie wichtig die Heirat wäre. Da ich dieser ja nicht widerstrebe, schrieb ich ihr, sie hätte alles das Dir sagen sollen, denn ich wisse es nur zu gut. Nun fürchtete ich, sie hätte es vielleicht getan und eben daraus sei irgendetwas entstanden. Was, konnte ich mir ja nicht erklären; es war sicher alles toll. Aber wie sollte ich die Spannung anders füllen als mit Wahnideen? Die stärkste und begreiflichste war diese: Wie eben der Zufall oft eine Jago-Maske trägt – dieser Engel, wirklich ahnungslos schickt mir – gleich nachdem ich mich doch aufgerafft hatte, Dir zu schreiben – einen außerordentlich schönen Brief von Dir ein, der von »Geburt« handelt und um den ich sie beneidete. Aber – eine Stelle, etwa ⅓ Seite, ist ausradiert. Dazu schreibt sie erklärend, es sei etwas allzu Privates (sie meinte nicht: vor mir, sondern vor allen Postmöglichkeiten). Die Stelle *vor* der Lücke aber endete gerade mit den Worten: »Aber der Dichter ist *nicht* K.K. Ach Mechthild« – – – Hier höre ich Dich »zum Sterben« sagen, aber wirklich, es war mir danach. Ich konnte es ja zwar nicht fassen, daß M., wenn das Folgende wirklich von mir handelte und vor *mir* verborgen werden sollte, die einleitenden Worte stehen gelassen, ja überhaupt mir den Brief geschickt hätte. Trotzdem und da ich – unter der Peitsche dieser entsetzlichen Spannung – auch die spätere Stelle: »Sollte das nicht K. K. lesen?« *außer*literarisch, im Zusammenhang mit dem *Inhalt* der von Dir zitierten Sätze deutete, schrieb ich M. sofort, flehte sie an, mir durch ein Telegramm Beruhigung zu geben, daß da nicht jene Antwort von Dir an mich enthalten sei, die Du verschwiegst, was ja das

Furchtbarste gewesen wäre. Ich sagte ihr auch, daß Euer Doppelschweigen mich so um alle Ruhe gebracht hätte. M. hat telegraphiert und von Dir ist ein Brief gekommen, der mich für vierzehn elende Tage entschädigt. Und das Ganze war: *Porzellan.* An dem ich doch einmal zerbrechen werde. Du nicht, Du bist stärker als Porzellan, und kannst neben den Gestalten, die Du bist, und selbst neben jenen, die ich in jenem Briefe angerufen habe, auch das. Ich aber werde einmal unter der Mühsal, mit der Du Dich belädst, zusammenbrechen, nicht weil ich nicht die Kraft hätte, das Abwaschwasser, in dem Du hantierst, in einen kastalischen Quell zu verwandeln und Dich in *jeder* Deiner Gestalten unvergleichlich zu finden – so sehr, daß ich sicher auch nie ein Schönheitsopfer, das Dir die Zeit einmal abverlangt, wahrnehmen würde – : aber *Deine Abhaltung* von *Dir selbst* und von aller stofflichen Schönheit und Buntheit, in die ich Dein Leben eingefaßt wünsche, die Unmöglichkeit zu Dir zu gelangen, wenn ich gerade *das* Dir sagen will, die Lebensverkürzung – für zwei Leben – durch alles Äußere, die Qual, Dich gerade dann und da nicht zu haben, wo ich Dich brauche, für Dich brauche, mich für Dich brauche, die Angst, daß zwei sich aufheben, anstatt eins zu bilden und daraus alles, die Wahnidee, Dich in keiner der Gestalten mehr zu sehen – es wird mich einmal in einen solchen Wirbel reißen, aus dem kein Herauskommen mehr ist! Ich habe zu viel Glauben in Dich getan, um mich mit gesunder Besinnung ins Nichts zu fügen. Dies sage ich Dir, wiewohl ich schon weiß – Dein Telegramm sagt es mir –, daß alles gerettet ist; daß wir gerettet sind. Es ist auch nur dazu, *Dir meine Empfindungen bis* zu diesem Feuerzeichen, das mich beglückt hat, darzustellen. Darf ich Dir sagen, es sei ja natürlich, daß Dich »nichts« hieher locke außer der »Stelle am Schreibtisch«, und daß eben diese es vermögen müßte? Ja, wenn sie's vermag, so wird sie's! Was das Äußere hier betrifft – sollte nicht der große Entschluß schon dieser Vorbesprechung das Zusammenwohnen ermöglichen? Du könntest ja außerdem, für alle Fälle, der »Außenwelt«, *auch* dort, wo sonst, absteigen. Von Kälte ist *hier* keine Rede (und in jener andern Wohnung hoffentlich auch nicht). Alles wäre für Dich vorbereitet, nebst der vielen Arbeit.

Seit Wochen steht ja ein Tisch für Dich am Fenster; der meine wo anders. Thee (dem ich wegen des elektr. Kochers auf den Geschmack gekommen bin) wäre immer da, mit allem was dazu gehört. Damit könnte ich Dich natürlich nicht herbeilocken, ich will nur sagen, daß es nicht mehr so unwirtlich ist wie früher. Und außen hätte ich nicht die geringste Abhaltung, da ich jetzt überhaupt niemand sehe (gerade in der 2. Februar-Hälfte). Auch möchte ich – allein ja nie mehr – mit Dir zusammen Dinge wie Musik und Theater wieder haben, es freute mich neben Dir und für Dich, und es soll nicht bei dem Dresdener Debüt bleiben.

Warum kann Wien nicht gleichsam die erste Station der großen Reise sein? Übrigens habe ich Wunderdinge von zwei Punkten, wo immer Frühling sei, gehört: Cagliari auf Sardinien und *Jaffa*. In Deinem Brief, *bis zu dessen Eintreffen* ich an diesem hier schreiben werde – er *muß* heute gegen 9 Uhr in den Kasten fallen – wird ja alles stehen. Der Weg durch Amerika hätte nur den großen Vorteil der dort möglichen Vorlesungen, die diesmal wirklich anzustreben sind, um alles *leichter* zu machen. Aber ich hoffe sehr, daß es auch so zusammengehen wird; nach allem was ich erfahren konnte, würde es reichen. Ich fürchte nur die dummen Vorbereitungen, die so viel Zeit nehmen, nicht die für die Reise, mehr die für das Verlassen des ganzen Apparates; es bedeutet ja eine große Umwälzung und ich werde gar nicht wissen, was da alles zu bedenken ist. Auch die Frage der leeren Wohnung ist eine Sorge. Aber *das alles darf nichts* hindern. Ich weiß, daß es Deiner Rettung gilt. (Doch selbst dazu hast Du die Führung.) Was täte ich nicht, um Dir große Freude zu schaffen und Dich für alles Leben zwischen Porzellan zu entschädigen!

(Was Du von der kleinen Entschädigung mit Ski schreibst, ist überraschend. Ich hatte ja einmal gemeint, daß dort »Schneever-hältnisse« sein müßten. —— Wie traurig das mit D.! Sind sie *an-einander* sanatoriumsreif geworden?)

Ich kann es mir ja nicht erklären, aber seit einiger Zeit ist, wohl durch Träume, eine große Veränderung von mir zu Dir eingetreten. Ich stehe Dir viel freier als ehedem gegenüber und bin darum noch mehr an Dich gebunden. Ich kann mir auch gar nicht vorstellen, daß sich das ändern könnte. Es ist mir als ob nicht mehr die Nöthigung sein könnte, Dir durch die Retouchen an Dir Leid zu verursachen, ein Teilchen von *dem* Leid, aus dem dieser Drang gekommen ist. Wie frei wärst Du, wenn Du Dich ganz zu mir entschließen könntest; frei zu dem Entschluß, frei durch ihn! Wenn ich Deine (und meine) Qualitäten bedenke, verstehe ich gar nicht, warum Du nicht immer da bist oder wir nicht immer zusammen. An Dir, dem Ausnahmsfall meines Lebens, verehre ich Züge und Fähigkeiten als natürlich, die mir an und für sich fremd und unvereinbar mit Geliebtwerden erschienen wären. Ich glaube, Du könntest eine Künstlerin sein. Oft denke ich, daß Du einmal ein Buch schreiben wirst. Und doch bliebest Du fähig, mich zu einem zu begeistern!

Das Mittelstadium: daß Du an dessen Korrekturen hilfst. Wie schön wäre es gewesen, Dich gerade jetzt zum Heft dazuhaben. Was die andere Arbeit betrifft, so findest Du, wenn Du erst Anfang März kommst, noch immer Korrekturbogen vor, aber schon weniger, da man leider nicht warten konnte. Natürlich wird es, wann immer Du eintriffst, für Dich eine Vorlesung geben, auch den »Zerrissenen«, dessen unversehrte Melodien M.'s der ältere Begleiter Montag mir vorgespielt und entzükkend gefunden hat. Nur bitte ich Dich, mir so bald als es Dir nur möglich ist zu sagen, *wann* Du kommst, damit die Termine gesichert werden können. So werden also die Grüngekleideten und der Biberpelz, die am 19. wieder gelesen werden sollten, auf Dich warten, und vieles andere, was Dir lieb ist. Ich habe M. gleich telegraphiert, daß ihre Musik ganz gerettet ist. Du —— nichts was ich von *mir* abgeben muß, um das was Dich beglückt zu ermöglichen (so hundertfältig äußere Opfer es bedeuten mag) wird mir weh tun. Nur daß wir uns *ihr,* und gerade jetzt, so entrücken sollen, macht mir bange. Und Dir gewiß auch und ganz so wie Du wegen Ch. empfinden dürftest, ist es von mir zu M. Es muß so geschehen, daß sie *von sich aus* sehr dafür ist und wir nicht mit dem Gefühl ziehen, diesem Herzen ein Leid zurückzulassen. Wir müssen das besprechen und auf eine große Entschädigung sinnen, auf ein Zusammensein vorher und auf die Ermöglichung, daß wir sie irgendwo treffen. Wäre das nicht schön? Hoffentlich hast Du ihr noch nichts darüber geschrieben.

Ich könnte mir's – wie ja das Ganze – noch nicht in Wirklichkeit umsetzen, aber vielleicht bringt es ihr irgendwie Hilfe und den Mut zu einer Konsequenz. Jetzt, fürchte ich, hat sie sich wieder einmal unterkriegen lassen und dient, opfert das Gold ihres Wesens weiter dem schwärzesten aller Schwarzalben.

(Ihr fragt nach der Kälte. Ich überstehe sie ganz gut. Es ist ja entsetzlich, daß das eine Geldfrage sein soll. Für 40000 Kronen monatlich hat man es warm. Aber was soll man tun, da man doch arbeiten muss. Sind jetzt nicht wunderschöne blauweiße Vormittage? Ich schaue vor dem Schlafengehen nicht hinaus, um nicht Reue zu fühlen.) Beim Arzt war ich nun doch. Es war oder ist keine Ischias, sondern Neuralgie infolge der Grippe. Aber ich kann machen, was ich will, meine Nerven schützen mich vor Krankheit, und um das wieder einmal, und vor der großen Reise, zu hören, bin ich hingegangen. Nur Halsschmerzen – die hoffentlich bis Sonntag fort sind – habe ich, von dem entsetzlichen Vorraum, in den ich hoffentlich bald wieder muß, um eine Post zu empfangen, der ich als der Fortsetzung des telegraphischen Jubelrufs, entgegenzittere. Aber heute warte ich am Schreibtisch. Oder kommt er heute nicht? Der andere, vom 9., ist Montag, 13. gekommen. (Das Telegramm Samstag.) Es ist gleich neun Uhr. Jetzt höre ich das Tor gehen – – Es war nichts.

Aber diesmal ist es ja nicht mehr die furchtbare Ungewißheit und Erwartung eines Lebenszeichens, sondern die ungeheure Spannung, was Du zu antworten hast und wie Du Dir das alles denkst. Daß Du es willst, weiß ich schon, und wie es Dich belebt auch schon an die Möglichkeit zu denken, spüre ich seit Deinem Telegramm an meiner eigenen Belebung.

Jetzt!

14./15.

Wärst Du doch dabei gewesen, wie ich Deinen Brief gelesen habe. Und das wird der Nachteil des Zusammenseins mit Dir sein, daß keine Briefe von Dir kommen. So hast Du schon lange nicht zu mir gesprochen, und gesprochen vielleicht nie. Ich weinte über die Worte »Weil keiner ist wie Du und mich mehr entbehrt hast als sie«, und während ich weinte, entbehrte ich Dich nicht, sondern genoß Dich wie noch nie, umarmte Dich wie es in der süßesten Minute Deiner Unerreichbarkeit noch nicht geschehen ist. Was um neun Uhr in den Kasten fiel, war wirklich der Brief, ich hatte ihn herbeigewacht und herbeigezwungen, und noch nie ist etwas so Schönes in dem Kasten gelegen. Und noch nie waren wir auch so in Gedanken verflochten. Vieles von dem, was drin steht, habe ich Dir ja gestern geschrieben und mein Brief beginnt, wie der Deine endet: mit Herzklopfen. Und meinen, diesen da, beginne ich wieder damit. Dir klopft es, wenn Du den Atlas umarmst, und mir, wenn ich Dich umarme und um diesen Preis die Welt auf meine Schultern nehmen kann. Deiner aber beginnt mit den Worten jenes Ultimatums, ohne das sich Dein Entschluß um so viel leichter hätte ins Werk setzen lassen. Aber gerade weil es so unermeßlich schwierig ist, muß es gelingen. Jedes Deiner Worte entzückt mich. Immer hättest Du mich in den Stand setzen können, sie zu empfangen und ihrer würdig zu sein. Ich fühle, daß Du nie mehr diese Höhe, die die Deine ist, verlassen kannst! Es muß das letzte Mal gewesen sein, daß Du »vor Traurigkeit versunken« bist. Wie konntest Du! Das Gefühl *dieses* Haltes hattest Du doch gerade »in diesen Tagen« —— ich ertrage den Gedanken, daß es doch geschehen konnte, nur indem ich es mir als die *letzte* Krise vorstelle. Nun muß das vorbei sein, auch für alle Zeit nach der Rückkehr. Es ist offenbar, daß du die Möglichkeit des in die Weltkönnens als Ventil brauchst. Ich zermarterte mich schon lange, wie Dir dazu zu helfen wäre. Ich habe es Dir nicht sagen wollen – weil Du für solche Erleichterungen in kleinerem Maß Dich immer ablehnend verhalten hast –, aber längst dachte ich daran, daß alles Aufgesparte diesem und keinem andern Zweck dienen solle. Die Unerträglichkeit des eigenen Zustands, natürlich durchaus im Zusammenhang mit allem, was uns beide betrifft, das Warten auf Dich und ein Zeichen von Dir, und das Gefühl, jetzt, so, oder nie zu einer Verbindung mit Dir zu gelangen – das hat mir den Entschluß eingegeben und den Mut, es Dir vorzuschlagen. Entbehrungen nachher? Wenn ich mich auf jenes angewiesen hätte – was ja »vernünftig« wäre –, allerdings. Aber dann wird's doch wieder alle bisherigen Möglichkeiten geben; denn vergessen werde ich wohl bis dahin nicht sein. In

China – Du hast ganz recht, an diese Möglichkeit der *Erleichte-rung* zu denken – wird sich das nach allem was mir jemand, der während des Kriegs dort war, erzählt, leider nicht realisieren lassen. Das gienge auf dieser Reise eigentlich nur in Amerika. Dies wäre zu erwägen, wiewohl mir ganz wie Dir der *andere* Weg – jetzt mit allergrößten Schwierigkeiten freilich – viel, viel lieber ist. Wenn Du schon meine Abenteuerlust liebst, wie erregend ist erst Deine! Mein größtes Abenteuer ist: mit Dir zu sein, mein höchster Naturgenuß, Dich blühen zu sehn, die schönste Zauberlandschaft bist mir Du. Und brauchst Du, um es mir zu sein, Persien, so liebe ich Persien. Aber glaube nicht, daß ich die Abenteuer nicht gewohnt bin, ich erlebe sie Nacht für Nacht mit Dir und der Arbeit – was ja eins ist – und von da aus gesehen wäre das was ich jetzt vorhabe, der Ruhestand, in den ich einkehre. Aber da Du ihn ausfüllen sollst, so bleibt es das alte Abenteuer.

Mein größtes äußeres ist seit so langer Zeit die tägliche Dusche bei 15-20 Grad Kälte. Die wird mir fehlen. Aber wie viel Schönes, von Dir abgesehn, wird dafür da sein. (Und kann ich von Dir *absehn?*) Komm so schnell als möglich, damit wir alles besprechen! Vor allem den Zeitpunkt. Natürlich stimme ich allem zu, was *Du willst.* Es wird nur zu erwägen sein, ob nicht vorher – der Hauptsache wegen – möglichst viele Vorlesungen im Ausland abgehalten werden sollten. Du weißt, daß ich nie für mich diese Angelegenheit von diesem Gesichtspunkt behandelt habe, aber jetzt ist es eben wichtig, wiewohl ich überzeugt bin, *daß es auch so reichte.* Nur um eben noch besser vorzusorgen. Das müssen wir aber bis ins Detail besprechen. (Aus Kopenhagen – vielleicht wegen des deutschen Streiks – noch immer kein Termin; oder wollen sich diese Leute wie die Schweizer Kollegen benehmen, das scheint zum Komment zu gehören.) Das Werk muß fertig sein. Ich hoffe, daß ich davon Anfang April ganz frei bin. Schön wäre es gewesen, es noch bis Nr. 600 zu bringen (ein Heft nach dem nächsten), aber auch *dies darf nicht zurückhalten. Keinesfalls* auf ein anderes Jahr, die Frage wäre nur der *Monat* und nur wegen des Notwendigen und der paar Menschen. Aber wenn Du im Mai willst, so geschieht es. Auch früher! Nur die paar Menschen

machen uns Sorge. Du denkst, wie ich wußte, an Ch. Und gewiß
auch an Mechthild. Sie muß dazukommen, es als eine Rettung für
uns *drei* anzusehen, d. h. von uns zwei für sie, da wir so hier nicht
weiterleben können. Aber wir *müßten vorher mit ihr sein.* Ich
will nur *die* Bedenken und Hemmungen haben, die *Du selbst
hast,* und wir wollen sie gemeinsam überwinden. Es *muß* geschehen, aber so, daß eben das auch *ihrer* Erkenntnis entspricht und
sie das Zurückbleiben nicht als Verlassensein empfindet. (Wird es
so ein Lebt wohl! an Iphigenie und Orestes?)

15./16.II.

Ja, komm! Und wenn Du mich fragst, *wann* Du *sollst,* so antworte ich: *Mit dem nächsten Zug!* Und ob ich *will,* daß Du »mein
Leben führst«, nachts bei mir bist und bei Tag schläfst? Wie
sollte ich anderes wollen?

Hast Du im Prager Tgbl. die entzückende Gerichtssaalnotiz
(14., Dienstag) von der Zigeunerin gelesen? Bitte, lies das und
heb es mir auf, bring es mit!

Ich habe dem Blatt übrigens für die russische Sammlung
kürzlich 150 tschech. Kr. geschickt. Eigentlich wollte ich Dich
vorher fragen, ob wir vier (Du, Bl. und M.) u. auch Ch. nicht
gemeinsam spenden sollen unter irgendeiner Chiffre. Du hast
sicher schon daran gedacht, bitte, bitte sage es auch Bl., die ich
innigst grüße und schreib es M.: für 150 Kr. ist ein Mensch in
Rußland zu retten (Nansen-Aktion, der alle diese Sammlungen
zufließen). Es würde mich so freuen, uns da vereinigt zu sehen.
Gerade vor Antritt der großen Freude. Wenn ich mit Leuten
verkehrte, würde ich jeden bedrängen, es zu tun. Und wir dürfen nicht für die Reise *sparen,* sondern *weil* wir sie unternehmen, dürfen wir es in solchem Punkt *nicht* tun. Bitte schreib es
auch M. Sie *weiß* nicht von der Sammlung und wird froh sein zu
hören, daß es diese Möglichkeit jetzt gibt. Es war früher so
schwer zu erfahren, an wen die Gelder geschickt werden sollen.

Hier gibt es Leute, die im Hotel Bristol um 60000 Kronen
russischen Kaviar essen.

Ich habe den Brief gestern resp. heute, 15. nicht abgeschickt,
weil ich Dir noch hundert Dinge sagen wollte über den Plan und

vor allem über das Glück Deines Einverständnisses. (Aber das
Telegramm hast Du hoffentlich erhalten.) Jetzt weiß ich nichts
mehr davon, es wird schon nichts wesentlich anderes sein als: daß
ich Dich liebe. Auch ich sehe Dich »ein ganzes Jahr, in ganz fremden Ländern« und hoffe, daß ich da Zeit finden werde, Dich
kennen zu lernen. Bisher war es so, daß der eine Teil lief und der
andere ihn stellen wollte, das schuf beiden Verdruß. Laufen wir
von jetzt an zusammen! Ich bin zu jedem Tempo, das Du ein-
schlägst, zu haben. Eines der Gedichte – sie wollen nicht zu Dir,
sondern wollen lieber auf Dich warten – endet mit dem Vers:

Ich stürze mich in Deine Abenteuer!

[751]   T [Wien, 15.2.1922]   [Vrbičany Post Lobositz]

Von Deinem Glücksgefühl beseligt

[752]   T [Wien, 27.2.1922]   [Vrbičany Post Lobositz]

Chiffre Letzten Tage Menschheit oder Luxemburg glücklichst

[753]   B [Wien,] 3./4.IV.[1922] 7 Uhr   [Janowitz]

Im Zimmer ist ein seltsames Zwielicht. Alles noch ganz im Licht
und darum alles umso dunkler.

Die Dinge wollen nicht dran glauben. Als ich am 1. meine Eß-
ration gebracht hatte, lag – wiewohl ich ausdrücklich gesagt hatte:
»nur Schinken!« – die Zunge im Paket. Also das muß sich alles
erst gewöhnen.

Die Erkältung ist ganz ungeheuer ausgeartet. Die Natur
scheint sich dafür schadlos halten zu wollen, daß sie für die drei
Abende von einem Willen geknebelt war. Ich kann gar nicht
aufblicken. So thränen meine Augen; und die Thränen, die einem
Abschied gelten würden, sind von so lästigen Rivalen besiegt.
Aber wiewohl Schnupfen, Husten etc. immer ärger werden, muß
ich doch bis ½ 9 am Schreibtisch sitzen, und wär's mein Untergang! Denn es ist ja eben auch *Dein* »Untergang«, und da gibt es
kein Nachlassen. Immer wieder durcharbeite ich die Zitaten-
Reihe (ganz neue Gruppierung) und »Herbstzeitlose« – von diesem schon die *dritte* Korrektur. Erst wenn das fertig ist, gehe ich
an die letzten Fahnen (deren jeder ich als der Deinen treu bleibe.)

Es war Dein Wille, Dein letzter Wille, wie Sohn Schmächtig sagt. Aber nun zum Inhalt des beiliegenden Briefes, der wirklich nicht zum Lachen ist. Zugleich mit dem Deinen so lieben kam er heute, Montag. Wenn dieses Martyrium nur Schmerzlosigkeit für das weitere Leben sichert! Nicht wahr, Du schreibst ihr gleich! (Weiß sie schon) Ich will ihr sagen, wie viel Menschen ihr die froheste Minute verdankt haben, als sie in den qualvollsten Schmerzen lag und wie traurig beziehungsvoll mir das »ich wetz mit die Füß« nun wird. (Auch, »dieser schreckliche Druck«,* aber *hoffentlich* auch, daß die Professer es wirklich besser wissen und der Allerärmsten nun geholfen sein wird.)

Das Vertrackteste an Arbeit und Rackerei für die Personenverzeichnisse. Das glaubt man gar nicht. V. ist nun völlig erledigt; von Epilog kam Samstag der ganze Abzug.

Aber das wichtigste ist eben, durch jene Magie unterzugehen.

Wegen Berliner Wohnens habe ich geschrieben, daß es doch *viel besser* wäre, wenn *nicht* dort; muß es nun ihr überlassen.

* und am 30. waren es die Fußblöcke des Kent. Sie zeichnet sie genau so. Warum gerade dieser Engel »solche Schmach erdulden muß«!

[754]   B [Wien,] 7/8.IV.[1922] 5 Uhr   [Janowitz]

Soeben, 4 Uhr, ist alles fertig geworden, der Rest (S.n.ar.Umg., F.F.u.d.Tal., W.Fr.: schw.Mann) geht um 8 Uhr in die Druckerei. Viel an allem gearbeitet, etliche Nachworte geschrieben, z.B. zur »Sehnsucht«, die doch hinein soll. (»Herbstzeitlose« bleibt ein Problem.)

Jetzt schon an anderm.

Husten unverändert, alles andere besser.

Dank für zwei Briefe, den vom 5. heute (gestern) erhalten.

Der Winter hat uns diesen Empfang bereitet, damit sich die Wirkung des Ankömmlings bewähre. Nun ist gewiß Frühling dort.

Was ist das nur für eine Idee, sich als Chauffeur verdingen zu wollen? Die Vorstellung, wen man da zu befördern hätte! Natürlich denke auch ich an den Orient!

Die Personenverzeichnisse, die sich dazwischen drängten, sind gar nicht so »elend«. Daran sieht man erst den *ganzen Untergang*. Sie waren ungeheuer schwierig und interessant, von hundert Gesichtspunkten immer wieder bestimmt. Dazwischen aber auch noch fortwährend aufregende Befassung mit Seiten von V. Oft schaue ich, aus Gewohnheit, nach dem andern Tisch hinüber oder nach dem Divan. Es kommt viel Anregung von dieser Gegend, aber keine Stimme.

Das mit dem zweiten Fuß kann ja nicht ohne zwingenden Grund vorgenommen worden sein. Es scheint sich alles sehr zu bewähren —— wenigstens nach dem heute nachmittag eingelangten prächtig gelaunten Brief, den ich beilege. Es wäre ja zu schön und das Freudigste, was wir seit langem erlebt haben, wenn dieses Prachtexemplar (Nádherný) von einem Menschen wieder Beine hätte und man nicht bei jedem Schritt für sie zittern müßte.

»Siamesisch«: diese armen Zwillinge haben einen so unermeßlichen Reichtum hinterlassen. Wenn andere Zwillinge so reich wären, könnte man ohne jede Schwierigkeit nach Siam kommen. Für Honolulu habe ich übrigens seit jenem Kongreß gar kein Gefühl mehr übrig —— natürlich mit Ausnahme der Hauptstadt Waikiki, für die ich andauernd eine gewisse Schwäche habe. Das verdankt sie aber ausschließlich den Lippen, von denen ich ihren Namen zum ersten Mal gehört habe. (So ist es mir bisher nur mit Schindelegi gegangen.)

Das Bett, sagst Du, ist so herrlich und weich? Ganz dasselbe sagte das Bett, als Du ankamst. Ich beneide das Bett um Dich!

Ich werde M. mit einem Rätsel *entschädigen*. Sie schreibt:
»Um 1 Uhr keine *K* mit *M*
um 5 Uhr *S*«
Ja, —— aber um ½ 4 Uhr *K* mit *M*
                   (Kaffee mit Milch)   (allerdings wieder um 8 Uhr: *S*!)
                                           das sag ihr aber nicht.)
(Ich schreibe ihr das in derselben Anordnung, wie sie es schreibt, links und rechts.)

Der Vater Otto Weiningers, ein berühmter Goldarbeiter, der jetzt gestorben ist, hat mir zwei alte kleine Lederbände: eine englischdeutsche Zusammenstellung von Zitaten aus Shakespeare (1835) vermacht; ich habe sie heute bekommen.

[755]   B [Wien,] 12./13.IV.[19]22   [Janowitz]

Mit todmüden Augen danke ich Dir für jedes Deiner Worte. Ich saß gestern (heute) um 9 Uhr noch an der Arbeit, als der Brief kam. (Auch für den Brief vom 7. und die Karte muß ich noch danken.) Die Arbeit an diesem Druck der letzten Bogen – und etliche kann ich nicht mehr ganz abwarten, aber alle sind besorgt, wenn ich reise – ist wirklich niederschmetternd; und dazwischen auch noch zweite Korrektur der letzten Teile »Untergang« und Neues. (Und alle Verrichtungen zur Reise!)

Was Du da vom 5. Juli 1915 zitierst, ist allerdings sehr merkwürdig, besonders das von der »Teilnahme eines einzigen (des einzigen) Menschen«. (Dank auch für die Mitteilung des Datums betr. Vorspiel!) Das mit der Widmung besprechen wir noch. (Aber gerade in »blonder Magie« wolltest Du doch nicht mehr vereint sein?)

Du zitierst meine Briefe und ich soll nie die Deinen zitieren dürfen? Ja, das wäre erst ein Fegefeuer! (Aber darin *glüht* man doch?) Doch ich würde Dich selbst vor *Deinen* Briefen in den Himmel retten, in dem Du damals warst.

Dein wunderlieber Brief vom 10., 6 Uhr! Aber auf *den* muß ich Dich doch festlegen dürfen? Sonst wäre ja nicht die Pflicht unabweislich, den Stern wieder ans Firmament zu heften!

»Untergang« wird in der Abwesenheit *nicht* gedruckt; das ist auch nicht nöthig. Nein, mit dem hysterischen Mann gabs noch arge Dinge, aber nun hat der rührende J. (der jetzt fast täglich zu mir kommt und der ein Engel ist) alles so ziemlich anders eingerichtet.

Denk Dir nur, mein Arzt, der ausgezeichnete Dr.K., ist gestorben. Bitte teile es auch Deinen Bekannten mit, die ihn konsultieren wollten. Er war operiert worden und es gieng ihm schon ziemlich gut. Sein Sohn rief mich an, um es mir mitzuteilen. Das war sicher einer, von dem das mit »Arzt und Mensch« glaubhaft war. So schade um ihn! Hoffentlich bist Du, nach der Unterbrechung Deiner schönen Stille, wieder zu Dir zurückgekehrt. Da hast Du ja eine außerordentliche Arbeit geleistet! Aber war sie nicht schon einmal getan? Mir ist, als ob ich es schon einmal erlebt hätte, daß Du meine Briefe mir vorziehst. (Oder öfter gar.) Und wie soll ich zwischen *Dir* und den *Deinen* wählen?

Wegen des Juni werde ich mit M. sprechen. Ob aber dann noch Vorlesungen möglich sind? (Daß sie mich von der Arbeit am *Heft* abhalten würden, ist eine geringere Sorge.) Da wäre die nordische Fahrt verlockender (eine Art kleineren Baedeker habe ich von damals noch; genügt das?)

Vor einer Fahrt nach Holland wurde ich heute gewarnt; ich würde von dem dortigen Bürgerpöbel gesteinigt werden. Mir schwindelts aber von Deinen Projekten. Du greifst selbst bis Frühling 1925 aus, scheinst also überzeugt zu sein, daß ich dann noch leben werde. Wenns auf mich ankäme, würde mich das eine Andalusien mehr locken als alles andere zusammen, wo zumeist gewiß nur ein von uns nie zu befriedigendes Forscherinteresse die Erfüllungen bringen wird, die Du Dir vorstellst. Aber Dein Wille geschehe, im Himmel und bezüglich der ganzen Erde. (So weit die vorhandenen Kräfte reichen!)

Das Kampanerthal muß in den Pyrenäen sein. Nicht ob Du ein Faden bist, sondern ob ich einer bin und Du eine Emilie, wäre zu untersuchen. Aber mehr ist: »Deine Reize verdienen noch viel mehr als das«. Immerhin – hüte Dich, das Überflüssige zu verlangen, sagen wir zum Beispiel den Nordpol, denn Du würdest dabei auch das Notwendige verlieren und sänkest in Deine vorige Armut, nach Janowitz, zurück!

Mit M-M. ist das natürlich eine rechte Schwierigkeit. Eine Reise durch alle Städte mit ihr wäre Dir selbst schließlich sehr fatal. Aber wie wär's, wenn *Du* ihr, falls die Norwegenreise zustandekommt, auf dem Weg dahin Dresden und Berlin zeigtest?

Woher hast Du den Bernhardiner? Nenn ihn entweder Waikiki oder *Kiki* (oder Legi). Ein sehr schöner Hundenamen bei Claudius (dem er ein Bobby-artiges Gedicht gewidmet hat) ist *Alard*.

M. bleibt wohl bis Anfang Juni in Berlin (?) Würdest Du hinkommen?

Gestern habe ich, dem ungestümen Drängen nachgebend, 2 ½ kostbare Arbeitsstunden verloren, um etwas zu tun, was ich nie wieder tun werde. Und die noch ärgere Zumutung an die Nerven: einem, der alles auf diese Karte gesetzt hat, doch etwas Wahrheit sagen zu sollen. Da ist man selbst ja mehr in Mitleidenschaft gezogen als der Betroffene. Es war unbeschreiblich. Ein so hohes künstlerisches Wollen und ein Nichts an Persönlichkeit. Wärst Du dabei gewesen, Du hättest mit mir (aus einer versteckten Loge) dieses beifallseifrige Publikum noch mehr angestarrt als damals in Dresden. Ich kam mir wirklich wie aus dem Grab genommen vor, unter Menschen gesetzt, die ich nie erlebt hatte. Du kannst es Dir nicht vorstellen. Ich *hatte* es mir vorgestellt wie Du weißt, aber es übertraf alle Erwartungen. Er tut mir persönlich darum *sehr* leid und schließlich konnte ich, bei allem was ich gegen diese Art vorbrachte (die ein Gemisch von kleinster, konventionellster Schauspielerei und Expressionismus ist) zustimmen, als er versicherte, es sei ein durch Indisposition mißlungener Abend gewesen (bei dem mich zu wissen ihn unglücklich mache). Ein plattdeutsches Stück, wo er ganz aus seiner Art schlug oder vielmehr in seine Art zurückfand, war sehr gelungen; alles andere: Goethe, Liliencron, Wedekind und fünf Sachen von mir über alle Maßen unerträglich.

(Du sprichst von einer Möglichkeit, die Briefe einmal zu publizieren. Ich würde Dich bitten, jedenfalls – da man nie wissen kann, welches Schicksal ein Brief auch jenseits der Willensbestimmung des Empfängers hat – *diese* Stelle unkenntlich zu machen, da es mich bedrückt, mir seine Kränkung auch nur vorzustellen. Ich wollte es Dir nur mitteilen, weil wir ja viel darüber gesprochen haben, daß ich ihn hören soll. Und er hängt so an mir. Morgen nimmt er eine Berichtigung der »Druckfehler« vor, die ihm im Sprechen passiert sind, da er, trotz gegenteiliger Zusage, »auswendig« gesprochen hatte: »so verabscheut sind wir heute, *daß* (!) uns schlottern die Gewänder« (statt »und«); ihr *heilges* (!) Rom (statt »ewges«) und »Fluch euch, die mir das angetan« (statt: »*das* mir«). Das letztere hätte ich am liebsten aus der Loge aufs Podium gerufen! Du kannst Dir denken, daß ich mich, wäre ich sichtbar gewesen, wenigstens durch konvulsivische Zuckungen bemerkbar gemacht hätte. Nun, morgen spricht er es wieder und wird es ausdrücklich berichtigen, (daß uns die Gewänder schlottern, weil wir verabscheut sind, ist ja geradezu grotesk. Was ist ärger: daß ein paar Leute den Unsinn merken und dem Autor zuschieben oder daß es vor einem Publikum gesprochen werden soll, dessen Mehrzahl da gar nicht Anstoß nimmt? Wenn das wirklich mein Publikum ist, so wäre das ja entsetzlich. Und es gefiel ihnen! Du kannst Dir das wirklich nicht vorstellen, wie er die Goethesche Zeile »Schlafe, was willst du mehr?« gesprochen hat. Hätte ich nur noch die 2 ½ Stunden. So hätte ich Arbeit, und eine Enttäuschung weniger an einem so freundlichen Menschen.) Morgen bin ich natürlich nicht dabei. Wie hat mich heute Dein Brief entschädigt!

Dank für den prächtigen Brief an D.! Ich reise 18. nachmittag über Passau. Einen Brief, den Du noch nach Wien richten wolltest, müßtest Du expreß senden (wegen der Feiertage). *Sonst Buchenstr. 2.* Noch unbestimmt, ob dort wohne. (Den beigelegten Brief behalte *zurück,* wenn Du ihn nicht noch nach Wien schickst. Jedenfalls bitte nicht nach Berlin ihn zu senden.) *Allerschönste Ostertage!* (Auch für Ch.)

[756]   B [Wien,] 16.IV.[19]22   [Janowitz]

Komme von »Literatur« (mit Einleitung über das in dem beiliegenden Ausschnitt Angekündigte – den Ausschnitt erbitte zurück) und *»Wien«.* Es war außerordentlich schön, sturm- und glanzvoll und trotz dem herrlich-heißen Ostersonntag menschenvoll.

Was sagst Du dazu: Im Inhaltsverzeichnis eines alten Bandes der F. finde ich: »Zuschrift aus Hawaii«. In der Nr. 256 vom Juni 1908 (wo warst Du damals?) ist ein Brief abgedruckt, datiert: *Lahaina, Maui* (Poststempel *Honolulu – Hawaii),* 19. April 1908; eingetroffen 14. Mai. Betrifft Frauenberufe und Ehe etc. auf Hawaii, von einem *dortigen Leser* der F. Ob der noch dort ist? (Bezieht sich auf einen Artikel eines bald als zweifelhaft erkannten Herrn.) Von Waikiki kommt leider nichts drin vor. Fast auf den Tag – Du erhältst diese Mitteilung wohl gerade am 19. April – sind es vierzehn Jahre.

Dienstag nachm. reise ich.

M.'s Qualen sind erschütternd. Wenn nur der Arzt Recht behält! Und wenn nicht – was dann?

Wegen K. und M. habe ich geantwortet, daß sie ja eben so heißen müssen und wenn *Passen*, könnte es ja auch *Puppe* heißen. Dies ist nicht der Fall und jenes nicht, also ist alles, wie sich's gehört: ½ 4 Kaffee und Milch, 5 Suppe. –

Seit Freitag Abend liegt alles im Umbruch vor und ist von mir in der Nacht auf den Samstag zu Ende korrigiert worden. Du hast's erreicht! So wird das in jenem Brief Gesagte wahr. Habe Dank und leb wohl!

17./18.

Dieses beglückende Telegramm heute von M. erhalten.
Adresse am besten Buchenstr.2, da ich nicht weiß, bei *wem* Derfflingerstr. (Pension?)

18. Mittag

der Mann, von dem ich neulich schrieb, scheint auch nicht einmal jene Rücksicht zu verdienen. Ich bin aber noch nicht ganz sicher darin. (Jedenfalls gebührte ihm gegenüber eher *Vor*sicht.)

[Beilage: Eine Blume. Bleistiftnotiz von KK:] Von Blumen, die in der Vorlesung erhalten habe.

[757]   B [Berlin,] 25.IV.[1922]   [Janowitz]

Liebstes!

In größter Hetzjagd:

es steht hier alles sehr traurig. Das ist gewiß der unglücklichste Mensch; und keine Rettung abzusehen. Vielleicht ein Gewaltstreich und Mitreisen im November. Alles besprochen; alles eingesehen. Die Füße bessern sich, aber noch keine *Sicherheit,* ob ganz geholfen (wiewohl der Arzt es immer wieder versichert).

Die zwei Abende waren außerordentlich schön. Vielleicht kommt ein 5. dazu (König Lear – für die Russen, wie der 4.: Nestroy)

Wie beneide ich Dich um die Zeugenschaft dieses Frühlingsbeginns. Aber warum die Geduld verlieren? Eigentlich betrübt mich Deine Bereitschaft, das Reisen ohne mich zu beginnen.

Oder war's nicht so gemeint? Was hältst Du nun *davon:* statt Sardinien gleich nach dem Norden, in einer Woche hält dort die Natur so weit, und das Frühjahr in Seeland ist schöner als der Sommer. *Ohne* Vorlesung (es ist ja überall ein Gesindel). Oder: in 1 ½ Wochen gemeinsam nach Sardinien (über Wien, wo alles versorgen würde). Oder: durch die kleinen deutschen Städte und an den Rhein (mit oder ohne Vorlesungen, Auto oder *Bahn).* Irgendetwas, damit Du in bessere Laune kommst!

M. weiß noch nichts, ist in allem unschlüssig; wäre aber froh, Dich hier zu sehen. Schönb.: Juni am besten. Wenn sie hinkäme, dürfte *ich nicht* dort sein. Ihr könnt immer dahin.

Ausschnitt hatte ich vergessen; nachgesandt.

»Alte Hefte«: vielleicht durch Lányi oder Gilhofer.

»Jener Mann« ist ein Schwamm. Ich bedaure jetzt die Bitte, die Stelle unleserlich zu machen. Alles war verschwendet. Er schreibt mir Jammerbriefe voll Zerknirschung. (Also etwa D.+D.)

Das Eingesandte ist eine alte dumme Anekdote, die die Maria gewiß schon kennt.

Die D.-Sache ist ja gewiß äußerst traurig. Aber das Telegramm scheint zu besagen, daß momentan wieder alles beim Alten. Das ist wohl ein ewiges Hin und Her und von außen eine Hilfe kaum möglich. Ich glaube nicht, daß Du irgendetwas bedauern sollst. Auch der hier zurückgesandte Brief war ausgezeichnet.

Entsetzlich ist mir in *ihrem* Brief die Stelle: »Du magst urteilen wie es Dir beliebt, *ich* aber *kann feststellen,* daß *meine Seele* dabei *nicht zu Schaden kam.*«

Wie macht man das? Da ist ja alles drin, was mir so antipathisch ist. Natürlich billige ich Dein Mitgefühl ganz so wie Deine Strenge.

Wie überhaupt alles was Du tust.

Der Himmelsschlüssel soll Dir nicht böse sein. Ich freue mich, daß es ihm gut geht. Hoffentlich auch Dir!

Heute einen monarchistischen Drohbrief (rek.) nachgesandt erhalten.

M. grüßt innigst.

Sende dies nicht rek. da bei *rek.* Censuraufenthalt.

[758]   K [Berlin, 25.4.1922]   [Janowitz]

Nachtrag: 27. Literatur (mit Musik), Anfang 8 Uhr, 29. Zerrissene etc. (Begleiter: Otto Janowitz) 30. oder 1. Lear (in anderem Saal)

Verschlußmarken auf Brief waren von *mir.*

Wäre sehr für Skandinavien, wenn in einer Woche warm. In diesem Fall würde Telegramm erbitten.

Wenn nicht, hoffe bestimmt *Juni* oder *Juli* eben dorthin. In diesem Fall würde *jetzt* telegraphisch tschechische Vorlesungen (Prag etc.) veranlassen.

[759]   T [Janowitz, 5.5.1922]   [Prag, Karmelitzkagasse 24]

Heute endlich Karte ++ ab Sonntag Palace ++ falls Vorträge möglich ++ nicht schmerzfrei

[760]   B [Wien,] 22./23. Mai [19]22   [Janowitz]

Die Nachtfahrt ist keineswegs zu empfehlen. Angeblich mußte man seit 1914 *immer* in Vesely umsteigen. Von dort bis Gmünd unbeleuchtet. Dieses höllisch (werde darüber dem Finanzministerium Mitteilung machen lassen, d.h. über den *Ton* dieses Gesindels den Reisenden gegenüber. Die letzteren selbst bis Wien noch unerträglicher.) Um ¼ 10 angelangt, war ich schon Mittag wegen der monarchistischen Drohung und einer Vorladung unbekannten Inhaltes – die sich als eine Groteske in Sachen »Spiegelmensch« herausstellte – beim Leiter der Staatspolizei. Ich zog dies vor, anstatt am Montag vormittag, wo ich lieber schlafen wollte, im Stadtkommissariat zu erscheinen. Das Burgtheater hatte eine Anzeige wegen der Demonstrationsdrohungen erstattet und die Polizei wollte mich fragen, ob mir etwas von einem »Verein der Anhänger K.K.'s« bekannt sei. Der Leiter der Staatspolizei und ich haben uns gut unterhalten. Wegen der Drohung will er mir Schutz beistellen, wenn und wann ich es für geboten halte. Vorläufig abgelehnt.

Das Elektrizitätswerk will errechnet haben, daß ich für den kleinen Ofen, unsern lieben Freund (der so eine Art jüngerer Bruder des kl. Opel ist) vom 7.2. bis 9.5. (wovon fast 4 Wochen unbenützt) *258.689* Kr. zu zahlen habe!! Soll man das für möglich halten oder sich gleich umbringen? Wie wird das im nächsten Winter werden? Aber da wird ja hoffentlich die Orientwärme billiger zu haben sein!

Der H. hat die Frechheit gehabt, hier »Springbrunnen« und anderes zu lesen (nicht zu sprechen), für den nächsten Abend habe ich es nun doch verbieten lassen.

Auch sonst noch allerlei Verdruß angetroffen. Nebst zwei verwelkten Geburtstagsblumenspenden.

Der 20. Mai wird hier Nationalfeiertag werden. Hoffentlich auch dort. Ich kann feststellen, daß meine Seele »daraus Gewinn gezogen« hat.

[761]　　B [Wien,] 1./2. Juni [19]22　　　　　　　　[Janowitz]

Ich habe für zwei Briefe und ein Telegramm zu danken. Die tolle Arbeit läßt es nur kurz geschehen. Aber ich bitte sich alles Herzliche dazu zu fühlen.

Ja, der versäumte Vorschlag damals! Es ist zu merkwürdig. Als wir auf der Bahn waren – gleich nach der »Zugluft« – wollte *ich* es sagen. Aber die Furcht, mir diesen Korb zu holen, der zum Abschied so empfindlich gewesen wäre, hielt mich ab. Ich bereue nicht, es nicht gesagt zu haben. Ich glaube, Du hättest widersprochen, und eine ¼ Stunde später darum nicht die liebe Idee gehabt, für die ich so dankbar bin. Es mußte eben von Dir kommen und es macht nichts, daß es zu spät kam. Aber wenn Du es heute noch erwägen kannst, frage Dich, ob Du nicht nein gesagt hättest. Und denk dann weiter über alles Mögliche nach. Es ist gewiß gut für Dich. (Aber gut auch, daß Du es nachher wolltest. Und schöner, da hast Du recht, konnte es ja doch nicht sein.)

Im Telegramm steht: »...Tiefsten Dank ewige*r* Wer*k*«. Ewige*m* Werk oder ewige*r* Wer*t*? Da bekommt der Korrektor gleich Arbeit. Jetzt war ich, ehe ich recht zum Heft kam, immer mit den nun durchgeführten letzten Korrekturen am »Untergang« beschäftigt. Die damals zurückgelassenen Fahnen sind jetzt erst, nach der Rückkehr, durchkorrigiert worden; während meiner Abwesenheit hatte die Druckerei leider nichts daran gemacht. Ich hätte aber so und so acht Tage zur Durchsicht gebraucht. Heute nacht ist nun alles druckfertig geworden (das Buch wird

492 bezw. 496 Seiten haben; *drei* Aufsätze bleiben zurück); die allerletzten kleinen Änderungen sehe ich in den Maschinenbogen. In den »Letzten Tagen« sind natürlich außer den zwei korrigierten noch etliche, aber unwesentliche Druckfehler entdeckt worden (z.B. S.53 steht auch: Dehmel). Das ist eben überhaupt nicht zu vermeiden und im Nachhinein quält es mich auch nicht mehr so. Ein Malheur, das mir *ganz* gleichgiltig ist, aber den guten J. furchtbar erregt hat: in einem (kleineren) *Teil* der Auflage hat der Maschinenmeister, der auf S. 518 das Notencliche einmal heben und dazu herausnehmen mußte, es *verkehrt* eingesetzt. Der Musiker bemerkt das sofort. (Dr.J. sagt, daß das sogar in musikpädagogischen Werken häufig vorkommt) und der Laie sieht es überhaupt nicht. (Wurde *nach* Absendung Deines Exemplars bemerkt. Wie ist es darin?) Es ist eine fabelhafte Leistung der Druckerei. Das Papier schlägt an manchen Stellen durch, das kommt aber selbst bei englischen Shakespeare-Drucken vor und ist bei dem sonst herrlichen Dünndruckpapier nie ganz zu vermeiden. (Über tausend Viertelbogen wurden noch zuletzt weggeworfen.)

Ich hatte absichtlich nichts erwähnt, weil ich überraschen wollte.

Ja, Sommer ohne Frühling! Und ich fürchte, für mich Herbst ohne Sommer, wenn ich die Arbeit betrachte, die vor mir liegt. Die einzige, d. h. die beste Möglichkeit für Janowitz wäre gerade die Zeit *ab 25*. Denn es sollen auch noch nach dem 13. Vorlesungen sein. Oder soll ich drauf verzichten und am *16.* kommen? Aber lohnt sich das, wenn ich schon nach 8 Tagen wieder wegmüßte? Da wäre auch kaum ein Korrektur-Verkehr mit Wien möglich. Es wäre eben nur, um dort zu arbeiten und ein paar Mal im Wasser zu sein. Ich weiß mir keinen Rat. Oder ab 8. Juli? Aber dann müßte ich doch wohl vor der Reise zurück nach Wien. Und später sind ja andere Gäste da. Ist die Bemerkung »Erst seit dem 20. Mai sind Wärme und Sonne und Himmelsblau hier geblieben« eine rein meteorologische Feststellung?

Aber erschreckend ist die Wendung: »Bin am Sonntag im Auto zur Gruft gefahren.« Flehentlich bitte ich die hundertmal bewährte und in der Autowelt gewiß einzigartige Vorsicht auf der Reise nach Sch. zu vervielfachen. Jede Notiz über einen Automobilunfall macht mich nervös und es spielt wohl in diese konstante Angstvorstellung auch das Unglück des jungen Opel hinein.

Die Frage: »hast Du *Deine* B. gesehen?« wäre ein Herzstich, wenn sie nicht so lustig gemeint wäre. Zweimal. Aber ich könnte der Arbeit nicht eine Minute abringen, um darüber schriftlich zu berichten.

Da sie sehr von »Bobby« und »Springbrunnen« schwärmte, gab ich ihr den Auswahlband. Hinterdrein weiß ich nicht, ob das ursprüngliche »Arme Wurm«-Gefühl, das ich hatte, berechtigt war. (Dies aber nicht für S., die wohl sehr befreundet mit ihr ist; aber Du wirst nach mündlichem Bericht jenen Zweifel ganz verstehen.)

Wann *willst Du*, daß VI. erscheint? Davon ist nichts gesagt worden, es ist aber eine Sache von 8-14 Tagen.

Besser doch: nicht *vor* »Untergang«.

Ich möchte so gern hören, daß Du Dich wohl fühlst.

M. alle ihre Originale, die ich ja nicht mehr brauche, geschickt. Sie geht jetzt auf paar Tage weg. Das ist sicher das Gegenteil von aller Konsequenz, die sie ziehen sollte.

[762]   T [Wien, 17.6.1922]   [Janowitz]

Sehr deprimiert ++ sende innigen Dank rührenden Glockengruß und alles ++ auch Franzensbader Engel.

[763]   B [Wien,] 21./22. Juni [19]22   [Janowitz]

Nein, der Zustand besteht trotz und bei »Arbeitsfreude und -lust«. Nur die anhaltende Arbeit verhindert, daß er zur Verzweiflung führt. Aber es gibt Momente außer der Arbeit, jetzt zwar nicht, doch es könnte sie ja wieder geben. Dabei könnte ich gar nicht sagen, *was* es ist. Es ist eben *alles*. Und brieflich darüber zu sprechen, geht schon gar nicht. Anderes zu sagen, ist auch schwer. Darum mußte ich es, abgesehen von aller Verhinderung durch die unaufhörliche Arbeit, sein lassen. Diese Arbeit ist seit drei Wochen wirklich so, daß ich nicht wüßte, wann ich auch nur eine Minute am Schreibtisch für anderes Schreiben gehabt hätte. Es ist, als ob das Tintenfaß und der wirre Haufe von Material es nicht zuließe. Auch jetzt, da ich eine Stunde – es ist 6 Uhr – an diesen Brief vergebe, sündige ich an der Arbeit. Sie drängt mit Recht und ich habe zu allem das quälende Gefühl, daß mir der Sommer oder eine schönere Zeit vergeht, wenn ich nicht zu einem Abschluß komme. Freilich ist es wie immer: es wächst an der Beendigung. Das Heft soll nicht mehr als hundert Seiten haben und was da ist, will tausend.

In den Vollmondnächten habe ich den Park von J. gehabt, aber den »betäubend süßen Duft von Akkazien [!] und Jasmin« mußte ich dazu tun. Zwar andere Blumen in Fülle – und sündhaft teure – von den Vorlesungen. Die schönsten aber, die aus dem Park kamen und an dem Morgen desselben Tags gepflückt waren. Ich mußte mich, um zu danken, mit der Überbringerin treffen. Leider entnehme ich aus ihren Erzählungen, daß das Leben in Porzellan eine furchtbare körperliche Plage war. Wenn's nicht auch der ausschließliche geistige Inhalt der so okkupierten Tage war! Das würde mir leid tun. Denn dann würdest Du Dich in ein Stück der Sammlung verwandelt haben, wenngleich noch immer in das wertvollste. Und ist solche Beziehung zum Besitz nicht eine Art Besessenheit? Es kontrastiert schmerzlich mit den schönen Gefühlen für alles Leben und alle Kränkung des Lebens, die in dem Brief an jene dumme Gans niedergelegt sind (ich habe ihn abgeschickt, er ist vortrefflich). Aber Du kannst eben auch jenes andere: tote Dinge mit Selbstaufopferung zählen. Du bist oben, selbst wenn Du auf der Leiter stehst. Aber lieber sehe ich Dich, wenn Du es nicht tust, oben.

In meiner Stimmung könnte ich jetzt nicht nach J. kommen. Und die Arbeit würde es auch gar nicht zulassen. Ich darf keinen Tag versäumen, auch nicht den der Reise und nicht die der Postverzögerung. Auch muß ich in der Nähe der Druckerei sein. Es ist anders, als ich es mir vorgestellt hatte. Dazu kämen die nächtlichen Schwierigkeiten der Beleuchtung. Ich könnte nur kommen, wenn alles fertig ist. Das würde *kaum* vor Deiner Rückkehr sein. Aber dann ist's vielleicht besser, daß ich direkt nach Deutschland reise und wir uns dort treffen, wenn Du an dem schönen Plan noch festhältst. *Wann* soll denn die Reise angetreten werden? In Deiner Abwesenheit in J. zu sein, wäre mir auch von der Arbeit abgesehen nicht gerade leicht gemacht durch die Vorstellung, daß es vielleicht Ch. doch nicht besonders erwünscht ist. Du schreibst ja auch: »Natürlich, wenn's nicht anders geht« – und ich kann das für Ch. sehr gut begreifen.

Ferner – doch das *Jetzt*-Kommen ist ja überhaupt unmöglich – wenn Du schreibst: »Und wann kommt man nach Janov?.... R. ist hier, macht eine Zeichnung etc. etc.«. So ist es mir ja gar nicht vorstellbar, daß ich an irgendeinem Punkt eine Reise machen sollte, *wissend,* daß ich dort den R. zu Gesicht bekommen werde. Ich bewundere Deine Nervenkraft, die es Dir ermöglicht hat, diesen R. noch einmal bei Tisch zu haben. Unermüdlich!

In vierzehn Tagen bin ich – vielleicht – so weit, um irgendwohin fahren zu können. Ich möchte an den Königsee[!] (wenn Bayern nicht lebensgefährlich ist). Könnten wir uns dort oder irgendwo treffen, wo Du für 1 – 2 Tage vielleicht allein mit dem Auto auftauchen könntest? Ich möchte auch Kete Otto-Parsenov verständigen, die mich seit Jahren sehen will und vielleicht die Möglichkeit hat, wieder an den Königsee zu gehen. Es ist nicht unmöglich, daß ich dann schon in Deutschland bleiben könnte. Oder ich würde für 5 – 8 Tage hingehen.

Mit M. wird es kaum möglich sein. Sie schrieb übrigens eine Karte, (die ich nicht finden kann), worin sie sagt, daß sie erst am 9. Juli nach Schönburg kommen könnte. Aber das wird sie Dir wohl auch geschrieben haben. Dies hier ist sonst das einzige, was ich von ihr habe. Du ersiehst wohl daraus, daß sie gerade das Gegenteil von dem tut, was ich ihr geraten habe. Die darin ausgesprochene Bitte läßt es mich erschließen. Aber diese Bitte ist so, daß ich gar nicht absehe, ob ich ihr überhaupt noch schreiben kann. Es ist eigentlich ein völlig *unmöglicher* Zustand. Ist das nicht alles zu merkwürdig? Und zu traurig? Sie lebt irgendwo, fern von der legitimen Qual, und *darf* kein Wort von mir sehen!

Den Brief des Engels aus Franzensbad lege ich auch bei. Willst Du ihr noch einmal für mich danken? Und ihr Deinen Brief etc. zurückschicken? Ich lasse sie sehr, sehr grüßen! Das ist ein komischer Rundpostverkehr zwischen uns!

Teile mir bitte sofort mit, ob ein Bedenken besteht, daß das beiliegende Stück jetzt ins Heft kommt (es sind die Lettern des *Buches* übrigens). Du hattest es damals nicht, aber ich frage doch lieber noch einmal. Behalte es! Die Vortragswirkung war ganz besonders schön.

Daß Du den »Talisman« und den Abend nachher versäumt hast, bedaure ich für Dich sehr.

Das Dokument schicke ich Dir zurück. Du hattest es ganz gegen mein schon seinerzeit geäußertes Gefühl mir doch zugesandt und es war mir schmerzlich, zu denken, daß Du Dir mich in der Situation dessen vorstellen könntest, der einmal, *dann,* so etwas präsentiert. Wenn Du für Dich eine Beruhigung brauchst, kannst Du ja andere Sicherungen treffen. Ich brauche solche nicht.

Bitte, nimm es also wieder!

Ein Gedenkblatt habe ich bestimmt nicht. Es müßte denn in einem der unzähligen teuren Briefe liegen. Wenn ich einmal dazu komme, sie zu lesen wie Du die meinen – wenn ich mir das antun könnte –, so müßte es einem solchen beiliegen. Ich glaube aber nicht, daß das der Fall ist; kann mich absolut nicht entsinnen, je es so erhalten zu haben —— so oder anders. Du mußt irren. Aber es tut mir leid. Denn nun hast Du keines.

(Ch. viele Grüße und Dank für das Telegramm! Hat er das Gesetz bekommen?)

Die innigsten Wünsche für die Fahrt!

Am Tag der letzten Vorlesung bin ich um ½ 12 vorm. zum Schlafen gekommen u. schlief bis 2. Aber neulich hatte ich doch Frühling. Ich ging, Pfingstsonntag, um 6 Uhr früh in die Anlagen hinter dem Schwarzenbergplatz und saß dort auf einer Bank. Vor mir nahmen drei Meisen Aufstellung und sangen einen Chor. Dann ging ein Menschenpaar, Ausflügler, vorbei. Da waren sie weg.

[764]   B [Wien,] 5./6. Juli [19]22, ½ 7   [Franzensbad]

Ich weiß nicht wie es Dir sagen, da Du selbst von so trüben Erlebnissen eingenommen bist, (die ich herzlich mit Dir empfinde) —— aber ich sehe keine Aussicht für mich und werde immer bedrückter. In einigen Tagen ist die große Arbeit, die mich seit Wochen kaum je vor dem Vormittag zum Schlaf kommen ließ, fertig und mir graut schon vor dem Nichtarbeiten. Ich weiß nicht, ob ich noch je die Kraft *dazu* haben werde. Ich fürchte mich förmlich davor, mich erholen zu gehen, und besonders daß ich *Dir* so viel Schatten zutragen soll, wo Du doch so viel Sonne verdienst und nöthig hast. Ich möchte ja diese Reise so gern antreten, mehr noch für Dich als für mich, aber ich habe nicht den Mut dazu, weil ich mich Dir nicht zufügen will. Würdest Du allein gehen wollen? Es wäre vielleicht gut, wenn ich irgendwo allein säße, aber ich weiß nicht wo. Hier wäre es mir von allen Möglichkeiten am bequemsten, aber jetzt häufen sich die Drohungen und zum nächsten Heft ist, da dieses Gesindel auch in einer seiner Druckschriften gedroht hat, Polizeischutz vorgesehen. Vor Deutschland werde ich auch gewarnt. In Österreich auf dem Land ist überall die Plage des Gekanntseins. Was räthst Du? Nach Janowitz und dort alles überlegen? Es widerstrebt mir, dorthin Finsternis zu bringen. Vielleicht sich in Rügen treffen und dort prüfen, ob es geht? Aber wer weiß, ob man in der nächsten Zeit sich in Berlin aufhalten kann. Am liebsten gienge ich ja nach Thierfehd. (Wo ich auch am besten zu Dir stimmte. Wollen wir uns dort am 23. Juli, Mittag, beim Wasserfall treffen? Darauf könnte man sich noch freuen.) (Zu einem Zusammentreffen auf Deiner deutschen Tour hätte die Zeit nicht gelangt. Ich kann in diesen furchtbaren Arbeitsperioden überhaupt nichts bestimmen. Überdies ist für mich an einen Aufenthalt in Bayern jetzt nicht zu denken.)

Die von Dir mitgeteilte Tour ist mir fast zur Gänze bekannt. Aber das schönste – Telemarken – kommt da gar nicht vor.

Ob Du mit oder ohne M.M. bei M. absteigen kannst, darüber kann ich nichts sagen. Ich habe keinen Ton mehr gehört (seinerzeit hieß es, daß es *immer* möglich sei; Du brauchtest nur noch einmal anzufragen); ich stehe vor einem Räthsel und kann die Lösung nur in einer radikalen, aber merkwürdigerweise unausgesprochenen Loslösung von mir finden. Darauf bringt mich das Ersuchen, auch nicht nach Berlin zu schreiben. Ich kann mir nur denken, daß meine Stellung zum Fall oder vielmehr

meine offene Aussprache darüber diese Veränderung herbeigeführt hat, die freilich alles was vorhergegangen ist, als umso
größeres Räthsel zurückließe. Es täte mir *sehr* leid.

Ch. bitte zu sagen, daß er sich mit dem Gedenkblatt ganz bestimmt irrt. Es war vielleicht davon die Rede, aber gegeben wurde
es nie.

Das mit der Pappel, dem Kahn und den Rosen ist zu traurig.
Aber es bleibt ja so viel Schönes für Dich. Entscheide, ob ich
daran teilnehmen soll. Ich bin derart entschlußunfähig, daß ich
am liebsten am Schreibtisch sitzen bliebe. Bisher war es an mir,
Dir vor solchen Depressionen zu helfen, und es ist mir kaum
oder nie gelungen. Vielleicht triffst Du's besser.

Mein Telegramm (am Sonntag-Morgen?) hast Du wohl knapp
vor der Abfahrt erhalten und die Grüße an die liebe Spenderin
der Rosenblätter schon bestellt. Als Dank noch dies dazu!
Allerbeste Wünsche und Grüße!

Das Beiliegende natürlich nicht als Gedicht, nur als Dokument.
Wer das, was darin steht, als wahr annimmt, kann sich über
mein Befinden nicht wundern.

Heute kamen merkwürdige Blumen, die ich noch nie gesehen
habe.

[765]   T [Wien, 9.7.1922]   [Janowitz]

Möge schönste Fahrt schmerzliche Eindrücke verlöschen ++
Franzensbader Engel Herzensdank Rosenblätter ++ hier Arbeit
Trübsal

[766]   T [Wien, 29.7.1922]   [Janowitz]

Ratlos ++ wenn nicht Absage Sonntag Abend Wottice oder We-
selka

[767]   B [Wien,] 21./22.9.[19]22

Innigsten Dank für den so lieben Brief, den ich heute abend auf
dem Umweg über den Verlag erhielt, da die Post trotz Verständigung die Wohnungsbriefe noch überleitet. Es war (und ist) so
viel zu tun, daß eben noch Minuten blieben, das gleiche Geden-

ken zu haben und zu genießen, aber keine Viertelstunde, es mitzuteilen. Was ich von dem C.L. höre (hoffentlich ist ihm das von dem Rest gesagt und bereinigt worden), ist so erfreulich wie der Fall des armen Mädchens erschreckend. Sie wird doch wieder gesund gemacht werden? Bitte um Nachricht, wie es ihr geht.

Das mit den zwei gekauften N. wird dem L. wohl geschmeichelt haben, stimmt aber insofern nicht ganz, als ja der Käufer aus dem ärmern Land kam und ihm da nichts »wie geschenkt« wurde. Einem solchen Reisenden muß auch Ch. das Recht auf »Umrechnen« einräumen. Und wenn man hört, daß die Miethe des mittl. Saales ab Mitte Okt. 3.2 Millionen kosten soll, dann wird man wohl in jeder Währung verstehen, daß die Vorlesungen aufhören müssen. Ich lasse dem L. vielmals danken, für die Photographien und noch mehr für die Spende. Eine Dame hat mir kürzlich fünf Millionen (die schon verteilt sind) überwiesen und an die Russenhilfe ist außer vielen anderen Beträgen 1 Million unter meinem Namen abgeführt worden. Ich glaube nicht, daß es gut ist, wenn ich die komische Rechnung direkt bezahle. Ich sende deshalb einen Scheck.* Die Paßrechnung fehlt. Der Verlust des Messers bedrückt mich sehr. Die Spenderin befindet sich derzeit in Prerov, von wo ich eine Karte bekam. Sie fragt, wo ich gewohnt habe.

Die Photographien sind eine liebe Erinnerung. Das Schönste war aber doch die Nachtfahrt. Noch heute ist der linke Ärmel des Mantels nicht ganz trocken. Mein Auge auch nicht, wenn ich an die rührende Standhaftigkeit des Knaben Lenker denke.

Und jetzt entscheide: ich habe das wundervollste Zitat, wie vorbestimmt, in der Szene gefunden:

Dem Knaben Lenker

> Nur wo Du klar ins holde Klare schaust,
> Dir angehörst und Dir allein vertraust,
> Dorthin wo Schönes, Gutes nur gefällt,
> Zur Einsamkeit! —— da schaffe Deine Welt.

* Bequemer wohl, mit L. auszufüllen, aber sicher besser: mit Ch. (zur Vorauszahlung) und den Betrag persönlich direkt nach K. zu senden.

Ist das nicht noch viel, viel beziehungsvoller und persönlicher, gewidmeter als der Name? Setzt es nicht viel mehr die Linie der Widmungen fort als ein Namenssiegel, das ja späterhin immer noch aufgesetzt werden kann, aber jetzt, diesmal ein Geheimnis des Inhalts fast offenkundig macht und selbst dem, der nicht sucht, ein Stück Biographie (zweier Leben) *anträgt*? Der Name würde über die *erwünschte* demonstrative Bedeutung gerade zu *diesem* Inhalt eine kaum zu wünschende erhalten. Die Entscheidung ist Dir überlassen. Aber es hat gewiß viel zu sagen, daß sich mir dort auf den ersten Blick die wundervollen Zeilen gewährt haben, und es ist wohl ein Fingerzeig, die künstlerische Linie der Widmungen nicht zu verlassen. Dabei ist ganz wundervoll der Doppelwert der vollen Verständlichkeit nach außen und des Geheimnisvollen der Anrufung des Knaben Lenker, das sich mit dem *uns* vertrauten Geheimnis der äußeren Beziehung dieser Gestalt so eigenartig deckt. Ich meine, wie hier ein innerer und ein äußerer Sinn geradezu wetteifern, einer ganz persönlichen Bestimmung gerecht zu werden. Ich wäre sehr dafür, bitte Dich aber zu erwägen und zu wünschen.

Die Reise war sehr gut, III. bis Wien auf dem Kondukteursitz im Gang.

Wenn ich nicht ein Jahresvisum hätte, wäre das in beiliegender Karte (die zurück erbitte) Enthaltene ein Glücksfall. Der Mann soll auch 20 »Volkshymnen« bestellt haben, »Letzte Tage d. M.« und alles mögliche.

[768]   B [Wien,] 26./27. Sept.[1922]   [Janowitz]
Dank!

Hier die 30 K. Aber, schade, das deutsche Geld hätte sich leicht überweisen lassen.

Eine Vorlesung hat Sonntag stattgefunden. Oder meint man solche in Prag etc.? Da weiß ich noch gar nichts. Die Bemerkung auf der Rückseite der Bilder hatte ich übersehen, beinahe auch die auf der Rückseite des Briefes.

Am Sonntag, nachher, mit der [!] Ch. im Hotel gewesen, dann im kleinen Wagen eine Samariterfahrt auf dem Rennweg zu einer unglücklichen Frau unternommen, der er gemeinsames Geld hinaufbrachte. Es ist völlig unbegreiflich, wie so viele Menschen jetzt auf auch nur einen Tag sich weiterbringen können. Die kleinen Wagen sind gute Helfer. (Wenn sie nur überall zur Stelle sein könnten!) Gestern und heute in meiner Straße, gegenüber, einen gesehen, neben dem selbst der »Wanderer« ein Riese ist. Er heißt: »Thermobuc«. Ist das der von der Bognergasse? Er sieht ungefähr so aus wie das Kind von Liegler.

Beklage, von Bedienerin aufmerksam gemacht, den Verlust eines Gilets (blau). Liegt vielleicht noch auf einem Stuhl im dunkeln Zimmer. Werde auch bei M. anfragen. (Hatte es sonst nie aus dem Koffer genommen.)

Allerherzlichst.

(Die Rechnung (Sonntag) sende ich als Dokument der Wiener Gegenwart.)

28.

Welche der beiden Zitat-Fassungen gefällt Dir mehr? Die längere hat auch mehr vom Buchinhalt und bringt ein strafferes Pathos — auch für die vier Schlußzeilen. Diese allein sind wieder stiller, zarter. Wähle!

Das Hunde-Idyll im Brief M. ist entzückend. Hast Du ihr denn noch nicht geschrieben? Daß sie gar nichts von den armen Füßen sagt, ist gewiß nicht beruhigend.

Dem Knaben Lenker

> Nun bist du los der allzu lästigen Schwere,
> Bist frei und frank, nun frisch zu deiner Sphäre!
> Hier ist sie nicht! Verworren, scheckig, wild
> Umdrängt uns hier ein fratzenhaft Gebild.
>
> Nur wo du klar ins holde Klare schaust,
> Dir angehörst und dir allein vertraust,
> Dorthin, wo Schönes, Gutes nur gefällt,
> Zur Einsamkeit! —— Da schaffe deine Welt.

Dem Knaben Lenker

> Nur wo du klar ins holde Klare schaust,
> Dir angehörst und dir allein vertraust,
> Dorthin, wo Schönes, Gutes nur gefällt,
> Zur Einsamkeit! — Da schaffe deine Welt.

[769]   B [Wien,] 31.[Oktober]/1. Nov.[1922]   [Janowitz]

Bitte um Verzeihung für das Papier; ich habe kein anderes. Nach einer Arbeitsepoche von einer Versunkenheit, die selbst die Sommerleistung übertrifft – durch Wochen nicht mehr als drei Stunden Schlaf und Essen im Stehen am Gaskocher –, komme ich endlich dazu, zu schreiben und die Bitte des Telegrammes zu wiederholen. Nie habe ich eine Nachricht bekommen und kann mir nur denken, daß die Karte von mir (vor etwa 3 Wochen), mit der ich für den letzten Brief dankte, bat, sich nicht zu sehr abzurackern und um einen Ausschnitt den ich im Sommer gesandt hatte (über L.T.d.M.) ersuchte: daß diese Karte überhaupt nicht angekommen ist. Oder eine Nachricht von dort verloren gegangen. Denn wie traurig zu denken, daß ich nichts hätte hören sollen. Nun beunruhigt mich Chl. durch telephonischen Anruf: ob ich nichts wüßte, er habe auf einen wichtigen Brief keine Antwort. Bist Du auf Reisen? Und gerade heute stellt sich – durch alle möglichen Konstellationen und Ersparungen – heraus, daß eine gemeinsame Reise möglich ist. Auf mindestens drei Wochen; wohin Du willst und circa ab 25. Es ist aber vielleicht auch denkbar, daß man die Reise ins neue Jahr ausdehnen kann. Das hängt nur noch von etwas ab. Ich soll zwischen dem 15. und 20. nach Kuchelna wegen Musikprobe kommen, könnte eventuell auch über Prag oder J. zurückfahren, um alles mit Dir zu besprechen.

Willst Du?

Ich war an die Arbeit verloren, aber Dir nicht entzogen. Tausend Dinge waren zu sagen, innere und äußere, und dazu hätte ich Zeit gebraucht. Du hast doch nicht, weil ich nichts hören ließ außer den paar Worten, eine böse Stimmung in Dir getragen?

Ich hatte schon beim Abschied gesagt, daß nun eine arge Arbeitszeit komme. Wie oft wollte ich schreiben. Aber um neun

Uhr früh bin ich vom Schreibtisch aufgestanden (das gieng so bis gestern): wie war's da möglich?

Sag doch ein Wort, daß es Dir gut geht und mir; und daß Du reisen wirst.

Noch eines:

Es soll hier Ende November die »Letzte Nacht« aufgeführt werden. Das entscheidet sich in den nächsten Tagen. Würdest Du zur ersten Vorstellung kommen?

Dann fahren wir von hier weg (und ich käme nicht nach Prag).

[770]   B [Wien,] 8./9. Nov.[1922]   [Janowitz]

Ich behalte das Original für Reklamation zurück:

> ++ man doch
> Innigsten Gruß ++ Hörte (wan) (Doch) Sonntag abend
> Lumpazi (und)Elften Republikfeier
> (Lumrazi) (eluten) (redublik feuer) Hofburg Drama ++
> Besorge Wohnung.

Ja, am 11. und 12. vor Arbeitern im Ceremoniensaal L.T.d.M. Und so etwas Schönes wie der Lumpazivagabundus-Abend kommt nicht wieder — außer im (angekündigten) Cyklus. Könntest Du nicht dabei sein?

M. kommt, denn am 4. Dezember liest sie selbst im kleinen Konzerthaussaal; und um diese Zeit herum soll der Cyklus sein, vor allem damit sie ihre Musik zu »Lorbeerbaum« hört. Gleich danach könnten wir die Reise antreten.

Ich habe am 2. einen rek. Brief (in blauem Kuvert) an Dich wegen dieser Reise geschickt und darin die Zeit ab 25. Nov. vorgeschlagen. Inzwischen ist der 4. Dez. für M.'s Vortrag festgesetzt worden, da sie früher nicht abkommen kann. (Der Entschluß war ein plötzlicher.) Bis jetzt habe ich noch keine Nachricht von Dir. Du willst doch? Es ist zu umständlich und langweilig, Dir schriftlich über die Wendung zu berichten, welche die materielle Möglichkeit bewirkt hat – im *Gegensatz* zu meiner Meinung (und Zukunfts-Befürchtung) vor dem Abschied in J. – die Reise könnte sich auch auf eine längere Zeit erstrecken. Nur müßte ich jetzt schon definitiv wissen, ob und wann. Wenn ich nämlich bleibe (wovor mir *graut*), müssen allerlei Termine für Vorlesungen belegt werden, und ich schiebe alles hinaus, bis ich von Dir etwas weiß. Ich wäre glücklich, wenn durch den Entschluß zur Reise es unmöglich gemacht würde, einen Termin zu nehmen. Andernfalls aber muß es geschehen, da ich sonst überhaupt nicht wüßte, wozu ich da bleibe, und im letzten Moment nichts mehr zu haben ist. Ich hoffe sehr, daß doch morgen früh ein Brief von Dir kommt. Der letzte, sehnlichst erwartete (auf das Telegramm) fiel in den Briefkasten, nachdem ich schon auf das Torzuschlagen und die Schritte des Briefträgers hinausgelauscht hatte. Wirklich: ich hätte es nicht länger ausgehalten. Und nun warte ich wieder von Nacht zu Nacht. Weißt Du, mir ist es die ganze Zeit so nahegegangen, Dein resigniertes: »Mit dem Reisen ist's also nichts?« Aber ich hatte damals wirklich die eine Sorge, die Du ja begriffen hast, und war überdies, sommermüde, voll Fieber in die Arbeit zu kommen. Nun hat sich, gerade jetzt, so vieles geändert, und ich kann nur hoffen, daß Deine alte Reiselust noch lebendig genug ist und stärker als die Resignation oder vielmehr als die Verstimmung, daß ich an ihr Schuld habe. Wie leid täte mir das!

Oder willst Du erst im Januar? Viel besser wäre es doch, Weihnachten *irgendwo* auf Reisen zu sein. Mir ist ganz trostlos zumuthe, und ich weiß dabei, daß ein Tag in Deiner kältesten Region mir mehr Wärme gibt als —— also als Du weißt. Warum sagst Du nichts? Du kannst mich wirklich totschweigen!

Wenn ich nichts anderes mehr hätte als die Aussicht, noch einmal mit Dir durch die kälteste Regennacht nach J. zu fahren – — dies würde mich beleben. (Selbst in Chemnitz möchte ich mit Dir sein!)

Ist ein Brief von Dir verloren gegangen?

————

Du würdest meine Wohnung nicht wiedererkennen.

————

Ich lese jetzt immer vor dem Schlafen ein Buch, das mich um so mehr rührt, als unser ganzes Mecklenburg darin enthalten ist: Rostock, Stralsund, Schwerin, Wismar, sogar die Insel Poel. Es sind Erinnerungen an den großartigen Burgschauspieler Gabillon (von seiner Tochter), den Gatten der göttlichen Zerline. Ein Verehrer hat mir das Buch geschenkt; Du mußt es lesen und es wird

Dich jede Zeile fesseln, wiewohl Du den Mann und die Zeit nicht gekannt hast.

———

Ich fahre wahrscheinlich 16. (wenn nicht 15.) nach K. für einige Tage. Bis dahin habe ich doch Nachricht oder eine Antwort auf diesen Brief?

[771]   B [Wien,] 25./26. Nov.[1922]   [Janowitz]

Die Arbeit zwischen Rückkehr und Vorlesung (für diese) war groß. Und seit vierzehn Tagen eine Angina, daß ich gar nicht aufblicken kann. Aber die morgige Vorlesung läßt sich nicht absagen. Wie sich auch die Reise nicht mehr absagen ließ. (Das Automobil wartete in Mährisch-Ostrau und wenn ich damals nicht gefahren wäre, so wär's überhaupt nicht mehr möglich gewesen.) Bitte um Entschuldigung für die Schrift, aber ich habe so arge Kopfschmerzen. Am letzten Tag in K. schien es schon ziemlich gut zu sein und hat sich durch die Rückfahrt wieder verschlechtert. In Eile habe ich die Zeitung gleich nach Empfang der Karte gesandt, die wohl verspätet eingetroffen ist. Nun weiß man ja wohl, daß der Vortrag M. verschoben ist und zudem auch der Cyklus. Das war eine arge Schwierigkeit, da alle Säle genommen waren. Aber die Ärmste hatte plötzlich geschrieben, sie bereue den Termin, da sie um diese Zeit eine letzte chirurgische Hoffnung (in Leipzig) konsultieren solle. Da mußte ich natürlich im letzten Moment alles abändern, den 4. selbst nehmen etc. Nun wird ja dieser 4. (Lorbeerbaum) herrlich sein, aber da sie selbst erst Ende Jänner kommt (und diese einzig schöne, rührendste Musik dann im Cyklus wiederholt wird), so fehlt wohl der Magnet für jetzt.

Aus K. habe ich die Erinnerung an den beschämendsten Katarrh und die süßesten Klänge oder eigentlich an die liebevollste Pflege mit Musikbegleitung mitgenommen. Es war durchaus schön und freundlich (wenn ich mich nur besser befunden hätte). Nachträglich danke ich für die lieben Briefe. Aber eigentlich haben sie mich sehr betrübt. (Der Ausschnitt war der aus einem böhm. Blatt über L.T.d.M.) »Jetzt reisen? Wohin?« Und ich hatte geglaubt, daß man den Winter in J. nicht ertragen könne. Es gibt doch Schweiz (mit Vorträgen) und Italien. Und Sehenswürdigkeiten *oder* Landschaft? Ist nicht *beides* auf dieser und jener Reise? Und welche Pläne für *dann,* wo mir um das nächste *Heft* so bange ist! Und die Ansprache »Du Glücklicher«. Und als Erwähnung von etwas, woran ich wirklich bisher nie gedacht habe. Wozu die Sorgen *darüber!*

Du fragst, »ob ich schon jemals einen so öden Geldbrief von Dir bekommen habe«. Es ist ja fatal, daß wirklich Plutus es ist, der dem Knaben Lenker jene herrlichen Worte zuruft.

Aber ich kann, ohne Dich zu kränken, die Frage getrost in Deinem Sinne beantworten —— in Deinem edelsten Sinne, der Dir schon die schönsten Briefe eingegeben hat, die je eine an einen geschrieben. Und ich weiß auch, daß Du im Entscheidungsfalle selbst zwischen Blumen und Menschenleben, denen man zum Gedeihen, zum Blühen helfen soll, nicht schwanken würdest. – Willst Du Blumen? Das könntest Du mir am 15. Dezember, 1 Uhr im Restaurant St. Gotthardt in Zürich oder am Weihnachtsabend in Thierfehd sagen; ev. in Frankfurt am 12. (Oder in Wien am 4. Dezember nach zehn Uhr.)

[772]   T [Wien, 1.12.1922]   [Janowitz]

Beiden und Janowitz innigste Glückwünsche

[773]   B [Wien,] 27/28 XII [1922]   [Janowitz]

Ich habe oft zu schreiben begonnen, aber es war mir in meiner tiefen Verstimmung, der allgemeinen und der besondersten, nicht möglich fortzusetzen. Auch hätte mich die unermeßliche Arbeit der letzten Wochen – die nur ein Anwachsen der vorhergegangenen war – nicht zum Briefschreiben kommen lassen. Aber ich dachte doch genug an Dich, um mit schmerzlichem Gefühle einzuschlafen und aufzuwachen. Was soll ich jetzt sagen? Meinen Klarstellungsdrang ausspannen oder ausleben? Es spricht sich doch besser, indem mans schreibt und nachher.

Meine Frage betr. »Blumen« hat sich ja eben auf die Mitteilung betr. »Pflanzenbestellung« bezogen. Aber Du hörst mich manchmal nicht und vielleicht ist es besser in diesem Fall, und besser für mich, nicht mit einer Empfindung zu bejahen, wenn die andere verneinen muß. Ja, ich gönne Dir jede Freude, wenn auch so wenige in der Welt sind, nur führst Du manchmal allzu überraschend den Kontrast zu Dir selbst vor, zu so vielem, was Du mitzufühlen bekannt hast. Dies meinte ich mit dem »verwelkenden Leben«: nicht das meine etwa. Was das Reisen betrifft, so habe ich freilich nicht gewußt, daß es in Meran oder Bozen oder Sizilien oder wo Du gewollt hättest – denn dies war mir damals fast eine Lebensfrage, also durfte ich auch verschwenden – kälter sei als dort, wo Du den Winter als unerträglich empfunden hast. Ganz sonderbar berührte mich die Antwort auf den Vorschlag jenes Restaurants als Treffpunktes. Wenn ich Thierfehd genannt hatte und *daneben* jenes entsetzliche Lokal, so war es doch klar, daß dieses nicht als Schönheitspunkt vorgeschlagen war (und auch nicht »unter dem Druck betäubender Kopfschmerzen«), sondern eben als eine Gelegenheit und Möglichkeit, sitzend auf den andern zu warten. Schließlich würde man ja irgendwo essen und dort war es öfter der Fall gewesen. Ein anderer Punkt war mir nicht in Erinnerung und dieser sollte ja nicht Ziel und Inhalt des Zusammenseins bedeuten.

Es wollte mir gar nicht eingehen, daß dies Zusammensein an dem Vorschlag des Treffpunktes scheitern, ja überhaupt von diesem abhängig sein könnte. Und darum entschloß ich mich lieber zu glauben, daß Du überhaupt nicht wolltest: selbst wenn ich müßte.

Es ist jammerschade. Wenn man die Zeit, die man nicht beisammen ist, mit dem Rest des Lebens mißt, kommt *dort* fast mehr heraus. Ich war in den letzten Wochen fast immer sehr erkältet, da habe ich oft vor dem Einschlafen (so daß ich es nicht kann, denn ich muß Licht machen) Atembeschwerde, nicht wirkliche, sondern was viel schlimmer ist: eingebildete. Da ist es Zeit, über Freundschaft nachzudenken. Und selbst da zweifle ich nie, daß Du den besten Willen hast. Solange Liebe ist, gäb's ja keine Atemnot, also käme sie nie in Versuchung, zu helfen. Von jener weiß ich nur noch: was darüber zu sagen ist, steht in dem Gedicht »Dialog« und selbst das ist nicht mehr. Aber was die Freundschaft anlangt, so weiß ich am Ende doch nicht, ob ich so viel bekommen als gegeben habe. Und grad die beruht auf gerechtester Verteilung. Was bleibt, wenn jenes andere Geben, trotz freiwilligem Angebot, nicht ist und nicht verlangt wird? Die Freundschaft? Aber ich blicke, in jenen trübsten Momenten und in allen trüben, mich oft um: Wo ist der Freund, der frei genug ist, um jetzt da zu sein? Und ob ich einem Interesse für meine Angelegenheiten, an das ich ja mit ganzem Herzen glaube, wenns das Herz auch nicht lebendiger schlagen läßt —— einem Interesse aber, das beiweitem nicht so aktiv ist wie das so vieler unbekannter, gemiedener »Verehrer«, letztwillig die Sorge für die einstige Verwaltung dieser Angelegenheiten aufbürden darf. Es gäbe ja so vielerlei Gabe. Vor allem die: sich für das, was der andere gibt, im Herzen empfänglicher zu zeigen.

Aber es ist, verglichen mit Allem, was da der ganzen Welt an Umgänglichkeit entzogen wurde, um es *einem* zu geben, tragisch, daß dieser eine, von keiner äußeren Unfreiheit beengt, so genügsam ist, nicht mehr nehmen zu wollen als jeder bekommt, ja viel viel weniger nimmt: denn er bleibt doch auch den vielen Gelegenheiten fern, die die andern haben, um geistigen Umgangs teilhaft zu werden. Und dazu ihm, der dort mehr geben wollte als da, noch das Bewußtsein, daß jener eine inzwischen mit der Erhaltung und Betreuung toten Besitzes beschäftigt ist, ja daß *dieser* ihm zur geistigen Entschädigung werden soll: »Porzellan im Kopf«, »Glas« —— als ob Scherben davon in mein Herz schnitten! Fast wird das zitierte »immer höher muß ich steigen«, wenn ich an jene Sphäre, deren Vorstellung mir durch ein monatewährendes Stehen auf einer Leiter eingeprägt ist, denke, zum tragischen Witz —— denn das Wesen, das es betrifft, steht ja in meinen Augen, in meinem Gedenken mit und trotz dem hoch genug. Nur daß es seine Hoheitsrechte an solchen Dienst vergibt, ist schmerzlich. Und ist das Gebot: »immer weiter muß ich schauen« wirklich in Reisen nach Sehenswürdigkeiten erfüllt.

Hoffentlich verführen sie Dich nicht auf einen Boden, der so über und über mit der Erinnerung an Menschenqual besät ist! Natürlich gönne ich Dir Dein Glück, wenn Du es darin siehst; aber leis' lispeln werde ich nicht, denn ich glaube, Du würdest es nicht hören.

Wie sollte es an der vielbeklagten Schranke der physischen Natur und nicht tiefer liegen: daß Gemeinsamkeiten, die mehr wert sind als Sehenswürdigkeiten, so ganz von Dir aufgegeben wurden! Aber da dies zu denken mir schaudert, so will ich lieber glauben, daß es die Furcht vor dem Durchbruch jener Schranke ist, was Dich zum Rückzug treibt. Ich kann mir und will mir nicht anders jene Antwort (auf die Eröffnung der Möglichkeit, daß ich nach Janowitz gelangen könnte): es wäre »sehr nett«, erklären. Nicht anders dieses Weihnachten, das doch wahrlich – wahrhaftig – mit diesem diesjährlichen Sichnichtsdrausmachen (»was ist heute für ein Tag?....«) *nicht* hinreichend erklärt ist.

Ich kann nur sagen: Du fürchtest, was Du nicht fürchten mußt. Aber habe nicht *ich* zu fürchten, daß es dann doch nicht anders wäre? Und fürchtest Du nicht, daß wenn Liebe mit Liebe schwinden muß, vieles anders erscheint als es mit Liebe gesehen wurde? Ich kämpfe mit stärkerer Kraft als Mephistopheles um Deine Seele. Aber Du kommst nach Wien, um hier die Angelegenheiten Deiner Reise zu ordnen. Und wenn ich, wie ich ursprünglich sollte – als noch nicht Proben für die »Letzte Nacht« angesetzt waren –, nach Berlin gefahren wäre: hättest Du nicht einmal Deine Besorgung mit unserem Wiedersehen vereinigen können. Und daß am Ende des Monats so viel Hörenswürdiges zu erleben ist – es könnte doch nicht mit dem Sehenswürdigen wetteifern. (Ich meine die rührendste und lieblichste Musik.) Aber ich gönne Dir nicht nur Dein Glück, sondern auch jeden Zeitpunkt, an dem Du es antreten magst.

Nur: wirklich, als Du mein Paket vorfandest, *erst* da wußtest Du, daß ich »wirklich nicht komme«? »Aber vielleicht wäre ich trotz Bitten nicht gekommen.« Das kann ja sein, ich weiß es nicht und weiß nur, daß die Bitten nicht gekommen sind. Lies den Brief, den ich beilege. Ich dachte ernstlich daran, *dorthin* zu kommen; und tat es nicht, um einen Vergleich mit Dir nicht zuzulassen. Dir verzeihen, daß Du nicht so bist, wie ich Dich will, wäre leicht, weil da *nicht* verzeihen unmöglich wäre. Aber wie sollte ich Dir verzeihen, daß Du nicht so bist, wie Du bist? Und auch den eingesandten Brief lege ich bei. »Des armen Mannes Bitte« soll der hören, an den sie gerichtet ist, wenn sie ihm erfüllenswert scheint und erfüllbar nach dem Maß der Möglichkeit, sich selbst – von dem Überflüssigen, das ich ja hier für notwendig halte – etwas zu versagen, nach der bekannten Methode des Umrechnens ein Winziges nur. Natürlich würde auch ich jede solche Bitte, die auch nicht direkt an mich gerichtet ist, erfüllen, wenn die schon stereotypische Wiederholung des im Brief Vorgebrachten und insbesondere das *Milieu* nicht rechtfertigen möchte, den Fall hinter hundert ungleich dringlicheren zurückzustellen. (Auch wäre die Form der Überweisung, ohne daß er dann auch mir immer dasselbe schriebe, überaus kompliziert.)

Der Knabe Lenker Geist von meinem Geiste: Ja, ist er es? Und könnte ihm dann die eigene Sphäre, an die er los der lästigen Schwere zurückgelangt, genügen? Gibt es nicht doch, im Gedanken an das Verlassen oder gar den Verlust der anderen, Thränen, die schon der Griff nach einem ihrer Dokumente bewirkt? Was ist das nur mit der Liebe und der Freundschaft für eine Einteilung? Ich glaube, diese ist ohne jene nicht und jene kann nie gewesen sein, sondern nur sein. Man muß nur darüber nachdenken und nicht das für ihren Inhalt nehmen, was ihren Namen nie verdient hat. Die war's nicht, der's geschah, hat ein schlechter Dichter in einem guten Vers gesagt. Ein großer sprach von dem vertanen großen Aufwand, aber damit hat er nicht *diesen* Kampf um eine Seele gemeint.

Ein mittlerer hat sechs Bücher Verse daraus gemacht, denen kaum ein siebenter folgen wird (wiewohl er sich zu Weihnachten einen ganzen Akt in Versen geschenkt hat).

Ich bin neugierig, was die Freundschaft bringt. Mein Wunsch für Dich – zum folgenden und allen folgenden Jahren – ist schon erfüllt in dem Bekenntnis: ich bleibe, um aller Eigenschaften willen, die Dich dessen würdig machen, Dein Freund.

1923

[774] B [Wien,] 6.I.[19]23   [Janowitz]

Nicht böse sein, nicht erstaunen oder erschrecken – die
Entschädigung folgt auf dem Fuße. Also: in der Nacht vor der
Abreise kam ein schreckliches Bedenken über mich, das mir *diese*
Widmung plötzlich recht unziemlich erscheinen ließ. Du hättest
es, wärst Du da gewesen, vielleicht zerstreut, aber eher doch
geteilt. Ich hoffte, vormittag zu erwachen, legte es mir wie ein
Gelübde auf (um Dich noch anrufen zu können); aber ich er-
wachte, wirklich, in der *Minute,* da der Zug abgieng, und glaubte
im Augenblick, ich müßte ihm nacheilen, ich könnte es.

Es ist so: das Ganze ist so wenig umfänglich, daß jedes einzelne
ganz besonders hervortritt. Am stärksten nun etwas, was mir in
seiner geradezu absurden Verbindung mit dem Moment der
Widmung an Frauen bis dahin merkwürdiger Weise nicht vors
Bewußtsein getreten war, aber nun, plötzlich, umso stärker trat.
Es ist die psychoanal. Polemik mit allen *Widerlichkeiten,* die ihr
zugehören müssen, mit allem sexuell und sonst Körperlichen.
Diese Grelligkeit wäre der Absicht solcher Huldigung ganz gewiß hinderlich, und zwar so, daß sogar, freilich für arge Leser,
eben für jene ärgsten, unziemliche Vorstellungen Raum fänden.
In einem Werk, das hundert Seiten umfaßt, käme das natürlich
keineswegs in Betracht, aber jene Episode allein nimmt den dritten oder vierten Teil ein. Ich müßte geradezu befürchten, daß in
der immerhin zu erwartenden *Reaktion* der Betroffenen, so
schmutzige und vor keiner Beschmutzung zurückschreckende
Kreise dieses Moment, wenn auch nur als die begrinste Darbie-
tung solcher Stofflichkeit an die weibliche Adresse, kurz *irgendwie,* gestreift würde, und das könnte ich nicht ertragen. (Das Gesindel hat jetzt auch ein Tagesblatt für seine Debatten zur Verfügung und ein Symptomjäger, dem ich den Laufpaß gegeben,
führt dort das große Wort, ein Kerl, der einmal meine Verab-
scheuung der Neuen Freien Presse auf meinen »Vaterkomplex«
zurückgeführt hat — öffentlich! Da wäre also das Wahnwitzig-

ste möglich, was, weiß ich nicht, aber es liegt mir schwer auf den Nerven, daß teure Namen durch meine Schuld an diese Peripherie gelangen könnten.) Ein wenig hat mich gleichzeitig auch die Ungewißheit betr. M. beirrt —: daß man nicht wissen kann, in was man da augenblicklich eingreift. Mindestens die Unmöglichkeit, sie jetzt zu *fragen.* Sonderbar: was mir anfangs etwas problematisch schien, die Verbindung mit der Schlußperspektive, ist nicht im geringsten bedenklich, denn da ist Übereinstimmung, die sich vor der Welt auch bekennen würde. Und umso sonderbarer, daß mir das einzige, eigentliche Hindernis: die Kraßheit und *Ausdrücklichkeit* der einen Episode vorher gar nicht zum Bewußtsein kam. Du wirst es vielleicht von Dir aus nicht gelten lassen, aber gewiß die Gerechtigkeit meiner Empfindung anerkennen. Mein Herz ist schwer, seitdem es mir einfiel, aber Deines wird versöhnt sein, wenn ich Dir dieses sage: *Ganz a tempo mit dem Bedenken* kam mir der Entschluß, den ich schon längst hatte und dann wieder fallen gelassen habe: eines der allerwichtigsten Bücher vorzubereiten. Es ist dazu auch die persönliche und technische Ausführung relativ *leicht.* Das Buch »*Zur Sprachlehre*«. Es soll Dir allein gewidmet sein. Das geht und besser als jedes andere. Es gehört ja zu »Worte in Versen« und die Wiederholung der Widmung ist *da* ganz und gar gerechtfertigt, und es wird die *würdigste Widmung* sein. Dagegen wäre nach der Mitwidmung des Traumspiels die dann folgende Widmung »Literatur und Lüge« an M. eine Wiederholung und Abschwächung für M. (das war eigentlich schon im Anfang mein Bedenken.)* Und jene Aussicht *spornt* mich, das Buch so bald als möglich in Druck zu bringen. Ich bin überzeugt, daß Dir die Widmung der Sprachlehre noch mehr Freude machen wird. Wenn Du *mir* eine erweisen willst, so befreie mich von dem Verdruß, den mir mein Bedenken bereitet hat und mit dem es mich bis zu Deiner Antwort belastet, durch *ein telegraphisches* Wort.

Ich kann Dir gar nicht sagen, wie diese wenigen Tage meinen Horizont reingefegt haben!

* Du: Sprachlehre
  M.: Literar. Polemik

Hier eine Karte, die ich Dir zeigen wollte. Der Inhalt ist verrückt. Aber auf der Adresse ist der ganze Orient.

[775]   B [Wien,] 15./16.I.[19]23   [Janowitz]

Das ist eine unbeschreibliche Hetzjagd, die mich bisher nicht zum Dank kommen ließ.

Der »Überlegungsdrang« drängt zu der Überlegung, daß die plus-Bemerkung oben stand und nicht neben der Ziffer, die maßgebend war. Der Verlag sagt, daß diese Bemerkung (die ja an und für sich richtig war [18 + 2]), nur für ihn, an den der Abschnitt zurückkommt, wesentlich ist.

Wegen Ch. besprechen wir alles. Gerne, wenn es telephonisch möglich, bin noch nicht dazu gekommen, mich nach dem Depot zu erkundigen. Aber was heißt das: »natürlich *wenigstes....?*«

Doch natürlich *nur* das, was dort verloren gienge; *höchstes.* Wie gern täte ich Dir für Chl. den Gefallen: *Vielleicht* geht es, leider absolut nicht sicher. Erstens weil die Verhältnisse ganz andere als in *jenem* Raum, in dem *Du* warst d.h. weil es offiziell sein müßte und dies auf große Schwierigkeiten bei den Mitwirkenden – mit Recht – stieße. Zweitens, weil eben in solcher Sache kürzlich ein ärgerlicher *Zwischenfall* eingetreten ist. Näheres mündlich. Überdies geht die Sache sehr schleppend ihren Gang. Viele Hindernisse. Immer nur Teilproben, von denen der Zeuge wirklich nicht viel hätte. Viele Unpäßlichkeiten, Umbesetzungen etc. Vom 21. keine Rede. Aber schließlich wirds doch gehen. (Wenn nicht die politische Situation es derzeit umwirft. Jedenfalls dürfte man alle Vorstellungen in geschlossenem Rahmen geben. »Essen« etc. können sonst Demonstrationen, jedenfalls Mißverständnisse herbeiführen.)

Von M. allertrübste Nachrichten. Operation *Ende* des Monats und es bleibt bei Leipzig. Es hilft kein Zureden. Sie will von Leipzig durch *Dich* Nachricht geben, direkt könne sie nicht. (Ich schrieb, Du wärest dann nicht mehr da.) Wieder Affären und Undurchdringliches. Du siehst, wie recht ich mit dem einen Bedenken wegen der Widmung hatte. Und mit dem andern? Natürlich: ihr als die »Mitangreifenden«! Das war ja eben die Gefahr. Das hätte ja jene befürchtete Reaktion und Hineinzerrung

ermöglicht. (Unsaubere Gedankengänge *nur* bei jenen Ange-
griffenen.)

Der letzte Brief allein schon verdient die Widmung von
»Sprachlehre«. Ich bin ganz und gar, d.h. bei *Nacht,* damit beschäftigt. » – – – – es ist gespielt«* Bei Tag außer der »Letzten
Nacht« und Nestroy Versuche mit den Schauspielern an Goethes »Pandora«. Vielleicht wirds etwas, die Leute sind ganz
glücklich. Einige überraschend verständnisvoll und hingebend;
ganz ausgehungert durch das jetzige Theater.

Bitte Briefe gütigst zurücksenden!

* Herrscht doch über Gut und Blut dieser Schönheit Übermut.

[776]   T [Wien, 25.1.1923]   [Janowitz]

Karten zwei ++ Zimmer reserviert ++ Premiere etwa zweiten ++
innigst.

[776]*   T [Janowitz, 26.1.1923]   [Wien]
SN an KK

Herberstein Imperial Samstag nachts

[777]   B [27.1.1923]   [Wien, Hôtel Imperial]

Innigsten Gruß! Bin bei einer Probe zur »L.N.« und komme
um ¾ 6 (6) Uhr ins Hotel Imperial. (Hoffentlich seid ihr dann
schon fertig.)

Telegramm leider unverständlich. Heißt das: *Zimmer* für 1 (2)?
Da absolut nicht wußte, was das bedeutet (oder ob nur ein
Rendezvous), so *keine* Bestellung vorgenommen. Wenn eine
solche gewünscht war, bitte das gleich selbst mit dem Hotel
abzumachen. (Ist ja ohne jede Schwierigkeit.)

Leider nicht erfahren, *wie viel* Karten. Wir besprechen alles.
In größter Eile! Es ist ja ein irrsinniger Taumel!

(Eine Wohnung zu vermieten) *Gestern* wars der größte Erfolg meines Lebens.

                                             Samstag nachm.
in größter Eile —— jetzt erst verstehe ich das Telegramm, da soeben Karte erhalten. Werde also gleich jetzt trachten zu bestellen.

Könnte ich noch einmal den *böhm. Erlagsschein* erhalten, den ich kürzlich gesandt habe? Wenn nicht: was stand darauf (*oben* und in der Ausfüllstelle)? Vielleicht ist er noch da?

[778]   K [Wien,] 15./16.II.[1923] [Cairo, Büro Cook; nachgesandt: Luxor]

Todmüde nach aufregendster, von Hakenkr. bedrohter, polizeilich geschützter Vorlesung und nach 12 noch weit aufregenderen Nächten und *Abenden* (½ 8) (L.N., 12 mal Stimme *und 7* mal »Herr d.Hy.«! Mit stets erneutem szenischem und darstellerischem Chaos, Umbesetzungen u. dgl.: sende ich gerührten Dank für lieben Brief aus Triest, Karte aus Brindisi und heute aus Cairo. Mache alle Wunder und Herrlichkeiten freudigst mit, sehe alles. Die Ausschnitte – aber es sind noch mehr inzwischen – rek. gesandt, hoffentlich eingetroffen. L.F. aus Innsbruck gestern eigens zur (vorläufig) letzten Vorstellung und Vorlesung gekommen. (Hatte wirklich erraten, daß es M.L. sei, ohne das geringste zu wissen; steht noch ganz unter dem Eindruck seiner Begegnung von damals.) *Vielleicht* Ende Febr., Anfang März mit – etwas reduziertem – Ensemble L.N. in Brünn und Prag (ich: Stimme und Herr d.H.) Wenn man nur bei Ch. wohnen könnte! Ohrabschürfung nach etwa einer Woche und am Abend der Generalprobe wieder blaue Flecke beim Leiterklettern geholt. (Als ob das alles zum Dienst am Wort gehörte.) Kopfschmerz war damals am übernächsten Tag vorbei, alle sprachen von einem Wunder, da solch ein Fall sonst immer schlecht angeht. Am *nächsten* Tag waren Ch., Bl., F. und die beiden Chl. und Soph. in der Probe. F. schrieb sehr lieb. Bl. war in der Nacht sehr unwohl (während F. und Ch. mit mir und Frau K. unten im Hotel saßen), erholte sich aber vor der Abreise am nächsten Tag. Hoffe »L.N.« noch im Frühjahr zu ermöglichen, aber sicher weiß man das natürlich nicht. Inzwischen hat wohl Chl. auf meine Bitte, alles berichtet. Die irrsinnige Arbeit ließ mir keine Sekunde. Viele innigste Grüße, auch an die Afrikaforscherin. Soll ich gelegentlich Ausschnitte senden, damit der Zusammenhang mit Europa nicht ganz verloren geht? Oder stört das nur?

Was F. vorausgesagt, ist also so ganz und gar nicht eingetroffen, allerdings täglich ungeheures Wacheaufgebot.

Die Wirkung vom »Traumstück« (heute) unbeschreiblich. Die beiden treuen Chl. diesmal nicht bemerkt.

Unendliche Wünsche für Wohlergehen und Freude, und allerherzlichsten Gruß! Bitte frdl. diese Karte zu bestätigen und so oft wie möglich ein Zeichen zu geben, mir aber nicht böse zu sein, wenn mich die nun erst einsetzende Arbeit an Heft und Buch darin sparsamer macht.

P.Scriptum:

Entzückenden Dankbrief von blinden Kindern erhalten, die auch schreiben, daß sie am Anfang des Schuljahres »Bauer, Hund und Soldat« gelesen haben und »viele Grüße und Küsse von den Kleinen« senden. Sie wollen, daß ich zu ihnen komme, dann »lesen wir Ihnen etwas Schönes vor«. – Von M.L. Karte: *diese* Woche Operation! »Hoffentlich gelingt der Eingriff … oder vielmehr: hat er Erfolg.« Fragt nach Aufführung, Presse. »Manuscript nicht wiedergekommen. *Wird* auch nie mehr! Habe versucht, es wieder zu bauen. Es wird nichts. Traumstück ist herrlich.« Das Gericht hat die Berufung abgewiesen!! Am Nil ist es schöner. Ist die Fahrt vorbei? Maymay und Sidi: »Ach, alle die Herrlichkeiten, wozu Du mich Arme führst!« (Aase und Peer). Wäre noch Raum, ich könnte wegen Migräne nicht weiter schreiben. Innigst.

Hier andauernd grimmigster Winter.

Heute Vorrede über »L.N.« und Presse.

[779] T [9.3.1923?]   [Cairo, Cock;
           nachgesandt: Jerusalem, Cook; Athen, Cook; Wien, Imperial]

Bin nahe

[780] B 28./29.III.[19]23   [Athen, Cook;
                     nachgesandt: Wien, Hotel Imperial]

Glücklichste Ostern Dir und der lieben Gefährtin!

Ich hatte *Karten* – mit dem Text vielseitiger Briefe und einer Schrift, die am Ende den lieben Augen weh tat – geschrieben, in dem durch nichts begründeten, aber festen Glauben, daß sie sicherer als Briefe ankommen. Das *Telegramm,* das ich – zugleich mit der letzten Karte – schickte, scheint verloren zu sein.

Wie schade! Vielleicht wäre es gut, durch Cook zu reklamieren (bei dem in Cairo). Ich hatte es in dem Augenblick geschickt, als ich erfuhr, daß Du schon verständigt seiest, und wollte Dir schnell ein gutes Wort sagen, wenn Du eben das traurigste erhalten hattest: »ich bin Dir nah.« An nichts anderes hatte ich – das heißt: zwischen der Arbeit – gedacht als an den entsetzlichen Moment, da Du es erfährst. Die verzweifelten Skrupel der guten Bl. waren vorher mir bekannt geworden, ich telegraphierte ihr, daß ihre Empfindung richtig sei. (Ob auch die Handlung, konnte ich damals doch nicht entscheiden; aber sie hat wohl recht behalten, daß es besser war, Dich es nicht erst am Tag der Rückkehr wissen zu lassen, so daß alles Erlebte umflort wäre, sondern früher, damit über das Dunkle doch noch Sonne gebreitet sei.) Zuerst glaubte ich, es treffe Dich noch bei der Rückkunft von der Nilfahrt. Dann ersah ich aus einer Karte, daß Du es erst nach Palästina hören würdest, und das war besser. Ich machte, glaub mir, das alles mit bis zu Deinem Eintreten bei Cook und wie Du dann das Telegramm von Ch. vorfindest (mit meinem, wie ich so sehr hoffte). Dabei hatte ich die peinigende Vorstellung, Du wüßtest überhaupt nichts von der schweren Krankheit (so wenig wie ich, der ja alles erst am Tag vor dem Ableben erfuhr). Nun schreibst Du, daß Du täglich an sie gedacht und gehofft hast, daß sie doch gesund werden würde. So traf es Dich doch wenigstens nicht ganz so plötzlich, und das nimmt mir von der Untröstlichkeit und Grausamkeit wenigstens die Pein der Vorstellung einer so *jähen* Unheilsbotschaft —— für Dich, Beste, der ich so das wolkenloseste Glück dieser Reise gewünscht habe. Das war es eben, was mir die sofortige Benachrichtigung doch hinterdrein bedenklich erscheinen ließ. Aber Du wußtest also von der Lebensgefahr seit der Operation, die ja eine der gefährlichsten ist, —— doch vermutlich wieder durch eine ärztliche Lumperei so geendet hat, durch jene »Kunst«, die hier die Grausamkeit der Natur vollenden mußte: eine Frau doch empfänglich zu machen, die seelisch dazu nicht empfänglich war. *Welchem* häuslichen Milieu muß die Ärmste in eine Ehe, in diese, entronnen sein! Er ist gewiß jetzt auch ein armer Teufel; aber das Konventionelle, das ihn ausfüllt, verleugnet er selbst in den Formen der Trauer nicht. —— Es ist rührend, wie Deine wahre Trauer B., die *ihr* doch kaum nahe stand, beseelt! Sie hat mit *Dir* gefühlt und darum auch die Freundin verloren. Und so wächst auch mir so viel zum eigenen Verlust hinzu. Ich habe mit Dir das qualvolle Gefühl: »wenn sie nur nichts davon wußte!« Und die Hoffnung, daß die Mitteilung auf der Parte: vom Empfang der u.s.w., also die Nachricht von der größten Grausamkeit, die die Menschheit sich erfunden hat, eine konventionelle Lüge für die Kreise ist, die auf so etwas Wert legen, solange sie es nicht selbst erleben. (Und die Gewißheit: sie überbringt jetzt die Antwort der »Sendung«.) Du hättest ihr nicht helfen können. Bitte mache Dir darüber keinen Vorwurf einer Unterlassung. *Damit*, daß Du dieses Dunkel nicht fürchtest? wie hätte ihr das geholfen? Und Du fürchtest es wirklich nicht? Beneidenswerteste! Ich hatte noch keinen Augenblick im Leben, wo ich, daran denkend, es nicht gefürchtet hätte. Nichts als dies fürchte ich. Und diese Furcht beherrscht mich so vollständig, daß ich glaube, ihr nur durch Wahnsinn entrinnen zu können, der mir einzig die Hoffnung geben könnte, daß ich dem Tod entrinnen kann. Ich arbeite deshalb immer mehr, immer unaufhörlicher, um weniger fürchten zu müssen. Jetzt ist es wieder einmal so, daß ich im strahlendsten Frühling nicht vor zehn, halbelf Uhr Vormittag zum Schlafen komme. Das Prager Erlebnis hat am meisten Arbeit gemacht. Morgen oder übermorgen ist alles, sozusagen, fertig; dann ist wieder mehr Zeit zum Atmen und Fürchten. Neulich waren Ch.s so lieb, mich mit ihrem kleinen Wagen – aber er ist zu klein und schmerzt, was Deiner nie getan hat – nachmittag abzuholen. Da ich nur drei Stunden Schlaf hinter mir hatte, war es nicht so sehr genußvoll, wie der schöne Tag gewollt hat. Noch vor dem Naschmarkt platzte ein Reifen. Wir fuhren nach Weidlingau, zu »meinem Haus«, dann – denk Dir nur – nach Hainbach, dann zu jenem Aussichtspunkt, wo wir einmal auch nachts, nach einer Vorlesung, gewesen sind. Es saß aber schon ein Auto-Paar dort. Wir setzten uns unweit und sprachen viel über Sidi und wie sie nun die traurigste Nachricht empfangen müsse. Dann über die Sophienalpe zurück.

Nun werde ich mich, um mehr zu lieben als zu fürchten, der »Sprachlehre« wieder zuwenden. Aber es wird unterbrochen, da

ich – wahrscheinlich – in Brünn (und Prag?) versprochene Vorträge abhalten muß. In der zweiten Hälfte April. Wie lange
bleibst Du? Kommst Du durch Wien? Wenn ich nur da bin! Es
wäre zu traurig.

Bitte grüß die liebe Maymay, und wenn es der Schmerz Dir
irgend ermöglicht, sei so glücklich, wie Du es verdienst! »Sie will
nicht, daß Du weinst.«

Ihr glücklichen Augen, was je ihr gesehn, es sei wie es wolle, es
war doch so schön!

Ich betrachte Nacht für Nacht das Bildchen: wir drei unter den
Birken. –

M. – nach neuerlichen *Martern* einer Nerventraktion – glaubt,
daß sie nun ganz hergestellt sein wird. Sie dürfte schon in Berlin
sein.

[781]   K Anninger 6.IV.[1923] Freitag nach 5 Uhr   [Athen, Cook;
                                                    nachgesandt: Patras]

Um Dir näher zu sein und auch etwas vom griechischen Himmel
zu haben, bin ich 1 Uhr mittag mit dem Trister Zug nach Baden
gefahren, habe den Berg »Anninger« bestiegen und gehe jetzt
nach Mödling zurück.

In der St. Moritzer Windjacke
[auf der Bildseite:] Letzte Karte aus Ägypten mit Dank für jedes
liebe Wort gelesen. Hoffentlich war Meeresstille und glückliche
Fahrt! Wünsche sie auch weiterhin.

Von den letzten Tagen der Ärmsten habe ich selbst nichts erfahren. Ich bekam nur die telegr. Mitteilungen von L., Ch. u. Bl.
Viele innigste Grüße, auch an die gute Maymay.   K.

(Zu Hause mit Tinte überzogen.)

[781]*   T Roudnice [28.4.1923]   Wien
Max Lobkowicz und SN an KK

ewige Jugend versprechen sich auch ferner in herzlichem Gedenken = Janovice und Roudnice.

1923

[781]** T Prag [28.4.1923]   Wien
SN an KK

Blanca will Sidi Automobil abholen ++ wegen Pepus Vorherbe-
stimmung nötig ++ Drahtantwort ++ Karmelitska

[782] T [Wien, 29.6.1923]   [Janowitz]
Den innigsten Glückwunsch zum morgigen Tag

[783] B [Wien,] 16/17. Juli [1923]   [Janowitz]

Der Mann, der manches Unsinnige gut, jedenfalls fanatisch
meint, ist, wie sich in einem Gespräch bestätigte, der Wiener
Verleger der armen D. (bei dem sie seinerzeit die Herstellung
einer Komposition urgieren ließ). Er überbrachte die Einladung
zu Vorlesungen in Moskau, in Verbindung mit einer dort angeblich geplanten Aufführung der »Letzten Nacht«.

Ich bin, nach Bewältigung einer großen dramatischen Arbeit,
noch immer in Wien und verreise demnächst, ohne zu ahnen,
wo ich bleibe. Vielleicht in Prerov (zunächst wohl Hamburg).

Die besten Grüße und Wünsche!

[784] B [Wien,] 26./27. Juli [1923]   [Janowitz]

Danke für frdl. Rücksendung!

Der Wunsch leider nicht erfüllbar, da zur Zeit keine Möglichkeit der Erkundigung (die Dame, die einmal dort war, ist in
Amerika. Das Hotel war wohl recht dürftig; *wie* es heißt, nicht
mehr erinnerlich. Das Restaurant hieß »Warmbad«; ob dort etwas
zu erfahren, wohl fraglich, und ein anderer Punkt ist mir nicht
bekannt.)

Ich selbst weiß auch nicht, wann und *ob* ich reisen kann:
durch traurigsten Familienfall, an mir nächster Stelle, zurückgehalten.

[785] B [Wien,] 30./31. Juli [1923]   [Janowitz]

Vielen Dank. Es betrifft meine jüngste Schwester, deren Gatte –
der seinerzeit operiert wurde – an einer anderen furchtbaren
Krankheit, nur acht Tage etwa, darniederlag (Leberkrebs) und

inzwischen, viel früher als die Professoren gemeint hatten, daran gestorben ist.

[786]   K [Insel Rügen,] 13.8.[1923]   [Janowitz]

Lohme a. Rügen postlagernd
    Herzlichen Gruß sendet   K.

[787]   T [Wien, 1.12.1923]   [Janowitz]

Herzlichste Glückwünsche ++ Karl Kraus

1924

Intensivste Arbeit – etwas von der mir so rührend gewünschten –
hat mich bisher gehindert, anders als auf telegraphischem Wege
für all die guten Worte zu danken. Ich hole es mit der Bitte nach,
versichert zu sein, daß ich mit gleich herzlichen Empfindungen
an Deinem Wohlergehen beteiligt bin. »Freude, Sonne, Landschaft und Arbeit« —— das wäre ein Übermaß der Erfüllung. Sie
möge sich, nach dem Maß des Erreichbaren, so verteilen, daß
Du die ersten drei empfängst

K.

Und jetzt, hinum die Stämme schreitend, augenblicks
Weg war sie! Niemals hab ich wieder sie gesehn.

Und frage mich, wie das nur möglich ist in einem Leben, von
dessen Wiederholung wir doch nicht so sicher überzeugt sein
können. Nicht Pandorens Wiederkehr erwarte ich, aber der
Freundin, die, wenn auch die grausam schöne Natur sie mir auf
Zeit verfinstert hat, doch der stolzeste Besitz meines Lebens
bleibt. Trotz allem und allem. Wie wäre das nur möglich, daß
zehn Jahre ausgeschnitten sein sollen und nichts mehr vorhanden! So nichts mehr, daß sie, gerade sie, an einem Tag meiner
nicht gedacht hat, wo es so vielen gelang, die doch nur die allgemeine Gabe empfangen haben, welche sie, gerade sie, immer so
hoch geachtet hat neben der besondersten, die nur ihr galt. Aber
ich habe ihrer an dem Tage gedacht – die Widmung beweist es
und nur die Abwesenheit ließ den Beweis verschieben –, und ich
habe gefühlt, daß von diesen fünfzig Jahren die zehn die reichsten
waren und wären auch neun davon dem Leid gewidmet gewesen,
daß nur eins ganz voll dieser Beziehung war. Mag ich abgeirrt
sein wie Du – was will es gegen den Schatz Deiner Freundschaft,
gegen das Glück Deiner Hörfähigkeit, neben der alles Sinnen-

erlebnis mit andern nichts ist und immer nur der Versuch bleibt, nicht: zu haben, was andere geben, sondern sich das zu ersetzen, was *Du versagst.* Wie viel aber bleibt noch von Dir, was andere nicht geben können, und nie habe ich mich so danach gesehnt wie jetzt. Versteh mich noch, wie Du mich immer verstanden hast, und lösche aus wie ich, was wir beide an uns nicht verstanden. Wie fremd waren wir, als wir uns zum letzten Mal begegneten, nun ists fast ein Jahr, fremder als später, da wir uns nicht begegneten. Wir konnten uns hundertmal vergessen wollen, das Bleibende ist doch stärker als das, was uns in die Flucht trieb. Es ist in mir so und es kann in Dir nicht anders sein, selbst wenn Du glücklicher wärest als ich. Sonst wäre nie das Wahrste, über solchem Glück, zwischen uns gewesen. Vergessen wir das Vergessenwollen und laß uns *so* nicht sterben, nur mit dem Einandervergessenhaben. Ich hätte nichts anderes: *so unvergeßlich* bist Du. Ich halte Deinen Wert über allem, was mir ihn verdunkeln mußte, weil ich den egoistischen Verlust hatte wie Du den egoistischen Gewinn —— durch die Macht derselben Natur. Ohne jenen hätte ich Dich nie geliebt und mir blieb nur noch, im Maß Deines Wertes, das Naturrecht der Ungerechtigkeit. Die Trauer kam von keiner andern Kraft als die Freude und kannte so wenig Freundschaft wie sie. Verstehe mich, wie ich Dich verstehe, und schließe diesen Brief an die Reihe derer, deren lebendigen Inhalt, deren ewiges Feuer eines Herzens Du nicht um irdischer Gluten ganz aufgegeben haben kannst. Laß mich so nicht fortleben, »entgegen ewig verwaister Zeit«. Ohne Vorwurf, ohne Frage möchte ich Dir gegenübertreten und mich vergewissern, daß Dein lebendigster Sinn, dem ich Höheres anvertraut habe, nicht erstorben ist.

Wenn ers nicht ist, woran mich der Glaube an Deine Gaben, an meine Würdigkeit, sie zu empfangen, an ein unzerstörbar Gemeinsames, nicht zweifeln läßt — und wenn Du noch Abenteuerlust hast für etwas, das jenseits des andern Glücks ist, so laß uns wie Geschwister, als die wir uns dort einst verstellt haben, wahrhaft uns begegnen in Thierfehd, zu einer Stunde eines Tages um Mitte Juni, den Du bestimmst. Laß diesen Sommer nicht verwelken, ohne daß wir uns gesehen und uns überzeugt haben, daß dieser innersten Verbindung nichts was die Natur sonst vermag oder was sie nicht vermag, etwas anhaben konnte und könnte; und daß wir nicht willens sind, mit der Todsünde, uns vergessen zu haben, von einer Welt abzuscheiden, die unmöglich besseres zu bieten hat als die Erinnerung an Dein Hören und mithin auch die an mein Wort.

[789]*   T Bolatice [?][19.8.1924]   [Wien]
SN an KK

willkommen Freitag

[789]**   T Kranowitz [?][20.8.1924]   [Lohme, postlagernd]
SN an KK

Ab 24ten willkommen

1925

[790] T [1.12.1925]   [Janowitz]

Vielfach verhindert dem Ruf herrlich vergoldeter Gefühle zu
folgen ++ Wünsche beiden das Beste.

[791]   B Zum 1. Dezember 1925

– – Und wenn ich hier stand an einem stillen Abend, wenn das
Meer mit tiefem, aber stillem Ernst seinen Gesang anstimmte;
wenn mein Auge nicht einem einzigen Segler begegnete auf der
ungeheueren Fläche, sondern das Meer den Himmel begrenzte
und der Himmel das Meer; wenn auf der andern Seite des Lebens
betriebsames Lärmen verstummte, und die Vögel ihr Abendgebet
sangen —— da stiegen aus den Gräbern für mich die wenigen lieben Toten, oder besser gesagt, es kam mir vor, als wären sie nicht
gestorben. Ich fühlte mich so wohl in ihrer Mitte, ich ruhte mich
aus in ihrer Umarmung, und es war mir, als wäre ich außer dem
Leibe und schwebte in einem höheren Äther mit ihnen —— und
der heisere Schrei der Möwe erinnerte mich daran, daß ich allein
stand, und alles verschwand vor meinen Augen und ich kehrte
zurück mit Wehmut im Herzen, um mich in das Gewühl der
Welt zu mischen, ohne doch solche selige Augenblicke zu vergessen. – Oft stand ich hier und schaute aus über mein vergangenes Leben und über die verschiedenen Umgebungen, die Macht
auf mich ausgeübt hatten; und das Kleinliche, das so oft im Leben
Anstoß gibt, die vielen Mißverständnisse, die so oft Gemüter
voneinander trennen, die, wenn sie recht einander verständen, mit
unauflöslichen Banden sich zusammenknüpfen würden, schwan-
den hin vor meinem betrachtenden Blick.

Kierkegaard (1835)

[792]   T [Wien, 11.12.1925]   [Janowitz]

Alter Nestroy vergriffen ++ neuer noch unvollständig ++ sonst
schlechte Auswahlen ++ neuer Claudius Utopia Verlag Weimar
++ herzlichst

[793]   T [Wien, 19.12.1925]   [Janowitz]

Vielen Dank ++ leider unmöglich ++ herzlichste Weihnachts-
Neujahrswünsche.

1926

[794] T [Paris, 22.4.1926]   [Janowitz]

Vom Narren selbst ++ wird gefährlich ++ füllte Karlsbad mit Ver-
leumdungen ++ Hotel Madison bis 25

[795] T [Wien, 24.7.1926]   [Janowitz]

Dank ++ in erster Atempause enormer Arbeit schreibe ich.

[796] T [Wien, 18.8.1926]   [Janowitz]

Trostlose Fülle und Art der Arbeit gewährt an demselben
Schreibtisch keinen Gedanken anderer Sphäre ++ darum briefliche
Darlegung unmöglich ++ Abreise Samstag Berlin ++ ab 27 voraussichtlich Rügen oder zurück Südsee ++ da und dort zu Wiedersehen herzlich bereit.

[797] T [Berlin, 25.8.1926]   [Janowitz]

Abreise morgen Warnemünde Baeringers Kurhof ++ eventuell
Dänemark ++ meinte südliche See Italien ++ Gruß.

[798] K [Rostock, 3.9.1926]   [Janowitz]

Aus Rostock, 3. Sept., den herzlichsten Gruß. Das Berliner Telegramm ist hoffentlich angekommen.

Reise wahrscheinlich München – Eibsee. In Berlin wohl
Dienstag bis Donnerstag: Hotel Prinz Albrecht, Berlin SW
Prinz-Albrecht-Str. 9.

Die (auch hier andauernde) Arbeit hat gewiß nicht jeden andern Gedanken verschüttet, macht aber leider dessen schriftliche Äußerung (wie jede andere Niederschrift von Privatem)
unmöglich. Ich fühle es als Mangel, kann aber derzeit nichts dafür und nichts dawider.

Nochmals Dank für den Brief und die Bitte, auch Ch. zu
grüßen.

K.   Warnemünde, Hotel Pavillon

[799]   T [Wien, 30.12.1926]   [Janowitz]

Leider undurchführbar ++ vielen Dank ++ herzliche Grüße.

[800]   B [Wien,] 3./4. April [1927]   [Janowitz]

Ich fühle aus ganzem Herzen mit Dir.

   Es ist bereit, dem Bekenntnis der Leiden mehr zu glauben als
einem der Liebe, und also bereit, zu helfen. Aber wie? Ein Einsamer ist es doch, der Dich aus Deiner Einsamkeit erlösen soll,
einer, der sich das Glück der Liebe längst nicht mehr vorgestellt
hat und könnte er seiner habhaft werden, es nie mehr mit Unruhe erkaufen dürfte. So fern diesem Erlebnis, daß er selbst die
Entfernung nicht zum Ausdruck bringen kann. Einige von den
tausend Gedanken, die da bei der ersten Wiederberührung ent-
springen, hätte ich Dir sonst in all der Zeit auf Deine wohlverstandenen und dankbar wie teilnehmend empfundenen Rufe
mitgeteilt. Ich konnte es einfach nicht. Ob es auch so gekommen
wäre, wenn Du mich nicht verlassen hättest, um verlassen zu
sein: ich weiß es nicht. Vielleicht war Dein Weg der meine und
ist also nun der Punkt des Zusammentreffens von der Natur gegeben. Nur, daß ich ihn noch nicht sehe und fühle. Was ich fühle,
ist, daß Du der Hilfe bedarfst oder wie Du es sagst, der Erlösung Deiner Seele. Du sprichst von Schmach und läßt mich zu
wenig von dem vielen wissen, das ich längst ahne. Ist es nicht ein
»Verfallen«, aus dem Erlösen den Rückfall vorbereiten hilft? Du
willst »an jenen ersten Herbst« anknüpfen, damit »verhüllt sei,
was dazwischen Winterliches liegt«. Würde es nicht bloß verhüllt, würde es auch vertilgt sein? Feierlich, frühlingsfeierlich
vertilgt? Ich konnte nach Deinen gelegentlichen Rufen nicht
sicher sein, daß Du solcher Auferstehung gewärtig bist. Nun
muß ich es glauben und erkenne die meiner Menschenart zuge-
messene Pflicht, Deine Hoffnung nicht schon durch Weigerung
zu enttäuschen. Glaubst Du, daß ich Dir, wie ich heute bin,
mehr geben kann als diese Bereitschaft, mehr als jedem, zu dem
ich öffentlich spreche, so möchte ich sagen: Du traust *Dir* es zu!
Zunächst: Du empfindest selbst, wie ungeheuer schwer es ist, den
Punkt des innern Zusammentreffens zu finden, und schlägst

darum mit Recht zum äußeren den Weg des Abenteuers vor.
Am Ziel nur ein Blick in die Augen, damit alles hinweggeräumt
sei? Wenn der meine, der allzu lange der Liebessonne entbehrt
hat, nun doch getrübt wäre! Und: Dinge der Liebe können ungesagt bleiben; aber kann meine Natur – nenne es meinen Fluch –
unausgesprochen, unvertilgt, bloß verhüllt lassen, wodurch sie –
dank dem Segen der anderen Natur – verarmt würde? Man sollte
glauben wie ersehnen, daß alles gut gemacht werden kann. Aber
damit man glauben wie hoffen könne, daß es so bleibe, muß das
Schlechte erkannt sein. Dessen bedarf selbst nur die Illusion der
Sicherung. Mißverständnisse waren es nie auf meiner Seite: Du
rebelliertest gegen mich, da Deine Hälfte das Ganze meiner Zuneigung nicht mehr brauchen konnte und die andere doch ins
Entbehren kam. Unabänderlich vor der heute vorrätigen Mannheit, an die Du mit jener gelangst, einen Wert ergänzend, der
nicht vorhanden ist und ohne den Du über Minuten hinaus
nicht glücklich bist. Du bestehst aus zwei; aber dort ist nicht
Einheit, nur das eine und dazu weniger als nichts. Du hattest im
Kopfsturz in Deine unheiligere Region – welche doch von mir
wie keinem anderen geheiligt worden wäre – über mich *sittlich*
gerichtet, auf einen irren Schein hin. Du hast dann, aus Deiner
Welt den Lauf der Dinge regierend, alles Menschliche und Mögliche des ehedem Nächsten ausschaltend, von ihm verlangt, daß
er das Zeremoniell eines Glaubens hüte, dem Du abgeschworen
hattest. Daß ein Mensch innen und außen an dem Punkt stehen
bleibe, wo er verlassen wurde – auch solches Verlangen gehört
der Natur an, auf die ich nicht böse sein kann. Doch nicht unna-
türlich ist auch der sittliche Drang, all diese Ungemäßheiten
zum Ausdruck zu bringen, und die Hoffnung, solches Bewußt-
werden möchte dazu helfen, daß Dein unverlorener Wert Dich
künftig ganz besitze und bewahre. Kein anderer hätte, was seiner
Liebe da durch Tat und Wort geschah, lebendig ertragen, aber –
und nun das, was mir den Mut nimmt –: wenn geistige Arbeit
retten kann, rettet sie so gründlich, daß nichts mehr für das Leben übrig bleibt. So müßtest Du es Dir zutrauen, ihr noch etwas
abzuringen. Wieder jung sein – außerhalb des Schreibtisches
und des Podiums, wo sich das Wunder immer von neuem und

vielleicht immer mehr begibt? Läßt es mich frei, für immer spärlichere Minuten, so büße ich diese Jugend mit einem Alter von unbeschreiblicher Müdigkeit, allem äußern Erlebnis abgekehrt, schon im Genuß die Reue empfindend, selbst dem der landschaftlichen Natur nicht mehr ganz aufgetan – erfrischt und verjüngt, beglückt und befriedigt nur in der Vorstellung, nein in der Darstellung aller Formen von Schönheit (und leider auch der Häßlichkeit), die das Leben bietet. Wie sollte ich mich da aufraffen, so oft Du riefst, in das Ungewisse eines Wiedererlebens, mit der Gefahr des gegenseitigen Nichtwiedererkennens und des Verlustes wertvollster Erinnerung? Nun, auf dieses Dein Bekenntnis hin; nun, wo Du es fast aussprichst, daß Deine Lebenshoffnung meinen Namen hat, fühle ich eine Pflicht. Aber daß ich sie ganz erfülle, dazu, fürchte ich, müßtest Du das Größere leisten. Daß ein Untergegangener einen Ertrinkenden rette, dazu bedarf es schon des Wunders. Verfügst Du über das »Zauberwort«, mich in das Leben zurückzubringen, um Dir zu helfen? Nur in der Vorstellung – und ich lasse Dir die Ehre, einst zu ihr beigetragen zu haben – lebt noch das Weib, das es mit dem Verjüngungswerk meiner Arbeit aufnehmen könnte. Das ist naturgewollt. Ob mit dem Zerstörungswerk dieser Arbeit? Also, ob Du ihm entgegenwirken könntest, der Zerstörung am äußeren Leben, dabei die inneren Kräfte doch nicht hemmend? Ich hätte des Frühlings, zu dem Du mich rufst, nie mehr bedurft, und soll ihm nun gewachsen sein. Aber wäre ich es —— Du weißt, welche Gefahren der Freundschaft drohen durch das, was in Deiner Natur, vielleicht als ein Wert seltenster Eigenart, unverbunden ist bis zum wechselseitigen Vergessen. Trotz diesem Vergessen erinnere Dich, daß weder Mensch noch Tier in uns glücklich waren, wenn der flüchtige Zauber der Verbindung versagt hatte. Ich bilde mir nicht ein, Dein größter Gewinn gewesen zu sein; aber es erfüllt mich mit Trauer, daß Du mich als Deinen größten Verlust empfindest. Sicherlich lange genug, wenngleich ich nicht mit Dir glaube, daß da Verschwendung und also Sünde war; denn wenn sich's in Dir gewendet hat, so konnte es sich früher nicht wenden. Möglicherweise war ein furchtbarer Zwang zu einer einmal angenommenen Fehlillusion

schuld an allem und hätte tiefere Offenheit uns einander und
Dich als Ganze mir bewahrt. Könnte sie uns einander gewinnen? Schaudere nicht, wenn ich mit ihr beginne, wiederholend:
daß ich im Gedenken des Schönen und Belebenden aus dem
Anfang unserer Beziehung, abgewendet in ein anderes Leben,
mich in Deine stolze Weisung gefügt hätte: Dich nie mehr wiederzusehen; daß ich alles in mir, was einst schon die Vorstellung
Deiner Liebesfähigkeit erregt hatte, zum Absterben verurteilt
habe, von dem Tag an, wenn nicht schon eher, wo Du mit vielleicht zu starkem Triumph von einer andern Frühlingsfeier
schriebst. Und daß gleichwohl, hinter allem Schweigen, kein
Groll war eines, der im Umgang mit schön gegliederten Sätzen
keine Freude entbehrt. So offen ich Dir das gesagt habe, so bereit bin ich, Dich wiederzusehen, denn wie immer Du mich
dann sehen möchtest, Deinen seelischen Anspruch auf diesen
Versuch hast Du in einer Art begründet, daß ich seinen Erfolg mit
aller nur möglichen Hilfe für Dich von Herzen wünsche. Ich
will Dir auch nicht verhehlen, daß mir die Wege, die Du mir bisher eröffnet hast, im Hinblick auf das Ziel, das Erlebnis solchen
Zusammentreffens kahl erschienen sind – wie nachträglich gewiß
auch Dir – und unvereinbar mit einer wesentlichen Vorstellung
von Dir; kärglicher selbst als jenes weihnachtliche Wiedersehn
von damals. Nun kommt Dein Appell ans Abenteuerliche – dessen Ausbleiben ich gerade tagsvorher – in Verbindung mit dem
von Dir berührten Familienmoment – als ein Zeichen des geringern Drangs oder der Unkraft gedeutet hatte. Also doch mit
Unrecht. Der Gegenbeweis – neben allem Menschlichen, das nun
Dein Leid vernimmt und empfindet – gefällt mir, und da solche
Kraft zu fühlen ist, wird es ihr (mit meinem besten Willen) vielleicht auch gelingen, das Unmenschliche, das oft und zuletzt so
rauh zwischen uns getreten ist, zu bannen. Möge es auch dann
gelungen sein, wenn wir, um alle Unruhe mit ihm zu entfernen,
»nur für wenige Stunden« das Abenteuer eingegangen wären.
Wenn's nur nicht selbst mit dem Verlangen »Jugend erst werde!«
bei mir vorbei ist. Du brauchst das Erlebnis, mir genügt immer
mehr, es aufgeschrieben zu haben. Mit allen Radierungen, die da
an seelischen Dingen vorgenommen sind. Es ist weniger Papier

als das Lebendige anderer, —— aber kannst Du das brauchen? Das ist der tragische Unterschied. Der Fortschritt: daß ich's nach Jahren wieder konnte. Das ist von Dir. Aber kannst Du so einen brauchen? Was tun? Mehr als vor mir warnen und bereit sein kann ich nicht. —— Wie wäre es auszuführen? Ich weiß – und das gehört auch zu der immer wachsenden Lebensentfernung – keinen Ort. Ich fühle immer mehr, wie es in der Sprache jener Schreckenszeit hieß, jeden »vom Feind eingesehn«. Es gäbe mein Zimmer; aber da steht der Feind Arbeit zu sichtbar vor Dir. Eine Landschaft wäre nur die Auslandschaft (eine Wortbildung von Jean Paul). Warst Du jemals in Eibsee, das ist ein Gnadenort, aber kaum vor Mai besuchbar. Der Königsee ist näher. Materielle Umstände würden eine geringere Rolle spielen als die Gefahr, heimatlichem Gesindel zu begegnen. (Wenn ich einmal vor dem Hochsommer acht Tage gewinnen könnte, wollte ich nach Turin und Umgebung fahren.) Ich erwarte Deinen Vorschlag, wenn Dich nicht etwa die Offenheit der Darstellung meines heutigen Lebens bestimmen sollte, den Plan als solchen zurückzuziehen. In diesem Fall bliebe mir der Wunsch, daß meine herzliche Bereitschaft Dir Trost bietet und Du das »Unzerstörbare« in der Dir bekundeten Gesinnung geborgen fühlst.

[801] B [Wien,] 18./19. Mai [1927]   [Janowitz]

Ich war, von aller Tätigkeit abgesehen, dermaßen verstört, daß kein Gedanke zu der großen Aufgabe hinführen konnte, vor die mich Dein Wunsch gestellt hat. Ich möchte sie, mit meinem gegenwärtigen Maß gemessen, übermenschlich nennen. Vielleicht bin ich nicht so ganz abgestorben, wie ich mich in den letzten Jahren und leider gar in der jüngstverflossenen Zeit gefühlt habe. Aber es fehlt eben der Mut, es zu erprüfen. Dies auszudrücken, hinderte mich fast etwas wie Scham, und das Schuldgefühl der Unterlassung wurde durch eine Arbeit betäubt, von der ich ja guten Gewissens nicht einen Gedanken wegnehmen könnte und keine Minute und nichts, was zu einem so wenig äußerlichen Brief gehört.

    Auch schien mir Dein zweiter eine mattere Farbe des Verlangens zu tragen, oder manches zu enthalten, was mich den ersten anders verstehen ließ. Damals fragtest Du, ob es denn kein Zauberwort gäbe, und nun sagst Du, daß du über keines verfügst. Zu einer »Frühlingsfeier, die anknüpft an jenen ersten Herbst«. Wie sollte zu ihr die Wunschlosigkeit rüsten, von der Du nun sprichst: von der kein Rückfall zu befürchten sei. Eine Sicherung, die wohl auch unser Abenteuer einbegreift. Ich weiß ja nicht, ob ich ihm gewachsen wäre, wenn die lebendigste Flamme mir entgegenschlüge. Ich weiß nur, oder erinnere mich noch, daß es schön wäre, wenn es ihr an mir gelänge. Ich ja darf von Wunschlosigkeit sprechen; aber es muß doch eine Naturkraft sein, die es sich zutraut, es mit ihr aufzunehmen. Freundschaft bedarf des Abenteuers nicht und bringt es nicht. »Leichtsinn, der vor Reue keine Angst hat« sei Dein Part, nicht der meine. Was ich fürchte, sind Reste einer alten Bindung, in der Dein Wert darben müßte. Aber Du weißt, daß der, der ihm einst Nahrung geben konnte, selbst gedarbt hat, weil er mehr als ihn, weil er Dich ganz brauchte. Die Erfüllung war das Glück jenes Herbstes, an den ein Frühling anknüpfen soll. Doch wie sollte »gerade die Gefahr eines gegenseitigen Nichtwiedererkennens« dazu verlocken? Ich fürchte sie mehr als alles. Mein »kleines Gut in Kärnten« ist die Illusion. »Du sollst reden. Aber nicht von uns«, sagst Du. Ich glaube, daß ich von Wichtigerem nicht zu reden hätte. Und wie wäre anders Dein Wunsch: gutzumachen, wo Du wehe getan, zu erfüllen? Ich möchte Dir von Herzen gern dazu helfen. Aber ich fürchte, es geht über meine Kraft. Die vorgeschlagenen Orte, zumal die in Österreich, sind alle unmöglich. (Am ehesten taugt noch Königssee.) Doch vielleicht ließe es sich mit meinem Aufenthalt an der Ostsee verbinden? Es ist außerhalb der abgerungenen Ferien überhaupt so unsagbar schwer, ein Maulwurfsdasein, das keine Sonne kennt, zu unterbrechen. Ich möchte sehr wünschen, daß in jene Zeit ein Abenteuer einbricht, das die Probe ermöglicht, ob ich noch am Leben bin.

[802]   T [München, 28.8.1927]   [Janowitz]

Bis Vier Jahreszeiten ++ Vorschlag Königs abgesandt.

[803]   B [München, Hotel Vier Jahreszeiten,] Sonntag 28. August [1927]
[Janowitz]

Dein Brief (im Juni) hat den meinen wohl nicht im Eigentlichen beantwortet. Ich muß jedoch, gerne, annehmen, daß die Antwort – als das Selbstverständliche – eben darin zum Ausdruck kommt. Denn wie könntest Du meiner einbekannten Unzulänglichkeit dieses Wagnis einer »Lebensprobe« zutrauen, wenn Du nicht wenigstens die volle Freiheit mitbrächtest.

Nun vermochte ich den vorgeschlagenen Termin der zweiten Hälfte des August nur mit knappster Not zu erreichen, da ich nicht wußte, was aus mir würde. Ich hatte keinen Sommer, keine Stunde beruhigter Nerven und die Unruhe wegen der entsetzlichen Ereignisse und ihrer Folgen für meine weitere Wirksamkeit ist zu allem Lebensminus hinzugetreten.

Ich war ein paar Tage an der Ostsee, hatte in Berlin zu tun und habe nun hier, wo es auch allerlei vorzubereiten gab, besseres Wetter abgewartet, ohne zu wissen, ob ich nicht nach Wien würde zurückkehren müssen. Es hat mich sehr bedrückt, nichts bestimmen zu können, und der trostlose Himmel war fast eine Gewissensberuhigung. Heute scheint die Sonne, wenngleich nicht mir. Aber ich kann nun doch sagen, daß ich von Mittwoch oder Donnerstag an einige Tage am Königssee (bei Berchtesgaden) verbringen könnte (Hotel Schiffmeister, wenn's dieses noch gibt). Der Eibsee ist noch schöner, aber man ist, da er nur das eine Hotel hat, ganz und gar ausgesetzt, und es ist, wie ich vermute, eine Wiener Kröte noch dort. Du würdest, wenn Du überhaupt noch kommst, wohl rascher nach Salzburg als nach München reisen? Ich bitte also um ein *Telegramm* nach München, Vier Jahreszeiten.

Die herzlichsten Grüße und Wünsche, was immer der Fall sei.
K.

[804]   B 9./10. Okt.[19]27

Endlich habe ich eine Minute, wirklich nur eine, in der furchtbarsten Bedrängnis dieser Tage – wieder »fluchbeschwert« wie jene, von denen die Widmung der gleichzeitig gesandten Reliquie spricht.

Also allerbesten Dank für den lieben Brief und die Karte. In der mitgeteilten Sache sehe ich leider gar keine Möglichkeit. Ich kenne ja, zum Glück, keine Leute, die für so etwas in Betracht kämen. Aber soll ich das Eingesandte für alle Fälle zurückbehalten?

Wenn die entsetzliche Arbeit mit allem, was nun dazukommt, Denkraum läßt, so teile ich ganz die Erinnerung an die Tage vom Königssee und Salzburg.

Leyer und Schwert in einer Hand haltend, konnte ich jene heute, trotz allem und allem, zu glücklichster Wirkung bringen (Madame L'Archiduc).

Was sagst Du nun aber zu dem, was ich Dir hier sende? Heinrich Fischer kam aus München zur Premiere und brachte es. Einem Maler abgekauft, der's von einem andern Maler erworben hatte; dieser von einer Buchhandlung. Der Unmensch, von dem wir am Königssee [!] gesprochen haben, hat also das Andenken Doras zu Geld gemacht. Wie sollte das Buch mit der Widmung und der Brief anders zum Münchner Antiquar gelangt sein? Ich habe natürlich F., der so lieb war, es zu retten, den Betrag ersetzt und sende es nunmehr Dir. Die innigsten Grüße, auch an Ch. und M.M.

> von D. K.

Vielleicht bietet die Untat der Großeltern eine Handhabe, um gegen diesen »Vater« vorzugehen oder sich zu schützen.

Der *Buchhändler-Vermerk* steht auf dem 1. Blatt, oben.

(Der Maler, ein Sammler meiner Arbeiten, hatte den Takt, das Buch etc. F. auszufolgen.)

---

[805]   T [Wien, 27.10.1927]   [Janowitz]

Innigsten Dank

---

[806]   K [Wien, 14.11.1927]   [Janowitz]
Gretl Chlumecky, KK und Mony Chlumecky an SN

[Gretl Chlumecky:] In lieber Gesellschaft sendet alles Schöne Gretl. Schon sehr lange nichts v. Dir gehört.
[KK:] Wenn ich nur dazu käme, zu *danken*! Die Arbeit ist toll.
Innigst Gruß   K.

[Mony Chlumecky:] Herzliche Grüße MonyChl.

[Bildseite Gretl Chlumecky:] Wir erwarten Dich unbedingt am Samstag den 19., denn Sonntag ist *Mme L'Archiduc* und da *musst* Du dabei sein. Bitte *sofort* um Nachricht. Zusammensein mit K.K. von Samstag auf Sonntag, da Sonntag auf Montag schwerste Arbeitsnacht. Bei uns wohnen! zu lustig.

[KK:] Bitte Samstag *kommen*! K.

[807]   B [Wien,] 14./15. Nov.[1927]   [Janowitz]

Bitte zum 20. Nov. und zwar schon am 19. zu kommen – 20./21. habe ich die schwerste Arbeitsnacht.

   Möchte so gern für die liebe Karte *mündlich* danken. Bei Chl. wohnen (Karte wohl erhalten) und natürlich mein Reisegast. (Denn leider nicht abzusehen, wann ich nach Böhmen komme.)

   Viele innige Grüße, auch an Ch.

   Es ist nicht zu beschreiben, wie viel ich – vor Abreise nach Paris – zu tun habe.

[808]   T [Wien, 15.11.1927]   [Janowitz]

Dank bereits […] ++ Brief folgt.

[809]   B [Wien,] Freitag/Samstag [26.11.1927]   [Janowitz]

In rasender Hast nur diesen innigsten Gruß und Dank für Wien!

[810]   T [Wien, 24.12.1927]   [Janowitz]

Allen Lieben Grüße Jahreswünsche

Tagesneuigkeiten.

„Kein Passagier erster und zweiter Klasse unter den Opfern."

Mit fettem Titel meldet es die „Neue Freie Presse" in ihren Berichten über den Untergang der „Principessa Mafalda"; man hört den Tonfall, fühlt die Befriedigung. Die Weltordnung hat sich selbst in der Katastrophe bewährt; nur die Maschine, die Technik hat versagt, nicht versagt hat der fürchterliche Instinkt für den höheren oder geringeren Wert des Menschenlebens. Mehr wert sind jene, die zahlungsfähiger sind, weniger wert die Namenlosen, die Zwischendeckspassagiere, und wer auf Kosten der Proletarier lebt, soll auch auf Kosten der Proletarier gerettet werden. Wie das geschah? Es wird gemeldet: „Die Offiziere des Schiffes verloren den Kopf, sperrten die Frauen und Kinder der Auswanderer im Zwischendeck ein und suchten in erster Linie Rettungsmöglichkeiten für die Kabinenpassagiere zu schaffen." Es ging um das Leben, und man begreift, daß jeder den Kopf verlor, jeder nur an sich selber dachte; doch daß die Offiziere nur den Kopf, nicht aber ihr kapitalistisches Orientierungsvermögen verloren, das ist das Grauenhafte. Frauen und Kinder wurden eingesperrt, wurden dem Untergang preisgegeben, wurden um der Passagiere erster und zweiter Klasse willen gemordet; erst im letzten Augenblick befreiten die Matrosen, menschlicher als ihre Vorgesetzten, unter Lebensgefahr die im Zwischendeck Eingeschlossenen. Selten hat sich das Wesen der bürgerlich-kapitalistischen Welt so klar, so erschütternd klar gezeigt: die Gegensätze zwischen den Luxusreisenden, die aller Komfort und aller Glanz umgibt, und den Armen, die Not und Verzweiflung zwingt, die Heimat zu verlassen und über das Meer zu fahren; diese Gegensätze werden durch eine Katastrophe, die alle bedroht, nicht gemildert, nicht aufgehoben, sondern maßlos verschärft. Ein Märchen, daß dann der Mensch dem Menschen hilft, daß dann das Ewig-Menschliche über alles andre triumphiert — nein, die Armen, die Proletarierfrauen, die Proletarierkinder, werden in den Abgrund gestoßen, damit die andern, die mehr als ein Leben, die ein Bankkonto, ein Stück Kapital verkörpern, um jeden Preis der Vernichtung entrinnen. So war es vor vielen Jahren beim Untergang der „Titanic", so war es jetzt beim Untergang der „Principessa Mafalda", so wird es immer sein, solange es „Passagiere erster Klasse" geben wird.

1928

Du glaubst doch, daß ich in der Arbeit immer an Dich denke?

München wahrscheinlich zwischen 20. Februar und 1. März, aber noch nicht sicher.

Berlin Ende März, Anfang April – vorher oder nachher hoffentlich Prag – und Janovice.

München ersten März Aufführung Traumstück ++ zweiten Vortrag Schauspielhaus ++ innigst.

Mein Telegramm vor der Abreise nach München ist hoffentlich eingelangt. Ich hatte die Termine erst am selben Tag erfahren; sie waren immer wieder hinausgeschoben worden. In München nun haben sich Deine Bekannten nicht gezeigt. Es war übrigens ein großer Rummel. Doch ohne solchen erlebe ich freilich keinen Tag.

Freitag, spätestens Samstag fahre ich nach Hamburg (woselbst auf der Schulbühne der Lichtwark-Schule die entzückende Madame L'Archiduc am 22. aufgeführt wird und eine Vorlesung am 20. stattfindet) und nach Berlin, wo ab 24. acht oder neun Vorlesungen stattfinden werden.

Hoffentlich Mai Prag und Janowitz.

Wie geht es Dir? Viele innigste Grüße Dir und auch Ch.

Noch eines: Du würdest gewiß zur Sammlung (von der Du aus dem Programm Kenntnis hast) beitragen, wenn Du könntest. Darf ich es für Dich tun? Unter Chiffre S.N.? Und Ch.? Ich hätte Dich so gerne unter den Beiträgern, denen mit einer großen Summe auch M.L. angehört.

In München haben die »Vaterländischen Verbände« gegen weitere Aufführungen von »Traumstück« protestiert, weil darin »der tote Frontsoldat in gemeinster Weise verhöhnt wird«!! Ist das eine Welt! (Die Vorlesung hat unter Bewachung stattgefunden.)

[814] K [Berlin, Hotel Prinz Albrecht, 3.4.1928]   [Janowitz]

Vielen Dank in Eile für die liebe Karte.

Also entweder 6. abends (hoffentlich) oder 7. früh Glarnerhof etc.

Die innigsten Grüße, an alle,

Dein K.

(Es ist eine große Hetzjagd, aber alles geht gut; der Schuft ist morgen *plakatiert*.)

[815] T [Berlin, 5.4.1928]   [Janowitz]

Wenn erwünscht Freitag siebzehn Beneschau oder neunzehn Votice für einen Tag Janovice oder Vormittag Zusammenkunft Prag Krauspalasthotel.

[815]* T [Berlin, Palasthotel 5.4.1928]   [Janowitz]

freudigst Beneschau Freitag siebzehn Uhr

[816] B [Wien,] 10./11. Mai [1928]   [Janowitz]

Also die Abende sind *19.,* 21. und ev. 22. in Prag, daran anschließend in Teplitz, Gablonz und Reichenberg. Da könnte ich wohl M.L. irgendwo sehen. Hoffentlich aber vor allem S.N. (und Ch.N.) in Prag oder in Janowitz vorher?

Ich fürchte, daß ich erst im letzten Moment eintreffen kann. Erbitte Vorschlag.

Am 19. – wenn nicht wider Erwarten der Begleiter, der mitkommt, verhindert ist – »Pariser Leben«. Sonst, wie am 21. und ev. 22., Eigenes.

In großer Hast allerherzlichste
Grüße von Deinem K.

Die Arbeit ist unbeschreiblich groß.

[817] K [Prag,] Café Continental, 3. Juni 1928   [Usella]
KK, Sophia Deym und Bessa [?] an SN

[KK:] Wir denken *innigst* an die liebste Freundin. Ihr, dem l. Charlie und M.M. die allerherzlichsten Grüße von

K.K.

ab 4. Juni Wien*

[Sophia Deym:] Deine Sophie
[Bessa:] Viele herzliche Grüße Bessa

* Hoffentlich bald freudigstes Wiedersehn in Janowitz.

[818] B 8./9. Juni [1928]   [Usella]

»Goldne Sonne, leihe mir
Die schönsten Strahlen, lege sie zum Dank
Vor Jovis Thron! denn ich bin arm und stumm.«

Und mein Herzenswunsch kann nicht in Erfüllung gehen. Er war vorschnell gefühlt. Gewichtige Hindernisse, Schwierigkeiten, die vielleicht an und für sich nicht entstehen würden, aber leicht von Personen, die daran hervorragend interessiert wären, herbeigeführt werden könnten. Es liegt an der hiesigen Situation, die Du nur durchdenken mußt, um es, als die beste Hörerin, leicht zu begreifen. Erst heute, da ich trotz größter Arbeit entschlossen war, wurde mir das alles vorgestellt. Ich hoffe, mit Ch., den ich (wie die l. M.M.) innigst grüße, es bald besprechen zu können. Dich kann ich nur flehentlich bitten, Geduld zu haben und nichts für die völlige, teure Gesundung zu unterlassen. Und Du mußt mir versprechen, daß es bei dem (vor Tabor erörterten) Plan der Sommerfahrt bleibt. Ich zähle die Stunden bis zu Deiner Auferstehung. S.D. in Prag ist ein Engel (die andere, die mit unterschrieb, saß nur daneben). Über das oben Gesagte (sobald Du wieder schreiben darfst) nur ein Wort: daß Du mich verstanden hast. Kein Opfer, das ich nicht zur Erfüllung jenes Wunsches zu bringen bereit wäre, bis auf eines, das völlig sinnlos wäre und den Wunsch selbst vielleicht unerfüllt ließe. Das Glück, Dich gesund werden zu sehen, darf durch keine Sorge oder Unruhe getrübt sein. Hast Du irgendwelchen Wunsch? Kannst Du mir sagen, wie ich es anstellen könnte, Dir täglich Blumen zu schicken? Oder genügt Dir die Vorstellung?

[819]   T [Wien, 12.6.1928]   [Usella]

Lieben Charlie abgeholt ++ heißen Dank für Geduld zu voller Genesung ++ bitte Maymay täglich ein Wort auf Karte ++ meine Gedanken nur bei Dir

[820]   T [Wien, 14.6.1928]   [Usella]

Beglückt liebe Handschrift ++ hoffentlich gut ++ innigst

[821]   B [Wien,] 14./15. Juni [1928]   [Usella]

Ich habe meinen Augen nicht geglaubt, als ich, in M.M.'s Ku-vert, die liebe Schrift vor mir sah. Die Beschreibung des Wun-ders – welche widersprechenden Empfindungen hat sie in mir aufgestürmt bis zum Endsieg der Freude! Damit diese nie mehr getrübt werde, bewache ich jeden Deiner Atemzüge. Und ich weiß, Du tust von nun an desgleichen. Die Angst wird sich als unbegründet herausstellen. Ein paar Wochen im Hochgebirge werden sie endgiltig bannen. Dorthin möchte ich dann kommen und überall hin, wo Du nachher bist. Hast Du *in* meinem Brief nicht lesen können? Ich dachte, Du würdest alles gleich verste-hen; schon darum, *weil* ich es nicht deutlicher sagte. Du schreibst: » … ich verstehe und glaube, daß es nicht geht«. Das würde beweisen, daß Du verstanden hast. Dann aber heißt es: »Vielleicht kannst Du im Lauf des Monats noch…« Aber leider kann sich doch da im Lauf des Monats nichts ändern. Also in mir und etwa der Arbeit ist das Hindernis nicht gelegen, keines *könnte* es da geben! »Ich würde zu Dir fliegen« – wenn das ehe-dem eine Redensart war, heute und in diesem Falle wäre es keine. Ch. (der mich tief gerührt hat) begreift es ganz und gar, freilich konnte ich ja mit ihm *sprechen.* Und natürlich wirst Du nachher, oder schon jetzt, auch alles verstehen. (Ch. sagte das euch einge-borene: »Eben eben«)

So vieles möchte ich Dir senden, und es geht auch nicht.

Wenn Du reisen kannst – wie schön wäre es, wenn ich Dich an der französ. Küste oder in der Schweiz treffen könnte!

Daß man Dir die Blüte von Janowitz nicht bringen kann, ist ja entsetzlich. Aber Dein Gesundwerden ist noch schöner als sie. Und sie dankt Dir auch so für die Liebe, mit der Du sie hervorgebracht hast. Deinen Pflegern aber danke ich für die ihre.

[822]   T [Wien, 16.6.1928]   [Usella]

Ersehne heute Besserung

[823]   T [Wien, 19.6.1928]   [Usella]

Überglücklich ++ vor Schlaf soeben eingelangtes Telegramm von Chlum. telephonisch zu erfahren ++ während lieber Charlie, den gestern holte noch schläft ++ innigst

[824]   T [Wien, 23.6.1928]   [Usella]

Vor Auftreten freudigsten Gruß in den Garten

[825]   T [Wien, 26.6.1928]   [Usella]

Glücklichster Tag ++ Gruß allen

[826]   T [Wien, 8.7.1928]   [Janowitz]

Leider nachrichtslos. Hoffentlich gut. Wann Wiedersehen. Muß abreisen. Innigst.

[827]   B [Wien,] 11. Juli [1928]   [Janowitz]

Endlich! Seit jener beglückenden Karte vom 23., auf die ich telegraphisch geantwortet habe, kein Zeichen, und ich wußte nicht, wohin ich mich wenden sollte. (Wann Abreise erfolgt, ob ich nach Gastein kommen soll, ob schon zuhause.) Die liebe Karte vom 10. bestätigt wohl mein schließlich nach Janowitz gesandtes Telegramm. – Die Sorge ist gewiß unberechtigt. Ich wäre sehr für eine Überprüfung in Wien, vor allem aber, daß jetzt schon die verordnete Höhenluft bezogen wird. Semmering oder Waldhaus-Flims. Gienge das nicht? Ich würde alles danach ändern und einrichten.
    Freilich in die hiesige Hölle kannst Du jetzt nicht eintreten, ich muß aus ihr fliehen und weiß nicht, wie ich das unternehmen soll. Ich hatte natürlich alles auf Dich und Janowitz eingestellt.

Aber nun schreibst Du, daß den ganzen Juli fremde Menschen dort sind. Wann, wo könnte ich Dich (und Ch.) allein sehen; ich stelle mir das viel schöner vor und fürchte mich auch vor jedem neuen Gesicht. Wenn Du es so willst, komme ich auch im Juli, bald, zur Ostsee durchreisend. Sonst im August. — Bitte, telegraphiere Deine Wünsche oder schreibe sofort. Ich weiß nicht, ob ich am 15. Juli werde in Wien sein können; es wird mir dringend widerraten, und gleich darauf bricht diese Pest von 200000 Sängern ein, alles noch mit Ozeanfliegern verbunden! Wenn ich hier nicht tausend Dinge zu vollenden hätte, würde ich heute nacht fliehen.

Die einzige Entschädigung ist der Gedanke, daß Du wieder gesund bist. (Wenn ich nur wüßte, *wie* Du, auch nach dem zweiten Brief, mein Hindernis, zu Dir zu kommen, gedeutet hast!)

Allerbestes für Dich und Ch.

Dein K.

Das weißt Du wohl schon, daß jetzt am Himmel über Wien ein Wäscheputzmittel empfohlen wird.

Schreib, was Dir am liebsten ist. Vielleicht geht's nicht anders als daß ich bald komme; es ist alles so heillos verwirrt und ich bin am Ende meiner Nervenkraft und aller Möglichkeit, hier weiterzuleben. Oder könnte man sich in Raudnitz treffen? Aber Du kannst wohl Janowitz jetzt nicht verlassen.

Ich habe Sehnsucht nach Dir und möchte Dich so gern nach dem Überstandenen allein sehen, wenn auch nur für ein paar Stunden.

Wenn Du reisen könntest und dürftest, käme ich wohin Du willst.

[828] T [Wien, 18.7.1928] [Janowitz]

Ist Brief nicht angekommen. Wann erwartet mich. Herzlichst

[829] T [Wien, 26.7.1928] [Janowitz]

Komme Wochenbeginn ++ erbitte Nachricht wo abholet ++ innigst

[830] T [Wien, 31.7.1928] [Janowitz]

Morgen Mittwoch halb zwei nachmittags Beneschau ++ innigst

[831] B Prag, 9. August [1928] 7 Uhr [Janowitz]

Kameny!
Finde hier diese viel zu schwächliche Sache.
Viele innigste Grüße,
auch an den lieben Ch.

K.

... cied, vas yeit Sujover mizi yoren may.

Das Schoberlied, das Karl Kraus in seinem Nachkriegsdrama gedichtet und das er in einem Separatabdruck verbreiten läßt, scheint dem Herrn Schober schon sehr unangenehm zu sein — was ja auch seine Bestimmung ist —, und so ist er eifrig bemüht, seine Verbreitung zu hindern. Offenbar hat er die Order gegeben, zu verhindern, daß das Lied auf der Straße verkauft wird; so sind den Kolporteuren, die am letzten Sonntag das Lied auf der Jesuitenwiese feilhielten, nicht nur sämtliche Exemplare von Wachleuten weggenommen worden, die Kolporteure wurden auch zur „Ausweisleistung" auf das Kommissariat (in der Ausstellungsstraße im Prater) geschleppt. Daß dabei die Wachleute einer Weisung von oben folgten, ist selbstverständlich. Deshalb muß mit allem Nachdruck darauf aufmerksam gemacht werden, daß diese Beanstandung der Verbreitung ganz ungesetzlich ist. Die Polizei möchte die Sache so hinstellen, als ob es sich bei dem Lied um ein selbständiges Druckwerk handeln würde, dem das Kolportagerecht, das nur für Zeitungen gilt, nicht zustehen würde. Danach wäre mit dem Vertrieb auf der Straße der § 9 des Preßgesetzes, der die Zeitungen einräumt, verletzt, und da in diesem Falle die Beschlagnahme und die Verfallserklärung zulässig sind, so könne sie den Kolporteuren die Exemplare wegnehmen und sie im Straferkenntnis für verfallen erklären. Aber das alles ist falsch: denn in Wahrheit tritt das

Schoberlied nicht als Druckwerk auf, sondern es steht in einer Sonderausgabe der „Fackel", und die Sonderausgabe einer Zeitschrift ist die Zeitschrift (Zeitung) selbst, kann also auf der Straße so vertrieben werden, wie eine Zeitschrift vertrieben wird. Da überdies die „Fackel" kein regelmäßiges, an ein Datum geknüpftes Erscheinen hat, so geht die Sonderausgabe, eben in ihr Erscheinen ein; daß die „Fackel" sonst mit einem roten Umschlag erscheint, diese Sonderausgabe der „Fackel" mit einem weißen Umschlag erscheint, ist natürlich nebensächlich und geht die Sicherheitsbehörde, die auf den roten Umschlag kein Anrecht hat, nichts an. Da es sich also um den Vertrieb einer Zeitung handelt, ist der § 9 des Preßgesetzes nicht verletzt: die Beschlagnahme ist ebenso unzulässig, wie es eine Bestrafung der Kolporteure und Verfallserklärung wäre. Die Strafhandlung steht hier der Polizeidirektion zu; es ist also gegen ihr Straferkenntnis (mit dem Beschlagnahme und Verfallserklärung zusammenhängen) einfach an die Landesregierung zu berufen. Und dort, wie zu erwarten, wird der Polizeidirektion in diese Kolportage das Ende schon bereitet werden.

Beilage zu Nr. 831

[832]   K [Berlin, Hotel Weisses Haus,] 10.8.1928 Mittags   [Janowitz]

Vielen Dank für liebe Karte, die schon bald nach der Ankunft erhalten habe. Mit Berlin geht's eben.

Allerschönste Grüße Dir, Charlie und dem Park!
(Mein Prager Brief ist hoffentlich angekommen.)

[833]   K [Jershöft,] 15.VIII.[1928]   [Janowitz]

Vielen Dank! M.M.'s Entschluß ist ein Trost für alle, die *nicht* Gesellschaft leisten können.

Möchte zu gern Tierfehd – wenn nur nicht Theatersachen (Berlin, wichtiger Art) dazwischenkommen. Ein zwei Tage später gienge es leichter. Wir verständigen uns darüber noch.

Ich übersiedle
Bansin a. d. Ostsee
postlagernd
Viele herzliche Grüße, auch an Ch. D.M. (Berlin) wird sich wegen Davos erkundigen. Wenn *nicht* M.M. und Verschiebung nicht möglich, bin ich 1. Sept. Nürnberg

[834]   K [Jershöft, 17.8.1928]   [Janowitz]

Ich bin in diesem herrlichen Ort doch geblieben. Post Bansin habe ich abbestellt.

Viele herzliche Grüße auch an Charlie
                                        von Deinem K.
Adresse:
Jershöft bei Schlawe

[835]   K [Berlin, Hotel Prinz Albrecht, 28.8.1928]   [Janowitz]

Vielen Dank für die aus Jershöft nachgesandte und für die heute angelangte Karte. Adresse: Hotel Prinz Albrecht.

Mein Telegramm war vor dem Empfang der ersten Karte gesandt und deckt sich mit deren Inhalt: *»vor dem dritten* schwierig«, (»vortretten«!!)

Erbitte wenn möglich das Telegramm: ich werde den Betrag zurückverlangen, da es seinen Zweck verfehlt hat. Also Lindau mittags 4. Freilich ist auch das enorm schwer für mich, da mitten in den wichtigsten Neubesetzungen (wegen Aufführung: Un-

überwindliche, Madame L'Archiduc etc., auch Kerr-Sache!!)
sein werde. Wäre es nicht möglich, sich am *6.* in Lindau zu treffen? Das wäre mir eine *große Erleichterung*! Erbitte frdl. Nachricht. Wenn es *absolut* nicht anders geht, so komme ich am 4. Ich
bekomme übrigens eine Empfehlung an Davoser Arzt durch
eine Züricher Dame. Da können wir uns den Besuch des Arztes
in St.Gallen, dessen Adresse ich auch schon habe, *ersparen,* und
es wäre Zeit gewonnen, so daß dieser 6. möglich wäre. Eventuell
erbitte Telegramm; es genügt aber auch *Karte.* (Oder *Brief* mit
dem alten Telegramm).

Viele herzliche, innigste Grüße (an alle)

von Deinem K.

[836]   K [Berlin, Hotel Prinz Albrecht, 29.8.1928]   [Janowitz]

Vielen innigsten Dank!

Bitte nicht an Gefängnis, sondern nur an *Befreiung* aus dem
Gefängnis (die später kommt) zu denken – dann wird es gehen.

Da die Fahrt Berlin – Lindau jetzt d.h. nach dem 1. Sept. gar
16 Stunden dauert, möchte ich Berlin – Zürich fliegen, d.h. am *6.*
(1 Uhr Mittags). Erbitte gleich Vorschlag, wie und wo man sich
dann statt in Lindau treffen könnte. 6 Uhr 30 abends komme
ich in Zürich an (Flugplatz). Entweder Du kommst von Lindau
nach Zürich oder wir treffen uns in Buchs oder St. Gallen oder
Weesen* oder gleich Glarus. Von Lindau hast Du überallhin
nur 2-3 Stunden. Wenn Dir das nicht paßt, würde ich am 5.
9 Uhr abends abreisen und 6. gegen 1 Uhr in Lindau sein. Da
scheint mir aber der andere Weg viel praktischer; nur daß wir
uns eben ein paar Stunden später sehen. Ich glaube ohnedies
nicht, daß wir – im Bahn-Falle – an demselben Abend schon in
Thierfehd sein könnten.

Viele herzliche Grüße, an alle, von Deinem

K.

Bitte die große Hast zu verzeihen!

* nach der Karte zu entscheiden.

[837]   T [4.9.1928]   [Janowitz; nachgesandt: Prag, Karmelitzkagasse 24]
Wenn nicht widerrufst ++ abfliege sechsten mittags Glarus ++ innigst.

[837]* K [Ambulant [?]/Schweiz,] 7.9.[1928]   [Janowitz]
SN und KK an Karl Nádherný

[SN:] All clapped with K.K., he came to Glarus in the evening &
flew Berlin – Zürich in 5 h. [korrigiert von KK:] 4 ¾. Came here
after lunch, took a long walk up in the mountains, & leave tomorrow for Davos. This here is Tierfehd, a lonely lovely spot
with a single hotel, where we stayed with M.-M. 1917 for a fort-
night & where K.K. wrote ›Die letzte Nacht‹. The proprieters
recognised us at once. I miss the Opel here greatly. Trains go so
slowly in these parts. L[ove] S.
[KK, auf der Bildseite:]   Viele herzl. Grüße von K.K.

[838]   B im Zug nach Klosters [12.9.1928] 8 Uhr
                              [Davos-Platz, Pension Ruheleben]
Kamený!
    Ich hatte ein Beispiel von »*Abschied und Wiederkehr*« geben
wollen. Dann waren noch immer 5 Minuten Zeit und fast hätte
ich es wiederholt. So unwiderstehlich war der Drang zum
Immerwiedersehen. Dafür habe ich (jetzt steht der Zug wieder
und es läßt sich besser schreiben) bis Klosters etwa ein dutzend-
mal (der Zug geht wieder) einen Fahrtgenossen den Satz sprechen hören:
    »Es sollte mindestens *ein* Vertreter der *Hotellerie* im
Gemeinderat sitzen, damit er die Bedürfnisse und Notwendigkeiten der Hotellerie zur Sprache bringen könnte.«
    Ich wollte schon die Bedürfnisse und Notwendigkeiten der
Kunden der Hotellerie anmelden. Aber ich beschloß (der Zug
steht wieder), alle meine Hotelleiden zu vergessen bei dem Gedanken, daß *Du* ja vortrefflich aufgehoben bist. Ja, ich werde in
diesem Bewußtsein fortan ein wahres *Ruheleben* führen! Die
innigsten Wünsche und Grüße
                    von Deinem
                         K.

Sargans, ¼ 11: desgleichen.

Maymay wohl besser *rekommandiert* schreiben!

[839]   T [Wien, 15.9.1928]   [Davos-Platz, Pension Ruheleben]

Herzensdank ++ ärgste Arbeit ++ Tausend Grüße.

[840]   T [Wien, 20.9.1928]   [Davos-Platz, Pension Ruheleben]

Tausend Dank für lieben Gruß ++ immer gedenkend ++ alle Bücher bestellt

[841]   B [Wien,] 20./21.[9.1928]   [Davos-Platz, Pension Ruheleben]

In athemloser Hast nur diesen innigsten Gruß.

Was zu erzählen, nur mündlich möglich. Wirklich nicht eine Sekunde vor 22. und vor Berlin, wohin etwa am 25. reise. (Hotel Prinz Albrecht Prinz Albrechtstraße) bin aber während der Arbeit immer bei Dir in Ruheleben.

P.S. 21. Das Beiliegende erbitte gelegentlich zurück. Sie scheint also doch nicht in jener Stellung zu sein. Zu viel König Lear + Auto. M. ließ ich bloß durch H.K. das Wesentliche mitteilen.

Mit dem innigsten Gedenken wie immer bei Dir.

Ch. das Gewünschte gestern senden lassen. M.M. hoffentlich schon dort.

L., den einmal sah, unbeschreiblich komisch. Reise nach Pilsen wurde ihm bewilligt.

[842]   Postanweisungsabschnitt [Berlin, 3.10.1928]   [Davos]

Innigsten Gruß, in Eile, Dir und l. M:M. bisher alles herrlich verlaufen, ohne Störung. Von Ch. heute Karte. Möchte, daß M.M. *noch* länger bleibt – bis Ch. kommt. (Bitte nur zu sagen: sende sofort wieder Betrag, wenn Du brauchst.) Erbitte Mitteilung wegen des Stechens. (Muß in Francs ausfüllen, sende also gerade 60). Nochmals innigst

Dein K.

[843] K [Marienburg,] 7.Okt.[1928]   [Davos-Platz, Pension Ruheleben]

Welch ein ödes Leben!

Innigsten Gruß sendet Dir, liebstes Kameny, Dein K., (der schwer erkältet ist.)

[844] T [Berlin, 9.10.1928]   [Davos-Platz, Pension Ruheleben]

Beglückt Besserung ++ tausend Herzensgrüße.

[845] K [Berlin, 10.10.1928]   [Davos-Platz, Pension Ruheleben]

Welch trauriger und zum Schluß welch erfreulicher Bericht! Innigsten Dank. In der ersten freien Minute mache ich die gewünschte Kommission. (Das befürchtete Mißverständnis wegen der Sendung könnte doch nicht aufkommen – wegen der Geringfügigkeit. Wenn überhaupt gedeutet, so nur als Aufmerksamkeit für Mm.)

Beiden die allerherzlichsten Grüße!

[auf der Bildseite:] Für alle Fälle – wenn erst auf der Rückfahrt von Hamburg dazugelangt – erbitte eine Karte *abzuholen* wo bloß steht: »dem Überbringer dieser Karte«, ohne meinen Namen.

15.-19. Hamburg Streits Hôtel

Heute, Mittwoch: »Timon«.

[846] T [Wien, 10.10.1928]   [Janowitz]

Dank für alle Güte. München noch unbestimmt. Innigsten Gruß

[847] T [Berlin, 13.10.1928]   [Davos-Platz, Ruheleben]

Mandat 31 postes Davosplatz ++ Karl Kraus vierzig Franken ++ Zahlbar bei dem Postbureau ++ kaufe Kakteen

[848] K [Hamburg, Palast-Hotel, 17.10.1928]

[Davos-Platz, Pension Ruheleben]

Vielen herzlichen Dank und die allerinnigsten Grüße von Deinem

K.

17. Okt.

heute Madame L'Archiduc

19. Pariser Leben
ab 20. Neustrelitz (Mecklenburg) postlagernd
ab 22. Berlin, Hotel Pr.A.
[auf der Bildseite:] wohne im [Palast-Hotel]

[849] T [Hamburg, 19.10.1928]   [Davos-Platz, Pension Ruheleben]

Ohne Sparen bitte flehentlich fortsetzen ++ Erforderliches mitteilen ++ Herzensgruß

[850] K [Neustrelitz,] 23.Okt.[1928]   [Davos-Platz, Pension Ruheleben]

Hier sind wir einmal durchgefahren. Viele innigste Grüße
                                                        Dein   K.
23. Okt.
    Ein entzückendes Theaterchen.

[851] T [Berlin, 25.10.1928]   [Davos-Platz, Pension Ruheleben]

Einverstanden ++ Brief erst heute Umwegen ++ bin Samstag
abend Sonntag wieder Hamburg Palasthotel ++ schreibe dorthin
express betreffend Arzt ++ bitte ausharren ++ innigst

[852] K Sargans, 2. Nov.[1928] ¼ 11 Uhr abends
                                [Davos-Platz, Pension Ruheleben]

Den innigsten Gruß sendet
                        K.

[853] T [Wien, 3.11.1928]   [Davos-Platz, Pension Ruheleben]

Gute Alleinfahrt ++ innigstes Gedenken.

[854] B [Wien, 21.11.1928]   [Davos-Platz, Pension Ruheleben]

Innigsten Gruß, eine Minute losgerissen von der furchtbaren
Arbeit, um ihn zu senden.
    Dank für beide lieben Briefe. Wie froh wäre ich heute oder
morgen zu lesen, daß das kleine Übel schon beseitigt ist.
    Zuerst hatte ich mich trotz banger Erwartung der ersten
Nachricht eigentlich gefreut, daß Dir die Zeit rascher vergeht,
als ich gefürchtet hatte. Denn ich wartete von etwa Montag

(Freitag war ich abgereist) bis *nächsten* Dienstag auf ein Zeichen. (Der Montag vorher war Feiertag). Und Dir kam die Zeit
so kurz vor! (Wie Du am Telephon sagtest.)

Wie glücklich bin ich von dem Lungenbefund!

Am 30. ist die 300.*Wr.* Vorlesung im *großen* Saal. Wie schade,
daß Du nicht am 29. und direkt nach Wien fahren kannst. Oder
geht es? Aber vielleicht zum *9.* Dezember: z. 1.Mal »die Briganten« von Offenbach. (Mittl. Saal).

In der argen Plage für den 30. – Arbeit so wie damals – sind
die kurzen Offenbach-Proben eine Erholung. Die Musik ist unbeschreiblich schön.

Bitte sag's ohneweiters, wenn Du noch etwas brauchst.

Das zweite Buch ist wohl angekommen

Innigst Dein   K.

[855]   T [Wien, 23.11.1928]   [Davos-Platz, Pension Ruheleben]

Dank gestrige menschlichste Karte ++ hoffentlich postgeschriebe-
ner Kartenbrief eingetroffen

[856]   T [Wien, 29.11.1928]   [Davos-Platz, Pension Ruheleben]

Glücklichste Reise der Befreiten ++ wenn schwerste Arbeit erlaubt Weihnachten Janovice ++ innigst.

[857]   B [Wien,] 13. Dez.[1928]   [Janowitz]

In größter Eile innigsten Gruß.

Leider ohne Nachricht (seit München)

Ob die Riesenarbeit (für den 1.Jänner) nebst zahnärztl. Behandlung Weihnachten ermöglicht, noch sehr unsicher.

Soll das Buch, das erst in 2-3 Monaten lieferbar ist (siehe Karte), bestellt werden? Oder hast Du es inzwischen bekommen?
In jenem Fall bitte ich es als verspätetes Weihnachtsgeschenk zu
betrachten.

Die innigsten Grüße an Dich und Ch.

Mein Weihnachtsgeschenk ist Deine Gesundung.

(*Vielleicht* ist es mir möglich statt Weihnachten am 5. oder 6.I.
durchreisend in J. zu sein; am 11.I. ist Uraufführung der Madame
L'Archiduc in Stendal bei Berlin, vorher Proben.)

Gegen die Auslieferung des Jugoslawen Mavrak. An den Justizminister ist, wie man uns mitteilt, folgende Zuschrift gerichtet worden:

Die Unterzeichneten, die den Fall des politischen Emigranten Mavrak kennengelernt haben, glauben sich verpflichtet, das Wort zu nehmen, und treten an das österreichische Justizministerium mit der Erwartung heran, es werde in einem der Fälle, wo die Erfüllung des Auslieferungsbegehrens aufs tiefste als Verletzung eines europäischen Begriffes der Menschlichkeit empfunden würde, diesem gerecht werden und jene verweigern.

Karl Kraus, Henri Barbusse.

Der Fall liegt, da die Anträge der beiden Gerichte bereits vorliegen, zur Entscheidung beim Justizministerium. Der Abgeordnete Austerlitz hat in der Debatte über den Justizetat im Budgetausschuß den Justizminister auf die Sache nachdrücklich aufmerksam gemacht; auch seither ist der Justizminister von sozialdemokratischen Abgeordneten wiederholt aufmerksam gemacht worden, daß diese Auslieferung ein schweres Unrecht und eine wahre Barbarei wäre.

In Indien sind Menschenleben billig!

Bombay, 12. Dezember. (Reuter.) Wie verlautet, haben streikende Spinnereiarbeiter die Polizei mit Steinen beworfen. Die Polizisten gaben zu ihrem Schutze Schüsse ab, wodurch, soweit bisher festgestellt werden konnte, drei Personen getötet wurden.

A. Z. Dec. '928

Beilage zu Nr. 857

[858]   B [Wien,] 14./15. Dez.[1928]   [Janowitz]

Innigsten Gruß!

[859]   T [Wien, 21.12.1928]   [Janowitz]

Wenn nicht absagen muß Montag zwei Uhr Beneschau.

[860]   K [Dortmund,] 15.I.[1929]   [Janowitz]

Wie geht's? Hoffentlich besser als mir auf dieser Hetzjagd!

Ab 20. wieder in Berlin (bis 25.), Hotel Prinz Albrecht Prinz Albrecht-Straße; dann wahrscheinlich München.

Madame L'Archiduc (am 12.) in Stendal war, mit rührender Bemühung, schön.

Viele innigste Grüße, auch an Ch. u. M.M.

von Deinem K.

[861]   B [Dortmund, Hôtel »Der Fürstenhof«, 18.1.1929]
    Kameny – Gruß

Karl Kraus für den literarischen Nobelpreis vorgeschlagen

Berlin, 6. November. (Telegramm der „Wiener Allgemeinen Zeitung".) Wie aus Paris gemeldet wird, ist der Wiener Schriftsteller Karl Kraus von einer Reihe Professoren der Universität Paris (Sorbonne) und des Collège de France für den literarischen Nobelpreis 1928 vorgeschlagen worden.

Beilage zu Nr. 861

[862]   K [Köln,] 19.I.[1929]   [Janowitz]

Viele innigste Grüße.

Eine tieftraurige Sache hat mich hieher geführt. Hoffentlich sehe ich Dich bald. Am 18. zum 3. Mal »Die Briganten« – da kommst Du doch?

(Nur für ein paar Stunden hier, um mit einer unglücklichen Mutter zu sprechen. Abends nach Berlin)

26. und 27. München

[auf der Bildseite:] Geburtsstadt Offenbachs und der Charlotte Wolter

[863]   K [Berlin, 22.1.1929]   [Janowitz]

Innigsten Gruß an Janowitz – Kameny!

München 26. 27. habe ich *absagen* müssen. Vielleicht finden Anfang März dort Vorträge statt.

Bleibe noch ein paar Tage in Berlin.

Dein K.

Hoffentlich ist morgen eine Nachricht von Dir da!

[864]   K [Berlin, Hotel Prinz Albrecht, 24.1.1929]   [Janowitz]

Innigsten Dank!

Ja, am 8. Altenbergfeier. Aber viel wichtiger wäre »Briganten« am 18. dM. also abgesagt.

Welches Buch ist das: »*D.* Buch L. der V.«? (Leben der Vögel?)

M.D. schrieb endlich an Frau H.K. so schön über Dich (hatte gehört, daß ich bei euch war).

Daß die P. eine solche Bestie ist, wäre wirklich keine Enttäuschung.

Allerherzlichste Grüße!

[865]   B [Wien,] 8./9.II [1929]   [Janowitz]

Innigsten Gruß und Dank für so liebe Worte.

Gewünschtes abgesandt.

Kommst Du auch zu dem – eingeschobenen – Termin vom 17.? Vorlesung aus Altenberg wiederholt, ohne die Grabrede, da die Feier als solche nicht wiederholt werden kann; und eigenes. (18.: Briganten)

Bitte gib Nachricht.

Freue mich jedenfalls herzlichst, Dich wiederzusehn.

Nr. jetzt: U 42422. Gewöhnlich ab ½ 6.

[866]   B [Wien,] 11./12.II [19]29   [Janowitz]

Innigsten Dank für liebe Karte.

17. war plötzlich eingeschoben.

Freue mich so sehr auf Dein Kommen und nach dem 18. wird auch Zeit sein. Aber wenn Du ahntest, in welchen Konflikt mich Dein in sonstigen Zeiten selbstverständlicher Wunsch bringt, daß ich zur Bahn komme. Denke nur: wenn der Zug – was doch jetzt sehr zu befürchten ist – Verspätung hat, eine, zwei Stunden, und ich müßte bei 20° im Bahnhof warten: die Folge wäre die Nötigung, für den 17. und 18. abzusagen, also auf eben das zu verzichten, wofür Du kommst. Ich weiß bestimmt, daß ich mich erkälte, d.h. noch weit mehr, als ich schon (und eigentlich immer) erkältet bin. Ich glaube, Du mußt Dich mit der Vorstellung der guten alten Zeit begnügen und Dir denken, daß in wärmeren Tagen auch kein Arbeitshindernis mich abhielte, zur Bahn zu kommen. Vielleicht läßt es sich – wir sprachen schon teleph. darüber – mit Ch. so arrangieren, daß er mich benachrichtigt, ob keine Verspätung oder wann der Zug eintrifft. Das ist aber nicht das Richtige, und besser, sich noch nachts zu sehen.

Allerherzlichste Grüße, an beide!

(Wirst Du den unbeschreiblichen Honig nicht vergessen? Doch wohl nur 1 Fläschchen möglich.)

[867]   B [München, Hotel Vier Jahreszeiten,] 4.III [1929]   [Janowitz]

In größter Eile Dank für die beiden lieben Karten.

Die allerherzlichsten Grüße Dir, Charlie und den Besuchern des Vogelhauses!

Dein   K.

[868]   B [Wien,] 11./12.III [1929]   [Janowitz]

München war außerordentlich. In größter Hast innigsten Dank für alle liebe Sorge und alle entzückenden Worte. Nur das von den 2 herausfordernd jüd. Gesichtern ist nicht gerecht, weil der Eindruck dem Wesen von Menschen, von denen ich weiß, daß sie für ihre Kunst leben, nicht entspricht. Wie könnte ein Zweifel obwalten, daß mir »Offenb. näher steht als K.«? Aber würde nicht das landläufige Antisemitentum, das doch tief unter dem geistigen Semitentum steht und gegen das ungeistige schmählich und feige unterliegt, nicht gerade den Gesichtszügen Offenb's. diesen Vorwurf machen? Ich weiß genau, daß *Du* es nicht so meinst, aber ich möchte nicht das Vorurteil dieses äußerlichen Eindrucks gegen einen jungen Menschen angewandt wissen, der nachweislich kein Handelsjud, also nicht um Noten andern Begriffs bemüht ist. Ob der *künstlerische* Mißeindruck berechtigt ist, kann ich nicht entscheiden. Sehr ernste Musiker sagen das Gegenteil. Aber manche urteilen wie Du (obschon Du ja bei der *Probe* einen guten Eindruck hattest). Die Situation ist sehr schwierig. Ich mußte froh sein, einen Ersatz für J. zu bekommen, dem es eben jene Instanzen, die von Rassenfeindschaft her über Posten gebieten und verfügen, unmöglich gemacht haben. Ein Umtausch wäre nur wieder gegen J. möglich, ist aber vorläufig *nicht* möglich, solange der neue Vorgesetzte sich zu dem Fall nicht gestellt hat. Ein Umtausch gegen M. wäre in *dieser* »Saison« eine Härte gegen K., die ihn direkt ruinieren würde; in der nächsten geht er ohnedies höchstwahrscheinlich von Wien in ein Engagement. Dann käme selbstverständlich M. in Frage, *wenn* J. weiter verhindert wäre. Maßgebend ist auch dann noch die Rücksicht auf J., der selbst K. gut gefunden hat. Dein Gefühl für diese Dinge ist mir natürlich über alle Fachbegutachtung hinaus wichtig für solche Berufung und Entscheidung; aber für die zwei oder drei oder 4 Vorlesungen in dieser »Saison« kann leider nichts geändert werden, abgesehen von den Proben, die wieder nötig wären. Ich weiß, daß manche wie Du empfinden, andere finden gerade wieder diese Begleitung richtig. *Ich muß* wirklich damit vorlieb nehmen, daß es, wie Du sagst – oder *wenn* es – »klappt«. Es »klappt« offenbar zu sehr, und ich wäre ja gewiß am frohesten, wenn die Katastrophe mit J. nicht eingetreten wäre. Man mag es auch beklagen, daß ich nicht damals (auf der Suche) auf den M. aufmerksam gemacht wurde. Aber wie könnte ich es *zunächst* ändern, und jetzt wo er mit so großer Arbeit die »Pr. v. Trapezunt« eingerichtet hat! Also innigsten Dank und wir haben umsympathische Gesichter gemeint, deren Eindruck wie jeder Eindruck berechtigt ist, wiewohl ich Dir versichern kann, daß selbst das unsympathische Gesicht an der *Arbeit* mir sympathisch wurde.

Mary D. hat mich heute angerufen.

Am 15. oder 16. reise ich ab (wohl via Passau); bitte wenn möglich noch um eine Zeile, die mich erreicht, wenn Du sie sofort schreibst: ich möchte wissen, daß Du meine Bedrängnis verstehst. Sonst Berlin Prinz Albrecht (für einen Tag), dann Hamburg Palasthotel – für diese Abende kann ich doch schon gar nichts ändern, und verglichen mit den dortigen Begleitern ist der K. sicher ein Rubinstein.

Wenn es mir irgendmöglich ist, komme ich auf der Rückreise, Ende März, für einen Tag nach dem immer ersehnten Janovice. Die innigsten Grüße euch beiden und nochmals Dank für Deine liebevolle Sorge wie für jedes geliebte Wort.

———

Warum ich das von den »Jüdischen Gesichtern« Dir sage? Weil ich selbst zwar ganz genau weiß, wie es gemeint ist, weil ich Dich aber für jedes andere Ohr, welches das Glück hat, *Deine* Stimme zu hören, verpflichten möchte auf die Abneigung gegen alles Mitteleuropäische, aus dem solche Formulierungen kommen und das Du doch so hassest wie ich selbst, mit einem Hasse, den ich an Dir lieben würde, wenn ich Dich sonst nicht liebte.

[869]   B [Wien,] 28./29.IV.[19]29   [Janowitz]

Mit den allerherzlichsten Wünschen für viel Freude an den Kakteen!

Brief abgesandt.

Hoffentlich 3.-8. Juni in Wien zum Offenbach-Zyklus, zu dem vielleicht auch neue alte Wunder: Fortunios Lied und die Insel Tulipatan dazukommen.

Viele Grüße an beide, leider in großer Hast.

Dein   K.

Agram ist doch zu weit etc.

Das Wort im Brief heißt »Märchenwesen« und ist wahr.

[870]   T [Wien, 26.5.1929]   [Prag, Karmelitzkagasse 24]

Morgen eins Hotel Steiner dann Piskacek

[871]   T [Wien, 2.7.1929]   [Janowitz]

Dank für alles ++ vielleicht Monatsmitte ++ größte Arbeit ++
herzlichst.

[872]   K [Lyon,] 16.VIII [1929] 10 Uhr abends   [Janowitz]

»Gönnt mir den Flug«: München (wohin gestern früh per Bahn)
– Zürich – Genf – Lyon, 2-7 Uhr.
    Viele herzliche Grüße
    Dir, Ch., MayMay, der es hoffentlich besser geht, und Dank
von Deinem   K.
    Aufenthalt noch unbestimmt.

[873]   K [Le Lavandou/Var,] 19.VIII.[1929]   [Janowitz]

Schattenlos, aber wunderschön.
    Viele herzliche Grüße Dir und allen Lieben (bis zu Tino)!
Wie gehts Maymay?
                    Dein K.
    Hôtel Provence
    Le Lavandou (Var)

[874]   K [Pardigon/Var] 31.VIII [1929]   [Janowitz]

Sind meine Karten angekommen? Erbitte Nachricht nach Wien.
    Dies hier ist wirklich der allerschönste Punkt. Und wie die
schönsten Punkte – hat er Petroleumbeleuchtung.
    Viele herzliche Grüße an alle. (Hoffentlich geht M.M. schon.)

[875]   T [Wien, 17.9.1929]   [Janowitz]

Unsicher Sidi. Anrufe drei Uhr U 42422.

[876]   B Berlin, 23.X.[1929]   [Janowitz; nachgesandt: Purgstall]

Vielen Dank für liebe Karte.
    Hatte wirklich nicht eine freie Sekunde: auf tollster Hetzjagd
zwischen Proben, Vorträgen und sonstiger Arbeit (diese vor allem

in Wien). Mußte über Passau fahren; hier am 14. eingetroffen.
Das an Freude und Verdruß Erlebte nur mündlich zu beschreiben.

Am 3. Nov. nachm. soll Wiederholung sein. Könntet ihr
nicht im Auto kommen?

Wann und ob Rückkehr nach Österreich möglich, läßt sich
derzeit nicht sagen.

Immer herzlichstes Gedenken,

viele Grüße beiden.

»Letzte Nacht« erst am 9. oder 16. Nov.

Hotel Hermes

Schiffbauerdamm

[877]   T [Berlin, 1.11.1929]   [Janowitz]

Aufführung verschoben ++ muß Sonntag Passau rückkehren ++
innigst.

[878]   T [Berlin, 24.12.1929]   [Janowitz]

Dankbarst gedenkend ++ innigste Wünsche euch Drei

Karl.

[879]   K [Le Lavandou, 13.2.1930]   [Janowitz]
Gillian und Max Lobkowicz und KK an SN

[KK:] Innigst   Karl
[Max und Gillian Lobkowicz:] Wishing you were both with us,
Love, Gillian, Max

[879]* K [Le Lavandou, 15.2.1930]   [Janowitz]
KK, Gillian und Max Lobkowicz an Karl Nádherný

[KK:] Viele Grüße Karl
[Gillian Lobkowicz:] Everything here is roasted & baked.
Gillian
[Max Lobkowicz:] Aber es gibt auch vin rosé. Herzlichst Max

[880]   B 2./3.III.[1930]

Immer gedenkend und dankend —— vor der Abreise nach Berlin
(Hotel Hermes) bitte um ein Wort, daß es dem lieben Charlie
wieder besser geht!
                     Immer Dein
                          K
Ich habe kein Couvert!
    P.S. Auch in Berlin wird den ganzen Monat März sicher keine
freie Minute sein. Ende März Prag (ab 26.) (?)
    9. März Berliner Rundfunk-*Aufführung* der Madame L'Archi-
duc. Vielleicht kannst Du es hören?

[881]   B Berlin, 7.III.[19]30   [Janowitz]

Innigste Grüße in größter Hast!
    Wie traurig ist das! Wir besprechen es. Es hat also Zeit, von
Wien aus (April) etwas zu unternehmen? Wenn *nicht,* sag es
mir.
    Immer Dein   K.
Viele Grüße auch an Ch. und MM.!

So ist der liebe Vorschlag der L.'s leider denn doch nicht annehmbar, ich lasse ihnen *herzlichst* danken und sie bestens grüßen. Bitte, schreib ihnen das gleich.

Vielen Dank Dir!

[882]   T [Berlin, 7.4.1930]   [Janowitz]

Liebes Opernglas besah Ungestrichenes ++ jedoch trotz interessantem Dirigieren Unerfreuliches ++ innigst.

[883]   B 27./28.IV.[1930]

Innigsten Dank für die lieben Zeilen. Für 3 Karten unter dem Namen N. bei W. reserviert; wenigstens wurde sofort geschrieben.

Am besten, am 2. Mai gegen 5 Uhr (½ 6) Hotel Steiner. Ich komme aus Berlin dorthin, im letzten Augenblick, es ist also beim allerbesten Willen nicht möglich, nach J., wohin ich mich sehne, zu fahren. Leider auf dem Rückweg auch nicht, da ich am *4.* in Wien sein *muß.* (Wegen des Termins vom *5.*) Aber wir besprechen alles und am 3. habe ich den Tag für Dich frei. Sollte ich wider Erwarten am 29. April, morgen, nicht nach Berlin müssen, so telegraphiere ich, daß ich nach J. komme.

Allerherzlichst, in größter Eile, viele Grüße an Dich und Ch.

von Deinem

K.

Wenn man spät nachts am 2. nach J. fahren könnte und am 3. zurück, gienge es ja. Aber das wäre doch eine zu große Anstrengung für Dich und alle.

[884]   T [Berlin, 30.4.1930]

Wenn dritten erst nach Mitternacht gern Janovice ++ Herzlichst.

[885]   B [Wien,] 23. Mai [1930]   [Janowitz]

Liebste, allerbesten Dank für Deine Mitteilung. Wir wollen darüber eventuell Pfingstmontag in Janovice sprechen. Könnte ich da kommen? Von Prag geholt werden? Dienstag muß ich in

Wien sein, aber wohl schon nachmittag (vorm. nach Prag, um von dort zu fliegen).

Bitte schreib Berlin Hotel Hermes, Schiffbauerdamm, wo ich Montag mittag eintreffe.

Das Geld für Maymays Behandlung wird rechtzeitig gesandt werden. Hoffentlich ist Ch. ganz hergestellt. Viele innige Grüße euch beiden

von   K.

[886]   T [Wien, 6.6.1930]   [Janowitz]

Abreise morgen abends ++ treffe Montag Lavandou ++ Herzensdank liebsten Brief. ++ Innigsten Wunsch Besserung Charlie Katherine.

Kameny.

[887]   T [Potštejn, 7.6.1930]   [Janowitz]

Ankomme morgen Sonntag Benešov 1541 ++ innigst

Karl

[888]   T [Flugfeld Aspern, 10.6.1930]   [Roudnice]

90 Minuten ++ Gruß allen innigst

[889]   B [Wien,] 25./26. Juni [1930]   [Janowitz]

Innigsten Dank für Brief aus R. und Karte aus J., auf die ich immer wegen der Schallplatten gewartet habe. Hätte ich Dich *hören sehen* können! Aber so schön wäre es nicht gewesen wie damals beim Schubert-Lied, wo ich nichts hörte und nur Dich sah. Unvergeßlich schön!

Ich fahre wohl schon dieser Tage. M.D. bittet sehr (via Potštejn) daß ich mich auf der Fahrt nach Südfrankreich in Nyon ein wenig aufhalte. Ich weiß noch nicht, ob's ausgehen wird. Aber so würde ich das Haus sehen, wo Du gewohnt hast.

Alle innigsten Wünsche für die Reise, Dir und der lieben M., allen, auch Ch. die schönsten Grüße!

Dein   K.

[890]   B [Genf, Brasserie Genevoise] 1. Juli [19]30   [Köln]

Ich habe also in Janovice gefrühstückt und jause in Genf. Das hat's bestimmt noch nie zuvor gegeben. M. teleph. gesprochen (vom Hotel des Bergues aus, wo das Flugauto landet), treffe sie erst spät abends hier, (Café du Nord) und wir fahren dann nach Nyon.

In München nur durch Zufall einen Platz zur Weiterfahrt erhalten. Einer mußte neben dem Piloten sitzen (bis Zürich), ich, an bessere Führernachbarschaft gewöhnt, machte mich zu diesem Dienst erbötig, da niemand anderer wollte. Es war spannend, aber heiß. (Ich konnte und durfte mich nicht rühren.) Der »Ritt über den Bodensee« war ein Flug über denselben. Der Pilot hat, wiewohl er vor mindestens vierzig geheimnisvollen Mechanismen sitzt und von solchen auch umgeben ist, viel weniger zu tun als der Chauffeur. Er tut eigentlich gar nichts, tut nur so. Es war unheimlich, daß die (3 motorige) Maschine nur von einem Piloten geführt wurde, und vollends, daß ich der zweite war. Während ich Dir dies schreibe, begibt sich ein großartiges Gewitter. Hoffentlich ist für uns beide nicht die wolkenlose Zeit vorbei. Jetzt dürftest Du schon auf deutschem Boden sein. Ich glaube euch vormittag südwestlich von Prag gesehen zu haben: das einzige, unwahrscheinlich winzige Auto, das ich wahrnehmen konnte, und ich stellte mir gern vor, daß es das eure war, und machte – anders als besprochen – eine segnende Gebärde.

Die wenigen Stunden in Janovice waren eine große Freude. Ich schreibe Dir das, weil ich seit einem Jahr die erste freie habe. Alles erdenklich Schöne Dir und der lieben M.M. von Deinem
       K.
Bitte, werde mein Pilot!

(das ist im wahren Sinne ein Avancement. In zwei Jahren wird man vom Park in Jan. starten können. Aber die Menschheit erkauft diesen Fortschritt im Technischen mit zunehmender Dummheit, von der ich auch heute im Flug Beweise empfangen habe.)

[891]   K [Nyon, l'Ermitage] 2.VII.[1930]   [Janowitz; nachgesandt: Köln]
Mary Dobrženský und KK an SN

[Mary Dobrženský:] Viele herzliche Grüsse! Nach 10 Jahren
wieder hier zurück —— es ist jetzt so herrlich im See zu baden.
Alles Gute für Deine Reise und viel Liebes Dir und Miss
Cooney von Mary
[KK:] Wirklich wunderschön.
Allerherzlichst
                              K.
(heute hier Brief von M.L. nachgesandt erhalten!)

[892]   K [Vallorbe,] 6. Juli [1930]   [Liverpool]

Bei Hagelwetter hier eingetroffen – nun scheint die Sonne. Doch
wo ist der kleine Opel?
      Viele innigste Grüße beiden und Dank für l. Karte.
                                                K.
Cavalaire (Var) poste rest.
Morgen nach Marseille

[893]   K Cavalaire (Var) France 16. Juli [1930] poste restante
                              [Killarney/Irland; nachgesandt: Bantry]

Vielen Dank für liebe Karte aus Holland mit der Beschreibung
von Ihm.
      Seit dem 8. hier. Wunderbar, aber nur bis 1. August zwei
Zimmer. (Vielleicht wieder September.) Da ist es wohl richtiger,
die Max-Kombination zu vermeiden.
      Seit 14. H.K. hier.
      Die allerbesten Gedanken für Deine Fahrt und schönsten
Gruß auch der lieben M.M.
      Könntest Du ab 1. Sept. hier sein? Es ist unbeschreiblich.
      Wohne in einem kl. Hause im Pinienwald und am Meer; links
vom Schauplatz der Karte.
      Es hat förmlich gewartet. Sonst ist nichts zu haben.
[auf der Bildseite Pfeil auf einen Herrn im Bademantel:] Das bin
ich aber nicht!

[894]   K [Cavalaire,] 21.VII.[1930] [Cook City; nachgesandt: Birmingham]

Vielen Dank für die l. Karte aus Dublin und die allerherzlichsten Grüße Dir und M.M.

Die Herrlichkeit hier hat am 1. ein Ende. Dann wohl über Paris nach Arosa (Schweiz), dann Berlin.

Natürlich war es, vom Gewittertag abgesehen, nicht unser Vallorbe, und nicht unser Lac de Joux, überdies alles auch baulich sehr verändert und entstellt.

(Cavalaire (Var)) poste restante

P.S. Ich kann mich nicht entschließen, durch Ch. die Sache M. zu entrieren. Hier ist absolut nichts zu haben.

[894]*   [Aberystwyth,] 25.7.[19]30   [Cavalaire, Poste restante]
SN und Mary Cooney an KK

[SN:] Vielen Dank für l. Karte nach Kill., bin so glücklich, dass Du es so schön hast, aber wie schade, dass nur bis zum 1.8. Was machst Du dann? Ich denke etwa am 10. zu hause zu sein. Am 7. Sept. aber muss ich auf die 10 Tage mit M.M. nach Gera. Weiss also nicht, ob u. wann ich Cavalaire sehen kann. Sind seit heute wieder in England, ein Tag am Meer, dann morgen nach Birmingham zu M.-M.s Bruder. Die 14 Tage in Irland waren wunderschön u. der kleine Opel eine [?] einzige [?] Freude, nicht einmal Pneu-Defekt. Innigst

S.

Verlassen Birmingham am 1. Leider verlässt uns Diener Max.
[Mary Cooney:] Love M-M.

[895]   K St.Tropez, 1. August [1930]   [Janowitz; bitte nachsenden]

Hier l. Karte aus Birmingham nachgesandt erhalten. Seit gestern hier (mit Ray's), wahrscheinlich nur bis morgen, dann für 1 – 2 Tage nach dem unvergeßlichen Cavalaire zurück.

Wenn möglich, würde am 12. od. 13. für ein paar Tage kommen. (Bitte schreibe nach Wien)

Viele herzl. Grüße Dir, M.M. und Charlie

von D.

K.

[896]   K Paris, 11. Aug [1930]   [Janowitz]

In großer Eile

Viele innigste Grüße, aus Paris, wo ich mich wenige Tage auf-
gehalten habe. Leider geht es nicht mit der Absicht, *jetzt* nach
Janowitz zu kommen, da ich nach *Wien* muss und dann gleich,
ohne Unterbrechung der Reise (Flug) Berlin mache. Aber *Ende*
August bzw. *Anfang Sept.* komme ich. Bis dahin alles Liebe von
Deinem

   K.

Hoffentlich war eure [!] Fahrt bis zum Endpunkt schön.

[897]   T [Berlin, 24.8.1930]   [Janowitz]

Verständiget auch Max Niny ++ 26 Trapezunt ++ vielleicht 29 Prag.
Herzlichst.

[898]   K [Berlin, Hotel Hermes, 28.8.1930]   [Janowitz]

Vielen Dank und die innigsten Grüße.

Wahrscheinlich morgen, 29., nach Eisenberg, aber noch nicht
sicher; ich warte Telephonanruf von M. ab.

Bitte erkundigt Euch jedenfalls, ob ich dort bin. Könnte leider nicht lange bleiben.

                Allerherzlichst   K.

[899]   K [Berlin, Hotel Hermes,] 6.X [1930]   [Janowitz]

Ich muß noch für die lieben Karten aus Gera danken und sagen,
wie sehr ich mich wegen Maymay und Tino gefreut habe. (Diesen
betreffende Nachricht hatte ich längst erwartet, da sie mir (in
Prag) zugesagt worden war.)

Die Arbeit seit unserem Zusammensein ist unvorstellbar; nun
seit dem 29. hier. Bald zurück über Passau. Mit dem Fliegen ist's
ja doch nun wohl aus. – Änderung für Prag:

29. Seufzerbrücke, 30. Wintermärchen, 31. Saragossa.

Die allerherzlichsten Grüße an alle. Insbesondere an Ch.,
dem es hoffentlich gut geht. Bitte auch viele Grüße und vielen
Dank Nini für lieben Brief. Erbitte noch hieher Nachricht (wenn
sogleich möglich)

[900]   K [Berlin, Hotel Hermes,] 4. Nov.[1930]   [Janowitz]

Was die Menschen einander antun! Wie kommt er dazu, sie noch im Vortragssaal suchen zu lassen und so zu allarmieren? Bitte grüße N.

Hat Ch. also noch den Band VI oder *nur bis VI exkl.*? (Sendung des andern veranlaßt).

Wiedersehen natürlich so bald wie nur *irgend*möglich; nur noch nicht zu bestimmen. Gestern sagte mir eine Hellseherin alles so als ob sie gewußt hätte, wem sie es sagte. Das läßt sich nur mündlich erzählen. Bitte grüße Ch. und alles und gib Nachricht, ob Du diesmal das Schreiben erhältst. 13. soll um ½ 9 sein.

Innigst, wie immer (und immer mehr),   K.

Bitte teile Max, wenn Du ihm schreibst, mit, daß die Tagebücher betr. Goethe: Napoleon sehr wertvoll sind und ich ihm danke.

[901]   T [Berlin, 12.11.1930]   [Janowitz]

Auch angeschlossen Leipzig Königsberg ++ ausprobiert Wellenlängen schon bei Tage. Herzlichst.

[902]   K [Berlin, Hotel Hermes, 25.11.1930]   [Janowitz;
                                    nachgesandt: Purgstall]

Viele innigste Grüße, auch an Ch.

Leider lange nichts gehört.

Bin seit Samstag (bis Samstag) hier. Bitte *nicht* zu versäumen: Freitag 28. 8 Uhr ungewöhnlich gute Aufführung »Schwätzerin von Saragossa« Berlin – Königswusterhausen – Breslau – Leipzig – Königsberg. (Ganz besonders gut Beatrice (Hussa), auch Roland, Sarmiento und Alkalde.) Orchester: Mittler. Wie schade, daß ich mich nicht in J. aufhalten kann; aber ich muß Sonntag wieder in Wien sein. Wie geht's Dir?

Allerherzlichst   K.

[903]   T [Wien, 15.12.1930]   [Janowitz]

Bedaure innigst ++ hoffentlich gesund ++ kommt ihr ersten ++ Herzlichst.

[904]   T [31.12.1930]   [Janowitz]

Innigsten Dank ++ tausend treue Grüße und allerherzlichste
Wünsche für alle.

1931

Allerinnigste Grüße Dir und allen, in größter Hast. Reise heute
Berlin, Hotel Hermes. Bitte um eine Zeile, ob lieber 17., 18.
oder 19. Prag oder Janovice Wiedersehen möglich. Wenn nicht,
bestimmt im März!

15. abends Sendung der »Perichole«.

Dank für l. Karte aus London!

Die Nachricht hat mich sehr betrübt. Natürlich wäre an dem
Tage vor der Aufführung und am Tag der Aufführung wenig
Zeit, aber doch tags darauf etc. Und gewiß auch sonst, wenn wir
in demselben Hotel wohnen. Würde mich riesig freuen. Frau K.
könnte ich vorher natürlich auch kaum sehen.

Die Aufführung soll nun am *27.* stattfinden (statt 21., dann 24.)
Ich würde, wenn wieder verschoben, telegraphieren, falls ihr
kommen wollt. Am 11. reise ich nach Berlin.

Ein *materielles* Hindernis hat nicht zu bestehen! Wie soll ich
das mit Ch. nun machen? Würde mich so sehr freuen, wenn er
käme! Aber auch wenn ich ihm das direkt schreibe, kann er
doch glauben, daß es Dein Vorschlag sei. Bitte sage ihm doch
einfach, daß *ich beide* einlade. Für *Bahn* und *Aufenthalt.* Sollte
es aus irgendwelchen Gründen doch nicht gehen – vielleicht
auch wegen dieser gräßlichen Theaterunsicherheit, die einen bis
zum letzten Tag nicht wissen läßt, ob eine Aufführung stattfindet –, so hoffe ich sehr, zu Ostern kommen zu können.

Wenn ich aber keine Verschiebung mitteile und ihr etwa am
Tag vor der Aufführung Hotel Hermes kommen wollt, gib
Nachricht, damit ich Zimmer bestelle. Du machst Dir von der
Arbeit keine Vorstellung. *Gerade* weil der *Schreibtisch nicht
verlassen wird.*

Was ist nun mit der armen Niny? Chl. sagte, es gehe nicht
gut. Hoffentlich doch schon die Gefahr vorbei.

Innigste Grüße allen und besonders Dir, nach der ich mich sehne.

(Am 10. Dresden Uraufführung eines Liederzyklus »Worte in Versen« von Křenek. Da sollten wir jedenfalls dabei sein.)

Am 23. Berlin Rundfunk »Pariser Leben«.

[907]   B [Berlin, Hotel Hermes,] 14. Febr.[1931]   [Janowitz]

in größter Eile

Liebstes

Am 17. kann ich wahrscheinlich doch noch nicht in Prag sein. Wenn wider Erwarten *ja*, so werde ich anrufen. In der unvorstellbaren Hetzjagd von damals hätte ich wirklich nicht eine Minute für M.M. aufgebracht. Ob März in Janowitz gehen wird, weiß ich leider noch nicht, da ich am 9. schon zu den Proben nach Berlin fahren muß und bis dahin in Wien sehr viel zu tun habe. Aber daß *Du* in *Berlin* der Aufführung beiwohnen wirst, daran zweifle ich nicht, das werden wir schon bewerkstelligen.

Bitte nicht zu Niny zu gehen, das ist sehr gefährlich (für den Kranken wohl *nicht* entstellend.) *Innigste* Grüße und Wünsche für sie, bitte gib Nachricht, wie es ihr geht.

Wie schrecklich auch das mit Janovice. Hier für die Pflanzenfreunde.

Aller-allerherzlichst, viele Grüße Dir u. Charlie, auch M.M.

von Deinem   K.

Breslau 14., 15., 16., 18. Willst Du da auch mitkommen?

(Pariser Leben, Perichole, Traumstück und Worte in Versen, Lear)

[908]   B [Berlin, Hotel Hermes,] 19. Febr.[1931]   [Janowitz]

Liebste, innigsten Dank in Eile.

Bitte, sage Ch. daß es mich selbstverständlich *sehr* freuen wird, *wenn er mitkommt.* Mit der gemeinsamen Rückfahrt wird es kaum gehen, da am *23.* März Sendung von »Pariser Leben« stattfinden soll. Die Premiere von »Perichole« in der Staatsoper – deren Sendung im Rundfunk den bisher größten Erfolg hatte – ist *fast* (aber noch nicht ganz) *sicher* am *21. März.* Es wird zu schön sein, Dich dabei zu haben! Nur wird viel Arbeit und Hetzjagd

in den von Dir projektierten (nur) 2-3 Tagen Berlin sein, hauptsächlich da gleichzeitig »Pariser Leben« im Rundfunk einstudiert wird. »Perichole« in Prag wird sich kaum anschließend
durchführen lassen, wohl erst im April oder Mai. Die gemeinsame Rückfahrt (mit Raudnitz) dürfte auch aus dem Grunde
nicht erfolgen können, weil möglicherweise sich an Berlin die
Veranstaltungen in Frankfurt (»Die Unüberwindlichen«) und
Düsseldorf (Perichole, Dirigent Horenstein) anschließen. Ich
bin – leider Gottseidank – vom Schreibtisch ganz entrückt, da ich
mich nun einmal in den »Strudel Strudel gestürzt« habe. Aber
Perichole in der Staatsoper – die Proben haben schon begonnen –
ist für die Offenbach-Renaissance ungeheuer wichtig. Es ist
sehr bedauerlich, daß sie die Titelrolle nicht mit der herrlichen
Tschechin Novotna besetzt haben, aber sie spricht wohl zu hart.
Ich freue mich an Deiner Blumenfreude. Bitte grüße Niny allerbestens und danke ihr für die telegraphische Antwort.

Samstag 21. Februar, übermorgen, bin ich wieder in Wien, wo
ich, arbeitend, bis 8. oder 9. bleibe, dann bis 14. Berlin, bis 19.
Breslau (wenn nicht anderes mitteile, Nordhotel), dann Berlin
etc. Werdet ihr im Hotel Hermes wohnen oder in einer Pension.
Wohl das erste, wegen besserer Gelegenheit sich zwischen all
der Arbeit zu sehen. Allerherzlichst, immer in Gedanken bei
Dir,

Dein K.

Am 18. März Breslau lese ich wahrscheinlich im dortigen Rund-
funk »Das Notwendige und das Überflüssige«. Mit Deinen
Vorschlägen natürlich ganz einverstanden. (Auch wegen Charlie).
Es dürfte noch Frau H.K. aus Wien kommen.

Wenn es sich *irgend* einrichten läßt, käme ich Ostern nach J.

Der Mann nach dem Konzert hat ganz recht gehabt, aber es
war doch gut, ein Taxi zu nehmen.

Hast Du die Ausschnitte in London bekommen? Die Bestätigung meiner Ahnung, daß der Affenführer unser Fall ist? (nebst
der Frankfurter Zeitung betreffend Perichole).

Das mit Chuchelna ist rätselhaft. Der Brief war am 14. nach
10 Uhr abends aufgegeben; daß er am 16. früh trotz dem Umweg in Janovice war, ist eher erstaunlich.

[909]   T [Berlin, 20.3.1931]   [Janowitz]

Beider Kommen beglückend ++ unsicherer Termin verzögerte
Antwort ++ verzeih ++ gebe noch Nachricht ++ hoffe doch Aufführung 27. ++ Innigst

[910]   T [Berlin, 25.3.1931]   [Janowitz]

Natürlich sehnlichst erwartet ++ Aufführung Freitag 27. ++ Ab-
hole Donnerstag halbelf wenn nicht andere Nachricht ++ Zimmer
reserviert.

[911]   T [Berlin, 30.3.1931]   [Ausrufen Prager Schnellzug
                                   11 Uhr 12 dritter Klasse Dresden]

Herzensdank für Euer Kommen ++ Freude auf Janowitz

[912]   T [Berlin, 30.3.1931]   [Janowitz]

Tief erschüttert ++ nicht begreifend Abschied unversiegbarer
Quelle ++ bloß bedrückendste Komplikation aus der noch ah-
nungslos Wunsch [Mitnahme] Janovice äußerte ++ alles wird
Samstag begreiflich ++ auch Nichtbegleitung Hotel ++ dies bloß
wegen Hilfeleistung ++ eigens für nochmaliges Sehen gewacht ++
Erbitte gutes Wort

[913]   T [Berlin, 30.3.1931]   [Janowitz]

Tragisches Mißverständnis ++ offenbar verworrener Ausdruck ++
Schuld aus Erschöpfung nach Grässlichem. Nie wollte für mich
bloß einen Tag unveränderte Zuflucht ++ alles andere satt ++ wie
tief bedaure Gefühl auf Fahrt ++ ersehne Aufklärung Samstag.

[914]   K Prag, 11.IV.[1931] 11 Uhr   [Janowitz]

Flugplatz (Postamt)
    Wollte anrufen. Leider nicht mehr gelungen.
    Wie schade, daß Max nicht Berlin telegraphiert hat.
    Alles hoffentlich bald mündlich.(Viel Verdrießliches.)
    Die innigsten Grüße Dir und Ch.
    Wäre zu gern gekommen, aber Max sagte, daß ihr nicht allein
seid.

(Hatte vorangemeldet. Nun muß ich einsteigen und habe liebe Stimme nicht gehört.)

[915] K Prag 29.[4.1931] 1 Uhr   [Janowitz]

Flugplatz Prag.

In Berlin für ein paar Tage wegen meiner Prinzessin. Werde telephonisch fragen, ob und wann wir uns in *Janovice* oder Prag (Kbely?) sehen können. Freue mich innigst.

Viele Grüße allen

K.

3. oder 4. Mai.

[916] K [Berlin, Hotel Hermes, 24.5.1931]   [Usella]

Innigsten Dank! Heute Freitag von Wien nach Prag telephoniert, da keine Nachricht hatte; mit Maymay gesprochen. Sie sagte, daß Gera wegen des Sonntags verschoben sei und Du nach Usella gereist. In Berlin fand ich, als ich Samstag abends eintraf, den lieben Brief. Heute kam die Karte. Ich komme *vielleicht* am 30. für einen Tag nach Janovice, wenn Prager Vorlesung 1. oder 2. Juni zustandekommt.

Jedenfalls nachher. Wenn nicht stattfindet (sondern erst im Herbst), komme ich 30. oder 1. für zwei, drei Tage. Bin hier bis 28. 29. bin ich in Mährisch-Ostrau. Die allerherzlichsten Grüße und Wünsche von Deinem   K.

[917] K [Hadersdorf,] Freitag [5.6.1931] ½ 6 Uhr   [Janowitz]

Innigsten Dank!

Das mit dem Motor ist doch das höchste Glück im Unglück.

In das Bad der Kindheit gefahren und gleich »Schwimmmeisterstimme« gehört (»Jugend«).

Viele Grüße auch an Ch., M.M. und die allerschönsten Wünsche für die Reise!

D.K.

Bitte auch Max und Gillian Grüße.

[auf der Bildseite:] Flug dauerte 1 St. 20 Min.

[918]   K [Prag,] 2. Juli [1931]   [Janowitz]

Fahre jetzt für 1 Tag Potstejn, werde von dort oder Prag teleph.
oder telegraphieren, wann ich – leider nur für kurze Zeit – komme.
   Hoffe Mitte Juli wiederzukommen.
   Viele innigste Grüße
                        K.

[919]   T [20.7.1931]   [Janowitz]

Ersehne Nachricht wie es geht ++ ob bald besuchen kann.

[920]   T [25.7.1931]   [Janowitz]

Telegramm leider unklar ++ könnte ich zwischen 28 und 30 dort
sein. ++ Innigst

[921]   T [4.8.1931]   [Janowitz]

In dankbarstem Gedenken alles Schönen ++ Grüße beiden und
allen.

[922]   K [Jenbach,] 14.[8.1931]   [Prag, Karmelitzkagasse 24]

[auf der Bildseite:] Allerinnigste Grüße! Fahre heute (via München) Cavalaire (Var) poste restante.
   Hier immer schlechtes Wetter, daher gute Arbeit: Vert-Vert
fertig, (war Samstag 8. abends hier eingetroffen)
   [mit Pfeil auf das Hotel Achensee:] (hier gewohnt)

[923]   K [Cavalaire, 19.8.1931]   [Janowitz;
                               nachgesandt: Prag, Karmelitzkagasse 24]

Nach drei Tagen München gestern, 18. früh hier. Unbeschreib-
lich schön.
   Wie gern hätte ich Dich (u. Ch.) hier!
   Viele innigste Grüße
   K
   Cavalaire (Var)
   poste restante
   [auf der Bildseite:] wohne, wo Pfeil endet.

[924]   T [Cavalaire, 21.8.1931]   [Prag]

Tiefster Anteil ++ allerinnigste Wünsche

[925]   B Cavalaire (Var) *poste restante* 21. August [1931], nachmittag
                                              [Prag, Karmelitzkagasse 24]

Liebste! So ahnungslos wünschte ich euch hieher, wo es sicher
noch schöner ist als in Honolulu, wenngleich nicht so schön wie
am winzigen Bad in Deinem geliebten Park, und nun erhalte ich
heute die niederschmetternde Nachricht, daß und warum Du
ihn verlassen mußtest. Ich habe sogleich telegraphiert, aber in
der Verwirrung (und dem Gedränge des kleinen Postamtes) die
Frage vergessen, ob Du meinen Beistand wünschest und ob ich
sofort nach Prag kommen soll, was ich natürlich trotz fester
Miethe und der Möglichkeit vollkommener Erholung von Herzen gern täte. Bitte, wenn Du diesen Wunsch hast, telegraphiere
sogleich! Ich hoffe aber fest, daß es dem lieben Charlie schon
gut geht. Du mußt ihm meine innigste Teilnahme und die allerherzlichsten Wünsche und Grüße übermitteln. Sein altes Leiden
kam offenbar davon und wird nun hoffentlich ganz behoben
sein. Bitte, bitte gebt sogleich und möglichst oft Nachricht.
Wenn man nur von hier telephonieren könnte! Mein Telegramm aus Wien scheinst Du nicht erhalten zu haben. Die Karte
aus Achensee, wo es entsetzlich kalt war, ist nun bestätigt. Nach
2 ½ Tagen München flog ich nach Genf und fuhr dann sogleich
per Bahn nach Toulon, von dort mit Autocar nach Le Lavandou, wo ich vergebens Zimmer suchte. Nach einer Stunde fuhr
ich nach Cavalaire, wo zufällig das letzte und sicher allerschönste Quartier frei war, d.h. nach zwei Nächten im Hotel Sur mer
seit gestern in einer prachtvollen Villa (sie heißt: Doux exïl), die
mit dem Hotel zusammenhängt. Wenn Du jetzt nicht durch so
traurige Umstände verhindert wärest, müßtest Du Dir das ansehen. Jedenfalls aber komme ich, wenn Du es willst, Anfang Sept.
zu euch nach Janovice. Bitte grüße auch die liebe M. M.
   Mit allen Gedanken bei Dir und Charlie
                                              Dein K.

Mlle. Goblot ist mit ihrer Mutter hier, beide leidend. Heute der merkwürdigste Himmel, zur Hälfte paradiesisches Blau, zur Hälfte gelb wie vor dem Weltuntergang. (Von einem großen Brand)

Bitte gib sogleich Nachricht, wenn Du welchen Wunsch immer hast.

Immer wieder muß ich die Stelle Deiner Karte ansehen, wo Du von Zittern und Blässe schreibst. Das war am Montag, als ich von München gieng. Wenn Du vorher nach Wien telegraphiert hättest, wär ich von München nach Prag geflogen. Jetzt bin ich voll Unruhe und ersehne baldige gute Nachricht.

[926]   T [Cavalaire, 25.8.1931]   [Prag, Karmelitzkagasse 24]

Bitte kaufen ++ wann Zahlung nötig ++ Innigst

[927]   T [Cavalaire, 31.8.1931]   [Prag, Karmelitzkagasse 24]

Konsterniert ++ bitte Nachricht ++ Abreise morgen mittag eventuell direkt Prague ++ sonst kurze Aufenthalte Locarno restante ++ Munique Jahreszeiten

[928]   K [Marseille,] 1. Sept. [1931]   ½ 2 Uhr [Prag, Karmelitzkagasse 24]

Sitze ganz verzweifelt hier (in Pause Autocar), weil ohne Antwort auf gestriges Telegramm, das sofort nach trauriger Karte (datiert Mittwoch) absandte. (Ich jagte zahllose Male im letzten Moment zur Post.) Habe nächste Abreisegelegenheit genommen. Ev. Telegramm dirigiert Marseille Terminus, wo nachfragen werde. Fahre nachts Genf. (Weiß nicht, wie es mit den Anschlüssen steht.) Denke an nicht anderes als an euch und Dich. Ersehne von ganzem Herzen bessere Nachricht.

Immer Dein!   K

Treffe nach 6 Uhr Marseille ein, wo mit Herzklopfen Nachricht erwarte. Fahre Locarno posterestante, dann München 4 Jahreszeiten *oder direkt Prag.* Das hängt von Deinem sehnsüchtig erwarteten Telegramm ab.

Nachtrag. Marseille. Kein Telegramm! Du hast wohl nach Locarno telegr. Glaub mir, daß ich seit gestern keine glückliche Sekunde habe. Wenn in Genf am selben Tag Flugmöglichkeit, komme ich direkt. Bin ganz bestürzt.

[929]   T [Zürich, 2.9.1931]   [Prag, Karmelitzkagasse 24]

Genf telephonierte Locarno ++ übernachte Zürich Viktoria ++ fliege früh Donnerstag 12,40 Kbely ++ dann Hotel ++ ganz bei Dir

[930]   B Janowitz, 10. Sept.[1931]   [Prag, Karmelitzkagasse 24]

Nach dem Telephongespräch mit Dir brach der erste warme
Sonnenstrahl durch. Deine Nachrichten machen mich glücklich,
denn ich trug die ganze Zeit mehr als meinen Kummer, weil
Deinen ganz dazu. Wie merkwürdig, daß wir den ersten und
einzigen ganz wolkenlosen Tag in Janowitz erlangt hatten. Von
den Hunden wollte ich sagen, daß sie, entfernt von einander,
dalagen wie die leibhaftige Resignation: trauernde Löwen eines
Heldendenkmals. Nach langer Zeit wurde Tino durch einen
Schußlärm oder dergleichen Geräusch aufgestört und lief aus
dem Hof in den Park. Heute habe ich sie kaum gesehen. Es ist,
»vorwiegend trüb«, nur jetzt, wie gesagt, nachdem ich Deine
Stimme und die gute Nachricht gehört, erhellt es sich. Die alte
Frau im Wagen gefiel mir ausnehmend gut. Dir, dem lieben Ch.
und allen die innigsten Grüße und Wünsche
      von Deinem
            Herrn auf Janowitz
            (Nicht verwandt mit dem schlesischen Grafengeschlecht)

[931]   K [Berlin, Hotel Hermes] 15. Sept.[1931] ¾ 9
                                                [Prag, Karmelitzkagasse 24]

nach dem Telephongespräch.
   Nun bin ich doch wieder etwas froher. Es war beklemmend
u. quälend, so wegzufahren und ich wollte im letzten Moment
noch umkehren. Ich konnte es mir gar nicht erklären. Hatte mit
der Schwester N. lange gesprochen und immer wieder gesagt,
daß Du auf den Anruf bis 12 ¼ warten wolltest. Wie schön ist
es, Dich jetzt gehört zu haben!
   Innigst, immer bei Dir   K.
   Ich wollte aus Dresden anrufen, es wäre aber nicht genug Zeit
gewesen, zu warten. Innigste Wünsche für den Janowitzer Tag!
   (Ich friere.)

[932]   T [Berlin, 18.9.1931]   [Prag, Karmelitzkagasse 24]

Ersehne den Ruf jetzt und ewig Teuerste bei Dir und in liebendstem Andenken vereint zu sein

[933]   T [Berlin, 20.9.1931]   [Janowitz]

Ewig werde ich mit Dir und für Dich denken.

[934]   T [Prag, 22.9.1931]   [Janowitz]

Vier zwanzig ++ bitte nicht anstrengen ++ Ludwig schicken.

[935]   T [25.9.1931]   [Janowitz]

Mitteilet ob gut angelangt und gesund. ++ Treuestes Gedenken
auch Maymay Niny.

[936]   K Kbely, Freitag [10.10.1931] 12 Uhr   [Janowitz]

(ohne geschlafen zu haben)
    So nah! Wie schade!
    Sende auch die schönsten Grüße in immerwährendem Ge-
denken
    Hoffentlich kommt Cricri!
    Bitte schreib Hermes; ab 22. wahrscheinlich *(wenn nicht an-*
ders mitteile) Leipzig Hotel Kaiserhof   Innigst

[937]   B [Wien,] 13./14.X.[19]31   [Janowitz]

Wie erschreckend, was Du da schreibst. Das darf sich nie mehr
wiederholen! – Es war besprochen worden, daß ich auf *Dein* Zeichen *warten* werde, ob ich nach dem 5. oder erst auf der Durchfahrt Prag (oder auf der Rückfahrt) nach J. kommen soll. Nun
habe ich selbst hier sehr, sehr Schweres durchgemacht, das mich
nicht davongelassen hätte. (Das ist nur mündlich zu sagen.) Nun
aber muß ich, wenn nicht eine politische Katastrophe den Weg
nach Deutschland versperrt, dorthin reisen und könnte mich zur
Not *Freitag* ein paar Stunden in J. aufhalten, müßte aber Samstag
zum Flugzeug. (Gienge das mit Max?) Und soll ich Freitag mittag
per Bahn nach Votice-V. kommen (der Schnellzug hält wohl) oder
über Prag fliegend mit dem gewohnten Personenzug eintreffen?

Das zweite hat wohl keinen Sinn. Ich werde Dich, wenn Du nicht vorher telegraphierst, Donnerstag nach fünf Uhr anrufen.

Oder ist es besser – da Du jetzt ohnedies Gesellschaft hast –, daß ich auf der Rückfahrt Anfang November komme?

Ich überlasse es ganz und gar Dir.

Daß meine Gedanken – trotz allem was mich niederdrückte und benahm – immer bei Dir waren, weißt Du. Es ist unsäglich; aber wenn Du die Erde für ihn betreust, so kann und darf und wird es Dich nicht mehr umwerfen.

Daß Cricri zu Dir kommt, ist selbstverständlich. Ich weiß nicht mehr, welches die Reisesumme war. Ich überweise zunächst sofort 600 K. Wenn Ergänzung nötig, teilst Du es mir nach Berlin mit. Dort bin ich bis zum 22., dann Leipzig, dann wahrscheinlich Düsseldorf und wieder Leipzig. Die Sache mit Dr.S. habe ich gleich in Ordnung gebracht. Grüße die l. Maymay und die beiden M. u. G. (falls Du es für besser hältst, daß ich jetzt nicht komme). Immer Dein

K.

Es ist eine so furchtbare Zeit, und ich kann alle die Arbeit und die vielen Verpflichtungen gar nicht mehr überblicken. Wenn Du irgendeinen Wunsch hast, bitte äußere ihn sofort. Ich würde, wenn nichts passiert, Anfang Dezember, ebenso Anfang Jänner wieder nach Deutschland reisen und mich immer auf Wunsch in J. aufhalten.

[938]   B [Berlin, Hotel Hermes] 17.Okt.[1931]   [Janowitz]

Innigsten Dank für die liebe Aufmerksamkeit, mir das teure Bild zu senden!

Immer Dein K.

[939]   K [Berlin, Hotel Hermes] 1. Nov.[1931]   [Janowitz]

Immer und zumal heute gedenkend sende innigste Grüße.

Nach Leipzig wieder da.

5.-7. wieder Leipzig, wenn nichts dazwischen kommt. 8. oder 9. könnte durchreisend in Janovice sein. Es ist leider alles anders gekommen, so daß nur kurz bleiben könnte. Allerinnigste Grüße von K.

Hotel Hermes oder Leipzig Hotel Kaiserhof.

Würde noch telephonieren oder telegraphieren. Ich mußte leider so lange in Deutschland bleiben, da Aufführung Leipzig erst 7. und wegen des 13. (600.) *muß* ich bald in Wien sein.

Anfang Dezember vielleicht Prag u. Janovice.

[940]   B [Wien,] 11./12.. Nov.[19]31   [Janowitz]

»Er will nicht, daß Du weinst ….
Tod heißt nur: zwischen ihren Sternen schweben.«

Unvergeßlich ist mir Dein liebes Gesicht, wie Dir die Thränen kamen, als ich von dem Plan der Widmung sprach.

Solltest Du nicht am 29. – irgendwo unsichtbar – die süßen Klänge, die ihm doch mit den Worten gewidmet sind, hören können? Du, die wie keine hören kann!

[941]   B [Wien,] 13./14. Nov.[19]31   [Janowitz]

Teuerste!

Deine Frage »Was soll ich nur tun, daß es alles, alles nicht wahr ist« hat mir die gestrige Feier umflort und wird mich nun immer bedrücken. Ich kann nur antworten: Du mußt stärker sein als dieser Gedanke. Wenn Du alles in Seinem Sinne tust, so mußt Du vor allem *Dich,* das Beste, Edelste von Janowitz, erhalten und solchem Werk erhalten. Das hat die Natur nicht gewollt, daß »je länger die Trennung dauert, sie desto unerträglicher wird«. Bitte, bitte, wühle Dich nicht in diesen Gedanken! – Willst Du zwischen diesen Widmungen die Wahl treffen? Ich muß sie Dir gemäß Deinem Bedenken vorlegen. Freilich würde ich die ursprüngliche für die richtige halten, aber nur Dein Wunsch soll gelten.

Solltest Du nicht doch mit M-M. zu Cricri reisen? Ich stehe Dir in allem zur Verfügung.

Nie war eine Trauer größer, doch nie auch größer das Mitgefühl. Man möchte immer bei Dir stehn und wartet nur auf Wünsche, sie zu erfüllen, als ein Zeichen, daß Du auch an Dich denkst. Auch *Du* an Dich. Überlaß es nicht ganz denen, die Dich lieben!

Millionen haben gestern den »Springbrunnen« gehört. Die Kraft, die er verherrlicht, kann sich nicht aufgeben.

———

Ich schlage Dir vor: Durchreise Wien 29. nach Italien und zu Weihnachten treffen wir uns in der Schweiz.

[942]   B [Wien,] 18./19. Nov.[19]31   [Janowitz]

Zu allem was ich zu tragen habe ist nun die schwerste Sorge dazugekommen. Denn sie gilt dem mir Teuersten: Deiner edlen Seele. Sie wäre nur halb so groß, wenn ich, das Leid mit Dir tragend, es Dir erleichtern könnte. Aber was hilft da mein Wille! Ich kann Dich nur anflehn, Deiner Kraft, der Natur, der Zeit zu vertrauen und Dir immer wieder zu sagen: Glaubst Du an eine Wiedervereinigung, so ist es viel, viel zu früh. Du handelst in *Seinem, Ihrem* Sinne nur, wenn Du Dich ihrem Andenken erhältst. Du hast gerade das »Besprochene, Unvollendete, Verlassene« auszuführen und zu betreuen. *Du* darfst es nicht unvollendet lassen und verlassen! Laß den Gedanken an alle Täuschung durch das medizinische Wissen, das ja unvollkommen ist, und beuge Dich der höheren Macht, die es so schmerzlich widerlegt hat. Aber sie will nicht, daß *Du,* Menschenwunder, Dich aufgibst! Wenn Du auf die Wünsche jenes Reiches *richtig* hörst, so mußt Du hören, daß durch Dich alles gut und schön werden muß, auf der schönen Erde, in die Du erschaffen bist. Du *wirst* über die Qual des entsetzlichen Gedankens hinauskommen, Du mußt es nur wollen. Wüßte ein Mensch, sagst Du, wie schrecklich es war. Ich weiß es, ich habe es mit Deiner ganzen Seele, für Deine Seele gefühlt, glaub es mir doch! Darum habe ich ein Recht, Dich aufzurütteln. Bitte, bitte, bitte, habe auch Mitgefühl mit dem, der so mit Dir fühlt und sich auslöschen möchte, ehe er es ertrüge, daß Deine Sonne nicht mehr scheint.

Sidi, Theuerste, wir wollen zusammen *sein, ihrer beider* Andenken pflegen, hochhalten, und diesem Wichtigsten uns erhalten. Ich weiß, daß dieser Schmerz so ganz besonderer Art ist, daß er mit nichts verglichen werden kann. Aber viel Leid haben, seit wir uns kennen lernten, viele, viele Schwestern und Mütter erlebt. Ob das Sterben der Edlen – neben dem erhaltenen Un- wert – sinnlos ist oder einen Sinn hat, so gibt es nur Sich fügen, oder trotzen durch Selbsterhaltung des Wertes.

Verzeih, daß ich über Dein Leid spreche, denn jeder Trost be- rührt die Wunde. Aber Deine Worte haben mich so erschüttert, daß mir doch nichts übrig bleibt, als Dich bei dem letzten zu nehmen: ich sei Dir der Nächste jetzt. Wenn ich das bin, so er- leichtere mir die Aufgabe, Dir beizustehen!

Daß Du Weihnachten in Meran verbringen willst, ist ein guter Entschluß. Aber wird Dich die Erinnerung an die Kindheitstage nicht zu sehr mitnehmen? Daß ich, wie Du weißt, nicht dort sein kann, bedrückt mich schwer. Man sagt, daß es noch immer nicht zu wagen sei. Wenn Du es willst, komme ich.

Und nun der teure Name. Also: »Für«. Und natürlich *mit* den Zeichen. Aber leider sind sie mir nicht ganz gegenwärtig und Du hast unterlassen, sie in Einem mitzuteilen oder auf dem Abzug anzugeben. Bitte, sende es mir *sofort* (und ganz deutlich), damit der Bogen, der die Widmung enthält, nicht zu lange auf den Druck warte. Der vorletzte Brief, wo ich vom 29. sprach und davon, daß Du die Ihm doch auch gewidmeten, so süßen Klänge hören solltest, ist hoffentlich nicht verloren gegangen. Aber Du kannst Dich wohl nicht entschließen.

Zwischen der atemraubenden Arbeit an den letzten Korrek- turen zu Seinem Vert-Vert nahm ich mir die Stunde, Dir das alles zu sagen. Und Dich zu bitten: Sage nicht, Du habest keine Wünsche mehr. Wir wollen den *seinen* erfüllen: daß es Dir wohl ergeht!

[943]   B [Wien,] 19./20. Nov.[19]31   [Janowitz]

Ich erfahre, daß im Prager Radio am 4. November u.a. »Wiese im Park« und »Landschaft« (Thierfehd) vorgetragen wurden.

Innigstes Gedenken an jene und jede Zeit, in der Du warst und bist!

[944]   T [Wien, 5.12.1931]   [Janowitz]

Ist Auto Montag abends Benešov sicher ++ sonst müßte über
Passau Leipzig wo Dienstag nachmittags einzutreffen ++ käme
dann Anfang Januar ++ hoffentlich aber geht es.

[945]   B [Dresden, Continental Hotel,] 8. Dez.[19]31 vor 2 Uhr   [Janowitz]

Ich war müde wie noch nie – aber auch, schließlich, erfrischt
und beglückt wie noch nie durch Deine Nähe und das Gefühl,
daß Du fester geworden bist.

Ich bin Dir für den gestrigen Tag so dankbar – auch für etwas
so Unwichtiges wie den Rat, hier zu übernachten. Der beste
Aufenthalt, den ich jemals gehabt habe, alles in unserm Stil.

Wirst Du das Stück nachlesen und den 3. Akt dazu nachspie-
len? Nimm es doch mit nach Meran.

Mit den allerinnigsten Wünschen für Deine äußere und innere Gesundheit – in großer Eile vor der Abreise nach Leipzig –
immer Dein
    K.

[946]   T [31.12.1931]   [Meran]

Der Teuersten und den beiden Lieben Wünsche und Grüße ++
innigst

1932

[Janowitz]

Stets bei Dir und persönlich etwa 23. Viele Pläne zu besprechen.
Du mußt mir helfen Zusammenstellung Deiner Sprachlehre
übernehmen ++ bereite in Deinen Heften vor ++ auch später vieles
nur gemeinsam möglich ++ Innigst.

[948] Briefkarte [Berlin, Hotel Hermes, 13.1.1932] [Janowitz]

Allerinnigsten Dank! Raudnitz 22. oder 23. wäre sehr gut. Wäre
es dann möglich, von Kbely mit dem Auto zu fahren? Das wäre
wohl mittags 12.45. Oder ich würde von Prag her per Bahn nach
Raudnitz kommen, was freilich weniger angenehm wäre. Dresden – Raudnitz Bahn auch nicht erwünscht, da wohl Anschluß
schwierig und ich jedenfalls von Berlin fliegen möchte. Schon
der Anblick eines Bahnhofs bedrückt mich. Wie immer dem sei,
müssen wir uns in R. (oder wo Du willst) treffen, da Wichtigstes
in dem schon betonten Sinn zu besprechen ist und alles anders und
gut werden muß. Bitte mach so bald als möglich Vorschläge für
die Art unseres Zusammentreffens, das ich ersehne wie noch nie.

Immer Dein

K.

Die Aufführung der geliebten Madame L'Archiduc Prag 14.II.
macht mir große Sorgen. Es ist alles höllisch, was mit dem Theater zusammenhängt.

[949] T [Berlin, 22.1.1932] [Janowitz]

Samstag 12.45 Uhr Kbely ++ je nach Wind früher oder später ++
wenn Maschine nicht geht telefoniere früh und wäre dann
abends Bahn Roudnice für einen Tag ++ Innigst.

[950] T [Berlin, 23.1.1932] [Janowitz]

Kann bis Montag früh bleiben wenn Maschine nicht geht. Anrufe Janovice ++ eventuell Prager Wohnung wenn Bahn Ankunft
½ 8. ++ Innigst

[951] T [Berlin, 23.1.1932] [Prag, Karmelitzkagasse 24]

Wegen Nebels Bahnfahrt halbacht Roudnice

[952] B 25./26.[1.1932] [Roudnice]

So müde war ich, daß ich gar nicht mehr wußte, daß ich es für
Dich in der Brieftasche aufbewahrt hatte! Hier ist es. –

Flug aus dem Nebel binnen einer Minute empor in strahlend-
ste Sonnenpracht, zwei Stunden über ein Wolkenmeer, schließlich binnen einer Minute hinunter in den Nebel. –

Allerinnigstes, immerwährendes Gedenken und Gruß allen!

[953] T [Wien, 1.2.1932] [Janowitz]

Brief erst heute erhalten ++ Sendung von hier schwieriger ++
wohl auch zu spät ++ werde rückerstatten ++ innigst

[954] T [Prag, 13.2.1932] [Janowitz]

Premiere verschoben ++ Könnte heute Sonntag halb sieben Votice sein wenn nicht zu kalt da erkältet ++ Eventuell bitte Anruf
Steiner morgens ++ innigst

[955] T [Wien, 18.2.1932] [Janowitz]

Wie geht es Sandi ++ innigst

[956] B [Wien,] 28./29. Febr.[19]32 [Janowitz; nachgesandt: Roudnice]

Ich sehne mich so nach Dir!

[957] B [Wien,] 9./10. März [1932] [Janowitz]

Ich komme bestimmt, denn nichts ist mir wichtiger als Deinen
Schatten zu teilen, den wir gemeinsam besiegen können.

Verzeih das Schweigen. Aber ich hoffe von Tag zu Tag, Bestimmtes sagen zu können. Es hängt von einem Termin in Agram
(Goethe-Vorträge) ab; und noch immer kommt keine Nachricht.

M.L. war wirklich begeistert? Aber sieh nur das hier. Die
Niederträchtigkeit des Eselbildes wurde natürlich inzwischen
abgestellt. Immer wieder Proteste.

Allerinnigst

Dein K.

[957]* T Roudnice 23.3.[1932]   [Wien]
SN an KK

morgen Freitag 10.30 Kbely und direkt Janovice ++ heute abend
Karmelitska

[958] T [Wien, 26.3.1932]   [Roudnice]

Innigsten Ostergruß Dir und allen Lieben ++ hoffe bald zu kommen

[959] K Kbely, 14.4.[1932] 1 Uhr   [Janowitz]

Innigsten Dank für das schöne Zusammensein und wärmsten
Gruß! Hoffentlich sind die kleinen Autoleiden bald vorüber.

Dein K.

   Bitte auch Ludwig zu grüßen!

[960] K [Wien,] 27./28.IV.[1932]   [Janowitz]

Innigsten Dank. Sehr gern, weiß aber nicht, wann und wie es zu
ermöglichen sein wird. Muß jetzt (3. oder 4.) wahrscheinlich
nach Berlin, von dort treffe ich am 8. in Mährisch-Ostrau ein.
Wenn die Reise nach Berlin (Flug) unterbleiben sollte, würde
ich von Wien am 8. nach M.-O. gehen. 9. in Prag (wo auch am
11. wegen des Radio sein muß). Also: 10. Ausflug nach Raudnitz? Das würde sich kaum lohnen. Am 14. wollte ich direkt
nach Janovice kommen. Soll ich dann R. dazwischennehmen?
Doch wenn M.L. ohnedies nach Prag kommt, würde man sich ja
dort sprechen können. Bitte, bestimme wie es Dir gut dünkt!
   Der Anruf, gleich nach dem Flug, war von mir: wegen gegen-
seitiger Verständigung über gute Ankunft beider Teile. Wieso
über Beneschau geleitet wurde, ist unerklärlich.
   Allerherzlichstes Gedenken und viele Grüße!
   28. Und nun kommt das beglückende Telegramm!

[961] B [Prag, Palace Hotel,] 12.V.[1932] vor 7 Uhr   [Janowitz]

Wie traurig ist das! Könntest Du nicht doch Dich entschließen,
morgen die unbeschreiblich süßen Mondlieder*, die Deinem

* Oder in Wien am 4. Juni?

Schmerz nicht widersprechen, zu hören? Versteckt auf dem Podium. Bei allem Heiteren hörst Du nicht zu. Wir würden Samstag zusammen nach J. fahren.

Aber ich sehe ein, daß das alles schwer ist, und wollte Dir nur sagen, daß ich mehr bei dir als bei mir bin.

[962] B [Wien,] 18.V.[1932]   [Janowitz]

Wenn das immer so wäre! Wie bin ich Dir dankbar.

Aber Dein Husten macht mich traurig (auch Max ist besorgt um Dich). Sollten wir nicht doch wenigstens nach Splügen gehen (das Du noch nicht kennst)?

Immer bei Dir und den Blumen.

[963] K [Wien,] 28.V.[1932]   [Janowitz]
KK, Gretl Chlumecký, Louis? und Ludwig Münz an SN

[KK:] Nach »Perichole« (Café P.)
Wir sprechen und schwärmen vom Park von Janovice.   K.
[Gretl Chlumecký:] »Verbrachten einen herrlichen Abend, dachte sehr an Dich Zu schade, daß Du nicht doch herkamst. Innigste Grüße Gretl.
[Louis?:] Der Park und das schöne Bad freuen mich in der Erinnerung an den letzten Besuch. – Heute war besonders gute Stimmung im Vortrag. Herzliche Grüße Louis.
[Ludwig Münz:] Beste Empfehlungen Ludwig Münz.

[964] B [Wien,] 31./1. Juni [1932]   [Janowitz]

Was ich tun werde? So schnell, als es *Dir* möglich ist, zu Dir kommen.

Ich warte auf Deine Nachricht!

Innigste Grüße Dir und jeder Blume, die Du betreust.

[965] B [Wien,] 14./15. Juni [1932]

Ich käme natürlich sofort; es handelt sich aber um wenige Tage, die es ermöglichen, *Deine* Sprachlehre druckfertig zu stellen (mit Ausnahme eines Abschlußkapitels, welches dem Aufenthalt in J. überlassen bleiben muß). Ich möchte also Dienstag von

Prag (wo ich wahrscheinlich schon Montag wäre) mit dem
Nachmittag-Schnellzug in Votice eintreffen, würde in diesem
Fall keine weitere Nachricht geben, erwarte aber Deine umge-
hende Bestätigung, wenn es Dir recht ist.

Ich hoffe, Dich und Deine Blumen in aller eurer Herrlichkeit
anzutreffen.

[966]   K [Prag, 14.7.1932]   [Janowitz]

Gleich nach D. Abreise hat Dr.F. angerufen und kommt 12 Uhr
ins Hotel   Flugplätze aber vergriffen, muß aufs Geratewohl
Kbely (da ev. Berliner Platz). Sonst erst morgen.

Allerinnigst!

[967]   B [Wien,] 14./15. Juli [1932] 5 Uhr   [Janowitz]

Von welch einer Menschheit ist Dein Heiligtum umgeben!

(Ich meine etwas in der Beilage, das in Wien geschehen ist.)
Was wir über den Fall B. sprachen, wurde nun in Prag bestätigt.
Vor 24 Stunden habe ich den Teich umarmt und bin noch nicht
schlafen gegangen.

In Prag war ein furchtbares Gewitter (Hoffentlich nicht in J.),
überall erlosch das elektrische Licht, und im Café wurden Kerzen
aufgestellt.

Das Flugzeug kam mit großer Verspätung (ich hatte durch
Absage noch einen Platz); es ging erst um 7.20 ab und war 8.30
in Wien. Im Anfang des Flugs noch Gewitter.

Jetzt gebe ich diesen Gruß auf.

———

P.S. Die Broschüre, die ich Dir senden lasse, ist kurz vor der
Affaire eingelangt.

[968]   T [Wien, 15.7.1932]   [Janowitz]

Gut angelangt ++ innigsten Dank und Gruß der Gärtnerin.

[969]   B [Wien,] 24./25. Juli [1932] (½ 9 Uhr)   [Janowitz]

Innigsten Dank, leider in größter Hast, für die so lieben Karten!

(*Nicht* 3 motorig wie ich in Prag – außer anderem Bestätigen-
dem – hörte.)

Auf den Kahn darf nicht verzichtet werden.

Möchte bald alles mit Dir besprechen. Wenn ich nur wirklich helfen könnte! M.L. müßte eingreifen (und wäre glücklich, es zu tun. Ich könnte doch mit ihm sprechen?)

Die Arbeit ist toll. Hoffe aber doch, in ein paar Tagen reisen zu können. (Vielleicht bleibe ich 2 bis 3 Tage in Tirol.)

Lies immer die Verse, und sieh, wie für Dich das Herz der Erde loht.

[970]   K [Jenbach,] 1. August [1932]   [Janowitz]

Innigsten Dank für lieben Brief, der nachgesandt wurde. Seit Donnerstag hier – vielleicht bis Sonntag, jedenfalls bis Mittwoch, dann Paris.

Nach Janovice das Schönste.

Allerherzlichsten Gruß der Gärtnerin und dem Garten!

[971]   K [Guéthary,] 11. August [1932]   [Janowitz]

Gestern hier eingetroffen: *Guéthary* bei Biarritz, poste restante

Die Karte vom Achensee, wo ich eine Woche lang war, hast Du hoffentlich erhalten. Dann war ich in München 1 Tag, in Paris 3 Tage, in Biarritz 1 ½. Hier ist es noch schöner als an der Südküste.

Aber Du fehlst.

Bitte um Nachricht, wie es Dir geht und ob wir uns Anfang September sehen werden.

Den allerherzlichsten Gruß!

[972]   K [Guéthary,] 13.VIII [1932]   [Janowitz]

[auf der Bildseite:] Hoffentlich hast Du die erste Karte erhalten.

Hier wohne ich (bis circa 23.) [Pfeil]

Den allerschönsten Gruß Dir und dem lieben Garten (auch den Damen) sendet Dein   K.

Guéthary bei Biarritz poste restante

[973]   T [Guéthary,] 20.8.[1932]   [Janowitz]

Herzen lohen ++ eines kommt bald.

[974] K [Guéthary,] 28.VIII [1932] Sonntag.   [Janowitz]

[auf der Bildseite:] Innigsten Dank für so liebe Karte, die gestern aus Wien erhielt. Morgen verlasse ich diesen herrlichen
Punkt. (Paris, München 4 Jahreszeiten, dann Wien, Janovice)
    (Telegramm kam ja *richtig* an!)

[975] K München, 4. Sept.[1932]   [Janowitz]

Gestern nachm. hier (aus Paris) eingetroffen. Morgen nach
Wien; nach Prag erst von dort, da man von hier seit 1. nicht
mehr fliegen kann. Hoffe – nach Vorbereitung der Arbeit – sehr
bald im teuren Garten einzutreffen.
    Innigsten Gruß!

[976] T [Wien, 3.10.1932]   [Janowitz]

Verspäteten umso herzlicheren Dank ++ innigstes Gedenken ++
erbitte Nachricht Befinden.

[977] B 3./4.Okt.[1932]   [Janowitz]

Aus nicht zu beschreibender Arbeit diesen innigsten Gruß. Etwas
Heiterkeit muß ich Dir doch zuführen: das da wird *mir* gesandt!
(Mein nächster Nachbar also!) Wie war Prag? Bitte grüße M.L. –
Ich bin sehr für die schöne Inschrift. Allerherzlichsten Dank für
deren Mitteilung.
    Hoffentlich sehen wir uns, wenn nicht am 8. Nov. so am 9.
nachm. in Prag!

[978] B [Wien,] 15./16.Okt.[1932]   [Janowitz]

Den Brief gestern erhalten. Dr.S. kann erst Montag die Sache
ausarbeiten. Also besser bis dahin mit der Antwort zu warten. Es
erscheint mir zu intim, zu viel Ehre, Gedanken an Janovice und
eigene Existenz mit der Sache ihm gegenüber zu verknüpfen.
    Wenn das Juristische die Antwort ermöglicht, vielleicht allge-
meiner den Notstand, Zwang, Erregung zu begreifen. Sein Brief
befestigt die Bedenklichkeit, die ich immer empfand: »Ziehhar-
monika.., die Hand zittert vor Aufregung.., leb wohl – leb
wohl….« Auch: »Ich will Dir keine Angst machen – mach, was

Dir *Dein Gewissen* vorschreibt….« Das Vermieten (»jedes Jahr«), von dem ich nichts wußte, scheint der eigentliche Grund der Weigerung zu sein.

—— Der Salzburger Brief, den Dr S. hat, folgt mit der Darlegung.

Ich habe noch für den vorhergehenden Brief zu danken. Der erste Dank hatte sich auf den ersten Brief mit der Mitteilung der Inschrift (wie natürlich auf alles andere) bezogen; das wurde wohl bald darauf klar.

Dieser Brief erreicht Dich hoffentlich noch vor der Abfahrt nach Roudnice, wo Du M.L. herzlich von mir grüßen sollst.

—— »Man hat das Gefühl, daß sie nicht zuhört….« Zum Glück ich nur selten. Aber er hat Dich von berufswegen, und mit Recht, als Edelstein geschätzt. (Hoffentlich den Smaragd annähernd so hoch.) Allerherzlichst! Also in Prag wohl am 8.?

18./19.Okt.

Allerinnigsten Gruß!

Von Montag oder Dienstag an bin ich, wenn nicht im letzten Moment abgesagt wird, in München, 4 Jahreszeiten.

[979]   T [Wien, 1.XI.1932]   [Janowitz]

Innigst bei Dir.

[980]   B [Wien,] 2./3. Nov.[1932]   [Janowitz]

Die Daten sind nicht andere. Siehe 4. Umschlagseite. 8. Timon, 9. (der wichtigste Abend: Raimund, Brecht, *Altenberg, Wedekind* und *ungedruckte* Worte in Versen: *Shakespeare-Sonette* – wie in München –); hoffe sehr, daß Du kommst, die Gegenüberstellung der Greuel von George wird Dich fesseln. 10. Pandora. Wo, weiß ich nicht, die Karte, ev. auch für M.L. gebe ich Dir vorher im Hotel. Vielleicht kann er es durch Dr Münzer České Slovo oder durch Prof.Fischer erfahren.

(Am 9. ½ 7 Worte in Versen im Radio, wenn es dabei bleibt), 11: Pariser Leben (dieses ½ 8, sonst 8)

Leider wird Roudnice – dem ich den Besuch in Jan. vorgezogen hätte – nicht möglich sein, da am 14. Vortrag in Berlin. Wie wäre das zu arrangieren? Vielleicht geht es irgendwie zusammen. Muß aber spätestens 14. früh, besser 13. abends in Berlin sein.

Vielen Dank für liebe Karte und allerinnigsten Gruß! Bitte, komme den 9., teile an die Hoteladresse mit, ob und wann Du kommst. Um ¾ 6 müßte ich zum Radio fahren, wo Du an einem Apparat hören könntest. Vielleicht würde unter dem Vorgeschlagenen auch »Wiese im Park« gewählt.

Gib jedenfalls *Berlin* eine Nachricht *auch* nach Wien, von wo ich Montag abreisen dürfte.

[981]   K [München, Hotel Vier Jahreszeiten,] 2. Dez.[1932]   [Janowitz]

Allerherzlichsten Dank und innigsten Gruß!

Dein K.

(War gestern nicht der Tag?)

[982]   B [Wien,] 9./10.12.[19]32   [Janowitz]

Innigsten Dank. In W. war es sehr angenehm; er hatte neue Zaubereien. – Ja, wie soll man das nun einrichten? Es wäre überhaupt schwer gegangen, da für den 2. Januar wegen Musik zu »Lustigen W.v.Windsor« rechtzeitig zurück sein muß. Ich weiß auch nicht, ob die Arbeit am Heft fertig wird; kann es eigentlich noch nicht übersehen. Aber ohne gemeinsames Weihnachten bloß für zwei Tage Paris die große und teure Reise? Wäre Weihnachten nicht doch möglich? *Wir* in Paris, ev. mit M.M.? Oder im Hotel in Tirlemont?

Vielleicht erfährst Du alles wegen Deines Verkaufsplanes in Brüssel und mußt gar nicht nach Paris? Für den Aufenthalt dort möchte ich doch acht Tage haben. Ich weiß keinen Rat. Das Wichtigste wäre mir gewesen, mit Dir Weihnachten zu verbringen. Wo ich jetzt sein werde, weiß ich nicht. Gienge es nicht, daß Du *später* nach Tirol kommst? Bitte gib so schnell als möglich Nachricht.

Den Allerherzlichsten Gruß von Deinem K.

Du solltest einmal das Haus in W. sehen. Wirklich sehr schön. Aber wann werde ich in dem noch schöneren sein?

[983]   T [Wien, 20.12.1932]   [Prag, Karmelitzkagasse 24]

Versuchte Janovice ++ Anruf Brüssel leider unmöglich ++ innigste Jahrwünsche Dir Maymay ++ werde gegen 10 Anruf versuchen

[984]   T [Wien, 24.12.1932]   [Tirlemont]

Leider unmöglich ++ Pamela Sternheim ++ vielleicht Telefon ++ versuchte Janovice Prag telefonisch ++ auch Prag telegrafiert ++ innigste Herzenswünsche Dir und allen

[985]   B [Wien,] 25. Dez.[1932]   [Tirlemont]

Noch innigsten Dank für die liebe Karte. Du bist also wohl um einen Tag früher von J. weggefahren. So habe ich vergebens (mit Voranmeldung) telephoniert. Daß Du aber auch in Prag, weder an demselben Abend noch am nächsten Morgen zu erreichen warst, kann nur daraus zu erklären sein, daß das Telephon nicht funktioniert hat. Im Telegramm (nach Prag) hatte ich den Anruf angemeldet. Hast Du es nicht mehr erhalten? (Auch die F. habe ich für alle Fälle noch nach P. schicken lassen.) Ich wollte Dir – was ich eigentlich bis zum letzten Augenblick nicht genau wußte – sagen, daß das mit Brüssel kaum ausgegangen wäre. Auch hätte ich den Weihnachtsabend in Brüssel nicht gut veranstalten können, da ich ja den Mann gar nicht kenne und solche Intimität kaum erwünscht wäre.

Wenn Du doch einmal im Januar oder Februar nach Wien kämst!

In W. war es sehr angenehm, alles Nähere mündlich. Der Punkt, nach dem Du fragst: wenig interessant; eher bedauernswert.

Der Zauberer war knapp vor Weihnachten flüchtig in Wien zu sehen.

Ich hoffe von Herzen, daß Du es dort gut hast und wenigstens die Abwechslung spürst.

Allerherzlichste Jahreswünsche Dir und M.M. (bitte grüße auch B.)

Das neue Jahr muß Dich wieder in Deiner ganzen Herrlichkeit sehen, die Gärtnerin so reich wie den Garten!

[986]   T [Wien, 15.1.1933]   [Roudnice]

Erhoffe Semmering ++ herzlichste Grüße Dir und Freunden

[987]   K Brünn 7.II.[1933] nachm.   [Janowitz]

Zwischen »Weber« (6.) und »Perichole« (7.) innigstes Gedenken.
Fahre wahrscheinlich nachts zurück.

Prag wohl Ende März oder Anfang April. Alles sehnt sich
nach Dir. Max und Gillian waren in Wien, bei »Ant. und Kleop.«.
Er hatte vorher angerufen; vom Verlag erst die Nr. erfahren.
Nach dem Vortrag waren wir zusammen, mit den andern (auch
den beiden Chl.) Nachts war ich noch mit ihm allein. Die Wid-
mungsfrage besprochen; hatte an *beide* gedacht (worüber ich
telephonisch nicht ausführlich sprechen wollte). Alles in Ordnung. Nicht wahr? Gi*ll*ian (2 l) und der Zuname mit W und
cz? Bitte teil mir das gleich mit! Sie waren beide sehr lieb, wie
immer. – Schade, daß Du nicht hier bist! Es war gestern schön,
hoffentlich auch heute. Und könntest Du nicht doch zu Macbeth, Hamlet oder Lear kommen? Es wird vielleicht noch »Der
Widerspenstigen Zähmung« zugegeben. Warum Semmering? Du
mußt für Tirlemont entschädigt sein.

Allerherzlichst!

(Morgen »Timon« in Wien) Werde hoffentlich öfter hieher
kommen. Es geht auch ohne Übernachten.

[988]   T [Wien, 16.2.1933]   [Janowitz]

Hoffentlich besser ++ innigstes Gedenken ++ Max kommt heute
Hamlet.

[989]   K [Wien,] 17./18.II.[19]33   [Janowitz]
Max Lobkowicz und KK an SN

[Max Lobkowicz:] Bin heute (ohne Gillian) für Hamlet herein-
gekommen – schade, dass Du nicht dabei sein konntest – voller

Saal, volle Wirkung. Nachher mit Chlumetzkys im »Parsifal«;
jetzt im Fichtehof zu zweit, 3 h 30 früh! Herzlichst Max.
[KK:] Innigste Grüße, immer Dich erwartend   Dein K.

[990]   T [Wien, 19.2.1933]   [Janowitz]
Weiß noch nicht ob Ersehntes möglich ++ wünsche schönste
Fahrt ++ innigst.

[991]   B [Wien,] 10./11. März [19]33   [Janowitz]
Innigsten Dank. Ich glaube, ich werde bald bei Dir sein.

[992]   T [Wien, 21.3.1933]   [Janowitz]
Dankbares Gedenken aller Wunder.

[993]   T [Prag, 3.4.1933]   [Janowitz]
Hoffe Dich sechs Hotel zu sehen ++ Janovice muß verschieben
++ innigst.

[994]   K [Prag,] 6.IV [1933]   [Janowitz]
Mit Max L., der schon gestern abends vergebens angerufen hatte,
heute gesprochen. Fahre jetzt 6 ¼ mit dem Paar Fischer zu ihm
(1 – 2 Tage), dann Palace Hotel.
   Ray telegraphiert soeben, daß bis Ende Mai Rumänien, *dann
Wien.* Ob ich aber dann dort sein werde?
   Immer innigst gedenkend,
   viele herzliche Grüße Dir und dem Garten!
                                                 Dein K.
(Nürnberg wäre völlig undenkbar)

[995]   B [Wien,] 14. April [19]33   [Janowitz]
Die schönsten Ostergrüße!
   Dein Verzicht beruhigt mich sehr. Der Weg zwar scheint
nicht bedenklich, aber das Ziel.
   Dagegen wird der Ausgangspunkt, Janowitz, mir allein durch
den 10. April die beglückendste Erinnerung bleiben.
   Wie schön, daß es Dich gibt!

[996] B [Wien,] 21./22. Mai [1933]   [Janowitz]

Große Arbeit; unbestimmt, wann ich wegkomme. Deine Fahrt
und besonders wohl das Ziel sind Dir noch durch das kalte Wetter erschwert worden. Aber jetzt muß es in Deinem Park schon
herrlich sein. Wie sehne ich mich nach ihm und seiner Gärtnerin!

Hier eine ganz gute Zusammenfassung, die ich Dir immer
schon senden wollte, und neueres. (Das Briefpapier hatte und
hat nichts zu bedeuten: aus dem Kaffeehaus stammt es.)

Erbitte Nachricht, ob Du Dich wohl befindest.

In innigstem Gedenken   Dein
                              K
Ist die Sache mit Bl. in Ordnung?

[997] B [Wien,] 4./5. Juni [1933]   [Janowitz]

Verzeih, daß ich für die liebe Karte erst jetzt danke. Die große
Arbeit (ob sie auch herauskommen wird?) ließ mir – und läßt
mir eigentlich – keine Minute. Aber sie hindert nicht, an Dich zu
denken.

Dank auch für die interessanten Dokumente (ich revanchierte
mich mit etlichen, hauptsächlich zum Judenpunkt, der den Kerlen* jetzt schon sehr peinlich zu werden scheint). Bitte aber:
keine mehr, weil ich in dem Wust bereits ersticke und leider alles
anregt.

Die Narzissen sind uns lieber als der mißverstandene Plural,
nicht wahr? Wie schrecklich, daß Du diese Rackerei mit der
Reise hattest! Wie steht es nun? Warum hast Du Dich nicht an
mich gewandt; ich bin auf M.-M. eifersüchtig.

Einen trostlosen Brief schreibt die Mutter der Pamela S.-W.,
der es sehr, sehr schlecht geht. Könnte da nicht jene Vergeuderin
– falls Du mit ihr noch in Beziehung bist – wohltätig eingreifen?

Ich sehne mich nach dem Garten und nach der Gärtnerin.
Wenn es mir nur bald möglich wäre!

* Das hiesige Vorgehen gegen sie ist überraschend gut und energisch; nur die Dummheit der Sozialdemokraten störend (wenngleich nicht aufhaltend).

[998]   K Semmering, 22.VI.1933   [Janowitz]
Marcel Ray und KK an SN

[Marcel Ray:] Hochverehrte liebe Frau Baronin! Wie gerne hätte
ich Sie gestern nach vielen Jahren wiedergesehen, die Sie so nahe
an K.Kraus und mir vorbeifuhren! In steter Erinnerung Ihr sehr
ergebener Marcel Ray.

[KK:] War beglückt und traurig. *»Warum hab' ich das früher
nicht gewußt?«* (»Blaubart«) Fuhr am Abend auf den Semmering, wo ich eine wichtige Besprechung mit M.R. hatte (Jetzt
½ 4 zurück) Hoffe für ein paar Tage Garten und Arbeit kommen zu können. Jedenfalls bitte: »unten«. Viele innigste Grüße
auch an M.-M.   K. (Wenn *möglich,* Sonntag, eher Montag)

[999]   Briefkarte [Prag, 2.8.1933]   [Janowitz]

Täglich 10.15 (Omnibus Vodicka *9.25*)
München 12.30
ab München 13.05
Zürich 14.35   Du hast 4 Stunden Wartezeit,
ab Zürich 18.20   ev. Bahn vorzuziehen
Lausanne 19.50
Preis bis Zürich 704 Kc
   ”   ” Lausanne 968 Kc
Gewisse Sendung *morgen* (durch *Bank)* versprochen, angeblich
Freitag dort (wenn wider Erwarten nicht bis Montag, reklamiere
bei Verlag *Družstevni práce* Vinohrady, Slezská ul. 13
   Telephon: 5 51 78
   (Fliege morgen, Donnerstag 10 Uhr mit »Cidna«)
   Allerherzlichste Grüße, und mit innigstem Gedenken von
Deinem K.
   Bitte auch CriCri und Maymay zu grüßen

[1000]   T [Paris, 3.8.1933]   [Janowitz]

Mittwoch zwei früh oder vierzehn Nachmittags ++ im ersten
Fall reise ich wohl schon Montag abends Innsbruck

[1001]   T [Wien, 16.8.1933]   [Janowitz]

Allerinnigsten Dank ++ schwerste Arbeit ++ Grüße allen

[1002]   T [Wien, 27.8.1933]   [Roudnice]

Leider momentan unmöglich da sonst arge Verzögerung ++ hoffe
bald ++ innigst allen

[1003]   K [Paris,] 12.Okt.[1933]   [Janowitz]

Gestern abend angekommen. Schreibe aus der rue Lafayette, wo
soeben bei den M …[?] war. Er behauptet, noch größtes Interesse
zu haben, will sofort B. schreiben. (Er wollte angeblich in diesen
Tagen Dir schreiben) Sehne mich nach Janowitz.
   Allerherzlichst B. war nicht beglückend.
   Alles mündlich. Ray leider verreist.

[1004]   K [Juan-les-Pins,] 18.Okt.[1933]   [Janowitz]

Heute vorm. hier angekommen. Herrlichster Sommer, nur ein
wenig angekränkelt. Diesen Eindruck weckt aber wohl der
leichte Mistral, der mich empfangen hat. Bitte um eine Zeile, wie
es Dir geht und ob Du in Roudnice warst.
   Ich werde 1 ½ Wochen bleiben, dann wieder Paris. Letztes
Ziel aber immer Janovice.
   Dein K.
   Juan-les-Pins (Alpes-Maritimes)
   Hotel-Pension d'Aiguilly
   (Das Meer hat ganz mir gehört. Kein anderer Schwimmer.)

[1005]   K [Juan-les-Pins,] 25.Okt.[1933]   [Janowitz]

Selten war mir ein Zeichen notwendiger. Was macht Immer-
grün? Täglich kommt die eine Wespe aus Jan. zum Frühstück.
   Das Häuschen hier ist ganz unser Stil (seit Montreux).
   Innigst gedenkend, aber furchtbar einsam.
   Ist die erste Karte angekommen? Pr. Tgbl. wollte Gedicht
nachdrucken (Brief heute nachgesandt erhalten); nicht erlaubt.
   Juan-les-Pins Pension d'Aiguilly

[1006]   B [Juan les Pins,] 27.Okt.[1933]   [Janowitz]

Wenn es schön ist, ans Meer zu schreiben, so ist es noch schöner, am Meer zu sein.

Eben wollte ich Dich herbitten, da kommt, heute, Deine Karte. Das hätte sich mit Florenz so schön vereinigen lassen, und nun ist alles noch schwerer geworden. Denn Du willst erst am 6. Nov. hinunterfahren. Ich muß leider nach Paris zurückfahren, habe dort einiges vorzubereiten und besitze Retourbillet. Wenn ich das mit Usella früher gewußt hätte, so wäre ich durch Italien (Ventimiglia) mit Dir zurückgefahren und wir hätten wohl hier einige schöne Tage verbracht (von Genua sind's doch nur ein paar Stunden zu den Punkten der Cote d'Azur)

Bitte rate nun, was ich tun soll oder wir tun sollen. Eventuell schick ein Telegramm Juan-les-Pins d'Aiguilly, (mit vielen Worten, wenn Du mir Ersatz gestattest).

Am schwierigsten wäre wohl, daß Du nach Paris mitkämst; wiewohl ich auch das möchte, (das heißt: von hier, Antibes, nach Paris) (Für alle Fälle: Paris/35 rue La Bruyère, Hotel La Bruyère). Wie es machen, daß ich Dich *vor* dem 6. Prag, Janovice, später in *Wien* sehe, wenn ich Dich dazwischen doch auch, und überall, sehen, möchte? Wie wär's, wenn ich so rasch als möglich Paris erledigte und von dort nach Ventimiglia zurückführe, und wir gehen dann für ein paar Tage nach Neapel und Umgebung. Aber ich fürchte Schwierigkeiten wegen *Drucksachen* im Koffer. In diesem Fall könnte man zurückfahren. Oder sich irgendwo auf Deiner Rückreise in der Nähe der Grenze auf österreichischem Boden treffen und zusammen nach Wien fahren? Ich bin richtig ratlos.

Aber wenn Du jetzt *nicht* fährst, käme ich zwischen 8. und 12. Nov. zu Dir.

C.H. leider eben jetzt in Prag gewesen (bis heute); er hatte nach Wien telegraphiert.

Wegen Deiner Fahrt durch das sympathische Land bin ich sehr besorgt. Es ist doch schrecklich, die Luft zu berühren. Allerherzlichst Dein

        K.

Hier glühende Sommertage, die nur leider um 5, ½ 6 zu Ende
sind.

»Es« scheint sehr würdig aufgenommen zu sein.
  Gestern war ich in Nizza bei »Gillette de Narbonne«.

————————

Die Einsamkeit ist groß, aber wertlos ohne Dich. (Ohne die
Deine.)
  P.S. Ich könnte auch nach Prag kommen und mit Dir nach
Italien reisen (aber durch Österreich). Am besten wäre vielleicht,
wenn Du mit dem nächsten Zug hieher kämst (ich würde Dich
in Ventimiglia oder Monte Carlo oder Antibes erwarten). Was
immer Du in Verbindung mit mir tun willst, dazu bist Du natürlich eingeladen; ich glaube, es würde reichen. Wenn Du aber
nichts dergleichen unternimmst, so erkennst Du jedenfalls meine
Ratlosigkeit und meine Sehnsucht; und das ist auch ein Erfolg.

[1007] T [Juan-les-Pins, 31.10.1933]   [Janowitz]

Dank ++ abreise Paris++ wielange Janovice ++ wann eintriffst
Kufstein ++ muß vielleicht dazwischen Wien ++ innigst gedenke
dieser Tage.

[1008] T [Paris, 3.11.1933]   [Janowitz]

Glücklich ++ Innsbruck treffen Cricri ++ paar Stunden warten ++
eventuell tags weiterfahren ++ sonst Dich begleiten ++ 23 Dich
abholen ++ vorschlage zusammen Agram ++ innigst gedenke
morgen ++ rue Hotel La Bruyere.

[1008]* B-Entwurf [Wien,] 17./18. Nov. [19]33   [Usella]

Die Stunden in I. sind eine schöne Erinnerung geworden.
Nichts stört sie als das Denken der Möglichkeit, daß auch jener
gedruckte »K.K. Abschied« – – von dem Du sprachst und den
ich vorfand, ehe ihn M. sandte – einen momentanen Eindruck auf
Dich (wie vielleicht auf M.) gemacht habe. Das hat doch höchstens als Stichwort Wert und steigert die Lust, einmal dieser Ge-
dankenlosigkeit von »Erwartung« entgegenzutreten. Die ganze
Absurdität ist da mitgebracht, und ich glaube, nicht einmal von

»gutmeinender« Seite. Es ist ja alles, mit Hirn und Herz, aus
Papier. Sicher meint es der Leser besser, auf den so etwas einen
Augenblick lang wirkt; aber er muß auch glauben, daß das tragische Problem in dem Angesprochenen stärker arbeitet als in
dieser interpellierenden Flachheit, in einem Pseudonym, das
den »Mut« anspricht.* Nichts mehr schriftlich dazu, alles sei
dem Wiedersehn vorbehalten, das noch schöner sein wird als
der Abschied. Dem Glauben an jenen andern läßt sich nur durch
öffentliche Klarstellung begegnen, die zu reifen beginnt, aber
noch nicht reif ist.

Daß Du es kalt hast, schafft mir großes Unbehagen. Bitte grüße
C.C. bestens. Wegen Agram erhoffe ich endlich morgen Fixie-
rung oder Absage. Es scheinen ungeschickte Leute zu sein.

Ich rechne also damit, daß Du am 23. dort abreisest und am
24. früh – wann? – hier eintriffst. Sollte in A. etwas eintreten, was
auf diese Disposition Einfluß hätte, so telegraphiere ich. Ich glaube aber nicht, daß es der Fall sein wird. Es ist alles zu Deinem
Empfang vorbereitet. Auch Wärme.

Innigst

K.

* Aus einem Respekt vor dem »Wort«, das, soweit es vorliegt,
ohne Erlaubnis abgedruckt und an drei Stellen verunstaltet wird.

[1009]   T [Wien, 22.11.1933]   [Usella]

Agram abgesagt ++ immer willkommen zu hoffentlich längerem
Bleiben ++ mitteile jedenfalls Abreise ++ Küsse innigst

[1010]   T [Wien, 1.12.1933]   [Usella]

In Gedanken bei Dir bis Südbahnhof

[1011]   T [Wien, 30.12.1933]   [Janowitz]

Allerbeste Erwiderung beiden.

[1012]   K Zagreb 12.Jänner [1934]   [Janowitz]

Innigste Grüße! Gestern hat sich niemand von den Leuten gemeldet.

Sonst großen Rummel – im Gegensatz zu dem Gefühl tiefster
Verlassenheit Wien und —— Aber das liebe Telephongespräch hat
beruhigt.

13. Gestern Frau v.O.* und Dr Sl.** erschienen.

*   Soeben Blumen und rührender Brief
** Kommt noch heute ins Hotel.

14. Es war alles wirklich schön. Reise abends nach Wien zurück.

[1013]   B [Wien,] 23./24.I [1934]   [Janowitz]

Innigsten Dank! das Kapitel (nicht Schlußkapitel) und dessen
schlechter Nachdruck waren bekannt und hatten das beiliegende
(auch für Max – dann erbitte zurück) zur Folge, damit endlich
der Zweideutigkeit ein Ende gemacht werde.

Auch sonst, zwischen großer Arbeit, viel derartiges zu tun
gehabt.

Was sagst Du zu dem herzigen Bildchen? Welches Hochge-
fühl, den Namen los zu sein!

Immer bei Dir!

Hier noch etwas wirklich Rührendes. Wenn Du willst, auch
für Max, von dem (und Gattin) ich eine so liebe Karte aus Jicin
erhalten habe.

[auf Rückseite des Kuverts:] *Heute, 24., Richtigstellung erschienen.*

[1014]   B [Wien,] 8.II.[1934]   [Janowitz]

Vielen Dank für die Zeitung, in der die Notiz nicht enthalten
war. Das kann man natürlich nicht auf sich beruhen lassen, und
es ist höchste Zeit, in Prag reinen Tisch zu machen. Auch der

Fall St. muß – zu dem ungeheuerlichen Anlaß – endlich klar gestellt werden. Die Vermittlung des F. nicht gern benützt, aber ihm war jener Brief ja *gezeigt* worden. (Immer mit artistischem Wohlgefallen, aber eine Wirkung ist nicht einmal im engsten Umkreis zu erzielen. Wie kommt unsereins dazu?)

Bitte schicke es auch M.L., der leider einem Zwischenfall gegenüber, der auch den tschechischen Kreis zu betreffen scheint, eine gewisse Duldung zeigte – in einem teleph. Gespräch konnte ich ihn nicht genug informieren. (Der beste Zweck kann durch ein Mittel entheiligt werden.)

Hier ist nichts als Bitteres. Wie gern hätte ich – seit dem Gespräch – von Dir ein Wort gehört. Daß es aber nicht kam, schmerzte mehr als das Bein. Ich denke immer, daß es unterwegs ist (das Wort, leider noch nicht das Bein.) Ich sagte M., der mich schriftlich eingeladen hatte, daß ich hoffe *Ende* des Monats reisefähig zu sein, und fragte, ob *Dein* Aufenthalt sich nicht verbinden ließe.

Die Arbeit ist ungeheuer, aber durch das Übelbefinden mit Erkältung gehemmt. Innigst immer dort. Ist in irgendeiner der Sachen eine Wendung eingetreten? (Dr S. bemüht sich sehr.)

Könntest Du denn nicht – so oft Du willst – U 42422 anrufen. Früh 9-10, noch besser aber 7-8 ohne Voranmeldung, selbstverständlich gegen Ersatz. Hast Du irgend einen Wunsch? Ich vermute, daß sich die N. nicht bei Dir gemeldet hat – dann spreche ich nie mehr ein Wort mit ihr.

[1015] B [Prag, Palace Hotel] 1.III.[19]34 [Janowitz]

Liebste!

Alles trostlos, ausweglos.

Ein wahrer Schmerz die Vorstellung, daß unter all dem Heiligen in J. mein stärkstes Beispiel für Phrasengift zu finden ist, das Blatt, von dem Du in R. sagtest, Du seist damit sehr »zufrieden«.

Wie erschütternd in der heutigen Nummer – wohl die einzige wahre Tatsachenmeldung – der Brief des armen Gehenkten für seine Kinder. Aber der Kommentar ist Lüge, insofern doch Todeswaffe und Sprengmittel auch dazu bestimmt sind, Kinder

ihres Ernährers zu berauben. Aber wäre es selbst, losgelöst von
der Grausamkeit der Kriegshandlung und ihrer Folgen – im
Weltkrieg gab es 10 000 Galgen –, das beispielhafteste Martyrium – noch erschütternder der Kontrast der vierten Spalte: Re-
zension der Broschüre, die der eigentliche Henker des Armen
hier zu veröffentlichen wagt und in der er nicht nur zugibt, daß
»jeder Generalstreik in einen bewaffneten Kampf umschlagen
müsse« und *zugleich* beklagt, daß die (berechtigte) Verhinderung jenes nichtsnutzigen Parlaments *nicht* »mit dem Generalstreik verhindert« würde, sondern – und das geht über alle
Berchtolds hinaus – die *Hoffnung* ausspricht: *»Aber wenn die
Gegenrevolution zum Krieg führen* wird, so wird der Krieg zur
Revolution führen. Der Tag der Vergeltung, der Tag des *Sieges*
wird kommen!« Dieser intellektuelle Schwachkopf – noch
dümmer als verbrecherisch – hofft also, daß nach dem Gas-und
Bakterientod von 150 Millionen *seine* Partei als Phönix auferstehen wird! Und am Tag vorher hat sein Kumpan, nicht zufrieden
mit der Zahl der Märtyrer, die er auf dem Gewissen hat, aus der
Entfernung zu neuem, frischem Kampf aufgefordert. Über diese
Schandtaten gehen hier den Blindesten die Augen auf.
  Was aber die Wahl betrifft zwischen den beiden Abendblät-
tern: *beide* brachten gestern (oder vorgestern) die gleiche *Fälschung* der Rede, in der angeblich eine Bruderhand gereicht
wurde. (Schon im Vergleich mit dem *Montagsblatt* nachzuwei-
sen). Durch die Weglassung der Antithese und den Titel ist die
Fälschung bewirkt. Man sollte sich von all dem abwenden. Es
gibt noch eine Sprache und einen Garten. Wenn ich auch jene
zunächst verlieren muß, dieser muß mir bleiben und uns. Ich
hielte es hier nicht aus, wenn ich nicht an Dich zu denken hätte.
  Mit M. hast Du recht. F. tust Du etwas unrecht, es ist eine
Durchlässigkeit (durch Wertvolles) zu beklagen, die mit Exi-
stenzdingen zusammenhängt. An dem dritten fürchte ich, vorausgesetzt, daß er volle *publizistische* Verantwortung trägt, eine
Enttäuschung zu erleben. Dann wäre ich nur ein Unterhal-
tungspartner gewesen. Der Fall wird untersucht werden.

Ist das möglich?

Ich fürchte, es gehört dazu und begleitet den tragischen Ausgang. Ich würde niemand außer Dir solches schriftlich geben in einer Zeit, in der die Verwirrung der Grundbegriffe so groß ist, daß ich allen Verzicht dem Versuch einer Aufklärung vorziehen muß. Denn in dieses falsch gerichtete Pathos kann ich noch weniger hineinrufen als in das große Grauen jenes Orkans. Du hoffst, meine Stimme werde zu hören sein, wenn die Vögel in Deinem Garten wieder singen? Die von der Phrase, vom Pressgift dirigierte Gewalt der »Freiheit« – und das ist das Thema – ist Deinem Garten feind wie meiner Sprache, und Du würdest es erleben, daß in dem Schandblatt (dessen *bewußte* Verkehrung von Sachverhalten ich Dir nachweisen kann) *ich* mit Schande beladen erscheine – was *mir* Rehabilitierung wäre für die Ehre, die ich ebendort genossen habe. Es sind – und das wissen hier die Eingeweihten und die Besseren, deren es nicht viele gibt – die schmutzigsten Lügner. Kein Verrat kann mich enttäuschen, jeder Abfall befreit mich. Tragischer Verlust nur, daß die Aussprache nicht mehr möglich ist, denn die Vertreter der Ideale sind gewalttätig wie die andern und fürchte ich schon nicht ihren physischen Zugriff, so graut mir doch vor der Auseinandersetzung mit ihrer schmutzigen Intelligenz, vor etwas, was einem auf der andern Seite erspart bleibt. Gesinnung »im Verein mit der gleichen Gesinnung anderer Länder«? Meinst Du die Schwachköpfe im englischen Unterhaus, die an der Befestigung des großen Unheils schuld sind, an der Sicherung der Weltschande, die die Menschheit infizieren wird? Sie haben aber inzwischen ihre Ansicht über einen armen Krüppelstaat, der sich seit einem Jahr gegen Dynamit wehren muß, korrigiert. Muß es nicht etwas zum Nachdenken geben, daß einer, der eben dort, von wo Du antipathische Stimmen hörst, zum Untergang *prädestiniert* ist (weil er in einen Topf geworfen wurde mit den Verderbern jener Ideale), der Sphäre gerecht wird? Ein Flüchtling, der den Vertreibern gerecht wird! Du erkennst richtig, daß es gegen das »größere Übel« geht, und fragst: »Und dann?« Wenn nur acht Tage Leben dazwischen sind, gibt es keine andere Entscheidung, falls man nicht die Macht hat, mit beiden Übeln fertig zu werden. Man hat aber – Du hast es nicht gelesen, was Tag für Tag verbrochen wurde – gehöhnt und behindert, was mit beispielloser Mühe gegen das größere Übel geschah, mit bloßer Maulhilfe durch die Gesinnung jener »anderen Länder«. Hättest Du den Zustand einer Bevölkerung mitgemacht, die an keiner Telephonzelle, an keinem Abfallkorb ohne Angst vor Unterpfändern der Nibelungentreue vorüberkam! Besser, daß Menschen verdammt sind Maschinen zu sein, wie Du sagst, als Leichen oder Invalide. Die deutschen Arbeiter (die in Oranienburg noch die Politik gegeneinander hetzt, unter der Peitsche des gemeinsamen Quälens) wünschen es sich, und die »Zentralorgane«, die es glaubhaft melden, hetzen gegen die kleine Macht, die im Todeskampf gegen die größere liegt. Glaubst Du wirklich, daß der einfache Austausch der »Führer« möglich war? Die Vergifteten haben sich dagegen gewehrt, daß man ihnen das Gift nimmt, und sind tragisch daran zugrundegegangen! Die Idee darf nicht sterben, gewiß, aber sie wird von professionsmäßigen Lügnern, in deren Pranken sie ist, weiter geschädigt, und äußerlich, sozialpolitisch, ist das Lebensinteresse der Betroffenen bei den Faulhaber, Mercier, Innitzer in besserer Hut als bei den Hilferding, Blum und Bauer. Das wird sich zeigen. Kulturell ist die Luft verpestet, aber vor dem Elementarereignis H. hilft es nichts, durch eigene Schuld verlorenes Gut phrasenmäßig zu behaupten.

Ist es wirklich so weit gekommen, daß ein Lebenswerk, eine Lebenswirkung, von der niemand so lebendige Beweise empfangen hat wie Du (selbst nur der Inhalt jenes Gefühlsbekenntnisses einer armen Zeugin, das vor uns zerpflückt wurde) mich nicht schützen kann vor dem Verdacht, anders »gesinnt« zu sein als wo sie »gegen den Geist des Militärs, der Reichen, der Gewalt und der Ungerechtigkeit kämpfen«? Hundert Beispiele könnte ich Dir – außer den tausend für mich – gegen diejenigen anführen, die unter eben diesem *Vorwand* eben das bestätigen, was uns verhaßt ist. Die eine Szene, die das Schandblatt am 2. März (»Wiener Reise«) wohlgefällig ausgemalt hat – mit der »vaterländischen Vettel« – stellt nicht die uns antipathischen Sieger, sondern die Freiheitskämpfer an die Seite der Tiere, zu deren

Abwehr seit einem Jahr alles und leider auch so Schreckliches geschah: gegen die Störer einer Aktion, die als Vaterländerei doch nichts als Schutz gegen weit ärgere Vaterländerei bezweckte. Und ist – in der Beschreibung des Marsches der armen Floridsdorfer – das »Bedauern«, daß sie auf dem Weg »mit Munition *gespart«* hatten gegen solche, die angeblich vor ihnen geflohen waren, nicht Bejahung der Gewalt? Und Ekrasit, hinreichend, Stadtteile zu vernichten, zum Schutz einer »Verfassung«, von der die armen Kämpfer keinen Begriff hatten und die untauglich ist zum Schutz gegen einbruchsbereite Legionen! Was Du mir einschickst, ist bloß die traurige Reduzierung unseres Lebens (dank den Vertretern der Freiheit) auf das Einmaleins: in Deutschland bedeutet dasselbe Angriffskrieg, in Österreich doch wirklich nur Verteidigung gegen eben diesen Angreifer. Man sieht hier die Dinge falsch, und das könnte sich rächen. Weit schauriger als jene Vaterländerei (deren Inhalt *mich* doch nicht labt) die allgemeine Lethargie, die nicht nur das Walten jener Mächte im Weltkrieg vergessen hat, sondern das noch weit gräßlichere des letzten Jahres, der letzten Woche, der Minute, in der es sich unverändert begibt, jetzt, da Du diesen Brief empfängst, in jenem Oranienburg, an das ich mich mit Dir erinnere. Unverändert bis zur Ermattung des Peinigers. Und wie beklemmend das Wort, das jüngst ein Weiser – ganz in Übereinstimmung mit jenem Gewalthaber, wahrscheinlich nur als Kronzeuge im Rundfunk zitiert – zu einem amerikanischen Reporter gesprochen hat. Ich gebe es Dir im vollen Wortlaut wieder: »Wenn man aber die deutsche Revolution studiert, dann darf man sich nicht durch *gewisse* Gewalttaten, die sich ereignet *haben,* zu *falschen* Schlußfolgerungen *leiten lassen.* In *jeder* Revolution verliert das *Volk* die *Selbstbeherrschung* und sinnlose Taten werden begangen. Haben wir nicht viele solcher Untaten während der französischen Revolution, aber auch während des amerikanischen Aufstandes gesehen? Der Hitlersche *Aufbruch der Nation* ist eine *große und echte Revolution.«* Eben nicht! Und die Prangerwelt – täglich erscheinen jetzt noch in Nürnberg hundert Notizen darüber – hat es nie zuvor gegeben. In Wien wurde mit Maschingewehren auf die Straße geschossen, in Berlin hat sich die Partei, der Du ausgleichende Gerechtigkeit zubilligst und die den Weltkrieg verherrlicht hat (durch vier Jahre, in Österreich nur Anfang August 1914) wehrlos dem Verhängnis ausgeliefert und wurde von einer Mörderbande, die einfach *Erlaubnis bekam* und deren Faszination die »Gesinnung anderer Länder«, die demokratische Gesinnung heute *lähmt* wie die Boa constrictor das Kaninchen, *abgeschlachtet.* Du weißt Unkraut und Giftpilze genau von edlen Pflanzen zu unterscheiden: »in *dieser* Welt besser als Du«, schreibst Du. Wie meinst Du das? Im Garten treffe ich diese Unterscheidung nicht, liebe sogar das Unkraut. Wie vergleichst Du aber? Du wolltest doch nicht sagen, daß ich es in meiner Sphäre, im Menschlichen, nicht treffe. Wenn Du es so meinst, so weißt Du, daß Du Dich im Leben nicht seltener getäuscht hast als ich, der über alles hinüber Dir treu war und Dich in Deinem unendlichen Wert erkannt hat. Nun bin ich, besonders hier, von vielen verlassen, auf die die Phrase stärker einwirkt als mein Werk, das keinen andern Inhalt hatte als ihr entgegenzuwirken. Du gehörst nicht dazu, davon bin ich durchdrungen; Du solltest Dich aber zusammenraffen, *mit* mir die Dinge bis zum Ende zu denken. Ich bin frei von Verdacht, verliere alles, kann aber nicht gegen mein Denken bekennen. Die Einsamkeit hier ist sehr fühlbar. Morgen wollen Frau K. und Professor J. eintreffen, in der Absicht, mich nach Wien zu bringen oder doch zu besprechen, ob es ohne die Gefahr, deren Vertretern ich gerecht werde, möglich sei. Ich hätte lieber in der Luft dieses Landes, hier geatmet, aber es macht sich – bei aller Beziehung der Menschen zu mir kaum zu fassen! – ein »politischer« Widerstand geltend. Das soll es geben, dazu soll es gekommen sein! Ich werde vielleicht in die Schweiz gehen und möchte am liebsten unbekannten Aufenthaltes sein. Durch die Zeit kann ich nicht mehr durchdringen, wiewohl ich mehr von ihr weiß als die andern, die mich nicht mehr verstehn. Der arme Loos hätte mich verstanden, wenngleich nicht gehört. Er hat, lange vor mir, die Wahrheit über die »Partei«, deren Opfer er wurde, erkannt. Ich habe noch seine Prophezeiung vom Herbst 1918 im Ohr. Es ist alles vorbei; das sage ich als Autor der L.T.d.M., deren Kriegsbilder durch die Vertreter der Freiheit restauriert wurden

und deren Nörgler-Erkenntnisse – an dem Ineinander der fortwirkenden Phrase und der seither entwickelten Technik – durch
jene bekräftigt sind bis zur Entkräftung der Menschheit. Bald
wird aber auch die »Chinesische Mauer« vor diesem Europa
wahr geworden sein. Der letzte logische Anhalt ist in jenem
Lande, dessen kultureller Inhalt mir gefährlich ist. Auch ich
schicke Dir etwas. Die mir zuwidersten Vertreter des »Links«
sagen etwas von Wahrheit und Wirklichkeit. Dem einen, in Paris,
hat heute das Blatt, dessen Vorhandensein auf heiliger Stätte mir
ein Schmerz ist, mit einem Wirrsal geantwortet (als ob er nicht
gemeint hätte, daß es auf die innere Politik Belgiens *bis* 1914
nicht ankam; gerade daß dieses 1914-1918 deutsch versklavt
war, bestätigt doch seine Ansicht, daß die *gleiche* Gefahr von
Österreich abgewendet werden muß, während was vorher und
zur Abwendung der Gefahr geschah, Europa nicht zu berühren
hat). Ein Idiot im englischen Unterhaus hat gefragt, ob denn nicht
die »Freiheit« Österreichs ebenso wichtig sei wie die »Selbständigkeit« (als ob diese nicht jener und der Europas ein Ende
machte!) Nichts als Unlogik und Lüge; politisches Geschwätz
gegenüber der einen und einzigen Wirklichkeit: *Stehsärge in
Oranienburg.* Die Menschheit weiß noch immer nicht, was geschehen ist, und jeden Augenblick geschieht und – denn es ist religiöser Wahnsinn und keine »Revolution« – *ihr* geschehen wird.

Wenn ich Dich noch sehen könnte!

Weißt Du, wie sich die Vertreter der Humanität, die Soz. und
die Komm. gegenseitig des Verrats und der Gesinnungslumperei
beschuldigen? Sie haben beide recht.

[1017]   B [Wien,] 24./25.III.[19]34   [Janowitz]

Noch ganz benommen von den Wundern: Dir und dem Blick
durch den Park. Ich war wie aus dem Grab gehoben. Die drei
Tage in Prag während der Meinungskorrespondenz waren so
schmerzlich gewesen und das war wie weggezaubert.

Mit Dr S. soeben den Fall besprochen. Er hat dem Kerl – besonders wegen der Umkehrung »in [?] an *ihm* verdienen«! –
scharf geschrieben und wird schärfstens vorgehn, wenn nicht
entsprechende Antwort erfolgt. Hinreisen wäre – wegen des

749

Milieus – ganz absurd; das meint S. auch und hält es für überflüssig, da die Leistung anders gesichert werden könne.

In der Beilage etwas von einem andern Verbrecher. (Ev. für Max.) Allerinnigsten Dank für den einen Tag! Bitte *keine* Sorgen, es muß und wird Auswege geben.

Die Reise war überaus leicht; so geht es am besten. Könntest Du nicht auch manchmal, als Gast, diesen Weg wählen? Die beiden Chlum. sollen, nach dem Bericht der Frau K., niederschmetternde Dinge von damals (aus der Nachbarschaft) erzählen.

[1018]   T [Wien, 5.4.1934]   [Janowitz]

Versuche täglich Abends Anruf ++ Schwierigstes schriftlich unmöglich. Drahte einen Tag jetzt oder 28ten herkommen ++ werde wieder anrufen ++ innigst.

[1018]*   T Lovosice [28.4.1934]   [Wien]
SN an KK

zwecks Sidiabholung dreißigsten Auto Wien ++ ersten muß Rückfahrt drahten ++ Einverständnis Janowitz ++ bitte Hotelbestellung

[1019]   B [Wien,] 2.3. Mai [1934]   [Janowitz]

Die Riesenarbeit gestattet nur dies:

Allerherzlichsten Dank für alles, auch an M-M., Ludwig u. Frau und Anna.

Dr S war zwei (drei) Tage verreist, denkt angestrengt über alles nach und wird hoffentlich heute oder morgen das Richtige treffen. Wir berieten gestern.

Innigst!

P.S. Es war ein großer Rummel. Ich war bei der Feier natürlich nicht anwesend. Hoffentlich bald (2 – 3 Wochen) mündlich.

[1020]   T [Wien, 14.6.1934]   [Roudnice]

Anrufet ab sieben U 42422

[1020]* T [Wien, 6.7.1934] [Usella]
KK an Maria Cristina Guicciardini-Fantechi

Migliore auguri ++ prego Sidi altro itinerario Viaggio – Kraus

[1021] B [Wien,] 9./10. Juli [1934], ½ 8 Uhr früh [Janowitz]
Liebste!
Ich hoffe daß Du gut angelangt bist. Hatte die größte Sorge um
euch. Und Du verstandest mein Telegramm nicht.

Du schreibst, daß Du schon lange keine Nachricht hast. Aber
ich kann kaum Atem holen, durch die Arbeit und, physisch,
durch die Nervenerschöpfung. Ich hatte zwei Nachrichten aus
J. von Dir, worin Du von der gräßlichen Sache schriebst, die
nun hoffentlich doch irgendwie zu Ende geht. Es war ein
Kunststück, über den Inhalt mit Dr S zu sprechen; so wie Du es
Dir dachtest, gieng es nicht und das konnte ich dem Dr S auch
nicht nahelegen. Er hat das Erdenklichste getan; gegen die letzte
Lumperei muß man, *nachdem* die Sache selbst erledigt ist, noch
etwas unternehmen, damit er nicht glaubt, daß Du der Drohung
gewichen bist. Daß ich zum Schreiben nicht komme, weißt Du.
Ich muß leider das Telephonieren vorziehen. *Drei*mal rief ich
vergebens, das dritte Mal – morgens – mit Voranmeldung: da
kam die amtliche Antwort, daß Du abgereist seist. Dann eruierte
ich durch das Amt die Nr. im Dienstweg (davon wußte ich nur
durch Dr S.), am Nachmittag Deiner Abreise von dort, an jenem
Schreckenstag. Ich wollte Dir mitteilen, was ich hier eben schon
gelesen hatte. Die Antwort war zuerst: das Telephon sei gestört.
Dann: Du seiest zum dortigen Postamt gerufen worden, hättest
aber gesagt, es sei zu weit. Jedenfalls mußtest Du also wohl wissen, daß ich Nachricht geben wollte. Nun schreibst Du selbst
nach der Ankunft, es habe im Zug größte Aufregung geherrscht.
Jetzt schreibst Du: »Sonst aber *verstehe ich nicht, worin* ich unser
Reiseprojekt (die Route) ändern soll.« War es nicht zu verstehen?
Nämlich daß es noch eine zweite Route gibt. Und als *Grund*
war klar – Du nennst meine Bitte »rätselhaft« –: daß ich *Dir,
Euch,* die Aufregungen der Hinfahrt ersparen wollte. Schon in
normalen Mordzeiten ist doch die kürzere Route nicht erfreulich. Nun aber hattest Du es so getroffen, gerade am Tag des

751

Entsetzlichsten (von dem Du vielleicht nicht viel erfahren hast) durch jene Gegend zu fahren. Konnte man denn in diesen Tagen wissen, was dort noch alles und nun erst recht geschieht (der Münchner Bahnhof ist ja von Maschinengewehren besetzt); das Glimpflichste konnte ein mehrstündiger Aufenthalt mit Angstzuständen sein. Was ich *gemeint* habe, müßtest Du doch verstanden haben. Nicht etwa, daß du durch *Wien* kommen sollst, wiewohl das wegen Deiner Sache, in der doch jeder Tag verlustbringend ist – ich weiß es nicht genau –, gewiß nicht so absurd gewesen wäre. Im Gegenteil hätte der arme Dr S., der sich schon keinen Rat mit dem Kerl weiß und zwischen Raudnitz, Usella und Berlin korrespondiert, sehr gewünscht, schnelle, persönliche Informationen zu haben, und er hat gefragt, warum Du nicht auf einem der Wege durch Wien gekommen bist. Ich meinte aber selbst: via Linz. Hoffentlich bist Du mit der armen M.M. – wie geht's ihr? – ohne Schrecken durchgekommen. Da ich hier vor dem Zusammenbruch bin, benütze ich Donnerstag – Samstag eine Druckpause, um auf den Semmering zu fahren. Hoffentlich ist es mir in 10-14 [Tagen] möglich, fortzukommen.

Allerinnigst K.

[1022]   T [Wien, 11.8.1934]   [Janowitz]

Anruf stets unmöglich ++ Reise schwierig ++ U 42422.

[1023]   T [Flugfeld Aspern, 6.9.1934]   [Janowitz]

Innigstes Gedenken an letzte Minuten.

[1024]   T [Wien, 12.9.1934]   [Janowitz]

Versuchte Anruf. Abreise heute ++ zunächst Ruhe verordnet ++ innigst in diesen Tagen und immer gedenkend.

[1025]   T [Laurana, 14.9.1934]   [Janowitz]

Laurana poste [restante] innigst.

[1026]   T [Laurana, 18.9.1934]   [Janowitz]

Ganz bei Euch teuren.

[1027]   K [Laurana,] 22. Sept.[1934]   [Janowitz]

Hätte so gern Nachricht, wenn Du schon nicht selbst hier sein
kannst, wo es *noch* schöner ist als an den franz. Küsten.

Habe zweimal telegraphiert, hoffentlich ist nichts verloren
gegangen.

Wohne in reizender kleiner Villa am Meer (unseres Stils). Befinden recht gut.

Innigst grüßt Dich Dein

K.

Laurana, poste restante

Wie steht die Sache? Von Dr S. nichts gehört; er sollte mir
berichten.

[1028]   K [Laurana,] 1.Okt.[1934]   [Janowitz]

Endlich, heute, diese Karte gefunden, die die Situation bezeichnet. Unsere Nachrichten hatten sich gekreuzt. Dank für die
Deine. (Meine ist hoffentlich eingetroffen.) Es *ist* derselbe Ort,
aber seine Herrlichkeit war für Dich offenbar durch das familiä-
re Milieu – das sich jetzt durch den Ruf einer »Narzisse« und
Ausbeuterin bemerkbar macht – unkenntlich. *Freitag abend*
verlasse ich L. und gehe wahrscheinlich noch nach Innsbruck,
Hotel Europe. Möchte Dich aber so gern *bald* sehen, um viel zu
sagen, vor allem über drei widersprechende Diagnosen. Wollte
von hier nichts Trübes schreiben, denn es kamen manchmal wieder die Schmerzen. Der *ältere* Wiener Arzt hatte voll beruhigt,
der *italienische* Arzt sagt auch, es habe nichts mit dem Herzen
zu schaffen, sondern sei – eine veraltete Rippenfellsache! Wer
kennt sich da aus? Es geht aber jetzt gut. – Von Dr S. hatte ich
inzwischen eine Nachricht.

Seither nichts.

Allerinnigst!

Am sichersten Nachricht nach *Wien*!

[auf der Bildseite Pfeil:] Terrasse vor dem Zimmer

[1029]   K [Triest,] 5.Oktober [1934], nachts   [Janowitz]

Vielen Dank für den lieben Brief, den ich gestern in Laurana erhielt. Ich übernachte heute hier und fahre morgen nach Innsbruck. Wie freue ich mich, daß auch Du und Dein Garten noch
schöne Tage hatten und haben. Wie leid tut es mir aber, daß ich
mich über den Herrn »Rechtsanwalt« R nicht getäuscht zu haben
scheine. Von Dr S. den zweiten Brief noch nicht erhalten. Nun
muß es aber wohl zum Klappen kommen. – Den Artikel (Geschwätz) über Frank W. kannte ich schon, da ich das Schandblatt
ständig lese. Soeben auch hier in einem Café. (Was seit damals
über die tragischen Dinge zusammengelogen wurde!)
      Allerherzlichste Grüße in stetem Gedenken
      von ———
            D. K.
Seit vorgestern Regengüsse und Gewitter. Soeben, Mitternacht,
wieder. Bitte, grüße May May, wenn Du ihr noch schreibst.

[1030]   K [Innsbruck,] 9.Okt.[1934] Dienstag   [Janowitz]

Wie schade! – Hoffentlich hast Du wenigstens »Leb wohl!«
verstanden. Mit der Bahn jetzt von hier über Linz nach J. zu
kommen, ist leider fast unmöglich. Innsbruck (unser »Europe«)
wirklich schön und angenehm. Sonntag früh hier eingetroffen,
heute abends Rückreise nach Wien. Ich war von Triest gekommen – die Karte von dort hast Du wohl – über Verona, wo es (22
bis 3 Uhr) fünf trostlose Stunden gab und keine Spur von Romeo und Julia.
      Die beiden Briefe von Dr S. – mit seiner guten Antwort – vor-
gefunden. (Ich hatte also den *allerersten* gemeint.) Die schuftige
Grußformel (ostentativ und fast drohend) zeigt wohl, daß ich
recht hatte* und M.L. getäuscht wurde. Innigst Dein K.

* Vielleicht zerstört aber das politische Debakel die gewisse
Spekulation und bringt die Sache zum guten Ende. (Heil H.: Ha
Ha!)
      [auf der Bildseite:] Prof.J. soll inzwischen ein Wunder des
Neubaus meiner Wohnung vollbracht haben (elektrische Dauer-
heizung, »Abdichtung« aller Fenster), so daß das große Zimmer

bewohnbar wird und die Qual des Vorraums ein Ende hat, die, durch eine Art Gasvergiftung, an den Beschwerden Schuld haben soll: – es war wirklich durch anderthalb Jahre ein Gefängnis mit Einzelhaft. – Heute wieder ein unbeschreiblich blauer Tag; wie schön muß der Park sein!

Erbitte ein Wort, daß Du diese Karte erhalten hast. Und die Schrift, die ich heute erhielt und Dir überlasse.

[1031]   K [Wien,] 17./18.Okt.[1934]   [Janowitz]

Die l. Karte vom 6., die ich in Wien fand, hatte sich mit der meinen aus I. gekreuzt, vor allem in puncto M.L.'s günstiger Auffassung. Am 14. teilst Du nun mit, daß er auf dieser besteht. Wäre er selbst Menschenkenner, der er leider bestimmt nicht ist: was nützt die Anständigkeit jenes »Treuhänders«, wenn er zur Unanständigkeit *gezwungen* ist? Was hilft es, an jener »nicht zu zweifeln«? Nichts befürchten? Leider alles. In diesem Fall nur materiell; aber ich kenne eine Verkörperung der Treue, gerade im Deutschen Rundfunk, der ich jede Schurkerei gegen den einstigen Vorgesetzten und Wohltäter zutraue. *Kein wahres Wort* kann von dort kommen: (Was ist Bilin gegen Berlin!) Selbstverständlich aus »gewichtigen Gründen«, dem Gewichtigsten: Selbsterhaltungstrieb. – Das mit dem Datum war auch mir sogleich aufgefallen, da ich mich an das Versprechen »Ende Juli, spätestens 1. August wird ….« erinnerte. Das allein ließe aber noch keinen Schluß zu, und es war ganz richtig, daß Dr S. die Sache auslaufen lassen wollte. Es muß ja nun doch zur Entscheidung kommen. Hoffentlich haben *wir* Unrecht. – Daß Pf. bei M.L. war, ist wegen Unterstützung erfreulich, sonst nicht: ein dumpfes Gehirn.

»Ruf einer Narzisse« – was das ist? Das weiß *ich* von *Dir.* Gespräch mit einer Kammerzofe: »Gibt es hier, in P., auch – ?« »Nein, Frau B., Narzissen haben wir nicht.« Jene sympathische Tante oder vielmehr Onkelsfrau ist also eine, gleich dem männlichen Verwandten, der sich sonst für alte Burgen interessiert. – Leider war doch »die eine Stimme« zu schwach. Nicht nur gegen alle verbrecherische Dummheit, sondern auch zwischen I. und J. Und dafür, daß Du nicht einmal das Leb wohl gehört hast

(wie gut, daß Thoas und Iphigenie auf solches Verständigungs-
mittel nicht angewiesen waren!), habe ich auf dem Amt, weg-
müde, 1 Stunde warten müssen. Bitte schicke mir einen Zettel
Briefpapier mit Telephon-Nr., auf dem stehen soll: Ich bestätige,
daß ich bei dem am 8.X. aus I … nach 20 Uhr erfolgten Anruf
trotz größter Anstrengung, wiederholter Versicherung, daß ich
nichts höre, *und* (ev., wenn richtig) *Reklamation in Tabor während einer Pause* kein einziges Wort vernehmen konnte…. (V.)
No. 1, Anschluß an Tabor ab 19 Uhr)

Wann wird Dich das warme Zimmer sehen? Oder mich das
dortige? Sonst freut nichts Deinen K.

(Bitte, grüße M.M. herzlichst, der es hoffentlich gut geht.)

[1032]   K [Wien,] 30.X.[1934]   [Janowitz]

Innigsten Dank! Wenn nur auch *mein* Leben bei mir ein wenig
»verwahrt« wäre. Aber es scheint nicht zu gehen, meine Nerven, die immer widerspenstiger werden, wollen nicht und kommen nicht zur Ruhe, wiewohl – angeblich – kein anderes Leiden
vorhanden ist, was allein schon beruhigen müßte. Jede schnellere
Bewegung macht Beschwerden (und kein organischer Grund dafür zu finden). Wie erst alle Ärgernisse und Enttäuschungen.
Zuletzt mit dem schwächlichen Mann in P., der mir die Sache
mit dem Verlag eingebrockt hat. Das läßt sich alles nur mündlich sagen. Es ist so peinlich, daß ich auf gewisse Briefe nicht einmal antworten kann und den Dingen ihren Lauf lassen muß. Er
ist einfach ein Angestellter jener Leute, der nunmehr mit ver-
bindlichen Redensarten *deckt**, was sie tun, und sie tun nichts
Gutes. Wie recht hast Du doch, daß Du es mit den Karpfen
hältst! Und wie rührend ist, was Du darüber sagst.

Welche »Erklärung« dieser unselige L. unterschreiben soll,
habe ich nicht verstanden; ich möchte aber gern bis zum letzten
Augenblick glauben, daß M.L. recht behalten wird. – Daß Du in
P. warst, um M.M. zu empfangen, hattest Du geschrieben (darauf bezogen sich meine Grüße), von den Blumen nichts. Du
siehst nie Menschen, nur Karpfen. Ich habe, solange ich mich so

---

* der mich als Töter der Phrase gefeiert hat!

unbehaglich fühle, eine Scheu, Menschen zu sehen, die zu viel von mir hören wollen – so sympathisch sie mir sonst wären. Vielleicht kannst Du das, um keine Kränkung aufkommen zu lassen, einmal erklären. Aber Dich würde ich gern sehen, und könnte selbst ein wenig gekränkt sein, daß Du auf die Frage gar nicht eingegangen bist. Ich hatte von einem warmen Zimmer hier und dort gesprochen. Ich weiß, daß keine Absicht vorliegt, und grüße Dich innigst.

Gerade in diesen Tagen bei Dir, wenn schon nicht dort.

N.B.: *Die* M.L. ist in München (Biedersteinerstr. 21 a).

Lurch ist gestorben.

Die Arbeit an »Troilus u. Cressida« (nach Macbeth und Lust. W. von Windsor) ist ein Trost; leider ist sie bald beendet. Was dann?

[1033]   T [Wien, 1.11.1934]   [Janowitz]

Tiefstes sehnendes Gedenken.

[1034]   B [Wien,] 14. Nov.[1934]   [Janowitz]

Trotz argem Unbehagen habe ich mich zu den Abenden* entschlossen. Große Arbeit, die damit zusammenhängt, verzögerte diesen Dank für den rührend lieben Brief. – Die beiden Ch. gesehen. *Die* M.L. ist in München, weil ihre Mutter gefährlich krank war und wohl auch wegen Verhinderung der Geldsendungen.

Das gewünschte »Heft« anzugehen, macht die schwierige Arbeit am zweiten Band Shakespeare unmöglich, welche aber schon dem Ende sich zuneigt. Die Korrekturen sind äußerst kompliziert. (Schwerer als alles »Eigene«.)

---

* Die Anzeige in dem Blatt, das Du liest, ist natürlich ohne meine Schuld erschienen; ein Akt der Liebedienerei, der unbedankt bleibt. Hast Du bemerkt, daß der Mann (∴), den ich trotz dem Schmutz, der ihn umgibt, geachtet habe, seine Feder zu einer Hymne auf den *dortigen* H. prostituiert hat? Zuletzt mied ich den Verkehr, um ihn nicht in Konflikt mit seinem Milieu zu bringen; jetzt ist das anders geworden.

Müßtest Du denn bei Ch. wohnen? Es gienge doch ganz offiziell in dem jetzt so warmen Zimmer (oder in dem andern ebenso warmen). Wenn im Januar, so ließe es sich doch so gut mit der
Reise nach Florenz verbinden (anstatt durch die Hölle zu fahren).
Allerherzlichst.

Heute zeigte mir Dr S. den Brief, in dem der R. sich aufzuraf-
fen *scheint.*

Wie gerne hülfe ich nicht bloß mit Rat!

(Meine materielle Sorge wurzelt in Prag; schwer zu beschreiben, was dort vorgeht.)

Ich schreibe mit den alten Nervenschmerzen im Rücken, und –
mir »fehlt nichts«.

Beilage zu Nr. 1034

[1035] T [Wien, 16.11.1934]   [Prag, Karmelitzkagasse 24]

Hoffentlich Martin gesund ++ Innigst

[1036] T [Wien, 23.11.1934]   [Dianaberg]

Du genügst als Arzt ++ aber bitte auch siebenten da fünfter fast
verloren geht. Innigst

[1037] B [Wien,] 27./28. Nov.[1934]   [Roudnice]

Nur Du kannst der Arzt sein. Der andere hat festgestellt, daß alle
Nervenschmerzen etc. psychischen Ursprungs sind. Auf dem

Podium ist alles gut. Es kam also vom Nichtpodium und allen dessen Ursachen. Solange die Welt so läuft oder steht, bleibt es (wenn Du nicht hilfst). Ich erwarte Deinen Anruf um fünf Uhr.*

Nun kaufe ich für Dich eine Karte zu Perichole (auch für Ludwig?); das hat seine rein technischen Gründe, daß keine andere Art von Karten mehr abgegeben wird. Auch ins K.-Zimmer kommt niemand mehr, das hängt damit zusammen. Da mußt Du mir aber, bitte, gleich mitteilen, ob Du, um nicht von Bekannten gesehen zu werden, vielleicht lieber Balkon 1. (oder 2.?) Reihe sitzen willst. Ich denke, daß Dir so etwas erträglicher ist. Oder doch unten vorne, Mitte, weiter hinten? Das mußt Du mir gleich mitteilen. Balkon (Pause) hat einen Rauchsalon.

Ich bin dafür, daß wir noch am 4. (oder willst Du am 6.?) gegen 8-9 Uhr im Café mit Dr S. die Situation besprechen. Oder willst Du das vermeiden? Ich veranlaßte damals Expreß-Sendung nach Dianaberg. Seither wieder nichts gehört. Bitte grüße L's. Hoffentlich ist der Kleine schon ganz gesund.

Immer Dein K.

Bitte sag mir auch, ob Du am 4. bei mir essen willst. Oder (und) am 6.

* Oder: 1 Stunde, bevor Du mich sehen willst. (Je früher, desto besser!) Kannst Du das rechtzeitig mitteilen? Wenn Du Dich bei Ch. aber bis 6 ausruhen willst, rufe um 6 an; ich richte das Telephon danach ein (und das Kommen der Frau W.).

[1038]   T [Wien, 1.12.1934]   [Janowitz]

Innigstes Gedenken heute.

1935

[1039] T [Wien, 9.1.1935]   [Janowitz]

Heute vom Bett aufs Podium ++ innigsten Dank.

[1040] B [Wien,] 30./31.1.[1935]   [Florenz]

Innigsten Dank für die lieben Nachrichten. Wie gern wäre ich
an der Seite der Spaziergängerin! Glaube aber auch nicht, daß
die Veranstaltung durchführbar ist.

Für alle Fälle hier das Gewünschte etc.

Willst Du auch ein Exemplar der »Stimmen« (mit den Bildern), wo französisches vorkommt? Nur auf dem Podium ist
das Leben schön, sonst gar nicht.

Viele, herzliche Grüße, auch Deinen Freunden und der hoffentlich bald ankommenden M.-M.

Dein

K.

[1041] K [Wien,] 20.II.[1935]   [Florenz]

Innigsten Dank. Wie schade, daß ich den lieben Wunsch nicht
erfüllen kann. Den Brief *heute* erhalten, es wäre also, nach
Vorbereitungen, 2 Tage, event. 3, für »dortigen« Aufenthalt übrig. Von sonstigen Hindernissen* abgesehen, könnte ich leider
den Luxus so großer Reise mit so kleinem Ziel – bei aller Freude
an jeder Minute – mir nicht leisten. Höchstens, wenn wir uns
nicht ohnedies gleich darauf sähen. Daß und wie ich mich darauf
freue, weißt Du.

Viele innigste Grüße Dir, May-May und Deinen Freunden
von Deinem   K.

Wie lange bleibst Du in Wien? Hoffentlich mehr als zwei Tage!

* Arge Arbeit und allerlei, natürlich nichts Erfreuliches.

760

[1042]   K [Wien,] 8./9.IV.[19]35   [Janowitz]

Für alles – leider aus der größten Arbeit heraus – den allerherzlichsten Dank. Es versteht sich von selbst, daß Du diesen entzückenden Hund haben mußt.

Das Büchlein, worin ich bisher nur geblättert habe, möchte
ich trotz der Seichtheit, in die so viel Schönes getaucht ist, eben
um dessentwillen, das heißt: wegen des Zusammenhanges mit
Dir behalten. Nur wenn Du kein zweites für M.L. auftreiben
kannst, will ich mich davon trennen. Am besten ist wohl die
Widmung, die Du mir mitteilst. Der Prager Schwätzer hat also
richtig alles durcheinandergeworfen. Das Pack kann nicht einmal lesen, geschweige denn schreiben.

Hoffentlich haben sich die armen Blumen erholt. – Ich habe
das Weltunheil in den Nerven. (Gott str.....!)

Von dem Fischereierlebnis, das wohl keine Erkältung zurück-
gelassen hat, habe ich telephonisch Nachricht bekommen. Weißt
Du, was Sidonie heißt? *Fischerin* (Jägerin) (»von der Stadt Sidon,
hebr. Zîdôn = Fischfang, von zûd = fangen, jagen). Weißt Du
aber, was Sidi heißt? (arab.) *Herr.* Jetzt weißt Du alles. Innigst
Dein K.

[1043]   K [Wien,] 19.IV.[19]35   [Janowitz]

Ich wartete immer auf Erwärmung, um – trotz meiner Erkältung – das Versprechen zu erfüllen. Da kommt Deine liebe Karte, die der Ungewißheit ein Ende macht. Es ist besser so: ich
hätte mir wahrscheinlich den 26. verdorben. Vielen Herzensdank noch für den Brief vom 13., der aber zu traurig war: eben
deshalb schien es mir nötig, zu kommen. An sich ist das Ende
des Armen, den Du seit Kindheit gekannt hast, wohl noch erschütternder. Über unsern Fall konnte ich bisher nur erfahren
(was mir nicht gewiß scheint): Sanatorium und nicht allein
(denn der Bruder habe davon gesprochen). Chl. sagte es. Eine
Version übrigens: daß die Krankheit mit dem Affenumgang zu-
sammenhänge. Der mit Hunden ist jedenfalls besser. Ich wollte
Dir schon den ungeborenen mitbringen.

Allerinnigst

K.

Das »unter uns« bezieht sich doch nur auf das Alter, nicht auf den Geburtstag *als solchen*? Denn ich wollte – am 7. Mai – telegraphieren.

Bitte, verbringe Ostern in Gedanken an neues Leben: Hund und Blumen.

[1044]   K [Wien,] 16./17. Mai [1935]   [Janowitz]

Innigsten Dank Dir und der l. Maymay. Ich möchte so gern bald kommen, traue mich aber nicht wegen der (hier wieder oder noch herrschenden) Kälte. Soll man es auf Anfang Juni verschieben? (Am 31. oder 3. Juni ist vielleicht noch ein Nestroy-Abend, der eher möglich als die gewünschte Wiederholung, von der ich gleich sprechen werde.) Chl. könnten jetzt nicht kommen. Was sie da schrieben, ist doch die freundlichste, aber auch extremste aller Übertreibungen. »Ganz Wien« und das Heft! – davon kann natürlich nicht die Rede sein, nur eben solcher, die, selbst erfüllt, es bei (hoch gegriffen) vier Leuten gesehen haben, in deren Hand sie es nicht vermutet hätten. Die *Wiederholung* ist leider, leider völlig unmöglich. Es wäre Vergeudung des Wertvollsten – außer, Du wärest dabei! Habe den beiden Guten jetzt zehnmal klar gemacht – und sie gaben mir schließlich recht –, daß von den angeblich zwanzig Leuten, die den Wunsch oder gar die Sehnsucht geäußert haben, drei kämen, selbst wenn sie es versprochen hätten; sonst der treue Grundstock. *Das* hieße »letzten Endes«: »von allen Seiten« und »die Sehnsucht aller«. Der Saal wäre bestimmt *nicht* voll, selbst wenn wirklich die zwei Schulklassen giengen. »Jeder Mensch liest das Heft und hat nur den einen Wunsch…« Wenn das wahr wäre, wahr sein *könnte*, wäre manches anders als es ist. Willst Du es erprobt sehen? Soll ich Dich dem Kontrast aussetzen? Im Herbst vielleicht ist die Wiederholung möglich; selbst dann wäre die *Rotunde,* die noch immer nicht ganz Wien faßt, leer. Aber in dem entzückenden neuen, d. h. alten Saal gienge es zur Not. Jetzt, wie gesagt – und trotz Kostspieligkeit –, nur, wenn es für Dich geschähe. Natürlich nicht bloß, damit Du Dich überzeugst, wie recht ich hatte. Denn wie Du mich auf der Wiese, so möchte ich Dich bald im Saal sehen. Allerherzlichst Dein

K.

P.S. Die Chl. gehören zu denen, die es nicht fassen können, nicht glauben wollen, daß die Menschen so geartet sind, und darum von irgend einem Zufallspunkt her gern das Gegenteil annehmen. Die Fülle vom 26. April ist auf die Ziffer »400« zurückzuführen und leider nicht auf Shakespeare.

(Was noch weniger zu fassen ist, ist ein kürzlich eingelangter Brief jener Qualle M., die das Unheil mit dem Prager Kommissionär verschuldet hat. Das ist ein Grad der Erbärmlichkeit, den Du Dir nicht einmal dann wirst vorstellen können, wenn Du das Dokument in Händen hast. Ich aber könnte mir nicht denken, daß ein M.L., der für ein Recht kämpft, so etwas jemals noch eines Blickes würdigen könnte, wenn nicht des der Verachtung.) Hatte wieder große Schmerzen, auch am 14. Aber es fehlt mir, wie endgültig festgestellt, *nichts.* Es war wieder ein Anfall wie im Juli gewesen, wieder der Arzt verreist, ein Vertreter kam, der das gleiche sagte wie er, der dann zweifellos feststellte, daß es eine Neuralgie* sei (nach Übermüdung, 60 (−2) schlaflose Stunden Arbeit).

* »Intercrustal-Neuralgie«[!], die einen Herzkrampf *vortäuscht.*

[1045] T [Flugfeld Aspern, 18.6.1935] [Janowitz]

Innigst ++ 70 Minuten geflogen

[1046] K [Wien,] 26.6.[19]35 [Janowitz]

Innigsten Dank für die lieben Zeilen. Werde noch da sein, nur Mitfahrt wegen Arbeit schwierig. Sonst entsteht dieselbe physische Situation, wegen der Last, die nicht zur Ruhe kommen läßt. Das hat auch der Arzt als Ursache der neuen Schmerzen erkannt, die durch neues Medikament ganz beseitigt sind. Prof. M. nicht nötig (dessen Fach auch ein ganz anderes ist).

Freue mich, daß die fixe Idee mit der *Wurzel* entfernt ist. Hoffentlich gibt er nunmehr diesen Drang nach London auf. Der Karlsbader Mann soll der bedeutendste Europas sein (zu dem Patienten aus England kommen).

Allerherzlichste Grüße an *alle*

(auch Empfehlung an Tante)
von Deinem K.
Bitte teile *rechtzeitig* Ankunft mit.
Wenn Frau v. Ch. nicht fährt, solltest Du L. mitnehmen.

[1047]   T [Wien, 7.7.1935]   [Janowitz]
Freudig sieben Anruf erwartend ++ schönste Fahrt.

[1048]   K [Reichenau], 17. Juli [1935]   [Janowitz]
Sehr schön hier, aber arbeiten auch hier unmöglich; heute für 1
Tag Semmering, dann nachhause.
    Allerherzlichste Grüße an alle, insbesondere an Dich, May-
may und Rover.
    Innigst   Dein K.
Waren per Auto durch das »sogenannte Höllental« hier einge-
troffen; erinnerst Du Dich?

[1049]   K [Wien,] 4. August [1935]   [Janowitz]
Habe noch – außer der l. Karte – für die reizende Beschreibung
des Zusammentreffens Rovers mit der Freiheit zu danken: er
verwendet sie besser als der Mensch und hat noch Respekt vor
Naturhindernissen (wie jenem großen Stein); er kann staunen.
Ich bin sehr, sehr bedrückt, wie mir die Arbeit den Sommer er-
würgt. Ich muß einen Ausweg finden.
    Wegen M.-M. habe ich den Arzt befragt; er rät unbedingt,
nichts zu ändern, da in solchem Fall das Vertrauen wichtiger ist
als alles; die sonstigen üblen Dinge beweisen *nichts* gegen die
Bewährung im gegebenen Fall, und der kleine Eingriff (»intra-
venös«?) könne nichts Schlimmes sein. ——
    Für diese Art Arbeit würde ich *drei* Lampen brauchen.
Besonderheiten des Essens etc., alles das zu verlangen widerstrebt mir. Wenn überhaupt möglich, würde ich ungemeldet
kommen. (Für längere Zeit, fürchte ich, würde es nicht gehen.)
Die Verlagsschurkerei (mit voller Einbeziehung jenes Burschen,
der eine meiner schwersten Enttäuschungen ist) hat soeben ihren Höhepunkt erreicht; es ist phantastisch.

Würde zu gern Dich mit Rover sehen, aber auch schon mit dem Eisbären und dem Leonberger. Wenn ich nur im Herbst da sein werde!

Mit den innigsten Grüßen an Jung und Alt und Dich, die – mit May May – zur ersten Gruppe gehört, Dein K.

Die entsetzliche Belastung ließ mich seit Reichenau zu keiner Mitteilung kommen.

[1050]   T [Wien, 18.9.1935]   [Janowitz]

Bin mit allerinnigsten Gedanken heute und immer bei Dir.

[1051]   K [Abazia,] Samstag 21.[9.1935] abend   [Janowitz]

Vielen Dank für liebe Karte. Erst *heute* ¾ 1 von Wien abgeflogen. Nach grandiosem Flug, 3600 Meter hoch, über Gebirge u. Gletscher, unter strahlendem Blau, 3 Uhr 10 am Lido eingetroffen. Dann per Motorboot zur Hydroplan-Station, dort leider eine Stunde Aufenthalt; über Pola gegen 6 Uhr hier angelangt.

Wohne *Pension Biedermann* (mit schönem Park am Wasser). Bitte gib Nachricht, wie es M.L. geht. Auch ob der Kleine sich zum Wachstum entschließt. Grüße ihn und Rover. (Wie verhält sich *jener* zum Park?) Dir selbst die allerherzlichsten Grüße u. Wünsche von Deinem K.

Wenn Du der l. Maymay schreibst, bitte, grüße sie.

»Kreolin«* fertig und schon zwei Akte musikalisch eingerichtet.

[auf der Bildseite:] Gestern ein Telephongespräch von einer Stunde fünf Minuten (Flugdauer Prag-Wien) mit der Tochter Zerline Gabillons. Sie war rührend lieb und schüttete ihr Herz über den Kontrast »Einst und Jetzt« aus. -

Ich bat Gretl Chl., sich wegen des Kleinen bei der Züchterin zu erkundigen.

Die Villa gehört einer Familie Baron Biedermann und wird von einer lieben tschechischen Frau verwaltet, die seit dreißig Jahren hier lebt. »Unser Stil«.

* Premiere dürfte 3. Nov. sein: Tag der Pariser Uraufführung vor 60 Jahren.

[1052] K [Abazia,] 5.Okt.[1935]   [Janowitz]

[auf der Bildseite:] Cypresse statt Weide Janovicer Platz. Von
diesem [Pfeil / Fortsetzung auf der Textseite:] Fenster grüße ich
Dich innigst. Wenn F. nicht wächst, bleibt nur die Hoffnung, daß
er ganz so klein bleibt. Dann wäre er ein entzückendes Pendant
zu Rover.

   Das mit M.L. ist ja hoch erfreulich. Ich litt jetzt drei Tage unter
schrecklicher Erkältung; war nach dem Bad ohne Sonne eingeschlafen. Inzwischen gab es auch arges Wetter. Mittwoch dürfte
ich zurückkehren. (Heute trotz allem wieder gebadet. Das Wasser ganz warm) Das Haus ist reizend. Zwischen Zimmer und
Ufer ist keine Entfernung. Wenn es nur mit der Welt auszuhalten
wäre! Allerherzlichst Dein
                                                     K.
Gruß an Maymay

[1053] T [Wien, 4.11.1935]   [Janowitz]

Treues Gedenken heute und immer.

[1054] B [Wien,] 15./16. Nov.[19]35   [Janowitz]

Leider kann die Hoffnung (natürlich war es auch die meinige),
sich in Prag vom 23. abends an zu sehen, nicht in Erfüllung
zu [!] gehen. Es ist vor allem so gut wie sicher, daß ich bei der
Verhandlung vom 22. nicht zugegen sein muß, daß vielmehr
meine Vernehmung von einem delegierten Wiener Gericht erfolgen wird (»Parteieneinvernahme«). Müßte ich aber selbst die
Aussage in Prag ablegen, so wäre es notwendig, am 23. nach
Wien zurückzureisen. Ich hatte in Erinnerung, daß Du ab 21. in
Prag sein würdest. Am 24. findet eine sehr wichtige Vorlesung
statt (»Der Zerrissene« von Nestroy, der wiederhergestellt werden muß), und leider wäre später – bis zum 9. Dez., an dem die
Wiederholung der »Kreolin« stattfindet – der Saal unter gar keinen Umständen zu haben.

   Sonst wäre ich auch ohne Prager Verhandlung gekommen, um
Dich zu sehen. Du bleibst wohl nur bis zum 25.? Es ist aber auch
so viel zu tun, daß ich – und dies auch der Grund der Verzöge-

rung dieser Nachricht – nur sehr schwer wegkommen könnte. Es handelt sich jetzt, nach der großen Arbeit an der »Kreolin«, um den Shakespeare-Band. Bitte, teile mir sofort mit, ob Dir der 1., 2. oder 3. Januar für »Lear« besser paßt. (Wenn nur noch der Saal für alle drei Abende bis zu Deiner Antwort reserviert bleibt; er ist, als der weitaus akustischeste und schönste, jetzt stürmisch begehrt.)

Ich nehme an, daß Dich das Beiliegende (zwei Fassungen) interessiert. Von jemand, der von dort kam, hörte ich so entsetzliche Dinge, daß alles, was in den Blättern steht, als Schönfärberei wirkt. Es ist einfach unfaßbar.

Erst nach der Rückkehr habe ich mir die bis dahin nicht im Wortlaut bekannte Sache M.L. (Gespräch mit Dr T., der es wirklich *»besser gemeint«* hat, als jene angestellte Qualle) zeigen lassen. Ich sende Dir eine Abschrift des brieflichen Berichts. Du wirst, glaube ich, mit mir empfinden, daß ich danach keinen schriftlichen Versuch unternehmen kann (auch im Zusammenhang mit dem Ausweichen in Prag), eine Aufklärung zu erteilen, die er nicht *wünscht.* Wichtiger als daß *er* nicht »hineingezogen« wird – ich tue es gewiß nicht –, ist mir aber, daß *Du* dieser Sache fernbleibst und nichts Deine Beziehung zu seinem bessern Teil (zu dem natürlich die ganze Gillian gehört) trübt. Ich übermittle Dir das Dokument *nur,* damit Du mein Widerstreben, *da* noch – ohne geäußerten Wunsch – aufklärend einzugreifen, verstehst.

Mit den beiden lieben Staunern nach »Kreolin« zusammengewesen; sie werden Dir wohl berichtet haben. Es war ein Abend voll Glücks. Ich vergaß selbst das, was mir am gleichen Tag zugestoßen war: ein Verlust wie Deiner, mit dem die Advokaten beschäftigt sind (und genau so hoch). Näheres spätestens vor Weihnachten. Wenn Du aber einen dringenden Wunsch hast – die beiden Ch., oder nur sie, deuteten es an –, selbstverständlich vorher.

Allerherzlichst K.

Viele Grüße an die liebe Maymay!

Du hast wohl bemerkt, daß in dem bekannten Blatt der Ignorant, der »entdecken will«, einer Diebin aufgesessen ist, die das berühmteste Gedicht* der Lasker-Schüler gestohlen (und verflacht) hat, und wie kläglich das Gestammel der Ausrede war.

* Seinerzeit in der F. erschienen!

[1054]*　K [Janowitz]　　　　　　　　　　　　　　[Wien]
SN an KK

Wir sind aber am Montag etwa gegen 5 U. in Wien u. erwarte ich dann abends Deinen Anruf; würde der [!] ersten Abend nicht ausgehen, freue ich mich aber den 24. mit M.-M. bei Dir zu nachtmahlen, würden aber nicht zu lange bleiben; wahrscheinlich willst Du ohnehin dann noch Bekannte im Caféhaus sehen. – Freue mich sehr über die Überraschung des »Talisman«!

Alles innig Liebe von D.S.

1936

[1054]** K [Obergrainau, 15.1.1936]
SN an KK

Warst Du nicht einmal an diesem See? – *Sehr* lieb wäre es wenn
Du mich an d. Bahn abholst oder könnte ich bei Dir vorbeifah-
ren u. Dich zu Chlum. mitnehmen, ich werde bestimmt nicht
müde sein, sondern äusserst erfrischt, wieder unter Euch zu sein
u. in Rover's Nähe; ich zähle die Stunden. Die Berge sind stets
verhängt, wohin man blickt: grau u. Nebel – ich denke an Kent's
Wort im 1. Akt. – Alles innig Liebe. Deine S.
　Mittwoch.
　Mein Zug geht am Freitag 10 U. ab

[1055] T [Flugfeld Aspern, 10.3.1936]　　　　　　　[Roudnice]

Innigsten Gruß

[1055]* K [Roudnice,] 10.3.[19]36　　　　　　　[Wien]
SN an KK

Wie lieb der telegr. Gruss vom Flugfeld u. das Wissen, dass Du
gut angekommen. Freute mich Deinetwegen über das gute Wetter. Auch ich kam wohlbehalten um 13 U. hier an u. sende Dir
tausend innigste Grüsse, ersehne jetzt schon baldiges Wiedersehn. Samstag früh fahr ich nach Prag, abends nach Janovice.
D.S.

[1056] B [Wien,] 24./25. März [1936]　　　　　　[Janowitz]

– – von der sie Herr Eden und der Erzbischof von Canterbury
bald befreien.

Ich bedaure den Ärger, den Du hattest, denn Du bekamst offenbar Signale, ohne daß sich eine Stimme meldete. Mir wurde fortwährend zugerufen: »So sprechen Sie doch!« und ich hatte kein
Gegenüber, glaubte auch nicht, daß selbst nur eine Störung mög-

lich sei, da ja ½ 10 war. Die Beamtin erklärte, es sei jemand am Apparat, denn es sei eine »Dauerverbindung«. Ich antwortete: Ja, statt bis 6 bis 9. Rätselhafter Weise warst Du, nach zehn Minuten, doch da, und es gab das Ärgernis des Nichthörens. (Die Beamtin sagte, sie hätte deutlich gehört, nämlich daß wir uns versichert haben, nichts zu hören; ich hätte noch eine Minute »sprechen« können.) Immerhin verstandest Du, daß ich mit Dir sprechen wollte und danken für den lieben Brief (ich meinte: Deine Haltung gegenüber der unfaßbaren des M.L., vor der man wie der Ribbentrop dastehen möchte; Du sollst aber nicht weitergehen, denn es ist sicher, wie anderes auch, eine Wahnsinnspartie und vieles andere gut). Heute mit den Ch. und Riesensohn gewesen.

Nichts habe ich von diesen schönen Tagen und Du arbeitest wohl schon im Garten.

Ich bekam von G. Ch. zwei entzückende Bilder: Rover allein und Rover mit Dir. Und was macht der geistreiche Flock? Die Kopfschmerzen haben fast aufgehört. Dafür hatten die Prager Tage den Blutdruck erhöht. Ich glaube, daß auch dies jetzt besser ist, kann mich aber erst überzeugen, wenn mein Arzt gesund ist. Freilich erlebe ich nur Dinge, die erhöhend wirken könnten.

Wie gern hätte ich nichts zu tun als Dir zu schreiben!

[1057]   B [Wien,] 26./27. März [19]36   [Janowitz]

Das Telephonieren geht wirklich nicht mehr. Wie schade, daß Du gerade am 2. den vierten abholen mußt! Frohe Ankunft!

Also: der Klage ist zur Gänze stattgegeben. (Das Urteil ist Dienstag in Übersetzung eingetroffen, ich las es erst nachts.) Die Begründung ist zwanzig Seiten lang und der erste Teil liest sich, als ob die Gegenseite recht bekommen hätte. Es handelt sich da nämlich um die rein theoretische Frage, ob der M. »Bevollmächtigter« war oder »bloß« Vermittler. Es wird ausgeführt, daß die Gegenseite berechtigt war, zu bestreiten, daß er »Bevollmächtigter« war. Mir wird unrecht gegeben, weil ich ihn immer wieder dafür hielt. Das mußte ich tun, da ich den Ausdruck nicht im streng juristischen Sinn nahm und mir des Unterschieds, der in einem *andern** Fall von Bedeutung sein könnte,

* als »berechtigt« auffaßte, ihn nicht als Schwindler.

nicht bewußt war.* Die Aussagen der Leute werden somit als glaubwürdig anerkannt. Nach dieser rein theoretischen Ausführung wird aber gesagt, daß es hier ganz egal ist: der M. sei zwar bloß Vermittler, Anreger gewesen, aber der Verlag habe alles anerkannt und schriftlich bestätigt. (Der M. bekommt sogar das Pflaster, es sei ihm um »Ideales« gegangen, was ja nie bestritten wurde; daß er in dem Moment, wo seine Auftraggeber das Geschäft für zu klein hielten und einfach hinaus wollten, räudig wurde, wird natürlich nicht gesagt, und das zu sagen steht ja dem Richter auch nicht zu.) Im zweiten Teil – nachdem den Leuten zugestanden ist, daß sie mit der Aussage, der M. sei nicht »bevollmächtigt« gewesen, die Wahrheit gesagt hatten – kommt die vernichtende Begründung des Urteils, das ihnen so ganz und gar Unrecht gibt. Es wird ausgeführt, daß sie völlig widerrechtlich den Betrag zurückgehalten haben, weil ihre Forderung der Transportkosten »sich nicht zur Kompensation eignet« und schon gar nicht durften sie den Betrag für die F. zurückbehalten. Den Vertrag, der als rechtsgültig anerkannt wird, durften sie zwar kündigen, aber nicht »zur Unzeit«, woraus sich ein Anspruch auf *Schadenersatz* ergebe. (Aus dem Erkenntnis in puncto Transportsachen geht klar hervor, daß sie nicht das Recht hatten, sich an M.L. zu wenden, der eine juristische Torheit begieng und noch heute das Geld zurückverlangen könnte.) Es kommen Stellen vor wie:

»Die beklagte Partei war also nach dem oben Gesagten verpflichtet, im Sinne des zitierten Kommissionsvertrages das mit der Klägerin (Verlag der F.) abgeschlossene Geschäft mit der Sorgfalt eines ordentlichen Kaufmannes im Interesse der Klagspartei (Art. 361 H.G.B.) auszuführen. Sie hatte also den Erlös aus u.s.w. vierteljährlich zu verrechnen u.s.w. und 25%) der Klagspartei zu überweisen.

Aus den bereits erwähnten Gründen und Tatbeständen geht hervor, daß die konditierten[!] Transportspesen bloß aus den

---

* Ebenso Prof.J., der sagte: der M. habe sich ausdrücklich immer als »Angestellter« des Verlags bezeichnet; damit zog das Gericht den (für diese Sache gleichgültigen) Schluß: also nicht als »Bevollmächtigter«. So etwas interessiert eben Juristen, auch wenn es die Sache gar nicht berührt.

(zurückzubehaltenden) 25% u.s.w. entrichtet werden sollten und daß die beklagte Partei nicht berechtigt war, sich für sie aus dem Ertrage der verkauften sogenannten aktuellen F.-Hefte bezahlt zu machen, welche *nicht* Gegenstand des Kommissionsvertrages waren. Zu Unrecht hat daher die beklagte Partei den ganzen der Klägerin gebührenden Ertrag auf ihre Forderung für die Transportspesen u.s.w. verrechnet.«

In puncto Kündigung: »Es gelten hier also die entsprechenden Bestimmungen u.s.w., nach welchen ... zur Kündigung der Vollmacht berechtigt ist. Wenn er sie aber *vor* Vollendung des ihm aufgetragenen oder vermöge der allgemeinen Vollmacht angefangenen Geschäftes aufkündet, so muß er, sofern nicht ein unvorhergesehenes oder unvermeidliches Hindernis eingetreten ist, *allen daraus entstehenden Schaden ersetzen.*«

»Er wurde *zur Unzeit* aufgekündigt, weil die Kündigung *erst im Laufe des Prozesses,* also zu einer Zeit und unter Umständen erfolgt ist, welche es der Klagspartei unmöglich gemacht habe, das gegenständliche Kommissionsgeschäft anderswo unter gleichen Bedingungen durchzuführen. *Es ist doch Pflicht des Kommissionärs,* das Interesse des Kommittenten bei Ausführung des Geschäftes jederzeit zu *wahren* und im Falle der Kollision beider Interessen gebührt dem Interesse des Kommittenten der Vorzug (Artikel 361 H.G.B.) Dieser Verpflichtung hat jedoch die beklagte Partei nach der Überzeugung des Gerichtes nicht entsprochen, da sie dem Kläger nicht, wie vereinbart, vierteljährlich Verrechnungen eingeschickt und sich vertragswidrig den ganzen gemäß dem Kommissionsvertrag der Klägerin aus dem Erlöse zustehenden Betrag auf ihre Gegenforderung verrechnet hat, welche nach dem Komm.-Vertrage aus dem der Klägerin zustehenden Erlöse mit einer bestimmten Quote *nach und nach* hätte entrichtet werden sollen, und da sie *zuletzt während des Prozesses, in welchem die Klägerin ihr Recht geltend machte,* den ganzen Vertrag *sichtlich nur deswegen* aufgekündigt hat, *damit ihre Verpflichtung zur Bezahlung der eingeklagten Forderungen an die Klägerin erlösche.*«

»– – Es besteht also weiterhin die Verpflichtung der beklagten Partei, der Klägerin für die Zeit vor dieser Kündigung die bereits*

angefallenen Erträgnisse aus dem Verkauf der Bücher... vierteljährlich zu verrechnen und der Klägerin 25 % dieses Erträgnisses
zu überweisen.

*Es würde nach der Überzeugung des Gerichtes dem Erforder-
nis der Redlichkeit im rechtlichen Verkehr und den im Geschäftsleben herrschenden Grundsätzen, sowie den guten Sitten
(§ 879 A.B.G.B.), schließlich auch der durch das Gesetz dem
Kommissionär im Verhältnis zum Kommittenten auferlegten
Pflicht widersprechen, wenn sich die beklagte Partei dieser ihrer
vertraglichen Verpflichtung durch die Kündigung des Vertrages
und noch dazu während des Prozesses und sichtlich zur Unzeit
entledigen dürfte. (Artikel 278, 279 und 361 H.G.B.)*

Die beklagte Partei hat demnach in ihrem Briefe vom... und
vom .... ihre Gegenforderung für die Spesen des Transports des
Lagers nach Prag zu Unrecht mit dem Anspruch der Klägerin auf
Auszahlung von 25 % des Erlöses für die Bücher kompensiert
und diese Kompensation zu Unrecht während des Prozesses
neuerlich durchgeführt, da diese Aufrechnung durch die gegen-
seitige Einigung der Prozeßparteien (durch den Komm.-Vertrag)
ausgeschlossen war und weil im Sinne dieses Komm-Vertrages
diese Gegenforderung im Gegensatze zu dem an dem Erlöse der
verkauften Bücher bestehenden und vor dieser Kündigung bereits entstandenen Klagsanspruch *eine nicht fällige Forderung*
darstellt (§ 1439 A.B.G.B.)

Was nun die sogenannten aktuellen Hefte der Zeitschrift
»Die F.« betrifft, so fallen diese zwar nicht unter den gegen-
ständlichen Komm-Vertrag. Nach der Überzeugung des Gerichtes jedoch hat die beklagte Partei auch bezüglich des aus
dem Erlös für diese Hefte der Klägerin zustehenden Betrages
die Aufrechnung mit ihren Transportspesen zu Unrecht durchgeführt...« (Anm.: Umso mehr mit Unrecht.)

»...Daran hat auch die *unberechtigte und zur Unzeit erfolgte,*
wenn auch gültige Kündigung des Komm-Vertrages nichts
geändert, denn durch diese konnte die beklagte Partei nicht größere Rechte erwerben, als ihr ohne diesen *unberechtigten und
zur Unzeit erfolgten Akt* zugestanden hätten.[«]

Es stünde nach Überzeugung des Gerichtes in Widerspruch zu

*dem Erfordernisse der Redlichkeit und der im Geschäftsleben
herrschenden Grundsätze, zu den Pflichten eines ordentlichen
Kaufmannes und zu den guten Sitten, wenn sich die beklagte Par-
tei auf diese Art ihrer vertraglichen Verpflichtungen entledigen
dürfte. (§ 879 A.B.G.B. und Artikel 278 und 279 H.G.B.)*
Es muß daher auf Grund des oben Erwähnten gemäß dem
Urteilsenunziat entschieden werden. Die Kostenentscheidung
ist im § .... begründet.
Handelsbezirksgericht Prag
Abteilung III, am 13. März 1936
(A.B.G.B. = Allgemeines Bürgerliches Gesetzbuch, H.G.B. =
Handelsgesetzbuch)
Die *eingeklagte* Summe ist 3.441.68 (samt 6% Zinsen ab 1. Ja-
nuar 35 bezw. Hefte) 7. August 1934; die Prozeßkosten sind mit
dem Betrage von 4.407.80 bestimmt, binnen 14 Tagen unter
Exekutionsfolgen. Die Idealisten dürften aber binnen dieser
Frist berufen.
Allerschönste Grüße an die besseren Idealisten Rover, Flock,
Sandy, auch schon an Flick (oder doch René?) und vor allem an
Dich.
NB. Daß das Gericht fast wörtlich die schärfste Stelle *wieder-
holt,* zeigt wohl, daß es von der Ungeheuerlichkeit des Falles
durchdrungen war. Das Urteil beginnt so: »....wie folgt zu
Recht erkannt:
I. Die zur Aufrechnung bis zur Höhe des Klagsanspruches
eingewendete Forderung der beklagten Partei von 10.717. Kc
eignet sich nicht zur Kompensation.
II. Die beklagte Partei ist verpflichtet, der klagenden Partei
u.s.w.
Früher betrug die Forderung, die sich zur Kompensation
»nicht eignet«: 16.717 Kc. Ich bitte Dich aber, dem Unheilbaren,
der die Großmut dieser Verminderung hatte (mit der M. »sonst
gepfändet« würde), dies *nicht* vorzuhalten, höchstens die Schärfe der Urteilsbegründung: erst dann, wenn er – und der M. imponiert ihm mit allem – erst dann, wenn er erzählt, es sei in der
Urteilsbegründung bestätigt, daß der M. die Wahrheit gesagt
habe, da er sich »bloß« als Vermittler gerierte und selbst seine

Vorgesetzten »die Wahrheit gesagt« hätten, die sich aber »*nicht eignete*«, ihnen den Mißerfolg und die Stigmatisierung zu ersparen. Die Anwälte halten das Urteil für (II. Instanz) juristisch haltbar. Selbst wenn dies nicht der Fall wäre, bliebe die Brandmarkung. M., dem durch einen Sklaven Betörten, sage nur bei Gelegenheit – da er ja auch gesagt hatte: »Warten wir das Urteil ab« oder so ähnlich – : daß es anders ausgefallen sei als die Idealisten gehofft hatten und zwar eher in der Tonart des andern Gerichts, wo der Prozeß (wegen Propagandakosten!!) »ruht«: »Machen Sie sich keine Schande!«

Wenn ich Dir das alles hätte telephonisch sagen können, so hätte die Gebühr die Prozeßkosten erreicht. – Am 15. April dürfte ich in Prag leider zu tun haben und um die Zeit hoffentlich auch in Janovice.

[1058]   B [Wien,] 4./5.IV.[19]36   [Janowitz]

Liebe, vielen Dank für Deine Unerschrockenheit. Wenn Du Dich nur nicht, dem Träger einer fixen Idee gegenüber, zu weit vorgewagt hast! Und er wird gewiß mit der ihm inzwischen mitgeteilten »Rechtfertigung« kommen in puncto der wahren Aussage über den »Nicht-Bevollmächtigten« (Dem sogar »ideale« Beweggründe zugebilligt wurden, weil den Richter ja die Erbärmlichkeit des späteren Benehmens wie das Vorzeigen des ihn, M., herabsetzenden Briefes etc. gar nicht interessiert).

Irrig war meine Mitteilung, daß es eigentlich 16.000 K wären. Die 6000 stecken schon in der Summe 10000 drin, so daß also die Nichtberechtigung der Zahlung noch deutlicher vorgestellt ist. M.L. hatte nichts zu »kompensieren«.

Endlich kann ich also etwas über das Kommen mitteilen. Ich habe Mittwoch (spätestens Donnerstag) in Prag zu tun und würde von dort telephonieren, ob ich Freitag oder Samstag komme. Werde doch in dem gräßlichen Hotel wohnen, weil die andern wohl noch ärger sind. Bitte, schreibe aber noch ein Wort nach Wien*, das mich, wenn Du sogleich schreibst, hier erreicht. Fatal

---

* besser *nicht* Karte, wenn wider Erwarten nachgesandt und nicht bloß Sachliches mitzuteilen.

ist nur das mit der Abreise am Ostermontag. Was mache ich an diesem Tage in Prag? Vielleicht geht es doch Dienstag mit dem Pächterwagen (oder ich kann auf die Winzigkeit Flicks rechnen?) Hoffentlich hatte er eine frohe Ankunft. Allerbesten Dank der guten Maymay für das rührende Telegramm! Die Gedanken, in denen Du am 2. abends bei mir warst, haben mir geholfen (über alle Nervenqual des »Eigenen«, nach so langer Zeit).

Inzwischen treibt es das hysterische Komplott weiter. – Heute war Abschied von Chlum.

[1058]*   K [Janovice, 12.4.1936]   [Wien]
KK, SN und Mary Cooney an Helene Kann

[KK:] Ostersonntag
    Die schönsten Grüße und Wünsche, auch an Prof. J.
    Dein K.
[SN:] Herzliche Grüsse
                Sidi Nádherný
[Mary Cooney:] Viele Empfehlungen
    von Mary Cooney

[1058]**   K [Roudnice,] 14.4.[19]36 abends   [Prag. Palace Hôtel]
SN an KK

Gut angekommen, sende innige Grüsse. Freue mich über die schönen Tage gekrönt von dem letzten. Rover, der arme Verlassene, wird jetzt mit einem Holz im Mund vor der Stiegentür wartend stehen – und niemand wird ihm aufmachen. – Alles Liebe
                S.

[1059]   B [Prag, Palace Hotel,] 15. April [19]36   [Roudnice]

Vielen Dank für die liebe Karte; mein Herz schlägt mit Deinem und des guten Rover Herzen. Welches Bild der Reinheit diese Erwartung mit dem Stück Holz im Mund, verglichen mit dem, was ich hier aus Menschenmäulern zu hören bekam!

Also, zu der Sache des »Schleimigen«: Deine Erinnerung war

besser als die meine; es ist aufgeschrieben, aber in einem Brief an
den Professor J. (Daher kommt es, daß ich mir diese Mitteilung
an *mich,* wegen der »Garantie«, plötzlich nicht erklären konnte.) Mehr als das: M.L., der sagte, das könne er nicht geschrieben haben, hat es, im Wesentlichen – freilich ohne Betonung der
»bloßen Formalität« – von Dr T., der ihm so anständig geschrieben hat (ich las den Brief erst jetzt, wußte früher nur den
Inhalt) als Zitat *zu lesen bekommen.* An diesen Punkt ihn zu
erinnern, ist vielleicht schwierig, das muß Dir überlassen bleiben – wie überhaupt das Ganze, denn nichts ist schwerer, als
manchmal Sachverhalte, die vor den Augen liegen, vorzuzeigen.
Freilich, wenn gesagt wird: »Das kann er nicht geschrieben haben«, muß man es vielleicht versuchen. Vielleicht aber ist es besser, nochmals die Bemerkung herbeizuführen und erst dann auf
die Dokumente hinzuweisen, damit keine Reizung entsteht.
Ungeheuer ist der Kontrast zwischen dem Herrn M. abtuenden
Brief, den ihm seine Auftraggeber *eingehändigt* haben, *damit* er
seine Einflußlosigkeit vor Gericht darstelle, und dem an den
Professor, der wieder seinen Einfluß dartut und von dem er vor
Gericht keinen Ton sagte; vor allem aber der Kontrast zwischen
A und C, den Brief des *Verlags* selbst, der sein Bedauern für A
ausspricht. Nun, mit solchem Geschäftskaliber rechtet man
nicht, man läßt darüber richten. Aber wenn der »geistige
Mensch« und unwandelbare Verehrer, der A vorzeigt und von
B und C schweigt, nicht den Titel »schleimig« (mindestens) verdient, dann weiß ich nicht, wer ihn verdient. Zu Deiner Orien-
tierung: A ist der Brief, den er vorgezeigt hat; es ist, wie aus dem
Zusammenhang hervorgeht, noch ein dritter Brief des »unterge-
ordneten Organs« (das vor Gericht die Autorität für den M.
war) vorhanden, worin es den Schwindel mit den plötzlichen
60% versucht, oder vielmehr die bloße Unterschiebung. Bei
diesem fortwährenden Hin und Her habe ich alles in allem den
Eindruck, daß die Gesellschaft sich abwechselnd des »Organs«
und des M., der mehr Einfluß hat als man glaubt, bedient hat.
Schön ist auch der Kontrast zwischen der »Geste« des Mäzena-
ten- und Rettertums ohne Gedanken an Geschäftliches und
dem Hinwerfen, weil der (überraschend hohe) Ertrag zu gering

schien. – Es wären noch die »ungeheuren Anstrengungen« zu erwähnen, um das, was beim deutschen Kommissionär war, ins Land zu bekommen. *Nicht das Geringste,* so wenig wie ich, weiß Dr T. (der doch oft mit dem M. sprach) davon, er meint – wie ich –, daß das eine überraschend schnell erledigte Angelegenheit war, die ausschließlich zwischen Wien und Leipzig geordnet wurde. Er erinnert sich wohl, daß er eine Intervention von fünf Minuten, in Begleitung eines Prager Verlagsbeamten, bei der Devisenstelle unternehmen mußte, eine selbstverständliche Formalität, deren Inhalt jedem bewilligt wird; glaubt sich aber auch zu erinnern, daß sie nicht die relativ kleine Postpaketsendung, ev. Kistensendung betraf, sondern – was ganz plausibel ist – die Waggonsendung aus Wien. Nicht die geringste Schwierigkeit konnte sich selbst da ergeben, bloß eine Erklärung mit Unterschrift war nötig.

Über die Ankündigung der »Pfändung« hat er gelacht, wenngleich nicht so bösartig wie der Vertreter der Firma über die Zahlung. Jetzt, meint er, sollte man wegen der Rückzahlung der Summe, die nach dem Urteil der ersten Instanz, ganz im Sinne seines so gut gemeinten Briefes, völlig widerrechtlich verlangt wurde, warten, bis das Urteil der zweiten Instanz erfolgt ist. – Bitte, mache beliebigen Gebrauch, denke aber an meine Rücksicht auf Dich. Leg Dir's zurecht, daß ein Edelgearteter eben eine Partie hat, die die Möglichkeit solches Verkehrs, solches *Glaubens* zuläßt. –

Ich muß weit zurückdenken, wenn ich mir so Schönes wie diese Tage in Janovice vergegenwärtigen soll.

Immer Dein   K.

NB. Die Dokumente brauche ich jetzt nicht; sie sollen aber nicht verloren gehen, wiewohl in Duplikaten u. vor allem in tschechischer Übersetzung vorhanden (außer den im Akt erliegenden analogen Schriftstücken).

Freitag 1 Uhr 40 geht der Autobus zum Flugfeld.

[1060]   T [Flugfeld Aspern, 17.4.1936]   [Roudnice]

Innigsten Gruß

[1061]   T [Wien, 25.4.1936]   [Janowitz]

Innigsten Glückwunsch.

[1062]   B Kbely 5. Mai [1936]   [Janowitz]

Was sagst Du zu dem Unglaublichen? Natürlich »materiell«,
aber doch *formal.* Und »angetreten«! Aber *davongelaufen* ins
Formale! Welch eine Gesellschaft!

  »Regime«! Als ob der arme D. identisch wäre mit dem Sch.
von 1927! »Grundlegend geändert«!! Dr T. kann sich vor Empörung über dieses förmliche Protzen mit Feigheit und vor der
Erbärmlichkeit dieses Lügendrucks unter dem Schein des Ge-
setzes nicht fassen. Man wird alles mögliche dagegen versuchen.
Und die Nachbarschaft der Annonce (rechts oben): es gehört
zusammen.

  Kein »Beweis« außer dem Gedruckten wurde in einer der
Verhandlungen vorgelesen. Er sagt einfach: »Vor dem Kreisge-
richt«, nämlich vor dem Untersuchungsrichter! Sollte man den
Wisch nicht endlich abschaffen, nach dieser Niedertracht. (Der
L. hat die Berichtigung gebracht und sogar zugesandt!)

  Innigstes Gedenken
  an Sidisandi, Rover, Piryflock.
  In großer Eile!

[1063]   T [Flugfeld Aspern, 5.5.1936]   [Janowitz]

Gruß Dir und allen.

[1064]   B [Wien,] 8./9. Mai [19]36   [Janowitz]

Dank für jedes Wort!

  aber, Liebste, wenn nach dem Gesetz jede Berichtigung gebracht werden *müßte,* so hätte doch das Pack die meine (die
zwar die Wahrheit enthielt, aber formal dem Gesetz nicht ent-
sprach, was eben gegenüber der Tücke des Berichts *unmöglich*
war) sofort gebracht, und nicht erst unter dem Druck des Briefs.
Übrigens vermuten wir außer diesem Motiv eine lumpige Verabredung. Sie druckten überraschend die Berichtigung, zu deren
Druck sie tatsächlich trotz allen Lügen des Berichtes *nicht* ver-

779

pflichtet waren: um dem »Rechtsvertreter« *Gelegenheit* zu seiner Berichtigung zu geben, die noch weit tückischer ist als die ursprüngliche Notiz. Da war auch nicht die Spur von einer Verpflichtung vorhanden. Er schreibt: wahr ist, daß der Beweis *angetreten* wurde. Das kann man nur bejahen, nicht verneinen, aber er will, noch mehr als früher, den Anschein erwecken, als ob der Beweis *erbracht* wurde. »Angetreten«, und dann die Flucht vor dem Beweis! Und die Hineinpfropfung aller Beleidigungen (grundlegende Änderung der Stellung zum »öster. Regime«, als ob dieses unverändert geblieben wäre und der gegen Hitler kämpfende Dollfuß derselbe wäre wie der dem Bekessy unterworfene Schober)! Von neuem berichtigen – dem Gesetz entsprechend – läßt sich diese Niedertracht, an der das Schandblatt noch mehr beteiligt ist als ein wütender Prozeßgegner, leider nicht. Man kann ja nicht sagen: Wahr ist, daß »angetreten« wurde. Dagegen wird versucht werden, das Blatt zu einer »Erklärung« zu zwingen bei sonstiger Klage wegen Beleidigung, die darin gelegen ist, daß es den Eindruck des gelungenen Wahrheitsbeweises erzeugt und die ehrenrührigen Behauptungen übernommen hat (was, selbst bei einer formal entsprechenden Berichtigung, verboten ist). Das wird man aber nur tun, nachdem man sich überzeugt hat, daß dieser Fall nicht vor *jenes* Gericht kommt, sondern vor einen andern Senat. Sonst werde ich mich mit einem noch verachtungsvolleren Brief begnügen müssen (mit Anerkennung der rechts daneben stehenden Annonce). Den ganzen Vormittag hatte ich mit Dr T. darüber zu sprechen und wir wurden nicht fertig, im Autocar versuchte ich die Karte an Dich zu schreiben – in Kbely mußte ich leider zwei Stunden, wie Du auf Pyri, auf das Amsterdamer Flugzeug warten.

Ist es nicht entsetzlich, daß man sich mit solchen Kreaturen abgeben *muß*, wo es die liebe Bagage von Janovice, geleitet von ihrer Herrin, gibt?

Was die Gesundheit betrifft: in P. traf ich, neben dem Hotel, einen allzu glühenden Verehrer, ehemaligen hohen tschechischen Beamten, der jetzt Arzt ist und mich beschwor, zu ihm zu kommen. Ich tat es aber nicht und bekam dann, in Wien, einen von Sorge, Beruhigung und Verehrung erfüllten Brief von ihm. Mein

Arzt, bei dem ich an dem Tag nach der Ankunft war, stellte eine ungewöhnliche Bronchitis oder eigentlich Bronchiolitis fest, die durch gänzliche Verlegung der »kleinen Bronchien« schuld ist an dem kurzen Atem und der Herabdrückung des Blutdrucks *unter* 100. Er gab ein Mittel, das den Zustand bessert, und er sagt, daß es ganz gut werden müsse und werde. Vorbeugung gegen diese entsetzlichen Katarrhe jedoch gäbe es nicht. Das ist freilich nicht so schlimm wie die fortarbeitende Hysterie der Wiener Bagage, die inzwischen, auf allerlei Wegen, ihre Attacken auf Unschuldige fortgesetzt hat und vielleicht erst nach mehrfacher Abstrafung Ruhe geben wird. Der Brief scheint dadurch überholt; jedes schriftliche Wort pulvert nur auf. Aber auch darüber zu schreiben, lohnt nicht – ich werde Dir alles sagen und zeigen, wenn wir uns wiedersehen, was – wofern nicht doch Arbeit dazwischen kommt – hoffentlich bald der Fall sein wird. Mir ist es, als ob jeder Tag, den ich von Dir und Deinem Viergespann entfernt bin, ein Jahr wäre. Einigen Ersatz bietet nur die Vorstellung der lieben Mühe, ihm Respekt vor den Rhododendren beizubringen. Ich fürchte, sie werden bald Roverdendren sein. Doch selbst dieses Ergebnis ist schöner als die Menschheit, zertreten von Presse und Politik.

Jedem Sonnenstrahl, bei dem Du an mich denkst, Dank und Gruß!

Viele Grüße der lieben Maymay!

Dem Tierarzt habe ich gleich nach der Ankunft telephoniert, er hatte mit der Ausstellung zu tun und wollte ohnedies am nächsten oder übernächsten Tag schreiben. Hoffentlich hat er es getan. Er sagte, daß das erste Mittel, wenn kein Ausschlag, nicht mehr genommen werden soll. Was soll ich nun bringen?

[1065]   B [Wien,] 15./16. Mai [19]36   [Janowitz]

Je schöner Du schreibst, umso schmerzlicher, Dich und mich enttäuschen zu müssen: ich kann im Mai Dich und Rover nicht wiedersehen. Außer wenn Du willst, für einen oder zwei Tage, um ihm die Medizin zu bringen. Aber das willst Du, aus Mitgefühl für die materiellen Umstände, wohl selbst nicht. Soll die Medizin geschickt werden oder hat es Zeit damit bis zum Juni?

Die Gründe für den Aufschub sind: viel Arbeit mit Dr S. wegen der *Wiener* Bande, die immer weiter unschuldige Menschen beleidigt, in Zeugenschaft am 23. Mai. Ferner kommt am 21. der N. und ich kann, da er Anfang Juni, in den ersten Tagen, nach Amerika geht, *ihm* die Enttäuschung nicht antun, daß er mich hier nicht findet. Der letzte Grund ist, daß ich noch immer in ärztlicher Behandlung bleiben muß, wenngleich die Bronchiolitis und die damit zusammenhängende Atemnot sich sehr gebessert haben. (Den rührenden Brief des sonderbaren Mannes, den ich in P. traf, erbitte gelegentlich zurück; was er rät: venae punctio, ist überflüssig.) Der allerletzte Grund: daß ich Kälte oder nur halbschönes Wetter bis Anfang Juni befürchte. Dann kommt freilich Deine Reise dazwischen; wenn ich nur irgendwo in Dein Auto steigen könnte, für die Rückfahrt nach Janovice.

Wenn ich komme, habe ich ein Diktat für Dich:

»Liebes Leid und Lust« – willst Du?

Ich glaube, daß sogar Sandy lebendiger ist als der angehende Diplomat, der bei Dir zur Jause war. Natürlich meint Mecht. den *deutschen* »Index«. (Sie spricht ja auch von Nicht-Volkstümlichkeit.)

Dank für jedes Wort!

Innigst   K.

Die Weltdummheit macht jede Arbeit – außer an Shakespeare – unmöglich.

Mary D. dürfte unsere Karte nicht erhalten haben.

Mein Nachwort

Mit Stolz und Glück, mit Scham u. Trauer habe ich seine Worte – tiefer empfundene wurden wohl nie geschrieben – hier wiederholt. Oft war es, als schriebe ich mein Todesurteil. Oft schrieb ich mit Thränen bitterster Reue, mit grenzenlosem Abscheu vor mir selbst, die ich solch liebereiches, edles Herz verwunden und kränken konnte. Trost suchend in jedem seligen, huldigenden Wort frage ich mich dennoch tausend- u. tausendmal: war *ich* es, ich, die, trotz Allem mein ganzes Herz ihm gab, wahrlich so »grenzenlos im Ungefühl« sein konnte? Wie war das nur möglich? Wohl kannten die letzten neun Jahre keinen Schatten, keine Entfremdung mehr, denn »Nie gab es tiefere Verwandtschaft zweier Seelen in dem All«, warum aber gab es Zeiten, in denen die Tragik es wollte, daß er erfahren mußte, wofür er das Weib heiligte: willenlose Sclavin ihrer räthselhaften Natur, die hemmungslos hinwegschreitet über das edelste Herz, treu- und reulos? Wie kann Natur so unmenschlich grausam sein? In solchen Zeiten unverständlicher Verlorenheit, wie elend war mein Leben, von dem seinen getrennt, wie schmerzlich das Aufwachen zur Erkenntnis schmachvollen Irrens. Ich büßte mehr als er litt. Welch eine Leere, wenn ich zur Besinnung kam. Welch eine Fülle, wenn ich wieder bei ihm war, mir selbst zurückgegeben, u. nicht mehr mein besseres Selbst, das er, was immer geschehen mochte, stets erkannte u. das ihm unverloren blieb, zu verleugnen getrieben war. Welch tiefe Freude diesem edlen, starken, gütigen, immer bereiten, immer verzeihenden, mir nichts versagenden Herzen wieder Glück geben zu dürfen u. Zuflucht u. Geborgenheit dort zu finden. Denn nie gab ein Herz mehr Liebe und Glückseligkeit als der Reichtum des seinen, nie empfing ein Mensch mehr Liebe als ich, nie wurde einem Weibe glühender gehuldigt. Trotz meiner Irrtümer standen sich zwei Seelen niemals näher, gab es nie wahreres Verständnis, nie heiligere Freundschaft, nie höhere Liebe, unermeßlicher von Jahr zu Jahr, durch Leid vertieft, getrennt nur durch den Tod – aber nahe in alle Ewigkeit. –

Grenzenlos wie sein Verzeihen ist meine Reue; und nie mehr wird wieder sein liebevolles Wort in mein gepeinigtes, zerrissenes Herz dringen, meine bitteren Thränen bleiben ungelöscht in Augen, die sein geliebtes, gütiges Lächeln nie mehr sehen werden. Es sagte mir, bis zum letzten Atemzug, daß er nicht umsonst gekämpft habe für meine Seele, für seine Illusion, für unsere Liebe u. Verbundenheit, und daß

> »Nicht Ziel, nur Rast ist's, die das Glück sich gab,
> hält einmal dieser Schlitten vor dem Grab.«

Sidonie Nádherný   Janovice, am 11. Sept. 1936.